Plantação Global de Igrejas

Craig Ott & Gene Wilson

Plantação Global de Igrejas

PRINCÍPIOS BÍBLICOS E AS MELHORES ESTRATÉGIAS DE MULTIPLICAÇÃO

1ª edição
Tradução: Mariângela Antonella Chirico França Oliveira

Curitiba
2013

Craig Ott e Gene Wilson
Plantação global de igrejas
Princípios bíblicos e as melhores estratégias de multiplicação

Coordenação editorial: Walter Feckinghaus
Título original: Global Church Planting
Tradução: Mariângela Antonella Chirico França Oliveira
Revisão: Josiane Zanon Moreschi
Edição: Sandro Bier
Capa: Sandro Bier
Editoração eletrônica: Josiane Zanon Moreschi

Dados Internacionais de Catalogação na Publicação (CIP)
(Câmara Brasileira do Livro, SP, Brasil)

Ott, Craig

Plantação global de igrejas : princípios bíblicos e as melhores estratégias de multiplicação / Graig Ott & Gene Wilson ; tradução Marângela Antonella Chirico França Oliveira. -- 1. ed. -- Curitiba, PR : Editora Esperança, 2013.

Título original: Global church planting : biblical principles and best practices for multiplication.
Bibliografia.
ISBN 978-85-7839-082-2

1. Evangelismo 2. Igreja - Crescimento 3. Novas igrejas I. Wilson, Gene. II. Título.

12-13515   CDD-254.1

Índices para catálogo sistemático:

1. Igrejas : Plantio : Cristianismo   254.1
2. Plantio de igrejas : Cristianismo   254.1

Copyright © 2011 by Craig Ott and Gene Wilson
Originally published in English under the title
Global Church Planting
by Baker Academic,
a division of Baker Publishing Group,
Grand Rapids, Michigan, 49516, U.S.A.
All rights reserved

As citações bíblicas foram extraídas da Nova Versão Internacional, Editora Vida (2000).

Todos os direitos reservados.
É proibida a reprodução total e parcial sem permissão escrita dos editores.

Editora Evangélica Esperança
Rua Aviador Vicente Wolski, 353 - CEP 82510-420 - Curitiba - PR
Fone: (41) 3022-3390 - Fax: (41) 3256-3662
comercial@esperanca-editora.com.br - www.editoraesperanca.com.br

SUMÁRIO

Prefácio de Rick Warren 7

Introdução 9

Prólogo: A parábola das macieiras 13

Parte 1: Base bíblica 17

   1. A tarefa da plantação de igrejas 19

   2. As razões para a plantação de igrejas 33

   3. As origens do Novo Testamento 51

Parte 2: Considerações estratégicas 73

   4. Multiplicação de igrejas e movimentos locais
       de plantação de igrejas 75

   5. Plantadores de igrejas apostólicos 97

   6. O formato da igreja 115

   7. Abordagens de plantação de igrejas: pioneira,
       reprodução e regional 135

Parte 3: Fases do desenvolvimento 161

   8. As fases do desenvolvimento de uma plantação
       de igrejas: uma visão global 163

   9. Preparação (Parte 1): estabelecer o alvo e comissionar 175

  10. Preparação (Parte 2): compreender e estabelecer a estratégia 193

11. Lançamento: evangelizar e discipular 217

12. Estabelecimento: congregar e amadurecer 249

13. Estruturação: expandir e capacitar 271

14. Reprodução: fortalecer e enviar 291

Parte 4: Fatores críticos 307

15. A vida pessoal dos plantadores de igrejas 309

16. Equipes de plantadores de igrejas 333

17. Desenvolvendo servos, líderes e plantadores 351

18. Parcerias e recursos na plantação de igrejas 373

19. Plantando igrejas com o impacto do Reino 397

Epílogo 421

Bibliografia 425

PREFÁCIO

A igreja é o conceito mais brilhante já criado. Ela tem resistido a culturas, governos, céticos e inimigos de dentro e de fora e continuará resistindo até que Jesus volte. Devemos amar a igreja como Cristo a ama, e esse amor é o ponto central de *"Plantação Global de Igrejas"* de Craig Ott e Gene Wilson.

Esses autores e plantadores de igrejas experientes nos relembram de que nossas igrejas são organismos que vivem e crescem e, portanto, irão se reproduzir naturalmente. Se não estamos nos reproduzindo é sinal de que alguma coisa está enferma em nossa congregação. Em suma, a saúde de uma igreja é medida por sua capacidade de envio e não pelo número de assentos do templo.

À luz da Grande Comissão que Jesus confiou à igreja, qualquer definição de frutificação para uma congregação local precisa incluir o crescimento pela conversão de não cristãos e a plantação de novas congregações. Nossa igreja em Saddleback também foi fruto de uma plantação de igreja e já durante seu primeiro ano demos início à outra igreja. Desde então, a cada ano plantamos uma nova congregação.

"Plantação Global de Igrejas" não só apresenta uma extensa base bíblica para o início de novas igrejas, mas também desce ao âmago da questão do levantamento de fundos, o desenvolvimento de uma compreensão da cultura local e a formação de uma equipe que melhor atenda às necessidades específicas da comunidade na qual a igreja está sendo plantada.

Ott e Wilson insistem corretamente que qualquer plantação de igrejas deve ser baseada na centralidade de Jesus Cristo e sua Grande Comissão. A igreja de Saddleback cresceu lembrando às pessoas de que "um grande compromisso com o Grande Mandamento e a Grande Comissão produzirá uma grande igreja". Ott e Wilson ensinam que os plantadores de igrejas devem buscar ajuda e apoio de outras igrejas e/ou de suas denominações. Isso permite que a igreja cresça dentro de uma comunidade de cooperação da Grande Comissão.

Jesus não espera que produzamos *mais* do que podemos, mas que produzamos *tudo* o que podemos pelo seu poder em nós. Este livro o ajudará a fazer isso. Ele deve ser lido por todos que pensam em plantar uma igreja, mas também por qualquer pessoa que ocupe um cargo de liderança na igreja – porque, mesmo que você não participe da plantação de uma igreja, sua congregação deve envolver-se na criação e no apoio de novas igrejas. Esse é outro aspecto que eu gosto neste livro, ele ensina que a plantação de igrejas não é função exclusiva de um subgrupo, aqueles com espírito pioneiro. Pelo contrário, todos os cristãos são chamados a plantar igrejas enquanto reproduzimos a vida de Cristo em outros e seguimos a Grande Comissão.

Jesus deu à igreja um trabalho a ser feito e devemos obedecer à Grande Comissão ou, a despeito de qualquer outra coisa que façamos, fracassaremos em cumprir o propósito de nossa existência que é ajudar Jesus a trazer outras pessoas para o Reino de Deus. Que esse livro possa inspirá-lo na maneira de ver a Grande Comissão, mostrando quais passos tomar para o estabelecimento de novas congregações no Corpo de Cristo.

Rick Warren
Pastor
Saddleback Church

Introdução

O crescimento do cristianismo global no final do século 20 e princípio do século 21 não é nada menos do que surpreendente. Centenas de milhões de pessoas, especialmente da África, Ásia e América Latina têm sido recebidas em dezenas de milhares de novas congregações, algumas delas nos lugares mais inesperados (como a China) e das maneiras e nos formatos mais inusitados (como os *ashrams*[1] cristãos). O tema da plantação de igrejas também tem despertado muita atenção nos últimos anos com a crescente percepção de que o evangelismo sem a plantação de igrejas é uma abordagem incompleta para o cumprimento da Grande Comissão. Os discípulos são formados em comunidades de cristãos que são mais capazes de alcançar pessoas de seu próprio grupo étnico ou social. Essas comunidades tornam-se instrumentos de Deus para o impacto do Reino sobre indivíduos, famílias, bairros e a sociedade.

Ainda assim, cerca de um terço dos residentes do planeta Terra continuam sem uma igreja local que possa compartilhar com eles o Evangelho de Jesus Cristo de forma compreensível e significativa. A necessidade de plantação de igrejas, especialmente de pioneirismo entre grupos de povos não alcançados, permanece como uma tarefa urgente e um tremendo desafio. Em muitos lugares, como os centros urbanos, há bem poucas igrejas capazes de evangelizar todas as suas comunidades e os vários segmentos da população. Em outros, há igrejas com um extenso rol, mas esses membros compreendem pouco a fé cristã, não frequentam os cultos ou exercitam uma mistura sincrética de cristianismo com outras crenças e práticas religiosas. Os plantadores de igrejas bem preparados, locais ou estrangeiros ainda são uma grande necessidade.

Na América do Norte a causa da plantação de igrejas ganhou um novo impulso. Ela tem sido promovida por denominações e redes de plantação de

---

1 Um ashram, na antiga Índia, era um eremitério hindu onde os sábios viviam em paz e tranquilidade no meio da natureza. Hoje, o termo *ashram* é normalmente usado para designar uma comunidade formada intencionalmente com o intuito de promover a evolução espiritual dos seus membros, frequentemente orientado por um místico ou líder religioso. (N. de Revisão)

igrejas, institutos de treinamento têm surgido, recursos se multiplicam, conferências a respeito florescem e numerosos livros têm sido publicados. É um crescimento bem-vindo. No entanto, com poucas exceções, a maior parte da energia e dos recursos tem sido direcionada para as necessidades e para o contexto da igreja norte-americana. A publicação do estudo de David Garrison, amplamente lido, "*Movimentos de Plantação de Igrejas*" (2000) não somente despertou renovado interesse no assunto, mas conscientizou de que os métodos mais eficazes tendem a ser muito diferentes daqueles praticados no passado pela maioria dos missionários e plantadores de igreja. Os que trabalham fora da América do Norte são deixados sem muita orientação. Na maior parte dos cenários, será necessário mais do que uma simples adaptação ou ajuste dos métodos ocidentais para que seja eficaz, especialmente se o plantador de igrejas está trabalhando transculturalmente.

Nosso principal objetivo é combinar princípios bíblicos sólidos com as melhores experiências realizadas em todo o mundo para fornecermos um guia prático para plantadores de igrejas que trabalham em uma grande variedade de contextos. Os ensinos e os exemplos da igreja do Novo Testamento oferecem a base para nossa abordagem. Embora os alvos e os princípios bíblicos nunca mudem, o mundo muda e, portanto, da mesma forma, os métodos específicos precisam mudar. Desse modo, procuramos também lançar mão de uma pesquisa cuidadosa que contribuirá para cumprir esses propósitos bíblicos em contextos diversos. Escolhemos não nos concentrar somente em um modelo particular de igreja (como a igreja nos lares) ou uma única metodologia de plantação de igrejas (como o modelo encarnacional *versus* o modelo atrativo[2]). Em vez disso, procuramos examinar várias tentativas e movimentos de plantação de igreja, grandes e pequenos e de diversos contextos, evitando cair na tentação de produzir uma fórmula única para o sucesso. O leitor precisará avaliar cuidadosamente e em oração os vários métodos, modelos e exemplos que apresentamos nestas páginas a fim de decidir quais são os que melhor se adaptam à sua situação em particular.

Dito isso, devemos acrescentar que devotamos muito de nossa discussão ao que chamamos de plantação apostólica de igrejas, seguindo de perto o exemplo do apóstolo Paulo. Esses plantadores trabalham mais como agentes itinerantes ou catalíticos e menos como pastores das igrejas que eles plantam. Procuram reproduzir a si mesmos nos cristãos locais e plantar igrejas que possam reproduzir-se e multiplicar-se com base na liderança e nos recursos locais.

A tarefa de plantar e reproduzir igrejas, especialmente em contextos transculturais, envolve uma vasta gama de tópicos, habilidades e desafios que lidam com praticamente todas as facetas da missão e do ministério cristãos. É impossível cobrir todos os aspectos adequadamente em apenas um volume. Tentamos oferecer um resumo dos assuntos-chave e incluir numerosas referências para leitura posterior e recursos que auxiliarão o leitor a explorar os tópicos de interesse com mais detalhes.

O livro foi estruturado em quatro partes: "Base bíblica" examina a tarefa, a importância e os primórdios do Novo Testamento na plantação de igrejas;

---

2   Modelo de igrejas que promovem eventos com maior probabilidade de atrair não cristãos aos cultos. (N. de Tradução)

"Considerações estratégicas" aponta as decisões que precisam ser tomadas desde o início do processo de planejamento, incluindo a natureza da multiplicação e localização da igreja, o papel do plantador, a contextualização do formato da igreja e modelos de abordagens para a plantação de igrejas; "Fases do desenvolvimento", descreve as fases pelas quais passam a maioria das igrejas com orientações muito práticas para liderar uma plantação de igreja desde a implantação até a reprodução. Finalmente, "Fatores críticos" considera os fatores que sustentam a plantação efetiva de igrejas: a vida pessoal dos plantadores de igrejas, as equipes, o desenvolvimento de líderes, o uso sábio dos recursos e das parcerias e as igrejas em desenvolvimento com impacto no Reino.

Não escrevemos como teóricos de gabinete, mas como aqueles que experimentaram em primeira mão os desafios da plantação transcultural de igrejas. Gene serviu como plantador de igrejas por dezoito anos em Quebec, no Canadá, e por dez anos na América Latina. Trabalha atualmente com instrutores e plantadores de igrejas no mundo inteiro. Craig serviu vinte e um anos na Alemanha, também plantando igrejas, como líder de treinamento e consultor na área por toda a Europa Central. Nós dois continuamos a ensinar, oferecer consultoria e orientar plantadores de igrejas em mais de quarenta países. A maior parte dos exemplos neste livro que não são atribuídos a outra fonte provém de nossa experiência pessoal, nossa observação ou de entrevistas. Além disso, temos ensinado esse tema em contextos acadêmicos e estamos envolvidos em pesquisas sobre o assunto. Nossa esperança é combinar o melhor desses conceitos bíblicos e práticos em um volume para plantadores de igrejas, instrutores, monitores e professores, bem como líderes de missões e líderes de igrejas locais que são parceiros no esforço global de plantar igrejas. Escrevemos também na expectativa de oferecer um recurso para os muitos leigos e instrutores que trabalham nessa área na África, Ásia e América Latina.

Esse trabalho não seria possível sem a colaboração e o incentivo de muitos outros. A ReachGlobal, agência missionária na qual servimos, tem nos apoiado generosamente e nos incentivado nessa empreitada. Ben Sawatsky, plantador de igrejas apaixonado, estrategista perspicaz e estadista missionário, tem sido um mentor inspirador e incentivador para nós dois. A pesquisa e a experiência de muitos de nossos alunos, particularmente da Akademie für Weltmission (Korntal, Alemanha) e da Trinity Evangelical Divinity School (Deerfield, EUA) contribuíram direta ou indiretamente em muitas das conclusões compartilhadas nessas páginas. Somos particularmente gratos a Jim Kinney e seus colegas da Baker Academic por sua competente assistência e ao nosso assistente Ben Stevens por seus esforços pesquisando fontes, colhendo informações e editando o manuscrito. Por último, e não menos importantes, agradecemos às nossas companheiras de vida Linda e Alice por seu apoio, paciência e incentivo que ocuparam um papel de grande importância na realização desse trabalho.

Para maiores informações, recursos e auxílio na aplicação dos princípios e práticas encontradas nesse livro, visite o site www.globalchurchplanting.net. (site em inglês. Acesso em 05/03/2012.)

Prólogo

A parábola das macieiras

Era uma vez uma terra onde muitas pessoas estavam morrendo de fome. Era um tempo terrível de sofrimento e ninguém sabia o que fazer. As macieiras da cidade encheram-se de compaixão, especialmente ao ver as muitas crianças famintas com seus rostinhos esqueléticos. Elas decidiram que poderiam fazer parte da solução: cada árvore aumentaria sua produção para prover mais comida.

Uma árvore em particular tinha a visão de se tornar a maior e a mais produtiva de todas, podendo alimentar centenas de pessoas. Decidiu que iria esticar seus galhos para que ficassem mais largos e aprofundar ainda mais suas raízes. E assim fez. Ela cresceu mais alta e mais forte com amplos e graciosos ramos. Seu tronco era reto como uma coluna grega, suas raízes eram sinuosas e fortes. Ela tornou-se muito produtiva causando a inveja de todas as outras macieiras, dobrando e até triplicando o número de maçãs que produzia, alimentando mais e mais pessoas. Além disso, suas maçãs eram as maiores e as mais saborosas que se podia encontrar. Ela também se preocupava que nenhuma fruta fosse desperdiçada, então, desenvolveu uma forma de segurar seus frutos até que os ceifeiros chegassem, não permitindo que nem uma única fruta caísse ao chão. O plano era brilhante. Muitas crianças foram alimentadas e sobreviveram ao inverno graças a ela.

Essa árvore tornou-se famosa entre os cultivadores e era admirada por todos na cidade por seu compromisso de alimentar os famintos. Logo, cultivadores de maçãs de todo o país vieram de longe para descobrir como essa árvore podia produzir tantas frutas maravilhosas e ela ficou conhecida como a "Mega-árvore".

No entanto, a Mega-árvore começou a ficar frustrada. Seus ramos ficaram tão largos e pesados que todos os anos, quando os ventos do outono sopravam, os galhos maiores se quebravam. Alguns se despedaçavam no chão, perdendo o fruto precioso e diminuindo a produção. Esses galhos teriam que crescer novamente para que o mesmo número de maçãs fosse colhido no ano seguinte. Certo ano, os ventos foram tão fortes e Mega-árvore tinha crescido tanto que quase foi arrancada do chão. Isso a deixou muito assustada, mas o que mais a perturbou foi perceber que tinha atingido o limite de sua capacidade de produção. Não importava o quanto tentasse, simplesmente não conseguia produzir mais. E o pior: compreendeu que ainda havia muitas pessoas famintas que ela ainda não conseguia alimentar.

Mega-árvore permaneceu fiel à sua tarefa e continuou a produzir muitas maçãs boas, mas sua visão, antes tão grandiosa, esmoreceu, e sua alegria começou a diminuir. Com o passar do tempo seu tronco tornou-se nodoso e seus frutos não eram tão doces como nos primeiros anos. Os produtores de maçãs pararam de visitá-la e procuraram outras árvores mais fortes e mais produtivas de quem poderiam aprender.

Enquanto isso havia outra árvore na cidade. Ela também estava cheia de compaixão e queria alimentar o maior número possível de pessoas famintas, mas era pequena e insignificante. Seus frutos não eram muito doces e algumas vezes estavam meio bichados. Ela não produzia nem um décimo da colheita da Mega-árvore. Ficava envergonhada porque seus frutos muitas vezes caíam no chão e apodreciam antes de serem colhidos, então, além de produzir muito pouco, menos ainda chegava aos famintos. Os produtores de maçãs nem notavam sua presença e passavam direto por ela quando iam visitar Mega-árvore. Era tão feia que lhe deram o apelido de "Vareta".

Vareta começou a sentir pena de si mesma: "Você é a vergonha das árvores!", dizia ela lamentando-se constantemente, sacudindo tristemente sua ramagem, "Você nunca vai conseguir alimentar muitos famintos!" Olhando para os elegantes e longos galhos de Mega-árvore, via muitas caixas de maçãs grandes e bonitas sendo colhidas e isso fazia com que se sentisse um fracasso. Também fazia com que ela tivesse um pouco de inveja, o que não gostava de admitir para si mesma. Algumas vezes, inventava desculpas: "É o solo. Se eu tivesse o solo que a Mega-árvore tem, poderia fazer o que ela faz". Mas ela sabia em seu coração que isso não era verdade.

Um dia, Vareta estava triste e cabisbaixa quando percebeu uma coisa muito estranha. Não muito longe de suas raízes, cresceu uma pequena planta. Depois de inspecioná-la mais de perto, descobriu de que se tratava de uma pequena macieira bebê. A princípio ela pensou: "Ah, não! Era só o que me faltava! Mais uma para dividir esse solo ordinário e infértil! Depois que ela crescer, provavelmente irei produzir menos ainda! Suas raízes vão acabar se enganchando nas minhas e ela pode até bloquear a luz do sol!"

O ressentimento de Vareta cresceu, tanto contra Mega-árvore quanto contra a árvore bebê. Até que, de repente, um pensamento lhe veio como se tivesse sido atingida por um raio (e para uma árvore, essa é uma experiência chocante). Ela compreendeu que a árvore bebê era resultado de uma de suas maçãs que havia caído no chão. E se aquele pensamento não fosse chocante o suficiente, teve mais um: "Se eu continuar deixando algumas de minhas maçãs caírem no chão, muitas macieiras surgirão produzindo maçãs e alimentando muito mais pessoas". Embora Vareta não fosse lá muito boa de matemática, sabia o bastante para fazer o cálculo. "De fato, a soma de todas aquelas maçãs nas árvores crescendo de minhas sementes seriam mais, sim, *muito* mais até, do que a Mega-árvore está produzindo. Nós poderíamos alimentar muito mais gente".

"Mas espere!", Vareta continuou pensando consigo mesma, "e se minhas árvores bebês também deixassem suas maçãs caírem no chão? Elas criariam ainda mais novas árvores produzindo mais frutos e alimentando ainda mais gente. E então essas árvores poderiam também deixar cair alguns frutos, e.... Caramba! Nesse ritmo poderíamos alimentar o mundo inteiro!" E assim, Vareta alegremente começou a deixar cair no chão algumas de suas maçãs. Algumas pessoas que passavam olhavam com desprezo e diziam: "Que desperdício! Você nunca vai conseguir nada com isso". Ou então, zombavam dela: "Por que você não aprende com a Mega-árvore?" Mas Vareta continuou quietinha, deixando cair fielmente algumas maçãs e, como se esperava, algumas de suas filhas seguiram seu exemplo. Logo havia novas macieiras crescendo por toda a terra e, embora nenhuma das novas árvores fosse impressionante como Mega-árvore, nenhuma criança e nenhum adulto precisou mais passar fome naquela cidade.

Moral da história: se você quiser alimentar mais gente, não produza apenas maçãs, maçãs maiores e mais doces, em vez disso, plante mais macieiras que por sua vez possam reproduzir mais macieiras para produzir exponencialmente mais frutos. E se quisermos alimentar espiritualmente o mundo faminto, precisamos não apenas produzir igrejas maiores e melhores que alcancem mais pessoas (embora isso certamente seja uma coisa boa), mas precisamos plantar igrejas que por sua vez, reproduzam mais igrejas que alcancem exponencialmente mais pessoas.

PARTE 1

BASE BÍBLICA

1

A TAREFA DA PLANTAÇÃO DE IGREJAS

Muitos plantadores de igrejas se entusiasmam com seu chamado e com o desafio de se lançar em uma empreitada tão emocionante. Em geral, eles possuem uma personalidade pioneira e empreendedora e, por isso, às vezes têm pouca paciência para definir objetivos ou responder a perguntas fundamentais sobre a natureza da tarefa. Fazer isso, porém, é como começar a construir uma casa sem uma planta. Ainda que haja espaço para desdobramentos inesperados e liberdade criativa, é essencial ter uma boa noção da natureza e dos objetivos da tarefa para que ela seja cumprida.

Anos atrás, um desenho muito popular apresentado na TV alemã, mostrava um personagem atirando flechas a esmo em direção a um muro e então desenhando o alvo em volta do ponto em que a flecha havia acertado. Esse método assegurava que você sempre acertaria o alvo! Estranhamente, alguns plantadores de igrejas parecem atirar primeiro e desenhar o alvo depois. Devido ao crescente número de plantadores de igreja que possuem pouco treinamento bíblico e teológico formal é de suma importância começar definindo termos e esclarecendo a natureza da igreja e o que de fato significa plantar uma igreja. Isso se torna particularmente importante quando alguém planta uma igreja em outra cultura. Muitos livros têm sido escritos sobre a natureza da igreja, é claro, mas esse capítulo visa apresentar de forma resumida uma planta teológica para o trabalho prático da plantação de igrejas.

O que é uma igreja?

Definir o que é uma igreja é o primeiro passo óbvio para entender a plantação de igrejas. Nossa tendência natural é pensar em plantar congregações que se assemelhem e funcionem como a nossa igreja de origem, embora esta possa estar plantada em outra cultura ou em circunstâncias diferentes. Há quem afirme tacitamente que a sua é a melhor e a única forma bíblica de igreja.

No entanto, uma olhada cuidadosa no Novo Testamento revela que as igrejas do primeiro século tomaram diversas formas, reunindo-se em vários lugares e com diferentes ênfases e estruturas. A igreja em Jerusalém, por exemplo, que incluía membros que eram "zelosos da lei" continuava a observar muitas das práticas judaicas, como a participação em certos ritos (At 2.46; 5.42; 21.20,26). As igrejas predominantemente gentias não tinham essas práticas e se reuniam principalmente nos lares. Ainda assim todas elas eram legítimas igrejas neotestamentárias inseridas em seu contexto.

Muitos elementos da vida da igreja com os quais estamos familiarizados em nossa igreja local podem não ser biblicamente necessários nem culturalmente adequados em um contexto diferente. Uma congregação precisa ter um pastor contratado, possuir um prédio, celebrar cultos semanais e estar oficialmente legalizada com um estatuto e regulamentos para ser uma igreja "de verdade"? Talvez isso seja desejável, mas pelos padrões do Novo Testamento está longe de ser essencial. Muitas das igrejas plantadas por Paulo não atingiria o que muitos consideram ser o padrão mínimo para ser uma igreja estabelecida. No entanto, ele se referia até às congregações mais problemáticas como "a igreja". Isso nos obriga a considerar mais cuidadosamente o que, genuinamente, constitui uma igreja local no sentido bíblico.

Todo líder de uma equipe de plantação de igreja deve estudar meticulosamente as Escrituras e procurar responder a essas e muitas outras perguntas sobre a vida e a natureza da igreja. É necessário distinguir entre o que é biblicamente obrigatório e essencial, e o que não é. As Escrituras concedem grande liberdade nos detalhes da vida da igreja e seu governo. Os plantadores de igrejas transculturais precisam ter um cuidado extra para não impor expressões estrangeiras na vida da igreja, mas desenvolver criativamente a nova igreja de forma que ela cumpra os propósitos bíblicos de maneira culturalmente apropriada. Ao mesmo tempo, a igreja deve demonstrar os valores contraculturais do Reino de Deus.

Os plantadores de igrejas devem ter sua eclesiologia bem clara em suas mentes antes de lançar um projeto. Um estudo bíblico sobre a natureza da igreja deve ser incluído nos primeiros ensinos de toda plantação de igreja[3] permitindo que os cristãos locais ajudem a determinar que formato a igreja deve assumir para cumprir os propósitos bíblicos no contexto local. Ainda que não haja nada que substitua o estudo das Escrituras para nossa compreensão da igreja, também é valioso nos familiarizarmos com os ensinos históricos sobre a igreja e conhecermos as formas que ela tem tomado em outros contextos (ver o Capítulo 6 sobre formato da igreja e contextualização).[4]

Devemos começar entendendo qual a *natureza* essencial da igreja. Um resumo dos vários entendimentos da essência da igreja é encontrado na tabela 1.1. Em primeiro lugar, a igreja é uma entidade *espiritual,* concebida pelo Pai (Ef 1.3-6), edificada por Cristo (Mt 16.18) e habitada pelo Espírito Santo (Ef 2.19-22). A igreja é o principal veículo de Deus para manifestar a natureza do Reino de Deus

---

3   Considere estudar, por exemplo, o que o livro de Atos ensina sobre evangelismo e vida da igreja; Efésios sobre a natureza da igreja e as metáforas bíblicas da igreja; as Epístolas Pastorais sobre ordem na igreja e liderança e 1 Pedro 2 sobre a continuidade do povo de Deus no Velho e no Novo Testamento.

4   "As pessoas de outras culturas geralmente apreciam a importância da sabedoria do passado e são corretamente céticas a respeito de inovações que têm pouca continuidade com a história. Craig Van Gelder escreve: "Todo pensamento sobre a igreja, todas as eclesiologias, refletem até certo ponto as circunstâncias históricas das épocas nas quais foram desenvolvidas... Todas as eclesiologias devem ser vistas funcionando em relação ao seu contexto. Não há outra maneira de ser igreja a não ser dentro de um contexto histórico concreto... Novos contextos exigem novas expressões para o entendimento da igreja" (2000,40-41).

nessa época e entre todos os povos. Essa visão bíblica da igreja deve capturar nossa imaginação e mover nossos corações. Que glorioso e santo privilégio sermos servos de Deus na plantação e estabelecimento de igrejas locais!

Tabela 1.1
A Essência da Igreja

Natureza	Marcas
Uma	Doutrina correta
Santa	Ministração fiel dos sacramentos
Católica (universal)	Disciplina da igreja
Apostólica	Fé pessoal
Propósito	**Metáforas**
Testemunho, *martyria*	Povo de Deus
Comunhão, *koinonia*	Corpo de Cristo
Serviço, *diakonia*	Rebanho de Deus
Proclamação, *kerigma*	Noiva de Cristo
Adoração, *leiturgia*	Templo de Deus
	Sacerdócio Real

Os pais da igreja primitiva referiram-se muitas vezes à igreja como a comunhão dos santos. A ênfase era corretamente colocada sobre a igreja como um povo em vez de uma instituição. Os atributos essenciais da igreja foram resumidos no Credo de Niceia (381 d.C.) como *uma* (unidade), *santa* (vida santificada), *católica* (universal, para todas as pessoas) e *apostólica* (baseada na doutrina dos apóstolos). Esses atributos têm sido interpretados de várias formas através da história da igreja[5], mas são confessadas por quase todos os cristãos. Os reformadores se concentraram mais nas *marcas* essenciais da igreja, em uma tentativa de discernir o que constitui a verdadeira igreja em contraste com as falsas expressões. Lutero falou da *correta pregação da Palavra* (doutrina) e da *fiel ministração dos sacramentos* (batismo e Santa Ceia) como as duas marcas essenciais. As igrejas reformadas acrescentaram o *exercício da disciplina da igreja*. As igrejas livres enfatizaram a *regeneração pessoal e piedade* de seus membros[6].

---

5   Por exemplo, o termo *apostólica* tem sido tomado pela igreja católica romana para se referir à sucessão apostólica, enquanto alguns protestantes interpretam essa palavra em termos do envio apostólico/missionário da igreja. Van Gelder escreve: "Para que a igreja seja santa, deve se apropriar do poder redentor de Deus em seu meio. Para a igreja ser católica, deve adaptar-se e organizar-se para ser flexível e adaptável a novos contextos. Para a igreja ser apostólica deve organizar-se para ser missional em todas as suas funções ministeriais e através de todas as suas funções. Para a igreja ser a comunhão dos santos deve promover a edificação e o fortalecimento de relacionamentos através do exercício, tanto do fruto, quanto dos dons do Espírito" (2000, 52).

6   O termo "igreja livre" é geralmente usado aqui para as igrejas não estatais – isto é, como as batistas e as pentecostais em contraste com igrejas como a católica, episcopal, ortodoxa ou luterana. Veja a discussão em Van Gelder 2000.

Uma abordagem mais prática é definir a igreja em termos de seu *propósito* e *obra*. Atos 2.42 descreve as atividades básicas da igreja em termos de ensino apostólico, comunhão, partir do pão (e batismo) e oração, aos quais são acrescentados louvor e evangelismo (v.47) e então mais tarde, o envio intencional de missionários (At 13). Os teólogos têm falado também do testemunho da igreja (*martyria*), comunhão (*koinonia*), serviço (*diakonia),* proclamação (*kerygma*) e adoração (*leiturgia*)[7]. O famoso livro de Rick Warren *Uma Igreja com Propósitos* lista: alcance (evangelizar), adoração (exaltar), comunhão (encorajar), discipulado (edificar) e serviço (equipar) como propósitos bíblicos que devem ser mantidos em equilíbrio para dar direção à igreja. Outra maneira de ver a igreja é em termos de relacionamento com Cristo. As culturas altamente relacionais, especialmente de países em desenvolvimento, podem achar essa abordagem mais compreensível do que as outras:

- Confissão de Cristo como Senhor (batismo);
- Testemunho de Cristo (evangelismo);
- Lembrança e comunhão de Cristo (Santa Ceia);
- Espírito de Cristo (enchimento, fruto, dons);
- Amor de Cristo (adoração, devoção);
- Palavra de Cristo (pregação, ensino);
- Família de Cristo (comunhão, comunidade);
- Sacrifício de Cristo (mordomia, serviço);
- Sofrimento de Cristo (fidelidade, perseverança);

Note como as metáforas bíblicas-chave da igreja também posicionam a igreja em relação a Cristo, por exemplo:

- Cristo como o cabeça do corpo;
- Cristo como o bom pastor de seu rebanho;
- Cristo como o fundamento, a pedra angular e construtor de sua igreja;
- Cristo como a porta do aprisco;

Baseados nessa discussão, apresentamos a seguinte definição prática de uma igreja local e os termos que usaremos neste livro. *Uma igreja local é uma comunhão de crentes em Jesus Cristo comprometidos a reunir-se regularmente para propósitos bíblicos sob uma liderança espiritual reconhecida.* Essa definição bem básica inclui vários elementos-chave:

- *Crentes*: A igreja é composta de pessoas que têm experimentado a salvação através do arrependimento e da fé em Jesus Cristo de acordo com o Evangelho, tendo confessado por meio do batismo. Eles desejam ser discípulos fiéis de Jesus Cristo, regenerados e capacitados pelo Espírito Santo. São o novo povo de Deus.

- *Reunião*: Esses crentes estão comprometidos a reunirem-se regularmente para servir a Deus e uns aos outros[8]. São a família de Deus. Como povo

---

7   Veja, por exemplo, Bate 1994.
8   Veja a discussão de Robert Bank (1994) sobre o termo grego para igreja, *ecclesia*, que em seu uso profano primariamente significa *assembleia*. Ele defende que no emprego primitivo de Paulo "o termo se aplica somente ao ajuntamento *real de pessoas* ou grupo que se congrega como *uma reunião regularmente constituída* e não como hoje, a um número de assembleias locais concebidas como parte de uma unidade maior." (1994, 29-30)

missionário, eles se reúnem em preparação para serem enviados como agentes da missão de Deus no mundo.

- *Propósito*: Sua comunidade reúne-se para cumprir propósitos bíblicos que incluem oração, louvor, evangelismo, instrução, edificação, serviço, celebração das ordenanças do batismo e da Santa Ceia, exercício da disciplina da igreja e envio de missionários. Eles incorporam os valores do Reino de Deus.
- *Liderança*: Eles se submetem a líderes espirituais reconhecidos. Os líderes oferecem uma forma mínima de estrutura sob o governo de Cristo. Em espírito de servidão, oferecem orientação, supervisão espiritual e cuidado, ensinando e capacitando o corpo de crentes.

Essa pode ser considerada uma lista mínima de características práticas para definir a igreja para o plantador de igrejas. Crentes isolados, reuniões de interesses especiais ou reuniões não estruturadas não constituem uma igreja.

Essa definição deixa bastante espaço para a flexibilidade. Um pastor remunerado não é essencial, mas líderes reconhecidos são. Edifícios de igrejas não são necessários, mas reuniões regulares são. Adesão a um credo em particular ou distintivo denominacional não é obrigatório, mas a fidelidade à verdade bíblica e seus propósitos é. A maturidade espiritual profunda é um alvo, mas mais essencial ainda é o compromisso fundamental dos cristãos com a obediência no seguir a Cristo.

O que queremos dizer com "plantação de igrejas"?

Tendo definido o que queremos dizer com *igreja*, podemos simplesmente definir a plantação de igrejas como o ministério que visa estabelecer novas igrejas. Normalmente isso ocorrerá através do evangelismo, discipulado e a reunião dessas pessoas em uma congregação em funcionamento. A maior parte da plantação de igrejas tem também um alvo de longo prazo de multiplicação. Portanto, apresentamos essa definição: *Plantação de igrejas é o ministério que, através do evangelismo e discipulado, estabelece comunidades reprodutivas do reino de crentes em Jesus Cristo que estão comprometidos em cumprir os propósitos bíblicos sob a orientação de líderes espirituais locais.*

Plantar é um termo usado pelo apóstolo Paulo para descrever seu ministério de estabelecimento de novas igrejas em 1 Coríntios 3.6: *Eu plantei, Apolo regou, mas Deus é quem fez crescer.* Embora Paulo tivesse uma variedade de dons e ministérios, "plantar" aqui se refere a seu ministério apostólico pioneiro de estabelecer novas igrejas em lugares e entre pessoas onde não havia uma igreja preexistente. Ele deixa isso claro em Romanos 15.20: *Sempre fiz questão de pregar o evangelho onde Cristo ainda não era conhecido, de forma que não estivesse edificando sobre alicerce de outro.*

Um ministério que complementa a plantação ou os ministérios pioneiros são os ministérios de "regar" como o que Apolo exercia mencionado em 1 Coríntios 3.6. Paulo o enviou a Corinto para continuar a instrução da igreja ali (1Co 16.12). Enquanto o ministério de plantação envolve principalmente evangelismo, discipulado e congregação, o ministério de regar envolve o aprofundamento do ensino e o fortalecimento de igrejas que já estejam se reunindo. Ambos os plantadores e os regadores são essenciais para o cumprimento do alvo de longo prazo do estabelecimento de igrejas saudáveis que se reproduzem. Quando falamos de "plantação de igrejas" nesse livro estamos nos referindo de forma abrangente a todo o processo de plantação (no sentido do pioneirismo) e a rega primitiva levando ao estabelecimento de novas igrejas sadias.

Plantação de igrejas como uma incumbência espiritual

A maior parte deste livro discute o processo e os métodos práticos da plantação de igrejas. Precisamos, no entanto, ter em mente que a plantação de igrejas é essencialmente uma incumbência espiritual, realizada principalmente por meios espirituais. Jesus é o verdadeiro plantador de igrejas, como ele prometeu: *"Eu edificarei a minha igreja"* (Mt 16.18) A Grande Comissão é registrada em Mateus 28.19s, ir e fazer discípulos de todas as nações está entre a afirmação de que toda a autoridade no céu e na terra foi dada a Jesus (v.18) e promessa da presença de Jesus com os discípulos até o final dos tempos (v.20). Somente "permanecendo em Cristo" nosso ministério pode dar fruto. Realmente, sem Jesus, nada podemos fazer (Jo 15.5), além disso, o Evangelho de João recorda a promessa de Jesus de que o Espírito Santo convenceria os incrédulos do pecado, da justiça e do juízo e, portanto, de sua necessidade de salvação em Cristo (Jo 16.8).

O Evangelho de Lucas termina com a ordem de Jesus para esperar antes de cumprir a Grande Comissão até que fossem *"revestidos de poder do alto"* (Lc 24.49). Nada poderia ser mais claro no segundo volume de Lucas, o livro de Atos, do que a centralidade da obra capacitadora e poderosa do Espírito Santo para a proclamação do Evangelho e o estabelecimento de igrejas. Por exemplo:

- Poder para testemunhar e pregar (At 1.8; 4.8)
- Conceder ousadia em meio à perseguição (At 4.31)
- Fortalecer e consolar as igrejas (At 9.31)
- Orientar na tomada de decisões (At 16.6-10)
- Chamar e enviar missionários (At 13.2-4)
- Confirmar a pregação apostólica através de sinais e maravilhas (At 2.43; 4.16; 5.12; 6.8; 8.6,13; 14.3; 15.12; 19.11)

Foi o Senhor quem acrescentou novos convertidos à igreja (At 2.47) e foi o Senhor quem abriu os corações daqueles que ouviram o Evangelho (At 2.37; 16.14). Lucas também fala do crescimento da igreja em termos da Palavra de Deus aumentando, se espalhando e se multiplicando (Atos 6.7; 12.24; 13.49; 19.20). Os agentes humanos desempenharam um papel secundário.

A mesma ênfase pode ser encontrada nas cartas do apóstolo Paulo. O poder de Deus para salvar está no próprio Evangelho, não no mensageiro (Rm 1.16; 1Co 1.18). A mensagem deve ser proclamada no poder do Espírito Santo (Rm 15.18s; 1Co 2.4s; 1Ts 1.5). A igreja em Corinto tinha se dividido por desviar o foco para os vários obreiros e certos dons espirituais. Para corrigir isso, Paulo redireciona a atenção deles em 1 Coríntios 3.5-10 para a verdade central de que é Deus quem opera através de pessoas e seus dons (ênfase através de negrito acrescentada abaixo):

*Afinal de contas, quem é Apolo? Quem é Paulo? Apenas servos por meio dos quais vocês vieram a crer, conforme o ministério que o **Senhor** atribuiu a cada um. Eu plantei, Apolo regou, mas **Deus** é quem fez crescer; de modo que nem o que planta nem o que rega são alguma coisa, mas unicamente **Deus**, que efetua o crescimento. O que planta e o que rega têm um só propósito, e cada um será recompensado de acordo com o seu próprio trabalho. Pois nós somos cooperadores de **Deus**; vocês são lavoura de **Deus** e edifício de **Deus**. Conforme a graça de **Deus** que me foi concedida, eu, como sábio construtor, lancei o alicerce, e outro está construindo sobre ele. Contudo, veja cada um como constrói.*

O avanço do Evangelho enfrentará oposição espiritual. A expansão da igreja em Atos enfrentou perseguição, oposição demoníaca e fracasso humano. Paulo fala da natureza espiritual de grande parte da oposição que enfrentou (por ex., 2Co 10.2-4; Ef 6.12). Ainda assim, as Escrituras deixam igualmente claro que Cristo venceu todos os principados e poderes espirituais (Rm 8.35-39; Cl 1.16). Embora não tenhamos nenhuma garantia de que todas as tentativas individuais de se plantar uma igreja terão sucesso, temos a promessa de que no final a causa de Cristo prevalecerá por essas palavras: *"... edificarei a minha igreja, e as portas do Hades não poderão vencê-la"* (Mt 16.18).

Essas verdades devem oferecer aos plantadores de igrejas uma grande confiança de que os frutos de seus esforços dependem, em última instância, da obra de Deus. Isso não nos exime de nos prepararmos bem, trabalharmos duro e avaliarmos cuidadosamente. No entanto, isso nos liberta da pressão desnecessária de produzir resultados e de um sentimento de fracasso quando, depois de ter dado o nosso melhor, vermos pouco fruto visível de nosso trabalho. Isso igualmente nos guarda do orgulho e da soberba quando experimentamos grande bênção em nosso ministério. Andar e trabalhar pela fé deve caracterizar nossa atitude no ministério. A total dependência de Deus deve ser "o método por trás dos métodos". Finalmente, essas verdades devem levar o plantador de igrejas a orar mais. A oração é mencionada vinte e seis vezes no livro de Atos. As cartas de Paulo às suas igrejas estão repletas de exemplos de como ele orava por eles e seu crescimento espiritual (por ex., Ef 1.15-23; 3.14-19; Fl 1.3-6, 9-11; 2Ts 1.11s). Esses textos são exemplos maravilhosos de como os plantadores de igrejas podem orar por suas igrejas e pelas pessoas.

A plantação de igrejas é um empreendimento completamente espiritual. Podemos empregar os métodos mais eficazes – e os métodos *são* importantes – mas não são substitutos para a oração e uma profunda dependência da orientação e da operação divinas. É possível estabelecer através de meios humanos uma instituição que tenha toda a aparência externa de uma igreja, mas a verdadeira igreja é uma criação do Espírito Santo.

Plantação de igrejas: uma incumbência que exige sabedoria e discernimento

A plantação de igrejas não é apenas uma incumbência espiritual, é também uma complexa incumbência humana. Muitos plantadores de igrejas têm sido apaixonadamente comprometidos, mas, na prática, despreparados e ingênuos, levando a uma frustração desnecessária e, muitas vezes, ao fracasso. Em Provérbios 19.2 está escrito: *Não é bom ter zelo sem conhecimento, nem ser precipitado e perder o caminho.* Deus nos deu a capacidade de discernir e compreeender para que possamos entender melhor seus caminhos e exercitar mais sabedoria em seu serviço. Há diversas maneiras de ficarmos mais bem informados, discernirmos a sabedoria de Deus e nos tornarmos melhores mordomos de nossa energia no ministério de plantação de igrejas:

- *Ensino bíblico.* Embora o mundo do Novo Testamento seja bem diferente do mundo de hoje, podemos ainda assim extrair muitos princípios importantes do exemplo que os primeiros cristãos deixaram ao proclamar o Evangelho e plantar igrejas.

- *Oração.* Em Tiago 1.5 temos uma promessa: *Se algum de vocês tem falta de sabedoria, peça-a a Deus, que a todos dá livremente, de boa vontade; e lhe será concedida.*

- *História.* Podemos tirar lições da história de missões e de plantação de igrejas descobrindo algumas formas que Deus abençoou e alguns erros a evitar. O ditado é verdadeiro: "Se não aprendermos com a história, estamos condenados a repeti-la".

- *Ciências sociais.* As ciências sociais nos ajudam a entender o comportamento humano e as sociedades. Se quisermos servir bem às pessoas, precisamos entendê-las profundamente. As Ciências Sociais nos ajudam a superar alguns pontos cegos e descobrir, de forma disciplinada, fatores de conduta que nos levarão a um ministério efetivo, dirigido às necessidades mais profundas das pessoas de maneira biblica e culturalmente apropriada.

- *Métodos melhores*: Algumas das descobertas mais úteis ocorrem quando os plantadores de igrejas compartilham e procuram discernir juntos os melhores métodos de plantação de igreja. Um cuidado deve ser tomado aqui: métodos que são eficazes em determinado local podem ter pouca eficácia em outros.

Existe diferença entre sabedoria sadia e pragmatismo crasso, no qual os fins justificam os meios. No final, os melhores métodos não são garantia de sucesso – só Cristo pode edificar sua igreja. Deus, no entanto, trabalha através de instrumentos humanos e geralmente escolhe trabalhar através de servos bem preparados e bem informados, que são humildes e ensináveis e que fazem bom uso de todos os meios disponíveis para o avanço de sua causa.

Quando uma igreja deve ser considerada "plantada"?

Como um plantador de igrejas sabe quando seu trabalho foi concluído? Quando uma igreja deve ser considerada "plantada"? Em que ponto o plantador de igrejas e/ou a equipe de plantadores deve ir adiante e confiar a igreja completamente aos líderes locais? A Bíblia não nos fornece uma lista de itens a cumprir para consultarmos e respondermos a essas perguntas. Os missionários plantadores de igrejas são notórios por permanecer tempo demais, dominar a igreja e ter uma atitude que sugere que os crentes locais nunca estão bem preparados para sobreviver sem o missionário. O extremo oposto ocasionalmente ocorre também: o plantador de igreja, tendo falhado em desenvolver uma liderança local, abandona abruptamente o trabalho e a igreja murcha e morre.

Alguns escritores observando o exemplo do apóstolo Paulo sugerem que a igreja deve ser considerada plantada logo depois que os primeiros crentes se congregaram (por ex., Allen 1962a, 3). Realmente, na maioria dos casos, o apóstolo Paulo deixou as igrejas em poucas semanas ou meses depois de seu estabelecimento inicial. Na Ásia Menor, ele e Barnabé chegaram a empossar anciãos nas igrejas logo depois da evangelização inicial e então consideraram a obra "completa" (At 14:23, 26)[9]. Portanto uma liderança local qualificada e reconhecida parece ser essencial.

No entanto, concluir que o envolvimento missionário deva ser cortado rapidamente logo após a reunião dos primeiros convertidos é ignorar a história bíblica mais ampla. As rápidas partidas de Paulo foram frequentemente causadas por perseguição, não por planejamento. Paulo ficou mais de dois anos em Éfeso, onde Deus *abriu para mim uma porta ampla e promissora* (1Co 16.9), adiando assim outro trabalho pioneiro. O relato bíblico também deixa claro que uma assistência contínua foi oferecida a essas jovens congregações através de visitas de acompanhamento, cartas e o envio de outros cooperadores. Portanto, uma análise mais acurada da Bíblia revela que plantar igrejas sadias envolve muito mais do que campanhas breves que deixam novas congregações para se sustentarem por si mesmas. O método de plantação de igrejas de Paulo estabelecia líderes locais e delegava responsabilidades a eles rapidamente, mas várias formas de assistência a longo prazo foram também providenciadas.

Do exemplo de Paulo e seus colegas, descobrimos que o separação de uma igreja plantada pode ser visto como um processo de mudança de ênfases e responsabilidades à medida que a igreja amadurece. Em vez de uma retirada abrupta, a saída do missionário pode ser um processo gradual com vários membros da equipe servindo em diferentes posições e com níveis decrescentes de contato e assistência. Os exemplos bíblicos também demonstram que vários dons e talentos são necessários durante as progressivas fases de plantação e estabelecimento das igrejas.

Acompanhando nossa definição de igreja, sugerimos os seguintes alvos de curto prazo como medida para a dimunição do envolvimento do plantador de igrejas ou equipe de plantação de igrejas.

- Pessoas da localidade ou do povo-foco foram levadas à fé em Cristo, discipuladas e congregadas em uma comunhão de crentes mutuamente comprometidos que se reúnem regularmente.
- Uma equipe qualificada de líderes espirituais locais (de preferência que pertençam ao povo-foco) é chamada e reconhecida pela congregação. Eles orientam, ensinam e aplicam apropriadamente as Escrituras em suas vidas e na sociedade.
- As estruturas culturalmente apropriadas para comunhão, louvor, evangelismo, serviço e governo estão funcionando.
- Crentes locais internalizaram valores e objetivos bíblicos. Os propósitos do Reino para a igreja estão sendo progressivamente vividos.

A igreja pode ser considerada "plantada" quando os alvos de curto prazo são alcançados. No entanto, deve ser observado o desenvolvimento da igreja por

---

9   Paulo considerou o trabalho em Creta "incompleto" porque anciãos qualificados ainda não tinham sido apontados (Tt 1.5), mas não temos certeza de quanto tempo a igreja em Creta existiu antes que o texto fosse escrito.

um período mais longo para que sejam estabelecidas genuínas comunidades do Reino. Depois de sua partida, o plantador de igrejas pode continuar a encorajar a igreja a atingir os alvos de longo prazo. Esses alvos podem ser, entre outros:

- Multiplicação pela plantação de igrejas filhas, envio de plantadores de igrejas e envio ou apoio de missionários[10].

- O estabelecimento de ministérios locais que demonstram os valores do Reino de compaixão e justiça.

- Início de ministérios especializados voltados a grupos étnicos, subculturas ou pessoas com necessidades especiais.

- Criação de práticas contextualizadas relacionadas a costumes locais, tradições e cerimônias.

- Estar ligado a uma comunidade nacional ou regional de igrejas ou ajudar a formá-la (ver comunidades independentes abaixo).

- Participação em iniciativas locais ou regionais com outras igrejas.

O alcance desses objetivos raramente é possível durante a fase de pioncirismo, mas os valores e a visão desses alvos de longo prazo devem ser instilados já no início da plantação da igreja.

Que tipo de igreja deve ser plantada?

Infelizmente, muitos livros sobre plantação e crescimento de igrejas dão pouca atenção ao tipo de igreja que deve ser plantada. No entanto, se as igrejas devem ser plantadas da forma como tentamos definir biblicamente, devem ir além de uma definição mínima ou padrão denominacional. Precisam ser *comunidades do Reino, congregações sadias, organismos que se reproduzem, igrejas nativas e comunidades independentes.*

Comunidades do Reino

Um entendimento bíblico da igreja nos levará a plantar igrejas que são *comunidades do Reino*. Tanto os especialistas em Novo Testamento, quanto os missiólogos evangélicos, reconhecem a centralidade dos ensinos de Jesus sobre o Reino de Deus para nosso entendimento da igreja e sua missão. Comunidades do Reino são congregações de cristãos que incorporam e vivenciam os valores do Reino como Jesus os ensinou. Sua essência é encontrada primeiramente em seu relacionamento com o rei Jesus Cristo e, em segundo lugar, em sua obediência à vontade do Rei explicitamente declarada nas Escrituras. Em suma, elas são cristocêntricas e biblicamente fundamentadas.

As comunidades do Reino são formadas por pessoas que nasceram do Espírito, que entram no Reino de Deus com a fé de uma criança e que são pobres de espírito[11]. Elas são caracterizadas pelos valores do Sermão da Montanha. Buscam santidade pessoal[12]. Sabem que podem experimentar sofrimentos e tribulações neste

---

10 Stuart Murray vai adiante ao afirmar: "Autopropagação ou reprodução não é somente uma qualidade admirável de algumas igrejas, mas essencial para a definição da igreja." (1998, 60).

11 Mateus 5.3; 18.4; 19.14; Lucas 18.17; João 3.3-7.

12 Mateus 5.20; 7.21; 1 Coríntios 6.9s; Gálatas 5.19-21; 2 Pedro 1.10s.

mundo, mas vivem na esperança de que a plenitude do Reino surgirá quando Cristo retornar[13]. As comunidades do Reino tornam-se um movimento e uma testemunha transformadores e contraculturais que causam impacto sobre as pessoas, famílias, comunidades, cidades e nações. O poder do Evangelho se torna ativo nelas e elas se tornam o sal da terra e a luz do mundo[14]. Nenhuma igreja é perfeita ou sem pecado, mas toda a igreja deve ser um sinal e um antecipação do Reino de Deus. David Shenk e Erwin Stutzman escrevem:

> A plantação de igrejas é, portanto, a tarefa mais urgente da humanidade. É através da criação (ou plantação) de igrejas que o Reino de Deus se estende às comunidades que ainda não foram tocadas pela preciosa surpresa da sua presença em seu meio... A graça transformadora de Deus recria a presença visível do Reino de Deus naquele agrupamento de pessoas que estão comprometidas com Jesus Cristo como seu Senhor e Salvador. (1988, 23)

No Capítulo 19, discutiremos mais sobre a natureza das igrejas que possuem impacto do Reino.

Não adianta simplesmente plantar igrejas bitoladas em suas próprias preocupações particulares ou confinadas à rotina dos programas cristãos. A história da igreja é repleta de lições trágicas do que acontece quando as igrejas fracassam em vivenciar o chamado do Reino. Diante das centenas de milhares de ruandenses mortos em guerra tribal em um país supostamente de maioria cristã, alguém observou:

> Um dos "fatos" que ruidosamente proclamamos era que cerca de 20.000 africanos tornavam-se cristãos todos os dias. Obviamente, ninguém pode negar a fenomenal conversão a Cristo nas décadas recentes em toda a África subsaariana. Mas em meio a essa colheita de almas, aparentemente não paramos para considerar nosso mandamento bíblico de longo prazo, que não se resume somente a reunir convertidos, mas assimilá-los em igrejas onde seu caráter será moldado por valores e padrões bíblicos. Não prestamos atenção suficiente às sérias advertências sobre os altos riscos de uma compreensão truncada de nossa missão. (Reapsome 1995, 4)

Outros exemplos históricos podem incluir as Cruzadas na Idade Média, o racismo das igrejas norte-americanas, a aceitação sem crítica do Nacional Socialismo de Hitler nas igrejas alemãs e o apartheid em muitas igrejas da África do Sul.

Congregações saudáveis

Nos últimos anos, uma considerável atenção tem sido dada ao tópico da saúde da igreja. Em Apocalipse 2-3 o próprio Jesus examina as sete igrejas da Ásia, avalia sua saúde – seus pontos fracos e seus pontos fortes – e declara as medidas corretivas que devem ser tomadas. Conforme as igrejas vão sendo plantadas, é importante não perder de vista alguns indicadores da saúde da igreja que não somente sirvam para identificar sintomas de desenvolvimentos doentios, mas que possam também oferecer orientações positivas para a vida da igreja. Várias listas de indicadores da saúde da igreja têm sido formuladas (veja os exemplos no capítulo 13, tabela 13.1).

Igrejas doentes raramente se reproduzem, a não ser por meio de conflitos que resultam em divisões. A saúde da igreja normalmente é um reflexo da saúde espiritual de seus líderes. No entanto, algumas vezes as igrejas se desenvolvem de

---

13 Mateus 5.10; Atos 14.22; 2 Tessalonicenses 1.5; Tito 2.13; Hebreus 9.28.
14 Mateus 5.13-16.

forma doentia simplesmente por causa de alguns pontos cegos, ignorância ou circunstâncias além do controle de seus líderes. Congregações saudáveis são congregações que possuem um relacionamento saudável com Jesus, um entendimento saudável do Evangelho, um comprometimento saudável com seu chamado e uma visão saudável (e honesta) de seus pontos fracos e pontos fortes. Igrejas assim terão impacto no Reino e estão em posição melhor para se reproduzir.

Reproduzindo organismos

Um dos temas mais consistentes em todo este livro é a importância de se plantar igrejas que se reproduzem. A reprodução é parte da vida: todos os organismos vivos saudáveis se reproduzem. A igreja não é uma instituição, mas é um organismo vivo, o corpo de Cristo. Como veremos, a reprodução era uma característica das igrejas do Novo Testamento e o centro da estratégia missionária do apóstolo Paulo. Somente na medida em que as igrejas forem se reproduzindo é que o mundo será alcançado pelo Evangelho. No capítulo 7 revelaremos muitas maneiras diferentes pelas quais as igrejas podem se reproduzir. Os plantadores de igrejas devem procurar plantar igrejas que tenham em seu DNA a visão e o compromisso de se reproduzirem e, por fim, se multiplicarem. Ter isso como objetivo tem implicações de longo alcance para os métodos usados pelos plantadores de igrejas. Portanto, as metodologias que recomendamos nestas páginas procuram manter em vista esse alvo de longo alcance.

Igrejas nativas

As igrejas que plantamos precisam ser igrejas *nativas*. No capítulo 4 discutiremos em maiores detalhes a natureza de uma igreja nativa que se reproduz. Uma igreja nativa é aquela que é composta e dirigida principalmente por crentes locais. Ela se enraizou na cultura local de tal forma que, sob a orientação e poder do Espírito Santo, desenvolve sua vida e ministério de formas culturalmente apropriadas. Uma palmeira não florescerá nem se reproduzirá no Alasca e um pinheiro murchará e morrerá no deserto. Eles não são nativos daquele clima e daquele ambiente e não são capazes de se adaptar. Semelhantemente, uma igreja nativa deve ser ajustada e enraizada em seu contexto cultural de tal forma que possa florescer no ambiente local ao mesmo tempo em que vive os propósitos contraculturais do Reino. Uma igreja que é dominada por tendências estrangeiras, ou é estrangeira em sua natureza, geralmente terá dificuldades para crescer e se reproduzir.

A história de missões é repleta de exemplos de missionários que desprezaram a cultura local, plantaram igrejas de aparência estrangeira, estabeleceram ministérios que não eram localmente sustentáveis e se tornaram fortemente associados a poderes estrangeiros. As igrejas plantadas foram algumas vezes como Davi na armadura de Saul: atravancadas com estruturas, formas e ministérios que se encaixavam em outros tempos e lugares, mas não eram apropriados aos seus. Os crentes locais eram vistos algumas vezes como traidores culturais, ou pior, como instrumentos de influência subversiva estrangeira. Além disso, os missionários frequentemente tomavam atitudes condescendentes e paternalistas para com os

A TAREFA DA PLANTAÇÃO DE IGREJAS
31

crentes locais, lhes negando a ordenação por décadas, subestimando a obra do Espírito Santo em suas vidas e exercendo poder sobre eles através do controle das finanças ou pela retenção das posições de autoridade. O alvo estabelecido da igreja autônoma continuava algo para o futuro distante porque os líderes locais pareciam nunca estar preparados o suficiente.

Como alvo da reprodução, esse objetivo básico de plantar igrejas nativas tem implicações de longo alcance tanto para os métodos de plantação de igrejas quanto para as atitudes do plantador. O plantador transcultural de igrejas não deve poupar esforços para entender o povo e a cultura local, plantar a igreja de forma culturalmente relevante, com estruturas localmente sustentáveis e habilitar líderes locais para o ministério.

Comunidades interdependentes

Em muitas situações surge a questão de saber se a nova igreja deve se filiar a uma associação preexistente de igrejas ou denominação. Missionários plantadores de igrejas geralmente fazem parceria com uma igreja nacional já existente. Em que extensão a igreja deve cooperar com associações ecumênicas, comunidades ministeriais ou alianças evangélicas? Essas são perguntas importantes que precisam ser feitas no início de um ministério de plantação de igrejas. Algumas vezes elas serão respondidas pela agência patrocinadora. Outras vezes, elas devem ser respondidas pelo plantador de igrejas ou pelos crentes locais.

Com demasiada frequência os plantadores de igreja têm trabalhado em um espírito de independência ou mesmo de competição. Algumas vezes outros cristãos e igrejas na localidade ou região são simplesmente ignorados. Os plantadores transculturais acreditam que têm pouco a aprender com os crentes locais e não precisam de sua ajuda. Eles podem pensar que têm todas as respostas aprendidas no seminário, na igreja mãe, lendo o último livro ou participando do seminário da moda. Não é de se admirar que as igrejas que eles plantam também tenham o seu modo particular de ver as coisas com pouca conexão com outras igrejas locais ou internacionais.

Jesus, por sua vez, orou por seus discípulos e por aqueles que iriam segui-lo: *"para que todos sejam um, Pai, como tu estás em mim e eu em ti. Que eles também estejam em nós, para que o mundo creia que tu me enviaste"* (Jo 17.21). Os evangélicos estão sempre prontos para ressaltar que nessa oração a unidade organizacional não é o foco principal. Ainda assim, alguma forma de unidade visível precisa ficar evidente para que o mundo (isto é, os não crentes) perceba e reconheça que Jesus foi enviado pelo Pai. Em outras palavras, a demonstração de unidade cristã e a comunhão têm implicações para o evangelismo!

As igrejas do Novo Testamento não eram independentes, mas interdependentes de várias maneiras. Embora não tivessem estruturas denominacionais no sentido moderno, não eram completamente autônomas. A igreja predominantemente gentia de Antioquia se submeteu à liderança e à decisão do Concílio de Jerusalém (At 15.30s). Havia uma expectativa de que as igrejas predominantemente gentias plantadas por Paulo auxiliassem financeiramente a igreja de Jerusalém em tempos de fome (1Co 16.1-4; 2Co 8). Paulo recrutou colegas das várias igrejas que havia plantado e eles ministraram em algumas ocasiões exercendo autoridade em outras igrejas. Nenhuma igreja deveria existir em completo isolamento de outras. Um espírito de unidade e cooperação com outros crentes no âmbito local, nacional e internacional deve ser instilado. Esses relacionamentos podem ser bem informais ou ter laços de compromisso fortes. Podem depender das circunstâncias locais ou das convicções teológicas.

Os missionários plantadores de igrejas frequentemente têm buscado criar uma nova denominação ou movimento refletindo as posições doutrinárias particulares ou os métodos de ministério provenientes da igreja enviadora. Isso tem resultado em uma infeliz proliferação de denominações e igrejas independentes em todo o mundo. Um dos acontecimentos positivos nas décadas mais recentes é um maior espírito de parceria entre os esforços missionários estrangeiros e o corpo de Cristo nacional em muitos países que são considerados alvo de missões. As agências missionárias e os plantadores de igrejas transculturais estão gradativamente buscando nesses países mais parceiros que pensem como eles, compartilhando da mesma doutrina, estilo de vida e visão. Há muitas vantagens nessas parcerias na plantação de igrejas:

- A unidade do Corpo de Cristo é demonstrada.
- Há melhor aproveitamento de dons e recursos.
- Missionários e líderes locais podem formar equipes conjuntas de plantação de igrejas.
- Plantadores de igrejas estrangeiros podem estagiar sob a direção de pastores ou plantadores de igrejas nacionais, obtendo assim uma melhor adaptação e compreensão do ministério naquela cultura.
- A identificação com uma associação nacional ou comunidade de igrejas pode conceder à plantação de igreja identidade, credibilidade e uma situação legal.
- Os crentes locais têm um sentimento mais forte de ser parte da grande igreja de Cristo e não simplesmente de uma seita isolada ou estrangeira.
- A igreja nacional pode receber um novo ímpeto para evangelismo e plantação de igrejas através do relacionamento com um missionário estrangeiro.

Voltaremos aos métodos efetivos para formar parcerias internacionais entre congregações e o uso de equipes missionárias de curto prazo no capítulo 18. Essas parcerias exigem tempo, paciência e compromisso, mas podem ser extremamente compensadoras e produzir uma verdadeira sinergia na missão.

2

AS RAZÕES PARA A PLANTAÇÃO DE IGREJAS

Durante as últimas décadas tem havido um interesse renovado na atividade missionária evangélica em relação à plantação de igrejas. Ela aparece nas declarações de visão e propósito de muitas agências missionárias. A preocupação com os povos não alcançados – grupos étnicos sem um testemunho cristão viável e uma igreja local – tem gerado novos esforços para "adotar um povo" e se incumbir da tarefa pioneira de plantar uma igreja em seu meio. As denominações reconhecem que a plantação de igrejas é essencial para o crescimento de longo prazo e para a saúde de um movimento. Tem se tornado um assunto de interesse, mesmo entre as principais igrejas na Europa, em meio à crescente conscientização de que a sociedade tem se tornado pós-cristã e de que até mesmo a membresia nominal das igrejas tem caído dramaticamente. Ainda assim, a reflexão teológica e a análise lógica para a plantação de igrejas têm sido muitas vezes superficiais[15]. Neste capítulo apresentamos em primeiro lugar o mandamento bíblico e depois as razões práticas para a plantação de igrejas.

O mandamento bíblico para a plantação de igrejas

A plantação de igrejas é mais do que uma necessidade prática, é um mandamento bíblico! Os teólogos católico-romanos têm afirmado há muito tempo a centralidade da plantação de igrejas[16]. O primeiro protestante a refletir seriamente sobre a missão foi o reformador holandês Gisbertus Voetius, que formulou uma proposta tríplice da missão da igreja como conversão, plantação de igrejas e glorificação da graça de Deus (Jongeneel, 1991). Essa fórmula tem influenciado numerosos missiólogos desde então. Embora a plantação de igrejas nem sempre tenha sido um objetivo declarado das agências missionárias protestantes, sempre foi uma necessidade. Vários líderes de missões e teólogos a têm defendido como um ponto essencial para

---

15 Vários escritores na Grã Bretanha têm desenvolvido uma base teológica para a plantação de igrejas como Martin Robinson e Stuart Christine (1992), David Dunn Wilson (1996), Stewart Murray (1998) e Tim Chester (2000). Na América do Norte, no entanto, poucos têm dado atenção a esses escritores.

16 Veja, por exemplo, a discussão em Oborji 2006.

a tarefa da Missão.[17] Por exemplo, Georg Vincedom, em seu clássico *The Mission of God* (A missão de Deus), conclui: "Portanto o objetivo da missão é a proclamação da mensagem a toda a humanidade e a reunião desta dentro da igreja" (1965,103).

No entanto, os escritos teológicos e as conferências nas últimas décadas raramente têm mencionado a plantação de igrejas como um aspecto central para a missão. Missiólogos evangélicos têm enfatizado cada vez mais a missão holística e o Reino de Deus, mas raramente fazem menção à plantação de igrejas. Ainda que essa ênfase esteja refletindo, possivelmente, a correção de um desequilíbrio anterior na visão evangélica, a negligência da plantação de igrejas nas atuais teologias de missão também precisa de correção. Se a igreja ocupa o centro da missão de Deus, a plantação de igrejas deve ser igualmente central nessa missão.

A prática e a teologia de missão tem se desenvolvido separadamente e essa é uma realidade perigosa. Com o pouco espaço de que dispomos aqui, podemos apenas esboçar as razões bíblicas principais para a plantação de igrejas. Embora não haja um mandamento explícito na Bíblia como "Ide e plantai igrejas", o relato bíblico não deixa dúvidas de que a plantação de igrejas é essencial para os propósitos salvíficos de Deus e o cumprimento da Grande Comissão.

A plantação de igrejas como parte da história da salvação

A história da salvação é a história dos atos redentores de Deus, incluindo o chamado de um povo – não apenas de indivíduos – para serem seus instrumentos e levarem adiante seu plano de redenção. Como J. Andrew Kirk afirmou: "A maneira de Deus se relacionar com seu mundo problemático tem sido buscar uma comunidade de pessoas que se dedicará a cumprir esse apaixonado e libertador anseio para todos, em favor de todos" (Kirk 2000, 31). Esse chamado começa em Gênesis 12 com Abraão, que iria se tornar uma grande nação trazendo bênção a todas as nações (Gn 12.3). A promessa foi transmitida ao povo de Israel que deveria ser o instrumento dos propósitos salvíficos de Deus no mundo. Infelizmente, Israel falhou. O Messias viria, no entanto, para cumprir o papel de "luz para os gentios" (ou nações) e "servo do Senhor" (Is 42.6; 49.3-6).

Baseado na obra redentora de Cristo, um novo povo de Deus, a igreja de Jesus Cristo, é formada no Novo Testamento. Eles devem cumprir seus propósitos salvíficos e proclamar as Boas Novas de seu Reino, tornando-se "luz para os gentios" (At 13.47). Uma pessoa não se torna parte desse novo povo por nascimento natural, mas por nascimento espiritual (Jo 3.3-5). A continuidade dos propósitos de Deus através de um povo não pode ser mais claro nem mais lindamente descrito do que em 1 Pedro 2.9s: *Vocês, porém, são geração eleita, sacerdócio real, nação santa, povo exclusivo de Deus, para anunciar as grandezas daquele que os chamou das trevas para a sua maravilhosa luz. Antes vocês nem sequer eram povo, mas agora são povo de Deus; não haviam recebido misericórdia, mas agora a receberam.* Pedro repete os termos usados para Israel no Velho Testamento (Êx 19.5s), aplicando-os à igreja. A igreja torna-se um instrumento da glória de Deus e seu

---

17 Entre eles Robert Speer (1902, 39-40); Roland Allen (1962a, 81), H. W. Schomerus (1935), Hendrik Kraemer (1938, 287), Walter Freytag (1961, 2:184) e David Hesselgrave (1980, 29, 33).

plano eterno, como escreve Paulo, para que, através da sabedoria de Deus, seja manifesto não somente às nações, mas aos governos e autoridades nos lugares celestiais (Ef 3.10).

O livro de Apocalipse descreve a culminação da história da salvação, enfatizando que Deus trará para o seu Reino pessoas de todos os povos, nações, tribos e línguas (Ap 5.9; 7.9). O banquete nupcial do Cordeiro, quando Cristo receber a igreja como sua noiva, será um tempo de grande regozijo (Ap 19.6-8). Esse será um dos eventos culminantes da história da salvação. A plantação de igrejas é o ministério de proclamação do Evangelho e formação de comunidades do Reino entre cada nação, tribo, povo e língua a fim de glorificar a Deus no tempo e na eternidade! Tim Chester resume: "Se a igreja está no coração da obra de Deus, não precisamos ficar constrangidos em fazer dela o coração de missão" (2000,29).

Cristo ama sua igreja e deseja edificá-la

Cristo declara sua explícita vontade em relação à igreja em Mateus 16.18: "E eu lhe digo que você é Pedro, e sobre esta pedra edificarei a minha igreja, e as portas do Hades não poderão vencê-la". Não podemos explicar essa passagem em toda sua complexidade aqui, mas uma coisa é clara: para Cristo edificar sua igreja é preciso plantá-la – as igrejas precisam ser chamadas à existência. Devemos ter o cuidado de não interpretar esse texto de maneira demasiadamente abstrata. A ekklesia é simplesmente a assembleia do povo de Deus. A única vez em que o termo ekklesia tem outro uso é em Mateus 18.17, em um contexto muito prático de disciplina da igreja. Assembleias específicas de crentes estão em vista, e estas, coletivamente, representam a igreja global. Cristo edificará sua igreja global pela plantação e edificação de comunidades locais de cristãos.

O plantador de igrejas pode estar certo de que engajar-se na tarefa da plantação de igrejas é obedecer à vontade expressa de Cristo. O próprio Cristo será seu construtor. A passagem também indica que podemos contar com a oposição espiritual, no entanto Cristo prevalecerá. Plantações individuais de igrejas podem falhar, mas a causa final da edificação da igreja global de Cristo, o povo de seu Reino, não. A igreja é de Cristo, não nossa. Como George Elton Ladd comenta nesta passagem: "O anúncio do propósito de Jesus de edificar sua ekklesia sugere principalmente... que a comunidade estabelecida por Jesus permanece em direta continuidade com o Israel do Velho Testamento. O elemento distintivo é que essa ekklesia é de uma forma peculiar a ekklesia de Jesus: 'Minha ekklesia' " (1974,110).

A segunda passagem que indica o valor da plantação de igrejas está em Efésios 5.25-27: Maridos, ame cada um a sua mulher, assim como Cristo amou a igreja e entregou-se por ela para santificá-la, tendo-a purificado pelo lavar da água mediante a palavra, e para apresentá-la a si mesmo como igreja gloriosa, sem mancha nem ruga ou coisa semelhante, mas santa e inculpável. A igreja é a noiva de Cristo. Ele a ama. Deu sua vida por ela. Não somente a comprou por sua obra de redenção na cruz, mas a está santificando. Embora ela tenha muitas falhas e defeitos hoje, um dia será embelezada e aperfeiçoada ao ser recebida na presença eterna de Cristo. Portanto, Cristo tanto edifica quanto santifica a igreja.

De acordo com essas passagens, vemos que a plantação e a edificação de igrejas são obras do próprio Cristo. Essa é uma incumbência da maior nobreza, uma tarefa que está junto ao coração de Deus, ordenada e capacitada por Cristo. A plantação de igrejas não é apenas um "método de evangelismo". Na realidade, o evangelismo deveria levar à edificação da igreja. A igreja não é fruto de uma reflexão tardia, não é simplesmente um lugar onde cristãos individuais se encontram ao acaso para encorajamento mútuo. Ela é objeto do amor de Cristo e instrumento a seu serviço no mundo.

A Grande Comissão está vinculada à plantação de igrejas

Dois aspectos da Grande Comissão formulada em Mateus 28.18-20 estão vinculados à plantação de igrejas: a ordem de batizar e a ordem de ensinar obediência a todos os mandamentos de Cristo. É praticamente impossível cumpri-los sem a plantação de igrejas. A ordem de batizar nos lembra de que a conversão inclui o ingresso na nova comunidade de Cristo. O batismo é geralmente visto como um evento individualista. De fato, é a pública confissão de arrependimento pessoal e fé, mas, além disso, indica a recepção dentro do corpo de Cristo, a nova comunidade do Reino. *Pois em um só corpo todos nós fomos batizados em um único Espírito: quer judeus, quer gregos, quer escravos, quer livres. E a todos nós foi dado beber de um único Espírito* (1Co 12.13). Similar ao batismo proselitista entre os judeus, o batismo dos primeiros cristãos indicava a identificação com a comunidade – um significado que tem sido largamente perdido hoje. Em outras palavras, batizar é acolher em uma comunidade cristã, ou seja, a igreja.[18]

Cristo nos chama para fazermos discípulos que obedecem tudo o que Jesus ordenou. A ordem de ensinar obediência também indica participação na nova comunidade de Cristo. Pregar o Evangelho e converter os perdidos é apenas o início do cumprimento da Grande Comissão. Os mandamentos de Jesus não podem ser obedecidos por um indivíduo sozinho e o Reino de Deus não pode ser demonstrado no isolamento. Onde não há comunidades de discípulos, elas devem ser criadas. Sem a plantação de igrejas entre todos os povos, a missão deve ser considerada inacabada. O fato de que devemos fazer discípulos de todas as nações indica que a tarefa da plantação de igrejas não pode ser considerada completa até que sejam estabelecidas comunidades de discípulos em cada povo.

Atos: novas igrejas são o resultado normal e necessário da missão bíblica

Em todo o livro de Atos onde ocorre evangelismo, igrejas são criadas[19]. Os crentes são encontrados reunindo-se em casas ou locais públicos para orar, louvar, repartir o pão e receber o ensino dos apóstolos. Eles simplesmente não tomam rumos individuais. Essas pequenas congregações são colocadas sob a liderança espiritual local, exercitam seus dons espirituais, cuidam dos pobres e pregam o Evangelho. George Peters escreve:

---

18 Hans-Werner Gensichen escreve sobre a ordem de batizar em Mateus 28: "O acolhimento na igreja é considerado uma parte integral da missão" (1971, 134). O único exemplo bíblico que temos em que isso não fica claro é o caso do batismo do eunuco etíope em Atos 8.38s.

19 Somente duas possíveis exceções são encontradas: o eunuco etíope e talvez os poucos crentes de Atenas.

> Aparentemente, os apóstolos não saíam para "plantar" igrejas. Eles não eram comissionados para se lançar no alcance desse objetivo. Eram enviados para pregar o Evangelho. Ainda assim, nos lugares em que Atos 1.8 era fielmente cumprido, nascia uma igreja. A ligação funcional entre pregação do Evangelho e plantação de igrejas, cuidado e crescimento, é claramente estabelecida. Podemos afirmar com confiança que a igreja se forma no Evangelho como o evangelismo se forma em uma igreja neo-testamentária. (1981,20)

A linguagem de Atos deixa claro que conforme as pessoas vinham à fé em Cristo, tornavam-se parte da comunidade da igreja local. Por exemplo, em Atos 2.41 lemos: *Os que aceitaram a mensagem foram batizados, e naquele dia houve um acréscimo de cerca de três mil pessoas.* Acréscimo (*prostithemi*) é um termo usado na primitiva literatura prosélita judaica para indicar *"ser reunido a"* ou *"juntar-se"* a uma comunidade, implicando em um rompimento com a comunidade anterior – por exempo, gentios juntando-se a Israel (Reinhardt 1995, 99-100; cf. LXX Ester 9:27; Isaías 14:1). Encontramos a mesma terminologia em Atos 2.47; 5.14 e 11.24.

Em Atos 2.47 lemos: *E o Senhor lhes acrescentava diariamente os que iam sendo salvos.* Aqui é significativo que ser acrescentado à igreja é um ato simultâneo a ser salvo[20]. *"Lhes"* é uma referência à igreja local e algumas vezes tem sido traduzido dessa forma[21]. Mais tarde, em Atos 11.24, o termo é usado novamente em uma formulação paralela: *e muitas pessoas foram acrescentadas ao Senhor.* Sendo "acrescentadas ao Senhor" e "acrescentadas à igreja" expressões equivalentes.

Falando biblicamente, tornar-se um crente, ser salvo e pertencer ao Senhor, tudo isso inclui ser acrescentado a uma igreja local, a uma comunidade de crentes, ao Corpo de Cristo. Mais uma vez precisamos evitar pensar na igreja nesse contexto de forma abstrata; a igreja é uma assembleia local de crentes (cf. Banks 1994, 27-31). Ser crente está ligado à participação em uma igreja local. O evangelismo bíblico implica em levar os crentes a se reunirem em uma comunidade – isto é plantação de igreja e crescimento.

Somente nas igrejas os novos crentes recebem o incentivo e ensino necessários para crescer na fé e no serviço. Somente em mútua prestação de contas e comunhão é que o discipulado pode ocorrer. Somente em comunidades de crentes é que os valores do Reino podem ser colocados em prática. Esse é um dos desafios enfrentados pelas organizações paraeclesiásticas que enfatizam o evangelismo sem envolver os novos crentes em congregações locais. Geralmente, o fruto do evangelismo é perdido.

O evangelismo bíblico não pode estar separado da igreja e onde as igrejas não existem, devem ser plantadas. Como afirma Howard A. Snyder: "Para fazermos justiça ao entendimento bíblico de evangelismo, precisamos dar um passo além e dizer que o objetivo do evangelismo é a formação da comunidade cristã. É fazer discípulos e mais tarde transformá-los em células vivas do Corpo de Cristo – novas expressões da comunidade do povo de Deus" (1975,331).

---

20 "A força do particípio presente *tous sozomenous* [τους σωζομενους]... é interativa, sugerindo que eles foram acrescentados enquanto estavam sendo salvos" (Longenecker 1981, 291-92). Veja também Bruce, 1965,102.

21 "A frase επι το αυτο que é comum o suficiente no grego clássico e na Septuaginta, adquiriu um significado quase técnico na igreja primitiva. Esse significado que é necessário em Atos 1.5; 2.1, 47; 1Co 11.20; 14.23, significa a união do corpo de Cristo e talvez poderia ser interpretado 'na comunhão da igreja'. Não percebendo esse uso especial da palavra no verso 47, os escribas tentaram rearranjar o texto, ou mudando a frase para a sentença seguinte (3.1) ou comentando-a com uma frase equivalente, εν τη εκκλησια" (Metzeger 1971,305). O termo *epi to auto* lê-se *en te ekklesia* (na igreja) no texto ocidental.

A plantação de igrejas é essencial na compreensão e na prática de missão de Paulo

Como temos visto em Atos, Paulo trabalhou como evangelista reunindo os novos crentes em igrejas. Na correspondência paulina não encontramos a formulação de uma estratégia explícita ou metodologia. No entanto, em Romanos 15.18-25 podemos ler a respeito do princípio de trabalho de Paulo: no poder do Espírito Santo ele procurava pregar o Evangelho onde Cristo ainda não era conhecido. Ele não queria edificar sobre a fundação de outro, isto é, trabalhar em igrejas que outros tivessem fundado. Tendo assegurado isso, porém, a preocupação de Paulo não se limitava à plantação de igrejas. Ele claramente continua a ministrar às igrejas recém-plantadas através de cartas, visitas e orações, e chega a adiar projetos pioneiros a fim de fortalecer as igrejas existentes. No entanto, seu chamado e propósito é evangelizar novas regiões e fundar novas igrejas.

Em Romanos 15.18-25 Paulo faz uma declaração extraordinária: *desde Jerusalém e arredores, até o Ilírico, proclamei plenamente o evangelho de Cristo* (v.19) e *não havendo nestas regiões nenhum lugar em que precise trabalhar* (v.23). Paulo considera completo seu trabalho pioneiro nessas regiões, mas o que ele quer dizer com essas palavras? Certamente não significa que uma igreja tenha sido plantada em cada cidade, muito menos que cada pessoa tenha ouvido o Evangelho nessa enorme região que vai de Jerusalém até o que hoje compreende a Turquia, a Grécia e os Bálcãs. Aparentemente, Paulo considera concluído seu trabalho missionário na região porque as igrejas que foram plantadas iriam pregar adiante o Evangelho àqueles que ainda não o ouviram e se multiplicariam estabelecendo igrejas nas regiões ainda não alcançadas. As sementes do Evangelho tinham sido adequadamente plantadas em centros estratégicos. Essas igrejas iriam, por sua vez, continuar a evangelizar e se reproduzir plantando outras igrejas completando, então, a evangelização da região.

No Novo Testamento encontramos vários exemplos de igrejas plantadas por Paulo que evangelizaram e se reproduziram por toda região. Em Atos 13.49 lemos isso por causa da igreja em Antioquia da Psídia: *A palavra do Senhor se espalhava por toda a região*. A respeito dos Tessalonicenses, Paulo escreve: *Porque, partindo de vocês, propagou-se a mensagem do Senhor na Macedônia e na Acaia. Não somente isso, mas também por toda parte tornou-se conhecida a fé que vocês têm em Deus. O resultado é que não temos necessidade de dizer mais nada sobre isso* (1Ts 1.8).

Talvez o exemplo mais claro seja a igreja de Éfeso. Paulo permaneceu naquela cidade por mais de dois anos porque ali, em suas próprias palavras *se abriu para mim uma porta ampla e promissora* (1Co 16.9). De acordo com Lucas, o resultado do ensino de Paulo em Éfeso foi que *"todos os judeus e os gregos que viviam na província da Ásia ouviram a palavra do Senhor"* (At 19.10). Como resultado de dramáticas conversões *a palavra do Senhor muito se difundia e se fortalecia* (At 19.20). Até os críticos admitiam que *Paulo, está convencendo e desviando grande número de pessoas aqui em Éfeso e em quase toda a província da Ásia* (At 19.26). De Éfeso, outras igrejas foram eventualmente plantadas em toda a província da Ásia. Entre elas estão as outras seis igrejas de Apocalipse 2-3 (Esmirna, Pérgamo, Tiatira, Sardes, Filadélfia e Laodiceia), Colossos e Hierápolis (Co 4.13). Provavelmente nenhuma dessa igrejas foi plantada por Paulo, é mais provável que sejam fruto de um dinâmico movimento de plantação de igrejas lançado a partir de Éfeso.

Grande número de especialistas bíblicos chega à mesma conclusão a respeito da centralidade da plantação de igrejas na missão de Paulo. Por exemplo, W. P. Bowers argumenta: "A vocação missionária de Paulo encontra seu senso de cumprimento na presença de igrejas firmemente estabelecidas" (1987,198)[22]. Andreas Köstenberger e Peter O'Brien escrevem: "As atividades nas quais Paulo se engajava enquanto buscava cumprir sua comissão missionária incluía principalmente o evangelismo em que homens e mulheres eram convertidos, mas também a fundação de igrejas e o esforço de trazer os crentes à plena maturidade em Cristo" (2001, 184). Eckhard Schnabel afirma: "O trabalho missionário de Paulo não terminava com a comunicação oral das Boas Novas de Jesus Cristo e a conversão de indivíduos. Ele estabelecia igrejas, comunidades de homens e mulheres que tinham vindo à fé em Jesus, o Messias e Salvador" (2008, 231-32). Isso confirma a afirmação de Roland Allen em seu clássico *Missionary Methods: St. Paul's or Ours?* (Métodos missionários: os de Paulo ou os nossos?): "Paulo não saiu como pregador missionário apenas para converter indivíduos, ele saiu para estabelecer igrejas das quais a luz pudesse irradiar para todo o país" (1962a 81).

É assim que Paulo entendia seu trabalho pioneiro e esse foi para ele o princípio orientador. Para Paulo, missão significava não somente pregar o Evangelho, mas também plantar igrejas, e ela não poderia ser considerada cumprida sem a plantação de igrejas que pudessem se *multiplicar*. Somente então uma região poderia ser considerada "alcançada"[23]. O evangelismo que leva à plantação de congregações que se reproduzem completará a pregação do Evangelho não somente em uma região, mas por todo o mundo.

Um ponto de integração para a eclesiologia e a missiologia

A plantação de igrejas é onde a missiologia e a eclesiologia se intersectam. Infelizmente muitos missiólogos e missionários possuem uma eclesiologia fraca, como se a missão pudesse existir sem uma igreja ou como se a igreja fosse uma necessidade prática, porém imperfeita e enfadonha. Por outro lado, muitas teologias sistemáticas e eclesiologias-padrão dedicam poucas páginas, quando dedicam, ao tópico "missão". Uma igreja sem missão não é igreja e uma missão sem igreja não é uma missão bíblica. Nas palavras de Leslie Newbigin: "Uma missão sem igreja é uma monstruosidade tão grande quanto uma igreja sem missão" (1954,169). A igreja é instrumento de Deus em missão. Plantar novas igrejas é fundamental para o cumprimento do objetivo de missão. Nas palavras

---

22 Ver também O'Brien 1995, 43: Wedderburn 1998, 97.

23 Esse entendimento de missão é similar ao conceito moderno de "povos não alcançados": um povo é considerado alcançado somente quando uma igreja que evangeliza se faz presente no meio dele. No entanto, igrejas em regiões "alcançadas" podem ainda necessitar de cuidados e amadurecimento a fim de se tornarem igrejas multiplicadoras, capazes de evangelizar regiões inteiras. Mesmo a missão pioneira de Paulo não abandonava as igrejas fracas em favor de novas frentes pioneiras (cf. Bowers 1987). Porém, assim que igrejas sadias eram estabelecidas, ele se voltava para o trabalho pioneiro em outras regiões. Escritores como James Engel e William Dyrness (2000) rejeitam enfaticamente qualquer tentativa de medir a finalização da Grande Comissão e afirmam que ela nunca poderá ser completamente cumprida porque jamais chegaremos ao ponto de realmente obedecer tudo o que Jesus nos ordenou. Essa visão parece desprezar o entendimento que Paulo tem de missão. Ele considera seu trabalho em uma região completo uma vez que igrejas saudáveis e multiplicadoras sejam estabelecidas.

de Michael Quicke: "No melhor dos casos, a plantação de igrejas tem a capacidade de relembrar à igreja sua tarefa primária de missão e relembrar aos estrategistas de missão o importante papel da igreja" (1998, x).

Nesse ponto da discussão deveria estar evidente que a igreja e, portanto, também a plantação de igrejas, é essencial aos propósitos do Reino de Deus no cumprimento da Grande Comissão. A plantação de igrejas não é um fim em si mesma no sentido de propagar instituições religiosas para o seu próprio benefício.[24] No entanto, *é um fim* no sentido de que ela é o principal instrumento de Deus para expansão de seu Reino, trazendo redenção para as nações e formando um povo que manifestará a sua glória. A plantação de igrejas e seu crescimento, ainda que não sejam sinônimos do Reino de Deus, são essenciais à expansão do Reino. Não é apenas uma questão de se plantar mais igrejas, mas também de que *tipo* de igrejas estão sendo plantadas.

A tarefa de missão pode ser definida como *a criação e a expansão de comunidades do Reino entre todos os povos da terra para a glória de Deus*[25]. Os principais meios de criação dessas comunidades são o evangelismo e o discipulado que levam à plantação, crescimento e multiplicação de igrejas que manifestam o Reino de Deus em palavras e obras. Tendo discutido as razões teológicas da plantação de igrejas, agora nos voltamos para as razões práticas.

Razões práticas para a plantação de igrejas

A necessidade de plantação de igrejas é óbvia em regiões e comunidades onde não existe nenhuma. No entanto, os críticos frequentemente argumentam que no mundo todo, com exceção dos lugares mais remotos, já existem igrejas suficientes para completar a Grande Comissão. Dizem ainda que não há necessidade de mais igrejas, mas de igrejas *mais saudáveis e maiores*. Semelhantemente, alguns argumentam que em vez de numerosas igrejas pequenas, poucas igrejas maiores seriam mais eficazes para o evangelismo e o ministério. Plantar novas igrejas onde existem outras, ofende a unidade cristã e cria uma competição desnecessária, enfraquecendo as igrejas existentes.

Esses argumentos realmente são válidos em muitas situações. Uma proliferação somente numérica de pequenas igrejas cheias de dificuldades e competindo entre si não irá, necessariamente, contribuir para o avanço dos propósitos do Reino de Deus. Igrejas maiores podem ter um impacto maior do que igrejas menores de muitas maneiras, por deterem mais recursos, possuírem condições de realizar ministérios especiais e terem maior visibilidade pública. Muitas vezes a mordomia sábia se manifestará a favor do investimento em igrejas já existentes e contra a plantação de novas igrejas. Algumas comunidades já estão bem servidas por várias igrejas biblicamente sadias enquanto outras ainda estão carentes.

---

24 Stuart Murray, um dos poucos escritores a discutir seriamente a fundamentação teológica da plantação de igrejas, coloca dessa forma "[A plantação de igrejas] pode ser um meio importante de avanço da missão de Deus. Ela pode facilitar o evangelismo, o apaziguamento, a ação pela justiça, a conscientização da preservação ambiental, o desenvolvimento da comunidade, o envolvimento social e muitos outros empreendimentos de missão. No entanto, ela provavelmente funcionará dessa forma somente se for colocada dentro da estrutura correta. A plantação de igrejas como um fim em si mesma ou simplesmente como método evangelístico pode ficar aquém de seu potencial e distorcer nossa compreensão da missão de Deus e da natureza do Reino de Deus".

25 Para uma discussão mais ampla veja Ott e Strauss 2010, 156-61.

A mordomia sábia concentrará os recursos e a energia da plantação de igrejas em lugares de maior necessidade espiritual e oportunidade estratégica.

No entanto, enquadrar o problema em termos de igrejas maiores *versus* plantação de igrejas, fazendo opção do tipo "ou isso ou aquilo", propõe uma falsa dicotomia. Muitas igrejas grandes que plantam igrejas-filhas continuam a crescer. Devemos lembrar que mesmo as maiores igrejas eram pequenas quando foram plantadas. De fato, Ed Stetzer e Phillip Connor (2007) estudaram cerca de 2.800 plantações de igrejas de doze denominações na América do Norte e descobriram que a igreja que planta uma igreja-filha dentro do período de três anos a partir de seu estabelecimento, cresce em média mais rápido do que as igrejas que não plantaram uma igreja-filha[26]. O impacto de igrejas pequenas (em comparação com igrejas grandes) não pode ser subestimado. Por exemplo: em muitas partes do mundo, as igrejas nos lares, embora de pouca visibilidade pública, estão exercendo uma tremenda influência em suas sociedades, como o efeito do fermento na parábola de Jesus sobre o Reino (Mt 13.33). Plantar novas igrejas onde outras já existem não precisa necessariamente envolver competição ou enfraquecimento dessas igrejas. Na maior parte das localidades há carência tanto de mais igrejas quanto de igrejas maiores e mais sadias.

Ouve-se algumas vezes o argumento de que a maioria das novas igrejas fracassa nos primeiros anos de existência desperdiçando, assim, recursos e energia. Vários estudos têm provado que esse é um mito popular. O extenso estudo de Stetzer e Connor a respeito da "sobrevida da igreja" descobriu que "68% das igrejas ainda existem quatro anos depois de terem sido fundadas" (2007). Os índices de sobrevivência demonstraram aumento quando o plantador de igrejas é avaliado e vários sistemas de apoio são disponibilizados. Um estudo de todas as 4.339 congregações da Igreja do Nazareno revelou que o índice de fechamento de igrejas de cinco anos ou mais (3,6%) era virtualmente o mesmo que as plantações de igreja de cinco anos ou menos (3,5%; Olson 2002, 5).

Igrejas novas crescem mais rapidamente e alcançam maior número de não cristãos

Há uma crescente evidência estatística de que as igrejas novas, de modo geral, não só crescem mais rapidamente do que as já estabelecidas, como crescem mais através do evangelismo. Estudos realizados na América do Norte demonstram que o índice de batismos por centena de membros pode ser quatro vezes mais alto do que nas igrejas mais antigas (veja Wagner 1990, 32-33). O crescimento da rede de membresia na Igreja do Nazareno em 1995-96 também demonstra que as igrejas com dezoito anos de existência ou menos crescem 40%, quase dobrando o índice de crescimento das mais antigas (Sullivan 1997, 25; veja também Olson 2002). Em um distrito da Igreja Metodista Livre com quarenta igrejas, cinco delas tinham menos de cinco anos. No entanto, essas cinco igrejas detinham 25% da frequência total e 30% de todas as conversões, e produziram 27% das pessoas que ingressaram no ministério vocacional no distrito (Mannoia 1994,18-19). Um estudo realizado pela Junta Norte Americana de Missões da Igreja Batista do Sul (North American Mission Board of the Southern Baptists) descobriu que as igrejas com menos de três anos de existência

---

26 Essas igrejas tinham uma frequência média de 130 pessoas depois do quarto ano, enquanto as igrejas que não plantaram uma igreja-filha tinham uma frequência média de menos de 80 pessoas (Stetzer e Connor).

apresentavam uma média de dez conversões por centena de membros por ano; as igrejas de três a quinze anos, uma média de cinco conversões; e as igrejas com mais de quinze anos, uma e meia (citado em Harrison, Cheyney e Overstreet 2008, 60).

Evidência similar pode ser encontrada na Europa. Por exemplo, as estatísticas do rol de membros das igrejas da Igreja Evangélica Livre na Alemanha revelaram que as igrejas com mais de cinco anos receberam uma média anual de um novo membro por conversão para cada 102 membros, enquanto que igrejas com menos de cinco anos receberam um membro por conversão para cada 38 membros. O crescimento por conversão começou a cair significativamente em igrejas de mais de vinte anos. Igrejas com mais de duzentos membros adultos experimentaram uma porcentagem mais baixa não somente do crescimento total, mas também de crescimento por conversões. Números semelhantes são vistos em outras denominações na Alemanha[27]. Wolfgang Simson (1995, 68-71) acredita que 30% a 56% dos que frequentam igrejas novas são pessoas que estão em busca de Deus e podem se integrar melhor em igrejas desse tipo.

Precisamos ser cautelosos em generalizar esse princípio em todos os contextos. Como um caso a ser examinado, o estudo de amostragem aleatória de Allen J. Swanson (1986) de 113 igrejas em Taiwan mostrou que as igrejas com menos de cinco anos, na verdade, crescem mais devagar e têm uma porcentagem menor de crescimento por conversões que as igrejas mais antigas. Ainda assim, os dados de Christian Schwartz (1996,46) de mil igrejas em trinta e dois países mostraram que geralmente, em um período de cinco anos, as igrejas menores têm porcentagem de crescimento significativamente maior do que as igrejas maiores.

Uma explicação para esse fenômeno é que igrejas mais novas são plantadas em comunidades mais novas e em crescimento, enquanto igrejas mais antigas estão tipicamente em vizinhanças mais antigas com crescimento populacional estável ou descrescente. Pessoas novas em uma comunidade geralmente estão mais abertas a novos relacionamentos, mudanças pessoais e à possibilidade de frequentar uma igreja na qual outros também são novos. No entanto, igrejas novas geralmente evidenciam um zelo evangelístico maior e se mostram mais intencionais em alcançar outros e integrar visitantes dentro da vida da igreja. Os recém-chegados não passam despercebidos. Os membros de uma igreja que está em processo de plantação tendem a ser mais atentos a seu propósito, mais focados e motivados a evangelizar. Eles compreendem que, se não evangelizarem, provavelmente não crescerão. Os novos crentes recebem mais atenção pessoal. Conforme a igreja cresce e se estabelece, mais energia é geralmente dedicada ao atendimento das necessidades dos membros e menos ao evangelismo.

As igrejas que estão em processo de plantação são geralmente mais flexíveis em seus métodos. Elas podem ser criativas sem romper com antigas tradições da igreja e sem roubar obreiros de outros ministérios. Estão mais livres para adaptar o louvor, desenvolver o evangelismo e criar ministérios que atendam diretamente as necessidades da comunidade. Muitas vezes, há um contagiante senso de antecipação e ousadia entre os membros da equipe de uma plantação de igreja. Tudo isso contribui para um evangelismo mais efetivo e para o crescimento da igreja.

---

27 Por exemplo, as igrejas batistas alemãs também relatam crescimento significativo entre as igrejas missionárias nos lares. Veja "Baptisten Gemeiden wachsen um bis zu 10%" *Idea Spektrum* 21 (2001): 10.

Todas as igrejas, em dado momento, estabilizam seu crescimento

Embora muitas igrejas experimentem um crescimento consistente no decorrer de muitos anos, chega um momento em que todas se estabilizam. Nenhuma igreja pode crescer infinitamente. As que experimentaram décadas de crescimento ininterrupto são raras exceções. Nos Estados Unidos e na maioria dos países, a maioria das igrejas se estabiliza com uma frequência dominical de menos de duzentas pessoas[28]. Algumas vezes isso ocorre por falta de receptividade da população em foco. Com mais frequência, no entanto, isso ocorre porque a energia da igreja é transferida do evangelismo para o atendimento das necessidades dos membros. Observa-se também que a estrutura da igreja, os dons dos líderes, as expectativas dos membros, a localização e outras limitações não permitem um crescimento consistente além do tamanho de uma grande família.

Essa realidade não é necessariamente para ser lamentada. No entanto, acentua a necessidade de contínua plantação de igrejas como um meio de se alcançar novas pessoas.

Figura 2.1
Crescimento Cumulativo através da Plantação de Igrejas-Filhas

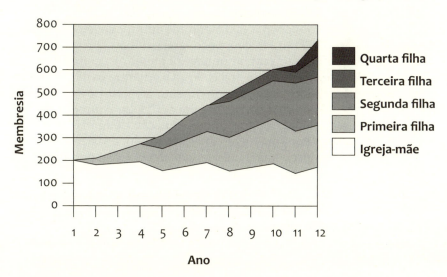

---

[28] Uma pesquisa nacional aleatória nos Estados Unidos descobriu que o tamanho médio de uma igreja católica romana é de 716 paroquianos, mas nas principais denominações protestantes, o tamanho médio é de apenas 125 membros e nas igrejas protestantes conservadoras, somente 123 (Woolever 2005). Outro estudo de âmbito nacional no EUA descobriu que "71% das congregações americanas possui menos de 100 participantes regulares adultos (Chaves, et al.1999, 468). A taxa mediana de membros de igrejas em Indianápolis é de 150, e 30% tem 400 membros ou mais (Farnsley, n.d.). As igrejas Batistas do Sul têm uma média de frequência ao culto dominical de 80 pessoas e "47,1% das congregações estão crescendo, 20,2% estão estabilizadas e 32,7% estão diminuindo" (Jones, n.d.). Na Igreja Presbiteriana dos Estados Unidos, a média de membros em cada congregação é de 212 e a mediana 107 (PC [USA] 2005). O número médio de membros na Igreja do Nazareno (EUA e Canadá) é de 104 (Crow, n.d.). Na Grã Bretanha, o censo da Igreja Inglesa de 2005 revelou que a igreja média tem uma frequência dominical de apenas 84 pessoas (*Evangelical Alliance Information e Resources Center 2006*). Nas igrejas Evangélicas Livres da Alemanha (*Bund Freier Evangelischer Gemeinden*) o índice mediano é de 64 adultos. Um movimento de plantação de igrejas na Índia com mais de 5.400 igrejas tem frequência média de 85 crentes (Garrison 2004a, 47).

Uma igreja com cem membros pode ceder vinte deles para formar uma igreja filha; uma igreja com quinhentos membros pode ceder muito mais. A experiência demonstra que depois de ceder membros para dar início a uma igreja-filha, a igreja-mãe começará a crescer novamente e recuperará ou superará o número de estabilização, e a igreja filha também crescerá. No total, mais pessoas são alcançadas. O padrão de crescimento pode parecer algo como o gráfico da Figura 2.1. A igreja mãe estabilizou-se em duzentos membros. Se ela ceder vinte ou trinta membros para iniciar uma igreja filha a cada três anos, o movimento como um todo crescerá. Depois de iniciar a igreja-filha, a igreja mãe retoma o crescimento até seu número de estabilização natural de duzentos membros. A igreja-mãe nunca rompeu a barreira dos duzentos membros e nem as igrejas-filhas passaram por um crescimento formidável, mas um movimento cumulativo com mais de setecentos membros foi lançado, mas do que triplicando seu tamanho inicial em onze anos. Se as igrejas-filhas também tivessem iniciado novas igrejas, o crescimento poderia ser exponencialmente maior.

Esse padrão pode ser comprovado no mundo todo. Em muitos movimentos o crescimento é muito mais dramático (veja Garrison 2000), mas mesmo possuindo dons e recursos comuns, as igrejas relativamente pequenas podem dar início a movimentos de multiplicação.

Por exemplo, na Alemanha, onde o crescimento da igreja é geralmente lento, uma congregação em Bonn com apenas 300 membros adultos cedeu um total de 118 membros entre 1989 e 1993 para iniciar cinco igrejas-filhas. Durante esse período, as igrejas-filhas quase dobraram o número de membros, crescendo a um total de 214. Enquanto isso, a igreja-mãe recebeu mais do que os 118 membros que cedeu às filhas. A frequência total do movimento cresceu de 420 para 690 e o número de grupos caseiros cresceu de 24 para 55[29]. Esse é um exemplo de desenvolvimento de um movimento através da plantação de igrejas com dons comuns e recursos modestos em uma região, de certo modo, resistente. A chave foi a liderança visionária da igreja-mãe, uma fé inabalável e disponibilidade de liberar membros para plantar novas igrejas.

Isso deveria servir de incentivo às igrejas menores que lutam para vencer as barreiras do crescimento, para que considerem a possibilidade de começar igrejas-filhas como uma forma de alcançar mais pessoas. Muitas vezes a igreja--mãe continuará a crescer mesmo depois de ceder membros para dar início às igrejas-filhas.

Igrejas novas podem alcançar grupos de povos não alcançados por igrejas existentes

Esse é o caso quando as igrejas são plantadas entre grupos de povos não alcançados. Estima-se que um terço da população do mundo de sete bilhões de pessoas vive fora do alcance de uma igreja local que seja capaz de comunicar o Evangelho efetivamente a ela, ou seja, "200 grandes povos etnolinguísticos, cada um com mais de 100.000 etnoreligiosos não evangelizados em seu meio" e há "1.192

---

29 Dados baseados nos registros de membros da Igreja Evangélica Livre da Alemanha (Bund Freier Evangelischer Gemeinden Deutschland) e registros pessoais do pastor principal.

povos etnolinguísticos não evangelizados que nunca foram alvo do trabalho de agência alguma" (Barret, Johnson e Crossing 2008). De acordo com outro estudo, aproximadamente um quarto da população do mundo, mais de 1.6 bilhões de pessoas vivem em 5.837 grupos de povos com menos de 2% de evangélicos e nenhuma atividade de plantação de igrejas nos últimos dois anos (Holste e Haney 2006). A menos que novas igrejas sejam plantadas, é pouquíssimo provável que esses povos venham a ter contato com cristãos ou ouçam o Evangelho de maneira que possam entendê-lo (ver Wood 1995).

Não somente as igrejas existentes estabilizam-se em crescimento, mas tendem a alcançar grupos relativamente homogêneos de pessoas. As igrejas novas podem se concentrar em alcançar outros grupos sociais, subculturas e grupos étnicos. As igrejas existentes podem ser inacessíveis a alguns setores da população em razão da dificuldade de transporte ou de barreiras sociais. Por exemplo, no Leste Europeu, os ciganos são tipicamente vistos com desprezo pela população em geral. Em uma cidade do Leste Europeu, grande número de ciganos têm vindo à fé em Cristo, mas não se sentem bem vindos nas igrejas existentes. Ali, infelizmente, não há outra forma de discipular esses crentes a não ser através do estabelecimento de uma nova igreja para eles (LOP 43,2005).

Igrejas novas podem ter um alcance em bairros locais de forma que as igrejas geograficamente mais distantes não conseguem. Além disso, igrejas mais antigas geralmente exauriram seus contatos evangelísticos naturais através de família, amigos e colegas de trabalho de seus membros. As igrejas novas são capazes de desenvolver novos contatos na comunidade e, portanto, alcançar mais pessoas.

Igrejas novas são necessárias para saturar as cidades e regiões com o Evangelho

A estratégia de algumas organizações como a DAWN (Discipulando Toda Uma Nação, Montgomery 1989) e a Alliance for Saturation Church Planting tem sido encher cidades e regiões com novas igrejas a fim de alcançar mais pessoas. Seu objetivo é que haja uma igreja para cada mil residentes ou, nas zonas rurais, dentro de uma distância de fácil acesso para cada pessoa. O raciocínio é que uma igreja média seja capaz de alcançar e evangelizar efetivamente apenas cerca de mil pessoas. Um estudo realizado em Munique, na Alemanha, em 1993, demonstrou que para atingir o alvo de uma igreja evangélica para cada dez mil residentes, cem novas igrejas deveriam ser plantadas! O estudo revelou mais tarde que todas as igrejas de crescimento mais rápido tinham menos de cinco anos e não estavam localizadas no centro da cidade, mas em comunidades onde tinham contato direto com os residentes (Ott 1994). A experiência das igrejas da Aliança Cristã e Missionária na Nova Guiné, na África Ocidental ilustra bem esse ponto (ver o Estudo de Caso 2.1).

Estudo do Caso 2.1

Plantação de Igrejas em Macenta, Guiné

Por muitos anos as campanhas evangelísticas no distrito de Macenta tinha produzido um grande número de "decisões" por Cristo. O número de membros das igrejas, no entanto, não cresceu em vinte e cinco anos. Alguma coisa estava errada! Foi criada uma estratégia de começar a plantar igrejas em regiões geograficamente mais acessíveis às pessoas que se tornavam cristãs. Isso facilitaria o acompanhamento, descentralizaria o cuidado espiritual e mobilizaria plantadores de igrejas leigos. Idealmente, cada igreja plantaria uma igreja filha a cada ano e cada cristão seria incentivado a levar uma pessoa a Cristo por ano. A fim de que um plano tão ambicioso funcionasse, líderes leigos teriam que ser treinados através de um programa de educação teológica por extensão (TEE) e de uma experiência prática de plantação de igrejas. Se houvesse a expectativa de que o líder de cada igreja recebesse uma educação teológica tradicional e fosse ordenado para o ministério, o plano estaria fadado ao fracasso desde o início.

O programa foi lançado em 1992. Em 1996, o número de igrejas tinha crescido de 25 para 150 (muitas delas igrejas nos lares em aldeias). Ainda mais impressionante, o número de membros cresceu de 1.000 para 6.000, demonstrando que a plantação de igrejas estava realmente facilitando um evangelismo mais efetivo e o acompanhamento dos novos crentes. Isso gerou um aumento no número de membros e um discipulado genuíno. O número de pastores ordenados não mudou, mas noventa pastores leigos foram treinados e mobilizados. Tudo isso aconteceu em meio a considerável oposição e até perseguição (Pfister 1998).

Igrejas novas são necessárias para o crescimento a longo prazo e discipulado dos novos cristãos

Como demonstrado no estudo do caso 2.1, até que as igrejas fossem plantadas, um grande número de pessoas que tinha feito a profissão de fé não havia permanecido no discipulado. Algumas vezes, ouvimos relatos de um grande movimento de cristãos "sem-igreja", por exemplo, entre os Tamil, na Índia. Essas pessoas podem não estar frequentando as igrejas existentes porque não se sentem bem-vindos ou porque as barreiras sociais são grandes demais para serem vencidas pelos novos cristãos. Algumas vezes, as congregações existentes estão voltadas para o atendimento da população cristã, mas não estão contextualizadas para atender às necessidades dos novos convertidos de origem hindu. Em outros casos, os edifícios tradicionais das igrejas tornam-se logo pequenos demais para comportar um grande número de novos cristãos, ou as estruturas tradicionais de liderança não conseguem se adaptar e cuidar das necessidades da igreja em crescimento. David Garrison (2004b) descobriu que há um índice de evasão entre 50-80% entre os recém-chegados que não se integram na comunhão da igreja.

Igrejas novas estimulam as igrejas estabelecidas a uma maior atividade evangelística

Embora a plantação de igrejas seja vista, algumas vezes, como uma forma de competição com as igrejas existentes, os membros das mais antigas, por sua vez observam como as igrejas novas estão alcançando pessoas para Cristo usando métodos criativos. Isso pode estimulá-los a renovar seus esforços evangelísticos. A velha desculpa "Isso não vai funcionar aqui" é regularmente desmentida por novas igrejas! Igrejas existentes muitas vezes se acomodam no *status quo*, afrouxam na motivação evangelística ou ficam desencorajados a evangelizar. Várias histórias podem ser contadas de como uma igreja que está sendo plantada impeliu as outras a juntarem esforços para o evangelismo em uma região ou cidade. No fim, mais cristãos e mais igrejas foram mobilizados, mais pessoas foram alcançadas e todas as igrejas se beneficiaram, não somente a igreja que estava sendo plantada.

Quando uma igreja estabelecida concede membros para iniciar uma igreja-filha, os membros restantes, de repente, percebem os assentos vazios em seu próprio edifício. Eles observam o zelo evangelístico da filha e muitas vezes começam a repensar sua própria estratégia evangelística. O *status quo* foi sacudido! A igreja-mãe renovou seu zelo evangelístico.

Igrejas novas mobilizam mais obreiros

A plantação de igrejas geralmente começa com uma pequena equipe de obreiros. Esses trabalhadores estão altamente envolvidos e, conforme a igreja cresce, os novos membros são naturalmente levantados para o ministério. Em uma plantação de igreja todos sabem que ele ou ela precisa contribuir e servir. Todos são necessários. Os obreiros são pressionados e desafiados a desenvolver novas habilidades, assumir responsabilidades e descobrir dons que nunca considerariam se estivessem em uma igreja estabelecida. A desculpa de que "outra pessoa pode fazer isso melhor do que eu" não se aplica na plantação de uma igreja porque, muitas vezes, não há mais ninguém para fazer aquilo. Deus graciosamente provê dons e talentos quando os obreiros se apresentam em fé e serviço.

A pesquisa internacional de Schwarz (1996,48) revelou que, em média, nas igrejas com menos de cem membros, 31% dos adoradores estão ativamente servindo no ministério da igreja. Essa porcentagem cai consideravelmente com o aumento do tamanho da igreja; igrejas com mais de mil membros tem apenas 17% de seus adoradores no serviço. Nossa observação é que uma igreja que está sendo plantada (normalmente muito pequenas em seu início) frequentemente chega a ter 75% de seus membros ou mais no serviço. Por outro lado, quando uma igreja-mãe cede membros e obreiros para plantar uma igreja filha, um vácuo é deixado para trás onde os antigos membros serviam. Ali também novos obreiros precisam ser treinados e mobilizados para darem continuação ao ministério.

Novas igrejas são fundamentais para a mudança social

Conforme as comunidades do Reino vão sendo plantadas, as sociedades são afetadas positivamente. Os especialistas em crescimento da igreja observaram já há muito tempo que uma escalada na pirâmide social ocorre quando as pessoas se tornam cristãs. A razão é que à medida que as pessoas das classes mais baixas tornam-se cristãs e adotam um estilo de vida bíblico, crescem em posição social e padrão de vida (McGravan 1980, 295-313; Wagner 1981, 42-46). Por exemplo: os pais assumem maior responsabilidade por suas famílias e, como resultado, mais dinheiro é gasto em educação em vez de ser desperdiçado em álcool e jogo. Uma ética profissional é adotada e a dignidade humana é instilada em lugar do desespero e da inferioridade.

Defensores do ministério holístico como Tetsuano Yamamori, da *Food For The Hungry* (Alimento para o faminto), incluem a plantação de igrejas como parte de uma estratégia para ministrar ao pobre (Yamamori 1998, 9; veja também Grigg 1992). À medida que comunidades de esperança e de assistência são estabelecidas entre os pobres, estes são encorajados a melhorar de vida. O relatório da Tailândia da *Christian Witness to the Urban Poor* (Testemunho cristã para o pobre urbano) afirma: "Cremos que a estratégia básica para evangelização do pobre urbano é a criação ou renovação de comunidades nas quais os cristãos vivem e compartilham em igualdade com outras pessoas" (LOP 22,1980,16). Várias organizações de assistência e desenvolvimento descobriram que trabalhar em parceria com igrejas locais é uma das formas mais efetivas de apoiar as comunidades, não somente para a transformação espiritual, mas também para o melhoramento social, educacional e econômico.

Infelizmente, muitas, se não a maioria, das igrejas existentes tendem a negligenciar o pobre ou têm dificuldade em aceitá-lo e servi-lo. Por outro lado, o pobre geralmente não se sente bem-vindo nem confortável em igrejas de classes sociais mais altas. Enquanto devemos buscar corrigir essa dificuldade nas igrejas existentes, plantar novas igrejas entre os povos continua sendo a única opção realista se quisermos que eles sejam alcançados pelo Evangelho. Um dos exemplos mais dramáticos disso é o sensacional crescimento do movimento Gramin Pachin Mandal entre os Bhangi Dalits na Índia. Iniciado em 1984, o movimento chegou a mais de 700.000 cristãos batizados em 2004. Os Bhangi eram os mais inferiores da casta baixa, rejeitados pela população em geral e relegados aos trabalhos mais humilhantes, como limpar latrinas. Somente quando um movimento altamente contextualizado foi lançado concedendo-lhes dignidade e permitindo que exercessem sua própria liderança é que um crescente movimento cristão tornou-se possível (veja Pierson 2004).

Além disso, devem ser plantadas igrejas entre as classes médias e superiores com a visão de se tornarem vozes de justiça e compaixão na sociedade. Infelizmente, as igrejas estabelecidas muitas vezes têm sido complacentes com o *status quo* social. Novas igrejas podem desempenhar um papel importante tanto na assistência ao pobre, atendendo às suas necessidades imediatas, quanto trabalhando em favor da mudança social em nível sistêmico. A Nairobi Chapel, por exemplo, decidiu plantar duas igrejas entre os pobres para cada igreja que ela planta entre as classes média e alta (Muriu 2007). Em Manila, uma Igreja Evangélica Livre de classe média liberou obreiros para ajudarem a plantar uma igreja em um distrito invadido por grileiros. Muitos programas de assistência social fizeram parte da nova igreja desde o seu início. As igrejas devem se tornar "sal, luz e fermento" na sociedade, lutando por educação, oportunidades iguais, proteção dos direitos humanos, reforma agrária, segurança e condições razoáveis de trabalho, tratamento justo e oportunidades iguais para os desprivilegiados e marginalizados. Voltaremos a esse tópico no capítulo 19.

Devemos plantar igrejas em comunidades nas quais já existem outras igrejas?

Plantar igrejas em uma localidade em que já existam outras igrejas é um assunto delicado. Como já foi dito, essa nova igreja provavelmente alcançará novas pessoas e contribuirá para a evangelização da área. No entanto, ela poderia, potencialmente, esvaziar as outras igrejas com a transferência de cristãos. Plantar uma igreja nessas condições seria uma violação da unidade cristã? Como se pode determinar se a plantação dessa igreja é justificada em comunidades em que já existam outras igrejas? Não defendemos a plantação de igrejas em qualquer lugar e a qualquer custo. A competição, a defesa da bandeira denominacional e o roubo de ovelhas nunca devem caracterizar a plantação de uma igreja. Uma igreja nunca deve ser plantada ao custo de outra. Por outro lado, nem a "corrida denominacional", nem a construção de um império pessoal ou a manutenção de uma tradição religiosa moribunda podem servir de oposição para a plantação de uma nova igreja em uma comunidade.

Em muitas partes do mundo, a maioria dos residentes locais pertence formalmente a uma igreja, mas nem participa ativamente da vida da igreja, nem segue pessoalmenteas crenças cristãs mais básicas. Embora somente Deus possa julgar os corações, para todos os propósitos práticos, esses cristãos nominais precisam ser alcançados ou "re-alcançados" com o Evangelho e desafiados a uma fé viva em Cristo Jesus. As igrejas existentes que não veem necessidade de assim fazer, não têm o direito de proibir uma nova igreja de tentar alcançar esses cristãos nominais. Muitas dessas igrejas são dominadas por uma teologia que nega o poder do Evangelho e a autoridade das Escrituras.

> A presença de templos ou mesmo congregações na área onde a plantação de uma igreja está sendo considerada não impede necessariamente a possibilidade de se plantar novas igrejas. As igrejas introvertidas ou socialmente isoladas, igrejas preocupadas somente com o seu próprio desenvolvimento, igrejas que não tenham nada para comunicar à sua vizinhança, igrejas que usam uma terminologia que não pode ser compreendida, igrejas que falam muito e fazem pouco, igrejas que falham em encarnar o que estão proclamando podem não estar trazendo nenhuma contribuição positiva para a *missio Dei.* (Murray 1998, 37)

O quadro 2.1 lista algumas orientações para a plantação de igrejas onde já existem outras.

Quadro 2.1

Quando plantar igrejas onde já existem outras

1. Avalie honestamente as necessidades espirituais da comunidade.

As necessidades espirituais da comunidade estão sendo atendidas adequadamente pelas igrejas existentes? Segmentos específicos da população como grupos étnicos, classes sociais ou bairros continuam não alcançados ou mal-atendidos? Qual é a proporção de cristãos para não cristãos na comunidade? Qual é a distribuição geográfica das igrejas na área? As igrejas existentes estão evangelizando efetivamente? Decida plantar uma igreja somente onde houver uma necessidade genuína.

2. Considere o número necessário de igrejas.

Não há regra fixa para determinar o número ideal de igrejas para uma região. Os missiólogos algumas vezes consideram uma região adequadamente alcançada quando os cristãos ativos compõem 10% da população geral. No entanto, mesmo em áreas assim, pode haver bolsões populacionais que permanecem não alcançados pelas igrejas existentes. Estas também podem estar distribuídas de forma geograficamente desigual. Além disso, elas podem estar inteiramente estagnadas, não ter interesse no evangelismo e não conseguir influenciar a comunidade para o Reino. Murray resume bem a questão:

> Como a missão da igreja pode ser cumprida na sociedade contemporânea? Se essa missão pode ser cumprida pelas igrejas que já existem, a plantação de uma nova igreja é desnecessária. Porém, se isso for impraticável em razão da localização dessas igrejas, de sua falta de habilidade de se comunicar com o restante da comunidade, ou simplesmente por não ser em número suficiente, então a plantação de uma nova igreja é crucial. (1998,14)

3. Informe as igrejas existentes de suas intenções e demonstre um espírito de cooperação.

A comunicação aberta é o primeiro passo para demonstrar respeito, boa vontade e unidade com outras igrejas. Deixe claro o propósito e a natureza da plantação da igreja e indique que sua intenção não é "roubar ovelhas" ou fazer proselitismo, mas evangelizar e servir a comunidade de novas formas. Isso evitará mal-entendidos e dissipará suspeições negativas. A apresentação de dados demográficos indicando claramente as necessidades da comunidade pode abrir os olhos dos líderes das igrejas existentes para a importância de uma nova igreja.

4. Demonstre continuamente a intenção de cooperação e não de proselitismo.

A participação em comunidades ministeriais locais, Aliança Evangélica ou grupos similares, bem como a cooperação em semanas de oração, programas evangelísticos ou outros ministérios em conjunto demonstrarão um espírito de unidade e cooperação. Se um membro ativo de outra igreja começar a participar da nova igreja, geralmente é uma boa política fazer contato com um pastor daquela igreja e conversar abertamente sobre a situação. Outras maneiras de cultivar bons relacionamentos podem ser: informar as outras igrejas sobre eventos públicos, apoiar suas iniciativas e evitar críticas.

Fica mais do que evidente que a plantação de igrejas não é apenas um mandamento e um fator essencial para o cumprimento da Grande Comissão, mas também uma necessidade prática em muitos lugares, se não, na maioria, mesmo onde outras igrejas já estão presentes. A plantação de igrejas está no centro de uma compreensão bíblica de missão. Ela é fundamental tanto para iniciar movimentos cristãos entre os povos não alcançados, quanto para encher regiões "alcançadas" como o Evangelho.

3

As origens do Novo Testamento

Embora o Novo Testamento não seja um manual nesse sentido, ele oferece aos plantadores de igrejas princípios e parâmetros para guiá-los em seu ministério. Charles Chaney (1982,20-35) escreveu que os três pilares da plantação de igrejas são: a natureza e o propósito de Deus; a natureza e o propósito da igreja e a necessidade e condição da humanidade contemporânea. Se isso for verdade, deveríamos encontrar não apenas uma forte motivação para a plantação transcultural de igrejas, mas também princípios bíblicos suficientes que nos orientem nessa tarefa. Há, sem dúvida, centenas de lições que podem ser descobertas para guiar os plantadores de igrejas. Neste capítulo podemos apenas salientar as características e lições mais evidentes examinando as bases conceituais da plantação de igrejas nos Evangelhos, nas realizações da igreja primitiva em Atos e nas reflexões das epístolas paulinas.[30]

Fundamentos no Evangelho

Muitos estudiosos da plantação de igrejas iniciam seus estudos pelo livro de Atos em razão dos apóstolos não terem sido enviados, nem capacitados para fazer discípulos e formar igrejas até depois da ressurreição e ascensão de Jesus e do derramamento do Espírito Santo (At 1-2). Pode haver razões teológicas para isso, mas começar com o ministério de Paulo tem certas desvantagens. Aquele que disse *"eu edificarei a minha igreja"* também preparou seus seguidores para participar em seu estabelecimento e providenciou conceitos úteis que podem servir de fundamentação para qualquer ministério de plantação de igrejas hoje.

Outra fraqueza de se usar o exemplo paulino de plantação de igrejas como ponto de partida é que algumas igrejas reprodutivas importantes foram plantadas à parte do ministério de Paulo. A igreja de Jerusalém (At 1–8.3) e a igreja de Antioquia (At 11.19-30; 13.1-3) são exemplos óbvios. A

---

30 Para estudos bíblicos mais detalhados sobre a missão dos cristãos primitivos e a expansão da igreja primitiva indicamos aos leitores autores como Ramsay 1982, Bruce 1969, Green 1970, Longenecker 1964 e 1971, Banks 1994, Riesner 1998 e Schnabel 2004 e 2008.

partir delas, a igreja se espalhou para a Galileia, Samaria (At 8.9 e, especialmente, 9.31), Síria, Fenícia, Chipre e Cirene (At 11.19s). Esse foi, de muitas maneiras, um movimento leigo de expansão (inicialmente como resultado de perseguição) que produziu muitas novas igrejas – *comunidades de Jesus* formadas com aqueles que vieram a conhecê-lo como Salvador e Messias. Essas comunidades eram centradas na pessoa e nos ensinos de Jesus, portanto, as sementes de qualquer movimento cristão de hoje precisa olhar para o ensino do próprio Cristo em busca de suas raízes e de seu caráter.

Quando os discípulos em Jerusalém receberam poder do alto, já sabiam por que tinham sido enviados ao mundo. Eles também tinham experimentado a *koinonia* que o Mestre desejava para sua igreja. Proclamaram o Evangelho, fizeram novos discípulos e os reuniram em comunidades do Reino sem receber instruções adicionais que os guiassem em suas atividades de plantação de igrejas, exceto pela direção do Espírito Santo. Um vasto número de igrejas surgiu por toda Judeia e Samaria[31]. Portanto estamos justificados em olhar para os Evangelhos para encontrar as bases da plantação de igrejas que moldaram o ministério da igreja primitiva e, mais tarde, foram levadas aos gentios através do ministério itinerante de Paulo, dos outros apóstolos e seus colegas.[32]

Jesus – o Mestre de Obras da Igreja

Em certo sentido, Jesus é, por excelência, o plantador da igreja (Mt 16.18). Podemos afirmar isso historicamente pelo fato de ele ter estabelecido a primeira comunidade cristã, edificada sobre seus ensinos e no poder do seu Espírito para cumprir sua missão no mundo. Jesus considerava o grupo de discípulos uma comunidade embrionária ou igreja[33]. Sabemos disso porque ele os chama de *ecclesia* em Mateus 18.17 quando lhes deu as instruções sobre como lidar com ofensas. Stuart Murray aponta pistas da existência de comunidades do Reino pré-Pentecostes em Mateus 18.15-20: "[Jesus] descreve uma comunidade que leva o discipulado a sério, caracterizada por relacionamentos abertos e amorosos, que reconhece que é composta por pessoas imperfeitas e desenvolve um estilo de vida que permanece fiel aos mais altos padrões, mas que é realista com seus fracassos; uma comunidade que equilibra a responsabilidade individual e a ação corporativa, que não possui um traço sequer de clericalismo e, talvez, uma comunidade pequena o suficiente para funcionar dessa forma" (1998,85).

---

31 Em Atos 9.1-2 "os seguidores do Caminho" ainda são encontrados nas sinagogas. Aparentemente a perseguição e a pregação de Filipe, Pedro e outros apóstolos (Atos 8-10) contribuíram para a criação de novas comunidades do reino distintas das sinagogas por toda a Judeia, Galileia e Samaria (Atos 9.31). Lucas nos diz que essas comunidades estavam crescendo numericamente. (ibid.)

32 F. F. Bruce aponta para uma evidência adicional de que Jesus desejava fundar uma igreja protótipo que seria o novo Israel: a escolha de doze homens que um dia se sentariam em doze tronos para julgar as doze tribos de Israel (Lc 22.30). Ele escreve: "Mas a planejada coincidência do número doze com a totalidade das tribos de Israel, implica que haveria um "Israel" para que eles governassem" (1969, 177). Eles tiveram o cuidado de substituir Judas para manter os doze.

33 "Parece que já em seu início, essa comunidade era designada por um dos termos que no Antigo Testamento é aplicado à totalidade da assembleia (*qahal*) ou congregação (*edah*) de Israel" (Bruce 1977, 206). Bruce também argumenta que a fé na ressurreição, e não o Pentecostes, "reuniu novamente os seguidores de Jesus que estavam espalhados, e dentro de poucas semanas depois de sua morte eles apareceram em Jerusalém como uma comunidade coerente, vigorosa e autopropagadora" (ibid.).

Em outra referência sobre a *ecclesia* em Mateus, Jesus promete edificar sua igreja (Mt 16.18) baseado na verdade afirmada por Pedro que ele é o Messias. A referência à *ecclesia* é usada principalmente em um tempo futuro, mas tem sua raiz no presente. A igreja é fundada na proclamação apostólica de quem Jesus é (a rocha), vive sob a autoridade apostólica (poder das chaves) e se ergue vitoriosa sobre a oposição satânica (portas do Hades). O avanço e a expansão da igreja são, portanto, garantidos, e seu fundamento não é outro senão a pessoa e a obra de Jesus Cristo proclamada pelo ensino apostólico. O grupo de discípulos antes do Pentecostes era embrionário e de certa forma fluído, mas exibia, no entanto, as características que Jesus esperava de seus seguidores[34].

Conceitos fundamentais para a plantação de igrejas nos ensinos de Jesus

Há pelo menos quatro temas nos ensinos de Jesus que oferecem uma estrutura conceitual para os discípulos e apóstolos proclamarem o nome de Jesus e reunirem os cristãos: (1) expandir o Reino, (2) semear e colher, (3) reunir verdadeiros adoradores e (4) fazer discípulos.

EXPANDINDO O REINO

Nos Evangelhos, o estabelecimento da igreja é anunciado e preparado pelos ensinos de Jesus sobre o Reino. Embora este não possa ser equiparado à igreja, a igreja é, nessa época, o principal instrumento para o seu avanço como sinal e testemunha do Reino que virá um dia em plenitude. O anúncio de Jesus de seu Reino é centrado na propagação de sua Palavra e no chamado de um povo sujeito a ela e a seu governo, em antecipação ao nascimento da igreja. Philip Steyne descreve bem esse relacionamento:

> No processo, Cristo inaugurou uma nova era para o governo de Deus sobre seu povo. O Senhor trouxe um novo povo à existência, que iria demonstrar seu governo reto e justo, modelando na terra o que Deus faz no céu (Mt 5-7). Seu Reino era para ser uma realidade presente, tendo sido iniciado nessa época, mas não plenamente até que retorne. (...) Seus cidadãos deveriam viver sob uma "lei real" com uma compreensão de comunidade (Mt 8.8-11). Na comunhão de verdadeira comunidade eles tinham tudo em comum, tanto sua fé, quanto seus bens. (...) Seu Reino iria exercer influência através de seus cidadãos sobre as vidas e as estruturas. Seu Reino possuía homens. Ele veio sobre eles e os libertou de todos os poderes estranhos (Mt 12.28; Lc 11.20), resultando em uma perspectiva de vida diferente. (1992, 244-45)

A expansão do Reino é evidente também nas parábolas. Através das ilustrações de Jesus, os discípulos aprenderam que o volume e o grau de crescimento dependeriam da receptividade das pessoas, mas que o Evangelho deveria ser semeado de qualquer forma (Mt 13.1-23). O crescimento do Reino poderia ser surpreendentemente poderoso e expansivo como a semente

---

34 Esse grupo de seguidores comprometidos cresceu além do círculo apostólico e reunia cristãos de muitas classes da sociedade – mulheres como Maria e Marta, líderes religiosos como Nicodemos e José de Arimateia, amigos leais como Lázaro, sua mãe Maria, Tiago e seus outros irmãos naturais (At 1.14; 1Co 15.7) e outros discípulos cujos nomes não são mencionados, totalizando pelo menos 120 pessoas (At 1.15). Havia outros que talvez estivessem menos conectados à comunidade de Jerusalém porque um grupo de mais de quinhentos cristãos testemunharam uma das primeiras aparições pós-ressurreição (1Co 15.6).

de mostarda (vv. 31s), penetrante e transformador como o fermento em uma porção de massa (v. 33) e continuaria até o dia do juízo (vv. 24-30). O crescimento em si é claramente uma obra misteriosa de Deus, embora os seres humanos tenham a responsabilidade de plantar a semente (Mc 4.26-29).

Os ensinos de Jesus a respeito do Reino trazem uma dimensão qualitativa à plantação de igrejas, como ilustrado pelos efeitos do sal e da luz (Mt 5.13-16). James Denney, um teólogo escocês do século 19 expressa isso eloquentemente:

> Ele chamou homens que estavam vivendo no mundo em todas as diversas linhas da vida para o Reino e os associou consigo mesmo e uns com os outros sabendo serem os cidadãos e os súditos do Reino. (...) Há no Reino uma verdadeira união de pessoas que sabem que possuem algo que os une uns aos outros e os separa do mundo, mas não há nada formal ou institucional sobre isso. (...) Destina-se a levar a todos aquela lei do amor que Cristo revelou e, ao fazê-lo, transformá-los, ou melhor, transfigurá--los. O Reino de Deus torna-se um poder vencedor e transfigurador – o fermento manifesta sua virtude, o sal, o seu sabor – na medida em que os cidadãos do Reino estão intensamente conscientes de seu novo relacionamento com Deus e das novas obrigações que esse relacionamento impõe (1976 [1895], 175-76).

Essa dimensão qualitativa é expressa em nossa compreensão de plantação de igrejas como o estabelecimento de comunidades do Reino. A ênfase no Reino também ressalta uma visão holística e integrada do crescimento da igreja e corrige uma mentalidade de produção que coloca o foco principal em números.

SEMEANDO E COLHENDO

No Peru a expressão "plantar igrejas" é traduzida como "semear igrejas" (*el siembro de iglesias*). Na parábola do semeador, a semente representa a Palavra de Deus, os solos ilustram as pessoas que são receptivas em graus variados e o semeador é o proclamador da Palavra. Finalmente, o Espírito, o Senhor da Seara, supervisiona todo o processo e dá vida a novos discípulos e a comunidades do Reino. Jesus ressalta a responsabilidade dos discípulos de pregar sua Palavra e os prepara para as diferentes respostas de seus ouvintes, bem como as contraofensivas do seu inimigo (Mt 13.3-8; Mc 4.3-20; Lc 8.5-8).

Esse tema nos leva de volta a uma passagem útil do Antigo Testamento: Isaías 55.9-13. Isaías começa com o Messias como testemunha para todas as nações (v. 4s) e um apelo para segui-lo enquanto ele pode ser achado (v. 6-8). Então, enfoca a insondável, poderosa e viva Palavra de Deus que cumpre seu propósito. A ênfase na poderosa Palavra utilizada em Atos (veja Pao 2002) serve como um importante lembrete aos plantadores de igrejas que sua responsabilidade primordial é semear a Palavra e confiar que Deus operará através dela:

> As quatro coisas essenciais para todo plantador de igrejas são: o Espírito, a semente, o semeador e o solo. Sem um desses elementos, a plantação neo-testamentária de igrejas é impossível. (...) O acesso comum a esses aspectos essenciais faz da plantação de igrejas uma possibilidade para mais pessoas do que se pensa geralmente. As igrejas podem ser plantadas sem muitos recursos financeiros ou edifícios elegantes. Podem ser plantadas por pessoas comuns que possuem uma visão e são cheias do Espírito Santo. O segredo não está mais ligado a um título religioso ou grau acadêmico. Os recursos necessários estão disponíveis às multidões. (Brock 1994,30)

Reunindo verdadeiros adoradores

Nos Evangelhos, a ideia de reunir adoradores em um novo reino messiânico é um motivo importante para a plantação de igrejas. Jesus usou a ilustração de uma seara para enfatizar a urgência de reunir verdadeiros adoradores (Jo 4.22-42). Ele instruiu seus discípulos a orarem para que mais trabalhadores fossem enviados para a seara, a fim de que as pessoas conheçam o Senhor da seara (Mt 9.37s).

Quando a seara está pronta, o trigo deve ser cortado, amarrado em feixes e carregado para o celeiro. Da mesma forma, quando um grupo de pessoas responde ao Evangelho é trazido à comunhão da igreja local para adorar a Deus[35]. Na parábola do grande banquete, quando os convidados não comparecem, o senhor ordena que os servos "façam" outro grupo para o banquete espiritual (Lc 14.13)[36]. Portanto, as parábolas do Senhor apontam implicitamente para a responsabilidade de trazer pessoas de todas as nações para dentro do aprisco cristão. Essas parábolas também ressaltam a inevitável expansão e crescimento do Reino, dando ao plantador de igrejas a certeza de que a causa maior não falhará.

Fazendo discípulos

Finalmente, vemos a plantação de igrejas na missão que Jesus deu aos discípulos[37]. Jesus os enviou da mesma maneira que o Pai o enviara à terra (Jo 20.21) e mostrou a eles o caráter encarnacional de sua missão. Ele os desafiou a ir e levar o Evangelho às pessoas, vivendo seu poder enquanto ensinavam sua verdade emancipadora: *"Está escrito que o Cristo haveria de sofrer e ressuscitar dos mortos no terceiro dia, e que em seu nome seria pregado o arrependimento para perdão de pecados a todas as nações, começando por Jerusalém. Vocês são testemunhas destas coisas"* (Lc 24.46-48). Quando estava na Galileia antes de sua ascensão, Jesus explicou que eles deveriam batizar aqueles que se arrependessem, ensinar-lhes tudo o que ele tinha ensinado e trazê-los para uma comunidade de discípulos. Eles deveriam formar novas comunidades de crentes que compartilhassem as mesmas características essenciais da comunidade original de Jesus e seus discípulos.

Portanto, os ensinos de Jesus sobre a igreja (embora limitados) e a importante experiência de comunidade dos discípulos ofereceram a estrutura conceitual para a expansão da igreja em Atos. O Espírito Santo trouxe essas coisas à memória e guiou a igreja (Jo 14.26; 16.13-15). O crescimento espontâneo da igreja é realmente uma continuação daquilo que Jesus começou com seus discípulos, uma realização da missão que ele lhes deu e uma extensão da igreja que ele estabeleceu entre eles (veja Coleman 1987,9-16).

---

35   A analogia da seara é usada em um sentido escatológico para o Dia do Juízo em Mateus 13.30 e outros textos; em Mateus 9.38 e João 4.35-42 tem o sentido de reunido e salvo.

36   Embora a referência principal seja o convite estendido aos gentios, que são convidados (ainda que indignos) depois que o povo judeu rejeitou o mesmo convite, sublinhamos o repetido uso do motivo de reunião-incorporação em oposição à visão ocidental individualista de salvação.

37   Veja o capítulo 2 para um estudo de Mateus 28 e o mandamento implícito de plantar igrejas.

Realizações da igreja primitiva: padrões e princípios do livro de Atos

A maior parte dos ramos da cristandade evangélica surgiu de um movimento de restauração que olhou para a igreja do Novo Testamento ou como uma norma a ser restaurada ou como um ideal a ser seguido. A narrativa de Lucas não somente relata o passado, mas serve para encorajar os cristãos, ensinar comportamento moral, exaltar a Deus e defender pessoas e práticas santas[38]. Deus colocou seu selo de aprovação nesses relatos através de inspiração para que a igreja tivesse exemplos positivos e protótipos de como o Espírito guiou os primeiros crentes[39]. A fim de evitar normatizar excessivamente ou de forma inapropriada os relatos, podemos distinguir três graus de relevância para a aplicação prática de porções narrativas: *prescritiva, descritiva e representativa*.

Algumas coisas são claramente *prescritivas* para a igreja. Jesus disse que seus discípulos deveriam obedecer tudo o que ele lhes tinha ordenado (Mt 28.18-20). As práticas em Atos explicitamente ensinadas em outros textos do Novo Testamento como as ordenanças, o mandamento de amar uns aos outros e a pregação do Evangelho caem nessa categoria. No entanto, nem tudo em Atos pode ou deve ser repetido. Alguns relatos são apenas *descritivos*, eventos como lançar sortes para encontrar um substituto para Judas tem um valor histórico (veja discussão em Liefeld 1995,117). Outros são particulares a uma cultura e um contexto, como fazer reuniões no pátio do templo ou o costume de Paulo de pregar o Evangelho primeiro na sinagoga local. Não deveríamos tentar repetir os sinais singulares que acompanharam o derramamento inicial do Espírito Santo no Pentecostes nem escrever cartas imbuídas de autoridade divina.

Em uma terceira categoria colocamos os padrões consistentes que trazem valor *representativo* (Fee e Stuart 1982, 101-102). Pelo uso de repetições, ênfase literária e outros artifícios, o autor os faz sobressair como práticas normais (costumeiras, típicas), mesmo que não lhes seja conferida força normativa (absoluta, obrigatória). Padrões com força representativa (1) são repetidos consistentemente (embora somente um padrão seja encontrado), (2) estão em harmonia com o resto das Escrituras e (3) não são exclusivos de um contexto particular ou cultura. Neste capítulo os chamaremos de *padrões de plantação*

---

38 Veja Liefeld 1995 e "Acts: The Problem of the Historical Precedent" (Atos, o problema do precedente histórico) em Fee e Stuart 1982 para mais princípios hermenêuticos lidando com narrativas. Liefeld adverte: "Não parece haver nenhuma indicação no próprio livro de Atos de que Lucas estivesse escrevendo para oferecer um paradigma para o evangelismo cristão, missões e vida da igreja" (1995, 32). Ainda assim, mais adiante ele faz concessão para o estabelecimento de princípios bíblicos de Atos sob certas condições: "Em poucas palavras, aqueles que procuram orientação em Atos podem certamente encontrar princípios que são apropriados em situações semelhantes, mas podem descobrir que aquelas condições eram peculiares demais para permitir algum padrão normativo. Pode parecer que estamos impondo uma orientação externa sobre a interpretação da Escritura. Pelo contrário, estamos reconhecendo o fato de que princípios de orientação para atividades que envolvem cultura, como missões, por exemplo, podem ser transferíveis, mas somente com muito cuidado e sabedoria" (124-25).

39 Algumas vezes, as narrativas têm uma força didática especial, como vemos no uso de Paulo (1Co 10.6-13). Jesus usou uma narrativa davídica como justificativa para a conduta de seus discípulos durante o sábado (Mc 2.23-28). Certamente as seções narrativas estão incluídas quando Paulo escreve que toda a Escritura é "útil para o ensino" (1Tm 3.16).

de igreja[40]. Este capítulo ressalta alguns desses princípios mais evidentes que podem, a nosso ver, ser aplicados de forma geral a iniciativas de plantação de igrejas. Esses padrões consistentes podem ser usados para desenvolver *princípios ministeriais* em razão de serem: (1) baseados em paralelos claros entre a situação atual e o contexto bíblico e (2) adaptados às atuais realidades ministeriais em sua aplicação. Em resumo, não procuramos imitar os eventos e métodos do livro de Atos, mas desejamos permanecer na mesma *trajetória*, em continuidade com a dinâmica de missão apresentada nele.

Deus chama obreiros para plantar a igreja

Os plantadores são chamados por Deus. Isso pode ser visto não somente com Paulo (At 13.2; 26.19s; Gl 1.11s), mas também com Barnabé, Pedro, Tiago e João (Gl 2.7-9). Os chamados são expressos diferentemente. No caso de Paulo veio através de uma visão celestial (At 26.19; Gl 2.2) e foi confirmado pela igreja de Antioquia (At 13.1-3), mas no caso de Timóteo, veio por um convite de Paulo e da recomendação de sua igreja em Listra (At 16.1-3; 2Tm 1.6). Embora a confirmação de Deus venha de muitas maneiras, é um dos pilares no qual toda uma vida de ministério deve ser construída[41].

O Espírito Santo capacita e guia a plantação de igrejas

Uma consciente dependência do Espírito Santo permeia os relatos dos primeiros evangelistas e apóstolos e constitui parte do *ethos*[42] da plantação de igrejas no Novo Testamento. Cristo disse aos apóstolos que pregassem o Evangelho a toda criatura e acrescentou: *"Não saiam de Jerusalém, mas esperem pela promessa de meu Pai, da qual lhes falei"* (At 1.4). A explicação é encontrada no verso 8: *"Mas receberão poder quando o Espírito Santo descer sobre vocês"*. Como James Cymbala e James Merryl expressam: "Todo o mérito é do Filho... e todo o poder é do Espírito Santo" (2001, 197).

Enquanto a maioria dos cristãos afirma isso, as equipes apostólicas de plantação de igrejas vivem isso. O Espírito Santo é o Espírito Missionário e a plantação de igrejas requer sua ação direta e a capacitação de instrumentos humanos secundários. Os apóstolos dependiam da orientação do Espírito para decidirem aonde ir em seguida, embora os meios pelos quais essa orientação era recebida variavam de caso para caso (At 8.26,39; 10.9-16; 12.5-11; 16.6s, 9s; 18.9-11; 27.23-26). Quando chegavam à localidade, pregavam no poder do Espírito e sua proclamação era frequentemente acompanhada de manifestações visíveis de sua presença.

---

40 Coleman atribui uma importância especial a padrões em Atos que se aplicam ao exemplo de Jesus: "Esse presente estudo se propõe a discernir como a igreja apostólica obedeceu ao seu chamado. Usando principalmente Atos como referência, meu objetivo tem sido ver um padrão se desenrolando, especialmente percebendo princípios de exemplos de Cristo em suas testemunhas". (1987, 14).

41 Essa confirmação do chamado de Deus é uma das competências essenciais que figuram nas exigências requeridas para um plantador de igrejas. Para um estudo sobre vocação e chamado missionário, veja Ott e Strauss 2010, 225-30.

42 Na Sociologia, é uma espécie de síntese dos costumes de um povo. O termo indica, de maneira geral, os traços característicos de um grupo, do ponto de vista social e cultural, que o diferencia de outros. Seria assim, um valor de identidade social. (N. de Revisão)

Lucas descreve os cristãos, de maneira intrigante, como "cheios do Espírito Santo" de forma especial em certas ocasiões (At 4.8,31; 9.17; 13.9). A recorrente expressão parece ressaltar a ação especial do Espírito Santo em cada um desses casos. Ao proclamarem Jesus ou sofrerem por ele, Deus lhes dava o poder espiritual e a graça de que necessitavam – unção especial para circunstâncias extraordinárias. Além disso, a expressão "cheios do Espírito Santo" é usada, não somente em referência aos apóstolos, mas também em referência à igreja de Jerusalém (4.31); e isso é mais tarde ordenado aos crentes efésios (Ef 5.18).

A plantação de igrejas continua sendo, fundamentalmente, um empreendimento espiritual que exige meios espirituais encontrados somente no Espírito Santo. Todos os esforços humanos, estratégias, talentos, recursos e gênio criativo usados na plantação de igrejas são vãos, a menos que lhes seja outorgado o seu poder que dá vida. Esse não somente é um padrão observado em Atos, mas um princípio teológico: nenhum plantador de igrejas terá sucesso sem a ação, a direção e o enchimento do Espírito Santo.

As igrejas são plantadas através da proclamação do Evangelho e da conversão dos ouvintes

Através da leitura do livro de Atos, nada pode ser mais claro do que sua ênfase na proclamação do Evangelho como catalisador da plantação de igrejas. Conforme o Evangelho é pregado no poder do Espírito Santo, o mesmo Espírito aplica aquela mensagem aos corações dos ouvintes (p. ex., At 2.37; 16.14). Quando eles a recebem através do arrependimento e da fé, são salvos e tornam-se cristãos (8.14; 11.1; 17.11).

O Evangelho é pregado em muitas localidades[43], algumas vezes a grandes grupos em lugares públicos e outras vezes através de um diálogo mais pessoal. A resposta à mensagem também difere: grande número de conversões (At 2.41; 5.14), deboche e humilhação (2.13:17.32), perseguição (7.54-60) ou averiguação mais profunda (17:32). Mesmo assim, os apóstolos apresentavam Jesus Cristo crucificado e ressurreto.

A forma de pregação é adaptada aos ouvintes[44], mas o conteúdo sempre leva à necessidade de arrependimento e fé em resposta à mensagem que é poder de Deus para a salvação (cf. Rm 1.16). Lucas fala da plantação e crescimento da igreja em termos da Palavra de Deus crescendo, se espalhando, multiplicando e prevalecendo (At 6.7; 12.24; 13.49; 19.20). A *proclamação cheia do Espírito* desempenha um papel fundamental no livro de Atos e é a própria fonte de onde flui a plantação de igrejas. Portanto, os obreiros precisam lembrar que a plantação de igrejas começa com evangelismo e que não há substituto para pregação do Evangelho cheia do Espírito Santo. Esse é o fundamento metodológico sobre o qual as igrejas descritas em Atos foram edificadas e esse é o modelo que devemos seguir hoje.

---

43 Por exemplo, no pátio do templo (At 3.1; 5.21,25; etc.), sinagogas (13.14; 14.1), mercados (17.17), lugares públicos (18.28), lares (5.42), prisões (16.25-34) e diante de oficiais do governo (capítulos 24-26). Veja Schnabel 2008, 287-305 para uma discussão mais ampla.

44 Compare, por exemplo, as mensagens de Paulo aos judeus (At 13.16-41), em Listra (14.15-17), ao carcereiro filipense (16.31-32) e em Atenas (17.22-31).

Novos crentes são congregados em comunidades espirituais

"A principal missão de Paulo era cumprida quando o Evangelho era pregado, homens eram convertidos e igrejas eram estabelecidas" (Hesselgrave 1980,29). O cumprimento da Grande Comissão exige o estabelecimento contínuo de novas congregações que agrupem aqueles que respondem positivamente ao Evangelho. Como ressaltamos no capítulo 2 (e na discussão sobre as parábolas anteriormente neste capítulo), Cristo acrescenta pessoas a uma igreja local à medida que elas vão sendo salvas (At 2.41,47; 5.14; 11.24). Esse processo, descrito em Atos 2.38-47, compreende pelo menos três atividades: (a) comunicar o Evangelho (v. 38), (b) ensinar e batizar os discípulos (v. 41) e (c) reuni-los em comunidades do Reino (vv. 42-46). Esse padrão triplo, prefigurado nas parábolas de Jesus, é repetido através de todo o livro de Atos. A incorporação de crentes é uma parte integral da tarefa de fazer discípulos. Embora nem todos os ministérios estabeleçam novas igrejas, aqueles que têm o discipulado como objetivo estarão ignorando um ingrediente-chave, a menos que os novos crentes sejam reunidos em comunidades espirituais.

A equipe apostólica estabelecia líderes locais e seguia viagem para outras regiões

Paulo e seus companheiros consistentemente estabeleciam anciãos locais e diáconos, embora as circunstâncias não estejam registradas em alguns casos. Essa tarefa parece ter prioridade, pois Paulo os estabelecia em sua primeira visita (a despeito de ter tido muito pouco tempo para prepará-los) ou, correndo grande risco, retornava para estabelecê-los em uma data posterior (At 14.23). Somente quando esses líderes locais eram designados, o trabalho era considerado realizado (At 14.23,26; Tt 1.5)[45]. Então, os fundadores, viajavam para outras áreas não evangelizadas em vez de se tornarem pastores e anciãos locais. Basta dizer aqui que o sucesso a longo prazo de uma plantação transcultural de igreja é, em grande parte, determinado pelo estabelecimento de líderes leigos locais, pela entrega do governo da igreja a eles e pela manutenção de um relacionamento através de visitas e correspondência.

As igrejas eram plantadas por equipes

Há também um claro padrão de equipe na plantação de igrejas – investindo sua vida em outros e preparando-os para levar a missão adiante. Paulo tornou-se um associado de Barnabé e mais tarde formou e dirigiu várias equipes, constantemente reunindo pessoas para a causa do Evangelho. O uso de equipes é um claro padrão em Atos. Na verdade, é raro encontrar os primeiros apóstolos engajados no ministério solitariamente.

Viajar em grupo era um costume comum da época, uma necessidade em razão dos rigores e perigos de se atravessar um terreno rude infestado de ladrões e saqueadores. "Ir de uma parte a outra era um exercício de equipe. Conforme a narrativa se desenrola, o foco cai sobre as jornadas de Paulo e

---

45 Veja estudo mais completo no capítulo 1.

seus companheiros, mas o princípio de viajarem juntos permaneceu para todos os outros como Barnabé e Marcos, Silas e Timóteo, Timóteo e Erasto. Frequentemente, também, irmãos locais juntavam-se a eles (21.15s, por exemplo)" (Coleman 1963,71). Paulo, progressivamente, trouxe mais e mais pessoas para a causa do Evangelho. Ele evoluiu de uma equipe bicultural de duas pessoas em sua primeira viagem missionária para um grande grupo multicultural de dez cooperadores das várias igrejas que tinha plantado.

Diversas razões são sugeridas para o aumento dos obreiros. Os membros das equipes apostólicas serviam desempenhando vários papéis versáteis e funcionais[46]. Eles serviam alternativamente como associados, representantes das igrejas, assistentes e aprendizes. Em primeiro lugar, conforme o trabalho se desenvolvia, crescia também a necessidade de ministros associados para auxiliar no ensino, atuar como enviados e fortalecer a comunhão entre as igrejas. Conforme a rede ministerial crescia, alguns viajavam com Paulo (At 16.6) e outros ficavam para trás (At 17.15). Em pelo menos uma ocasião, alguns foram adiante (At 20.5).

Em segundo lugar, Paulo selecionou *representantes* das várias regiões para demonstrar a unidade essencial da igreja[47] e combateu o excessivo nacionalismo de certas igrejas da Judeia (At 15.1-35; 21.17-26). Isso pode ser mais bem observado na equipe que o acompanhou de Éfeso a Jerusalém, levando as ofertas para auxiliar a igreja da Judeia. Quando Paulo relatou em Jerusalém *"o que Deus havia feito entre os gentios por meio do seu ministério."* (At 21.19), os sete delegados de diferentes regiões serviram como evidência viva de que o muro de divisão entre judeus e gentios tinha sido derrubado (veja Ef 2.14).

Em terceiro, os cooperadores de Paulo serviam como seu *assistentes pessoais*, ministrando em suas necessidades. Ele ficou com Áquila e Priscila e juntou-se a eles em seu negócio (At 18.1-3). Mais tarde eles arriscaram suas vidas por ele de alguma forma (Rm 16.4). Lucas, o médico atendeu suas necessidades (Cl 4.14; 2Tm 4.11). Tércio serviu Paulo como amanuense (Rm 16.22). João Marcos, que anteriormente havia abandonado Paulo, mais tarde o assistiu e saiu por ele em uma missão com Timóteo (Cl 4.10; Fl 24; 2Tm 4.11). Paulo também saúda irmãos que o receberam em suas casas e o ajudaram na prisão, destacando uma mulher que tinha sido como uma mãe para ele (Rm 16).

Finalmente, no topo da agenda paulina de organização de equipes estava o treinamento de líderes para as igrejas emergentes. Paulo repetia consistentemente o padrão rabínico que Barnabé havia usado com ele: levou aprendizes para viajarem com ele e ganharem experiência em evangelismo e ensino. Schnabel (2008, 248-55) afirma que a terminologia bíblica usada para descrever os cooperadores de Paulo indica que eles não eram meros ajudantes, mas estavam plenamente engajados nas mesmas atividades missionárias que o próprio Paulo e não eram de forma alguma inferiores a ele[48].

---

46 Os dons e os papeis complementares dos plantadores de igrejas dentro das equipes será estudado nos capítulos 15 e 16.

47 Wolf-Henning Ollrog (1979) argumentou em sua dissertação que esse era o critério primário de Paulo para o recrutamento de cooperadores das várias igrejas que plantou.

48 Robert Coleman (1963, 71) vê o treinamento prático de Paulo como uma extensão natural do plano mestre de discipulado de Jesus para preparar líderes do movimento: "Nada menos do que sete discípulos estavam com Paulo nessa viagem pela Macedônia, tornando-a uma escola itinerante (At 20.4)". Veja também Ollrog 1979.

O Novo Testamento nomeia mais de vinte e cinco associados de Paulo que participaram em diferentes níveis de parceria em sua missão. Estima-se que 18% de seus cooperadores eram mulheres (Schnabel 2008, 251). Discutiremos assuntos relativos a mulheres na plantação de igrejas no capítulo 15.

Novos cooperadores recrutados nas plantações de igrejas expandem a força missionária

Um dos aspectos mais notáveis da missão de Paulo era o recrutamento de cooperadores das várias igrejas plantadas por ele. Ele recruta da seara para a próxima seara. "A maior parte dos cooperadores de Paulo vieram das novas igrejas que ele tinha estabelecido... As igrejas "caseiras" desses obreiros reconheciam que compartilhavam da responsabilidade na expansão do Reino de Deus providenciando missionários que auxiliavam Paulo" (Schnabel 2008,255). Embora suas equipes iniciais de plantadores de igrejas tivessem sido enviadas de Antioquia da Síria e fossem compostas por cristãos de ascendência judaica, Paulo não olhou apenas para Antioquia em busca de novos recrutas missionários. Em vez disso, ele os recrutou das igrejas que plantou, e esses trabalhadores eram cada vez mais de origem gentia e não judaica (Ollrog 1979,62). Por exemplo, cerca de três anos depois do tempo estimado da conversão de Timóteo em Listra em sua primeira viagem missionária (At 14), Paulo o levou como missionário aprendiz (At 16.1-3). Logo após, Timóteo começou a trabalhar de forma semi-independente de Paulo em Tessalônica (At 17.14; 1Ts 3.1-5), na Macedônia (At 19.22), em Corinto (1Co 4.17), em Filipos (Fl 2.19) e Éfeso (1Tm 3.14s).

Apolo, um nativo de Alexandria que se tornou cristão em Éfeso foi instruído por Priscila e Áquila na ausência de Paulo e foi enviado como um crente relativamente novo para a Acaia para refutar os judeus e fortalecer a igreja em Corinto (At 18.18 – 19.1). Vale a pena notar que Apolo é uma terceira geração missionária; Paulo instruiu Priscila e Áquila, que por sua vez auxiliaram Apolo. A tabela 3.1 lista os cooperadores de Paulo cuja igreja de origem é explicitamente conhecida. Quase todas as igrejas que Paulo plantou constam na lista! Sem dúvida há mais cooperadores de outras igrejas plantadas por ele que não estão explicitamente mencionadas.[49]

Portanto, muitas das igrejas que Paulo e seus cooperadores plantaram tinham participado espiritualmente da visão de preparar e enviar obreiros para a missão maior (Ollrog 1979,129). Eles treinavam missionários que, por sua vez, treinavam outros. O treinamento tinha sucesso na maioria dos casos. Vemos que esse foi o caso de Timóteo, Apolo, Epafras, Áquila e Priscila. Da mesma forma, depois que Paulo foi aprisionado, Erasto permaneceu em Corinto (2Tm 4.20) e Tito foi para a Dalmácia e mais tarde para Creta (2Tm 4.10; Tt 1.5). O recrutamento de trabalhadores da seara para a seara era claramente chave para a reprodução de igrejas e a expansão da missão. Dessa forma, treinamento e multiplicação estavam integrados na abordagem de plantação de igrejas.

---

49 Por exemplo: Tito, um dos cooperadores mais importantes de Paulo, era um gentio (Gl 2.3), mas não sabemos qual era sua igreja de origem. Eckhard Schnabel (2008, 252) especula que ele pode ter se convertido durante o trabalho missionário de Paulo na Síria e Cilícia.

Tabela 3.1
Igrejas plantadas por Paulo e os cooperadores que elas produziram

Igreja*	Cooperador	Texto
Listra	Timóteo	Atos 16.1
Derbe	Gaio	Atos 20.4
Tessalônica	Aristarco e Secundo	Atos 20.4, 27.2
Bereia	Sópatro	Atos 20.4
Corinto	Priscila, Áquila, Erasto, Estéfanas, Fortunato#, Acaico#	Atos 18.2; Romanos 16.23 1 Coríntios 16.15-17
Éfeso	Apolo, Trófimo, Tíquico	Atos 18.24; 20.4; 21.29
Colossos	Epafras, Árquipo#	Colossenses 4.12,17
Filipos	Epafrodito	Filipenses 2.25; 4.18
Cencreia	Febe	Romanos 16:1

* A cidade mencionada aqui se refere ou ao lugar onde o cooperador se tornou cristão, ou ao lugar em que se juntou a Paulo e seu grupo missionário (p. ex., Priscila e Áquila eram originalmente de Roma, Atos 18.2, mas juntaram-se a Paulo em Corinto).

\# A associação desse cooperador com a cidade é provável, porém menos certa.

Paulo e seus associados levaram em conta considerações estratégicas

A questão da natureza e do grau de planejamento estratégico de Paulo tem sido abordada por autores qualificados (Allen 1962a; Hesselgrave 1980; Riesner 1998; Schnabel 2008) e um estudo exaustivo está além do escopo deste capítulo. No entanto, o consenso é que Paulo e seus companheiros fizeram planos estratégicos, mas tiveram flexibilidade e os ajustaram de acordo com a direção de Deus. Nas palavras de J. Herbert Kane: "Se por estratégia entende-se um plano de ação bem informado e bem executado baseado na observação e na experiência humana, então Paulo teve pouca ou nenhuma estratégia, mas se tomarmos a palavra para significar um *modus operandi* flexível baseado na direção do Espírito Santo e sujeito à sua orientação e controle, então Paulo teve, sim, uma estratégia" (1976, 73). Estudaremos algumas considerações estratégicas que Paulo parece ter levado em conta para ver como os plantadores de igrejas de hoje podem se beneficiar de seu exemplo.

Em primeiro lugar, Paulo claramente tinha uma orientação geral em vista. Ele procurava compartilhar o Evangelho desde Jerusalém até Roma, pretendendo depois, continuar evangelizando além de Roma em direção à Espanha (At 19.21; Rm 1.14s; 15.19-24). Roma era o centro do império e a metrópole que eminentemente representava o mundo gentio para o qual Paulo havia sido chamado. Isso explica por que Paulo escreveu aos romanos: *Por isso estou disposto a pregar o evangelho também a vocês que estão em Roma* (Rm 1.15).

Em segundo lugar, parece que Paulo não se apoiou excessivamente em planos estratégicos de longo prazo. Àqueles que postulam que ele tinha um plano meticuloso em relação às nações e cidades que ele evangelizaria, Schnabel responde: "Paulo não parece ter seguido uma 'estratégia suprema' em relação a sua movimentação geográfica. A evidência disponível indica que ele se dirigiu às áreas geograficamente adjacentes que estavam abertas ao trabalho missionário" (2008, 224). Realmente, Paulo passou ao largo de grandes cidades enquanto focalizava cidades menores, ou evitou rotas que o teriam levado mais diretamente a capitais de províncias (ibid., 281-82). Essa perspectiva faz eco aos comentários de Kane (1976,73) que acabamos de citar.

No entanto, particularmente em seus últimos trabalhos missionários, Paulo parece ter usado *prioridades estratégicas* mais amplas. Ele concentrou seus esforços em cidades de importância religiosa, comercial ou regional e não trabalhou em aldeias. Buscou as comunidades judias em cidades-chave das províncias romanas no eixo Jerusalém-Roma (Allen 1962a, 13; Bruce 1977, 267; Bosch 1991, 129-30)[50]. Parece que Paulo seguiu esse plano geral – uma província após outra, uma metrópole após outra – embora ele possa ter escolhido as localidades progressivamente, e não desde o princípio.

Paulo começou em Tarso e Cilícia (At 9.30), duas das províncias mais próximas da Judeia. Então, ele e Barnabé estabeleceram a base para sua missão para os gentios em Antioquia da Siria, a quarta cidade romana em importância[51]. Depois de pregar em Chipre, a equipe dirigiu-se para o norte, para a província romana mais próxima, a Galácia, que abrigava comunidades judaicas de porte e possuía uma grande estrada romana de Perga até a costa do Mar Negro[52].

Durante a segunda e a terceira viagem missionária, o padrão de selecionar centros de penetração romana com comunidades judaicas (Antioquia da Psídia, Corinto, Éfeso) parece emergir. Como mencionamos no capítulo 2, Paulo surpreendentemente afirma que tinha proclamado o Evangelho de forma completa por toda a região de Jerusalém até o Ilírico, tanto que não havia mais lugar para ele trabalhar nessas regiões (Rm 15.19,23), embora muitas comunidades ainda não tivessem ouvido ou recebido a mensagem. Isso pode ser explicado se a estratégia de Paulo fosse estabelecer *bases regionais estratégicas* que pudessem mais tarde liderar a evangelização de províncias inteiras. Paulo confirma esse princípio no caso dos coríntios: *Nossa esperança é que, à medida que for crescendo a fé que vocês têm, nossa atuação entre vocês aumente ainda mais, para que possamos pregar o evangelho nas regiões que estão além de vocês, sem nos vangloriarmos de trabalho já realizado em território de outro* (2Co 10.15s).

Paulo também começou alcançando *grupos de pessoas preparadas*. Ele se dirigia primeiro às populações judaicas que respeitavam as escrituras do Antigo Testamento e então prosseguia para os tementes a Deus associados às sinagogas. Paulo, aparentemente esperava que esses últimos servissem

---

50 No entanto, Schnabel adverte "torna-se óbvio que é um significativo exagero dizer que a paixão de Paulo era plantar igrejas em centros metropolitanos ou nas 'cidades estratégicas' do Império Romano" (2008, 281).

51 Antioquia vinha após Roma, Alexandria e Selêucia (Riesner 1998). Alguns afirmam que isso não pode ser dito de Chipre, mas Barnabé, um nativo da ilha, devia estar ciente da força do judaísmo e sua influência sobre a população romana, fato evidenciado no interesse pessoal do governador Sérgio Paulo.

52 Riesner (1998,276n66) argumenta sobre a importância estratégica de Antioquia da Psídia. Schnabel (2008, 264-66) semelhantemente afirma que tanto Antioquia da Psídia quanto Pérgamo eram cidades importantes.

de grupo-ponte para a população gentia em geral (Bruce 1969, 277). Muitas vezes uns poucos judeus e tementes a Deus vinham a Cristo primeiro, criando uma comunidade nova e mista que poderia servir como base para o evangelismo dos gentios. Esse foi o padrão em Antioquia da Psídia e Icônio, mas em Listra e Derbe Paulo pregou diretamente aos pagãos idólatras. E. Stange (citado em Riesner 1998,225-56) resume os fatores que influenciaram a estratégia de Paulo:

- Começando com a sinagoga judaica (2Co 11.24ss; Rm 1.16), incluindo os "tementes a Deus"
- Circunstâncias de viagem favoráveis ou desfavoráveis (1Co 16.5s)
- Foco em províncias e centros romanos (1Co 16.1-16; Rm 15.19)
- Recepção ou oposição ao Evangelho (1Ts 2.18)
- Trabalho em áreas não evangelizadas previamente (2Co 10.16; Rm 15.20-23)
- Desenvolvimento e cuidado de igrejas viáveis (1Ts 3.10; 2Co 1.15; 2.10-13)
- Direção do Espírito Santo (Gl 2.2; 2Co 2.12)

A orientação sobrenatural tinha prioridade sobre os planos estratégicos

Parece que Paulo e seus companheiros não confiavam em seus planos estratégicos, mas os submetiam a Deus e estavam abertos para seu redirecionamento. Isso ocorreu em diversas ocasiões. Eles criam que Deus usava condições de viagem favoráveis ou desfavoráveis (1Co 16.4-9), revelações específicas (At 16.9; Gl 2.2), circunstâncias adversas (At 16.6); compulsões interiores (At 16.7) e portas abertas (1Co 16.5-9; 2Co 2.12s) para dirigi-los. Algumas vezes, eles estavam convencidos de que Satanás estava se colocando em seu caminho (1Ts 2.18).

Paulo usava expressões como "Se Deus quiser" ou "Se Deus permitir" (Rm 1.10; 1Co 4.19, 16.7; Fl 2.24) e assim, conforme ele avaçava, Deus se tornava cada vez mais claro com ele. Às vezes, depois de compartilhar suas intenções com uma igreja, ele tinha que mudar de planos, para tristeza daqueles que ele tinha planejado visitar. Depois de cancelar uma viagem a Corinto ele parece bem humano na defesa de sua sinceridade e integridade ao contrastar sua vacilação com a certeza que há em Cristo (2Co 1.12-19).

Paulo também levou em consideração oportunidades únicas com pessoas-chave e relacionamentos-chave. Isso se comprova em seus encontros não planejados com Lídia em Filipos (At 16.14s), Priscila e Áquila em Corinto (18.1-4,18) e Apolo em Éfeso (18.24-19:2). Falaremos mais sobre o aproveitamento de portas abertas no capítulo 10. É suficiente, porém, dizer que as jornadas de Paulo e seus companheiros foram baseadas em considerações tanto relacionais quanto estratégicas e que, embora sua equipe tivesse um *modus operandi*, estavam abertos para serem redirecionados por Deus. Isso deveria servir de encorajamento para os modernos plantadores de igrejas fazerem seus planos humildemente, sujeitando-os sempre à divina confirmação ou ao redirecionamento.

As novas igrejas eram interligadas

As igrejas descritas em Atos permaneceram relacionando-se umas com as outras. Não eram independentes, mas interdependentes. Isso foi demonstrado diversas vezes. Primeiro, a autoridade espiritual da igreja de Jerusalém e seus líderes foi reconhecida pelas outras igrejas, como visto na decisão do Concílio de Jerusalém em relação ao papel da lei do Antigo Testamento na igreja (At 15). Segundo, as igrejas contribuíram para as necessidades materiais das igrejas irmãs como no auxílio durante a fome de Jerusalém (At 11.28; 1Co 16.1; 2Co 8). Terceiro, Paulo recrutou obreiros de quase todas as igrejas que ele plantou para servissem em diversas funções em equipes missionárias e em outras igrejas. Isso criou laços pessoais entre as igrejas. Quarto, os repetidos envios de saudações entre as igrejas no final das epístolas de Paulo demonstram que uma rede de relacionamentos pessoais tinha se desenvolvido entre eles. Quinto, as cartas apostólicas circulavam entre as igrejas (Cl 4.16).

Esses exemplos de interdependência não sufocavam a iniciativa da liderança local das igrejas individuais, mas as relembravam de que elas faziam parte do grande corpo de Cristo com laços de responsabilidade mútua e prestação de contas. Isso nos lembra de que os plantadores de igrejas, sejam eles filiados a uma denominação ou independentes, fazem bem em ajudar as igrejas que eles plantam a compreenderem que elas são parte do corpo de Cristo maior. Os exemplos de interligação no Novo Testamento deveriam servir como prova de que nenhuma igreja está isolada, concientizar as igrejas de sua responsabilidade mútua e encorajá-las a trabalharem em projetos missionários comuns.

Esses princípios (e os que estão resumidos no fim deste capítulo, na tabela 3.2) são apenas representativos. Outros poderiam ser citados. A atenção aos princípios encontrados no Novo Testamento ajuda a guardar-se da tendência de adotar métodos ou impor estratégias baseadas principalmente em arrogância cultural ou tradições eclesiásticas. Os princípios do Novo Testamento têm sido, através da história de missões, o guia mais seguro para evitar as muitas armadilhas e corrigir práticas missiológicas prejudiciais[53].

Reflexões paulinas

Apresentamos o entendimento e a prática de missão de Paulo como argumento para a importância da plantação de igrejas no capítulo 2. Aqui observamos sua prática, refletida em suas espístolas, para identificar princípios e ênfases que serão úteis aos plantadores de igrejas nas fases de estabelecimento e estruturação.[54] Recomendamos a leitura de Schnabel 2008, Riesner 1998 e Little 2005 para estudos bíblicos de Paulo e sua missão. Para um resumo mais sintético, porém excelente, veja Longenecker 1971.

A missão principal de Paulo, como ele descreve aos cristãos coríntios (1Co 3) e romanos (Rm 15.20), era o papel pioneiro de plantar a igreja inicial de

---

53 Por exemplo, Roland Allen (1962b [1927]) e John Nevius (1958) apelaram ao padrão do Novo Testamento para corrigir a prática da dependência financeira dos obreiros nacionais e para estabelecer princípios de plantação de igrejas autóctones.

54 Definidas e descritas na figura 8.1.

uma nova região e seguir para novas regiões não evangelizadas. Seu testemunho nas epístolas a respeito de seu chamado e suas prioridades é consistente com o padrão que vemos em Atos: "Aqui [em Atos 13.44-49] o padrão típico da missão paulina foi estabelecido: uma proclamação inicial aos judeus e gentios adeptos do judaísmo, fossem eles prosélitos ou associados menos comprometidos, e então, sendo recusada uma audiência posterior na sinagoga, um ministério direto entre os gentios" (Longenecker 1971,44).

Apesar desse foco singular para seu próprio ministério, ele demonstrava uma óbvia preocupação *por todo o processo* de plantação – no sentido de estabelecer comunidades do Reino dirigidas por líderes locais *e* orientar esses líderes e comunidades para que pudessem exercer um impacto mais amplo e poderoso pelos anos que se seguiriam. Mesmo quando ele tinha que deixar uma congregação prematuramente, continuava fortalecendo-a com visitas de acompanhamento, cartas e o ministério de cooperadores.

A maior parte das cartas de Paulo foi escrita logo após a fase de plantação e, por essa razão, dá aos plantadores de igrejas valiosas contribuições ao estágio de estabelecimento do ministério.[55] Elas vão de encontro aos problemas que poderiam impedir o sucesso da implantação do ministério. Discutimos cinco aspectos da plantação de igrejas extraídos das epístolas que muitas vezes são ignorados. Muito mais, porém, ainda poderia ser explorado.

Defenda o Evangelho puro

A carta aos colossenses aborda as influências do judaísmo e as crenças pagãs locais que levaram ao sincretismo na igreja. Paulo confronta o assunto por um lado, levando a sério as preocupações e temores dos cristãos, enquanto, por outro lado, afirma a supremacia de Cristo acima de todos os poderes e a capacidade de Cristo de satisfazer todas as necessidades espirituais (veja Arnold 1996). Semelhantemente, os plantadores de igrejas precisam estar alertas a respeito das tendências de sincretismo religioso e ser capazes de discernir como transmitir Cristo efetivamente, dirigindo-se à cosmovisão e às necessidades pessoais dos cristãos dentro de seu contexto.

Paulo defende apaixonadamente o Evangelho puro, escrevendo aos gálatas: *Admiro-me de que vocês estejam abandonando tão rapidamente aquele que os chamou pela graça de Cristo, para seguirem outro evangelho que, na realidade, não é o evangelho. O que ocorre é que algumas pessoas os estão perturbando, querendo perverter o evangelho de Cristo.* (1.6s). Ele luta pela pureza da mensagem de salvação tendo em mente seu destino eterno. Ele os adverte que trairiam a cruz, se aderissem a outro evangelho.[56] Paulo também conclama os coríntios a serem fiéis ao Evangelho ou terão crido em vão e o reitera simples e claramente como algo da maior importância, relembrando-os que ele não viera a eles com

---

55 A datação das jornadas e das cartas de Paulo é uma discussão complexa, muitas vezes controversa e além do escopo de nossos propósitos. Para orientação sobre a datação ver trabalhos como o de Ramsay 1982 (1895), Bruce 1969, Riesner 1998 e Schnabel 2004 e 2008.

56 Em Gálatas ele traça novamente a revelação direta de Deus, a destra da comunhão dos apóstolos e a confrontação com Pedro a fim de defender a mesma tese: qualquer ataque a seu apostolado é um ataque ao Evangelho da graça (Gl 1.11–2.21).

palavras inteligentes, mas proclamou Cristo crucificado (1Co 15.1,3; 1.18-31). Mais tarde, ele defende seu chamado apostólico usando uma retórica forte porque seu chamado autentica sua mensagem (2Co 10s).

No capítulo 11, falaremos sobre distorções da mensagem causadas pela cosmovisão que levam ao sincretismo. Os plantadores de igrejas pioneiros devem, como Paulo, dar atenção cuidadosa à pureza do Evangelho e da sã doutrina, especialmente quando estão alcançando pessoas de uma cosmovisão diferente. Invariavelmente haverá aqueles que tentarão diluir, condicionar, distorcer ou perverter a mensagem do Evangelho de alguma forma. Essa é uma batalha que precisa ser vencida a qualquer custo. Os novos discípulos precisam aprender a comunicar o Evangelho fielmente aos seus para que o poder transformador afete os outros assim como tem agido em suas próprias vidas. Em seguida, eles precisam aprender a afirmá-lo e defendê-lo usando linguagem e ilustrações locais.

Dê atenção à ética e à disciplina na igreja

Para Paulo, mais importante do que a batalha de seus filhos espirituais individuais, é a batalha pela igreja de Cristo como um todo. Ele vê além dessas igrejas prestes a alçar voo, um mundo que precisa de Cristo e não permite que a imoralidade de uma pessoa manche o nome de Cristo ou denigra seu corpo (1Co 5). Ele conclama seus cooperadores a resolverem suas diferenças por amor de Cristo (Fl 4.2s) e todos os cristãos a viverem e falarem de tal forma que Cristo seja honrado. Embora ele elogie os tessalonicenses por seu testemunho mundialmente reconhecido (1Ts 1.6-10), também os adverte sobre o perigo da frouxidão moral (4.3-8). A igreja de Corinto é a campeã, não somente por suas demonstrações de dons e poder, mas também por suas divisões e impureza (1Co 1 e 6). Paulo está consternado com o desvio teológico referente à pessoa e à obra de Cristo nas igrejas da Galácia (Gl 1-3) e também está preocupado com suas calúnias e mau comportamento (Gl 5.15,26).

O plantador de igreja deve estar pronto para guardar a pureza da igreja. Isso é de responsabilidade da equipe de plantação da igreja nos estágios iniciais, e ela precisa de um plano de disciplina da igreja e de coragem para implantá-lo quando os primeiros casos surgirem (At 5; 1Co 5). Se a primeira igreja de uma região denegrir o nome de Jesus, isso pode prejudicar o trabalho missionário nas gerações futuras. Na fase de estruturação os padrões de disciplina de igreja devem estar bem estabelecidos e a responsabilidade de exercitá-la deve repousar sobre a equipe de liderança local.

Ensine e seja exemplo de sofrimento por Cristo

O perigo de criarmos "cristãos de arroz" ainda existe hoje e deve ser evitado pelo ensino de obediência sacrificial a Cristo como Senhor.[57] A igreja enfrentou oposição e ostracismo desde o início (At 4.1-17; 5.17-42; 6.8–8.3), bem

---

57   Expressão usada na China para pessoas que professavam ser cristãs para benefício próprio.

como Paulo e suas equipes missionárias em todas as suas viagens (At 13.21). As epístolas ilustram como os plantadores de igrejas podem apoiar aqueles que enfrentam condições similares. Paulo encoraja os cristãos a permanecerem firmes e avançarem pela causa do Evangelho, lembrando-os de seus sofrimentos e dos sofrimentos do Senhor. Ele os chama a compartilhar sem vacilar na vergonha e sofrimentos ligados ao nome de Jesus, porque sua recompensa está no céu e seus perseguidores responderão por suas más ações (2Co 4.8-12; Fl 1.29s; 1Ts 1.6; 2.2, 14–16).

Qualquer motivação egoísta para a apresentação da mensagem está fadada a ser contraproducente. Pelo contrário, os plantadores de igrejas precisam preparar os convertidos para o sofrimento e permanecer ao lado deles quando acontecer. Isso começa quando o Evangelho é apresentado como um convite, tanto para morrer, quanto para viver, e continua quando os cristãos são lembrados de sua cidadania celestial e da natureza temporal de sua peregrinação terrena. Finalmente, como Paulo (e Pedro em 1Pe 1–3), os plantadores de igrejas devem ser modelos de como ministrar a uma igreja sofredora e um mundo ferido na esperança de um Rei que voltará (1Ts 4.13-18; 2Ts 2.8-12).

Adoração em amor e unidade

Os plantadores de igrejas devem se preocupar tanto com o espírito de adoração, quanto com os padrões de adoração. As igrejas que Paulo plantou não eram nenhum modelo de adoração espiritual ordeira. A igreja de Corinto era particularmente caótica por causa de mulheres briguentas, grupos em competição, profecias desregradas e sessões cacófatas de glossolalia. Ele estava extremamente alarmado com as divisões e as demonstrações de egocentrismo no corpo, citando-os como evidência de mundanismo e a imaturidade (1Co 1.10-17; 3.1-4). Sua crítica mais severa foi reservada para aqueles que participavam da Ceia do Senhor de forma indigna (1Co 11.17-34).

Ainda assim, Paulo não apelou pela ordem por amor à ordem em si, e em todo momento demonstrou mais preocupação com a natureza espiritual da adoração do que com as modalidades envolvidas. Seus objetivos eram que o corpo de Cristo fosse edificado (1Co 14.5,12), a Mesa do Senhor fosse honrada (11.23-32), um bom testemunho fosse dado (14.24) e a unidade fosse preservada (11.18-22). Seguindo seu exemplo, os plantadores de igrejas podem encontrar um equilíbrio entre a negligência com os problemas da comunidade e o exagero de reagir a eles de forma controladora. Paulo não estabeleceu uma ordem de culto detalhada, mas os chamou à ordem nas reuniões da igreja (1Co 11 e 14) e permitiu que o Espírito Santo guiasse os cristãos de acordo com suas linhas culturais. Sua preocupação central é que tudo fosse feito em amor e unidade (1Co 12–13). A certa altura, Paulo escreve aos coríntios: *Quanto ao mais, quando eu for lhes darei instruções.* (11.34). Os plantadores de igrejas podem aprender com a extraordinária paciência de Paulo ao lidar com problemas e desordens no culto. Eles devem adotar uma abordagem pastoral em vez de burocrática quanto à estrutura da igreja e costumes de adoração. Na plantação transcultural de igrejas isso evitará muitas imposições culturais e erros.

Treine os obreiros para o crescimento e a reprodução da igreja

Na carta aos efésios, Paulo revela a doutrina da igreja de uma forma como em nenhuma outra carta. O Pai edifica a igreja sobre o fundamento dos apóstolos e profetas, tendo Cristo como a pedra angular (2.19-22). A função capacitadora dos apóstolos, profetas, evangelistas e pastores-mestres (4.11-16) é necessária para preparar os cristãos para o serviço (v. 12), para a maturidade (v. 13), para a estabilidade (v. 14) e para a mútua edificação (v. 16). O investimento nas vidas de discípulos promissores gera grande lucro para o Reino e é essencial para o crescimento e o desenvolvimento sadio da igreja. O valor de treinar líderes servos pode ser visto no fruto dos primeiros companheiros de Paulo: eles levaram adiante o trabalho enquanto ele estava em prisão domiciliar. Alguns deles, como Epafras, levou o Evangelho a cidades ainda não evangelizadas, enquanto que outros, como Timóteo e Tito, desenvolveram igrejas e consolidaram a obra.

Paulo instruiu esses associados sobre os padrões para os presbíteros e diáconos em igrejas mais maduras. Tito é estimulado a que *pusesse em ordem o que ainda faltava e constituísse presbíteros em cada cidade, como eu o instruí* (Tt 1.5). A ênfase no ensino é direcionada não somente para a pureza de doutrina e de vida, mas também para a capacitação de outros que também serviriam a Deus fielmente (2Tm 2.2). Esse duplo interesse – pela saúde das igrejas e pelo desenvolvimento de novos obreiros – deveria estar no centro da visão de longo prazo de cada plantador de igrejas. Na plantação de igrejas, a qualidade do ministério depende da qualidade dos líderes e a esfera de ministério não pode crescer além da habilidade de treinar novos líderes. O desenvolvimento de liderança constitui, portanto, condição *sine qua non* para o crescimento da igreja e para os movimentos de plantação de igrejas.

Conclusão

Os plantadores de igrejas jamais vão exaurir as lições encontradas no Novo Testamento. Em vez de andar em busca da última conferência do momento, ou do método da moda, por que não estudar as Escrituras mais uma vez para descobrir princípios para cada estágio da plantação de igrejas? Embora essa não seja, certamente, nem a mais simples, nem a mais popular das abordagens, descobrimos que os plantadores de igrejas que se preparam bem através do estudo cuidadoso das Escrituras e que adquirem um conhecimento profundo do povo local e sua cultura, têm mais chances de obter um ministério de maior longevidade e servir no futuro como mentores de outros plantadores. Os doze princípios que se seguem, extraídos deste capítulo, podem servir como ponto de partida para estudos posteriores.

Tabela 3.2
Princípios neo-testamentários para a plantação de igrejas

Princípio	Explicação	Passagens Bíblicas de Apoio
1. *O chamado e a orientação para a plantação da igreja.* Plantadores de igrejas começam novas igrejas onde Deus os envia em obediência a ele.	O princípio de chamado para o ministério pode ser visto claramente não somente em Paulo, mas também com Barnabé, Pedro, Tiago e João. Os meios usados por Deus para mostrar sua vontade variam.	Atos 13.2; 26.19-20; Gálatas 1.11s; 2.7-9.
2. *O estabelecimento da igreja em lugares que são estratégicos para expansão posterior.* Os plantadores de igrejas procuram estabelecê-las em locais favoráveis para a multiplicação da igreja no futuro.	Paulo estabeleceu igrejas em centros urbanos influentes a partir dos quais o Evangelho se espalhou para toda a região.	A maioria dos pontos de pregação de Paulo (veja detalhes nos princípios em Atos).
3. *A pregação da Palavra de Deus visando conversões.* Os plantadores de igrejas são evangelistas que compartilham o Evangelho o máximo possível e o mais efetivamente possível.	A proclamação da Palavra de Deus é o principal meio para o avanço do Reino e é necessária para cumprir a Grande Comissão do Senhor.	Atos 2.41; 4.4; 6.7; 12.24; 13.17-48; 16.31; 19.20; 28.31, cf. Mateus 28.18-20.
4. *A adaptação da mensagem de acordo com a audiência.* Os plantadores de igrejas contextualizam a mensagem sem alterar seu significado.	Paulo, coerentemente, ajustava a mensagem à audiência – uma prática motivada por seu desejo de ganhar o máximo de pessoas possível para o Evangelho.	Compare: aos judeus (Atos 13.16-41), aos licaonienses (14.15-17), ao carcereiro filipense (16.31s) e aos atenienses (17.22-31).
5. *A dependência da orientação do Espírito Santo.* Os plantadores de igrejas dependem do Espírito Santo mais do que de qualquer outra coisa. A direção espiritual substitui a estratégia humana.	O Espírito Santo é o Espírito Missionário. Os apóstolos dependem da direção do Espírito Santo para tomarem decisões, embora os meios de orientação variem.	Atos 8.26,39; 10.9-16; 13.2; 16.6s,9-10; 18.9-11; 27.23-26.
6. *O uso do trabalho em equipe na plantação de igrejas.* Os plantadores de igrejas trabalham em equipes e desenvolvem grupos ministeriais locais.	Jesus trabalhou com um grupo de apóstolos e os enviou em duplas. Mais tarde, Paulo formou e dirigiu várias equipes e, constantemente, reunia grupos de trabalho para o avanço do Evangelho.	Atos 13.1-4; 15.36-41; 17.14s; 18.1-5,18-20; 19.21s; 20.4-6.

7. *A reunião de novos cristãos em congregações.* Os plantadores de igrejas auxiliam os novos cristãos a formar comunidades do Reino e a crescer nelas.	Os apóstolos estabeleciam continuamente novas congregações de cristãos para reunir aqueles que respondiam à pregação do Evangelho.	Atos 2.42; 14.23; 18.7s; 20.20.
8. *A fundamentação de todos os novos cristãos em sua fé através do ensino.* Os plantadores de igrejas trabalham pela maturidade e pelo ministério de todos os cristãos.	Paulo e seus colegas devotaram-se ao fortalecimento dos cristãos através do ensino, visitas e cartas. Eles retornavam posteriormente para continuar a fortalecê-los.	Atos 14.21s; 16.4s; 18.18,26-28; 19.9s; 20.7,20.
9. *O estabelecimento da disciplina da igreja.* Os plantadores de igreja devem ser modelos, ensinar e colocar em ação uma prática bíblica saudável de disciplina da igreja.	Paulo seguiu o padrão de Jesus ensinando e corrigindo as igrejas que o tivessem negligenciado. Ele se preocupava com a pureza da igreja, seu testemunho e os reflexos de sua conduta para o nome de Cristo.	1 Coríntios 3.16; 5.1-5; 6.1-20 (cf. Mateus 18.15-17); 2 Coríntios 13.1-4; Gálatas 5.13-15; 6.1-5.
10. *A preparação e ordenação de diáconos e anciãos.* Os plantadores de igrejas desenvolvem, capacitam e estabelecem diáconos locais e anciãos.	Paulo estabeleceu líderes espirituais no início do trabalho ou retornou para fazê-lo. Ele incentiva seus associados a fazerem o mesmo.	Atos 14.23; 15.41; 18.26-28; 19.9s; 1 Timóteo 3.1-13; Tito 1.5-9.
11. *A responsabilidade da igreja local e seus líderes.* Os plantadores de igrejas a edificam em linhas culturais locais e a entregam aos líderes locais.	Os apóstolos não mantiveram o controle das igrejas, mas entregaram-no aos líderes locais reconhecidos pelos cristão locais e, então, partiram para outro trabalho.	Atos 13.1; 15.4,22; 20.17-38; 1 Timóteo 5.1,17-19; 1 Pedro 5.1-4.
12. *A defesa da pureza do Evangelho.* Os plantadores de igrejas guardam o Evangelho de qualquer distorção ou má interpretação e treinam outros a fazerem o mesmo.	Paulo lutou contra qualquer desvio do Evangelho. Ele era um servo da cruz e não permitiu que a mensagem fosse diluída ou distorcida.	1 Coríntios 15.1-3; 2 Coríntios 10–11; Gálatas 1.6s.

Parte 2

Considerações estratégicas

4
MULTIPLICAÇÃO DE IGREJAS E MOVIMENTOS LOCAIS DE PLANTAÇÃO DE IGREJAS

Uma das ênfases deste livro é a expansão das comunidades do Reino por todo o mundo. A verdade é que igrejas dão à luz a outras igrejas. Os seres vivos saudáveis reproduzem-se naturalmente como parte de seu ciclo de vida. As igrejas nem sempre são assim. Elas podem crescer até atingir a maturidade, tornarem-se numericamente extraordinárias, mas continuar estéreis. A reprodução precisa ser intencional se a igreja local deseja cumprir plenamente o propósito para o qual foi chamada e criada.

Por essa razão enfatizamos a necessidade de se plantar igrejas que tenham o potencial de multiplicação em seu DNA, que insistam em valores orgânicos em vez de organizacionais, que favoreçam o crescimento centrífugo em vez do centrípeto (o envio para fora em vez da retenção interna) e que usem estruturas e ministérios reproduzíveis. O cumprimento da Grande Comissão exige um tipo paulino de comprometimento para levar o Evangelho e plantar a igreja em movimentos concêntricos para fora, sempre se estendendo a regiões que ainda não foram penetradas. Neste capítulo examinaremos padrões bíblicos e históricos e princípios que apoiam esse movimento para fora de multiplicação de igrejas.

A autoctonia[58] e os movimentos de plantação de igrejas são aspectos críticos para a multiplicação. Esses dois conceitos andam juntos, pois cremos que apenas as igrejas autóctones irão se reproduzir e se multiplicar. Nas palavras de John Mark Terry: "O esforço missionário para o estabelecimento de igrejas autóctones é uma iniciativa de plantar igrejas que se adaptem naturalmente dentro de seu próprio ambiente e evitar as que repliquem padrões ocidentais" (2000, 483). A autoctonia é uma condição necessária, porém insuficiente, para a multiplicação de igrejas. Muitos outros fatores estão em jogo nos movimentos de plantação de igrejas, alguns dos quais examinaremos nas páginas seguintes. Nós também ainda temos muito a aprender.

---

58 Que é oriundo de terra onde se encontra, sem resultar de imigração ou importação. (N. de Revisão)

Após uma breve perspectiva de movimentos de plantação de igrejas e autoctonia no Novo Testamento, consideraremos como esses dois fatores cruciais se desenvolveram no pensamento e na prática missiológica. Então concluímos com o que cremos serem princípios e práticas que contribuem para a multiplicação de igrejas.

Movimentos de plantação de igrejas e autoctonia no Novo Testamento

Embora o termo *"movimento de plantação de igrejas"* não seja encontrado nas Escrituras, o fenômeno, por sua vez, é. A igreja primitiva não cresceu de forma sistemática e gradual, mas através de ondas de expansão sucessivas, penetrando em novas regiões e grupos de povos em seu caminho.

O movimento da Judeia que veio com o Pentecostes (At 2–7) deu à luz a próxima onda quando os cristãos foram dispersos pela perseguição (At 8). Novos cristãos retornaram para suas casas em Samaria, Galileia, Síria, Fenícia, Chipre e Cirene (Atos 8–10; 1.19).[59] A igreja de Antioquia da Síria surgiu da dispersão dos cristãos, em vez do ministério apostólico (At 8). Ela se tornou um crescente movimento para os gentios (At 11.25s) e a partir dali, sucessivas ondas de atividade missionária estenderam a igreja para além de novas fronteiras geográficas, linguísticas e étnicas (At 13–18).

Então, Paulo e seus colegas estabeleceram novas igrejas autóctones em centros de influência da Diáspora Judaica e preparou os cristãos da melhor maneira possível – a despeito da oposição – para pregar o Evangelho nas cidades e vilas vizinhas. Outros movimentos também emergiram de Tessalônica e Éfeso. Até Antioquia da Psídia, cenário de terrível oposição ao Evangelho, tornou-se uma base tal que *"A palavra do Senhor se espalhava por toda a região"* (At 13.49).

Éfeso merece atenção especial. Como mencionamos no capítulo 2, ela tornou-se um centro de evangelismo e treinamento para o vale do rio Lico e para grande parte da Ásia Menor (At 19.26). As sete igrejas citadas em Apocalipse 2–3 e as igrejas de Colosso e Hierápolis eram, bem possivelmente, resultado desse trabalho e alguns comentaristas suspeitam que as igrejas do Apocalipse representavam muitas outras que emergiram desse movimento.[60]

Aqui vemos um exemplo de treinamento de obreiros locais para darem início a novas igrejas. O caráter exponencial, evangelístico e dirigido por leigos desse crescimento pode ser observado nos trechos sublinhados nas passagens listadas a seguir:

- Atos 9.31. *A igreja passava por um período de paz em toda a Judeia, Galileia e Samaria. Ela se edificava e, encorajada pelo Espírito Santo, crescia em número, vivendo no temor do Senhor.*

---

59 Eles tinham se reunido em Jerusalém para a festa dos Tabernáculos e estenderam sua estadia ali por terem encontrado "o Caminho". Jesus disse a eles que fossem adiante com o Evangelho e a perseguição acelerou aquele movimento.

60 James Moffat (1961) e Martin Kiddle (1940) sugerem que havia mais igrejas na Ásia Menor e que aquelas representavam de certa forma grupos maiores. William M. Ramsay (1963, 177) sugere um movimento forte quando escreve: "Há sete grupos de igrejas na Ásia, cada grupo representado por um membro notável e extraordinário: esses representantes são as Sete Igrejas".

- Atos 11.20s. *Alguns deles, todavia, cipriotas e cireneus, foram a Antioquia e começaram a falar também aos gregos, contando-lhes as boas novas a respeito do Senhor Jesus. A mão do Senhor estava com eles, e muitos creram e se converteram ao Senhor.*
- Atos 12.24. *Entretanto, a palavra de Deus continuava a crescer e a espalhar-se.*
- Atos 13.49. *A palavra do Senhor se espalhava por toda a região.* (Antioquia da Psídia)
- Atos 19.10. *Isso continuou por dois anos, de forma que todos os judeus e os gregos que viviam na província da Ásia ouviram a palavra do Senhor.* (Éfeso)
- 1 Tessalonicenses 1.8. *Porque, partindo de vocês, propagou-se a mensagem do Senhor na Macedônia e na Acaia. Não somente isso, mas também por toda parte tornou-se conhecida a fé que vocês têm em Deus.*

Resumindo, o Espírito Santo conduziu os apóstolos e testemunhas leigas para pregar a Palavra sempre para frente e para fora e em menos de quatro décadas o Evangelho tinha penetrado em todos os centros pagãos no Império Romano. A Figura 4.1 ilustra esse movimento de avanço de multiplicação de igrejas.

Figura 4.1
Movimentos de plantação de igrejas no Novo Testamento

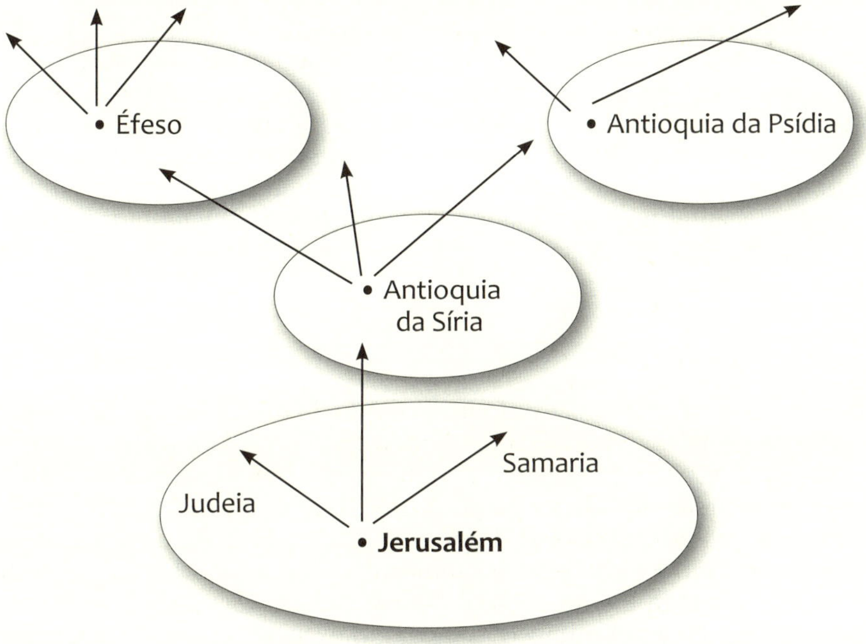

Michael Green (1970) observa que, embora os apóstolos e evangelistas tenham tido um papel importante, a expansão da igreja veio principalmente através do testemunho de cristãos leigos conforme eles avançavam para outras regiões. Historicamente, a multiplicação da igreja tem sido quase sempre proveniente de "movimentos de Jesus" (dirigidos por leigos e de caráter evangelístico). "Portanto, no coração de todos os grandes movimentos está a recuperação de uma cristologia simples (concepções essenciais de quem Jesus é e o que ele faz), aquela que acuradamente reflete o Jesus da fé do Novo Testamento – eles são, de maneira bem literal, movimentos de *Jesus*" (Hirsch 2006,85-86). O termo autóctone não é encontrado no Novo Testamento. Estudos, porém, têm examinado de maneira crescente a forma pela qual as igrejas da época do Novo Testamento abordavam a cultura de forma que eram, ao mesmo tempo, contextualmente apropriadas e contraculturalmente bíblicas (Flemming 2005; Banks 1994; Longenecker 2002). A decisão que foi um marco no Concílio de Jerusalém em Atos 15 resolveu teologicamente a questão do papel da lei de Moisés na igreja cristã. O assunto, porém ainda tinha implicações culturais, visto que liberava a igreja de seu confinamento cultural judaico e permitia às igrejas gentias expressarem-se de formas culturalmente apropriadas que não violassem os padrões morais bíblicos. Por essa razão, essa decisão, que tem sido chamada de "proclamação de emancipação" da igreja, tem permitido que as igrejas se tornem aculturadas e autóctones onde quer que sejam plantadas (Flemming 2005, 43-55; Hilary 1995).

Talvez ainda mais importante, as igrejas da missão paulina no Novo Testamento eram rapidamente colocadas sob a orientação e liderança de presbíteros locais que foram recomendados ao Senhor (At 14.23; 20.32). O grupo missionário de Paulo nunca ocupou por um longo período a posição de liderança sobre as igrejas que plantaram. Em vez disso, continuaram seu trabalho itinerante, avançando para obras pioneiras em novas regiões e mantendo um contato pouco frequente com as igrejas estabelecidas. Essas congregações eram autótocnes no sentido de que estavam inteiramente enraizadas na cultura local, eram lideradas por líderes locais e sustentadas por meios locais. Em sua maioria, eram dirigidas por presbíteros sem vencimentos e reuniam-se em casas particulares.

Princípios autóctones

Embora a terminolgia tenha mudado, o estudo da multiplicação de igrejas está longe de ser uma novidade. Rufus Anderson (1796-1880) do *American Board of Comissioners for Foreign Missions* (Comitê americano de comissionados para missões estrangeiras) e Henry Venn (1796-1873) da *English Church Missionary Society* (Sociedade missionária da igreja inglesa) resumiu o entendimento protestante de autoctonia em sua famosa fórmula "autotriplo": autodifundida, autogovernada e autossustentada (Anderson 1869). Embora a fórmula "autotriplo" tenha sua limitações e tem sido expandida (veja a discussão em Kraft e Wisley 1979), tornou-se, pelo menos em teoria, o alvo da maioria das plantações de igrejas protestantes até a metade do século 20. Dois outros, porém, iriam reexaminar a prática missionária e moldar por décadas a forma missionária de pensamento em como as igrejas nativas poderiam, de maneira prática, ser plantadas e reproduzidas: John Nevius e Roland Allen.

John L. Nevius

John L. Nevius (1829-93), um missionário presbiteriano para a China, experimentou novas abordagens para o evangelismo e plantação de igrejas. Ele desenvolveu o que veio a ser conhecido como o Plano de Nevius, que incluía três elementos: em primeiro lugar, as igrejas deveriam ser completamente autossustentadas e lideradas por nativos não remunerados. Ele considerava contraproducente a prática de contratar jovens cristãos chineses como evangelistas porque esses obreiros perdiam credibilidade, muitas vezes tornando-se mercenários, e criava dependência financeira nas igrejas emergentes. Em segundo, deveriam ser usados somente métodos e meios da igreja pelos quais os cristãos locais pudessem se responsabilizar. Ele insistia que os locais de adoração deveriam ser construídos em estilo nativo com recursos próprios. Os cristãos locais deveriam selecionar e apoiar seus próprios líderes. O terceiro elemento do Plano de Nevius era que os cristãos deveriam ser cuidadosamente instruídos em classes bíblicas. A Bíblia deveria estar no centro de todo o trabalho. Os convertidos deveriam ser testados e treinados simultaneamente em seu ambiente natural (Nevius 1958).

O início da plantação de igrejas na Coreia serve como exemplo de um movimento autóctone de multiplicação. A reação da comunidade missionária a Nevius não foi, de maneira alguma, afirmativa por unanimidade. Em 1890, porém, ele recebeu um convite para falar a um grupo de sete jovens missionários presbiterianos que estavam começando seu trabalho na Coreia. Eles adotaram sua abordagem de todo o coração como a política de sua missão. Desde o início, o trabalho era autodifundido, autossustentado e autogovernado, crescendo em quatro anos de uma igreja com 93 membros para 153 igrejas com um total de 8.500 membros e adeptos (Glover 1960, Rhodes e Campbell 1964).

Alguns argumentam que a multiplicação de igrejas na Coreia foi devido a uma obra especial de Deus e à receptividade dos coreanos. No entanto, Alfred Wasson (1934) comparou o crescimento da igreja metodista na Coreia que não usou o plano de Nevius, com a igreja presbiteriana, que o usou. Ele descobriu que, embora esses trabalhos andassem paralelamente na primeira década, o trabalho metodista estagnou pelas duas décadas seguintes, enquanto o trabalho presbiteriano continuou crescendo. Ele concluiu que a principal diferença entre os dois movimentos não era a taxa de conversões, mas a alta taxa de conflitos na igreja metodista, que ele atribuiu à dificuldade em seguir os princípios locais de forma consistente (veja Brown 1994).

Roland Allen

Roland Allen (1869-1947), missionário na China e África e consultor missionário, lançou o seu revolucionário *"Missionary Methods: St. Paul's or Ours?"* (Métodos missionários: o de Paulo ou os nossos?) e então em 1927 uma sequência *"The Spontaneous Expansion of the Church and the Causes Which Hinder It"* (A expansão espontânea da igreja e as causas que a restringem). Frustrado com o lento progresso do trabalho missionário, Allen argumenta em favor de um retorno a métodos similares aos que Paulo empregou para plantar numerosas igrejas em um curto período de tempo. Observando que os novos movimentos de igrejas no exterior sofriam sob o controle missionário, Allen mirou na liderança das missões, argumentando: "Se a igreja deve ser autóctone, precisa brotar no solo a partir das primeiras sementes plantadas" (1962b,2). Ele incentivou os missionários a entregarem os cristãos locais à orientação do Espírito Santo para resolver seus próprios problemas, livres da dominação missionária, como Paulo fez, com uma "profunda fé e confiança no Espírito Santo que habitava em seus convertidos e na igreja de que eles eram membros" (1962a, vii). As formas ocidentais de igreja, instituições estrangeiras, esforços para "civilizar os nativos", apoio financeiro externo e atitudes condescendentes precisam ser abandonadas para liberar uma dinâmica espiritual evidente na missão da igreja primitiva.

O plantador de igrejas missionário "então permanece como um irmão presbítero conselheiro enquanto o Espírito Santo guia aquela nova igreja, autogovernando-se e autossustentando-se para desenvolver sua própria forma de gestão, ministério e vida. Uma igreja assim é espontaneamente missionária" (Beaver 1981, B-71). Um movimento que não possui essas três características permanecerá dependente e nunca se tornará um movimento missionário. Infelizmente, o chamado de Allen a uma expansão espontânea sob a liderança local, embora amplamente elogiada, não foi adotada de forma geral na prática pela maioria das agências missionárias até depois da Segunda Guerra Mundial.

Pesquisa sobre movimentos de plantação de igrejas

Se o século 19 foi, para usar o termo de Kenneth Scott Latourette, o "grande século" de lançamento das missões protestantes, o século 20 foi o "século do crescimento" das igrejas na África, Ásia e América Latina. Essas igrejas experimentaram um crescimento exponencial e, nos anos 80, vieram a constituir mais da metade de todos os cristãos no mundo. Em meados do século 20 os missiólogos começaram a examinar empiricamente os fatores que contribuíram para o rápido crescimento dos movimentos, na tentativa de discernir princípios que pudessem orientar as práticas de missão e plantação de igrejas.

O movimento de crescimento de igrejas

Poucos têm estudado as dinâmicas do crescimento da igreja e grandes movimentos de conversões de cristãos como Donald A. McGravan (1897-1990) e o Church Growth Movement (CGM) (Movimento de Crescimento da Igreja) que ele fundou. O CGM fez uso das ciências sociais e comportamentais para pesquisar as causas de crescimento da igreja e, no processo, produziu centenas de estudos empíricos de crescimento da igreja e movimento de plantação de igrejas. Começando com o seu famoso *The Bridges of God* (As pontes de Deus) (1955) e culminando com o seu clássico *Understanding Church Growth* (Entendendo o crescimento da Igreja) (1980), McGravan formulou vários princípios de crescimento de igreja, por vezes, controversos.

O primeiro foi o princípio do *movimento de pessoas* – os novos cristãos não deveriam ser extraídos de sua esfera natural de relacionamento, mas deveriam tornar-se "pontes de Deus" para alcançar outros em sua sociedade. Um movimento acontece quando grupos de pessoas (não somente indivíduos) decidem se tornar seguidores de Cristo e, por sua vez, levam outros em sua rede de relacionamentos a Jesus. Dessa forma, os cristãos não são socialmente deslocados quando se tornam cristãos. McGravan afirmou que mais de 95% do crescimento da igreja nas "igrejas mais jovens" era resultado de movimentos de pessoas.

Em segundo, McGravan defendia o princípio da colheita, sugerindo que os esforços missionários se concentrassem nas populações mais receptivas ao Evangelho. Os trabalhos missionários deveriam focar em povos que Deus tinha amadurecido para a colheita espiritual, a exemplo do agricultor que colhe somente onde e quando o fruto está maduro. Nenhum povo deveria ficar sem uma testemunha de Cristo, mas a maior parte do pessoal e dos recursos missionários deveria ser dedicada a povos receptivos, a fim de não perder a oportunidade e maximizar as conversões e o crescimento da igreja.

De longe, o conceito mais controverso foi o *princípio da unidade homogênea.* McGravan fez a conhecida afirmação "Os homens gostam de se tornar cristãos sem cruzar as barreiras raciais, linguísticas ou sociais" (1980,223). Ele defendeu a plantação de igrejas culturalmente, socialmente e etnicamente homogêneas, isto é, igrejas compostas principalmente de pessoas que se assemelham. Dessa forma, as barreiras sociais para a recepção do Evangelho poderiam ser removidas. As pessoas não teriam que abandonar sua identidade cultural para se tornarem cristãs. O único obstáculo seria o próprio evangelho, não a cultura, a língua ou a raça.

Há muitos paralelos entre os princípios de McGravan e os conceitos de autoctonia que o precederam, mas o CGM sofreu duras críticas por ser exageradamente pragmático, teologicamente raso e metodologicamente reducionista. No entanto, muitas observações feitas por McGravan e outros são úteis se vistas de forma mais ampla: que as igrejas devem ser autóctones na forma e na liderança, dirigidas pelo Espírito e autossustentáveis se desejam se multiplicar e se tornar uma força missionária.

Elementos comuns dos movimentos de plantação de igrejas de David Garrison

Enquanto o século 21 despontava, houve um renovado interesse na multiplicação rápida de igrejas autóctones, ou movimentos de plantação de igrejas. A multiplicação exponencial de igrejas tem sido documentada por

> **Quadro 4.1**
>
> **Os dez elementos comuns dos movimentos de plantação de igrejas de Garrison**
>
> 1. Oração extraordinária
> 2. Evangelismo abundante
> 3. Plantação e reprodução intencional de igrejas
> 4. Autoridade da Palavra de Deus
> 5. Liderança local
> 6. Liderança leiga
> 7. Igrejas nos lares
> 8. Igrejas plantando igrejas
> 9. Reprodução rápida
> 10. Igrejas sadias
>
> Fonte: Garrison 2004a,172

várias pessoas, mas David Garrison (2000 e 2004a), mais do que qualquer outro missiólogo, tem despertado um grande interesse pelo assunto através de seu estudo qualitativo de movimentos de plantação de igrejas em diversos contextos.[61] Sua pesquisa enfocou mais as qualidades internas desses movimentos e das igrejas que reproduziram para formá-los. Ele define um movimento de plantação de igrejas como "um rápido e exponencial aumento de plantação de igrejas autóctones dentro de dado grupo ou segmento da população" (2000,8). Embora seus estudos sejam muito recentes e sejam mais descritivos do que prescritivos, queremos explorar as dinâmicas e o DNA dos movimentos, bem como as práticas de plantação de igrejas que contribuem para sua multiplicação e aquelas que as obstruem.

Garrison compilou relatos emocionantes do que Deus está fazendo através dos movimentos e identificou alguns dos elementos comuns a eles. Embora a exatidão de alguns dos estudos de caso de Garrison tenha sido questionada, seus achados são, no entanto, instrutivos. Garrison e seu grupo de pesquisa identificaram dez elementos comuns listados no quadro 4.1.[62]

Garrison sugere que esses dez elementos são indicadores da vitalidade e da viabilidade do movimento que o capacitam a transcender o tempo de vida de seu fundador, ultrapassar as barreiras geracionais e culturais e produzir um impacto amplo e duradouro. Os plantadores de igrejas também podem usá-los como indicadores para avaliar sua plantação de igreja, fortalecer a sinergia do movimento, minimizar obstáculos e avançar em busca de práticas saudáveis para o seu contexto.

Sem dúvida, todos esses elementos comuns são desejáveis. Embora os consideremos indicadores úteis, não podemos esperar que a reprodução siga um caminho semelhante em todas as sociedades, nem que todas as igrejas se reproduzam no mesmo índice ou sejam formadas e associadas da mesma forma. Deve também ser observado que fatores externos, como o cenário espiritual, as atitudes em relação a forasteiros e suas crenças e o clima sócio-político também têm seu papel.

Princípios de movimentos de plantação de igrejas

O que podemos concluir de toda essa pesquisa e elementos comuns que discutimos até agora? Quais são princípios e práticas que impulsionarão a multiplicação de igrejas e darão à luz movimentos autóctones de plantação de igrejas? É essencial que lutemos para saber como contribuir com os movimentos de plantação de igrejas identificando as práticas positivas culturalmente adaptáveis em vez de construir uma metodologia ou estratégia global. O quadro 4.2 resume princípios abrangentes de orientação que deveriam servir ao desenvolvimento de práticas sadias culturalmente apropriadas.

---

61 Na ocasião de seu estudo, Garrison era um plantador de igrejas da Convenção Batista do Sul dos Estados Unidos e ex-vice-presidente associado de estratégia global para a Junta Internacional de Missões da Igreja Batista do Sul.

62 Garrison também identificou fatores que são frequentemente, porém não universalmente, encontrados e obstáculos à emergência dos movimentos de plantação de igrejas.

Os movimentos de plantação de igrejas são obras do Espírito Santo

A convicção mais comumente atestada entre as pessoas envolvidas diretamente com os movimentos de plantação de igrejas é que esses movimentos extraordinários são intervenções especiais ordenadas por Deus. É por isso que eles são algumas vezes descritos como expansão *espontânea* ou combustão espontânea

> **Quadro 4.2**
>
> ### Princípios de movimentos de plantação de igrejas
>
> - MPIs são obras do Espírito Santo
> - MPIs são centrados no Evangelho
> - MPIs de igrejas são movimentos locais
> - MPIs têm o DNA da multiplicação
> - MPIs são influenciados por fatores externos

(Allen 1962b; Berg e Pretiz 1996). Os seres humanos podem cooperar com Deus ou ficar em seu caminho, mas é Deus quem produz o crescimento (Mc 4.26-29; 1Co 3.5-7). Se há uma coisa que se sobressai na expansão do Evangelho e no crescimento da igreja no livro de Atos é a obra dinâmica do Espírito Santo. O Espírito dá poder (1.8), fortalece (4.31), testemunha (5.32), dá sabedoria (6.10), guia (8.29; 16.6s), encoraja (9.31), opera milagres (10.38), chama e envia trabalhadores (13.1-4; 20.28) e dá alegria (13.52). Os movimentos de plantação de igrejas são impulsionados pelo Espírito Santo operando através de plantadores de igrejas e cristãos cheios do Espírito.

A saúde e o fervor espiritual dos primeiros discípulos, líderes e igrejas deveriam ser uma preocupação vital. A oração fervorosa e a larga semeadura do Evangelho pavimentam o caminho para a multiplicação da igreja, mas não podem explicá-la totalmente, porque esforços similares entre outros povos nem sempre conduzem a um movimento de plantação de igrejas. No entanto, igrejas nesses movimentos demonstram uma espiritualidade apaixonada, oração fervorosa, forte disciplina espiritual de jejum e batalha espiritual, louvor contagiante, evangelismo abundante e relacionamentos íntegros e amorosos. Nos movimentos, o poder concedido pelo Espírito e as dinâmicas espirituais são mais importantes do que a metodologia e as práticas.

Os movimentos de plantação de igrejas são centrados no Evangelho

Os plantadores de igrejas proclamam uma mensagem do Evangelho que é apresentada na linguagem do povo e toca algumas de suas mais profundas aspirações. Novamente, o livro de Atos descreve inequivocamente o avanço do Evangelho em termos da Palavra de Deus sendo proclamada, mudando vidas e dando à luz a igreja. O Evangelho era o centro da mensagem apostólica (4.31; 6.2; 8.14,25,40; 11.1; 13.5,7,44,46,48; 15.7,35s; 16.10,32; 17.13; 19.10; 20. 24) – e a própria Palavra de Deus, e não o pregador ou o plantador de igrejas, é chamada de agente primário (6.7; 12.24; 13.49; 19.20). E assim tem sido desde então: os movimentos de plantação de igrejas são dirigidos pelo Evangelho. Eles proclamam Cristo clara e corajosamente, e sem fazer concessões conclamando à fé, ao arrependimento e ao discipulado obediente.

Para que o Evangelho seja a força motriz, ele deve ser expresso em uma linguagem que transmita seu completo e poderoso significado. Quando a mensagem é colocada nas mãos do povo local, que a comunica de forma relevante e precisa, produz o fundamento para igrejas verdadeiramente autóctones. Desse modo, a verdadeira "autoctonia consiste essencialmente no pleno emprego de formas de comunicação, métodos de transmissão e comunicadores locais, conforme esses meios possam ser preparados e treinados" (Nida 1960,185). Lamin Sanneh (1989;1995;2008) argumentou que a tradução do Evangelho no idioma local libera seu poder naquela cultura e concede poder ao povo local para aprender e aplicar aquela Palavra de formas inéditas e relevantes. Para se tornar uma expressão de fé autóctone, um povo deve se aprofundar na Palavra pessoalmente a fim de demonstrar como o Evangelho aborda as questões críticas da vida e os aspectos de sua cultura. Esse processo de moldar a vida e o ministério ao redor das Escrituras sem deixar de lado a cultura através da reflexão teológica é a melhor forma de aprender a Palavra.

Os movimentos de plantação de igrejas são basicamente movimentos leigos

O impacto do movimento é diretamente proporcional ao grau de participação popular[63] determinada e entusiasmada e de envolvimento leigo. Os movimentos de plantação de igrejas capacitam pessoas comuns a fazerem a diferença do Reino no mundo dependendo do poder e dos dons do Espírito Santo. Isso ocorre quando essas pessoas não somente professam, mas também vivem o sacerdócio de todos os cristãos.

Uma das características mais evidentes dos movimentos de plantação de igrejas é que, embora possam ter sido iniciados por missionários, só se tornam movimentos quando o povo local abraça o Evangelho e capta a visão de alcançar sua própria gente, suas vilas, cidades e além. Não é um missionário, um plano estratégico ou um frio senso de reponsabilidade que faz o movimento. É o Espírito de Deus que instila os novos cristãos com a paixão por Jesus Cristo, o amor pelos perdidos e o desejo de sacrificar tudo o que for necessário para levar a mensagem aos outros. Os plantadores de igrejas podem apenas orar e dar forma a isso em suas vidas. Nesse sentido o amadurecimento do movimento pode ser colocado em risco se os líderes locais não forem cheios do Espírito e não tiverem autonomia suficiente para definir o curso do movimento nas fases de lançamento e estabelecimento de um trabalho pioneiro.

Os movimentos de plantação de igrejas tem um DNA de multiplicação

Os movimentos de plantação de igrejas são operações especiais de Deus nas quais líderes, células e igrejas se reproduzem de forma contínua. Note a diferença entre reprodução e multiplicação: se uma igreja muito poderosa se reproduz uma vez por ano por dez anos e todas as igrejas-filhas sobrevivem, elas formarão um conglomerado de onze igrejas em uma década. Por outro

---

63 "Popular" evoca o sentido de orgânico, nacional, enraizado nos elementos básicos e fundamentais do grupo. Os movimentos de plantação de igrejas visam pessoas e provêm das pessoas e, portanto, são movimentos leigos.

lado, se ambas, mãe e filha se reproduzem todos os anos e todas as igrejas sobrevivem, em dez anos elas serão 512 igrejas! Multiplicação é a reprodução multigeracional que é passada de uma geração para outra como uma parte orgânica do DNA da igreja. Algumas igrejas não sobrevivem ao nascimento, mas as que sobrevivem serão espiritualmente férteis. O alvo não é a multiplicação pela multiplicação ou o crescimento exponencial por si só. O objetivo maior é o conhecimento e a glória do verdadeiro Deus por toda a terra. Isso acontecerá quando mais e mais povos forem saturados com comunidades do Reino locais sadias e interdependentes que por sua vez enviarão missionários aos povos não alcançados restantes até que a Grande Comissão seja cumprida (ver quadro 4.3). A forma como isso acontece é descrita nas práticas sadias discutidas mais adiante neste capítulo.

Quadro 4.3

Terminologia de plantação de igrejas

- Plantação: início de uma nova igreja.
- Adição: início de outra nova igreja.
- Reprodução: uma igreja planta uma nova igreja.
- Multiplicação: igrejas se reproduzem por várias gerações.
- Movimento de plantação de igrejas: o resultado da multiplicação de igrejas; a reprodução de igrejas se torna uma norma e está forjada dentro do DNA das igrejas e das plantações de igrejas.
- Saturação: quando os movimentos de plantação de igrejas enchem uma área geográfica com igrejas viáveis e reprodutoras entre todos os seus grupos de pessoas.

Os movimentos de plantação de igrejas são influenciados por fatores externos

Os limitados registros indicam que nem todos os contextos são adequados aos movimentos de plantação de igrejas e que os fatores externos também têm o seu papel[64]. Alguns analistas desses movimentos têm sido reducionistas, examinando uma gama limitada de influências e fatores na tentativa de encontrarem a "chave de ouro" ou a "bala de prata" para o crescimento e a multiplicação de igrejas. Uma abordagem mais abrangente, uma que leve em consideração um largo leque de fatores e combine as várias descobertas, oferecerá um quadro mais completo e mais realista. Paul Hiebert e Eloise Hiebert Meneses (1995, 9-19) falam de vários mapas interpretativos para análise de um fenômeno; cada um deles útil para o seu próprio propósito, mas nenhum mostra sozinho o quadro completo. O plantador de igrejas terá, de fato, pouco controle sobre os importantes fatores que influenciam os movimentos de plantação de igrejas.

Por exemplo, os movimentos de crescimento mais rápido são encontrados mais frequentemente em sociedades coletivistas do que em lugares em que o individualismo e o secularismo dominam. O estudo de McGravan (1980,

---

64 Garrison 2004a não lista nenhum movimento de plantação de igrejas verdadeiro na Europa e nos Estados Unidos. O fenômeno mais próximo que ele encontrou são as igrejas em células e as redes de plantação de igrejas.

269-94) sobre movimentos de povos voltando-se para Cristo revelou que "as massas, e não as classes", tendem a ser mais receptivas ao Evangelho. É entre os pobres e a classe trabalhadora, e não entre a elite e as classes altas, que ocorrem os maiores movimentos para Cristo. Parece que os movimentos de plantação de igrejas emergem mais frequentemente em tempos de mudança e levantes, durante agitações sociais e em meio à perseguição do que em tempos de paz e estabilidade. Esses tempos de mudança são difíceis de predizer e impossíveis de controlar.

Muitas vezes, os movimentos ocorrem onde predominam as religiões populares ou estruturas religiosas fracamente estruturadas (Grady e Kendall 1992). Clayton Berg e Paul Pretiz (1996) traçam paralelos sociológicos entre igrejas protestantes locais e religiões animistas populares na América Latina. Quando estruturas e expressões emergem da cultura local como plantas nativas de seu solo natural, o movimento tem um ar natural desde o início. Formas e funções congruentes servem como trilhos de trem pelos quais o movimento pode avançar prontamente.

O relacionamento com a instituição estabelecida tradicional é também importante. Se há uma disposição para a mudança, o movimento pode ser colocado para oferecer uma alternativa, mas se o sistema de crenças ainda é amplamente aceito, o movimento deve ser construído nas similaridades (Allen 1962b; Peters 1970). É talvez por isso que alguns grupos marginalizados, isolados pela maioria, têm abraçado a mensagem cristã mais prontamente do que o grupo que ocupa o poder (Garrison 2004a, 42,109,124,221-24).

Por essa razão, quando a resposta é lenta, os plantadores de igrejas devem orar pacientemente, semear o Evangelho e fazer discípulos fortes usando princípios locais. Haverá pressão para mudar para outra abordagem, assumir a posição pastoral ou transformar-se naqueles que fazem o ministério acontecer. Isso, no entanto, se mostra contraproducente com o passar do tempo. Trabalhadores estrangeiros que fazem isso podem plantar uma igreja – até mesmo uma grande igreja – mas não darão início a um movimento e podem, no processo, estabelecer um precedente que prejudicará a multiplicação para a outra geração.

O seguinte exemplo ilustra a interação de fatores externos e as qualidades do movimento. Entre 1975 e 1985 em Quebec, em uma sociedade católica bem tradicional, o número de igrejas evangélicas locais mais do que triplicou, crescendo de menos de 100 para 324 (Smith 1997). Aquele período foi chamado de Revolução Silenciosa porque Quebec deu um passo significativo para a secularização e a modernidade. O governo liberal tomou o controle da esfera pública das mãos dos políticos conservadores e das forças religiosas que dominavam a sociedade. Mesmo assim, no levante da Revolução Silenciosa, o povo de Quebec manteve uma cosmovisão cristã e procurou alternativas religiosas. Essa tensão criou uma porta aberta para o Evangelho. "O maior crescimento aconteceu nas áreas rurais onde a decepção com a dominação católica na sociedade havia deixado o maior vácuo espiritual." (Wilson 1998,28). Aqueles que fiel e pacientemente semearam o Evangelho testemunharam uma enorme colheita de cristãos.[65] Esse movimento de crescimento da igreja desvaneceu-se no século 21 em razão do secularismo e materialismo, mas a essa altura o cenário religioso da província já tinha sido transformado.

Melhores práticas de multiplicação da igreja

Tendo examinado esses conceitos sobre os movimentos de plantação de igrejas, o restante deste livro é dedicado principalmente às melhores experiências práticas[66], ou seja, aquelas que terão mais chances de conduzir à multiplicação e à reprodução de igrejas.[67] Baseado em sua pesquisa, Garrison resume: "Os dez mandamentos dos movimentos de plantação de igrejas" (2004a, 257; 2005):

1. Mergulhe sua comunidade em oração.
2. Sature sua comunidade com o Evangelho.
3. Agarre-se à Palavra de Deus.
4. Lute contra a dependência estrangeira.
5. Elimine todos os elementos que impedem a reprodução.
6. Viva a visão que você deseja cumprir.
7. Edifique o conceito de reprodução em cada cristão e em cada igreja.
8. Treine todos os cristãos para evangelizarem, discipularem e plantarem igrejas.
9. Dê forma, ajude, observe e vá embora.
10. Descubra o que Deus está fazendo e junte-se a ele.

Essas práticas são consistentes com os princípios de autoctonia e movimentos de plantação de igrejas. Ainda assim, elas devem ser aplicadas de formas diferentes de acordo com o contexto. Não são fórmulas para o sucesso e sua implantação não garantirá a multiplicação da igreja. No entanto, nossa observação, juntamente com a de outros, confirma que a multiplicação raramente ocorre quando essas práticas são negligenciadas.

Ao contrário de Garrison, estamos menos preocupados com a multiplicação *rápida* e mais com a multiplicação *saudável*. Ele escreve: "A maioria dos plantadores de igrejas envolvidos nesses movimentos argumentam que a reprodução rápida é vital para o movimento em si... e que quando o ritmo da reprodução diminui, o movimento vacila" (2000,36). É desejável que as igrejas tenham um curto período gestacional para que não se tornem focadas em si mesmas e não consigam se reproduzir e, é claro, nos regozijamos quando Deus concede um rápido crescimento (como na igreja primitiva). Além disso, uma ênfase no crescimento rápido comunica a urgência do evangelismo, a necessidade de liderança leiga e de evitar elementos que dificultem o processo como salários, edifícios e títulos.

---

65 As iniciativas evangelísticas durante a Feira Mundial Expo 67 e as Olimpíadas de Montreal em 1976 expuseram mais de um milhão de pessoas ao Evangelho e contribuíram para o crescimento do movimento católico carismático (Smith 1997).

66 A frase não é usada no sentido técnico, o que exigiria um estudo comparativo controlado, porém são apresentadas como experiências práticas preferenciais que contribuem para a multiplicação de igrejas saudáveis quando adequadamente adaptadas à cultura e ao contexto.

67 Multiplicação é quando a igreja-mãe, filha e neta se reproduzem, produzindo crescimento exponencial.

No entanto, embora a rápida multiplicação produza mais igrejas, não produz necessariamente igrejas saudáveis ou fruto permanente. Deve haver um equilíbrio entre a urgência evangelística e o crescimento que provém do amadurecimento saudável. Forçar a multiplicação rápida da igreja pode fazer com que o tiro saia pela culatra. Algumas vezes, métodos aparentemente lentos no início podem lançar um fundamento mais sólido produzindo não somente movimentos mais saudáveis, mas, muitas vezes, movimentos de crescimento realmente mais rápidos a longo prazo.

É interessante que a Bíblia tenha muito a dizer sobre o crescimento da igreja, mas não sobre a reprodução e Jesus enfatiza a *abundância* de frutos em vez da rapidez da frutificação (Jo 15). Ele fala sobre o poder misterioso (Mc 4.26-29), extenso (Mt 13.31s) e penetrante (Mt 13.33), mas parece nunca enfatizar a rapidez do crescimento. Pelo contrário, ele adverte que o *bom* solo permitirá diferentes graus de frutificação (Mt 13.23). Orlando Costas resume o conceito bíblico de crescimento equilibrado, saudável e holístico:

> Deus deseja e espera que sua igreja cresça – mas não desigualmente, não anormalmente. Ele quer que a sua igreja cresça em *largura*, numericamente, como uma comunidade apostólica. Ele quer que sua igreja cresça em *profundidade*, experimental, orgânica e conceitualmente como uma comunidade de adoração e desenvolvimento. Ele quer que sua igreja cresça em *altura*, como um modelo visível, um sinal da nova ordem de vida apresentada por Jesus Cristo com a qual ele desafia os poderes e principados deste mundo. (1979,37-38).

Nossa responsabilidade é plantar igrejas de acordo com os princípios bíblicos e de forma sábia. Esforçamo-nos para compreender e aplicar as melhores práticas de multiplicação autóctone de igrejas e então confiar os resultados e a velocidade desses resultados a Deus.

Adote uma abordagem apostólica de plantação de igrejas

Os plantadores apostólicos de igrejas (a serem descritos mais completamente no próximo capítulo) lançam o fundamento para formação de comunidades reproduzíveis do Reino. Eles equipam e capacitam os crentes locais usando métodos que podem ser facilmente reproduzíveis por esses novos líderes de igrejas enquanto os plantadores prosseguem para outras áreas a fim de iniciar novas congregações. Então, eles retornam periodicamente para encorajar e fortalecer os líderes das igrejas que foram estabelecidas e podem, nesse processo, criar e treinar outra geração de plantadores de igrejas. A adoção de métodos apostólicos de plantação de igrejas implica em um repensar radical do papel comumente aceito do plantador de igrejas na igreja ocidental, mais longe do pastor cuidador e em direção de um empreendedor pioneiro que estabelece novas igrejas dirigidas por líderes e discípulos locais.

Em áreas de alta densidade populacional, como as crescentes cidades multiculturais, os plantadores de igrejas apostólicos podem estar envolvidos em vários projetos de plantação de igrejas ao mesmo tempo, cada um em um diferente estágio de maturidade. Em um bairro eles podem estar semeando o Evangelho, em outro, estabelecendo líderes de uma nova igreja e em um terceiro, ajudando uma igreja existente a se reproduzir.

Desenvolva, capacite e comissione os obreiros locais, recrutando da seara

Plantadores de igrejas apostólicos eficientes identificam os possíveis obreiros locais e se derramam em suas vidas. Esses podem ser os "homens de paz"[68] (Lc 10.5s; cf. Mt 10.11-13) que acolhem o Evangelho e se tornam rapidamente discípulos obedientes e evangelistas leigos eficientes. Muitos deles servem como uma ponte de ligação com a comunidade e se tornam os mais eficazes plantadores de igrejas.[69] A equipe transcultural é como o andaime e os líderes nacionais emergentes são os pilares sobre os quais a igreja é construída. Via de regra, não convém iniciar um ministério ou grupo sem aprendizes locais que possam liderar a igreja em um futuro não muito distante.

Um dos aspectos-chave da missão paulina era a forma com que Paulo não somente capacitava e delegava aos líderes locais a responsabilidade de cuidar das igrejas depois de sua partida, mas também recrutava membros para sua equipe missionária das igrejas que ele tinha plantado. Exemplos disso são cooperadores como Timóteo de Listra (At 16.1) e Apolo de Éfeso (At 18.24-26). Voltaremos ao desenvolvimento, comissionamento e delegação de obreiros no capítulo 17.

Mantenha ênfase contínua em evangelismo e discipulado

Os tijolos básicos da igreja são os discípulos, portanto, o foco da plantação apostólica de igrejas deve continuar sendo fazer discípulos: levar pessoas a Cristo e instrui-las a viverem com Cristo na comunhão da comunidade de Cristo (a igreja). Isso foi enfatizado no chamado inicial de Jesus quando ele prometeu fazer de seus seguidores *pescadores de homens*. E esse foi seu comissionamento final quando os enviou a *discipular as nações*. Embora a necessidade de evangelizar e discipular pareçam óbvias, são muitas vezes negligenciadas em razão da abordagem pastoral da plantação de igrejas, que prioriza os planos, os programas e o cuidado pastoral. Sugerimos, então, que o sucesso ou o fracasso na plantação de igrejas esteja diretamente ligado à multiplicação de novos discípulos (ver Figura 4.2). Os movimentos de plantação de igrejas estacionam e morrem quando os plantadores perdem o foco evangelístico e entram em estágio de manutenção, focando suas necessidades internas.

---

68 Quando Jesus enviou seus discípulos, os instruiu a procurar o "filho da paz" que os receberia e ofereceria hospedagem. No capítulo 11 veremos como essas pessoas de bem são estratégicas nas fases iniciais da plantação de igrejas.

69 Isso foi ilustrado por David Garrison em uma apresentação à Missão Internacional da Igreja Evangélica Livre entre 6 e 7 de fevereiro de 2006 na *Trinity Evangelical Divinity School*, em Deerfield, EUA e temos observado esse fato pessoalmente.

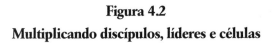

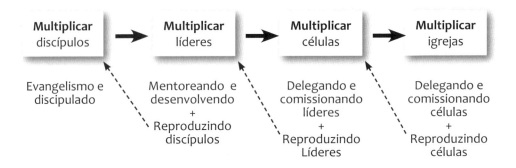

Desenvolva a multiplicação em todos os níveis da vida e do ministério da igreja

Os princípios de multiplicação delineados até agora se aplicam a todas as fases do desenvolvimento de uma igreja que está sendo plantada e a tudo que pode ser reproduzido: discípulos, líderes, obreiros, células e igrejas. Portanto, o evangelismo deve ser realizado de forma que os novos cristãos possam imitar facilmente, porque devem ser ensinados a tornarem-se os próximos evangelistas. Semelhantemente, conforme os primeiros cristãos são discipulados, devem ser com um método que possam usar para discipular outros. Quando as primeiras células são formadas, elas devem ser dirigidas de forma que novos líderes de grupo possam ser aprendizes para assumir a liderança e então treinar outros a fazerem o mesmo (2Tm 2.2). Conforme os grupos se dividem e se multiplicam, a multiplicação da igreja não está longe porque um *ethos* de multiplicação foi edificado dentro da igreja desde o princípio. Bob Roberts (2008, 58-60) e outros têm argumentado que simplesmente "deixar sair em revoada" alguns membros da igreja para que iniciem novas igrejas é uma estratégia que, por si só, não levará à multiplicação (ver figura 4.3). A multiplicação deve acontecer em todos os níveis.

Forme um ministério que possa ser reproduzido pelos cristãos locais usando recursos locais

Se o alvo é a multiplicação, então a palavra de ordem em praticamente tudo o que o plantador de igrejas faz é *reprodutibilidade*. A reprodutibilidade vai além de capacitação em muitos aspectos. Se os cristãos locais fizerem apenas o que os plantadores da igreja pioneira fizeram, isso os levará somente a plantar mais uma igreja. Quando, no entanto, eles mobilizam outros para servirem e plantarem igrejas, a multiplicação começa a ocorrer.

Figura 4.3
Contraste entre "Revoada" e Multiplicação

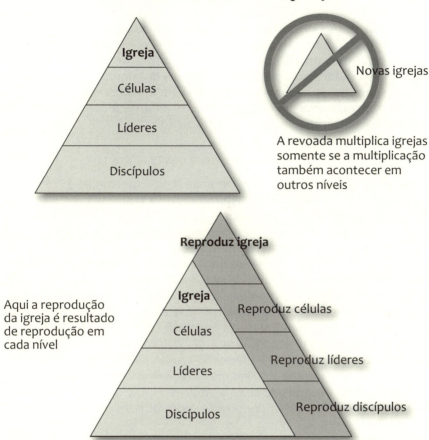

Isso acontece quando os métodos usados pelo plantador de igrejas são facilmente reproduzíveis usando recursos prontamente disponíveis a eles em seu contexto. Se os métodos usados para plantar de forma pioneira uma igreja não são facilmente reproduzíveis pelos cristãos locais devido às suas limitações educacionais, financeiras ou outra qualquer, então o movimento normalmente fracassa e a multiplicação será impossível. Métodos não reproduzíveis como equipes missionárias de curto prazo, acampamentos em inglês como segunda língua ou campanhas grandes e dispendiosas podem ser empregadas inicialmente para dar a partida ao movimento. No entanto, a exemplo dos cabos usados para dar carga à bateria descarregada de um carro que devem ser desconectados assim que o motor pegar, é preciso que essas estratégias sejam removidas sem demora em favor das formas de testemunho e discipulado local. Os métodos reproduzíveis são caracterizados pelos seguintes aspectos:

Eles dependem de recursos locais

Garrison (2000; 2004a) demonstrou que, normalmente, os movimentos de plantação de igrejas não dependem de recursos externos e podem surgir até entre os povos mais pobres que enfrentam perseguição. Para evitar uma lacuna na reprodução, os missionários precisam começar com os recursos locais. Computadores, projetores, veículos e grandes orçamentos podem estar além das possibilidades do povo local. Ofertas ocasionais dessa natureza são bem-vindas, porém, se o ministério inteiro está apoiado sobre elas, não serão localmente reproduzíveis. Voltaremos mais adiante a esse assunto quando falarmos sobre os "empecilhos à multiplicação".

Eles se apoiam nas capacidades e habilidades dos cristãos locais

Se os cristãos locais são analfabetos ou analfabetos funcionais é necessário que sejam empregados métodos orais. Tipicamente, as culturas orais são marcadas por tradições e habilidades excepcionais de narração de histórias. Esse pode ser um maravilhoso método nativo para o evangelismo e o ensino. Muitas vezes, os obreiros estrangeiros são treinados em modalidades de ministério e estilos de liderança que não estão disponíveis aos nacionais. Os estrangeiros podem ver uma forma de ministério como um fator de excelência em vez de cultura e esperar que o povo alcance o *seus* padrões e as *suas* expectativas.[70] Mesmo que esses padrões estejam dentro do alcance do povo local, aplicá-los seria contraproducente ao desenvolvimento de um movimento de plantação de igrejas. Os níveis de capacidade para o exercício da liderança devem ser determinados pelos padrões locais e seguir padrões locais. Para o plantador de igrejas, isso significa conservar os requisitos espirituais enquanto *mantém intencionalmente as habilidades requeridas em um padrão mínimo.* O mesmo princípio se aplica ao estilo de liderança, os métodos de ensino, os padrões de desempenho e as expectativas de estilo de vida.

Eles são facilmente ensináveis, aprendidos e transmitidos

A multiplicação de igrejas e de líderes de igrejas vai exigir métodos que não somente sejam baseados nos recursos, habilidades e capacidades do povo local, mas que também sejam facilmente aprendidos e empregados por outra geração de discípulos. Os plantadores apostólicos precisam aprender a perguntar: "Os obreiros nativos poderão trabalhar dessa forma? Eles optariam naturalmente por fazer assim e a treinar outros a fazerem o mesmo?" E eles deveriam responder a essas perguntas abrindo progressivamente espaço e permitindo que os cristãos locais adaptem o padrão ou desenvolvam seu próprio método.

A regra básica é: se você não consegue ensinar os líderes locais a colocá-lo em prática e eles não conseguem ensinar outros, provavelmente você também não deveria usá-lo. A verdadeira multiplicação tem sido alcançada quando os próprios cristãos locais são capazes de treinar a próxima gera-

---

70 Algumas vezes, os cristãos de sociedades não ocidentais aspiram alcançar os padrões ocidentais e "profissionais" de qualidade. Isso talvez os ajude a se sobressair na multidão, mas diminui sua habilidade de reproduzir seus padrões de ministério.

ção de líderes. Embora possa parecer vantajoso para o desenvolvimento de longo prazo de um movimento que uns poucos recebam treinamento em uma escola bíblica ou um seminário (o que normalmente demora anos), a maioria deveria ser treinada usando métodos que possam ser facilmente reproduzíveis. Em razão de essa abordagem ser contrária às práticas comuns de muitas missões e de exigir inicialmente mais tempo, é essencial que todos os envolvidos compreendam a importância de se empregar métodos reproduzíveis e sustentáveis que usem apenas os recursos locais.

Escolha estruturas contextualmente apropriadas para a multiplicação

Quando estruturas e tradições estrangeiras são impostas a um povo, a igreja se torna, como Davi na armadura de Saul, desnecessariamente sobrecarregada para a batalha. A multiplicação da igreja raramente ocorrerá. A explosão de movimentos autóctones hoje é testemunha da importância do respeito às formas locais.[71] Assim como um cacto não pode sobreviver no Alasca, nem um pinheiro no Saara, também as estruturas de uma igreja autóctone devem ser desenvolvidas de forma a permitir que a igreja cresça e se multiplique em seu próprio ambiente. No capítulo 6, discutiremos as várias formas que uma igreja pode tomar e como elas afetam o potencial para a multiplicação em diferentes contextos. Não existe "tamanho único". A Bíblia permite uma grande flexibilidade nas formas e expressões que uma igreja local pode ter desde que estas sirvam aos propósitos bíblicos e seja consistente com os valores bíblicos. No capítulo 12 apresentaremos mais recursos para a descoberta de formas apropriadas e contextualizadas de evangelismo, discipulado, reunião, louvor, tomada de decisões, desenvolvimento de liderança e uma variedade de aspectos da vida da igreja que são críticos para a multiplicação (veja Hiebert e Meneses 1995). Essas descobertas precisam ser feitas pelos cristãos locais sob a direção do Espírito Santo e a autoridade da Palavra de Deus. Os missionários e as pessoas de fora podem oferecer conselhos úteis, mas o papel deles é cooperar e não controlar.

Empecilhos para a multiplicação de igrejas

Um movimento de expansão depende do grau em que os cristãos locais cheios do Espírito Santo têm a permissão de operar livres de estruturas e controle tradicionais ou importados. Quais são algumas das piores pedras de tropeço para a multiplicação da igreja? De acordo com a opinião geral, as três expectativas da igreja ocidental que têm causado mais dano aos movimentos autóctones de plantação de igrejas são: locais de reunião dispendiosos, plantadores remunerados e formalmente educados e uma dependência exagerada de recursos externos. Nenhuma dessas era expectativa da igreja do Novo Testamento e nenhuma delas resiste a tempos de perseguição. Edifícios, títulos e fundos externos podem ser usados ocasionalmente para o crescimento inicial, desde que não se tornem parte do DNA de multiplicação de líderes

---

71 Algumas dessas igrejas locais são heterodoxas e sincretistas em doutrina e prática. Mesmo assim, sua forma nativa possibilita a multiplicação. Felizmente, com uma boa instrução bíblica e um cuidado contínuo, as igrejas podem ser sadias, bíblicas e locais ao mesmo tempo.

e igrejas. "Quando, em nome da Grande Comissão de Cristo, fazemos pelos cristãos locais o que eles poderiam e deveriam fazer por si mesmos, subestimamos a própria igreja que Deus nos chamou para plantar" (Saint 2001,54). Os seguintes empecilhos devem ser cuidadosamente considerados:

Empecilho 1: Locais de reunião dispendiosos

Garrison (2000,2004a) observa que nos movimentos de plantação de igrejas os grupos se reúnem nos lares ou em pequenos estabelecimentos comerciais. Obviamente, a Bíblia não prescreve o tamanho e a estrutura da igreja. Em alguns contextos, um movimento de igrejas nos lares pode ser o veículo para a reprodução local saudável e forte. Se a igreja decide que é desejável reunir-se em um local mais público, é essencial que esteja dentro de suas posses e seja, nos primeiros estágios, flexível. Plantações de igrejas oneradas com aluguéis ou financiamentos caros serão relutantes em ceder membros para o lançamento de novas igrejas. Projetos de construções dispendiosos muitas vezes consomem a energia dos cristãos e podem se tornar objetos de prestígio, tirando a atenção de ministérios mais importantes como o evangelismo e o discipulado.

A flexibilidade é também essencial para os movimentos emergentes. Contratos de aluguel de longo prazo ou a compra de uma propriedade podem impedir a igreja de responder se aparecer uma nova oportunidade ou se suas necessidades mudarem. Uma boa alternativa pode ser alugar um edifício público por algumas horas por semana. Centros comunitários, escolas, salões de hotéis, cinemas, teatros e centros recreativos podem ser boas opções. Nas zonas rurais, templos simples podem ser construídos com materiais locais que sejam baratos e de fácil manutenção, mas em áreas urbanas, raramente isso é possível. Todas as vezes que se dá a impressão de que, para ser uma igreja de verdade uma congregação precisa ter o seu próprio templo, a multiplicação avança no ritmo em que os fundos para a construção podem ser levantados – e isso geralmente leva muito tempo.

Empecilho 2: Tornar a igreja dependente de plantadores de igrejas remunerados e formalmente educados

Esse empecilho pode ser uma surpresa, mas talvez seja o maior obstáculo à multiplicação. Simplesmente nunca há dinheiro suficiente para pagar o número crescente de obreiros necessários uma vez que o movimento se inicia. A educação formal dos plantadores de igrejas, que leva normalmente vários anos em uma escola bíblica ou seminário, não é, em si, uma coisa ruim. No entanto, levará tempo demais e nunca haverá obreiros diplomados suficientes para se tornarem plantadores de igrejas em um movimento em crescimento. Isso pode criar também a impressão de que os leigos sem treinamento não podem ou não deveriam liderar uma plantação de igreja. A história clerical das igrejas ocidentais e o apego a tradições são razões pelas quais tão poucos movimentos orgânicos têm emergido no ocidente (Payne 2003). Os movimentos de plantação de igrejas geralmente contam com leigos bivocacionais e com métodos de treinamento informais (modelo e mentoreamento) e não formais (treinamentos organizados pela igreja e oficinas) em vez de educação institucional formal. Eles enfatizam o entendimento bíblico, a formação de caráter e o desenvolvimento de habilidades práticas de ministério em lugar do conhecimento teórico. Esse foi o tipo de treinamento que Nevius implantou na China e que foi adotado mais tarde na Coreia (Nevius 1958).

Plantar uma igreja sendo leigo ou "fazedor de tendas" não é uma tarefa fácil. Muitas vezes, as igrejas dirigidas por leigos permanecem pequenas, no entanto, se continuarem a se reproduzir, o movimento como um todo continuará a crescer. Obreiros leigos que possuem menos educação precisam de incentivo contínuo e devem receber treinamento e instrução bíblica constante, especialmente se forem cristãos relativamente novos. De outra forma, o movimento se enfraquecerá e, talvez, estacione ou murche. Conforme for crescendo, haverá uma necessidade cada vez maior de líderes educados que possam oferecer direção e aprofundamento teológico. No entanto, fazer com que a expansão do movimento dependa dessas pessoas cria falsas expectativas e o crescimento perde velocidade.

A Asociación Cristiana Colombiana chama os plantadores de igrejas de *missionários*. Possuem pouca educação teológica, mas servem com uma coragem de leão. Eles se sustentam com qualquer tipo de emprego que possam encontrar ou levantam uma quantia mínima a fim trabalhar como evangelistas e discipuladores sem receber nenhum subsídio externo. Quando um grupo de cerca de trinta adultos ou jovens é formado, inicia-se a busca de um pastor e o missionário vai adiante. Esse padrão pode ser repetido vez após vez. Outro exemplo vem da Etiópia: "Entre 1993 e 1996 a *Ethiopian Evangelical Church Mekane Yesus* (EEC-MY) cresceu 80% e esse crescimento fenomenal é devido, principalmente, ao compromisso e ao testemunho de seus ministros voluntários" (Gobena 1997,15). Essas igrejas são o que Iteffa Gobena chama de "ministérios leigos".

Um dos dez fatores comuns dos movimentos de plantação de igrejas citados por Garrison é que são liderados por leigos e um de seus Dez Mandamentos é treinar *todos os cristãos* para evangelizar, discipular e fundar igrejas. "Não há passageiros nos movimentos de plantação de igrejas, todos são tripulação e precisam trabalhar" (2004a,86).

Empecilho 3: Dependência de recursos externos

Recursos externos como ofertas, apoio financeiro de obreiros de igrejas, doação de equipamentos ou projetos de construção podem ser uma grande ajuda inicial para uma plantação de igreja. No entanto é preciso tomar muito cuidado para evitar o estabelecimento de um precedente que não seja nem reproduzível nem sustentável localmente. Esse ponto é ilustrado na experiência de Steve Saint, filho do mártir missionário Nate Saint. Ele documenta alguns exemplos impressionantes de pedras de tropeço à multiplicação entre os Huaorani[72]. Eles pararam de construir "Casas de Deus" de bambu e telhados de palha. Explicaram que depois que uma equipe chegou e construiu uma Casa de Deus melhor usando uma fundação de cimento, "eles concluíram que somente os estrangeiros são capazes de construir boas Casas de Deus, então os estrangeiros deveriam construir todas elas" (Saint 2001,55).

---

72 Ameríndios nativos da região amazônica do Equador.

O uso insensato de recursos pode inibir a multiplicação da igreja de várias formas. Em primeiro lugar, os recursos externos são limitados e mais cedo ou mais tarde vão acabar e, se a plantação de igrejas depende deles, ela também acabará. Se o alvo é a multiplicação, o trabalho deve prosseguir com base nos recursos locais.

Em segundo, pode-se dar a impressão de que é impossível plantar uma igreja sem patrocinadores e recursos externos. Os cristãos podem facilmente usar a desculpa de que não podem iniciar outras igrejas por falta dos patrocinadores que eles consideram necessários. Não possuem modelos alternativos de execução sem apoio externo.

Em terceiro, quando os recursos externos são usados indiscriminadamente para iniciar uma plantação de igreja, não é incomum que a congregação entenda que aqueles recursos devem sustentar também a igreja, de acordo com o ditado "A missão construiu, a missão que sustente". Há muitas histórias de projetos de construção bem-intencionados patrocinados por uma missão ou igreja parceira nos quais a congregação não conseguia sequer pagar as despesas de manutenção, quanto mais multiplicar igrejas nesse padrão! O relacionamento benfeitor-protegido pode facilmente tornar-se um padrão para a igreja ou missão (ou patrocinador) e isso raramente conduz à multiplicação. No capítulo 18 retornaremos à questão dos recursos na plantação de igrejas e faremos sugestões de usos positivos dos recursos externos.

Multiplicação de igrejas: de geração em geração

Na primeira geração de multiplicação de igrejas (começando com a primeira igreja) os plantadores apostólicos devem, por uma questão de necessidade, estabelecer as práticas de plantação de igrejas para os aprendizes locais. Na segunda geração, eles trabalham ao lado dos líderes locais que, tendo participado da primeira plantação, são capazes de assumir o comando. Na terceira geração, os novos líderes aprendem de seus colegas usando abordagens contextualizadas enquanto os missionários observam e intervém somente quando são chamados. Se a multiplicação acontece com sucesso, na quarta geração, os missionários comissionarão os líderes locais para continuarem a multiplicação. Eles podem aconselhar, quando necessário, através de visitas de orientação. Quando a reprodução aconteceu em mais de três gerações sem a agência externa ou seus recursos, então o DNA está estabelecido e a reprodução está solidificada. Além disso, desde que a reprodução venha de líderes e sistemas que cresceram ali, a quarta geração pode ser considerada verdadeiramente local.

A palavra final sobre princípios autóctones e multiplicação de igrejas ainda não foi escrita. Os poucos estudos de alta qualidade que possuímos são frequentemente negligenciados. É difícil ir da descrição dos movimentos para as melhores práticas, especialmente quando os contextos variam tanto. Ainda assim, se esses princípios e as melhores práticas forem aplicados dentro do contexto, com muito cuidado e oração, podem contribuir para a multiplicação de igrejas em muito mais áreas do mundo até a volta de Cristo.

5

PLANTADORES DE IGREJAS APOSTÓLICOS

Se o objetivo é iniciar um movimento de plantação de igrejas que seja localmente sustentável e reproduzível, como exposto até aqui, abordagens muito diferentes devem ser adotadas.[73] O ponto mais importante talvez seja a adoção de uma nova mentalidade acerca do papel dos plantadores de igrejas. Eles precisarão lançar mão de uma abordagem muito mais próxima daquela adotada por Paulo e sua equipe no Novo Testamento, o que chamamos de *plantação apostólica de igrejas*. O termo *apóstolo* é usado de várias formas no Novo Testamento, mais frequentemente em referência aos doze apóstolos que foram pessoalmente chamados e comissionados por Jesus e ao apóstolo Paulo, que também ocupou um singular papel de autoridade na igreja do primeiro século. O termo, porém, é usado também mais geralmente em referência a alguns dos colegas de Paulo que faziam parte de sua equipe missionária, incluindo Barnabé (At 14.3,14), Apolo (1Co 4.6,9), Epafrodito (Fl 2.25), Tito (2Co 8.23), Silvano (Silas) e Timóteo (1Ts 2.6; cf.1.1).[74] Acima de tudo, o apostolado é referido como um dom espiritual duradouro a ser desejado pela igreja (1Co 12.28-31). Desse modo, o termo *apóstolo* pode ser considerado um fraco equivalente para *missionário* (veja a discussão em Ott e Strauss 2010, 230-36). Por "plantação apostólica de igreja", então, nos referimos à plantação de igreja que segue o modelo apostólico de desenvolvimento, capacitação e comissionamento de cristãos locais para o ministério e missão desde o início. O papel dos plantadores na igreja que está sendo plantada é temporário. Eles resistem à tentação de plantar uma igreja de forma que a torne dependente de seus dons e recursos.

---

73 Muito deste capítulo é adaptado e expandido de Ott 2001.

74 Algumas traduções da Bíblia usam as palavras "mensageiro" ou "representante", mas o texto grego usa o termo que é normalmente traduzido por "apóstolo".

Três tipos de plantadores de igrejas

Essencialmente três tipos de plantadores de igrejas podem ser identificados, correspondendo a três amplas abordagens: o plantador de igrejas pastoral, o catalítico e o apostólico.[75] Cada tipo possui uma maneira diferente de entender esse papel, cada um investirá seu tempo e energia de maneira diferente, será confrontado com oportunidades e desafios próprios, é talhado para uma situação em particular e, como resultado, influenciará na probabilidade de que a plantação de igreja se torne uma igreja que se reproduz (um resumo é apresentado na tabela 5.1).

Embora a abordagem apostólica à plantação de igrejas não seja necessariamente a melhor em todos os contextos, é a que mais tem sido abençoada por Deus na fundação de movimentos de plantação de igrejas localmente sustentáveis e que se reproduzem. Infelizmente, a maioria dos plantadores de igrejas ocidentais nunca percebeu isso nem foi treinada para isso e, portanto, raramente considera uma alternativa à forma como eles veem as igrejas serem plantadas em sua cultura de origem. Mesmo os plantadores de igrejas transculturais tendem a pensar que, com exceção de alguns pequenos ajustes culturais, devem plantar igrejas como em sua cultura. No entanto, isso raramente levará a uma multiplicação de igrejas locais.

O plantador de igrejas pastoral

O objetivo do plantador de igrejas pastoral é simplesmente começar uma nova igreja e pastoreá-la. No caso dos plantadores de igrejas missionários, normalmente a esperança é que a igreja logo possa ser capaz de ordenar e sustentar seu próprio pastor local e que o missionário possa ir adiante e plantar outra igreja. O método é direto: inicialmente, são necessárias iniciativas evangelísticas para reunir uma congregação de novos cristãos. Uma vez, porém que um grupo é reunido, geralmente bem pequeno, o plantador de igrejas pastoral tende a assumir o cuidado pastoral, concentrando sua energia em pregar, ensinar, aconselhar e várias outras obrigações pastorais. Se há uma equipe envolvida na plantação da igreja, os membros dessa equipe assumem papéis similares aos de uma igreja multiministerial. Muitas vezes, o plantador da igreja permanece indefinidamente como pastor. Se o plantador é um missionário transcultural, a igreja é considerada plantada quando ordena e sustenta um pastor para substituir o missionário.

Em muitas partes do mundo essa é a forma mais conhecida e comum de plantador de igrejas. A maioria dos plantadores, incluindo os missionários, simplesmente não tem conhecimento de nenhuma outra abordagem. A maioria dos seminários treina pastores, não evangelistas, nem plantadores de igrejas. Por essa razão, os plantadores de igrejas treinados em um seminário se sentem bem nesse papel. Os livros ocidentais que tratam da plantação de igrejas ensinam esse método. Esse é o modelo de ministério adotado internacionalmente em muitas, se não na maioria, das denominações.

---

75 O uso dos termos *plantador de igrejas apostólico* e *plantador de igrejas catalítico* é com certeza conhecido ou consistente na literatura de plantação de igrejas. Por exemplo, Fred Herron usa o termo de forma diferente, chamando Paulo de catalítico e usando *apostólico* para caracterizar o que chamamos de *catalítico* (2003, 69-72, 75-76).

Tabela 5.1
Três tipos de plantadores de igrejas

	Pastoral	Catalítico	Apostólico
Alvo	Plantar uma igreja e pastoreá-la até que ela seja grande o suficiente para indicar e remunerar um pastor.	Plantar uma igreja que se tornará o catalizador para gerar muitas outras e lançar um movimento.	Multiplicar igrejas que não são dependentes do plantador de igrejas nem de recursos externos.
Método	O plantador de igrejas serve como pastor; os plantadores de igrejas missionários geralmente partem depois de a igreja contratar um pastor local.	O plantador funda uma igreja grande e forte, e então permanece como pastor ou conselheiro para facilitar a plantação de múltiplas igrejas-filhas.	O plantador de igrejas não tem função pastoral, mas serve aos nacionais oferecendo treinamento e delegando o ministério. O plantador de igreja parte rapidamente deixando o ministério nas mãos dos líderes locais.
Hipóteses	A igreja somente se estabelece quando pode contratar e remunerar seu próprio pastor.	Sob a liderança certa, uma igreja estrategicamente localizada pode multiplicar igrejas-filhas.	Líderes leigos locais podem ser treinados para exercer sua própria liderança pastoral e multiplicar igrejas.
Aplicação	Adequado às áreas em que o crescimento de igrejas é moderado, tem relativamente boas condições financeiras e pastores treinados disponíveis.	Adequado para área urbana moderadamente receptiva com potencial para múltiplas igrejas-filhas.	Adequado para a maioria das localidades, especialmente regiões de rápido crescimento de igrejas e zona rural.
Pontos Fortes	Ministério de alta qualidade exercido por líderes bem treinados. Relacionamentos de longo prazo na igreja e na comunidade.	Facilita a reprodução da igreja. Forma uma rede entre as novas igrejas. Relacionamentos de longo prazo na região.	Facilita a multiplicação da igreja. Promove a responsabilidade e o ministério leigos. Livre de dependência de recursos externos.
Pontos Fracos	Raramente conduz à multiplicação da igreja. O plantador de igrejas fica tempo demais em um só lugar. Falha na mobilização dos leigos e depende de profissionais e recursos externos. Pode dificultar o desenvolvimento de movimentos rápidos de plantação de igrejas.	O plantador de igreja precisa ser excepcionalmente capacitado. Nem todas as igrejas plantadas crescerão e se tornarão fortes o suficiente para gerar muitas igrejas. Dependente dos dons do plantador de igrejas, a reprodução pode cessar com sua partida. A igreja se reproduz, mas raramente se multiplica.	Inicialmente o progresso é mais lento. Os cristãos locais nem sempre estão motivados ou são capacitados para liderar. A liderança leiga pode ser fraca ou mal treinada. A maioria dos plantadores de igrejas não é treinada nesse método. O plantador de igrejas pode precisar mudar várias vezes de local.
Exemplos	A maioria das igrejas ocidentais.	Rick Warren, Bob Roberts.	Tom Steffen, George Patterson.

Os membros da igreja que está sendo plantada geralmente esperam isso do plantador: "Seja nosso pastor. É por isso que foi treinado e é pago". Os plantadores de igrejas geralmente possuem mais treinamento e mais tempo do que os membros leigos da igreja, e é natural que eles assumam o fardo do ministério pastoral. Esse problema fica mais grave ainda quando vários plantadores de tempo integral servem juntos em uma equipe na plantação da igreja. Os pontos fortes dessa abordagem é que a igreja tem um cuidado pastoral forte e proveniente de especialistas, os cristãos locais podem ser desenvolvidos durante um período prolongado e o ensino é sólido.

Essa abordagem funciona bem sob três condições: (1) alto potencial para o crescimento da igreja, seja pela receptividade das pessoas ao evangelismo ou pela transferência de pessoas que já eram cristãs; (2) alto poder aquisitivo, em que a nova igreja pode financiar seu próprio pastor com relativamente poucos membros e (3) a presença de cristãos locais disponíveis para atender ao chamado pastoral e substituir o plantador de igreja. Essas condições são encontradas na maior parte da América do Norte e, por essa razão, a abordagem pastoral geralmente tem obtido sucesso ali.

Infelizmente, são condições ausentes na maioria dos lugares onde ocorre a plantação pioneira ou transcultural entre os povos não alcançados. Quando o crescimento de igrejas é lento e os recursos são limitados, a nova igreja terá dificuldades de levantar e remunerar um substituto para o missionário plantador de igrejas. Quanto mais tempo o plantador permanece nesse papel, mais dependente dele a igreja será. Algumas vezes o missionário permanece fiel por dez ou vinte anos em um lugar, esperando que um dia um pastor local seja vocacionado para substituí-lo. Geralmente, a frustração vem mais cedo. A única solução aparente é a missão subsidiar o pastor nacional, mas isso somente perpetua a dependência, que fica cada vez mais difícil de romper. A multiplicação dessas igrejas é muito difícil e rara.

George Patterson adverte que, quando o objetivo é começar o mais rápido possível os cultos na igreja com um sermão dominical dirigido por um missionário, o perigo é estabelecer um "ponto de pregação" em vez de igrejas neo-testamentárias. Ele escreve: "Talvez 90% dos missionários plantadores de igrejas comecem pontos de pregação na esperança de que eles, de alguma forma, evoluam para uma igreja. Isso não acontece, exceto pela graça de Deus se ele for misericordioso. Os pontos de pregação tendem a se perpetuar indefinidamente" (1981,603). Nossa observação confirma isso.

Além disso, as igrejas que são plantadas e pastoreadas por um missionário de fora geralmente parecem estrangeiras aos nacionais, pelo menos a princípio. Mais tarde, a transição do pastor missionário para o pastor local pode ser difícil porque talvez a igreja tenha se acostumado ao estilo de liderança estrangeira do missionário. A transição pode ser mais complicada se o plantador de igrejas tem uma educação melhor do que o pastor nacional.

Uma convicção-chave que constitui a base da autocompreensão do plantador pastoral é que uma igreja deve ter um pastor treinado, trabalhando em tempo integral e remunerado para que seja considerada uma igreja legitimamente plantada. Com certeza é desejável, em muitas situações, que se tenha um pastor nessas condições, mas um pastor remunerado certamente não é uma exigência bíblica para se considerar uma igreja como estabelecida. As igrejas plantadas por Paulo eram, praticamente em sua totalidade, lideradas por leigos e tinham vários anciãos. Realmente a história de missões até os nossos dias tem demonstrado, vez após vez, que os movimentos de plantação de igrejas mais dinâmicos foram liderados por leigos sem o fardo do dilema "como vamos pagar o pastor". David Garrison (2000, 35) identifica a liderança local leiga, geralmente pastores bivocacionais, como um dos dez elementos que os movimentos de plantação de igreja de crescimento rápido têm em comum. Somente quando o movimento amadurece é que surge o clero remunerado.

O fato de o plantador de igrejas acreditar que um dia um pastor profissional treinado irá substituí-lo, faz com que invista um esforço mínimo no treinamento e na delegação de responsabilidades aos leigos para o exercício do ministério pastoral. Além disso, os membros da igreja podem ficar "mal-acostumados" tendo um pastor, ou até mesmo uma equipe inteira remunerada trabalhando em tempo integral na plantação da igreja. O plantador-pastor estabelece um padrão profissional que é difícil de seguir. Os nacionais podem sentir-se inferiores por crer que não podem ministrar tão bem quanto o plantador e podem ter medo que a igreja não sobreviva sem um pastor altamente treinado e remunerado. Esse pensamento talvez seja o maior obstáculo *desnecessário* à plantação de igrejas e à multiplicação na maior parte do mundo hoje. Não apenas os recursos missionários ficam imobilizados em uma localidade por muitos anos, mas uma atitude de profissionalismo com relação ao ministério é introduzida, inibindo a completa mobilização dos cristãos locais e, como resultado, a reprodução da igreja.

O plantador de igrejas catalítico

Um segundo papel é o plantador de igrejas catalítico. Um catalisador é o elemento que cria ou realiza uma reação química entre outras substâncias. O potencial para a reação já estava presente de forma latente, mas o catalisador a coloca em ação. O plantador catalítico planta uma igreja e permanece como pastor ali ou serve como obreiro na região para se tornar um catalisador ou facilitador da reprodução da igreja. Geralmente são investidos energia e recursos consideráveis no estabelecimento e no fortalecimento da plantação da igreja inicial com o objetivo de que ela se transforme em uma base de lançamento para várias plantações de igrejas na região. Como o plantador pastoral, o catalítico pode permanecer no papel de pastor na igreja inicial, porém, eles diferem um do outro pelo fato de que o catalítico possui tanto a visão para a reprodução quanto a habilidade e a estratégia para efetuá-la. Em vez de direcionar a energia para o cuidado pastoral e o crescimento da congregação, ela é dedicada amplamente na capacitação, motivação e envio de trabalhadores para a multiplicação da igreja. Eles não estão satisfeitos em plantar uma igreja e, talvez, seguir adiante para plantar outra – o que seria uma adição. Estão empenhados em dar início a todo um movimento a partir da plantação inicial, mobilizando várias equipes de plantação de igrejas.

Como descreveremos no capítulo 7, a abordagem "mãe-filha" ou abordagem de "revoada" está entre os métodos mais eficazes para a reprodução rápida da igreja (e na América do Norte as igrejas multisite[76] têm se tornado uma forma de reprodução de igrejas). Esses movimentos, no entanto, raramente evoluem além da liderança catalítica – líderes que não apenas possuem visão como a habilidade de motivar e mobilizar outros para reprodução de igrejas. Uma vez que a maioria das igrejas é estabelecida, a energia se volta para o cuidado e manutenção. Os plantadores catalíticos de igrejas usam sua liderança visionária para tirar a igreja de sua zona de conforto a fim de que possa dar passos de fé em direção à reprodução. Em um cenário ideal, um pastor local ou mesmo leigos deveriam exercer essa liderança, mas pode haver espaço para um plantador de igrejas transcultural excepcionalmente capacitado para desempenhar esse papel catalítico.

Os plantadores de igrejas catalíticos geralmente trabalham em zonas urbanas, onde o potencial para plantar igrejas-filhas é excelente. Um exemplo é Rick Warren, fundador da *Saddleback Valley Community Church*. Embora Warren não tenha deixado sua igreja para plantar ou pastorear nenhuma das igrejas-filhas, sob sua liderança, a Saddleback plantou vinte e seis novas igrejas durante seus primeiros vinte anos. Ele foi um importante catalisador usado por Deus para deflagrar essa reprodução de igrejas. Ron Sylvia plantou a igreja Church @ The Springs na cidade de Ocala, na Flórida (EUA) em 1995 e em 2006 já tinha plantado dez novas igrejas, enquanto ela crescia de vinte e uma pessoas para três mil (Sylvia 2006). A igreja de Northwood, nas proximidades da cidade de Fort Worth, no Estado do Texas (EUA) é liderada pelo plantador de igrejas catalítico Bob Roberts Jr. que afirma ter plantado cem novas igrejas! Roberts descobriu que a chave para a reprodução de igrejas é o treinamento de um exército de plantadores de igrejas. Como várias outras igrejas que se multiplicam, Northwood estabeleceu seu próprio programa de treinamento de plantadores de igrejas com base na igreja mãe a fim de levantar plantadores bem preparados para o ministério (veja Roberts 2008). Para conhecer um exemplo de plantador de igrejas na Venezuela, veja o estudo de caso 5.1.

Esses plantadores catalíticos são raros entre os locais, e ainda mais raros entre os plantadores transculturais, em razão dos dons excepcionais que se fazem necessários para mobilizar e manter um movimento dessa natureza. Talvez a maior fraqueza desse modelo seja a probabilidade de o plantador superestimar sua capacidade de oferecer esse tipo de liderança, investindo muito tempo e energia em uma única igreja sem realmente conseguir reproduzi-la. Além disso, o movimento de plantação de igrejas pode se tornar muito dependente do ministério do líder catalítico, terminando assim que essa pessoa vai embora. O plantador de igrejas catalítico dependerá do recrutamento e do treinamento de outros plantadores para liderar as novas igrejas. Finalmente, em razão de os movimentos catalíticos serem geralmente dependentes de uma liderança visionária e extraordinariamente capacitada de um plantador na igreja mãe, a igreja se reproduz, mas não consegue verdadeiramente se

---

76 Uma igreja multisite se reúne em múltiplas localizações e compartilha uma visão comum, orçamento, liderança e diretoria. (N. de revisão)

multiplicar: ela planta várias igrejas-filhas (reprodução), mas estas não plantam suas próprias filhas (multiplicação). Para alcançar a multiplicação, um movimento não pode depender apenas de um grupo de uns poucos líderes visionários e capacitados, mas precisam aprender a mobilizar líderes comuns para a próxima plantação de igrejas iniciada pelas igrejas-filhas.

Estudo de caso 5.1

Plantação catalítica de igrejas na Venezuela

Francisco Liévano, pastor da igreja do *Dios Admirable* em Caracas, Venezuela, é um plantador de igrejas catalítico. Ele conta a visão que teve quando veio para a igreja depois de servir como professor em um seminário. "Eu vim com a ideia de plantar igrejas. O que eu faria? Somente pregar e dirigir programas para a igreja? Sim, eu prego e dirijo programas para a igreja, mas também planto igrejas!" (citado em Neumann 1999,13).

E ele realmente tem feito isso. Em cinco anos, cinco igrejas foram plantadas, enquanto no mesmo período a igreja-mãe cresceu de duzentas para quatrocentas pessoas! Embora a igreja-mãe não fosse de modo algum uma megaigreja, a liderança catalítica pastoral levou à plantação de igrejas-filhas e simultaneamente manteve a igreja-mãe em crescimento.

Um plantador catalítico não precisa ter dons extraordinários ou o sucesso de Rick Warren e Bob Roberts para ser eficaz. É preciso enfatizar a importância de permanecer com a igreja que está em fase de plantação até que ela tenha fundado, com sucesso, sua primeira igreja-filha e seja estabelecido um padrão de reprodução que possa continuar mesmo após a partida do plantador de igrejas. Não é necessário que a igreja-mãe tenha milhares de membros antes que ela possa dar início a um movimento. Mesmo em cidades moderadamente resistentes na Alemanha, modestos movimentos de plantação de igrejas têm surgido, e grande parte deles através da liderança catalítica visionária em igrejas com menos de duzentos membros.

Uma forma alternativa de plantador de igrejas catalítico é quando ele não permanece como o pastor de uma igreja que se reproduz, mas se torna o capacitador e orientador de várias outros plantadores. Explicaremos no capítulo 17 como movimentos inteiros têm sido lançados pelo estabelecimento de centros de treinamento para plantadores de igrejas. Como o pastor catalítico, o treinador catalítico se reproduz desenvolvendo, encorajando e mobilizando vários outros que, por sua vez, plantarão numerosas igrejas.

O plantador de igrejas apostólico

A abordagem de um plantador de igrejas apostólico é radicalmente diferente dos plantadores catalíticos e pastorais. Esse plantador procura seguir o modelo do apóstolo Paulo que, até onde se sabe, nunca se tornou o pastor de uma igreja que tenha plantado. Em vez disso, depois do evangelismo inicial, ele se concentrava em capacitar os cristãos locais, principalmente leigos, para dar continuidade e expandir o trabalho depois de sua partida. Seu ministério era mais itinerante, procurando plantar igrejas reprodutoras com líderes locais para que ele pudesse prosseguir seu trabalho pioneiro entre novos povos não alcançados. Algumas vezes, os cristãos locais eram recrutados para fazer parte da equipe missionária itinerante, inserindo a visão da multiplicação global e missões já no princípio das jovens igrejas. A dependência era evitada desde o início. Com esse modelo a questão "Quem vai substituir o plantador-pastor?" nunca chegava a ser levantada porque o plantador nunca se tornava o pastor. Pelo contrário, ele ou ela, desde o princípio preparava cristãos locais para assumirem liderança pastoral, convencidos de que eles estariam capacitados se fossem equipados com ensino e modelos adequados. Esse é um conceito crucial para a multiplicação de igrejas e para a retirada do plantador de igrejas.

Se as pessoas são receptivas ao Evangelho e um movimento de plantação de igrejas começa a se desenvolver, o plantador pode deixar de plantar igrejas diretamente, permitindo que os cristãos locais tomem a iniciativa. Ele assume, então, um papel de treinador, facilitador e conselheiro para o movimento. Se a receptividade é mais lenta o plantador pode se retirar da igreja inicial e começar um trabalho pioneiro na região. Nesse caso, ele deve procurar recrutar um ou mais cristãos locais da igreja inicial para se juntarem a ele como aprendizes na próxima plantação, como Paulo fazia.

Essa abordagem tem sido defendida por vários plantadores transculturais e escritores. Já em 1851, Henry Venn, um dos primeiros defensores do "três autos" para a definição de autonomia da igreja (autodifundida, autogovernada, autossustentável), argumentando que "os missionários deveriam ter muito cuidado de não se tornarem pastores, porque isso os desviaria de sua verdadeira tarefa e daria aos pastores nativos modelos europeu inadequados" (Williams 1990,6). O clássico de Roland Allen publicado em 1927: *Missionary Methods: Ours or St. Paul's?* (Métodos missionários: os nossos ou o de São Paulo?) chamou atenção para a natureza itinerante do ministério apostólico de Paulo e a sua firme entrega dos cristãos locais à capacitação e poder do Espírito Santo como modelo para os missionários contemporâneos.

Glenn Kendall, que foi missionário em Ruanda e parte de um movimento de plantação de igrejas de crescimento muito rápido, ilustra a diferença entre os plantadores pastorais e os apostólicos em um artigo provocativamente intitulado: *"Missionaries Should Not Plant Churches"* (Os missionários não deveriam plantar igrejas) (1988). Ele descreve um missionário chamado Bob, que depois de quinze anos como plantador de igrejas em uma grande cidade tinha um pequeno grupo de cerca de sessenta pessoas reunindo-se em um edifício emprestado. Outro missionário chamado Jeff tinha trabalhado somente quatro anos na mesma cidade mais já tinha plantado duas igrejas e estava trabalhando na terceira plantação.

Bob deu início a uma plantação de igreja e obteve sucesso, ainda que lentamente. Nenhuma das pessoas que estavam com ele tinha treinamento ou experiência, então coube a ele quase todo o trabalho de pregação e ensino. O povo confirmou amplamente seu ministério. Eles não estavam prontos para assumir seu papel e ele não estava ansioso para cedê-lo. Tinha investido quinze anos naquela igreja e não queria deixar o controle cedo demais e arriscar um fracasso.

Jeff, por outro lado, facilitou a fundação de igrejas. Motivou e treinou pessoas para fazê-lo. Não estava lá na frente todos os domingos. Ele incentivou gente nova na fé e desenvolveu líderes desde o princípio. Não começava os cultos, a menos que houvesse líderes locais para dirigi-los.

O ministério de Jeff se expandia à medida que ele selecionava pessoas para que assumissem a liderança. O ministério de Bob se arrastava. Achava que levaria mais dez anos para ter líderes responsáveis (1988,218-19).

Poderíamos dizer que Bob seria um plantador de igrejas pastoral e Jeff um plantador de igrejas apostólico. Kendall continua em defesa da ideia de que os missionários têm como objetivo ser facilitadores das novas igrejas, e não de líderes delas. Ele atribui a multiplicação de igrejas menos à receptividade em si e mais à filosofia de ministério e aos métodos que podem promover a multiplicação de igrejas, mesmo entre os povos menos receptivos.

Kendall chega a sugerir que o plantador trabalhe em duas ou três áreas simultaneamente, reduzindo dessa forma a dependência e forçando os leigos locais a desenvolverem suas igrejas e seus ministérios: "Trabalhe em duas ou três áreas ou em ministérios diferentes ao mesmo tempo. Isso realmente contribui para o início de novas igrejas porque você será o conselheiro e não o rei do pedaço. Trabalhar em dois ou três lugares ao mesmo tempo forçará você a estar longe deles e dará liberdade aos líderes nacionais para crescerem. Você sufocará os novos líderes se não incluir em seus planos um tempo para se afastar" (1988,221). Os plantadores de igrejas fazedores de tendas têm uma vantagem nesse aspecto. Pelo fato de não poderem servir à igreja em tempo integral, a igreja tende a ser menos dependente deles.

Garrison semelhantemente defende o papel de facilitador para o plantador missionário dizendo: "Os missionários envolvidos nos movimentos de plantação de igrejas geralmente falam da autodisciplina requerida para mentorear plantadores em vez de eles mesmos fazerem o trabalho" (2000,34). Ele observa que os movimentos de crescimento rápido colocam em alta prioridade o treinamento de líderes locais que irão oferecer o cuidado pastoral para as igrejas. Um dos dez fatores comuns desses movimentos é que os obreiros de fora trabalham de maneira discreta. O plantador se concentra em mentorear os novos cristãos por trás dos bastidores. "Essa crise de transferência de responsabilidade pode ser minimizada quando o missionário compartilha a responsabilidade desde o princípio com aqueles a quem está liderando. Um padrão de formar a nova plantação de igreja e a adoração, e então observar os membros da igreja no processo de fazer o mesmo sozinhos, auxilia a transmitir o conhecimento do missionário à próxima geração de plantadores locais" (Garrison 2000, 44). Treinar esses líderes locais na obra (e não em seminários) é também uma das chaves para a reprodução rápida de igrejas. Garrison sugere a seguinte abordagem para o treinamento de líderes locais:

"Forme, Auxilie, Observe e Saia". Para colocar isso em prática o plantador apostólico precisa formar vários aspectos do ministério pastoral, mas sempre com a visão de equipar outros simultaneamente e não assumir a responsabilidade pastoral como sua tarefa principal ou permanente. Os plantadores estrangeiros ainda precisarão aprender, portanto, a língua local e a cultura para serem efetivos. Para um exemplo de plantação apostólica de igrejas na Índia, veja o estudo de caso 5.2.

Estudo de caso 5.2

O movimento de plantação de igrejas da Rashtiya Susmachar Parishad em Uttar Pradesh, Índia

Em 1992 uma missão indiana local começou uma iniciativa missionária em Uttar Pradesh, o estado mais populoso da Índia. A abordagem inicial foi do "velho modelo missionário": o plantador vivia em uma cidade e dirigia os cultos em sua casa e outras reuniões. Depois de dez anos, o esforço produziu cerca de setecentos cristãos em dez campos.

Em 2002, no entanto, a estratégia mudou e um modelo mais apostólico foi adotado. "No primeiro ano o plantador iniciou comunidades em dez aldeias, treinou um líder para cada comunidade e a entregou a ele. O missionário seguiu e começou o trabalho em outras dez aldeias no ano seguinte". Equipar líderes locais leigos era o ponto central dessa estratégia.

O resultado foi que no período de um ano o número de comunidades cresceu de 65 para 130 e o número de cristãos cresceu para 1500. Portanto, através da adoção da nova abordagem, os resultados obtidos nos dez anos anteriores mais do que dobraram em doze meses (LOP 43, 2005,26).

Perguntas para discussão

1. Em sua opinião, por que razão a nova estratégia foi muito mais eficaz?
2. Você acredita que essa estratégia também pode produzir resultados semelhantes em outros contextos? Por que sim e por que não?

George Patterson, outro defensor do modelo apostólico, participou de um movimento de plantação de igrejas em Honduras que plantou cerca de cem igrejas nos lares em vinte anos. A abordagem se apoiava grandemente na educação teológica por extensão e no estágio de líderes locais (Patterson 1981). Juntamente com Richard Scoggins ele produziu o *Church Multiplication Guide* (guia de multiplicação de igrejas) (1993) e com Galen Currah, desenvolveu o *Train and Multiply* (Treine e multiplique) como um instrumento de treinamento de líderes e plantação de igrejas.[77]

---

77 Ver www.trainandmultiply.info (Site em inglês. Acesso em 27/03/2012).

Paul Gupta, que treinou obreiros e lançou um movimento de plantação de igrejas multiplicadoras na Índia (veja capítulo 17), defende uma abordagem apostólica que descreve da seguinte forma:

> Algumas vezes os candidatos pensam que a missão é iniciar e pastorear uma igreja. Deixamos bem claro que um missionário jamais deve se tornar um pastor de uma nova igreja que está sendo plantada entre um povo não alcançado. Seguindo a visão da missão, a equipe servirá como catalisador para dar início ao movimento. Desde o começo os missionários precisam entender que devem identificar os dons dos novos cristãos e treiná-los para exercerem o ministério da igreja. (Gupta e Lingenfelter 2006, 64)

Desde o início, os líderes locais precisam ser treinados para exercer todos os ministérios essenciais: evangelismo, pregação, ensino, aconselhamento, administração. O plantador da igreja deve resistir ao desejo de ter um ministério "lá na frente". Seu papel primordial é atrás dos bastidores, equipando outros. O plantador que gosta de pregar deve se concentrar em ensinar outros a pregar, o plantador que tem dons na área de aconselhamento precisará se dedicar a treinar outros a aconselhar. Os sermões leigos provavelmente não serão tão homileticamente polidos ou teologicamente inteligentes como aqueles que o missionário poderia pregar, mas a recompensa será o desenvolvimento de líderes locais realmente autônomos que servirão bem à igreja depois que o plantador tiver ido embora (veja o estudo do caso 5.3). O missionário ou a missionária está constantemente se esquivando de um trabalho, desempenhando um ministério apenas o tempo necessário para treinar um obreiro local. De fato, com exceção do evangelismo e do acompanhamento inicial, se não há um cristão local disponível e desejoso de ser treinado, o ministério provavelmente não deveria nem ter sido iniciado. Isso pode significar um começo lento, mas resultará, acreditamos, em uma finalização mais sólida para a plantação da igreja.

O modelo de plantação de igrejas apostólico possui vários desafios inerentes. O plantador de igrejas apostólico pode precisar mudar muitas vezes de local, o que se torna difícil para as famílias e inibe os relacionamentos de longo prazo. Poucos plantadores são treinados nessa abordagem e poucos estão realmente dispostos a restringir seu ministério ou atrasar o avanço da igreja a fim de desenvolver ministros leigos e fazer com que tomem posse do ministério. Há situações, especialmente em áreas resistentes, onde os cristãos locais não são adequados para a liderança ou não estão dispostos a assumir a responsabilidade. Onde os novos cristãos são analfabetos ou nômades, ou vêm de uma cosmovisão radicalmente anticristã, o processo de desenvolvimento de líderes pode ser longo e cansativo. A partida prematura do missionário pode contribuir para o surgimento de problemas graves na nova igreja, como os que o apóstolo Paulo enfrentou com a igreja de Corinto. No entanto, essa é a abordagem usada por Paulo e que também tem sido usada na maioria dos movimentos de plantação de igrejas de expansão mais rápida em áreas receptivas do mundo. Nossa preocupação não é tanto com a velocidade, mas com métodos reproduzíveis localmente que possam, a longo prazo, dar início a um movimento autossustentável.

Estudo de caso 5.3

Quem vai pregar aos domingos?

Em uma viagem de consultoria, Craig sentou-se com líderes de uma pequena igreja nova em uma cidade do Leste Europeu. Eles estavam discutindo como poderiam avançar do estágio de cultos quinzenais para cultos semanais. O obstáculo principal era a falta de um missionário para os cultos adicionais. As dificuldades do missionário com a língua faziam com que fosse impossível que ele pregasse mais do que dois domingos por mês. A reação inicial do grupo foi requisitar à missão outro missionário ou começar a procurar um recurso externo para atender àquela necessidade. Conforme começaram a pensar nas alternativas, ficou claro que vários líderes leigos poderiam pregar se o missionário os ajudasse a preparar as mensagens. Essa solução os livrou de uma crescente dependência e, ao mesmo tempo, promoveu a mobilização dos leigos e fez com que eles tomassem posse do ministério.

Qual é o melhor tipo de plantador de igrejas?

Cada um desses métodos pode ser usado por Deus para cumprir os propósitos bíblicos. Aqueles que consideram a possibilidade de plantar uma igreja podem determinar o modelo mais apropriado, examinando a compatibilidade de cada um com princípios bíblicos mais abrangentes e a habilidade de cada modelo de atingir os alvos bíblicos da plantação de igrejas, como saúde espiritual, multiplicação, nacionalidade e mordomia de recursos. Julgando dessa forma, qualquer um dos três modelos pode ser o melhor, dependendo do plantador, do contexto e da operação soberana de Deus.

Como mencionado, o modelo pastoral funciona melhor em contextos nos quais a receptividade varia de moderada a alta e em meio a populações de poder aquisitivo relativamente alto. Nesses casos, a igreja tem condições de contratar um pastor treinado, possui recursos para o pagamento de salários e as expectativas de crescimento da igreja são altas. Isso requer que pastores qualificados, geralmente com treinamento formal, estejam disponíveis localmente. No caso de plantação transcultural de igrejas, a dificuldade na transição do plantador-pastor para o pastor nacional pode ser minimizada se o plantador fizer um estágio sob a direção de um pastor nacional como parte de sua preparação. Dessa forma, o plantador aprende a adaptar o estilo de ministério à cultura e às expectativas locais.

O modelo catalítico é mais indicado para áreas urbanas com potencial para múltiplas plantações de igrejas na região. Uma igreja maior geralmente obtém atração regional através da alta visibilidade e de ministérios especializados. Essa igreja pode, então, com uma liderança catalisadora, fundar igrejas-filhas através daqueles que foram atraídos das comunidades vizinhas e das áreas mais afastadas. Uma igreja maior tem um grande universo de cristãos de onde recrutar, treinar e apoiar plantadores de igrejas. No entanto, o plantador necessita ser excepcionalmente bem treinado e capaz de manter um compromisso de longo prazo. É preciso que haja uma visão tremenda e se faça um enorme esforço para manter uma igreja maior focada para fora e comprometida com a reprodução.

Embora o modelo apostólico possua seus desafios a serem vencidos, cremos que é aquele que melhor facilita a multiplicação de igrejas, especialmente em contextos ministeriais transculturais. É o mais versátil, sendo adequado tanto para a zona rural quanto para o cenário urbano, tanto para a população de alta quanto de baixa renda e, além disso, parece ser a abordagem mais abençoada por Deus na promoção de movimentos de plantação de igrejas de crescimento rápido em todo o mundo. Essa abordagem, no entanto requer uma paciência cautelosa, bem como um repensar e retreinar da maioria dos plantadores de igrejas. Devido ao alto grau de dependência dos líderes locais leigos, o crescimento de curto prazo e o progresso podem parecer, a princípio, muito lentos. Por outro lado, a abordagem apostólica tem uma promessa de longo prazo de reprodução e multiplicação mais rápidas porque é menos dependente de missionários, plantadores de igrejas profissionais e recursos externos. Tom Steffen explica a importância da abordagem apostólica em termos de preparação para a partida do plantador:

> Quanto mais os plantadores de igrejas se envolvem nas atividades do dia a dia como evangelismo, desenvolvimento da igreja e multiplicação de igrejas, menos delegação ocorrerá. De fato, essa abordagem de ministério geralmente impede o desenvolvimento espiritual dos líderes locais e, como resultado, atrasa ou estanca o processo de retirada do plantador.
>
> Quanto mais cedo o estrangeiro aprende a delegar as oportunidades de ministério e oferecer feedback imediato, menos a colocação acima se aplicará. (1997,174; itálicos no original)

Esse modelo pode enfrentar dificuldades em locais onde a população foco é altamente profissional ou educada e tem a mesma expectativa dos líderes pastorais. Nesses contextos os líderes leigos podem inspirar pouco respeito ou ter pouco tempo para conseguir dirigir a igreja adequadamente. Finalmente, usando o modelo apostólico, uma atenção especial deve ser dedicada ao ensino e à preparação dos líderes locais. Um ensino fraco, ou até mesmo falso, é um problema comum nos movimentos de crescimento rápido nos quais as igrejas são lideradas por cristãos jovens e sem treinamento. Vencer padrões enraizados de pecado e males sociais, bem como evoluir na transformação da cosmovisão, são processos que podem demandar anos de discipulado e liderança sábia. Em situações nas quais o plantador rapidamente vai adiante, como fez o apóstolo Paulo, deve ser dada igual atenção ao ministério itinerante de treinamento e ensino, como o do cooperador de Paulo, Apolo.

O plantador e cada membro da equipe precisam estar cientes das várias opções, estar unidos na escolha do modelo apropriado e implantá-lo consistentemente conhecendo seus pontos fracos e fortes. Essas considerações precisarão ser feitas sob a consulta da igreja nacional ou dos cristãos locais a fim de evitar mal-entendidos e assegurar expectativas realistas. Em muitos casos, se não em todos, isso exigirá uma revisão do papel do plantador e de sua visão de si mesmo. A eficácia de qualquer modelo de plantação de igrejas dependerá grandemente da disposição do plantador e de sua habilidade de adaptar seu papel para se adequar e facilitar o modelo.

Apóstolos e missionários versus pastores e presbíteros

Na Bíblia encontramos várias distinções úteis entre os ministérios que ocupam uma função mais pioneira e itinerante e aqueles que visam o fortalecimento e são mais permanentes. Reconhecer essas diferenças é importante para a compreensão do papel de um plantador apostólico. Em 1 Coríntios 3.6 Paulo escreve: *Eu plantei a semente, Apolo regou, mas foi Deus que fez crescer.* Aqui vemos uma distinção entre o trabalho pioneiro de um plantador em comparação com a ação de fortalecimento daquele que rega. Paulo e Apolo eram ambos itinerantes e ambos importantes para a plantação de igrejas saudáveis. Embora a igreja de Corinto já tivesse sido plantada por Paulo, que prosseguiu para outra obra pioneira, mais tarde Apolo visitou Corinto para ensinar e encorajar os cristãos daquele lugar (At 18.27; 19.1).

Em Atos 14.23 lemos como Paulo e Barnabé elegeram presbíteros nas igrejas que eles haviam plantado e os entregaram ao Senhor, confiando totalmente a eles a continuação da liderança espiritual das igrejas. Da mesma forma, quando Paulo partiu de Éfeso, entregou os presbíteros efésios a Deus e deixou a igreja aos cuidados deles (At 20.32). Eles permaneceram nas igrejas enquanto que a equipe missionária seguiu para iniciar trabalhos em novas localidades. Até que os presbíteros fossem indicados em uma igreja, o trabalho de plantação era considerado inacabado (Tt 1.5).

O papel dos presbíteros é descrito como de pastores ou supervisores da igreja de Deus, providenciando cuidado espiritual, ensino e liderança (At 20.28-31; 1Pe 5.2s). Efésios 4.11 fala de como Deus *designou alguns para apóstolos, outros para profetas, outros para evangelistas, e outros para pastores e mestres.* Embora não haja dúvida de que há certa sobreposição entre as funções desses ministérios, ainda assim há diferenças de ênfases. O termo grego traduzido por "apóstolo" deriva do conceito de ser enviado, sublinhando, portanto a natureza missionária e mais itinerante do ministério. A função de pastor e mestre é mais ou menos equivalente à do presbítero. A tabela 5.2 resume nossos achados.

Tabela 5.2

Plantadores *versus* regadores

Apóstolos, missionários, plantadores	Pastores, presbíteros, regadores
Itinerante	Permanece
Pioneiro	Fortalece
Inicia	Cultiva
Evangeliza e discipula	Ensina e aconselha
Capacita e designa líderes	Cuida dos cristãos

Essas distinções não são imediatas. Por exemplo, embora Paulo fosse principalmente um plantador de igrejas apóstolico, também cuidava e ensinava os cristãos (por ex., At 20.20; 1Ts 2.8-12). O plantador apostólico está sempre de olho em sua partida, na capacitação de cristãos locais que ficarão para trás e no recrutamento de outros plantadores de igrejas. Sua paixão é prosseguir para iniciar o trabalho em novas regiões (Rm 15.20) e não permanecer como pastor. Sendo assim, após o evangelismo inicial, o plantador de igrejas apostólico fará do desenvolvimento, da capacitação e da delegação da responsabilidade aos cristãos locais suas prioridades. Ele sempre estará consciente da natureza temporária de seu ministério e terá a visão de multiplicação. Isso nos conduz ao papel progressivo do plantador de igrejas.

O papel progressivo do plantador de igrejas apostólico

O plantador de igrejas apostólico tem o objetivo de capacitar os cristãos locais para liderarem e se tornarem a próxima geração de plantadores de igrejas. No capítulo 17 falaremos sobre métodos específicos para capacitar os cristãos locais para o ministério. Aqui, no entanto, observamos que o papel do plantador de igrejas apostólico deve intencionalmente evoluir durante o processo, avançando da fase pioneira para as fases de estabelecimento, fortalecimento e reprodução da igreja que foi plantada.

Como missionário plantador de igrejas pioneiro entre o povo Ifugao nas Filipinas, Tom Steffen desenvolveu uma abordagem prática de retirada para a plantação de igrejas. Esse modelo foi explicado em seu livro *Passing the Baton: Church Planting That Empowers* (Passando o bastão: a plantação de igrejas que capacita) (1997) e representa o modelo apostólico que estamos descrevendo. Desde o início, o plantador de igrejas busca intencionalmente deixar o trabalho pela contínua capacitação de líderes locais para o ministério e multiplicação.

Steffen percebeu que sua agência missionária não estava conseguindo plantar igrejas que se reproduzissem e tinha negligenciado as mudanças de papel, tendo em vista a fase de retirada do missionário como parte da seleção e preparação do plantador de igrejas: "Como resultado, vários plantadores entenderam sua função como sendo a de pastores de longo prazo. Mais do que isso, os cristãos locais foram treinados para auxiliar os estrangeiros no cumprimento de seus objetivos, em vez de serem preparados para assumir a posição deles. Infelizmente, com muita frequência os estrangeiros concluíam que seriam necessários muitos anos de treinamento e experiência ministerial para formar líderes locais eficazes, e mais ainda para plantar novas igrejas" (1997,40). Steffen desenvolveu uma abordagem de cinco estágios para a partida do plantador, que leva não somente ao desligamento efetivo do missionário, mas também a uma modesta multiplicação de igrejas. "Se o objetivo é que a plantação de igrejas se torne um modo de vida intrínseco e sem a necessidade da presença de uma pessoa em particular, os cristãos locais devem ter essa visão e ser treinados a colocá-la em prática. Para facilitar esse objetivo, os plantadores de igrejas devem ser preparados para uma série de mudanças de papéis que impulsionarão prontamente os líderes locais para os papéis ministeriais, permitindo dessa forma que se tornem eficazes" (Steffen 1997,21). Ele descreve esses papéis como uma transição de aprendiz para evangelista, depois para mestre, conselheiro residente, conselheiro itinerante e, por final, conselheiro ausente (veja Figura 5.1). Toda a equipe de plantadores precisa enxergar sua tarefa de plantação de igrejas como temporária: eles existem para cumprir determinados objetivos de equipar os cristãos locais e então, seguir adiante, ao que Steffen chama de "fase de retirada". Ele afirma que é preciso um tipo específico de pessoa para adotar um papel tão altruísta a ponto de genuinamente colocar o desenvolvimento dos líderes locais acima dos próprio desejo do plantador de igrejas de servir e liderar.

Figura 5.1

Mudanças de papel em direção à fase de retirada na plantação missionária de igrejas sugeridas por Tom Steffen

Estágio 1	Estágio 2	Estágio 3	Estágio 4	Estágio 5
Pré-entrada	Pré-evangelismo	Evangelismo	Pós-evangelismo	Retirada
Aprendiz				
	Evangelista			
		Mestre		
		Conselheiro residente		
			Conselheiro itinerante	
				Conselheiro ausente

Sugerimos uma abordagem "6-M" ao papel mutante do plantador de igrejas apostólico, progredindo do motor ao modelo, mobilizador, mentor, multiplicador e, finalmente, memória (veja Figura 5.2). Em uma situação pioneira de plantação de igrejas o plantador começa como *motor*, pois há poucos ou nenhum cristão presente que possa ser mobilizado. No entanto, assim que as pessoas se tornam crentes, o missionário começa a se tornar um *modelo*, exercendo o ministério de forma a ser facilmente copiado pelos novos cristãos. Ele os *mobiliza* a tomarem posse do ministério e é seu *mentor* no desenvolvimento de suas habilidades ministeriais. O plantador de igrejas é *mentor* dos jovens cristãos e os treina para que treinem outros até o ponto em que uma verdadeira multiplicação de obreiros e, finalmente, de igrejas, seja alcançada. Nesse ponto, o plantador pode se desvincular completamente da igreja e então tornar-se uma *memória* – ir adiante para começar a plantação de outra igreja (de preferência levando membros da primeira igreja plantada como estagiários) ou permanecer como um treinador regional para ajudar a cuidar do movimento e aconselhar plantadores locais.

Figura 5.2
Os papéis 6-M dos plantadores de igrejas apostólicos

Lançamento	Desenvolvimento	Partida
Missionário como motor		
Missionário como modelo		
	Missionário como mobilizador	
	Missionário como mentor	
	Missionário como multiplicador	
		Missionário como memória

Missionário como motor – Na situação pioneira não há cristãos presentes, portanto o missionário ou a equipe missionária deve ser o motor para dar a largada à obra. O foco principal será o evangelismo.

Perigo: Permanecer tempo demais como motor.

Missionário como modelo – O missionário molda o ministério demonstrando como executar o evangelismo, o ensino, a liderança, etc. Os novos cristãos geralmente seguem o exemplo do missionário.

Perigo: Moldar o ministério de maneira não reproduzível.

Missionário como mobilizador – À medida que os líderes locais são ganhos para Cristo, o missionário os motiva a discipular, servir e tomar posse do ministério. Precisam sentir o chamado de Deus em suas vidas. Eles, e não o missionário ou a missão, serão os responsáveis, em última análise, pelo evangelismo e ministério.

Perigo: O missionário fazer demais por tempo demais ou empurrar o ministério antes que as pessoas realmente tomem posse dele.

Missionário como mentor – O missionário capacita os cristãos locais para o exercício de todos os ministérios essenciais *enquanto* esses ministérios são iniciados. Eles são responsáveis desde o início. O missionário, de forma crescente, exerce um papel nos bastidores como mentor, conselheiro, treinador. A capacitação prática é indispensável.

Perigo: Uso excessivo da abordagem escolar para a capacitação (aprendizagem abstrata separada da prática verdadeira). Estabelecimento de padrões muito altos.

Missionário como multiplicador – O missionário capacita os cristãos locais para que se tornem capacitadores de outros e orienta a plantação da primeira igreja-filha. O missionário não exerce mais um ministério de linha de frente.

Perigo: O missionário continua a ser o verdadeiro líder nos bastidores.

Missionário como memória – Tendo o missionário reproduzido sua função nos cristãos locais, vai para outro lugar (talvez levando com ele um líder local como aprendiz missionário) ou se torna um treinador regional de plantadores de igrejas.

Perigo: Permanecer tempo demais.

Ainda que, a princípio, muitos plantadores concordem com essa abordagem, as dificuldades surgem quando os cristãos locais parecem lentos em disposição ou habilidade para assumir a responsabilidade do ministério.

Frequentemente, o plantador de igrejas fica impaciente e avança, iniciando novos programas e assumindo mais responsabilidades ministeriais, esperando que os líderes locais o acompanhem com o tempo e à medida que ganhem maturidade. O oposto, no entanto, é o que geralmente acontece: os cristãos locais se tornam cada vez mais dependentes do plantador, sentindo-se inadequados para ministrar, convencidos de que o plantador não confia em suas habilidades. Pior ainda, eles aprendem que se esperarem tempo suficiente, o missionário plantará e fará o programa funcionar sem eles! A igreja é vista como o projeto do missionário sem a contribuição deles.

Nesse capítulo vimos que, além da conhecida abordagem do plantador de igrejas pastoral, há outras mais apropriadas para facilitar a reprodução e a multiplicação de igrejas. Deus tem abençoado a conhecida abordagem pastoral, embora as igrejas plantadas se reproduzam lentamente, quando se reproduzem. Deus levanta ocasionalmente plantadores de igrejas catalíticos que causam impacto em cidades inteiras. No entanto, os movimentos de plantação de igrejas mais impressionantes são lançados e liderados por plantadores de igrejas apostólicos, que veem a si mesmos mais como capacitadores de plantadores de igrejas do que como pastores. Em situações pioneiras, o missionário precisará evangelizar e discipular os primeiros cristãos, porém nesses novos crentes são lançadas as sementes da expansão do movimento e de liderança. O maior potencial do movimento será atingido desenvolvendo, capacitando e liberando os cristãos locais para evangelizarem, discipularem e plantarem igrejas no poder do Espírito Santo.

6

O FORMATO DA IGREJA

O próprio Deus, o criador da igreja, dá a ela vida e forma. Ele transforma as pessoas, as acrescenta às comunidades, concede dons e chama líderes-servos. Seu foco primário nas Escrituras está sobre os cristãos e sua comunhão coletiva.

No capítulo 1 definimos a essência da igreja e identificamos seus propósitos-chave. Quando, porém, falamos de *formato*, estamos nos referindo ao padrão escolhido por uma igreja para se reunir e trabalhar em conjunto. Ele pode ser público ou privado, em pequenos grupos ou em um grupo grande com tudo o que tem direito, em um tipo repetido de reunião (como o culto dominical) ou de acordo com um ritmo próprio, combinando vários tipos de reuniões. Alguém pode ser tentado a pensar que o formato é inconsequente. Pelo contrário, Deus criou a igreja como um organismo vivo que se adapta, penetra e transforma como fermento na massa (Mt 13.33). O propósito deste capítulo é ajudar os plantadores de igrejas a contextualizarem as estruturas e os ministérios da igreja. Muitas obras excelentes têm sido escritas sobre contextualização, e incentivamos o aprofundamento de estudos nessa área.[78]

Diversidade de formatos

Aqueles que já visitaram comunidades cristãs em terras diferentes podem atestar a grande variedade de maneiras com que a igreja se reúne para adoração, edificação e serviço. Hoje as celebrações maiores florescem em algumas sociedades, enquanto em outras, como em regiões tribais escassamente habitadas ou povoadas por grupos nômades, os pequenos grupos familiares são a norma. Em cidades com alta densidade demográfica você pode encontrar igrejas nas prisões, igrejas de rua, nas escolas, em empresas, em bares e outros

---

78 Paulo Hiebert resumiu as abordagens históricas e estabeleceu parâmetros importantes em seu artigo "Critical Contextualization" (Contextualização crítica) (1987). Para um panorama do tópico da contextualização passada e presente veja Flemming 2005, Shorter 1988 e Kraft 2005. Considere também Hesselgrave e Rommen 1989, Hiebert 1994 e Hiebert e Meneses 1995.

tipos de grupos reunidos por afinidade.[79] Perseguição ou liberdade, pobreza ou riqueza, sociedades tradicionais ou progressistas – esses fatores eram e permanecem importantes na formação de igrejas. Tendo o centro gravitacional do cristianismo mudado para o sul e para o leste, novas formas de igreja continuam a emergir. Como Andrew Walls observa: "É provável que isso indique o surgimento de novos temas e prioridades que nem nós, nem os cristãos de épocas anteriores sonharíamos, porque a marca da fé cristã é que ela deve trazer Cristo aos assuntos mais relevantes e caros ao coração dos homens; e ela o faz através de estruturas pelas quais as pessoas percebem e reconhecem seu mundo, e estas não são as mesmas para todos os homens" (1985,223).

A tarefa de formatar a igreja

As Escrituras oferecem diretrizes amplas a respeito de certos aspectos de organização da igreja, mas poucos deles são normativos. Alguns podem, portanto, ser negligentes em considerar cuidadosamente as estruturas e padrões de congregação. Isso pode ser um erro.

> Embora não haja uma maneira certa ou absoluta de formatar a igreja, isso não significa que o formato seja incidental ou irrelevante. Forma e conteúdo estão intimamente ligados – o meio é a mensagem. A estrutura da igreja é uma expressão visível e tangível de sua fé e testemunho. Assim como o amor redentor de Deus "se fez carne" ou encarnou em Jesus Cristo, da mesma forma a proclamação do Evangelho é encarnada (fiel ou infielmente) na vida e na prática organizacional da igreja – o corpo de Cristo no mundo. (Dietterich 2004,1)

As escolhas feitas pelos plantadores terão um impacto importante no estabelecimento, no crescimento, na saúde e na reprodução da igreja. Os padrões que foram estabelecidos no início da vida da igreja tornam-se muito difíceis de mudar mais tarde. Assim como os padrões de refeições conjuntas, orações e discussões familiares, educação e recreação determinam a natureza e a saúde da unidade familiar, os padrões da igreja dão à igreja local seu caráter e sua saúde.

A reflexão crítica é necessária

Negligenciar a reflexão crítica a respeito do formato da igreja seria um erro por duas razões. Por um lado, quando confrontados com decisões inevitáveis sobre a estrutura da igreja, os plantadores voltarão intuitivamente para a posição padrão – o modelo que lhes é mais familiar ou favorável por razões pessoais. Por outro lado, os plantadores experientes muitas vezes colocam elementos importantes na mesa: entendimento bíblico, um ponto de vista transcultural abrangente e maturidade espiritual para lidar com deliberações difíceis. Quem vem de fora, seguindo o exemplo de Paulo[80], também

---

79 Para exemplos atuais ver LOP 43, 2004, disponível em www.lausanne.org/documents/2004forum/LOP43_IG14.pdf (Site em inglês. Ecesso em 29/03/2012).

80 Banks escreve a respeito de atitudes e estruturas sociais locais: "Em algumas ocasiões [Paulo] as questiona e as contradiz com suas declarações e seu comportamento (1Co 6.1-6); em outras, ele insiste que elas devem observadas e seguidas (11.14s). [...] Em certa medida, as atividades dos cristãos em sua comunidade eram condicionadas pelos valores e padrões da sociedade que os cercavam e não podem ser corretamente compreendidas a não ser que sejam consideradas em relação a elas" (1994, 5).

O FORMATO DA IGREJA

está em posição de desafiar biblicamente certos aspectos da estrutura social ou valores que possam ser pontos cegos para os cristãos locais. Portanto, na fase conceitual, é importante que a equipe de plantadores se dedique à pesquisa cuidadosa, à reflexão e ao diálogo.

"Tamanho Único" não serve para todos

Se a abordagem *laissez-faire* pode ser um erro, a tentativa de criar um protótipo universal também não funciona. Alguns defendem um design congregacional puramente baseado no padrão da sinagoga. Ainda que houvesse muitas semelhanças entre a sinagoga e as assembleias cristãs primitivas, havia também diferenças evidentes.[81] Outros apelam para a prática do Novo Testamento de reuniões nos lares para argumentar que o modelo de *igrejas nos lares* deveria ser a norma. Repito, a questão permanece quanto à extensão em que essa abordagem pode ser atribuída à necessidade – em razão de perseguição ou falta de alternativa de locais de reunião. Além disso, quando a igreja pôde se reunir publicamente, ela aparentemente o fez (At 20.20; 1Co 14.23s)[82]. Um terceiro grupo defende a grande igreja atrativa baseada nas assembleias de cristãos e não cristãos que se reuniam no templo de Jerusalém (At 2.46; 5.12). No entanto, as grandes reuniões públicas da igreja de Jerusalém ficaram muito difíceis de serem reproduzidas uma vez deflagrada a perseguição e após a destruição do templo em 70 d.C. Outro fator é que a fonte de atração parece ter sido as obras sobrenaturais do Espírito Santo (At 2.43; 3.1-8; 5.12; 9.32-42) e o poder convincente da pregação (4.13), e não uma tentativa deliberada de atrair as pessoas através de publicidade e opções programáticas.

Qualquer um desses protótipos pode ser apropriado, dependendo do contexto. O problema surge quando um precedente bíblico é aplicado universalmente e sem crítica. Jesus disse a seus seguidores que o vinho novo exigia odres novos (Mt 9.16s) e ele e seus apóstolos ministravam tanto publicamente quanto em lares. Além disso, aqueles que têm estudado as comunidades do Novo Testamento em seu contexto histórico chegam à conclusão que a *ekklesia* era algo novo, e não a continuação de uma estrutura social em particular (Meeks, 1986; Banks 1994). Eles também reconhecem diversidade, fluidez funcional e evolução no formato das primeiras assembleias: "vários costumes e formas foram tomados do judaísmo, muitas vezes com modificações, outros eram puramente de origem cristã" (Latourette 2003, 203).

---

81 A única vez que o Novo Testamento usa o termo *sinagoga* para se referir a uma reunião cristã é em Tiago 2.2. Essa é uma provável indicação de que as assembleias de cristãos gentios ou mistas se distinguiam das sinagogas judaicas. A influência dos padrões da sinagoga não é clara, uma vez que as próprias sinagogas eram baseadas em associações voluntárias e reuniões nos lares, e não se conhece o suficiente sobre elas (Meeks 1986, 80-81). A evidência do Novo Testamento sugere que os membros das sinagogas que eram cristãos partiram e formaram um grupo local diferente, que transpunha as barreiras de raça e gênero. Suas atividades eram baseadas mais nas necessidades e no uso dos dons do que em rituais e tradições (Banks 1994, 88, 108).

82 "A igreja (como geralmente traduzimos *ekklesia*) em cada cidade, portanto, era normalmente composta por várias pequenas células reunindo-se em casas particulares. Quando os cristãos eram afortunados o bastante para encontrar um simpatizante ou convertido que tivesse uma casa mais espaçosa, todas as células em uma cidade podiam se reunir de vez em quando para adoração ou ensino" (Meeks, 1986, 110).

Múltiplas influências no formato

O termo *formatar* não deve dar a impressão que os plantadores de igrejas, assim como os oleiros, possam imaginar um produto final, colocar as mãos na roda e moldar a igreja como eles fariam com um vaso. Muitas influências são levadas em conta na decisão a respeito da estrutura da igreja: a direção de Deus, a influência de outras igrejas (especialmente da igreja-mãe, da igreja patrocinadora ou das parceiras nacionais), as ideias dos plantadores, os fatores externos incontroláveis (como perseguição e recursos) e as aspirações da nova comunidade em si. O objetivo é selecionar as influências e estruturas mais estratégicas para que a igreja seja saudável, autóctone e reproduzível. Os plantadores de igrejas fariam bem se compreendessem e abraçassem a diversidade criativa de Deus na busca – juntamente com os cristãos locais – das maneiras culturalmente apropriadas de cumprir seus propósitos para a vida e missão de novas congregações.

Princípios relevantes

Liberdade orientada pelo Espírito Santo para formatar a igreja

Relativamente poucos detalhes a respeito da estrutura da igreja são prescritos biblicamente, em vez disso, o foco recai principalmente em propósitos e valores. A partir daí, juntamente com a decisão do Concílio de Jerusalém (At 15), deduzimos que são concedidas às congregações uma considerável liberdade nos critérios específicos de como a igreja deve ser estruturada. As igrejas do Novo Testamento tinham que ser flexíveis e resistentes às adversidades porque, na maioria dos casos, emergiram em território hostil e tiveram que se adaptar à mudança das circunstâncias. Pode-se dizer que a própria ambiguidade a respeito da forma deu às comunidades primitivas a adaptabilidade que precisavam para criar raízes, prosperar e multiplicar onde quer que o Evangelho fosse.

A mesma abertura e flexibilidade na escolha de um design são necessárias em nosso mundo multicultural, especialmente nos centros urbanos. Textos bíblicos relevantes devem ser aplicados às questões específicas a respeito da estrutura da igreja sob a direção do Espírito Santo: "Essa obra do Espírito é o nosso recurso principal para formatar o desenvolvimento atual da igreja. Conforme a igreja vai sendo ensinada e guiada pelo Espírito, desenvolve novas abordagens para ministrar e encontra novas maneiras de organizar sua vida" (Van Gelder 2000,43).

Compreenda a cultura antes de determinar o design da igreja

Craig Van Gelder nos lembra: "Todas as eclesiologias devem ser vistas em funcionamento relativo a seu contexto. Não há outra maneira de ser igreja exceto dentro de um cenário concreto e histórico. [...] Novos contextos pedem novas expressões para a compreensão da igreja" (2000, 40-41). O cumprimento dos propósitos bíblicos em congruência com a cultura, relevância para a audiência e eficiência missional devem ser levados em alta consideração na determinação do design – e não a preferência pessoal. "Embora as igrejas sejam todas conectadas organicamente, cada uma precisa desenhar-se a si mesma dentro de seu contexto local" (Roberts 2008,77). Os plantadores devem abordar a formatação da igreja humildemente em parceria com infiltrados culturais sob a autoridade da Palavra de Deus e então viajar juntos na emocionante estrada da descoberta.

> Vivemos em tempos de grandes mudanças sociais e eclesiásticas. Nosso mundo é marcado por uma pluralidade e ambiguidade radical. Esses são tempos turbulentos que nos afetam a todos ao testemunharmos o fim do velho e o despontar do novo. Não é hora de barrar a experimentação, o risco, as possibilidades alternativas. Pelo contrário, precisamos permitir que a comunidade evoque uma ampla gama de expressões eclesiásticas. Tenho esperança que o compromisso, a habilidade e a arte necessários para as pessoas criarem novos começos e novos laços de comunhão liberem uma grande energia social e imaginação (Terry Veling, citado em Dietterrich 2004,1).

Agentes do design da igreja

A contextualização é um processo de oração, reflexão e determinação de que a comunidade da fé se incumbe a fim de se tornar o que Deus deseja que elas se tornem. Lesslie Newbigin descreve essa jornada: "A verdadeira contextualização acontece quando há uma comunidade que vive fielmente pelo Evangelho e na mesma identificação sacrificial com o povo em suas situações reais, como vemos no ministério terreno de Jesus. Onde essas condições são atendidas, o soberano Espírito de Deus faz a sua própria obra surpreendente" (1989,154).

A comunidade de fé deve ser também uma comunidade hermenêutica, interpretando as Escrituras e o contexto a fim de tomar decisões sobre como a igreja funcionará (Hiebert 1987;1994). Os melhores agentes humanos para guiar a aplicação das Escrituras são os informantes culturais que possuem conhecimento bíblico. O povo local, livre do controle externo e de designs importados pode, sob a direção do Espírito tornar-se a comunidade contextualizante natural.

Essa comunidade hermenêutica deve ser composta de plantadores de igrejas que estejam crescendo no entendimento da cultura e de cristãos locais que estejam crescendo no entendimento das escrituras. Os estrangeiros devem reter pacientemente suas ideias sobre o design até que os informantes infiltrados juntem-se a eles na formatação da igreja.[83] Eles podem, então, capacitar e aconselhar esses cristãos locais na formação de estruturas que possam abraçar juntos. Eles devem evitar a influência excessiva por três razões:

1. A igreja local e seu ministério pertencem aos cristãos locais sob a autoridade de Cristo. O papel daqueles que lançam os fundamentos é organizar uma comunidade do Reino básica, que se reúna para propósitos bíblicos e para o cumprimento da Grande Comissão.
2. Os plantadores apostólicos seguirão adiante e, se impuserem seu modelo preferido sem a voz da comunidade emergente, não devem ficar surpresos quando aquela comunidade deixar de lado sua ideia para adotar um design que lhe pareça mais natural ou promissor.

---

83 Aqueles que farão parte da comunidade hermenêutica devem ser escolhidos cuidadosamente. Algumas vezes, os cristãos locais se tornam um subcultura cristã sem contato com a cultura contemporânea. Os agentes contextualizantes devem ser cristãos que compreendem seus vizinhos e que sejam capazes de ser relevantes enquanto permanecem bíblicos.

3. Se um design é "incorporado" pela equipe de líderes locais, terá mais chances de seguir linhas locais, atrair o povo, crescer e se reproduzir.

A comunidade hermenêutica se reflete no formato, nas estruturas e nos ministérios da igreja conforme estuda a Palavra, vivendo os propósitos bíblicos e descobrindo o significado de ser uma comunidade do Reino inserida em seu contexto. A contextualização, então, torna-se um contínuo esforço colaborativo dessa comunidade de reflexão de líderes.

Selecionando um formato básico de igreja

Assim como a equipe de plantação de igrejas deve decidir que abordagem básica de plantação (pastoral, apostólica ou catalítica) se adapta melhor ao contexto e à missão, a comunidade hermenêutica deve selecionar o formato básico de igreja que melhor se adapte ao seu contexto e missão. Toda comunidade do Reino tem um chamado e uma forma únicos, mas entender certos designs básicos pode servir como um ponto de partida útil para contextualizar as formas e funções da igreja. Essa determinação fará com que as decisões subsequentes a respeito de estrutura de igreja fiquem mais fáceis. Essa é uma das funções dos modelos ou protótipos.

Há dois cuidados a serem tomados quando essa abordagem for colocada em prática. Em primeiro lugar, ocasionalmente um contexto pode exigir um ponto de partida diferente dos três formatos básicos apresentados na tabela 6.1[84]; em segundo, esse é apenas o começo, formatar uma igreja contextualmente requer contínua reflexão e diálogo. Começaremos descrevendo esses protótipos. A Tabela 6.1 oferece um resumo comparativo dos designs, seus pontos fortes e fracos e o contexto no qual eles tendem a ser mais efetivos para o Reino de Deus.

Tabela 6.1
Protótipos simples para a comunidade do Reino inicial

	Igreja nos lares	Congregação reunida voluntariamente*	Igreja de celebração em células
Descrição	• Uma comunidade cristã básica. • Foco em relacionamentos e missão cristã. • Reúnem-se em casas, locais de trabalho ou locais neutros. • Geralmente dirigida por um pastor leigo. • Geralmente pertence a uma rede.	• Uma unidade congregacional com agrupamentos por afinidade. • Geralmente usa um design baseado no programa. • Reúnem-se em edifícios públicos. • Sociedade voluntária. • Dirigida por pastores ordenados remunerados.	• Comunidades cristãs básicas (células) que trabalham juntas para celebração comunitária, treinamento e cumprimento da missão cristã. • Encontram-se nos lares e periodicamente em um local público. • Cresce treinando líderes e multiplicando células.

---

84 Por exemplo, formatar uma igreja entre povos nômades continua a ser um desafio para os plantadores de igrejas. Malcolm Hunter (2000, 19) aponta para o tabernáculo e para a comunidade no deserto dos tempos mosaicos como um ponto de partida alternativo para o templo ou sinagoga. Alguém pode também mencionar as chamadas novas comunidades monásticas (veja, por exemplo, Wilson-Hartgrove 2008) como um modelo diferente, embora elas não vejam a si mesmas como igrejas, mas como movimentos dentro ou lado a lado com igrejas estabelecidas.

O FORMATO DA IGREJA

Metáfora	Igreja como família.	Igreja como instituição.	Igreja como rede.
Exemplos e Literatura	• Igrejas nos lares na China. • Rede Repensando o Cristianismo Autêntico, Japão. • Associadas de Multiplicação de Igrejas (Cole 2005). • Simson 2001. • Payne 2007.	• A maioria das congregações norte-americanas. • Dietterich 2004. • Warner 1994.	• Igreja *Yohido Full Gospel*, Seul, Coreia do Sul (Cho 1981). • "Igreja de duas asas" (Beckham 1995). • "Metaigreja" (George 1991). • Comiskey 1999.
Pontos Fortes	• Alta prestação de contas. • Contexto de pequenos grupos para discipulado. • Capaz de sobreviver à perseguição. • Pode penetrar em contextos urbanos. • Não requer edifícios nem obreiros profissionais. • Potencial para multiplicação rápida.	• Visibilidade na comunidade. • Recursos e ministérios profissionais. • Ensino e cuidado pastoral consistente. • Testada pelo tempo, familiar, estável. • Pode oferecer ministérios especializados como aconselhamento, trabalho com crianças/jovens, recuperação, etc.	• Benefícios de igreja grande e de grupos pequenos. • A igreja pode crescer e permanecer familiar. • Descentralização de ministérios em células. • Concede autoridade ao ministério leigo.
Possíveis Pontos Fracos	Espírito de independência. Perigo de líderes controladores e falsas doutrinas. Os relacionamentos tendem a se aprofundar somente para dentro do grupo. Visto com desconfiança, falta de credibilidade. Geralmente tem vida curta.	Vulnerável sob a perseguição e mudanças demográficas. Tem expectativa de ter um pastor profissional e um edifício – dispendiosa. Não é facilmente adaptável a vizinhanças que passam por mudanças. Reprodução lenta.	Células problemáticas. Mesmos perigos das igrejas nos lares. A celebração pode ofuscar as células. Exige enorme energia para fazer funcionar a célula e a celebração.
Contexto Indicado	Zonas rurais e onde existe perseguição. Onde a pobreza ou as restrições de zoneamento tornam um edifício público inacessível. Raramente funciona em contextos ocidentais tradicionais.	Adequado para zonas rurais e comunidades pequenas. Onde os terrenos e os imóveis são acessíveis. Em áreas tradicionalmente cristãs.	Adequada para contextos urbanos. Sociedades nas quais as reuniões grandes e pequenas são valorizadas. Onde associações voluntárias em pequenos grupos são comuns.

*Emprestamos esse termo de Dietterich 2004,1.

Igrejas nos lares

Robert Banks (1994, 26-66) lista três características da igreja primitiva nos lares.[85] Aquela congregação lembrava uma reunião familiar, uma família amorosa e um corpo funcional. As igrejas nos lares de hoje são construídas ao redor de relacionamentos edificados usando dons espirituais, estudo interativo da Palavra e uma abordagem encarnacional para evangelismo. Tipicamente consistem em grupos de doze a cinquenta pessoas que se encontram regularmente em uma casa particular ou outro local não religioso e

---

85 O estudo bíblico mais completo é o de Gehring 2004. Ele afirma que a família era a forma social e econômica mais fundamental do mundo antigo: "quase nada determinava a vida diária mais do que o *oikos* com sua rede de relacionamentos" (2004, 17).

são dirigidas por uma equipe de pastores leigos; a característica dominante, no entanto é participativa: todos os membros ministram. Os leigos dirigem o louvor, compartilham responsabilidades de ensino e encorajam e admoestam uns aos outros durante as discussões bíblicas e os momentos de oração. A igreja nos lares predomina no mundo não ocidental e é o estilo dominante em países como China e Índia. Um movimento de igrejas nos lares cresceu em Cuba de 100 para 1.475 igrejas e outro de 129 para 2.600 em uma década (Garrison 2004a , 134-35).

Um modesto movimento de igrejas nos lares emergiu nos Estados Unidos no último quarto do século 20[86]. Geralmente essas igrejas nos lares formam agrupamentos que estão informalmente associados através dos relacionamentos de seus líderes. Esses agrupamentos estão ligados em redes de igrejas, uma forma mais fluida de associação de igrejas do que as denominações, que conectam as igrejas com valores semelhantes. Entre 1998 e 2006 a maior delas, a Church Multiplication Associates (CMA), cresceu para mais de setecentas igrejas. Um dos catalisadores é Neil Cole, pastor da igreja *Awakening Chapel*, em Long Beach, Estado da Califórnia nos EUA.[87] A CMA se identifica como uma rede que agrupa vários movimentos de plantação de igrejas em torno de "(1) sistemas simples, descentralizados, reproduzíveis e orgânicos e (2) fazer discípulos" (Hirsch 2006,80). Algumas igrejas nos lares norte-americanas têm se mostrado impressionantemente efetivas no evangelismo e na reprodução.[88] Tim Chester, um líder britânico de igreja nos lares cita as seguintes vantagens das igrejas do tamanho de uma família. "Família determina um *tamanho* no qual o discipulado e o cuidado mútuos podem realisticamente acontecer. Ela cria uma *simplicidade* que combate a mentalidade de manutenção: não há edifícios caros para manter ou programas complexos para operar. Ela determina um *estilo* que é participativo e inclusivo, espelhando o modelo de discipulado e a comunhão ao redor da mesa do próprio Jesus" (2000,41).

As igrejas nos lares podem se multiplicar rapidamente, mas também podem ser dominadas por lideranças pouco saudáveis e falsos mestres, podendo ter uma duração mais curta do que as igrejas tradicionais. Geralmente não são capazes de oferecer ministérios especializados, como trabalho com jovens ou de grupos de recuperação. A falta de supervisão pode levar à instabilidade, tornando difícil fazer discípulos e formar líderes. As que estão conectadas a uma associação ou rede tendem a ser mais sadias no sentido de que seus líderes podem receber treinamento, cuidado e supervisão de líderes teologicamente treinados.

---

86 Veja Simson 2001, Zadero 2004, Payne 2007 e Kreider e McClung 2007.

87 Veja a história desse movimento e o trabalho da CMA no site www.cmaresources.org (Site em inglês. Acesso em 02/04/2012).

88 J. D. Payne estudou os resultados de uma pesquisa feita pela internet de 225 líderes de igrejas nos lares nos Estados Unidos. "Dessas igrejas, 146 experimentaram pelo menos um batismo no ano anterior e 123 plantaram pelo menos uma igreja nos últimos três anos [...] 91 igrejas batizaram pelo menos uma pessoa no ano anterior e plantaram pelo menos outra igreja nos três anos anteriores" (Payne 2007, 58-59). Ele chama o último grupo de "igrejas nos lares missionais".

Congregações reunidas voluntariamente

Nos Estados Unidos a maior parte das igrejas protestantes cai nessa categoria. Elas são congregações simples com menos de duzentas pessoas.[89] Essa estrutura tem sido formada por valores americanos e corresponde a um entendimento de *ekklesia* como uma assembleia voluntariamente reunida, em vez de uma comunidade com diversos tipos de reuniões.

> As pesquisas indicam que esse formato de igreja tem sido determinado mais pelas particularidades do cenário religioso norte-americano do que por alguma posição teológica característica. A separação legal entre a igreja e o estado, o desenvolvimento de uma democracia participativa, a ênfase sobre a liberdade religiosa do indivíduo, a proliferação de escolhas denominacionais, o anseio pela associação religiosa e pelo cuidado em uma sociedade de imigrantes, assim como o formato de organização burocrática moderna têm, conjuntamente, contribuído para o avanço de um modelo particular de igreja (Dietterich 2004, 2).

Na Europa, em contraste, as igrejas nacionais ou estatais (*Volkskierchen*) têm sido criadas com o casamento de igreja e estado no modelo da cristandade. Hoje há poucas igrejas europeias que são, no sentido exato da palavra, igrejas estatais, embora o relacionamento das igrejas estabelecidas com o estado permaneça forte, como é evidenciado pelos impostos e sanções governamentais de confissões específicas. Muitas pessoas são consideradas "nascidas dentro da igreja". No entanto, a vida congregacional na paróquia local é mais ou menos caracterizada pelos mesmos aspectos de uma congregação voluntariamente reunida. Embora o rígido sistema paroquial tenha dificultado a plantação de igrejas, nos últimos anos a plantação de igrejas tem sido cada vez mais defendida por essas igrejas nacionais como uma forma de renovação e de alcance das novas gerações (p. ex., Hopkins 1988; Hempelmann 1996).

Esse formato congregacional, embora diverso em expressão local, tem alguns aspectos em comum. "Como um ramo local do povo de Deus, ela [a congregação] é a organizadora da adoração, da instrução religiosa, do serviço comunitário, da mordomia e da comunhão" (Stephen Warner, citado por Dietterich 2004, 2). Essas igrejas geralmente têm um pastor profissional, trabalhando em tempo integral ou parcial, e voluntários que fazem o trabalho de secretaria, manutenção, administração, educação e com jovens. Muitas delas estão envolvidas em comitês, programas e projetos de serviço social. A maioria gira em torno de um programa central e tende a ser relativamente estável e altamente estruturada.

Como Van Gelder (2000, 69) comenta: "A teoria do contrato social de associações voluntárias está profundamente embutida na eclesiologia norte-americana. Isso tem produzido uma eclesiologia com forte tendência a tratar a igreja principalmente como uma organização". Essas igrejas tendem a produzir obreiros e facilitar a comunhão, mas podem também alimentar o tradicionalismo estático e impedir o ministério mútuo com base nos dons espirituais em razão da ênfase no clero e em uma abordagem de ministério altamente orientada pelo programa. A tomada de decisões pode tornar-se burocrática, ocorrendo em comitês e refletindo estruturas seculares corporativas.

---

89 Veja capítulo 2.

A despeito dessas possíveis desvantagens, esse tipo de igreja funciona muito bem em comunidades pequenas, em zonas rurais ou bairros que apresentem um número considerável de um grupo étnico em particular. Embora ainda seja a forma congregacional mais comum na América do Norte, ela tem provado ser menos eficaz em grandes contextos urbanos. Uma solução para combater as fraquezas desse modelo é a organização de grupos caseiros e o treinamento de leigos para liderá-los, facilitando o ministério mútuo baseado nos dons espirituais.

Igrejas de celebração em células

Essa igreja é também chamada de "igreja de duas asas" (Beckham 1995) porque mantém um equilíbrio entre a célula (reunião pequena) e a celebração (reunião grande). Ela combina estratégias de atração/reunião (celebração regional pública) e dispersão/envio (células nas vizinhanças). O discipulado pessoal, o cuidado espiritual, o estudo bíblico e o evangelismo são descentralizados nos grupos caseiros – a igreja como família. A adoração corporativa, o ensino e os eventos atrativos ocorrem na celebração ou na grande reunião – a igreja como povo de Deus. A igreja em células é diferente da igreja com grupos pequenos no sentido de que as células são comunidades básicas com todo o DNA que uma igreja deve ter. Até as ordenanças e a disciplina da igreja podem ser praticadas no âmbito das células.

O desafio, no entanto, é mobilizar a liderança, a energia e os recursos para realizar ambas as asas de forma satisfatória. Em alguns movimentos de igrejas em células os líderes e as células são reproduzidos através de clonagem. Cada célula tem um aprendiz e quando o grupo chega a certo número de pessoas, se multiplica, dividindo o grupo em dois e comissionando o aprendiz para liderar um dos grupos. Em culturas nas quais o individualismo não é um valor forte, uma abordagem de clonagem e controle centralizado é mais aceitável. No entanto, em muitos lugares hoje, forçar a multiplicação (como no G12)[90] vai contra a índole cultural e seria considerada abusiva. Outra abordagem é tornar tarefa principal do líder encontrar um aprendiz com a mistura certa de dons e mentoreá-lo para que a reprodução aconteça, seja na célula, seja na celebração. As células podem apresentar todos os problemas das igrejas nos lares. O desenvolvimento contínuo de fortes líderes de células é a chave para igrejas em células saudáveis que possam, assim como fermento, transformar cidades inteiras. Para um estudo comparativo de como as igrejas em células funcionam em vários contextos culturais veja o trabalho de Mikel Neumann intitulado *Home Groups for Urban Cultures* (Grupos caseiros para culturas urbanas) (1999).

Existem também outras estruturas de igrejas mais complexas como as multicongregacionais, nas quais várias congregações étnicas ou subcongregações são parte de uma igreja maior; e as igrejas multisite, que dirigem cultos e ministérios em múltiplas localidades. Essas não são, podemos dizer, as formas que uma plantação pioneira de igreja adotaria, mas poderia caminhar para

---

90 A Missão Carismática Internacional de Bogotá (Colômbia) foi fundada e liderada por César Castellanos. Veja Comiskey 1999 para mais informações sobre essa e outras igrejas em células-celebração na América Latina.

elas conforme a igreja fosse crescendo. Por essa razão, nos adiantamos em discutir sobre elas aqui, mas as descreveremos brevemente no próximo capítulo, onde examinaremos modelos para reprodução de igrejas.

Exemplos de como determinar o formato mais apropriado de igreja

Mais adiante discutiremos o processo de contextualização com mais detalhes (veja Tabela 6.2). Aqui usamos alguns exemplos para mostrar como os mesmos valores e propósitos bíblicos podem ser expressos através de diferentes formas básicas de igrejas, dependendo de padrões já existentes de reuniões sociais.

Em Tegucigalpa, Honduras, uma equipe bicultural de plantação de igrejas funcionou como uma comunidade hermenêutica. Como resultado de um processo de estudo bíblico, reflexão e discussão (descrito anteriormente), os membros da equipe identificaram os valores centrais que eles acreditavam, deveriam moldar a igreja. "Valores centrais são convicções consistentes, apaixonadas e bíblicas que determinam nossas prioridades, influenciam nossas decisões impulsionam nossos ministérios e são demonstradas por nosso comportamento" (Klippenes 2003, 95). Essas incluem tanto as descrições do que a igreja *é criada para ser* quanto os *propósitos fundamentais* que fazem parte de sua missão. Tendo esses valores em uma mão e padrões sociais-chave (discutidos adiante) em outra, eles procuraram pontos de convergência. As áreas de congruência ofereceram pistas para o formato básico da igreja que corresponderia de maneira mais natural e funcionaria mais eficazmente em seu contexto. O resultado é encontrado no Estudo de Caso 6.1.

Estudo de Caso 6.1

Dos valores centrais até a estrutura da igreja entre os pobres em Tegucigalpa, Honduras

Um casal pastoral que ajudou no trabalho de assistência depois da devastação causada pelo furacão Mitch em Tegucigalpa, Honduras, sentiu o chamado de Deus para retornar e trabalhar ali em tempo integral. Seu objetivo era dar continuidade ao ministério iniciado através da ação social, oferecendo discipulado e plantando igrejas. Nesse empreendimento contaram com a ajuda de um médico hondurenho e de alguns assistentes de plantação de igrejas americanos. Naquele momento, algumas missões estavam deixando o país, considerando-o evangelizado. No entanto, a equipe descobriu que os pobres das favelas estavam, em grande parte, sendo ignorados pelas igrejas evangélicas socialmente ascendentes. Guiados por sua experiência no trabalho de ajuda humanitária e pelo médico hondurenho, escolheram os seguintes valores centrais para moldar seu movimento (em nossas palavras):

- Ministério de misericórdia entre os negligenciados
- Evangelismo e discipulado intencionais
- Serviço com alegria
- Amorosas comunidades de cristãos
- Multiplicação de liderança local

Um grande impulso ocorreu quando os estrangeiros e os hondurenhos dessa equipe concordaram a respeito desses valores. A equipe, então, desenvolveu a visão de cobrir a capital e o campo com igrejas nos lares fazedoras de discípulos. Eles desenvolveram deliberadamente um protótipo de igreja nos lares dirigida pela equipe de plantadores de igreja com dois aprendizes hondurenhos. Como resultado da avaliação do grupo protótipo, descobriram que a nova igreja era americana demais para os hondurenhos. Para que uma igreja caseira fosse verdadeiramente hondurenha tinha de ser liderada por cristãos locais. Eles descontinuaram o grupo protótipo e estabeleceram líderes hondurenhos para a igreja caseira e os missionários participavam como membros da igreja. Alguns missionários lutaram com as mudanças que se seguiram, mas o movimento tornou-se legitimamente hondurenho e continuou a fazer discípulos com alegria.

Em uma sociedade rural predominantemente muçulmana tribal na Ásia Central, as igrejas eram formadas nas casas de "seguidores" ou "homens de paz" que começavam a estudar as escrituras. Eles se reuniam em grandes tendas desmontáveis chamadas *gers* ou *yurts* (termo russo) e sua estrutura e composição assemelhavam-se aos da família estendida. Por causa da importância dos relacionamentos, as reuniões incluiam novos cristãos e membros da família curiosos que queriam acompanhar o estudo. Os plantadores de igrejas descobriram que, para ter alguma esperança de continuar as reuniões, precisariam receber os líderes do clã quando eles quisessem comparecer e honrá-los de maneira culturalmente apropriada.

No entanto, em contextos urbanos dentro dos mesmos países, as pessoas estão socialmente deslocadas e estão procurando amizade, geralmente em clubes, bares ou sociedades voluntárias. O nível de educação é mais alto e o controle social é menor. A diversidade é muito maior. Na capital desse país da Ásia Central, os cristãos locais, orientados por plantadores de igrejas missionários, os ajudaram a implantar o padrão de igreja de celebração em células. Os grupos de células foram formados seguindo linhas relacionais, em vez de geográficas.

Ministérios e estruturas contextualizados

Como determinar as estruturas mais específicas da igreja é, na verdade, parte de uma questão mais ampla de como contextualizar apropriadamente a igreja em um cenário cultural particular. A contextualização foi o processo usado para selecionar a forma básica da igreja nos exemplos acima. Darrell Whiteman define contextualização da seguinte forma:

> A contextualização tenta comunicar o Evangelho em palavras e obras e estabelecer a igreja de maneira que faça sentido para as pessoas dentro de seu contexto cultural, apresentando o cristianismo de forma tal que vá ao encontro de suas necessidades mais profundas e penetre em sua cosmovisão, permitindo assim que elas sigam Cristo e continuem inseridas em sua própria cultura. (1997,2).

Apresentamos o seguinte processo em três passos:

1. Defina a natureza, os propósitos bíblicos primários e as funções da igreja.
2. Estude a cultura para descobrir formas sociais e padrões que possam servir aos propósitos da igreja.
3. Implante estruturas e padrões existentes, adaptados ou novos para cumprir os propósitos bíblicos.

Nas palavras de C. Kirk Hadaway, Francis DuBose e Stuart Wright:

> Podemos esperar que a igreja assuma certas funções como resultado de sua natureza, e podemos esperar que essas funções sejam traduzidas em estruturas à medida que a igreja lança raízes e cresce em seu contexto cultural, sócio-econômico e político (1987,56).

Alguns exemplos dos propósitos e formas culturais relevantes pertinentes a esse processo de contextualização são apresentados na Tabela 6.2. Nos últimos capítulos abordaremos muitos desses pontos em maiores detalhes. Aqui apresentaremos apenas um resumo para ilustrar o processo.

Definindo propósitos bíblicos

Os propósitos primários como encontrados na tabela 6.2 devem servir de ponto de partida. As Escrituras não são dogmáticas a respeito de formas, mas os valores bíblicos e as funções da igreja devem ser claramente identificadas e compreendidas pelos cristãos locais. Isso exigirá muito estudo bíblico e discussão em conjunto. Em plantações transculturais é de suma importância que os cristãos cheguem, eles mesmos, ao entendimento bíblico e desenvolvam convicções sobre a igreja para que fique claro que a igreja não é simplesmente uma ideia importada do plantador de igrejas. Isso posicionará os cristãos locais para discernir como aqueles propósitos bíblicos podem ser cumpridos de maneiras culturalmente apropriadas.

Estudando formas culturais

À medida que igreja que está sendo plantada considera as formas e estruturas apropriadas para cumprir os propósitos bíblicos, ela olhará para as estruturas já existentes na cultura. A lista de formas potenciais e estruturas apresentada na tabela 6.2 fornece apenas sugestões, mas muitos outros aspectos da cultura poderiam ser considerados. Em geral, devemos observar como as pessoas se socializam, exercem liderança, tomam decisões, administram a vida corporativa e lidam com mudanças e desafios.

Toda a vida social e a essência cultural podem ser comparadas com as ruas de uma cidade que facilitam o transporte e permitem que as pessoas cheguem ao destino desejado. Quando estamos contextualizando a igreja, a Bíblia determina a direção e o destino, e a cultura proverá a maioria das estradas. A igreja muitas vezes seguirá em direções diferentes e com diferentes objetivos daqueles que pertencem à cultura geral, mas usará muitas das mesmas ruas. Algumas delas levam a lugares que a igreja não quer ir.

Tabela 6.2
Contextualização do formato da igreja, estruturas e ministérios

Definir propósitos bíblicos	Estudar formas culturais	Implantar estruturas e práticas contextualizadas
Adoração	Adoração formal nas religiões locais. Estruturas, locais usados para adoração pública. Formas de expressão: arte, música, rituais, etc.	As formas e expressões que são consistentes com a adoração cristã podem ser adotadas ou adaptadas. Muitas formas serão rejeitadas.
Evangelismo e missões	Canais de comunicação. Fatores determinando credibilidade. Processos individuais e coletivos de tomada de decisões.	Abordagens de máxima credibilidade, integridade e transparência serão da maior importância. Acomodação dos processos locais de tomada de decisão.
Ensino e edificação	Estruturas educacionais formais, não formais e informais. Níveis de alfabetização. Uso de narração de histórias e lógica. Papéis de professor-aluno e expectativas.	Inicialmente, devem ser adotadas formas de instrução familiar, mas essas precisam ser expandidas, p. ex: mude da aprendizagem mecânica para a aprendizagem semântica.
Serviço e impacto na comunidade	Formas com que a sociedade atende às necessidades pessoais e sociais. Apoio na crise. Estratégias de solução de problemas.	Identifique necessidades urgentes que a igreja possa atender. Os cristãos podem caminhar ao lado de estruturas existentes ou criar novas para o atendimento de necessidades.
Comunhão	Como as pessoas se reúnem informalmente para apoio mútuo, trabalho e lazer. Celebrações comunitárias de eventos importantes da vida e transições.	As reuniões cristãs podem usar meios, tempos e número de participantes similares ou podem ser adaptadas de forma coerente com os valores e a cosmovisão bíblica. Os eventos devem vencer contraculturalmente os preconceitos e a estratificação social.
Governo e liderança	Processos de tomada de decisões em famílias e comunidades. Forma de seleção de líderes. Exercício de liderança. Mudança de agentes e processos.	Adaptar estruturas de liderança existentes que exemplifiquem a liderança serva e a pluralidade de líderes. Desenvolver novas abordagens de capacitação como mentoreamento e treinamento, se necessário.

Implantando estruturas e práticas contextualizadas

A igreja pode precisar renomear ou redescobrir algumas ruas. Talvez necessite pavimentar novas ruas para chegar a destinos que a cultura em geral desconhece. Somente quando conhecemos muito bem o mapa das estradas culturais é que estamos em posição de traçar a melhor rota para chegarmos ao destino desejado e identificarmos quais novas estradas precisam ser pavimentadas. Algumas formas podem ser adotadas quando elas fazem parte do conceito de igreja. Por exemplo, se as pessoas frequentemente se reúnem nos lares à noite para compartilhar uma refeição e contar as histórias do dia, uma forma parecida de edificação mútua e comunhão nas casas pode ser usada. Algumas, como o uso de sacrifícios de animais em adoração e prostituição ritual serão absolutamente rejeitadas. Outras formas ainda poderão ser usadas, porém adaptadas para se conformar aos valores bíblicos. Por exemplo, celebrações da colheita, comum em sociedades agrárias, são geralmente associadas com cultos não cristãos ou rituais de fertilidade. Certos rituais fortemente associados àqueles objetivos idólatras seriam substituídos, mantendo a celebração da colheita como um tempo especial de ações de graças.

Somente os cristãos locais podem confirmar se uma nova prática contextualizada cumpre adequadamente um propósito bíblico da igreja. Essa confirmação deve ser comprovada pela receptividade do povo como um todo (Hiebert 1987, 110). Conforme os membros do corpo da nova igreja forem implementando essas estruturas, serão capazes de discernir, como indivíduos dessa cultura, que a forma é adequada, e desejarão convidar seus vizinhos. O grupo inicial de cristãos pode considerar a possibilidade de visitar outras congregações que possuam certa diversidade de estruturas e formas e então refletir sobre aquelas que sejam mais apropriadas para sua realidade (veja o Estudo de caso 6.2).

Estudo de caso 6.2

Comparando estruturas de igrejas em preparação para a adoração pública

Um plantador de igrejas em uma cidade ocidental decidiu levar toda uma comunidade embrionária (de cerca de vinte novos cristãos) para visitar outras igrejas mais estabelecidas. Eles estavam se reunindo em dois grupos pequenos, mas queriam ir a reuniões públicas. O propósito era, primeiro, experimentar várias formas de adoração, para depois adotar sua própria. Por várias semanas participaram de cultos e reuniões de grupos pequenos em outras igrejas. Depois disso, eles se reuniram para conversar sobre quais práticas consideravam as mais bíblicas, edificantes e culturalmente apropriadas. Também identificaram elementos que certamente iriam evitar. No processo, descobriram que faziam parte de uma família maior de seguidores de Jesus, com diferenças, mas igualmente comprometidos com a Palavra e com o Senhor. Decidiram iniciar uma terceira célula e então se encontraram todos juntos para os primeiros cultos de adoração. A princípio fizeram isso mensalmente e, mais tarde, passaram a ter reuniões públicas semanais.

Como Hiebert (1989) sugeriu, a relação entre forma e significado é complexa e ninguém pode adotar uma forma externa sem também importar significados não cristãos. Da mesma forma, para alguns propósitos bíblicos podemos encontrar poucas estruturas culturais disponíveis para servi-los adequadamente. Em casos assim, novas práticas cristãs podem ser introduzidas (veja o Estudo de Caso 6.3).

Estudo de caso 6.3

A igreja entre nômades

Malcon Hunter, um obreiro veterano no leste da África discute o desafio de encontrar estruturas apropriadas para reuniões públicas de adoração entre os nômades:

> Para ser relevante entre os nômades, a igreja deve [...] desvencilhar-se de seu modelo geralmente sedentário de um edifício. Esse é o maior obstáculo a ser vencido em países nos quais missionários protestantes e católicos têm competido para construir as maiores igrejas. O melhor comentário sobre esse modelo equivocado vem de um pastor de camelos somali que disse: "Quando você puder colocar sua igreja nas costas de um camelo, então eu creio que o cristianismo será para nós, os somalis. Eu sou muçulmano porque nós podemos orar em qualquer lugar, cinco vezes ao dia, todos os dias. Vemos vocês, cristãos, orando só uma vez por semana, dentro de um edifício especial, quando um homem fica lá na frente e fala com Deus enquanto todos os outros abaixam a cabeça e parecem ter caído no sono". Esta é a visão de um nômade muçulmano do cristianismo.

> A igreja é também mais relevante para as sociedades nômades quando os relacionamentos são mais importantes do que um imóvel. Seja qual for a carência material dos povos nômades, geralmente eles são socialmente ricos, com fortes laços que os unem à família e ao clã. Raramente se vê uma criança abandonada ou abusada e os idosos são respeitados e cuidados dentro de suas famílias. A menos que outras influências tenham se introduzido, como as práticas islâmicas, as mulheres podem ter uma posição social relativamente alta, e muitas sociedades nômades são bem igualitárias. Surge a questão: Qual sociedade é primitiva?

> Essa força social no meio nômade precisa se tornar a base da igreja para eles. Os missionários não devem pressionar para que haja conversões individuais, mas orar por famílias transformadas que possam formar a nova sociedade redimida dentro daquela sociedade. A igreja para os nômades não deve introduzir práticas religiosas estrangeiras desnecessárias, que somente alienarão os novos cristãos de suas comunidades normais. Talvez fosse prudente desencorajar os primeiros indivíduos que respondem positivamente ao Evangelho de chamarem a si mesmos de igreja até que haja um número suficiente de pessoas, preferivelmente famílias inteiras, que permitam a réplica de todas as funções sociais normais da sociedade pré-cristã. É aconselhável, portanto determinar desde cedo esse número mínimo mais favorável para o crescimento saudável da igreja, e trabalhar e orar para alcançar esse objetivo (Hunter 2000,16).

Tópicos para Discussão

1. Que questões você teria que abordar em razão do estilo de vida nômade? Que propósitos básicos seriam mais difíceis de cumprir?
2. Que estruturas sociais nômades devem ser preservadas na comunidade cristã?
3. Que estruturas poderiam ser usadas para a adoração? Há alguma lição a ser aprendida com a experiência dos israelitas no deserto e adoração no tabernáculo?
4. Como seria uma comunidade básica do Reino entre os nômades somali?

Outras considerações e advertências

A necessidade de inovação contínua e reforma

Moldar a igreja não é uma tarefa que se realize de uma só vez. O desafio contínuo é facilitar as mudanças internas para que a igreja permaneça relevante e eficaz conforme ela vai crescendo e se reproduzindo. As seguintes considerações e advertências devem ajudar os plantadores de igrejas a se desenvolverem como facilitadores sábios da contínua contextualização da igreja. Aqueles que já percorreram essa estrada de formação de uma igreja podem ficar arraigados em sua devoção a um formato em especial. Isso seria um erro, já que mudanças sociais estão acontecendo cada vez mais rápido e a igreja também deve mudar para permanecer efetiva em cada geração que passa. As igrejas que resistem a mudanças correm o risco de se tornar irrelevantes para uma nova geração e perder seu chamado e destino únicos. "Parece-me que igrejas que gastam mais com edifícios do que com evangelismo têm todas as suas reuniões 'na igreja', colocam sua construção antes de missões e evangelismo, recusam-se a usar seus edifícios para qualquer outra coisa que não seja suas funções "sagradas", medem a espiritualidade pelo número de pessoas presentes dentro de quatro paredes, têm um complexo de edifícios e são quase totalmente ignorantes do que "igreja" significa na Bíblia" (Snyder 1975,77-78). Os plantadores de igrejas devem continuamente tomar as coisas que lhes são preciosas e compará-las com as Escrituras para evitar a transmissão de tradições. Da mesma forma, eles devem estar dispostos a, graciosamente, confrontar as tradições "cristãs" nas culturas em que servem para que as igrejas que eles plantam se tornem realmente comunidades reproduzíveis do Reino.

Isso não diminui as tradições saudáveis, nem exclui a necessidade de organização e estrutura. Ao mesmo tempo em que retém sua natureza essencial, a igreja sempre existe em uma forma histórica; não existe uma igreja sem cultura (Küng 1967,3-5). Nas palavras de Paulo Sankey "A encarnação exige que o Evangelho se expresse dentro e através da cultura. Não há expressão não cultural ou supracultural do cristianismo. [...] Se o cristianismo não está inserido em uma cultura, ele vem na aparência de outra" (1994, 446). Pelo fato de as culturas estarem em constante mudança, a igreja deve se reinventar continuamente, permanecendo, porém, fiel ao seu chamado divino.

Por essa razão, os reformadores e inovadores estão constantemente reestruturando a igreja para acompanhar os novos tipos (veja Towns, Stetzer e Bird 2007). Valorizamos inovações e cremos que os modelos de igreja devem evoluir – desde que o resultado seja uma igreja autóctone mais sadia, mais missionalmente eficaz e que se reproduz. Através da história, Deus tem levantado avivamentos que não somente trouxeram uma nova vitalidade espiritual, mas também foram pioneiros em estabelecer novas expressões de comunidade cristã.[91] Esses movimentos muitas vezes têm sido alvo

---

91 Entre elas estão os vários movimentos monásticos, os *collegia pietatis* (grupos pietistas) de Spener, as "reuniões de classes" do metodismo, os avivamentos pentecostais e carismáticos, a igreja sensível aos que buscam da Willow Creek, a igreja em células de David Yonggi Cho, as igrejas nos lares chinesas e outras expressões contemporâneas da igreja, para mencionar algumas.

de controvérsias ou propensos ao extremismo, mas são testemunhas do desejo de Deus de continuamente recriar e renovar sua igreja. Há algo novo e revigorante na igreja que se adapta ao seu contexto e encarna a máxima de Paulo: *Tornei-me tudo para com todos, para de alguma forma salvar alguns.* (1Co 9.22).[92]

Os perigos do sincretismo e da fragmentação

O sincretismo ocorre quando a pureza da mensagem do Evangelho ou as funções essenciais da igreja são sacrificadas no altar da relevância. Pode ser um comprometimento com elementos de outra religião ou deuses seculares como o materialismo, consumismo e *eu*-ismo. O Evangelho precisa ser *expresso* em formas contemporâneas, mas não à custa de seu poder transformador, sua voz profética ou sua penetração convincente. Sempre haverá certa tensão entre o que Walls (1982) chama de princípio peregrino e princípio nativo. Embora a igreja tome novas formas e expressões ao avançar em novos contextos culturais (princípio nativo), sempre permanecerá estrangeira enquanto o Evangelho desafia e transforma a cultura (princípio peregrino).[93]

Outro perigo é a superespecialização e a fragmentação. A maioria dos centros urbanos é caracterizada por uma diversidade de subculturas, grupos imigrantes, interesses especiais e afiliações religiosas.[94] Será realmente necessário que cada um tenha sua própria igreja? Parte do testemunho do Evangelho nos tempos do Novo Testamento era o seu poder de derrubar as barreiras de divisão da sociedade (Gl 3.26-29; Ef 2.14-18). Não ousamos voltar aos excessos do "princípio da unidade homogênea" para moldar comunidades de acordo com diversas microculturas. "A tarefa da igreja não é destruir nem manter identidades étnicas, mas substituí-las por uma nova identidade em Cristo, mais fundamental do que as identidades terrenas... O propósito de manter a igreja multi-étnica é estabelecer uma igreja comprometida em ver Cristo reinar entre o seu povo e estabelecer um povo de Deus unido em sua diversidade" (Ortiz 1996,130).

---

92 Realmente, podemos esperar que, como a igreja está sendo continuamente contextualizada (ou recontextualizada), nas palavras de Whiteman, haverá novas expressões do Evangelho, "de modo que o Evangelho possa ser entendido de maneiras que a igreja global não tenha experimentado nem entendido anteriormente, expandindo nossa compreensão do Reino de Deus" (1997, 4).

93 "Juntamente com o princípio nativo que faz de sua fé um lugar para se sentir em casa, o cristão herda o princípio peregrino, que sussurra que ele não tem uma cidade onde morar e o adverte de que ser fiel a Cristo o colocará em descompasso com sua sociedade [...] Jesus, na cultura judaica, Paulo na cultura helenística, tenha certeza de que haverá choques e atritos – não pela adoção de uma nova cultura, mas pela transformação da mente na mente de Cristo" (Walls 1982, 98-99).

94 Surge a questão se a contextualização ainda é relevante em uma "glocalização" (Neologismo resultante da fusão dos termos globalização e localização. Refere-se à presença da dimensão local na produção de uma cultura global) ou mundo "plano" (veja Andrews 2009). No entanto, mesmo em contextos pluralistas urbanos é importante definir e estudar o grupo de pessoas a quem o ministério se destina a servir, embora seus limites possam estar em contínua mudança e seus valores sejam os mais diversos (veja capítulo 9). Nesses cenários, o formato da igreja deve facilitar a unidade ao redor da essência bíblica, enquanto dá liberdade para a diversidade de trabalhos. Para uma discussão útil da igreja em contexto pluralista, leia o trabalho de Leslie Newbigin intitulado *The Gospel in a Pluralistic World* (O Evangelho em um mundo pluralista) (1989).

Finalmente, embora moldar a igreja por motivo de relevância e penetração seja desejável, não devemos superestimar o valor do poder da contextualização, nem colocar esperança demais em nossos modelos humanos. É *o Evangelho* que transforma as vidas e o ponto de contato acontece geralmente nos mercados da vida, e não na igreja reunida – seja qual for o seu formato. De fato, nenhuma estruturação ou contextualização criativa pode captar a atenção da mente secular ou atrair o cético pós-modermo. O Cristo vivo e o poder de sua mensagem, demonstrados em vidas transformadas e vividos em comunidades autênticas e amorosas, são a única esperança de nossas sociedades pluralistas em todo o mundo.

Conclusão

O Senhor não prescreveu formatos de igrejas, mas permitiu que os apóstolos seguissem a orientação do Espírito Santo no estabelecimento de igrejas autóctones. Os plantadores de igrejas de hoje não devem pressupor um modelo preconcebido que viram ou experimentaram em casa. Isso tem sido feito com o triste resultado de que, muitas vezes, os plantadores de igrejas tornam-se quase as únicas pessoas que se sentem em casa na igreja que estabeleceram. Antes, os plantadores podem contribuir ajudando os cristãos locais a entenderem o plano de Deus para a igreja, distinguirem entre forma e função e terem a certeza de que a natureza e a missão da igreja são os elementos que impulsionam seus ministérios e organização. Quando as estruturas não são adequadas a um dado contexto, isso leva a:

- Uma igreja estrangeira que nunca está à vontade na cultura.
- Uma igreja estéril que nunca se reproduz.
- Uma igreja sincretista que espalha falsas doutrinas ou práticas.

Portanto, os plantadores de igrejas devem estar abertos à mudança, desconsiderar seus modelos preferidos e servir como conselheiros enquanto os cristãos locais, que pertencem àquela cultura, dão forma à igreja. A igreja está sempre *em formação*, então, mesmo que o papel dos plantadores seja importante nos estágios de concepção e implantação da igreja, continuam a exercer influência através de seu exemplo, ensino e orientação espiritual. Plantadores maduros confiam que Deus operará dentro e através dos líderes locais emergentes, porque o ministério e a missão, em última instância, pertencem a eles.

7
Abordagens de plantação de igrejas: pioneira, reprodução e regional

Até recentemente, havia poucos modelos e métodos bem desenvolvidos para a plantação de igrejas. Agora há tantas estratégias e métodos que pode ser difícil avaliar qual deles é o mais apropriado para uma dada situação. Neste capítulo pesquisaremos uma variedade de abordagens, começando com a plantação pioneira de igrejas em locais em que há poucas ou nenhuma igreja na área e não tenha uma igreja parceira nas proximidades envolvida no projeto. Depois examinaremos abordagens para a reprodução de igrejas existentes. Tim Chester (2000,38) afirma que essas duas amplas categorias: pioneirismo e reprodução correspondem aproximadamente ao que encontramos no Novo Testamento. Paulo era principalmente um plantador pioneiro de igrejas quando entrava em uma nova cidade para pregar o Evangelho. As igrejas que ele plantou, porém, se reproduziram, formando numerosas igrejas nos lares na mesma cidade.[95] Na conclusão descreveremos estratégias para multiplicar igrejas em uma região.

Abordagens para a plantação pioneira de igrejas

Por "plantação pioneira de igreja" nos referimos a plantar igrejas em lugares nos quais há muito poucos cristãos e, a não ser pela equipe de plantadores, há poucos ou nenhum cristão local que possa ajudar a dar início à igreja. O trabalho crescerá quase que exclusivamente através do evangelismo. As abordagens possíveis estão resumidas na tabela 7.1.

O plantador solo

O plantador solo pode ser comparado a um paraquedista solitário que cai em um local. Esse talvez seja o modelo mais comum de plantação de igrejas e é a imagem típica que muitas pessoas têm do plantador pioneiro. Vem-nos

---

95 Por exemplo, Romanos 1.7; 16.3,5,10s; 1 Coríntios 1.11,16; 16.15; Filipenses 4.22; Colossenses 4.15s; Filemom 1.2.

à mente o ideal de um plantador de igrejas do tipo "Rambo" que, sozinho, faz o trabalho de evangelismo e discipulado, reunindo os novos cristãos para formar uma igreja. Realmente, muitas igrejas têm sido plantadas dessa maneira por plantadores capacitados e determinados.

Tabela 7.1
Abordagens à plantação pioneira de igrejas
Onde há poucos ou nenhum cristão na área imediata ou entre o povo-foco

Abordagem	Características
Plantador de igrejas pioneiro solo ou paraquedista	Um único plantador de igrejas se muda para a região-alvo e começa do zero.
Equipe de plantadores de igrejas	Uma equipe de plantação de igrejas é formada e preparada. Os membros da equipe possuem diversos dons, porém a mesma visão e o mesmo chamado.
Colonização	Um grande número de pessoas (geralmente da mesma igreja) se muda para a região-alvo formando uma nova igreja.
Plantação de igrejas não residente ou de curto prazo	Um plantador de igrejas ou uma equipe missionária procura plantar uma igreja ou igrejas através de visitas de curta duração e projetos sem um plantador ou equipe residente.
Plantação internacional de igrejas	Quando uma igreja internacional é plantada, os nacionais também são alcançados, o que não seria possível de outra maneira (geralmente em contexto de perseguição).
Plantação indireta de igrejas	Uma igreja é plantada como um sub-produto do trabalho de desenvolvimento, ministérios estudantis, tradução da Bíblia ou outros ministérios que não têm, geralmente, a intenção de plantar uma igreja

Ainda assim, essa abordagem é muito difícil e tem um alto índice de fracasso. Pode funcionar bem quando o plantador está plantando uma igreja em sua própria cultura e possui uma capacidade excepcional. Pode funcionar também quando o povo é altamente receptivo ou quando cristãos maduros locais podem ser recrutados para formar uma equipe de plantação de igrejas. No entanto, raramente é eficaz transculturalmente ou entre populações resistentes ao Evangelho. A maioria dos plantadores simplesmente não é capacitada o suficiente para ir sem companhia em contextos assim. Mesmo o plantador capacitado pode, rapidamente, atingir seus limites e, então, o desânimo e a fadiga entram em ação.

A equipe de plantação de igrejas

Uma segunda abordagem é a equipe de plantação de igrejas. Nesse caso uma equipe de obreiros com uma visão comum e vários dons pode se unir nesse projeto. Hoje, em missões transculturais, a abordagem de equipe tem se tornado a norma para a plantação pioneira. Geralmente, os membros da equipe são todos missionários vocacionados, mas esse nem sempre é o caso, alguns podem ser bivocacionados. A montagem da equipe e o planejamento da estratégia são partes importantes na preparação da plantação. Cada vez mais frequentemente essas equipes são internacionais ou multiétnicas. Por exemplo, uma equipe pode ser composta por um americano, um coreano, um alemão e um filipino.

Claramente, a abordagem de equipe vence muitas das dificuldades do pioneiro solo, mas não sem desafios. A montagem da equipe e sua manutenção exigem muita energia.[96] O potencial para o conflito é especialmente alto em uma equipe internacional, na qual conceitos culturalmente diferentes de liderança, tomada de decisões e valores colidem. Equipes, especialmente de estrangeiros, devem também tomar cuidado para não se tornarem uma panelinha. Durante os primeiros dias da plantação de igrejas, os membros da equipe podem depender demais uns dos outros em busca de apoio e amizade e deixar de estabelecer relacionamentos com o povo local. Muitos estrangeiros em uma igreja nova podem fazer com que os locais se sintam como intrusos. Uma equipe pioneira de plantação de igrejas no sul da Alemanha consistia de várias famílias americanas e, nos primeiros anos, havia mais americanos do que alemães. Ocasionalmente, visitantes alemães entravam, mas viravam as costas e iam embora, pensando ter entrado por engano em uma capela militar americana.

Outro desafio para a equipe de plantação de igrejas pode surgir quando os membros da equipe são ministros vocacionados de tempo integral. Os leigos locais podem ver um grande número de "profissionais" e usar isso como desculpa para não gastar tempo e energia no trabalho voluntário. "Por que eu deveria sacrificar meu precioso tempo quando há tantos profissionais que não têm nada para fazer em uma igreja tão pequena? Eles são treinados para fazer um trabalho bem melhor do que eu jamais conseguiria realizar." Essas equipes deveriam considerar a possibilidade de plantar múltiplas igrejas de uma vez para evitar algumas dessas dificuldades.

Plantação de igrejas por colonização

A plantação de igrejas por colonização é raramente praticada por causa do alto grau de comprometimento que exige. Mesmo assim, pode ser um dos métodos de maior sucesso. Um grupo de pessoas, geralmente composto por famílias inteiras, da mesma igreja ou recrutados de várias igrejas, se muda para uma cidade ou região-alvo. Como um assentamento de colonos, eles formam a base da nova igreja. Isso oferece quase as mesmas desvantagens que a abordagem de equipe, exceto pelo fato de que o grupo consiste de mais pessoas e a maior parte delas geralmente são leigos. Assim, uma igreja é praticamente transplantada para o novo local.

96　Veja o capítulo 16 para uma discussão sobre equipes de plantação de igrejas.

Essa abordagem lembra a multiplicação de igrejas mãe-filha (que será discutida abaixo). A diferença é que os membros se deslocam para uma cidade ou região totalmente nova, procurando novas casas e novos empregos, o que representa um tremendo obstáculo. Não somente é difícil convencer os membros de uma comunidade a se mudarem para outra, mas talvez seja difícil para eles encontrarem empregos e moradia ali. Essa abordagem geralmente é possível somente quando a colônia se muda para uma localidade de cultura igual ou similar. Um grande número de pessoas raramente está disposto a aprender uma nova língua e adotar o estilo de vida de uma nova cultura. Além disso, a numerosa presença de estrangeiros na nova igreja desanimará os novos cristãos da cultura local, dando à nova igreja um ar estrangeiro.

Usando como exemplo o Abbott Loop Christian Center em Anchorage, no Alaska, C. Peter Wagner (1990, 63-64) observa que foram plantadas quarenta igrejas no período de vinte anos usando principalmente o método de colonização. Os membros que tinham se deslocado para começar dez das novas igrejas eram 137. Essas dez igrejas cresceram até uma membresia somada de 2.068. A Community Christian Center de Naperville, no Estado de Illinois, enviou vinte e cinco membros com um pastor para a cidade de Kansas City e formaram a base de uma igreja pioneira ali. Mais tarde, trinta e cinco membros venderam suas casas, deixaram seus empregos e se mudaram para Denver para fazer o mesmo.

Plantação não residente ou projeto de curto prazo

A plantação não residente ou projeto de curto prazo ocorre quando o plantador ou a equipe de plantadores não estabelecem residência permanente no local da igreja que está sendo iniciada. Eles fazem visitas curtas periódicas ao local ou permanecem ali por apenas alguns meses. A ideia é evangelizar rapidamente, reunir uma base de cristãos locais, treiná-los com os ensinos básicos de como entender a Bíblia e como funciona a vida da igreja e, então, seguir adiante. Os plantadores continuam a fortalecer a congregação através de visitas curtas ocasionais. A abordagem é adequada para locais onde o tradicional trabalho missionário residente não é possível, mas tem sido experimentado em outros contextos também.

Algumas inciativas têm sido empreendidas por algumas organizações missionárias para plantar integralmente usando apenas equipes missionárias de curto prazo, como viagens missionárias de verão ou apresentando filmes evangelísticos e formando grupos de acompanhamento com estudos bíblicos com os interessados. No entanto, projetos assim raramente dão frutos a longo prazo onde não há igrejas locais autóctones ou missionários que conheçam a língua e a cultura para prover orientação contínua ao jovem trabalho.

Em seu livro *The Non Residential Missionary* (O missionário não residente) (1990), V. David Garrison descreve essa abordagem. Aqui o missionário opera de uma base não residencial, mas ainda procura aprender a língua e a cultura do povo visado. Ele mantém contato com várias organizações cristãs e coordena seus esforços a fim de evangelizar e plantar uma igreja entre um povo específico. Várias pessoas e projetos podem ser combinados no esforço conjunto: equipes de curto prazo, "evangelistas turistas", estudantes de intercâmbio de médio prazo, trabalhadores, evangelistas itinerantes, imigrantes de longo prazo ou fazedores de tendas. Garrison ressalta o exemplo de uma missionária filipina não residente, Lena Rabang, que trabalhou em Sarawak, na Indonésia, para alcançar muçulmanos. Ela já trabalhava como plantadora de igrejas de projetos de curto prazo nas Filipinas quando Deus a levou para ministrar entre um povo no qual não era permitida a entrada de missionários residentes americanos. Ela estabeleceu um testemunho consistente para Cristo e iniciou uma igreja trabalhando com um visto de seis meses, contando também com a ajuda de colegas que faziam rodízio entre si. "Depois de dez anos, ela viu 47 igrejas plantadas entre os Visayan Negritos e um número igual de pastores leigos treinados para liderar as igrejas em contínuo crescimento e testemunho" (Garrison 1990, 33).

Em outro exemplo, igrejas foram plantadas entre o povo Xiao, que vive em uma parte remota e restrita da Ásia. Depois de pesquisas e mobilização de oração, um missionário não residente cordenou o estabelecimento de um hospital cristão, um projeto de tradução da Bíblia e uma rádio cristã, e colocou entre vinte e trinta professores de inglês entre os Xiao. Depois de apenas dois anos um número estimado em três mil pessoas foram batizadas e recebidas nas igrejas recém-fundadas (Garrison 1990, 65-68).

A plantação internacional de igrejas

A plantação internacional de igrejas pode empregar qualquer um dos métodos acima, tendo como característica diferencial o fato de que a igreja não procura inicialmente ser autóctone, mas tem intencionalmente um caráter internacional. O inglês é geralmente a linguagem do ministério e a igreja é, pelo menos inicialmente, composta por estrangeiros vivendo na localidade visada: pessoas que falam inglês da comunidade empresarial internacional, corpo diplomático, estudantes, refugiados ou trabalhadores convidados. Começando com o alcance da comunidade internacional, a igreja pode crescer em número mais rapidamente. Além de servir às necessidades espirituais da comunidade estrangeira, é esperado que a igreja atraia os residentes locais que queiram praticar a língua inglesa ou tenham curiosidade de conhecer a fé cristã (Bowers 2005). A igreja estrangeira ou imigrante é semelhante à igreja internacional, que pode não utilizar a *lingua franca*[97], mas outra, como o mandarim ou o coreano nos Estados Unidos, e possui um caráter étnico ou cultural específico. Essas igrejas procuram atender às necessidades de imigrantes ou refugiados recentes que geralmente não dominam a língua predominante no país hospedeiro ou não se sentem aceitos em outras igrejas (Prill 2009). Em países predominantemente muçulmanos, plantar igrejas para alcançar muçulmanos é geralmente proibido, no entanto, igrejas para a comunidade estrangeira são permitidas e desfrutam de relativa liberdade.

---

97 Expressão latina para um idioma muito usado na comunicação entre falantes de línguas maternas diferentes. (N. de Revisão)

Algumas igrejas internacionais, depois de se estabelecerem e terem alcançado um número significativo de cidadãos locais, fazem uma transição do uso do inglês como língua principal do ministério para usar a língua local. Algumas vezes o programa para as crianças é oferecido em inglês e no idioma local. A pregação também pode ser traduzida para facilitar a transição. Isso tem sido feito em cidades como Moscou e Budapeste. A igreja pode também escolher permanecer internacional em caráter, mas servir de base para evangelismo e plantação de igrejas entre o povo local.

Organizações missionárias, como a Christian Associates International, têm promovido essa estratégia na Europa, plantando com bons resultados igrejas internacionais em cidades como Amsterdã e Genebra. Outra vantagem das igrejas internacionais é que elas podem ser laboratórios de inovações. Mesmo em contextos nos quais as igrejas locais já existem, as igrejas internacionais são geralmente menos presas às formas tradicionais da vida da igreja e podem moldar abordagens criativas ou alternativas para ministrar e evangelizar, estimulando essas ideias entre as igrejas mais tradicionais.

A estratégia da igreja internacional não está, no entanto, isenta de inconvenientes significativos se o objetivo é alcançar, além da comunidade estrangeira, os residentes locais. Ela é uma opção somente onde o alvo é uma cidade cosmopolita com uma comunidade internacional de bom tamanho. Onde o inglês não é a língua do coração para o povo local, o uso do inglês como língua de ministério atrairá apenas uma pequena minoria da população local. Ao mesmo tempo, tentar fazer a transição da língua inglesa para a local nem sempre é tarefa fácil se o uso do inglês for um dos maiores fatores de atração da igreja.

Outro desafio importante é que em uma igreja internacional, o cristianismo mantém uma aparência estrangeira. A população maior pode ver o cristianismo como a fé de forasteiros, mas não uma opção genuína para os nacionais. Essa imagem estrangeira diz respeito não somente à língua, mas também ao estilo de adoração, formas de liderança e tomada de decisões e outros aspectos culturalmente condicionados da vida da igreja. De fato, a igreja *é* estrangeira, não contextualizada e enfrenta todos os desafios das igrejas não contextualizadas.

Plantação indireta de igrejas

Frequentemente as igrejas são plantadas por organizações cristãs e ministérios cuja intenção principal não é plantar igrejas. Por exemplo, o Instituto Linguístico de Verão da Wycliff Bible Translators tem como objetivo principal traduzir a Bíblia para os idiomas locais. Algumas vezes, devido às obrigações contratuais com os governos, os tradutores devem deixar o país depois que a tradução for completada. No entanto, não é incomum que uma igreja seja estabelecida durante o processo de tradução da Bíblia. Da mesma forma, igrejas podem ser plantadas pelos funcionários cristãos de um hospital local, por voluntários de ajuda humanitária, funcionários de empreiteiras estrangeiras ou empresários cristãos a serviço de empresas internacionais.

Empreiteiros cristãos em Curtea de Arges, uma das mais antigas cidades da Romênia, levaram várias pessoas à fé em Cristo e iniciaram uma igreja ali, embora esse não fosse o propósito principal da organização. O líder da empreiteira não tinha treinamento para o pastorado ou plantação de igrejas, mas acabou plantando uma igreja. Em meados dos anos 90, a liderança da Cruzada Estudantil para Cristo em Budapeste começou a se encontrar aos domingos com estudantes e outras pessoas que tinham vindo à fé pessoal em Cristo. Embora fosse uma política da Cruzada Estudantil não plantar igrejas, uma igreja cresceu a partir dessas reuniões. Os líderes então contataram outra agência missionária para que os ajudasse a cuidar da igreja.

Embora as pessoas que plantam essas igrejas raramente sejam treinadas como plantadores e geralmente não possuam um plano de longo prazo para seu desenvolvimento (e muito menos para sua multiplicação), essa abordagem possui algumas vantagens. Os leigos locais normalmente são forçados a tomar uma iniciativa maior na liderança, pois o empreiteiro está ocupado com outras responsabilidades e não pode se dedicar totalmente ao pastorado da nova igreja. No caso de ministérios de misericórdia ou de desenvolvimento, a igreja é positivamente associada às contribuições dos cristãos para a comunidade. Em países fechados para a atividade missionária tradicional, frequentemente é possível que a ajuda humanitária cristã, projetos de desenvolvimento ou educadores entrem e se envolvam indiretamente na plantação de igrejas. Os trabalhadores contribuem para o bem estar do povo local e não são vistos como uma ameaça às religiões estabelecidas.

Abordagens para a reprodução de igrejas

Agora passaremos a descrever vários métodos pelos quais igrejas existentes se reproduzem através da mobilização de seus membros para a plantação de uma nova igreja, na mesma cidade ou em uma localidade próxima. Essas abordagens permitem a evolução da plantação de igrejas por adição, que é a plantação de igrejas uma por vez, para a multiplicação, que são igrejas plantando igrejas que plantam igrejas. Um resumo dessas abordagens é apresentado na Tabela 7.2.

Plantação de igrejas mãe-filha ou revoada

A abordagem mais comum à multiplicação de igrejas é a "mãe-filha", algumas vezes chamada de "revoada". Plantar igrejas por esse método é comparável ao processo biológico de multiplicação através da divisão de células. O que pode ser mais natural do que ter um bebê? A igreja-mãe gera uma igreja-filha enviando alguns membros para formar a base da nova igreja. O número de membros enviados pode variar de apenas alguns até centenas, dependendo do tamanho da igreja-mãe, a localização da nova igreja e outros fatores. Os obreiros da igreja-mãe podem ser enviados para ajudar a começar a igreja.

Tabela 7.2
Abordagens à reprodução de igreja onde elas já existem e desejam se reproduzir

Abordagens	Características
Plantação de igrejas mãe-filha ou revoada	Membros de uma igreja estabelecida (mãe) se separam para formar o núcleo de uma nova igreja (filha).
Plantação de igrejas *multisite* ou satélite	A igreja inicia um culto adicional ou ministério (geralmente com sermões por vídeo). Obreiros e organização permanecem amplamente centralizados.
Plantação de igrejas filha adotiva ou replantação	Uma comunidade independente decide formar uma igreja pedindo o auxílio de uma igreja estabelecida, ou uma pequena igreja com dificuldades é revitalizada.
Plantação de igrejas multimãe ou parceria	Várias igrejas estabelecidas cedem membros para iniciar uma igreja-filha comum.
Plantação de igrejas povo-foco ou multicongregação	Uma igreja estabelece uma nova congregação entre um grupo étnico ou social em particular, geralmente usando o mesmo edifício. As congregações são organizacionalmente ligadas.
Rede de igrejas nos lares	Igrejas caseiras multiplicam-se por divisão celular, com estrutura mínima e geralmente dirigida por leigos. O plantador não é um pastor, mas um orientador que fornece treinamento aos plantadores de igrejas nos lares.

Geralmente, os membros que formam a nova igreja já moram na área visada ou pertencem à população-foco da nova igreja. Assim, eles não precisam procurar novas moradias ou trabalho, como seria o caso da igreja plantada por colonização. Geralmente, um ou dois grupos caseiros afiliados à igreja-mãe já se reúnem em uma comunidade em particular. A visão de plantar uma igreja naquela comunidade é lançada e os membros daqueles grupos se preparam para se tornarem a base da nova igreja.

Por exemplo, a Igreja Evangélica Livre Central de Munique (duzentos membros adultos) desejava iniciar uma igreja-filha em um dos subúrbios da cidade. Um grupo caseiro já estava se reunindo na comunidade de Ottobrunn, que tinha sido identificada como uma área carente de uma igreja evangélica. Por muitos meses a visão foi lançada e os membros se prepararam para iniciar o novo trabalho. Eventualmente, trinta e quatro membros adultos foram comissionados. O pastor da igreja-mãe serviu ambas as igrejas até que a igreja-filha pôde contratar seu próprio pastor. A igreja-mãe não somente cedeu membros, mas também ofereceu apoio financeiro, cuidado pastoral e aconselhamento, bem como ajuda no evangelismo, música, reforma do local e vários outros serviços que estavam além dos recursos da igreja-filha. Milhares de exemplos como esse poderiam ser citados.

Há muitas outras maneiras de começar uma igreja-filha, como recrutar intencionalmente da igreja-mãe aqueles que irão iniciar a igreja-filha ou contratar um plantador para dirigir o novo trabalho. Algumas igrejas que se reproduzem evitam usar a linguagem e a mentalidade de revoada, em vez disso, falam de recrutamento de uma equipe missional ou núcleo para dar início à igreja-filha. A igreja Hill Country Bible Church, em Austin, no Texas, plantou quinze igrejas-filhas entre sua fundação em 1986 e 2010 (figura 7.1). Ela mudou sua abordagem de simplesmente reunir uma massa crítica de cristãos da igreja-mãe para formar uma equipe de lançamento e começou a recrutar intencionalmente famílias que possuíam mentalidade e chamado missionários. A igreja de Hill Country fala de uma mudança quádrupla na estratégia de plantação de igrejas-filhas:

- De reunir a igreja para reunir a comunidade
- De transplantar para transformar
- De massa crítica para núcleo missional
- De dependência financeira para financiamento criativo (Herrington 2009)

Figura 7.1
Hill Country Bible Church – Plantações de Igrejas

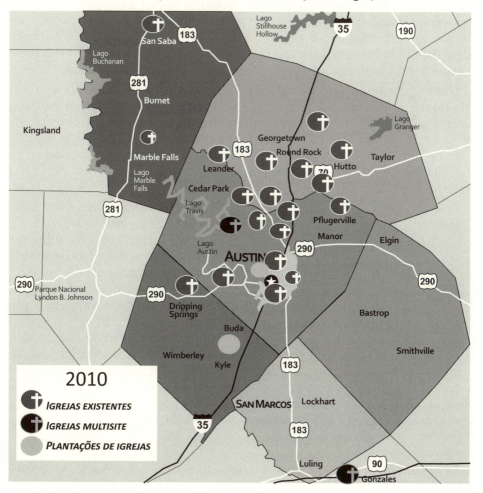

A equipe de lançamento pode ser pequena em número, mas é mais missional em perspectiva, com evangelismo, serviço sacrificial e conexão comunitária determinando o DNA da igreja-filha.

Há muito material disponível para ajudar no planejamento e plantação de igrejas-filhas. A maioria delas é orientada para o contexto das culturas ocidentais e deve ser adaptada para ser usada em outros contextos[98], no entanto, oferecem um bom ponto de partida para orientar o processo.

Há muitas vantagens na abordagem de multiplicação de igrejas do tipo mãe-filha. Os índices de sobrevivência e crescimento são mais altos do que os da plantação pioneira porque os grupos de lançamento são geralmente maiores, há mais obreiros, o apoio e os recursos imediatos estão disponíveis através da igreja-mãe e o projeto pode ser cuidadosamente preparado e planejado com tempo. Desde que os membros sejam originários da mesma igreja-mãe, têm a tendência de ter a mesma visão, *ethos* e filosofia de ministério. Como resultado, mais tempo e energia podem ser dedicados ao evangelismo e ao discipulado. Geralmente o grupo inicial incluirá membros que têm experiência no ministério e são maduros na fé. Esse fator proporciona liderança e estabilidade, o que muitas vezes falta nos trabalhos pioneiros. Além disso, o processo de revoada é facilmente reproduzível. É mais provável que a igreja-filha um dia se torne mãe e gere sua própria filha.

Um benefício indireto vem para a igreja-mãe. Ela não somente tem a alegria de dar à luz uma filha, mas chega à conclusão que ela mesma também precisa se mobilizar para evangelizar, recrutar e treinar novos obreiros a fim de preencher o vazio deixado pelos membros que foram comissionados para a igreja-filha. Isso livra a igreja-mãe de ficar complacente, acomodada e passiva. De fato, não é incomum que a igreja-mãe experimente um período de crescimento acelerado, pois Deus honra sua visão e compromisso.

Embora efetiva, essa abordagem também tem erros a serem evitados. Se a igreja mãe é pequena, começar uma igreja filha pode enfraquecê-la o suficiente para ameaçar a continuidade de sua existência. Sua igreja-filha também deve tomar cuidado ao duplicar em detalhes os métodos de ministério da igreja-mãe. Ela precisa desenvolver novas abordagens de ministério adaptando-os às necessidades particulares de sua comunidade. Assim como acontece no relacionamento de mães e filhas de verdade, a igreja-mãe pode dominar em demasia a filha e essa pode permanecer muito dependente, ficando "agarrada na barra da saia da mãe". Uma competição não saudável pode também se desenvolver entre mãe e filha. Não obstante essas advertências, uma vez que a igreja pioneira seja estabelecida, a abordagem mãe-filha continua a ser o método que Deus tem abençoado mais ricamente na multiplicação de igrejas em todo o mundo. A maior parte dos outros métodos de reprodução de igrejas são variações dessa abordagem.

---

98 Ver exemplo de Logan e Ogne 1995 e Harrison, Cheyney e Overstreet 2008. Esses materiais incluem planilhas e orientações passo a passo.

Plantação de igrejas multisite ou satélite

Uma das tendências mais populares na plantação de igrejas hoje entre as igrejas grandes é o conceito *multisite* (veja Ferguson 2003; Surratt, Ligon e Bird 2006; McConnell 2009). Como a abordagem de revoada, novas igrejas são geralmente iniciadas pelo envio de membros da igreja mãe. A diferença é que aqui a igreja-filha permanece fortemente ligada à igreja-mãe, sem se tornar autônoma, geralmente fica totalmente integrada no ministério mais amplo da igreja-mãe. Um slogan comum da igreja *multisite* é "Uma igreja *multisite* é uma igreja se reunindo em várias localidades – diferentes salas e um mesmo local, diferentes locais na mesma região e em alguns casos em diferentes cidades, estados ou nações. Uma igreja *multisite* compartilha de uma visão, um orçamento, uma liderança e uma diretoria comum" (Surratt, Ligon e Bird 2006,18).

A abordagem é comparável a um planeta com satélites que orbitam e permanecem dentro de sua força gravitacional, com a igreja central ou principal como o planeta e seus satélites como os vários locais ou sedes menores. Algumas vezes duas sedes são iniciadas, tendo o local adicional o mesmo status e tamanho do original.

Esse modelo tem sido desenvolvido com muitas variações. Frequentemente, todas as sedes compartilham a mesma equipe pastoral, embora uma sede possa ter uma equipe local. Os orçamentos para as sedes são geralmente centralizados. A tomada de decisões e estrutura de liderança podem ser altamente centralizadas, com um conselho administrativo comum, ou pode ser concedida às sedes considerável autonomia na tomada de decisões, desde que continuem legalmente debaixo do guarda-chuva da igreja central. Algumas têm apenas cultos de adoração em várias localidades, outras oferecem um extenso leque de ministérios em cada local.

Hoje, é também comum que os participantes de vários locais assistam ao mesmo sermão dominical pregado pelo pastor titular via gravação em vídeo ou transmissão online ao vivo. Isso maximiza a audiência de pregadores extremamente talentosos, mas só é possível quando a tecnologia necessária é disponível e acessível. A pregação e a liderança forte do pastor sênior muitas vezes servem como ímã que "mantém os satélites em órbita" e leva à criação de novas sedes. No entanto, em alguns casos, uma abordagem de equipe para a pregação em diferentes locais tem sido adotada, assim a dependência de um único pastor talentoso é reduzida.

A abordagem *multisite* tem a vantagem de que um ministério efetivo da igreja-mãe pode ser consistentemente reproduzido nas igrejas-filhas. Isso é muito semelhante ao conceito de franquia de um McDonald's ou Pizza Hut, onde a qualidade do produto é monitorada de perto e reproduzida. Por outro lado, algumas igrejas fazem um esforço intencional para plantar novos locais que são bem diferentes em estilo de ministério, capazes de atender às diversas necessidades de várias subculturas e comunidades. O método *multisite* tem sido usado também para "recomeços" de igrejas (discutido abaixo).

A maioria das igrejas que estão iniciando sedes *multisite* são grandes, sendo assim as plantações são geralmente lançadas com um número relativamente grande de membros. A sede se firma na forte reputação da igreja-mãe na comunidade. Compartilhando pessoal, recursos e conhecimento com a mãe, a igreja derivada pode imediatamente oferecer uma grande gama de ministérios de alta qualidade, o que não seria possível em uma igreja-filha mais típica.

Há desvantagens a considerar nessa abordagem. O ministério altamente centralizado pode carecer de flexibilidade para se adaptar às necessidades das novas localidades. O processo de tomada de decisões pode ser trabalhoso para a sede remota. Pode-se também promover um conceito de ministério demasiadamente profissional, que depende muito de pessoal remunerado e de tecnologia. Os custos iniciais de pessoal e equipamento podem ser altos.[99] Em razão da abordagem *multisite* geralmente depender da iniciativa de uma igreja-mãe forte, os satélites raramente se reproduzem. A abordagem, portanto, é eficaz para a adição de igrejas, mas raramente leva à multiplicação de igrejas plantando igrejas (ou sedes plantando novas sedes).

Não se deve pensar que a abordagem *multisite* é um fenômeno estritamente norte-americano. Existem numerosos exemplos em todos os continentes. Por exemplo: a igreja *Works and Mission Baptist Church* em Abidjan, na Costa do Marfim, possui 150.000 congregantes reunindo-se em centenas de localidades satélites (Surratt, Ligon e Bird 2006, 203). Uma igreja assim tem, praticamente, o porte de uma denominação.

Plantação de igrejas por adoção[100]

Ocasionalmente, um grupo de cristãos é formado em uma localidade longe da assistência direta de uma igreja estabelecida. O grupo pode ser um estudo bíblico caseiro ou um grupo de discipulado resultado de um programa evangelístico. Quando seus membros decidem que querem se tornar uma igreja mais formal, buscam a ajuda de uma igreja estabelecida que possa fornecer orientação e, possivelmente, recursos ou cuidado pastoral. Quando essa igreja estabelecida decide apoiar a nova igreja, em certo sentido ela adota o novo trabalho – a nova igreja não é resultado de um "nascimento natural", crescendo de um núcleo enviado pela igreja-mãe. Embora os membros da nova igreja não sejam ex-membros da igreja-mãe, a mãe adotiva trata a nova igreja como se ela fosse sua filha.

Logo após a queda do comunismo na Hungria, por exemplo, um grupo de cristãos foi formado em uma pequena vila como resultado de um concerto evangelístico. Não havia uma igreja evangélica local naquela vila e, portanto, ninguém que dirigisse um trabalho de acompanhamento daquelas pessoas. Quando esses novos cristãos entraram em contato com uma igreja evangélica em Budapeste, pediram ajuda para plantar uma igreja em sua vila. A igreja em Budapeste se tornou uma mão adotiva, não enviando membros, mas fornecendo recursos, orientação, ensino ocasional e incentivo à nova igreja.

---

99 Nos Estados Unidos, os custos iniciais de rede para igrejas maiores podem variar de U$75.000 até U$100.000 no primeiro ano (Surratt, Ligon e Bird 2006, 104), embora outros estimem o custo de rede a perto de U$140.000 (Ciesniewski 2006).

100 Não estamos falando aqui de parcerias internacionais entre congregações em países diferentes. Isso será discutido no capítulo 18.

Uma variação da abordagem da adoção pode ser vista quando uma igreja que está passando por dificuldade, ou até morrendo, se aproxima de uma igreja sadia e pede que ela seja "adotada" a fim de ser, de fato, "replantada". Muitas vezes, a igreja adotada não conseguiu se adaptar às mudanças da comunidade. Isso, porém, funciona somente quando a propriedade de edifícios, decisões e estilo de ministério são cedidos à igreja mãe e uma abordagem totalmente nova de ministério é lançada. Algumas vezes alguns membros da igreja-mãe são enviados para juntar-se à igreja adotada. Na verdade, essa não é uma plantação de igreja, mas uma revitalização. A Primeira Igreja Batista de Houston fez parcerias com vinte e quatro igrejas que estavam morrendo para revitalizá-las (Roberts 2008, 116-17). Algumas vezes a igreja adotada torna-se uma sede adicional de uma igreja *multisite* (veja Estudo do Caso 7.1).

Estudo de caso 7.1

Plantação de igreja por replantação de igreja

A New Life Community Church de Chicago foi fundada em 1986 com dezoito pessoas. Em 1996 um segundo campo de adoração foi fundado. Em 2009 a New Life tinha se tornado uma igreja *multisite* e multiétnica com 14 locais de culto, 170 grupos caseiros e uma frequência nos finais de semana de 4.200 pessoas em 25 cultos. Dos 14 locais, 7 começaram como replantações. A estratégia da New Life inclui a renovação ou replantação de igrejas com dificuldades, geralmente em comunidades mais antigas e em transformação, que pedem sua ajuda. Em um caso, eles adquiriram um edifício histórico de 125 anos e o revitalizaram, oferecendo dois cultos dominicais, um pela manhã com jovens adultos e famílias e outro alternativo à noite, para jovens adultos e estudantes da Universidade DePaul, que se localiza nas proximidades. Em março de 2009, recomeçou uma igreja de 115 anos com dois cultos, um em inglês e outro em espanhol. Se a antiga igreja não conseguiu se adaptar à comunidade em transformação, a igreja adotiva recomeçou reinventando a igreja, moldando-a para se conectar e ministrar às pessoas e às necessidades à sua volta. Você pode assistir a um vídeo de dez minutos contando a história de recomeço da New Life em www.newliferestart.org (Vídeo em inglês. Acesso em 13/04/2012).

A abordagem de adoção compartilha a maioria das vantagens da plantação de igrejas mãe-filha. Além disso, o grupo de cristãos que está sendo adotado é altamente motivado a começar a nova igreja e, provavelmente, possui o tipo significativo de liderança e visão que o leva a desejar plantar uma igreja. A nova congregação pode ganhar credibilidade associando-se a uma igreja com reputação estabelecida na região. No entanto, para que a adoção seja bem-sucedida, mãe e filha precisam se conhecer bem antes que a parceria seja oficializada. As expectativas dos dois grupos podem ser diametralmente opostas. Questões doutrinárias, filosóficas e financeiras devem ser francamente compartilhadas. Acima de tudo, é preciso que se desenvolva a confiança entre os dois grupos e isso exige paciência e comunicação aberta. Algumas vezes, esses grupos que passam por dificuldades não buscam uma parceria genuína, mas apenas uma ajuda para conseguir um edifício ou pagar um pastor. Em outros casos, a igreja adotiva pode dominar demais a nova igreja e a transição pode ser difícil. No entanto, se esses obstáculos forem transpostos, a plantação adotiva de igrejas pode ser uma forma maravilhosa para que igrejas já estabelecidas possam fazer parcerias com outras emergentes, produzindo maior sinergia.

Plantação de igrejas multimães ou em parceria

Quase da mesma forma em que ocorre a plantação de igrejas mãe-filha – a mãe cedendo membros – nessa abordagem, duas ou mais igrejas-mães cedem membros para formar uma nova. Isso faz com que o núcleo da equipe de lançamento da nova igreja seja maior. A plantação, no entanto, torna-se menos pesada sobre as igrejas-mães pelo fato de elas compartilharem a responsabilidade. Assim, igrejas menores podem se envolver na plantação, mesmo quando não possuem recursos para fazer isso sozinhas. Para essa abordagem, as igrejas-mães geralmente pertencem à mesma denominação.

Um exemplo é a plantação da Igreja Evangélica Livre de Markt Indersdorf, Alemanha, uma pequena comunidade próxima a Munique. Duas igrejas-mães de Munique tinham duas células se reunindo naquela região, a cerca de uma hora de carro da cidade. Os dois grupos foram reunidos e formaram um só, com dez famílias, que se tornaram a equipe de plantação da igreja. As duas igrejas de Munique cederam membros e forneceram recursos. A de Markt Indesdorf era dirigida por leigos e recebia apoio das igrejas de Munique em forma de aconselhamento e pregação regular.

Iteffa Gobena da Igreja Evangélica Etíope Mekane Yesus o chama de modelo "ponte". Igrejas rurais organizam equipes para "diminuir a distância que separa duas ou mais congregações ou paróquias... Eles indicam pregadores leigos que voluntariamente assumem a responsabilidade de pregar o Evangelho para preencher esse vazio" (Gobena 1997,15).

Para que a abordagem multimãe tenha sucesso, os vários grupos que formam a nova igreja devem crescer juntos e desenvolver uma visão comum. Mesmo que as igrejas-mães sejam da mesma denominação, não se deve supor que irão harmonizar-se automaticamente. No caso de Markt Indersdorf, os dois grupos oraram, trabalharam e planejaram juntos por um ano enquanto desenvolviam uma visão e uma estratégia comuns, antes de fundar a igreja publicamente. Os papéis e as responsabilidades de cada igreja-mãe devem ser esclarecidos para que a igreja-filha tenha expectativas definidas e não acabe órfã por nenhuma das mães assumir a responsabilidade de cuidar dela.

Plantação de igreja povo-foco ou multicongregação

Muitas igrejas alcançam um grupo étnico, linguístico ou social em sua comunidade, dando início a uma congregação adicional que existe para atender às necessidades particulares de um desses grupos (Prill 2009). Tipicamente, essa nova congregação se reúne em salas da igreja-mãe, geralmente aos domingos à tarde e fica até certo ponto sob a autoridade da igreja que a hospeda. Isso tem se mostrado uma maneira especialmente eficaz de alcançar a primeira geração de imigrantes que deseja adorar a Deus em sua língua materna e preservar alguns de seus valores culturais e tradições. Em cenários urbanos onde estão ocorrendo grandes mudanças étnicas, começar uma congregação étnica pode ser um meio de facilitar a transição e adaptação da igreja às mudanças da comunidade. Essa pode ser até uma estratégia para o reavivamento da igreja (veja o Estudo de Caso 7.2).[101]

Estudo de Caso 7.2

Plantação de igrejas multicongregacionais em comunidades em mudança

A Primeira Igreja Batista de Flushing (FBCF) em Nova Iorque tem três congregações em três línguas: inglês, chinês e espanhol. Nos anos 60, a comunidade começou a mudar de uma congregação basicamente de trabalhadores brancos e parcialmente afro-americanos para uma composição de imigrantes asiáticos e hispânicos. Depois de cem anos de ministério, em 1965 o ministério hispânico foi lançado e em 1968, o chinês, resultando em um crescimento e em um impacto na comunidade que de outra forma seria impossível. Embora tenha enfrentado dolorosos reveses, tornou-se uma igreja modelo de ministério multicongregacional. Em 1980, as três congregações foram elevadas ao mesmo status sob uma diretoria comum. A FBCF já não era uma igreja de brancos com congregações étnicas subordinadas a ela. Mais tarde a igreja convidou um pastor de origem asiática para assumir a direção geral da igreja. Cada congregação pode ministrar de formas apropriadas ao seu povo-foco. A FBCF possui vários ministérios de serviço à comunidade e tornou-se um campo de treinamento para missionários transculturais (Travis 1997; Ortiz 1996, 78-85; Wang 2007).

Especialmente em grandes contextos urbanos há dezenas de grupos étnicos não alcançados pelo Evangelho que têm pouca probabilidade de serem alcançados pelas igrejas existentes. Rodney Harrison, Tom Cheyney e Don Overstreet descrevem as vantagens da abordagem multicongregacional, que eles chamam de "ninho": "Os custos do lançamento da igreja são mínimos. Geralmente, a nova igreja começa sob o guarda-chuva legal e administrativo da igreja patrocinadora. O material da igreja e os salários de funcionários, se necessários, são as despesas principais. A igreja hospedeira deve esperar custos incidentais, no entanto, incluindo o aumento das contas de água, gás, eletricidade e telefone, bem como suprimentos e desgaste de equipamento de escritório" (2008, 98).

Os grupos de pessoas que necessitam de ministérios especializados não estão limitados às minorias linguísticas e étnicas. Outros povos-foco podem incluir artistas, moradores de rua, trabalhadores migrantes ou que trabalham

---

101 Veja Dudley 1979, Dudley e Ammerman 2002, Carle e Decaro 1999 e Eiesland 1999 para exemplos de como as igrejas se adaptam às mudanças nas comunidades.

em turnos ou no final de semana. Em Nuremberg, na Almanha, um ministério especial foi criado para padeiros que, por começarem o trabalho muito cedo pela manhã, não conseguem frequentar o grupo de estudo bíblico comum nem o culto de adoração. Eles até formaram uma banda de metais!

Os resultados dessas iniciativas são múltiplas congregações que se reúnem sob o teto de uma mesma igreja. Isso exige um compromisso considerável e flexibilidade por parte da igreja-mãe e os desafios não devem ser subestimados. Uma congregação adicional não somente imporá novas exigências sobre as instalações e recursos, mas exigirá uma mentalidade missional aberta por parte da congregação patrocinadora. Pessoas de culturas ou subculturas diferentes têm diferentes graus de sensibilidade em relação à agenda, tempo, níveis de barulho, comportamento de crianças, limpeza e uma enorme variedade de pontos potenciais de conflito com a igreja-mãe. Os membros de minorias étnicas frequentemente apreciam compartilhar refeições antes ou depois dos cultos e aromas exóticos podem encher a igreja por dias! Em muitos casos, senão na maior parte deles, alguém com habilidades linguísticas e transculturais pode precisar ser treinado ou recrutado para dar início e apoio contínuo ao ministério.

Rede de igrejas nos lares

Nos últimos anos, muitos livros têm promovido e descrito as igrejas nos lares.[102] Praticamente todos os exemplos de Garrison (2004a) dos movimentos de plantação de igrejas de crescimento rápido consistem em igrejas nos lares. Por essa razão muitas organizações missionárias estão promovendo essa abordagem. A rede de igrejas nos lares se reproduz através de divisão celular de forma semelhante à da plantação mãe-filha. Em ambos os modelos, os membros de uma congregação já existente são enviados para começar outra, mas aqui o processo ocorre na escala da igreja nos lares.

Uma igreja no lar, ou igreja caseira, possui geralmente menos de cinquenta pessoas e basicamente funciona como uma congregação independente dirigida por leigos. Assim, com cada divisão de célula, nasce uma nova igreja caseira. Como as igrejas nos lares não necessitam se reunir em lugares dispendiosos, têm uma estrutura mínima e são dirigidas por leigos, possuem um grande potencial para a multiplicação rápida. Esse é o caso especialmente em sociedades altamente relacionais, nas quais o Evangelho pode se espalhar facilmente através de redes de laços de parentesco, relacionamento profissional ou comunitário.

Uma variação da reprodução das igrejas nos lares é quando dois núcleos dentro de uma igreja caseira existente são formados. Os dois podem se reunir em salas diferentes da mesma casa por algum tempo e mais tarde passam a se encontrar em outro local, reunindo-se apenas periodicamente, talvez uma vez por mês. Com o passar do tempo, os líderes aprendizes dos

---

102 Dos muitos trabalhos sobre igrejas nos lares, os mais práticos a respeito da plantação de igrejas são Garrison 2004a, Kreider e McClung 2007, Payne 2007 e Simsom 2001. Veja também a discussão sobre igrejas nos lares no capítulo 6.

dois grupos formam equipes de liderança, então as duas células se separam e são lançadas como igrejas autônomas. A igreja caseira original torna-se duas novas igrejas e a original deixa de existir. O plantador orienta as novas células, mas está livre para iniciar outra igreja caseira em uma nova região (veja Figura 7.2).

**Figura 7.2
Subdivisão da igreja no lar**

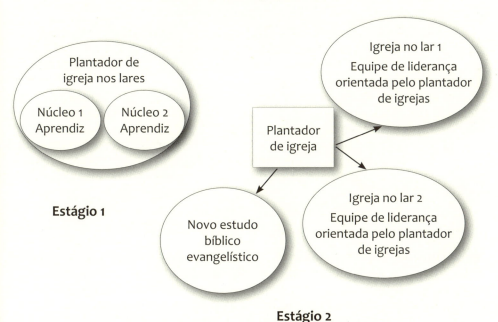

A chave para a multiplicação das igrejas nos lares está no treinamento de líderes em número suficiente para acompanhar o ritmo de multiplicação das células. As igrejas nos lares mantêm uma espécie de rede através de equipes de liderança comuns, consultoria, treinamento de obreiros e, ocasionalmente, celebração conjunta. Por sua pequena visibilidade e estrutura dirigida por leigos, ela é mais resistente à perseguição do que as igrejas tradicionalmente estruturadas. No entanto, pelo fato de os líderes receberem menos treinamento, podem ser suscetíveis ao ensino fraco ou falso, à liderança fraca ou inadequada e à dominação nociva de certos indivíduos. As igrejas nos lares também carecem de programas direcionados a necessidades especiais comumente oferecidos por igrejas maiores (como ministério com jovens), por essa razão, frequentemente perdem membros para igrejas que oferecem um ensino de maior qualidade e oportunidades mais amplas de ministério.

Divisões de igrejas ou filhos não planejados

Uma divisão de igreja é uma forma de reprodução que ninguém deseja ou planeja, mas, na realidade, é a fonte de muitas novas igrejas em todo o mundo. As divisões, ou *"splits"*, em inglês, que resultam na plantação de igrejas têm sido chamadas de *"splats"*, ou borrifos, por alguns autores como Harrison, Cheyney e Overstreet (2008,102). Elas podem ter sido resultado de conflitos entre a liderança, lutas de poder, diferenças doutrinárias ou tensões interpessoais. Seja qual for a causa, o resultado é que uma facção da igreja se separa e começa uma nova igreja sob nova liderança.[103]

Essas divisões raramente são motivadas evangelisticamente, mas movidas por uma causa ou personalidade em particular que precipitou a divisão. São um péssimo testemunho para o Evangelho e uma contradição direta da oração de Jesus *"para que todos sejam um, Pai, como tu estás em mim e eu em ti, que eles também estejam em nós,* para que o mundo creia *que tu me enviaste"* (Jo 17.21, ênfase adicionada). Não é necessário dizer que não recomendamos essa abordagem para a reprodução de igrejas! No entanto, da mesma forma com que o conflito entre Paulo e Barnabé resultou em duas equipes missionárias em vez de uma (At 15.39s), Deus tem usado até mesmo divisões de igrejas para criar outras que, por sua vez, atingirão mais pessoas.

Estratégias regionais para plantação de igrejas

Agora consideraremos estratégias para a plantação de várias igrejas em uma região geográfica. O enfoque aqui não está em métodos de plantação de uma única igreja ou reprodução de igrejas existentes, mas em determinar as melhores estratégias de longo prazo para alcançar uma área metropolitana, um bairro ou um Estado. Isso levará em consideração o local das plantações de igrejas, a organização dos recursos de plantação de igrejas e como os movimentos serão expandidos a partir de seu início. Essas abordagens estão resumidas na Tabela 7.3.

Plantação de igrejas por prioridade de colheita

Quando os plantadores entram em uma nova região a questão é: por onde começar? Nos primeiros anos do trabalho missionário pioneiro protestante, os missionários geralmente pregavam o Evangelho de vila em vila e então concentravam o trabalho nos locais onde as pessoas tinham sido mais receptivas. Essa abordagem está de acordo com o princípio da prioridade de colheita discutido no capítulo 4: devemos fazer a colheita espiritual onde a seara está madura.

---

103 Em alguns contextos culturais, os pastores são tão autoritários que se sentem ameaçados pelo surgimento de líderes talentosos. Os líderes mais jovens não veem oportunidade para desenvolver seu ministério potencial a não ser pela fundação de uma nova igreja. Isso cria um círculo vicioso no qual os líderes sempre se sentem ameaçados pela nova geração de líderes emergentes que esperam – e muitas realmente acontece – irão criar mais divisões (veja Thornton 1984).

Em circunstâncias semelhantes essa abordagem faz sentido. Quando os plantadores iniciam com uma localidade receptiva, as igrejas que são plantadas podem, mais tarde, evangelizar as áreas menos receptivas. Se começamos com uma área menos receptiva, pode levar muito tempo até que as primeiras igrejas sejam plantadas, enquanto os recursos vão ficando indisponíveis e outras áreas mais receptivas permanecem sem o Evangelho. A abordagem da prioridade da colheita parece ser a melhor forma de usar recursos e força de trabalho limitados.

Tabela 7.3
Estratégias regionais para plantação de igrejas

Abordagem	Características
Plantação de igrejas por prioridade de colheita	Iniciativas evangelísticas são empreendidas em várias localidades e uma igreja é plantada no local de maior receptividade.
Plantação de igrejas por cabeça de ponte estratégica	Procura estabelecer pelo menos uma igreja em cada cidade ou vila não evangelizada, geralmente separada por distâncias geográficas.
Plantação de igrejas por agrupamento	Procura estabelecer um agrupamento de igrejas relacionadas em uma área geograficamente limitada.
Plantação de igrejas por propagação da videira	Igrejas são plantadas em cidades e vilas consecutivas, geralmente seguindo rotas de transporte importantes.
Plantação de Igrejas dente-de-leão, espontânea ou diáspora	Igrejas (nos lares) são plantadas espontaneamente à medida que os cristãos locais (que podem ser cristãos de diáspora) espalham naturalmente o Evangelho.

No entanto, não podemos generalizar. Por exemplo, alguém pode questionar como a receptividade de um local pode ser determinada. Um povo pode, inicialmente, responder de forma muito positiva ao filme *Jesus* ou a um "impacto" evangelístico, mas depois não demonstrar interesse por um compromisso mais sério de discipulado e mudança espiritual. Por outro lado, um grupo que é inicialmente resistente ou que leva mais tempo para considerar as exigências do Evangelho, pode, mais tarde, fazer um compromisso mais profundo com Cristo e se tornar uma igreja forte e capaz de se reproduzir. A maioria dos não cristãos precisa de tempo para compreender completamente o significado do Evangelho a fim de tomar uma decisão consciente.

Além disso, o Evangelho se espalha mais facilmente dos centros urbanos para as aldeias, mas muito lentamente das aldeias para os centros urbanos. Embora um cenário urbano possa apresentar-se inicialmente mais resistente ao Evangelho, pode, potencialmente, ter um impacto na região. Enfocar exclusivamente a receptividade imediata, portanto, pode ser uma abordagem menos estratégica em longo prazo.

Plantação de igrejas por cabeça de ponte estratégica

A abordagem cabeça de ponte estratégica procura estabelecer um acesso espiritual em vários centros políticos, comerciais ou educacionais. A partir dessas cidades de influência as igrejas podem ser plantadas em subúrbios distantes, vilas ou aldeias. Isso reflete a preferência de Paulo por plantar igrejas em centros como Corinto e Éfeso, dos quais o Evangelho emanaria para as regiões adjacentes. No início dos anos 90, com a queda da Cortina de Ferro, muitas agências missionárias procuraram enviar equipes de plantadores de igrejas para cada grande cidade de cada país antes fechado e para cada capital dos países do Pacto de Varsóvia. Algumas vezes, eram escolhidos lugares nos quais não havia nenhuma igreja, embora houvesse uma grande distância entre um e outro. A vantagem dessa abordagem é que o Evangelho é espalhado em uma ampla região e menos concentrado em apenas uma área. Se localidades totalmente não alcançadas são escolhidas, as energias da plantação de igrejas são voltadas para a maior necessidade espiritual.

A dificuldade da abordagem cabeça de ponte estratégica é que os recursos podem ser excessivamente dispersos em uma grande área. As equipes de plantação e as igrejas plantadas podem estar separadas por horas de viagem com pequena possibilidade de se encorajarem mutuamente, compartilharem recursos ou desenvolverem sinergia a fim de imprimir um impacto significativo em qualquer uma das regiões. Nessa abordagem, corre-se o risco de plantar igrejas muito fracas e isoladas. Tanto as igrejas quanto a equipe podem facilmente desanimar caso o progresso seja lento.

Plantação de igrejas por agrupamento

A plantação de igrejas por agrupamento é o oposto da abordagem por cabeça de ponte estratégica: o alvo inicial é plantar várias igrejas em uma área geográfica mais limitada, como uma única grande região metropolitana. Em vez de espalhar as equipes de plantação de igrejas em locais distantes uns dos outros, elas ficam concentradas em uma área. O ponto forte dessa estratégia é que os plantadores e as igrejas emergentes estão razoavelmente próximos para se reunirem a fim de se encorajarem mutuamente, promoverem celebrações comuns periódicas, oferecerem treinamento conjunto de obreiros e auxiliarem-se uns aos outros em programas evangelísticos e com outros objetivos. Se o movimento está sendo dirigido por líderes leigos, as igrejas no agrupamento podem compartilhar pregadores leigos, reduzindo mais tarde o encargo sobre qualquer das igrejas. A equipe de plantação é espalhada em várias igrejas, o que deposita sobre os líderes a responsabilidade sobre cada igreja.

Quando as igrejas são plantadas em agrupamentos um sentimento de movimento pode se desenvolver. Por exemplo, a Nairobi Chapel, no Quênia, plantou vinte e cinco igrejas em Nairobi, muitas delas em favelas, e tem a visão de plantar mais trezentas, sendo pelo menos a metade na própria Nairobi, até 2020 (Muriu 2007). Em agrupamentos, as igrejas não ficam isoladas. Podem aprender umas com as outras resultando em sinergia e um senso de movimento. O estudo realizado em 2007 por Ed Stetzer e Philip Connor com 2.080 plantações de igrejas de doze denominações na América do Norte demonstra a importância do apoio dos colegas do plantador para a sobrevivência da igreja. Esse apoio é mais prontamente disponível na abordagem por agrupamento.[104]

A reprodução de igrejas usando a abordagem multimãe é facilitada pelo agrupamento. Com o tempo, a região se torna mais saturada com o Evangelho, com um índice mais alto de igreja por residente e o movimento terá uma visibilidade maior. Um estudo realizado por Daniel Olson da Universidade de Indiana – South Bend, que examinou os fatores que contribuem para o crescimento das novas congregações da Igreja do Nazareno, confirma a vantagem da plantação por agrupamento. Ele resume: "A questão em foco é se existe uma vantagem quando essas congregações são localizadas próximas a congregações já existentes. A resposta é "sim". De fato, a localização em um bairro com mais igrejas do Nazareno e mais membros da igreja do Nazareno é um dos indicativos de uma frequência média mais alta no quinto ano" (Olson 2002).

Um dos exemplos mais impressionantes de plantação urbana de igrejas por agrupamento é o movimento *Encuentro com Dios* em Lima, Peru. De 1973 a 1997 uma igreja cresceu dentro do movimento, plantando trinta e oito igrejas com um total de membros próximo a 16.000 e uma frequência semanal de 25.000 (Turnidge 1999; Manghan 1987). A Áustria é considerada um dos países mais difíceis na Europa para a plantação de igrejas protestantes, ainda assim, na área da Grande Viena, um agrupamento de plantação de novas igrejas foi lançado em 1972 e chegou a doze igrejas em 1995. Começando com um estudo bíblico em uma casa, a primeira igreja, conhecida por sua localização em Tulpengasse, Viena, foi plantada em 1972. Somente seis anos depois foi plantada a primeira igreja-filha em Floridsdorf, e as outras se seguiram mais rapidamente: uma em 1980, duas em 1984 e então quase uma por ano. Uma característica notável desse movimento é que eles tinham orientação dos Irmãos de Plymouth, sendo que a maioria era dirigida por leigos com relativamente poucos pastores assalariados – e isso aconteceu em um dos centros mais sofisticados cultural e profissionalmente da Europa! Semelhantemente, a abordagem de agrupamento foi combinada com plantação de igrejas mãe-filha na grande metrópole Paris – outro lugar difícil para se plantar igrejas. Um grupo associado com missionários da TEAM plantou seis igrejas em um período de quinze anos. Outro grupo associado com a Mission-France plantou cinco igrejas em oito anos e estas, por sua vez, plantaram outra filha e duas netas nos anos seguintes (Vajko 1996, 56-68, 86-93).

Há outros numerosos exemplos de plantação de igrejas por agrupamento em todo o mundo. Glenn Kendall (1990) descreve isso em um movimento

---

104 "A reunião de um plantador de igrejas com um grupo de colegas plantadores pelo menos uma vez por mês aumenta as chances de sobrevivência para 135%. Descobrimos que dos plantadores participantes do grupo de colegas, 83% de suas igrejas sobreviveram, enquanto somente 67% das igrejas plantadas por aqueles que não participavam de um grupo de apoio sobreviveram" (Stezer e Connor 2007, 14).

mais rural em Ruanda. As igrejas batistas cresceram em quinze anos de um grupo regional de mil membros para um movimento nacional com mais de dezessete mil membros e mais de trezentas novas igrejas. A chave foi mobilizar líderes nacionais para plantar agrupamentos de até doze igrejas em vez de igrejas individuais. Grandes programas de evangelismo geraram entusiasmo e de cinco a sete igrejas novas eram iniciadas durante cada empreitada.

Nesses movimentos, muitas vezes plantar igrejas-filhas torna-se parte do *ethos* das igrejas. Em vez de uma única igreja central plantando todas as igrejas-filhas, o que leva a uma adição de igrejas, é esperado que as igrejas recém-plantadas também gerem novas igrejas, levando a uma multiplicação de igrejas. Conforme os membros das igrejas vão se mudando para outras regiões, filiam-se a outras igrejas do movimento (conservando assim o fruto) ou se tornam uma semente para uma nova plantação. A única desvantagem dessa abordagem é que um volume considerável de recursos fica concentrado (pelo menos inicialmente) em uma região, enquanto outras permanecem não alcançadas. Se a receptividade ao Evangelho for lenta, um compromisso de longo prazo será necessário.

Plantação de igrejas por videira

Os morangos crescem e se espalham estendendo um estolho que lança raízes e gera uma planta-filha. Esta, por sua vez, envia um estolho para iniciar outra e assim por diante. Muitas plantas trepadeiras se espalham dessa forma, estendendo seus ramos junto ao chão ou outra superfície periodicamente, ancorando-se nela. Os movimentos de plantação de igrejas podem crescer também como os morangueiros ou videiras, plantando uma igreja após outra, de uma cidade para outra, geralmente seguindo uma rota comercial importante ou uma estrada. Cada igreja plantada se torna um ponto de lançamento para outra igreja-filha na próxima vila ou cidade ao longo da estrada. Um simples exemplo dessa abordagem é a plantação de igrejas feita pela Igreja Evangélica Livre no sul da Romênia, dirigida por missionários americanos depois da queda do comunismo (Figura 7.3). Esse não foi um movimento de crescimento rápido, mas ilustra a abordagem. As igrejas foram plantadas começando em Craiova (300.000 habitantes), seguindo a estrada na direção nordeste para Slatina (85.000), para Piteşti (180.000) e finalmente para Cîmpulung (44.000).[105] Em vez de seguir uma via expressa ou estrada, a linha de novas igrejas pode acompanhar um canal ou rio. A Figura 7.4 ilustra como as igrejas eram plantadas pela German Allianz Mission estendendo-se a partir da Bamako, a capital de Mali, seguindo o Canal de Niger.

---

105 Número aproximado de habitantes no momento da plantação da igreja, baseado nas informações do site www.citypopulation.de./Romania.html, acessado em 22 de janeiro de 2009.

Figura 7.3
Plantação de igrejas no sul da Romênia

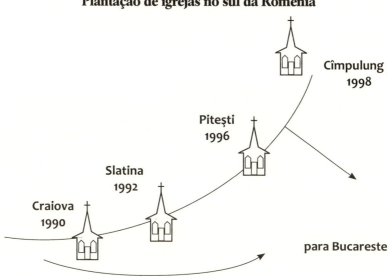

A abordagem da videira possui muitas das vantagens da plantação por agrupamento e é especialmente indicada para zonas rurais. Cada igreja plantada mais recentemente é responsável por auxiliar na plantação da próxima igreja; dessa forma a plantação de igrejas é instilada no *ethos* do movimento. Uma possível dificuldade é que, uma vez que a igreja tenha ajudado a plantar a próxima igreja estrada abaixo, pode sentir que sua obrigação quanto à plantação de igrejas já está cumprida. Outra desvantagem é que os plantadores de igrejas vocacionados podem precisar se deslocar frequentemente para acompanhar o crescimento do movimento.

Plantação de igrejas dente de leão, espontânea ou diáspora

As sementes de dente de leão flutuam em seus paraquedas macios, soprados pelo vento e caem ao acaso onde encontram um pedaço de chão para brotar e lançar raízes para se tornar outra planta. Assim também as igrejas podem ser plantadas em localidades escolhidas quase ao acaso conforme os cristãos forem se mudando. Por razões profissionais, acesso à moradia, necessidades familiares, guerra, fome, migração, estudo ou outras várias crises e oportunidades, os cristãos se mudam para outras localidades. Onde quer que se encontrem, compartilham sua fé e formam novas comunidades que crescem até formarem igrejas. Essa distribuição do Evangelho é mais espontânea e menos planejada, mas é sem dúvida um meio efetivo de plantação de novas igrejas, maximizando relacionamentos pessoais naturais, mobilizando leigos e, muitas vezes, sendo pioneiros em áreas que, de outra forma, não seriam alcançadas.

Figura 7.4
Plantação de igrejas na região de Bamako em Mali

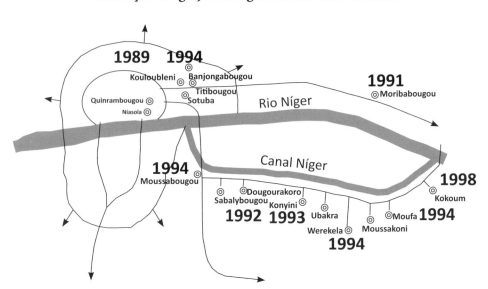

Essa foi a maneira com que o Evangelho se espalhou no primeiro século. Quando a perseguição irrompeu em Jerusalém, lemos em Atos: *Os que haviam sido dispersos pregavam a palavra por onde quer que fossem* (8.4). Lucas continua mais tarde: *Os que tinham sido dispersos por causa da perseguição desencadeada com a morte de Estêvão chegaram até a Fenícia, Chipre e Antioquia, anunciando a mensagem apenas aos judeus* (11.19); isso resultou na plantação da primeira igreja predominantemente gentia em Antioquia (11.20s). Desde então, Deus tem continuado a usar os meios mais improváveis para movimentar seu povo, trazendo o Evangelho a novos lugares e plantando novas igrejas.

Na Etiópia, Gobena chama uma variação desse modelo de "vai para tua casa e conte a eles". "Esse é um modelo natural onde um jovem cristão ou mulher que recebeu o Senhor Jesus Cristo toma uma decisão consciente em oração para voltar para sua aldeia ou localidade de origem (onde, na maioria dos casos, moram os pais) a fim de testemunhar para seus parentes. Muitas vezes isso leva à conversão de toda a família, parentes e vizinhos e então ocorre a plantação de igrejas na vila" (Gobena 1997,15). Os relacionamentos de parentesco são, muitas vezes, a forma mais natural e efetiva de expansão do Evangelho, quando famílias ou clãs inteiros respondem e formam o núcleo de uma nova igreja. De forma semelhante, um homem ou uma mulher de negócios pode se mudar para uma nova localidade onde testemunha, leva outras pessoas a Cristo e começa uma pequena comunidade da qual nasce uma igreja. A diáspora de cristãos pode ser relativamente local ou até internacional. Por exemplo, toda uma estratégia de missões tem sido planejada para mobilizar os milhares de trabalhadores imigrantes para compartilhar o Evangelho por onde forem. (Pantoja,Tira e Wan 2004). Em uma era de globalização, as posssibilidades desse tipo de testemunho internacional são ilimitadas.

Para que essa abordagem seja eficaz, os cristãos realocados precisarão estar bem preparados. Nas Filipinas, um programa de treinamento foi elaborado precisamente para melhor equipar os trabalhadores cristãos internacionais para esse ministério. Além disso, um treinamento contínuo será necessário porque, geralmente, as igrejas são pequenas e dirigidas por leigos. Quando mais espontânea e casualmente as igrejas são plantadas, mais desafiador será promover a sinergia da coordenação do treinamento e do desenvolvimento do movimento.

Estudo de Caso 7.3

Capela Horizon de Tóquio

O Japão é conhecido como um dos países mais difíceis para o evangelismo e a plantação de igrejas. A Capela Horizon (horizonte) de Tóquio é, no entanto, um exemplo notável de plantação mãe-filha. A igreja estabelecida em 1991 pelo Pastor Koichi Hirano tinha em 2007 plantado desesseis igrejas-filhas, embora a igreja-mãe tivesse uma frequência regular de cerca de 150 pessoas. As igrejas-filhas são bem diferentes, variando em tamanho de dez a setenta membros.

Diferente de outros pastores japoneses, Hirano está disposto a experimentar e dar passos de fé. Ele e sua equipe evitam investir tempo em muitas coisas pequenas, programas e detalhes de ministério, mas se concentram em planos e visões maiores.

Igrejas-filhas são geralmente iniciadas quando os membros se mudam para outra comunidade e começam a reunir-se em suas casas. Conforme o grupo cresce, um local público pode ser alugado. O pastor Hirano se encontra com o grupo uma noite por semana no início, e então reduz sua presença para uma reunião mensal. Algumas vezes, gravações de vídeo das pregações de domingo são usadas na nova igreja.

Eventualmente um pastor plantador de igrejas será enviado pela igreja-mãe. Esses pastores geralmente são treinados na escola bíblica operada pela igreja-mãe. Frequentemente, são bivocacionados, sujeitando-se muitas vezes a um trabalho braçal, até que a igreja cresça o suficiente para remunerá-lo. Seu status bivocacional não prejudica sua credibilidade. Em vez disso, muitas vezes, é visto positivamente como evidência de um profundo grau de sacrifício e compromisso para com a igreja e o ministério. Hirano se reune uma noite por semana com os pastores mais jovens. Todos os pastores se reunem a cada três meses para um "ajuntamento", para o qual alguns viajam até quatro horas. Eles passam vinte e quatro horas juntos para um programa que inclui jogos, devocionais, oração e encorajamento.

Claramente, os fatores-chave da eficácia da Capela Horizon de Tóquio repousam no encorajamento de leigos que se mudam para tornarem-se catalizadores de uma nova igreja, e no treinamento e mobilização dos pastores bivocacionais que lideram as novas igrejas. O pastor principal tem feito do treinamento e mentoreamento dos pastores plantadores de igrejas uma prioridade em seu ministério.

Neste capítulo, pesquisamos uma ampla variedade de abordagens de plantações pioneiras de igrejas, reprodução de igrejas e estratégias regionais. Cada uma dessas abordagens pode ser apropriada e eficaz sob as circunstâncias corretas. Frequentemente elas podem ser combinadas, como no exemplo da Capela Horizon de Tóquio (Estudo de Caso 7.3). Os plantadores de igrejas e estrategistas de movimentos precisarão considerar cuidadosamente não só as circunstâncias locais, mas também os dons dos plantadores de igrejas e os recursos disponíveis, a fim de tomarem a decisão mais sábia na seleção da estratégia. Acima de tudo, devem buscar a orientação do Espírito Santo, pesando em oração as várias opções e os fatores que se apresentam.

PARTE 3

FASES DO DESENVOLVIMENTO

8
AS FASES DO DESENVOLVIMENTO DE UMA PLANTAÇÃO DE IGREJA

UMA VISÃO GLOBAL

De forma muito semelhante à vida humana e à vida de quase todos os organismos ou instituições, as plantações de igreja progridem através de fases de desenvolvimento razoavelmente previsíveis. Essas fases refletem um processo fluido em vez de passos claramente definidos. Ainda assim, compreender as fases de desenvolvimento e suas características é importante para identificar as necessidades individuais, os desafios e as oportunidades que uma plantação de igreja enfrenta. Ignorar as necessidades em constante mudança de uma plantação de igreja à medida que ela se desenvolve pode levar a dificuldades desnecessárias e à estagnação.

Modelos de desenvolvimento de plantação de igrejas

Numerosos modelos para descrever o desenvolvimento de uma plantação de igreja têm sido propostos. Cada um tende a enfocar um aspecto do desenvolvimento da plantação de igrejas em particular, e cada um tem seus pontos fortes e fracos. Por exemplo, David Hesselgrave (1980, 58-63) formulou o "Ciclo Paulino" uma estrutura baseada no ministério de plantação de igrejas do apóstolo Paulo como descrito no livro de Atos. O modelo de Hesselgrave focaliza mais as tarefas de um missionário plantador de igrejas do que o desenvolvimento da igreja em si. Esse modelo tem a força de ter sido tirado de um exemplo bíblico e de ser indicado para a plantação pioneira de igrejas missionárias. No entanto, dá pouca atenção ao desenvolvimento da igreja e sua multiplicação.

Uma das maneiras mais comuns de se delinear o desenvolvimento de uma igreja usa a analogia do ciclo biológico de vida. Ela foi popularizada por Robert Logan[106] e expandida por muitos outros.[107] A plantação de uma

---

106 Veja Logan 1988 e Logan e Ogne 1991a. Logan atribui a analogia do ciclo de vida a Don Stewart (Logan 1988, 1).
107 Por exemplo: Malphurs 1992, 231-357; McNamara e Davis 2005; Harrison, Cheyney e Overstreet 2008, 138-46.

igreja progride da concepção ao desenvolvimento pré-natal, nascimento, crescimento (infância e idade adulta) e reprodução. Essa abordagem focaliza principalmente a plantação da igreja em si e o processo de plantação, dando atenção especial à fase pré-natal que leva ao nascimento da igreja, isto é, o primeiro culto de adoração público. A imagem orgânica desse modelo é fácil de comunicar e conceituar. Logan produziu materiais passo a passo muito práticos e apostilas para implantação do conceito.

A limitação dessa abordagem está em sua ênfase no nascimento da igreja em termos de primeiro culto público. Em muitas culturas os cultos públicos não são possíveis ou não são cruciais para a vida da igreja como acontece em culturas ocidentais. As igrejas nos lares raramente têm uma inauguração pública. Do ponto de vista bíblico, também, o verdadeiro nascimento de uma igreja tem pouco a ver com a inaguração de uma adoração pública. No entanto, desde que a metáfora não seja levada ao extremo, esse modelo é muito útil, especialmente em culturas ocidentais onde a plantação de igrejas convencionais geralmente enfatiza cultos públicos agradáveis e bem planejados.

Tom Steffen descreve ainda outra abordagem em seu livro *Passing The Baton* (Passando o bastão) (1997). Como o título sugere, sua preocupação é que o plantador de igrejas deve buscar desde o princípio deixar intencionalmente o trabalho – cada vez mais treinando e confiando a liderança aos cristãos locais. Como discutimos no capítulo 5, ele mapeia um processo de saída no qual o papel do plantador muda progressivamente de aprendiz para evangelista, para mestre, para conselheiro residente e, finalmente, conselheiro ausente (veja Figura 5.1). Embora esse modelo tenha sido desenvolvido para plantações de igrejas tribais tem muito a contribuir aos plantadores de igrejas em qualquer lugar.

O modelo de desenvolvimento que propomos visa a reprodução e a multiplicação da igreja no contexto da plantação transcultural de igrejas. Confirmamos a ênfase de Steffen na necessidade de adaptação do papel dos plantadores de igrejas (ou equipes) com o objetivo de preparação e saída deixando atrás de si um movimento multiplicador. É preciso dar atenção ao planejamento e às questões estruturais, como enfatizado na abordagem de Logan e Malphur. Em contraste com eles, porém, descrevemos a plantação de igrejas em vários cenários culturais com várias formas de igrejas (como igrejas nos lares) e nos quais os recursos são geralmente mais limitados. Também desenvolvemos o modelo visando uma reprodução dirigida por leigos, que é menos dependente de pastores ou plantadores vocacionados. O modelo sugerido aqui está de acordo com a abordagem apostólica de plantação descrita no capítulo 5.

Tabela 8.1

Comparação de modelos de desenvolvimento de plantação de igrejas

Hesselgrave	Logan e outros	Steffen
O ciclo paulino	Ciclo de vida da plantação de igrejas	Fase de retirada do plantador de igrejas
Missionários comissionados	Concepção	*Pré-entrada:*
Audiência contactada	Pré-natal	Aprendiz (o plantador
Evangelho comunicado	Nascimento	permanece um aprendiz em todas as fases)
Ouvintes convertidos	Infância	
Cristãos congregados	Idade Adulta	*Pré-evangelismo:* Evangelista
Fé confirmada	Reprodução	
Liderança consagrada		*Evangelismo:* Evangelista/Mestre
Cristãos recomendados		*Pós-evangelismo:*
Relacionamentos continuados		Conselheiro residente / conselheiro itinerante
Igrejas enviadoras convocadas		*Fase de retirada:* Conselheiro ausente

Resumo das fases

A Tabela 8.2 apresenta um resumo das fases de uma plantação pioneira de igreja com o objetivo de multiplicação e de retirada do plantador. Os seguintes capítulos explicarão essas fases em detalhes com exemplos específicos. Observe que a parte superior descreve as características gerais das fases pelas quais uma plantação de igreja progride: preparação, lançamento, estabelecimento, estruturação e reprodução. No meio revelamos as várias tarefas que são importantes para um desenvolvimento sadio durante essas fases. A parte de baixo do diagrama reflete as mudanças de papéis de uma equipe de plantação transcultural ou itinerante da entrada à saída. Depois dos papéis preparatórios de montagem da equipe e ensino, os plantadores começam os papéis "6M" mencionados no capítulo 5: *motor, modelo, mobilizador, mentor, multiplicador e memória.*

A transição de uma fase ou papel para o seguinte é mais fluido do que indica o diagrama.

Tabela 8.2 – Fases do desenvolvimento de uma plantação pioneira de igrejas

Fase	PREPARAÇÃO		LANÇAMENTO	ESTABELECIMENTO	ESTRUTURAÇÃO	REPRODUÇÃO
Tarefas	Estabelecendo o alvo e comissionando	Entendendo e delineando a estratégia	Evangelizando e discipulando	Congregando e amadurecendo	Expandindo e capacitando	Fortalecendo e enviando
	• Definir visão e modelo de PI*. • Determinar local e povo-foco do ministério. • Selecionar líder e recrutar equipe. • Consultar outros. • Garantir apoio financeiro e de oração. • Comissionar equipe. *= plantação de igrejas	• Aprender a língua e a cultura (se necessário). • Pesquisa do contexto demográfico, social, religioso e cultural. • Determinar estratégia de evangelismo e de PI. • Construir relacionamentos e consultar outros. • Fortalecer a equipe, esclarecer papéis, obter treinamento. • Esboçar uma proposta de PI.	• Desenvolver relacionamentos e iniciar evangelismo. • Combinar diversos métodos e ministérios de misericórdia. • Batizar e ensinar obediência. • Discipular novos cristãos e treiná-los a fazer o mesmo. • Formar uma comunidade fundamental. • Assimilar sabiamente o crescimento por transferência. • Começar a treinar líderes servos.	• Crescer e desenvolver vida como família de Deus. • Descobrir e desenvolver dons espirituais para a edificação da igreja. • Indicar uma equipe de liderança preliminar. • Reunir-se regularmente para adoração comunitária. • Multiplicar células e líderes de células. • Formular valores e um plano de desenvolvimento de longo prazo e filosofia bíblica de ministério. • Ensinar mordomia.	• Formalmente empossar líderes e confiar-lhes totalmente a liderança • Iniciar novos ministérios e estruturas para atender às necessidades • Multiplicar trabalhadores treinando líderes para treinar outros • Assimilar novos cristãos e visitantes • Avaliar o desenvolvimento e a saúde da igreja • Organizar legalmente a igreja • Obter autonomia financeira total	• Apoiar iniciativas evangelísticas (evitar manter o modelo) • Preparar a igreja para a reprodução • Determinar local e abordagem da possível igreja-filha ou plantação pioneira • Enviar missionários transculturais • Participar de esforços conjuntos com outras igrejas
Papel do plantador apostólico de igrejas	Formador de equipe	Aprendiz	Motor e modelo	Mobilizador e mentor	Multiplicador	Memória
	• Definir a visão geral. • Desenvolver um sistema de apoio espiritual e financeiro. • Recrutar e formar uma equipe de PI baseada em chamado, dons e química relacional. • Fazer da oração uma prioridade.	• Obter insight para um ministério eficaz e culturalmente apropriado. • Aprender a língua local. • Desenvolver amor e habilidade para trabalhar com o povo-foco. • Estagiar, se possível, sob a orientação de um obreiro nacional.	• Iniciar e moldar ministério. • Recursos externos podem ser necessários para dar a largada na PI, evitando a dependência de longo prazo • Envolver cristãos locais no ministério básico.	• Instilar visão e valores bíblicos. • Avançar o ministério somente na proporção em que os cristãos locais estejam dispostos e preparados. • Esperar compromisso. • Mudança de ênfase do ministério direto para a capacitação e leigos para o ministério em todos os níveis. • Evitar estabelecer padrões altos demais.	• Não somente empossar os cristãos locais para assumirem todas as responsabilidades principais, mas capacitá-los para tornarem-se capacitadores • Os missionários trabalham somente nos bastidores • Descontinuar qualquer dependência de recursos externos	• Mentorear a igreja nas plantações de suas primeiras igrejas-filhas • Os cristãos locais são os PI • Seguir para outro local de ministério; servir como mentor ou conselheiro à distância

Preparação

A preparação é um tempo de grande antecipação! As bases foram lançadas para que, quando a nova igreja for, de fato, fundada, seja construída por uma equipe de artesãos que possuem tanto as habilidades necessárias quanto um profundo conhecimento da tarefa. Ou, para mudar a metáfora, os jogadores são recrutados, treinados e aperfeiçoados em equipe. Então um plano de jogo é desenhado para que, no dia do jogo, o time entre em campo para ganhar. Os sistemas de apoio necessários são também organizados.

Preparar para a plantação de uma igreja inclui duas subfases: (1) *escolha do alvo e recrutamento* e (2) *compreensão e estratégia*. Nenhum deles deve ser negligenciado. Durante a fase de *escolha do alvo*, o plantador determina o local e o povo-foco do ministério da plantação de igreja. Uma equipe é formada e comissionada por uma igreja local ou agência enviadora. Oração, fundos e outros recursos necessários são providenciados. Essencialmente, isso envolve a definição do alvo, a reunião dos participantes e a garantia dos sistemas de apoio. O objetivo principal dos plantadores de igrejas nessa subfase é serem formadores de equipe. Esse processo de formação da equipe inclui não somente relacionamentos entre os membros da equipe de plantadores, mas também a formação de alianças estratégicas com outros parceiros, como as igrejas enviadoras, as comunidades nacionais de cristãos e os grupos paraeclesiásticos.

A segunda subfase, *compreensão e estratégia*, envolve um planejamento cuidadoso e em oração. O povo-foco e o local são escolhidos e uma rede inicial deve começar. Normalmente, a equipe visita o local em vista ou vive entre o povo-foco durante essa fase para obter informações precisas. Com base na informação obtida de uma ampla variedade de fontes, as estratégias apropriadas de evangelismo e discipulado são formuladas. Vários papéis para os membros da equipe são determinados e formação especializada ou preparação pode ser obtida, se necessário. Isso traz a equipe ao ponto de realmente dar início ao projeto de plantação.

Durante a segunda subfase da preparação, o papel principal dos plantadores é de aprendiz. Os plantadores de igrejas experientes podem cair na tentação de pensar que sabem mais do que realmente sabem e avançar precipitadamente. Porém, as abordagens contextualmente apropriadas devem ser reconsideradas com cada nova plantação de igreja e com cada povo-foco. Mesmo dentro do mesmo país ou região, as diferenças locais podem ser significativas. Acima de tudo, um amor profundo e apreciação pelo povo-foco devem crescer conforme os plantadores aprendem mais sobre ele abraçando-os em oração.

Lançamento

O lançamento é a fase mais emocionante. Finalmente o projeto de plantação decola. As barreiras são quebradas. A equipe entra em campo! Essa fase consiste principalmente em ministérios pioneiros de evangelismo e discipulado. Relacionamentos são desenvolvidos com o povo-foco e programas evangelísticos são iniciados. A esperança é que os novos cristãos estejam em breve prontos para o batismo. Então eles são discipulados em pequenos grupos, geralmente encontrando-se nos lares. Mesmo nesse estágio inicial, é essencial que os novos cristãos sejam treinados para ministrar nas formas mais básicas e mobilizados para compartilhar sua fé e discipular outros. Por essa razão, é importante que, desde o início, os plantadores usem métodos que possam ser facilmente imitados e reproduzidos pelo povo local. O plantador compartilha a liderança com o povo local desde o nível mais básico. Por exemplo, a primeira geração de líderes de células é treinada.

Durante essa fase inicial, os ministérios de misericórdia e serviço podem se desenvolver para demonstrar o amor de Cristo, estabelecer relacionamentos e servirem de sinal do Reino de Deus. No entanto, os plantadores devem dividir cuidadosamente suas energias e capacidades para não começar a correr em muitas direções ao mesmo tempo, provocando um esgotamento ou iniciando ministérios que não podem ser sustentados por um longo período de tempo.

Em situações pioneiras onde há poucos cristãos locais, ou mesmo nenhum, na equipe de plantadores, os plantadores apostólicos funcionam como motores. Em razão de não haver cristãos locais para treinar e mobilizar, praticamente tudo nessa fase de lançamento é feito pelos missionários ou equipe itinerante. À medida que o povo local crê, o plantador deve moldar o ministério que, por sua vez, deve ser facilmente reproduzível pelos cristãos locais.

Estabelecimento

Durante a fase de estabelecimento os primeiros frutos de progresso são experimentados quando os cristãos locais são formados dentro de uma congregação de adoradores que vive cada vez mais os propósitos do Reino. Essa fase enfoca a *congregação e o amadurecimento* da igreja que está nascendo. Os pequenos grupos podem se encontrar para reuniões de celebração ou cultos públicos, talvez no início mensal ou quinzenalmente e evoluir para cultos semanais. O ministério, no entanto, avança somente quando os líderes locais se apropriam dele e demonstram habilidade para liderar novos ministérios. Embora possa haver um orçamento e um local garantido para reuniões, as instalações e orçamentos não devem ser a preocupação principal da igreja em formação.

Uma equipe preliminar de liderança local da igreja ou do movimento emergente de igrejas nos lares pode ser formada. Conforme o ministério for se expandindo e os cristãos locais forem assumindo mais responsabilidades para liderar esses ministérios, a maturidade espiritual deles e a capacitação para o ministério devem ser tornar, progressivamente, o foco central do ministério dos plantadores de igrejas. Geralmente, no momento em que os cultos públicos começam, a congregação espera que o plantador ou o missionário assuma a liderança pastoral. De acordo com o modelo apostólico, deve-se resistir a isso. Em vez disso, os plantadores devem colocar a ênfase no treinamento dos cristãos locais para essa liderança. Novos ministérios são iniciados somente quando estes são capazes de, pelo menos, compartilhar a liderança.

A partir daí é evidente que o plantador de igrejas já terá passado da fase de ser *motor e modelo* para ser um *mobilizador e mentor*. Os cristãos locais são mobilizados para tomarem posse do ministério como a incumbência que Deus confiou a *eles*, não ao plantador. Devem ser motivados a investir seu tempo, talentos, energia e finanças avançando e expandindo a obra da comunidade do Reino. Como mobilizador e mentor, o plantador descobre que sua tarefa mais importante está cada vez mais atrás dos bastidores capacitando, aconselhando e encorajando outros que terão ministérios mais visíveis e, finalmente, assumirão a total responsabilidade da liderança.

De certa forma, essa é a fase mais crítica por causa dos muitos precedentes que serão estabelecidos na vida da igreja. O DNA da igreja é determinado. São formados os padrões para o ministério que guiarão a igreja em seu futuro e serão difíceis de serem mudados mais tarde.

Estruturação

À medida que a igreja amadurece, a fase de estruturação se torna um tempo de grande satisfação quando o trabalho duro começa a valer a pena. Seja o novo corpo de cristãos um movimento informal de igrejas nos lares ou uma igreja mais tradicional, uma estrutura deve ser providenciada para sustentar o crescimento, atender às necessidades de expansão e promover o discipulado. A organização da igreja começa com a eleição formal de seus primeiros líderes, a incorporação legal da igreja (quando possível) e a criação de novos ministérios para o aproveitamento de novas oportunidades. Essa fase é caracterizada pela *expansão* do ministério e a *capacitação* dos cristãos locais para assumir plena responsabilidade e autonomia no ministério e na liderança.

Para que outros ministérios sejam desenvolvidos, várias coisas precisam acontecer: em primeiro lugar e acima de tudo, novas pessoas devem ser completamente integradas na vida da igreja, treinadas e mobilizadas para servir. Em segundo lugar, o ensino sobre mordomia não pode ser negligenciado a fim de que os ministérios em crescimento sejam adequadamente providos. Uma igreja que está em crescimento deve vencer a tentação de continuar a agir como uma pequena igreja familiar, a menos, claro, que escolha se multiplicar em igrejas de tamanho familiar. As estruturas de liderança não podem mais funcionar como se fosse do tamanho de uma família, mas deve ser expandida e o fardo do trabalho dividido entre muitos. Se a igreja que está sendo plantada recebe subsídios ou outras formas significativas de ajuda, deve ser reduzida a esse ponto para que evite dependências de longo prazo.

A essa altura do desenvolvimento, o plantadores apostólicos de igrejas se preparam para deixar completamente o trabalho, entrando nos útimos estágios da fase de retirada. Isso é muito difícil, especialmente porque os plantadores estão colhendo o fruto de seu trabalho e parece haver tantas oportunidades de ministério. No entanto, os cristãos locais precisam assumir a responsabilidade principal da liderança e expandir, nessa fase, os ministérios da igreja.

O papel primordial dos membros da equipe nesse momento é o de serem multiplicadores, capacitando os líderes locais para que eles possam capacitar outros. Não somente os cristãos locais estão assumindo a responsabilidade pelo ministério, com o plantador de igrejas cada vez mais atrás dos bastidores, mas esses líderes precisam aprender a tornarem-se capacitadores a fim de que uma verdadeira multiplicação de igrejas possa ocorrer. Os novos líderes locais para a primeira igreja-filha estão agora em vista.

Reprodução

A alegria de um plantador de igrejas não é muito diferente da alegria de um avô, quando a igreja se reproduz plantando uma nova igreja. Além de equipar os cristãos locais com ferramentas para o exercício do ministério e de visão para a multiplicação, a jovem igreja precisa analisar e avaliar novamente seu desenvolvimento: ela ainda é fiel aos propósitos bíblicos para a igreja ou se acomodou com sua estabilidade? O impacto de ser sal e luz deve estar atingindo outros níveis. Essa fase pode ser caracterizada pela tarefa dupla de *fortalecimento* e *envio*.

Quando falamos em reprodução não temos em mente somente a multiplicação de igrejas-filhas plantadas localmente, mas que a igreja se torne também um agente de envio missionário, facilitando a plantação de igrejas entre povos não alcançados mais distantes. A igreja também está comprometida em cooperar com outras igrejas, seja através de uma denominação ou outras formas de rede, sabendo que as igrejas podem realizar mais juntas em sinergia do que sozinhas.

Os plantadores apostólicos de igrejas devem permanecer por algum tempo, continuando como multiplicadores, mentoreando o movimento enquanto ele se reproduz, ou tornando-se capacitadores e facilitadores regionais. Finalmente, a equipe apostólica deve seguir em frente para continuar seu trabalho pioneiro em novas localidades e entre grupos não alcançados. Eles se tornam, em essência, uma *lembrança*.

Capacitando e compartilhando responsabilidade – o método por trás dos métodos

O objetivo da abordagem apostólica, como apresentada no capítulo 5, é uma igreja que crescerá e se reproduzirá sem auxílio externo. Em cada fase, os plantadores apostólicos devem capacitar os cristãos locais a assumirem a responsabilidade pelos ministérios emergentes da igreja. Eles resistem à tentação de levar os ministérios e programas da igreja além da disposição e prontidão dos locais em participar, apoiar e liderá-los.

Depois das fases de lançamento da plantação da igreja, cada ministério ou programa deve ser liderado ou codirigido desde o princípio por um cristão local, que será treinado e, eventualmente, se responsabilizará por aquele ministério. Dessa forma, a transferência da liderança de um ministério do plantador para um cristão local não será problema. Depois de um período inicial de treinamento, os plantadores devem ser capazes de se retirar a qualquer momento sem ameaçar a existência do ministério. Além disso, em razão do treinamento estar incluído no princípio de cada novo ministério, um *ethos* de treinamento e multiplicação é moldado e instilado na nova igreja. *Essa é a chave para a multiplicação de longo prazo.* Os princípios da reprodução local e da multiplicação delineados no capítulo 4 devem ser implantados e mantidos em mente em cada passo do desenvolvimento do processo.

Dons espirituais cruciais para cada fase do desenvolvimento

Embora todos os dons espirituais sejam relevantes para o funcionamento saudável do corpo de Cristo, em cada uma das várias fases certos dons são extremamente importantes para facilitar o processo de desenvolvimento (veja figura 8.1). Muitas plantações de igrejas estagnam e não conseguem avançar porque o plantador enfatiza o ministério baseado apenas em seus próprios dons. Por exemplo, muitos plantadores são hiperativos e têm pouca paciência para treinar outras pessoas – são bons motores, mas péssimos mentores. Ou talvez sejam fortes em evangelismo, mas fracos na administração. Nesses casos, a plantação da igreja pode estagnar e não ir muito adiante da fase de estabelecimento. A melhor forma de vencer esse desafio é identificar cristãos locais com dons cruciais e ajudá-los a se desenvolverem e empregarem esses dons. Mesmo que a equipe de plantadores tenha somado todos os dons necessários, isso mobilizará os locais.

Durante a fase de lançamento de uma plantação pioneira de igreja, o dom de evangelismo é claramente essencial para ganhar os primeiros cristãos. Isso nos lembra de Filipe, o evangelista do Novo Testamento, cujo ministério em Samaria levou à conversão dos primeiros cristãos samaritanos e ao estabelecimento de uma igreja ali (At 8.5-13). No entanto, o dom do apostolado é também essencial a fim de fornecer à plantação de igreja a liderança estratégica adequada para a multiplicação de igrejas por toda uma região.[108] O apóstolo Paulo é o exemplo mais claro do Novo Testamento de uma pessoa que possuía esse dom.

Conforme a igreja passa para a fase de estabelecimento aumentam as necessidades de um ensino bíblico consistente, aconselhamento pessoal e cuidado espiritual. Os novos cristãos também precisam ser treinados para assumir uma responsabilidade ministerial maior. Os dons pastorais e de ensino, portanto, são particularmente importantes durante essa fase. Barnabé é a pessoa que nos vem à mente como um incentivador de novos cristãos em Antioquia (At 11.22-24). Barnabé, porém, era também um excelente mentor, como vemos em seu relacionamento com Paulo (At 9.27; 11.25s; etc.). Apolo, um homem de grande conhecimento bíblico (At 18.24), instruiu a igreja de Corinto na ausência de Paulo (At 19.1; 1Co 3.4-6; 16.12). Se não houver esses dons, os novos convertidos continuarão imaturos.

---

108 Usamos aqui o termo *apóstolo* para designar um plantador apostólico de igreja como descrito no capítulo 5.

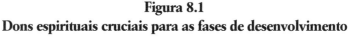

À medida que a igreja entra na fase de estruturação são criadas novas estruturas, novas equipes ministeriais são organizadas e a igreja cresce em mordomia financeira. Por essa razão, os dons administrativos são importantes. Tiago, o irmão de Jesus e presbítero da igreja em Jerusalém talvez seja um exemplo disso, desempenhando um papel proeminente no Concílio de Jerusalém (At 15) e é frequentemente mencionado como o representante principal dos presbíteros (At 12.17; 21.18). Os diáconos que administravam o auxílio às viúvas na igreja provavelmente possuíam dons administrativos (At 6.1-6). Muitas vezes, igrejas que cresceram rapidamente ficam estagnadas, simplesmente porque o plantador ou a congregação não adaptou os métodos nem criou novas estruturas para lidar com a mudança de situação e com o crescimento da igreja.

Finalmente, conforme a igreja é posicionada para se reproduzir, mais uma vez os dons de apóstolo e de evangelista serão essenciais para o lançamento da nova plantação de igreja. No entanto, agora devem ser os cristãos locais, recrutados da seara para a seara, que se tornarão a nova geração de plantadores de igrejas. Epafras era talvez essa segunda geração de plantadores. Ele era originalmente de Colossos (Cl 4.12), tornando-se cristão em Éfeso sob o ministério de Paulo e então retornou a Colossos para pregar o Evangelho e plantar a igreja ali (Cl 1.7).

Os plantadores sábios devem estar conscientes de suas próprias limitações e entender que eles tendem a gravitar ao redor de seu próprio eixo de dons e manter a igreja com eles naquele ponto. Na pior das hipóteses, podem surgir dolorosos conflitos entre o plantador e a congregação. É, portanto, essencial que, conforme a igreja cresce e se desenvolve, todos os dons espirituais sejam valorizados e colocados em ação no tempo e na ocasião propícios.

Evitando o pensamento sequencial

David Garrison e outros defensores da multiplicação de igrejas têm alertado contra uma abordagem demasiadamente sequencial à plantação de igrejas, isto é, a visão de que uma igreja não pode amadurecer ou se reproduzir sem primeiro passar por certas fases lineares, do tipo "passo-a-passo" (Garrison 2004a, 243-45). Embora as fases de desenvolvimento de plantação de igrejas possam parecer estritamente sequenciais, de fato, a reprodução e a multiplicação devem ser edificadas em cada fase, como explicamos no capítulo 4. Conforme os novos convertidos forem sendo ganhos para Cristo, são discipulados e ensinados a evangelizar. Quando vão crescendo no discipulado, aprendem a discipular outros. Ao participarem de grupos pequenos, eles aprendem a liderar grupos pequenos e eventualmente treinar outros líderes. Quando um grupo é formado, a visão de multiplicação em novos grupos é trazida desde o princípio. Dessa forma, a multiplicação se torna parte do *ethos* da igreja em cada aspecto de seu ministério.

Quando a igreja progride para a fase seguinte não deixa de desempenhar as funções ministeriais da fase anterior. Por exemplo, embora a plantação de igreja avance do lançamento para o estabelecimento, nunca deve deixar de evangelizar. Quando passa da congregação e amadurecimento para a expansão e capacitação, nunca deve deixar de multiplicar grupos pequenos e líderes de grupos. Em certo sentido, o ministério é cumulativo e não sequencial com cada fase continuando a reproduzir os ministérios da fase anterior.

Uma igreja não necessita estar totalmente madura e operando uma larga variedade de ministérios antes que possa se reproduzir. Igrejas com esse tipo de visão raramente se reproduzem porque nunca se veem maduras o suficiente! No entanto, se o *ethos* da multiplicação for instilado na vida da igreja desde o início, multiplicando evangelistas, discípulos, grupos e líderes de grupos, a reprodução será, então, experimentada não como uma tarefa monumental, mas como consequência natural do processo de multiplicação que já está ocorrendo.

9

PREPARAÇÃO [PARTE 1]

ESTABELECER O ALVO E COMISSIONAR

O obreiro que se prepara para a plantação transcultural de igrejas pode ser comparado com um corredor que passa por um rigoroso condicionamento mental e físico para concorrer em uma maratona. Os corredores também se preparam planejando uma estratégia que seja adequada ao terreno e às condições climáticas. No capítulo 15 discutiremos a *dimensão pessoal* de preparação, incluindo as qualificações, a educação, a orientação familiar e a preparação espiritual e emocional. Neste capítulo e no próximo, ressaltaremos importantes preparações estratégicas e decisões *contextualmente apropriadas*. As lideranças de plantadores de igrejas estimam que 60% a 80% dos problemas enfrentados na plantação de igrejas são resultado da falta de planejamento estratégico na fase preparatória (Logan e Ogne 1991a: Klippenes 2003, 84).

Nessa fase a geografia e a etnia do povo-foco[109] são escolhidas, uma equipe de plantação de igrejas é formada e comissionada, a visão central e os valores essenciais são definidos e, finalmente, um sistema de apoio financeiro e um suporte de oração são estabelecidos. Em resumo, essa fase de preparação envolve a definição do alvo, a reunião dos envolvidos e a garantia dos sistemas de apoio.

Resumo de fase

Exemplos bíblicos

Atos 13.3: A igreja de Antioquia envia seus primeiros missionários.
Atos 13.5: A equipe é expandida.
Gálatas 2.7-9: Há necessidade de apoio e a definição clara de um povo-foco do ministério.

---

109 Preferimos o termo *povo-foco* do ministério em vez de *povo-alvo*. Alguns são geográficos, focados em uma vizinhança distinta ou vila, outros são étnicos, um segmento de grupo de povo que se distingue por etnia ou cultura.

Passos-chave

1. Defina a visão de plantação de igreja e os valores essenciais.
2. Determine o povo-foco do ministério.
3. Recrute um líder de equipe capacitado.
4. Reúna e organize a equipe.
5. Garanta o apoio financeiro e o suporte de oração.
6. Prepare e comissione a equipe.

Aspectos Críticos

1. Concordar com uma visão clara, valores essenciais e povo-foco.
2. Ter a pessoa certa na liderança do projeto.
3. Construir a estratégia baseada em princípios locais com a ajuda de conselheiros culturais.
4. Aprender bem o idioma e a cultura.
5. Reunir uma equipe saudável.

Defina a visão de plantação de igreja e os valores essenciais

Na América do Norte do século 21 a visão tornou-se a virtude principal da liderança empresarial eficaz. A palavra é popularmente definida como "a conceitualização do futuro preferido que um grupo se empenha em alcançar". Algumas vezes essa visão é descrita em termos quantitativos bem específicos (como uma igreja de quinhentos membros que dá à luz dez igrejas-filhas). Outras vezes toma uma forma mais nebulosa, mais um sonho do que um resultado mensurável (um movimento de igrejas orgânicas em todos os bairros da cidade que transforme famílias e comunidades). Henry e Richard Blackaby (2001) nos lembram de que a missão cristã deve ser enraizada na Grande Comissão e no Grande Mandamento. Ela deve ser originária do propósito de Deus e não da ambição ou imaginação humanas. O Espírito Santo comunica a perspectiva e os desejos (visão) de Deus àqueles que o buscam. Portanto, a plantação de igrejas é essencialmente um empreendimento espiritual que nasce de uma caminhada íntima com Deus e que, mais tarde, é formatada por energia criativa e imaginação.

Um perigo a evitar é copiar a visão de plantação de igrejas de um contexto diferente. O Espírito Santo deve guiar na formatação de uma visão que seja adequada a uma situação em particular. As linhas gerais podem ser delineadas cedo, mas determinar projetos específicos de evangelismo e discipulado requer conhecimento cultural e mentores culturais.[110] O desenvolvimento de uma visão de plantação de igrejas deve ser abordado como um processo, em vez de uma decisão de um único momento. O líder de plantação de igrejas se assemelha a um navegador que traça a rota para seu navio no oceano. Ele sabe seu destino final, mas o vento e as ondas parecem estar constantemente tirando-o do curso. Ele precisa consultar seus assistentes, rever seus mapas e ajustar seu curso regularmente. A plantação de igrejas também é assim.

---

110 A sequência é importante. Embora Deus dê a visão que dirige ao lançamento de uma equipe, as estratégias específicas do trabalho fluem de uma compreensão do povo. Isso aponta para o próximo capítulo, cujo subtítulo é "Compreendendo e delineando a estratégia".

A visão é o destino final para o qual a igreja está se dirigindo. Esse cuidado não é um argumento contra a paixão e a determinação empreendedora, mas a favor da humildade, da sinceridade, da flexibilidade e da abertura na jornada.

Mentalidade de movimento de multiplicação

Um movimento de multiplicação de igrejas deve aprender com o exemplo de igrejas locais que estão se reproduzindo com mão de obra e recursos locais. Juntamente com um plano para incluir os discípulos locais e obreiros na "sala de comando" para planejar a direção que o ministério deve seguir, a equipe apostólica precisa ter uma estratégia de retirada. Em equipes nas quais alguns membros são originários da cultura do povo-foco, pode haver uma liderança local desde o começo. Essa é uma situação ideal, mas nem sempre possível em casos de plantações pioneiras. Nesses contextos, a equipe missionária precisa de uma estratégia progressiva de desenvolvimento de liderança, de capacitação e mudança de papéis antes de deixar os líderes locais no comando. "Isso é o que David Bosch chama de conceder a eles um 'certificado de maturidade'. É o mentoreamento responsável, do tipo de cuidado que Paulo demonstrou para com aqueles que ministrava" (Steffen 1997, 9). O futuro, portanto deve moldar o presente e a equipe apostólica deve funcionar como um andaime temporário (Saint 2001).

A plantação de igrejas que capacita e multiplica é fruto de uma visão de multiplicação de igrejas autóctones saudáveis e de uma firme convicção de que a futura penetração do Evangelho e a transformação do povo-foco do ministério estão nas mãos da igreja nacional. O arcebispo martirizado Oscar Romero colocou nestes termos o poder fortalecedor daqueles que aceitam as limitações e riscos de semear para as futuras gerações.

> Ajuda muito de vez em quando dar um passo para trás e observar o quadro à distância. O Reino não está apenas além de nossas forças, está além de nossa visão. Realizamos, no decorrer de nossas vidas, somente uma fração do extraordinário empreendimento que é a obra de Deus. Nada do que fazemos é completo, o que é outra maneira de dizer que o Reino está sempre além de nós... É isso o que somos. Nós plantamos as sementes que um dia irão crescer. Regamos as sementes já plantadas sabendo que elas guardam a promessa do futuro. Lançamos fundamentos que mais tarde necessitarão de desenvolvimento. Misturamos o fermento que produz efeitos muito além de nossas capacidades. Não podemos fazer tudo e há um sentimento de liberação em compreendermos isso. Esse sentimento nos capacita a fazermos algo, e fazermos muito bem. Pode ser incompleto, mas é um começo, um passo ao longo do caminho, uma oportunidade para que a graça do Senhor entre e faça o resto. Talvez nunca vejamos os resultados, mas essa é a diferença entre o mestre de obras e o operário. Somos operários, não mestres de obras, ministros, não messias. Somos profetas de um futuro que não nos pertence.[111]

---

111 Oscar Romero, arcebispo de São Salvador, capital de El Salvador, foi assassinado por um atirador de elite do exército salvadorenho em 24 de março de 1980 enquanto celebrava uma missa na pequena capela em um hospital do câncer onde morava. A citação atribuída a Romero foi redigida pelo bispo Ken Untener de Saginaw, estado do Michigan, EUA (Untener, 2005).

Componentes da visão

Em resumo, visão, para um plantador de igrejas, é a pré-concepção de um futuro preferido, iniciado pelo próprio Deus, mas discernido progressivamente através da oração, de conselhos e de estudo. A visão deve guiar o plantador de igrejas com as escolhas estratégicas que estudamos no capítulo 5 a 7.

O capítulo 5 ressaltou três tipos de plantadores de igrejas: pastoral, apostólico e catalítico. A visão pode incluir vários desses tipos, como uma equipe de trabalho apostólica com equipes locais de leigos dirigidos por um plantador de igrejas catalítico. O líder da equipe de plantação de igrejas deve entender seu papel de lançador de fundações e planejar a transferência da responsabilidade do ministério para a equipe de líderes locais, por essa razão, o desenvolvimento de liderança é uma parte importante da visão.

O capítulo 6 falou sobre os princípios nativos e movimentos de plantação de igrejas. A visão deve conduzir à reprodução de igrejas viáveis, saudáveis, autóctones, autossustentáveis e interdependentes. A fim de que a equipe de plantadores instile o potencial de reprodução no DNA da primeira igreja, a visão inicial deve incluir a reprodução de discípulos, grupos pequenos e obreiros que, por sua vez, contribuirão na segunda e terceira gerações de igrejas.

O capítulo 7 apresentou vários modelos de plantação de igrejas. Cada um deles exige uma abordagem distinta, uma equipe única de liderança e um diferente leque de recursos. Quando delinear a declaração inicial da visão, a equipe de plantadores deve discutir opções como essas: A nova igreja fará parte de um agrupamento de igrejas nos lares que crescerá como uma videira? Será uma igreja central urbana forte que terá satélites em aldeias mais distantes? Será uma igreja em grupos pequenos que cobre a cidade, se reúne mensalmente para grandes cultos de celebração e realizará trabalhos de assistência nas áreas mais necessitadas? A seleção do modelo de plantação de igreja será uma parte importante da visão inicial.

Valores essenciais da plantação de igrejas

Como mencionamos no capítulo 6, os valores são convicções fortemente arraigadas que moldam nossas decisões. Se a visão é o destino final para o qual o plantador aponta a proa do navio, os valores são os sinais ao longo do caminho que servem de ponto de referência. Eles são como boias que distinguem o canal navegável dos perigosos recifes em um estuário. Uma lista de valores essenciais para um movimento de plantação de igrejas é apresentado no quadro 9.1.

Os valores essenciais dirigem as decisões, determinam as prioridades e facilitam a avaliação. Quando assumidos de comum acordo pela equipe, promovem a cooperação e unidade no ministério e permitem a diversidade em coisas secundárias. Portanto, quando os valores essenciais são identificados, a equipe tem uma base objetiva na qual constrói sua unidade e evita conflitos desnecessários. Os valores essenciais estão fortemente relacionados à visão de ministério, funcionando como pilares que a sustentam. Quando compartilhados de forma efetiva, eles inspiram as pessoas à ação e as ajudam a abraçar a mudança. Influenciam a formação da equipe, esclarecem os papéis, administração financeira e alocação de recursos. No ministério cristão, devem estar baseados nas Escrituras, particularmente na Grande Comissão e no Grande Mandamento.

Na igreja de Jerusalém (At 6.1-7) havia uma crise com relação à assistência às viúvas. As viúvas de fala grega e as de fala hebraica não estavam sendo tratadas igualmente. A ação imediata tomada pelos apostólos indica que o cuidado com os necessitados e a igualdade eram valores essenciais: líderes fervorosos e espiritualmente

> **Quadro 9.1**
>
> **Os dez elementos comuns dos movimentos de plantação de igrejas sugeridos por Garrison**
>
> Oração extraordinária
> Evangelismo abundante
> Plantação intencional de igrejas reprodutivas
> Autoridade da Palavra de Deus
> Liderança local
> Liderança leiga
> Igrejas nos lares
> Igrejas plantando igrejas
> Reprodução rápida
> Igrejas saudáveis
>
> • Quais desses valores essenciais você adotaria em seu projeto de plantação de igreja?
> • Qual deles você mudaria?
> • Que valor você acrescentaria?
>
> Fonte: Garrison 2004a, 172

maduros (outro valor essencial) foram escolhidos para cuidar das crescentes necessidades pastorais e administrativas. Os apóstolos, no entanto, queriam priorizar outros valores essenciais: a oração e o ministério da Palavra. Nessa situação não parece haver um conflito de valores e no final, eles preservaram todos os valores essenciais encontrando pessoas competentes para um ministério novo e aperfeiçoado. O resultado final foi que a Palavra de Deus se espalhou e a igreja cresceu.

Os valores essenciais são especialmente úteis se forem expressos em termos de prioridades. A tabela 9.1 lista alguns poucos valores essenciais possíveis de uma plantação orgânica de igreja.

Determine o povo-foco do ministério

Alguns resistem a escolher um povo-foco do ministério, preferindo oferecer o Evangelho amplamente a todos. No entanto, há boas razões para selecionar um povo-foco principal. Em primeiro lugar, possuir uma estratégia evangelística tem precedente bíblico. Os apóstolos concordaram que Pedro, Tiago e João iriam se concentrar nos judeus enquanto Paulo e Barnabé iriam focar os gentios (Gl 2.7-9).

Tabela 9.1
Aplicação de valores essenciais

Valor	Possível aplicação
Pequeno antes de grande	Multiplique as células antes de começar as reuniões públicas.
Infraestrutura antes da superestrutura	Multiplique discípulos e grupos pequenos antes de investir em instalações.
Provado antes de se tornar público	As pessoas são testadas através do serviço antes de receber títulos e responsabilidades.
Caráter antes de carisma	Ênfase na maturidade espiritual acima da personalidade dinâmica.
Indo mais do que ficando	Vá onde as pessoas estão em vez de esperar que elas venham a você.
Multiplicar mais do que adicionar	Invista em pessoas e ministérios que sejam reproduzíveis e não os faça dependentes de recursos externos.
Os perdidos mais do que os achados	Os grupos pequenos e os ministérios devem ter um objetivo preferencialmente externo e fazer com que os visitantes e interessados se sintam bem-vindos.
O leigo mais do que o profissional	Os padrões devem ser acessíveis a líderes leigos consagrados. Não use treinamento profissional de maneira que fique fora do alcance deles.

Fonte: Valores Essenciais de Fergusson 2007, foram expandidos com aplicações para ReachGlobal EFCA *Cross Cultural Planting School*, Maio 2008, por Gene Wilson.

O foco pode ser parte de um chamado vitalício ou pode ser limitado a uma fase específica da missão. Filipe parece ter sido guiado por Deus para alcançar os samaritanos sem um mandato apostólico. Mais tarde, a igreja de Jerusalém examinou e confirmou sua missão (At 8.4-17) e ele continuou ali por algum tempo. Ao buscar a direção de Deus, Paulo recebeu a visão do homem macedônio e Lucas concluiu: *Depois que Paulo teve essa visão, preparamo-nos imediatamente para partir para a Macedônia, concluindo que Deus nos tinha chamado para lhes pregar o evangelho* (At 16.10). Seguindo esse padrão, os missionários plantadores de igrejas têm historicamente pregado a todos os que ouvirem, mas concentrado seus esforços em um povo-foco do ministério depois de certo tempo.

Um povo-foco do ministério é o grupo de pessoas que a nova igreja irá alcançar e servir. Ele pode ser definido pela etnia, classe, condição socioeconômica, geografia, geração (boomers, busters, milênio) ou por outro critério que distingue um segmento da população. Se não houver uma definição de um povo-foco, geralmente a equipe de plantação de igreja terá a tendência natural de alcançar pessoas semelhantes a ela mesma. O método de apresentação do Evangelho, a linguagem usada e as formas de comunicação nunca são culturalmente neutros. Definir um povo-foco não significa que os que estão fora do grupo serão ignorados, excluídos ou desprezados, mas somente que foi tomada uma decisão consciente de concentrar esforços para apresentar o Evangelho de forma compreensível e significativa a um grupo em particular. Há vários fatores a considerar quando selecionar um povo-foco específico.

Necessidade espiritual

Como um plantador apostólico, Paulo escreveu: *Sempre fiz questão de pregar o evangelho onde Cristo ainda não era conhecido, de forma que não estivesse edificando sobre alicerce de outro* (Rm 15.20). O motivo por ser tão direto é óbvio: gente sem Cristo está perdida. *Porque todo aquele que invocar o nome do Senhor será salvo. Como, pois, invocarão aquele em quem não creram? E como crerão naquele de quem não ouviram falar? E como ouvirão, se não houver quem pregue?* (Rm 10.13s).

Alguns grupos de povos são menos alcançados ou menos evangelizados do que outros e nós sabemos que Deus deseja que todos os povos tenham a oportunidade de responder ao Evangelho (Mt 28.18-20, cf. Mt 24.14; 1Tm 2.4; Ap 5.9).[112] Um grupo de povo é geralmente considerado "não alcançado" quando não há uma igreja autóctone viável que possa comunicar o Evangelho de forma significativa para aquele povo. Outra definição para "não alcançado" é que menos de 2% da população seja evangélica, havendo mínima ou nenhuma atividade de plantação de igrejas entre ele (Holste e Haney 2006). Estudos demográficos podem indicar que há um grupo de povo não alcançado que necessita do Evangelho, mas a necessidade em si não é base suficiente para determinar o povo-foco.

Maior receptividade

Embora ninguém deva ficar sem testemunho do Evangelho, há motivos missiológicos e bíblicos para dar prioridade aos grupos receptivos acima dos grupos não receptivos (Mt 10.12-14; Lc 14.15-24; At 13.46s). Estudos e experiência podem mostrar que um segmento da população está aberto a mudanças e ouvirá o Evangelho. Donald McGravan baseia seu "princípio da colheita" nesse fator de receptividade.[113] Muitas vezes, a decisão final é feita quando há uma convergência de vários desses fatores, como resultado de estudos demográficos, oração e visitas exploratórias.

Eficácia estratégica

Pelo fato dos recursos humanos e estratégicos serem sempre limitados, a equipe de plantação de igrejas pode fazer melhor uso deles priorizando um grupo específico. A equipe aumenta sua efetividade ajustando seus esforços e ministérios às necessidades e à cosmovisão desse grupo. A comunição e a ação contextualmente apropriadas exigem a seleção de um povo-foco do ministério (Hesselgrave 1980 e 1991).

---

112 Há meios disponíveis que ajudam a descobrir grupos de povos que não possuem uma igreja viável. Por exemplo, o Joshua Project www.joshuaproject.org) identifica grupos de povos não alcançados em todos os continentes. A última edição do livro *Operação Mundo* de Patrick Johnstone (2005) é também um recurso valioso para esse fim.

113 Discutido no capítulo 4.

Fatores geográficos

Algumas das escolhas mais sábias não são feitas em resposta a uma situação inesperada, mas como resultado de um plano estratégico de longo prazo de se alcançar uma cidade ou uma região. No capítulo 3 notamos que Paulo concentrava a plantação de igrejas em centros urbanos caracterizados por administração romana, civilização grega, influência judaica ou atividade comercial. Da mesma forma, os plantadores de igrejas podem procurar centros estratégicos de influência, especialmente em se tratando de iniciativas pioneiras, e seguir uma progressão natural ao longo das artérias de transporte, como rodovias, rios ou linhas de metrô. Em áreas onde os grupos de pessoas interagem, a informação e a influência fluem mais naturalmente em certas direções. Inicialmente, pode ser preferível alcançar um grupo mais influente e mais tarde estender os esforços para outros grupos. Isso também se aplica às classes sociais (McGravan 1980; Nida 1974). Quando uma equipe procura um lugar estratégico para trabalhar deve fazer perguntas como: Que plataforma seria propícia para dela alcançar outros segmentos da população? Qual seria a extensão natural da obra que Deus já fez até agora?

Estudo de Caso 9.1

Selecionando um povo-foco como uma escolha estratégica

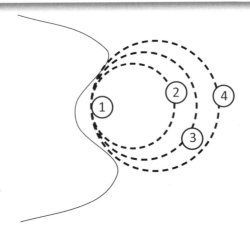

O trabalho da Igreja Evangélica Livre no Peru começa no distrito portuário de Lima chamado Los Pilares. Conforme a cidade cresceu em círculos concêntricos a partir do oceano, os membros da igreja original foram se mudando para os subúrbios. Os grupos de estudo bíblicos foram formados naqueles subúrbios e alguns deles se transformaram em novas igrejas. Duas dessas igrejas do subúrbio cresceram e começaram a plantar igrejas em conjuntos habitacionais menos evangelizados. Dessa forma, a plantação de igrejas foi impelida principalmente pela estratégia de seguir o crescimento demográfico enfocando as novas comunidades emergentes.

Núcleos pré-existentes ou cristãos da diáspora

Pode haver um pequeno grupo de cristãos que já viva entre o grupo não alcançado. Talvez eles tenham se tornado cristãos em outro lugar e mais tarde retornado para casa; ou talvez sejam cristãos de outro lugar que, em razão de guerra, fome, desemprego ou outro motivo mudaram-se para a região. Esse grupo deslocado de discípulos pode potencialmente se tornar o núcleo da igreja e, portanto, economizar meses ou anos que a equipe de plantação de igrejas levaria para evangelizar e reunir um grupo inicial. Essas pessoas talvez tenham relacionamentos na comunidade que podem servir de atalho para comunicar o Evangelho. Vemos algo assim no Novo Testamento quando irrompeu a perseguição em Jerusalém: como resultado, os cristãos se espalharam, o Evangelho foi pregado por toda a região e a igreja de Antioquia foi plantada (At 8.1-4; 11.19-21). Nesses casos, a equipe de plantação de igreja deve, é claro, desenvolver um relacionamento com o grupo de cristãos e determinar se há compatibilidade suficiente para empreender um esforço conjunto possível e desejável.

Quadro 9.2

Determinando o povo-foco do ministério

O Fator Necessidade – necessidade espiritual
Romanos 10.13-15; 15.20
• Comunidades, grupos de povos, classes sem uma igreja evangelista autóctone.
• Pequena porcentagem de evangélicos.

O Fator Resposta – receptividade
Mateus 10.11-15; Atos 14.27
• A probabilidade de que as pessoas serão receptivas ao Evangelho e a igreja será capaz de crescer e se tornar uma igreja reprodutiva dentro de um período razoável de tempo.

O Fator da Efetividade Estratégica – potencial para a multiplicação e influência
• Líderes de opinião, pessoas de alta credibilidade.
• Grupos sociais ou subculturas que influenciam outros.
• Grupos de pessoas com família estendida ou relacionamentos na região.
• Grupos de pessoas capacitadas ou empreendedoras.

O Fator Geográfico – localização significativa
• Centros comerciais, educacionais, políticos ou vias de transporte.
• Localidades de crescimento ou mobilidade populacional.
• Possibilidade de lançamento de um movimento regional a partir daquela localidade.

O Fator Diáspora – um núcleo pré-existente
Atos 8.1-4; 11.19-21
• Cristãos vivendo entre o povo-foco para formar o núcleo da igreja que está sendo plantada.

O Fator Porta Aberta – oportunidade excepcional
1 Coríntios 16.9; 2 Coríntios 2.12; Colossenses 4.3
• Oportunidades excepcionais de pregar o Evangelho e/ou receptividade excepcional ao Evangelho.

O Fator da Orientação Sobrenatural – orientação sobrenatural do espírito
Atos 16: o chamado para a Macedônia
• Orientação direta pode prevalecer sobre planos bem fundamentados.

Oportunidade excepcional

Algumas vezes uma oportunidade que não necessariamente se encaixa no critério acima para a determinação do povo-foco se apresenta inesperadamente (veja o estudo de caso 9.2). Um "homem de paz" (Lc 10.6; Mt 10.11-14) de certo grupo étnico ou social que tem exercido um testemunho consistente pode pedir ajuda para estabelecer uma igreja entre o seu povo. Ou uma abertura estratégica pode surgir. Paulo adiou um futuro trabalho pioneiro e permaneceu em Éfeso mais tempo do que na maioria dos lugares *porque se abriu para mim uma porta ampla e promissora* (1Co 16.9). Ele também informa: *Quando cheguei a Trôade para pregar o evangelho de Cristo e vi que o Senhor me havia aberto uma porta* (2Co 2.12). Paulo pediu que orassem para que Deus continuasse a abrir portas para sua mensagem (Cl 4.3). Uma das mais dramáticas e inesperadas portas de oportunidades nos últimos anos foi a queda da Cortina de Ferro no início dos anos 90. Muitas nações do leste europeu estavam fechadas para o trabalho missionário mas, de repente, a pregação pública do Evangelho tornou-se aberta e receptiva. Organizações missionárias rapidamente realocaram pessoal e recursos para tirar vantagem dessa oportunidade. Algumas vezes, uma porta assim não permanece aberta por muito tempo quando as políticas governamentais são revistas ou a atmosfera espiritual muda. Infelizmente, esse é o caso em muitas partes do Leste Europeu onde a receptividade tem decaído desde os anos 90.

Orientação sobrenatural do Espírito Santo

Em sua segunda viagem missionária, Paulo e sua equipe tentaram pregar o Evangelho na Ásia, mas foram impedidos pelo Espírito Santo. Eles, então tentaram entrar na Bitínia, mas novamente o Espírito não lhes permitiu (At 16.6s). Somente quando Paulo recebeu uma visão sobrenatural de um homem da Macedônia lhe chamando foi que a visão ficou clara (At 16.8-10). Mais tarde, Paulo ministraria em Éfeso, na província da Ásia, quando um movimento de plantação de igrejas seria iniciado. Algumas vezes, nossos melhores planos, baseados nas considerações mais estratégicas e fruto de oração intercessória, precisam esperar o tempo de Deus. Precisamos sempre permanecer abertos para a direção do Espírito Santo que pode escolher nos redirecionar para um campo de ministério mais frutífero que ainda não identificamos ou antecipamos. O quadro 9.2 resume os fatores-chave a serem levados em conta na escolha de um povo-foco do ministério.

PREPARAÇÃO - ESTABELECER O ALVO E COMISSIONAR

Estudo de caso 9.2

Selecionando um povo-foco em resposta a uma porta aberta

O edifício de uma nova igreja tinha sido aprovado pela maior denominação local e dois bairros diferentes na região rural de Quebec pediram que um novo lugar de adoração fosse erigido em seu território. Os residentes do bairro que perdeu ficaram tão aborrecidos que trancaram o sacerdote do lado de fora da velha capela e colocaram um anúncio no jornal contratando um ministro de outra denominação para servi-los. Missionários que estavam buscando a direção de Deus sobre onde começar seu trabalho viram o anúncio e falaram ao povo sobre o caminho da salvação. As pessoas estavam preparadas para a mudança e eventualmente a capela tornou-se uma igreja evangélica. Essa foi uma abertura única em um contexto que, em condições normais, seria de difícil acesso (Duclos 1982)

A equipe de plantação de igrejas terá a responsabilidade final de selecionar o povo-foco do ministério em consulta com conselheiros locais e igrejas colaboradoras. Se depois de todas essas considerações dois povos-foco parecerem iguais em seu potencial de plantação de igreja, podem ser feitos contatos iniciais com ambos os segmentos da população a fim de avaliar sua resposta. Finalmente é preciso tomar uma decisão. Uma tentativa de povo-foco, escolhido com muita oração, é melhor do que povo-foco nenhum ou vários. Muitos fatores devem ser observados, mas, no final, a equipe de plantação de igrejas deve estar convencida de que Deus a chamou para alcançar um grupo específico de pessoas.

Recrute um líder de equipe capacitado

Uma das razões mais comuns para o fracasso de uma plantação de igrejas é a escolha da pessoa errada para a liderança do projeto. A melhor opção é escolher um líder aprovado que se adapte ao perfil de um plantador culturalmente adequado. O capítulo 15 apresenta uma profunda discussão de competências. O líder lança a visão, mantém a equipe unida e se assegura de que ela permaneça no curso de sua missão. Preferivelmente, esse líder deve ser um membro daquela cultura ou sentir-se à vontade nela. A história da igreja registra como Deus muitas vezes usou homens e mulheres que vieram a Cristo fora de seu grupo original para liderar os esforços para alcançar seu povo e estabelecer ou expandir a igreja no meio dele.[114] Isso permite à igreja ter um formato mais local desde o início (veja o estudo de caso 9.3). Se não for possível recrutar um líder local, este deve ser uma pessoa com experiência na cultura do povo-foco ou em contexto semelhante.

Embora os três tipos de plantadores de igrejas tenham seu valor, como vimos no capítulo 5, os missionários transculturais que são plantadores

---

114 Por exemplo, Patrício retornou aos celtas da Irlanda onde ele havia sido aprisionado e feito escravo quando era jovem (Tucker 1983, 38-39). No século IV, Ulfilas, o filho de um cristão da Capadócia capturado pelos godos, retornou aos captores de seu pai, evangelizou-os com sucesso por quarenta anos e desenvolveu um alfabeto para que eles pudessem ler a Bíblia (ibid., 35-37)

apostólicos trabalham com e através dos líderes nacionais emergentes e vão embora. Aqueles que possuem um chamado apostólico e dom de apóstolo, que são empreendedores espirituais culturalmente adeptos, que saibam como liderar uma equipe, que preferem ver os líderes nacionais à frente e no centro e que aceitam que seu papel é lançar os fundamentos são os melhores plantadores apostólicos. Por outro lado, aqueles que têm sido pastores em seus países de origem por muitos anos antes de servir como plantadores transculturais de igrejas muitas vezes acham essa uma tarefa difícil e escorregam de volta para o papel pastoral.

Estudo de caso 9.3

A importância da seleção do líder

A igreja Redeemer, em Nova Iorque, tem sido um instrumento de Deus na plantação de 114 novas igrejas em todo o mundo. Ela foi mencionada pelo pesquisador da organização cristã Lifeway, Ed Stetzer, na Revista *Outreach* (julho de 2007) como a igreja reprodutora número um dos Estados Unidos. Vinte e nove das igrejas plantadas por ela estão em cidades europeias pós-modernas. Parte da estratégia do Redeemer Church Planting Center (RCPC) é identificar líderes capacitados que sejam apaixonados pela plantação de igrejas e acompanhá-los oferecendo recursos e mentoreamento para que sua igreja cresça e plante outras. Al Barth, o diretor europeu de plantação de igrejas, dedica muito de seu tempo na identificação e recrutamento de membros da cultura que sejam compatíveis com os princípios e com a visão do RCPC. Isso ilustra a importância de selecionar um líder de equipe que seja culturalmente perspicaz e um plantador efetivo.

Reúna e organize a equipe

O enfoque principal do líder de uma equipe de plantação de igrejas em sua fase inicial é ser um formador de equipe. Algumas vezes, elas são reunidas aleatoriamente, usando qualquer um que possa ou esteja disposto a juntar-se ao projeto. Falaremos sobre as equipes de plantação de igrejas em maior profundidade no capítulo 16, mas o papel principal do plantador, em vez de ser um pastor-mestre, é liderar a iniciativa, moldar as melhores práticas de plantação de igrejas e treinar outros no evangelismo e no discipulado. A equipe é então formada ao redor do líder da equipe e ele ou ela deve ter a maior voz na questão da escolha dos membros da equipe que possam contribuir significativamente e serem leais à visão e aos valores (Êx 18.21: 1Cr 11.10-25; Mc 3.13s; At 15.39s; 16.1-3). É óbvio que o líder deverá consultar outras pessoas e pode oferecer aos membros da equipe um período probatório a fim de conhecê-los bem.

A equipe inicial deve ser "enxuta" e comprometida com o estabelecimento de altos padrões de excelência (Dt 20.5-9; Jz 7.4-8; 1Ts 2.4-12). Aqueles que não demonstram maturidade, lealdade ou compromisso não devem ser aceitos como membros da equipe. Uma dos maiores causas de fracasso na plantação de igrejas é a incapacidade dos membros da equipe de trabalharem juntos. As qualificações para a participação em uma equipe de plantação de igrejas devem ser decididas, publicadas e usadas consistentemente. Se uma equipe é grande pode ser prepotente em sua influência, tanto culturalmente quanto estrategicamente. Se ela é "enxuta" haverá espaço para os cristãos locais exercerem mais seu papel e sua voz na equipe de liderança local.

O capítulo 16 discute as qualidades fundamentais que todos os membros de equipes devem ter, como a habilidade de evangelizar e discipular e outras qualidades complementares que devem ser encontradas em *algum lugar* na equipe. Falando genericamente, os membros devem ser escolhidos porque complementam o líder e porque têm os dons necessários para desenvolver, capacitar e mentorear uma equipe local de líderes. A composição da equipe também dependerá do tipo de plantação de igreja adotada. A clareza sobre o tipo de plantação de igreja é necessária para que uma equipe com o conjunto de habilidades e dons adequados seja reunida. Por exemplo, se for feita a opção pela plantação apostólica, o perfil da equipe deverá ser bem empreendedor e evangelístico com grande habilidade para iniciar, reunir e desenvolver. Um plantador pastoral de igrejas, por outro lado, pode selecionar os membros da equipe de acordo com suas habilidades de liderar os principais ministérios da igreja. Qualquer que seja a abordagem, o processo descrito abaixo pode ser seguido.

Uma vez que a equipe esteja reunida, seus membros devem identificar os papéis-chave e a constelação de dons e competências que correspondem a esses papéis. Eles trabalharão juntos baseados em seus dons e habilidades em vez de suas afinidades, personalidade, educação ou experiência. As equipes compostas de pessoas com perfis semelhantes tendem a criar competição e conflito e, infelizmente, muitas implodem. Por outro lado, as pessoas com perfis complementares tendem a trabalhar juntas de forma mais produtiva.

Alguns dos papéis-chave que complementam o líder podem ser:
1. evangelista-ceifeiro
2. professor-treinador
3. assistente administrativo
4. mentor-conselheiro
5. vários ajudantes que possam incentivar e discipular os novos convertidos.

O líder da equipe delegará responsabilidades de acordo com esses papéis e ajudará os membros a obterem o treinamento necessário. Fortalecerá e facilitará o ministério em vez de microadministrá-lo.

Garanta o sustento de oração e financeiro

A plantação de igrejas é um esforço cooperativo que requer unidade de visão e a combinação de uma variedade de recursos de muitas fontes. Uma vez que o povo-foco é adotado, torna-se muito mais fácil levantar uma equipe de apoio para o projeto. Levantar uma equipe de apoio financeiro e de oração é semelhante a erigir as paredes estruturais de uma casa. As paredes estruturais se parecem com uma parede qualquer, mas precisam ser fortes e estáveis.

Elas nunca podem ser removidas porque as outras paredes se apoiam nelas. Quando são fortes pode-se fazer quase qualquer tipo de reforma ou adição. Os plantadores de igrejas precisam levantar um duplo apoio, de oração e econômico. Neemias é um bom exemplo disso. Ele foi o homem de oração, visão e planejamento que construiu os muros de Jerusalém antes da reconstrução da nação. Ele antecipou os recursos físicos necessários para o projeto (Ne 2. 8) e a oposição espiritual que ele e sua equipe certamente iriam enfrentar (4.9-16).

Sustento de oração

Paulo e Barnabé tinham um relacionamento especial com a igreja de Antioquia da Síria que os enviou em sua primeira viagem missionária com oração e jejum (At 13.3). Mais tarde ele retornou para compartilhar e celebrar os resultados (At 14.26-28) e permaneceu em Antioquia até sua próxima missão. Esse relacionamento não era exclusivo. Paulo apelava a outras igrejas e outros indivíduos para o sustentarem em oração (p. ex: 2Co 1.10s; Ef 6.19s).

A necessidade de se apoiar no poder e na intervenção de Deus através da oração corporativa é documentada nos anais da história da plantação de igrejas. Deus abre portas, remove obstáculos, prepara ouvintes e protege os obreiros em resposta à oração. Os morávios enviaram mais obreiros transculturais per capita do que todos os grupos protestantes enviaram juntos nos séculos anteriores (Tucker 1983,71). O que impulsionou esse grande avanço missionário? Houve indubitavelmente muitos fatores, mas o ponto crucial foi o avivamento em Hernhutt, que gerou um movimento de oração com reuniões diárias e uma vigília de oração ininterrupta que durou cem anos (ibid, 70). Na América do Norte, concertos de oração por avivamento e missões acompanharam o Primeiro Grande Avivamento. Em 1748, Jonathan Edwards, em resposta a uma convocação vinda da Inglaterra para mobilizar extraordinários encontros de oração, escreveu um panfleto intitulado *"Uma humilde tentativa de promover a concordância explícita e a união visível do povo de Deus em oração extraordinária para o avivamento da religião e o avanço do Reino de Cristo na terra"*.

O avanço da plantação de igrejas depende tanto da dinâmica espiritual quanto da estratégia humana. A oração precisa instilar ambas as coisas para o progresso do Reino. Paulo associava a oração à batalha espiritual pelo perdido. Embora não devamos buscar uma fórmula mágica nem dar garantias, o uso intencional da oração para derrubar a oposição espiritual tem sido documentado em uma vasta quantidade de literatura (Taylor 1959; Robb 1990; Piper 1993). Todos os que se envolvem em plantação de igrejas devem manter uma firme disciplina de oração intercessória, mas até isso é insuficiente. Eles necessitam de outras pessoas que irão fielmente permanecer a seu lado em oração. Uma equipe de oração deve ser organizada para que uma intercessão fervorosa e constante possa facilmente ser mobilizada quando as decisões precisarem ser tomadas e a batalha espiritual começar. Isso requer pedir que algumas pessoas se comprometam especificamente a orar regularmente, compartilhar pedidos-chave de oração periodicamente e retornar para prestar relatórios pessoalmente (At 14). O princípio de oração como a força motriz e mantenedora por trás dos empreendimentos de plantações de igreja pode ser assim resumido: *Nenhum movimento de plantação de igrejas crescerá além do ministério de oração daqueles que estão envolvidos.*

Estudo de caso 9.4

Oração e avivamento

Uma santa mulher indiana chamada Pandita Ramabai sentiu a necessidade de orar por um avivamento na Índia. Em 1903 ela se interessou pelo movimento de oração na Austrália que precedeu as campanhas de Torrey-Alexander ali. Um ano mais tarde, soube dos avivamentos no país de Gales. Então Ramabai começou círculos especiais de oração no início de 1905 e centenas de empregados dela, amigos e missionários compareceram às reuniões (Orr 1970,62). Enquanto os missionários estavam fortemente envolvidos, os líderes eram quase todos indianos (Duewel 1995). O resultado foi um grande avanço do Evangelho. "O número de cristãos em Punjab quadruplicou passando de 37.695 para 163.994. Durante a década de avivamento na Índia, a população cristã cresceu 69.9%, ou seja, desesseis vezes mais do que o crescimento da comunidade hindu" (Duewel 1995,227).

Apoio financeiro

Os maus hábitos de consumo e a falta de planejamento financeiro destroem muitos lares. Eles também enfraquecem muitos projetos de plantação de igrejas. Questões econômicas e o sustento financeiro podem ser fatores críticos para o sucesso ou fracasso da plantação de igreja. Diante da pergunta: "Por que as plantações de igrejas falham com mais frequência na América Latina?", muitos líderes de plantações de igrejas mencionaram a falta de fundos, sustento financeiro ou apoio denominacional como causa principal (Wilson 2001, 229). Poucas coisas ensinam a dependência de Deus tão bem quanto a necessidade financeira. Ernesto Zavalla disse quando era diretor da *Scripture Union* da América Latina: "Os assuntos de Deus estão nas mãos de homens falhos... Precisamos nos achegar nus diante de Deus todos os dias" (citado em ibid.). Por outro lado, várias abordagens ao sustento financeiro têm sido usadas eficazmente e a história da igreja está repleta de evidências de que, a despeito de parcos recursos, Deus provê para cada empreitada que dirige e cada pessoa que chama.

Não há regras para a mecânica do sustento financeiro, mas nessa fase de preparação, os plantadores devem ter um plano razoável e viável para o sustento financeiro de suas famílias (1Co 16.1-4; 2Co 8–9; Fl 4.10-17). Alguns plantadores usam a fé como pretexto para agir irresponsavelmente. A dependência da provisão de Deus não exime os plantadores de suas responsabilidades como provedores (1Tm 5.8). Há três opções principais: (1) trabalho secular em tempo integral, (2) plantação de igreja em tempo integral através do levantamento prévio de sustento financeiro e (3) plantação de igreja bivocacional requerindo sustento parcial prévio.

Os plantadores transculturais geralmente levantam a maior parte de seu sustento em seu país de origem a fim de ter um rendimento estável que não dependa da igreja local ou da comunidade de seu povo-foco do ministério. Muitos têm que demonstrar às autoridades que eles não estão tirando o emprego de um trabalhador local. A vida do apóstolo Paulo nos instrui a esse respeito. Ele trabalhou como fazedor de tendas e Deus complementou sua receita com ofertas de pelo menos uma igreja. Paulo escreveu sobre suas necessidades pessoais e as necessidades das igrejas em dificuldades (1Co 16; 2Co 8–9; Fl 4). Ele também evitou depender para a sua manutenção daqueles que estava discipulando (At 20.34s; Fl 4.16; 1Ts 2.9). Ele afirmou que o obreiro é digno de seu salário e que poderia ter pedido sustento, se quisesse (1Co 9.7-14). Ele, no entanto, escolheu não fazê-lo por várias razões:

1. Não queria ser um fardo para os novos cristãos;
2. Não queria dar a seus oponentes nenhum pretexto para questionar seus motivos;
3. Queria deixar um exemplo de trabalho duro.

Nos dias de Paulo, as pessoas estavam lucrando com o Evangelho (2Co 2.17), ele precisava, então, distinguir-se delas vivendo de seu ofício de fazedor de tendas e somente recebendo ofertas voluntárias de igrejas de fora da região. Há um saudável padrão aqui para ser seguido por missionários transculturais. Eles não somente devem evitar depender financeiramente daqueles que estão discipulando, mas devem estar dispostos a prover seu próprio sustento, se necessário, e devem sempre ser um exemplo de trabalhador dedicado. Como resultado, quando chegar a hora de ir embora, eles não serão financeiramente dependentes da nova igreja nem darão margem para críticas nessa área.

Um número crescente de missionários entrando em países de acesso limitado[115] estão abrindo negócios de onde retiram parte de seu orçamento e que lhes ofereçam uma plataforma para o exercício de seu ministério. Nesse caso, em certo grau eles são autossustentáveis e dependem de contribuições de igrejas e amigos de fora para complementar a receita de sua empresa. Lidar com duas frentes de trabalho com credibilidade e aguentar o estresse de administrá-los de forma responsável não é tarefa fácil. Em alguns casos, a esposa do plantador e os membros da equipe conseguem encontrar alguma forma de sustento e contribuir financeiramente para o projeto. O objetivo é que os discípulos locais aprendam o mais cedo possível a mordomia cristã e abracem a responsabilidade financeira pelo trabalho.

Além das despesas diárias pessoais e de sua família, há geralmente custos iniciais envolvendo a viagem, o estabelecimento da moradia e o lançamento de novos ministérios. Em alguns casos, grupos de patrocinadores ou apoio ajudarão com um investimento inicial que chamaremos de *"seed money"*[116]

---

115 País de acesso limitado: um país que não permite a entrada de estrangeiros com visto religioso e proíbe ou restringe o trabalho missionário.

116 Termo usado também no Brasil para definir recursos financeiros para empresas que estão em fase inicial e precisam de dinheiro para alavancar seu negócio. (N. de revisão)

(Pv 24.27; Lc 14.28-33) para tais despesas. A expressão *"seed money"* vem da área da agricultura. O agricultor conta com a colheita para cobrir a maior parte das despesas, mas precisa do recurso antes para a compra da semente. O dinheiro para a semente é a provisão mínima que permite ao agricultor começar a trabalhar o solo. Para usar outra analogia: assim como os pais que planejam ter um bebê fazem algumas provisões básicas antes do nascimento ou da adoção, os líderes de uma igreja que planejam uma nova família espiritual reúnem alguns fundos iniciais antes de começar a plantação da igreja. As despesas ministeriais do dia a dia, como aluguel ou salários, devem ser assumidas pelos cristãos locais conforme o ministério for crescendo (ver capítulo 18 sobre o uso dos recursos).

Finalmente, Deus providenciará para que aquele ministério seja realizado de acordo com o seu cronograma (Fl 4.18s). A plantação de igrejas é um empreendimento de fé que depende do sustento de Deus por meios que o homem não pode antecipar. Os plantadores de igrejas devem ensinar e ser um modelo tanto de confiança quanto de sacrifício. Se a equipe ficar esperando que todas as suas necessidades sejam supridas, pode nunca começar o trabalho; por outro lado, a equipe não deve fazer dívidas ou dar passos muito além da provisão de Deus. Deus supre a necessidade em seu tempo e a equipe de plantação de igrejas deve esperar nele, dar um passo de fé de cada vez e demonstrar uma fé confiante, bem como uma paciente dependência de Deus.

Prepare e comissione a equipe

Enquanto os membros da equipe fazem os planos pessoais, organizam grupos de sustento financeiro e de intercessão e procuram conhecer o máximo possível tanto seu povo-foco do ministério quanto a missão que está diante deles, a equipe deve formar uma unidade fortemente coesa seguindo três passos:

Dedique um período para o fortalecimento da equipe

É sensato selecionar cuidadosamente um meio apropriado e um tempo estratégico para o fortalecimento da equipe. É durante esse tempo que os relacionamentos, a visão e a estratégia são adotados. As equipes passam por um ciclo que inclui tensão e conflito depois do estágio de lua de mel (veja o capítulo 16) e é importante começar a resolver as diferenças antes que surjam as pressões normais da plantação da igreja. Durante esse tempo, os membros da equipe farão um pacto entre eles e com a missão diante deles. Aqueles que não conseguirem assumir esses compromissos devem ser bondosamente dispensados. Embora a equipe possa esclarecer o objetivo e tomar decisões essenciais, não deve mapear prematuramente estratégias detalhadas e planos específicos de ministério, deve, porém, aguardar para estar no local e obter insights indispensáveis por parte dos indivíduos pertencentes à cultura local.

Aborde deficiências da fase de preparação

Paulo tinha tido muitos anos de experiência no ministério do Evangelho em Tarso, na Cilícia e na Síria antes de sair com Barnabé em sua primeira viagem missionária (Gl 1.15 – 2.2). Ele foi preparado de modo especial por Deus desde sua juventude com o domínio de diferentes idiomas e contato com diferentes culturas. Alguns de seus colegas tiveram uma preparação menos profunda. Enfatizamos a importância crucial da aprendizagem extensa da língua, um crescente conhecimento da cultura e um sólido fundamento bíblico para todos os obreiros transculturais. Esses devem ser elementos prioritários para o ministério e deve ser reservado o tempo e o planejamento necessários para isso. No caso daqueles que plantam uma igreja em seu próprio país de origem, embora menos tempo seja exigido para esse fim, alguns estudos demográficos e culturais são muito importantes. Falaremos mais a esse respeito no próximo capítulo.

Comissione a equipe

O comissionamento da equipe tem grande valor espiritual e prático (At 13). O grupo de envio faz um compromisso de apoio intercessório, financeiro, emocional e logístico. A equipe promete ser fiel ao seu Senhor e ao seu chamado. O pacto da equipe pode ser lido nesse momento. Sentimentos, tanto de alegria em seguir Cristo quanto de melancolia pelas dificuldades à frente, aparecem. Os líderes da igreja impõem suas mãos sobre os que estão sendo enviados (At 13.3) como um desafio ao serviço, um símbolo de consagração e a invocação da bênção e da proteção de Deus. Esse comissionamento não deve ser visto como uma exigência cerimonial, mas um comprometimento profundo de apoio e parceria na missão.

10

PREPARAÇÃO [PARTE 2]

COMPREENDER E ESTABELECER A ESTRATÉGIA

A fase de preparação envolve o lançamento de fundamentos para a plantação de uma igreja que comissiona e multiplica. Os passos definidos no capítulo anterior ocorrem, em sua maioria, antes que a equipe de plantação da igreja chegue ao local do ministério. Neste capítulo, a equipe está no local. As atividades descritas aqui podem ser resumidas em duas plavras: compreensão e estratégia. Essas tarefas exigem que a equipe esteja no local.

Muitos ministérios fracassam porque são edificados sobre fundamentos cognitivos, comportamentais e relacionais inadequados. Os membros da equipe não irão muito longe na missão de plantação daquela igreja, a menos que vivam entre o povo ao qual foram chamados a alcançar. É geralmente nessa hora que ocorre o choque cultural. É um período de serviço e sacrifício que requer um compromisso com a presença encarnacional, o serviço sacrificial e a aprendizagem profunda.

Resumo da Fase

Exemplos bíblicos
Atos 13–18: Diferenças de abordagem na pregação aos judeus, aos prosélitos e aos gregos.
Atos 14–20: Aqueles que são receptivos se tornam "pontes" e acolherão em suas casas os grupos de estudos bíblicos.
Atos 17.23-29: Paulo demonstra conhecimento da filosofia grega (citando os estóicos e os epicureus).
O próprio Novo Testamento é contextualizado, um processo que demonstra uma aguda percepção cultural para relacionar o Evangelho aos vários ouvintes e situações (Flemming 2005).

Passos-chave
1. Aprendizado da língua e cultura (conforme a necessidade).
2. Pesquisa do contexto demográfico, social, religioso e cultural.
3. Determinação da estratégia evangelística e de plantação da igreja.
4. Construção de relacionamentos, uso de consultoria.
5. Fortalecimento da equipe, esclarecimento de papéis, obtenção de treinamento.
6. Esboço de uma proposta de plantação de igreja.

Aspectos críticos
1. Compreender o povo-foco.
2. Identificar papéis complementares na equipe.
3. Fazer bom uso da pesquisa para gerar um perfil do povo-foco do ministério e uma estratégia inicial.
4. Identificar pessoas receptivas, "guardiões" e "homem de paz".
5. Ensinar e mentorear para fazer discípulos de forma contextualmente adequada.
6. Fazer planos para o surgimento de um núcleo local e aprendizes locais.

Aprendizado da língua e da cultura

A maior parte dos plantadores trabalha dentro de sua própria cultura e, consequentemente, fala sua língua e se sente em casa. Ainda assim, mesmo quando alguém está trabalhando dentro da sua cultura, compartilhar o Evangelho se mostra um desafio. Quanto mais tempo uma pessoa é cristã, mas ele ou ela tem a tendência de se afastar de sua cultura comum em direção a uma subcultura cristã. Por essa razão, não é difícil perder o contato com o povo que se tenta alcançar ou ter uma falsa percepção de suas necessidades, seu estilo de vida e cosmovisão.[117] Hoje a mudança da cosmovisão tem mudado a um ritmo cada vez mais rápido. Diferentes subculturas, classes, gerações e grupos educacionais e socioeconômicos dentro de uma mesma cultura geral podem ter valores, crenças e aspirações distintos. É por essa razão que todos os plantadores devem estudar cuidadosamente e conhecer o povo-foco do ministério, mesmo que o trabalho não seja transcultural.

Alguns plantadores transculturais trabalham inicialmente através de tradutores. No entanto, na maioria dos casos é importante que eles se tornem fluentes no idioma do povo. Pelo menos um ano de estudo em tempo integral em regime de imersão no povo-foco é geralmente necessário para se aprender uma língua. Idiomas mais difíceis podem exigir mais tempo ainda. Durante esse período, os ministérios na língua materna (não aquela do novo ministério) devem ser exercidos o mínimo possível para que a energia despendida não seja desviada da tarefa principal que é a aquisição do novo idioma. A língua será a base da comunicação com o povo não somente para evangelismo, mas também para ensino, desenvolvimento de liderança e mentoreamento. Além disso, a língua serve como um instrumento para a compreensão da cosmovisão, padrões de pensamento, costumes, boas maneiras e expressões.

---

117 A cosmovisão tem sido definida como "estruturas e pressupostos cognitivos, afetivos e avaliativos fundamentais que um grupo de pessoas faz a respeito da natureza da realidade que elas usam para ordenar suas vidas" (Hiebert 2008, 25-26).

Experiência de Ministério Supervisionado

Uma vez que um nível razoável de proficiência na língua tenha sido alcança-do, os membros da equipe normalmente fazem um estágio sob a supervisão de um pastor nacional ou como aprendiz junto a um plantador mais experiente.[118] Eles podem ser estagiários em diferentes igrejas locais que estejam geografi-camente próximas e se reunir para comparar anotações e fazer planos. Esses estágios permitem que o aprendiz melhore sua habilidade de ministrar na nova língua, aprenda a apreciar a cultura, faça amizade com o povo local e desenvol-va habilidades culturalmente adequadas e sábias de vida e ministério.

Muitos plantadores de igrejas transculturais terão tido experiência de li-derança em sua igreja ou profissão em seu país de origem. Muitas vezes eles desejam liderar, ensinar e consertar os problemas da sociedade sem primeiro aprender, compreender e amar o povo a que vieram servir. Oscar Muriu expli-ca como os fatores que são considerados positivos em uma cultura podem ser desvantajosos em outra: "Os americanos sempre chegam por cima. Pelo fato de terem mais recursos e representarem uma grande cultura. Eles vêm para a Áfri-ca e querem resolver a África. Mas você não pode resolver a África. É por de-mais complexa. E isso frustra os americanos. A determinação que você aprende na escola torna-se uma maldição no campo. Eu digo muitas vezes aos missioná-rios americanos: 'Quando o americano fala, a conversa acaba' " (2007,1).

Lendo sobre a história e a cultura

Leituras sugeridas devem ser providenciadas para orientar os novos planta-dores de igrejas. As ideias que se seguem ajudarão a elaborar um plano de leitura. As pessoas são um produto de seu passado e não podem ser compre-endidas fora de suas experiências coletivas. São formadas por eventos assim como seu terreno físico. Ao viver crises e triunfos juntas elas desenvolvem uma consciência coletiva, memórias coletivas e valores comuns. Compare, por exemplo, a formação dos Estados Unidos e do México: "A terra que se tornou os Estados Unidos era, em sua maior parte, rica e por muito tempo de sua curta história parecia sem fim. Por isso, dizia o mito nacional, qualquer um poderia ter sucesso nesse mundo. Havia oportunidades para todos... A história do México era diferente. A terra havia sido povoada por séculos por tribos guerreiras que chegavam a centenas (até hoje cerca de 150 línguas são faladas no México); não havia 'fronteira' " (Condon 1997,3). A história pode também abrir uma janela de entendimento. Por exemplo, em vários países latinoamericanos, particularmente no México, houve uma polarização entre os reformadores liberais e os católicos conservadores no século 19 e início do século 20. Os liberais, querendo quebrar o domínio da igreja católica permi-tiram que a maçonaria e o protestantismo se estabelecessem em certas áreas e, até hoje, essas regiões são mais abertas e receptivas ao Evangelho.

---

118 Em situações pioneiras nas quais a primeira igreja evangélica está sendo plantada em uma região e a orienta-ção de cristãos locais e missionários experientes não está disponível, os novos obreiros ainda podem apren-der muito dos locais durante esse estágio. Mais tarde, eles precisarão exercitar paciência e cuidado para tra-balhar com novos cristãos na formação da primeira comunidade cristã local.

Embora o estudo da história e da cultura seja geral nesse ponto, ela preparará os plantadores de igrejas para pesquisar especificamente o povo-foco do ministério e elaborar uma estratégia evangelística. Pelo menos uma obra séria sobre as origens do povo que se deseja ministrar deve ser lida nesse estágio. Informações culturais também podem ser encontradas em relatórios governamentais, cartas, boletins, questionários orais ou eletrônicos, jornais e arquivos. A obra de Paul Hiebert e Heloise Hiebert Meneses intitulada *"Incarnational Ministry: Planting Churches in Band, Tribal Peasant and Urban Societies"* (Ministério encarnacional: plantando igrejas em grupos, aldeias de camponeses e sociedades urbanas) (1995) é um recurso especialmente útil para a compreensão da cultura e da estrutura social e suas implicações para a plantação de igrejas. Essa obra merece ser lida cuidadosamente. Ela pode servir para estimular discussões à medida que a equipe de plantadores conduz sua pesquisa e constrói uma estratégia para alcançar e ministrar efetivamente o povo-foco.

Pesquise o contexto demográfico, social, religioso e cultural

Razões para estudar o povo-foco do ministério

Alguns negligenciam o estudo do povo-foco do ministério em razão de um sentimento de urgência pela missão. Os membros da equipe podem achar que estudar o povo-foco é pouco prático e uma perda de tempo, porém uma plantação de igreja de sucesso exige um entendimento básico do povo que está sendo alcançado.

Isso pode parecer óbvio quando o abismo cultural é grande, mas os plantadores de igrejas também precisam entender seu povo-foco quando desejam alcançar uma cultura similar, um grupo de outra geração ou uma classe diferente. A figura 10.1 representa três tipos de evangelismo necessários para completar a Grande Comissão: o evangelismo do vizinho próximo dentro do mesmo grupo cultural (E1), o evangelismo de um grupo culturalmente similar, porém distinto (E2) e o evangelismo de um grupo culturalmente distante (E3; Winter et al.1999). Os plantadores devem avaliar se a distância cultural é grande ou pequena e desenvolver sua abordagem evangelística adequadamente. Aqui está uma regra de ouro para os plantadores transculturais de igrejas: o tempo que você precisa para estudar uma cultura é diretamente proporcional à distância cultural entre a sua educação e a educação do povo que você está tentando alcançar. Quanto maior for a diferença que os divide, mais da humildade de Cristo, seu amor e paciência serão necessários em sua vida e na vida dos cristãos locais.

Figura 10.1
Distância cultural como barreira para a expansão do Evangelho

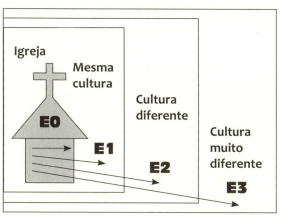

Fonte: Winter, et al. 1999

Há muitas boas razões para estudar demografia e etnografia. Em primeiro lugar, o entendimento transforma o mensageiro. "A cultura é a alma... da nação" (Morin 1994, 597). Um homem procura entender sua noiva porque a ama. O verdadeiro sucesso na conquista surge quando procuramos desvendar a alma e há comunicação profunda. O estudo cultural não é apenas um exercício intelectual ou um meio de evangelismo. Ele deve nos tocar, nos tranformar e nos levar a um nível mais profundo de apreciação do povo, nos tornando pontes sensíveis e amorosas entre o povo e o Evangelho.

Em segundo, é necessário entendimento para a comunicação efetiva e a construção de relacionamentos. A teoria da comunicação enfatiza a necessidade de análise da audiência. Quando os plantadores entram no mundo de outro grupo cultural como mensageiros transculturais, suas ações e palavras podem ser entendidas nos termos do horizonte de compreensão *dos ouvintes*. É claro que as mensagens podem ser bem claras e fiéis ao significado que está sendo transmitido e ainda assim ficar sem ser ouvida porque não é desejada. Elas podem ser inteiramente evitadas, mal interpretadas ou ignoradas pelo ouvinte. Os plantadores precisam se familiarizar com os conceitos-chave da comunicação e do ministério transcultural efetivo.[119]

Duane Elmer (2002, 64-65) compara a entrada em uma nova cultura com jogar um novo jogo com novas regras. As similaridades exteriores entre as duas culturas podem ser enganosas. Por exemplo, o baseball e o críquete são esportes que usam bolas e tacos, mas um excelente jogador de baseball seria um fracasso como jogador de críquete se antes não aprendesse as regras do jogo e desenvolvesse as habilidades necessárias para jogá-lo. Da mesma forma, as pessoas que entram em uma nova cultura não podem pressupor que as habilidades relacionais e comunicativas que lhes serviram tão bem em sua

---
119 Veja, por exemplo, Elmer 1993, 2002 e 2006; Hesselgrave 1991 e Lingenfelter e Mayers 2003.

cultura materna serão eficazes na nova cultura. Elas precisam aprender as diferentes regras, normas e habilidades exigidas para serem eficientes nesse novo contexto.

Em terceiro, é necessáro entendimento para comunicar a mensagem do Evangelho e tornar significativa a verdade bíblica. Ela deve ser apresentada verbalmente e não verbalmente de tal forma que seja compreendida. A comunicação eficaz deve levar em conta a cosmovisão, bem como os potenciais mal-entendidos e objeções dos ouvintes (veja Hiebert 2008). Uma das tarefas da contextualização é fazer com que a mensagem faça sentido, isto é, seja mais facilmente compreendida, e não mais palatável. A cultura incorpora um sistema compartilhado de significados incluindo cosmovisão, valores e padrões de percepção aprendidos, revisados, mantidos e definidos no contexto da interação humana. A comunicação é bem-sucedida quando os ouvintes (1) compreendem a mensagem e (2) respondem à verdade sobre Deus e Jesus Cristo baseados em um entendimento adequado, seja a resposta positiva ou negativa.

Abordagens do estudo do povo-foco do ministério

Juan cresceu em uma família de classe média cubana em Miami, onde a ascensão social (a possibilidade do indivíduo de melhorar sua posição socioeconômica na sociedade) é normal.[120] Ele agora serve como missionário designado para começar uma igreja em um *"barrio"* nos subúrbios de Tegucigalpa, em Honduras. Já conhece a língua e está ansioso para falar do amor de Deus a um povo aflito. Sua ênfase quando compartilha o Evangelho está em como Deus pode dar a vida eterna e significado à nossa vida presente, a despeito das circunstâncias difíceis.

Ricardo, um operário hondurenho está lutando para sobreviver a cada dia em uma cultura fatalista na qual a ascensão vertical é praticamente impossível. Sua aspiração principal é ter carne na mesa, pelo menos nos finais de semana, e sapatos para seus filhos para que lhes seja permitido entrar na escola. Ele não tem dúvida de que Deus existe. Sua pergunta é: "O que Deus fará para nos dar um jantar decente?" Como Juan fará para começar o processo de conhecer Ricardo e as outras pessoas do *"barrio"*? O que ele deve fazer antes de falar de seu Deus a eles? Juan faria bem em observar a vida no *"barrio"* usando três lentes: a lente da experiência vivida, a da pesquisa demográfica e a da observação participante (veja a figura 10.2).

Uma vez que haja domínio suficiente da língua e da cultural geral, todas as três lentes descritas neste capítulo devem ser usadas concomitantemente (e não uma após a outra). Em outras palavras, enquanto Juan se acostuma a viver em Tegucigalpa (experiência vivida), ele coletará e analisará os dados demográficos (pesquisa demográfica). Suas observações gerais e descobertas moldarão as futuras perguntas e conversas com seus vizinhos (observação participante).

---

120 Essa ilustração é baseada em fatos, mas os detalhes foram modificados.

Figura 10.2
As três lentes do entendimento

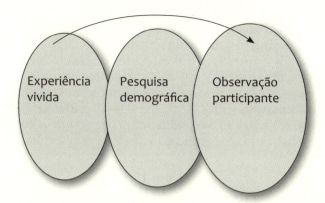

As lentes da experiência vivida

Na pregação dos apóstolos não havia uma metodologia ou estratégia única, nem havia uma apresentação uniforme porque o Espírito Santo guiava os mensageiros do Evangelho a formularem uma mensagem para cada situação. "A verdadeira contextualização acontece quando há uma comunidade que vive fielmente de acordo com o Evangelho e na mesma identificação sacrificial com pessoas em sua situação real, como vemos no ministério terreno de Jesus. Quando essas condições são preenchidas, o Soberano Espírito de Deus realiza sua obra surpreendente" (Bibby 1987,154).

A igreja primitiva viveu sua contextualização do Evangelho. Da mesma forma, para os embaixadores de Cristo em um mundo pluralista, a contextualização não é uma teoria das comunicações, nem é essencialmente um exercício intelectual: é uma experiência vivida. Depois de trabalhar por décadas entre as classes mais baixas de Honduras, David Harms, um médico, comentou: "Quando você consegue ver o mundo através dos olhos deles, pode então fazer com que conheçam Cristo."

Não há, portanto, substituto para a convivência com o povo se o objetivo é compreendê-los e apreciá-los. Experimenta-se, em primeira mão, seu estilo de vida e formas de interação social, descobrindo pessoalmente seus interesses, preocupações, alegrias e crenças. Essa é a maneira pela qual os plantadores de igrejas movidos pela empatia e sensibilidade concedida pelo Espírito Santo podem desenvolver, com o passar do tempo, a perspectiva de uma pessoa pertencente àquela cultura. Juan e sua família podem escolher viver no *"barrio"* junto com o povo que eles esperam alcançar. Em alguns casos isso não é aconselhável por ser impraticável, perigoso ou suspeito. De qualquer forma, eles podem passar um tempo considerável com Ricardo e seus vizinhos e desenvolver a *"confianza"* que leva às amizades duradouras. Ricardo pode até se tornar o mentor cultural e intérprete de Juan se ele perceber que a motivação de Juan é nobre e sua missão é fruto de amor.

AS LENTES DO ESTUDO DEMOGRÁFICO

A informação demográfica é usada para descrever a população de um grupo-alvo a partir de uma *perspectiva externa* e depende principalmente de uma pesquisa quantitativa e dados em geral. Os plantadores de igrejas examinam muitos fatores e usam uma variedade de ferramentas, como pesquisas a partir de amostragem aleatória, questionários ou dados do censo. A fim de evitar seguir pistas que não levam a lugar algum, eles começam com parâmetros específicos e questões particulares que precisam ser respondidas. Um foco estreito demais pode excluir informações valiosas, mas sem foco, podemos desperdiçar muito tempo e energia. A Figura 10.3 ressalta um processo que recomendamos: coleta de dados, análise de dados, aplicação à estratégia e avaliação.

Figura 10.3
Processo de pesquisa demográfica

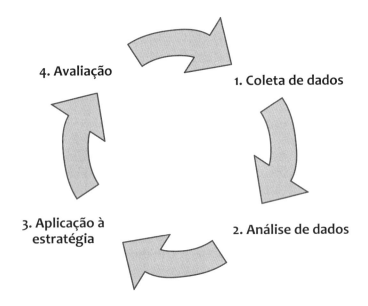

Esses passos podem ser repetidos ciclicamente porque a informação demográfica deve ser revisada e atualizada periodicamente. A avaliação e a revisão podem levantar novas perguntas que levam a mais pesquisa. Em muitos países, os relatórios do censo são publicados a cada quatro ou cinco anos, oferecendo um ciclo natural de estudo demográfico e revisão. A Tabela 10.1 dá uma ideia dos tipos de dados demográficos que podem ser úteis aos plantadores de igrejas.

Tabela 10.1
Informações demográfica úteis aos plantadores de igrejas

Crescimento/ declínio da população	Biológico: nascimentos/mortes Movimento: pessoas entrando ou saindo da comunidade Ganhos e perdas em moradia Planos de desenvolvimento futuro (novas moradias, indústrias, etc.)
Família	Porcentagem das várias faixas etárias (crianças, idosos, etc.) Tamanho da família Número de pessoas por família Solteiros, casados, divorciados
Economia	Rendimento familiar médio Padrão de vida (água encanada, nutrição, automóveis) Atividade comercial, industrial e agrícola na comunidade Formas principais de emprego Índices de desemprego Assistência pública ou privada aos pobres ou desempregados Transporte, comércio, turismo
Educação	Níveis educacionais da população Índice de alfabetização (incluindo analfabetismo funcional) Escolas e instituições de ensino superior Disponibilidade de bibliotecas, reforço escolar, educação de adultos
Social/ política	Grupos étnicos Grupos linguísticos Subculturas Refugiados, imigrantes, imigrantes ilegais Partidos políticos e afiliações, mudanças de poder Disponibilidade de serviços sociais Disponibilidade de assistência médica (hospitais, clínicas, farmácias, etc.)
Religião	Afiliações religiosas Práticas religiosas ativas Crenças Instituições religiosas: igrejas, mesquitas, templos

Algumas vezes as agências governamentais, câmaras de comércio, universidades e organizações não governamentais (como a UNESCO) conduzem e publicam estudos demográficos úteis que podem ser consultados em bibliotecas, online ou obtidos nos seus escritórios. Muitos relatórios são publicados logo após a realização de um novo censo. Talvez haja a necessidade de bastante persistência para encontrá-los, mas vale a pena procurá-los. Nos Estados Unidos muitos serviços profissionais oferecem, mediante uma taxa, informações a respeito de uma comunidade específica. Organizações missionárias como o Projeto Calebe conduzem "expedições de pesquisa" para fornecer informações sobre grupos étnicos específicos ou localidades e como eles podem ser abordados com o Evangelho. Aqui está um resumo de possíveis fontes de informação:

- Departamentos do governo
- Câmaras de comércio
- Bibliotecas e universidades
- Organizações não governamentais
- Serviços profissionais de pesquisa
- Jornais
- Base de dados da internet
- Organizações missionárias, ministeriais e ecumênicas
- Entrevistas com líderes de comunidades

É particularmente útil comparar as informações do censo de anos diferentes e tomar notas dos padrões. Esses padrões geralmente indicam tendências. Por exemplo, Kirk Hadaway estudou o crescimento da igreja em dado período de tempo em cinco cidades diferentes dos Estados Unidos. "Nossos achados indicam que a maior parte do crescimento ou declínio de igrejas urbanas resulta de mudanças no contexto e características do contexto. O crescimento ou o declínio da população é o fator mais importante, seguido de transição racial, classe social da vizinhança e a proporção de crianças pequenas na área" (Hadaway 1982,548).

Deve-se sempre considerar a fidelidade ou acuidade da informação apresentada pelas diversas fontes. Há geralmente um motivo por trás da pesquisa que molda a forma pela qual os dados são colhidos e apresentados. Os governos podem distorcer os dados para fazer com que os seu desempenho pareça favorável. A indústria e o comércio podem tentar fazer com que o investimento ou o potencial para novos negócios pareçam atraentes e as ONGs podem enfatizar números que poderiam ajudar em seu levantamento de fundos. Os dados sobre religião geralmente dizem muito pouco sobre a crença ou a prática religiosa real e podem ser intencionalmente falsificados em favor da religião oficial ou dominante. Por essa razão, é prudente, sempre que possível, usar e comparar várias fontes e suplementar as informações brutas do censo com pesquisas e entrevistas.

Em algumas partes do mundo, os dados demográficos não estão disponíveis ao público. Em situações assim, a equipe de plantação de igrejas pode realizar sua própria pesquisa demográfica limitada usando pesquisas de opinião e entrevistas. A equipe precisa entender que uma boa pesquisa demográfica original é muito difícil de ser bem conduzida.[121] Recomendamos veementemente não usar pesquisas de opinião como um gancho para conversas evangelísticas. É antiético aproximar-se de pessoas com o pretexto de uma pesquisa séria quando o único motivo é evangelismo e os dados coletados não serão usados. Há muitas outras formas criativas de iniciarmos uma

---

121 Em razão de essa informação ser extremamente delicada, a equipe deve se assegurar de que os métodos de pesquisa não violarão a lei nem levantarão suspeitas que prejudiquem seu trabalho a longo prazo. Empreender uma pesquisa de porta em porta ou por telefone sem primeiro entender como fazê-lo levará a dados de baixa qualidade ou mesmo enganosos. Fowler 2009 é um bom ponto de partida para as melhores práticas de pesquisa.

conversa sobre o cristianismo. No processo de condução de uma pesquisa alguém pode questionar por que razão a pessoa deseja aquela informação, mas esse não pode ser o objetivo primário da pesquisa.

Embora seja muito difícil aplicar uma pesquisa de opinião para grandes populações, informações úteis sobre comunidades de tamanho limitado podem ser obtidas através de sondagens informais. Por exemplo, na Alemanha grupos de alunos do seminário empreenderam uma pesquisa de opinião de porta em porta buscando descobrir as necessidades sentidas pela comunidade e como a igreja poderia atender a essas necessidades. Foram tomados os seguintes passos:

1. Elaboração da pesquisa

Um breve questionário foi formulado com um alvo específico para a sondagem em mente. Era composto apenas por questões que permitiriam informações úteis. Perguntas abertas como "Qual você acha que é a maior necessidade desta comunidade?" servem para começar longas conversas e permitir insights sobre as preocupações da comunidade, seus sentimentos e experiências. Perguntas curtas como "Você tem uma Bíblia em casa?" permitem que alguns dados sejam recolhidos para análise posterior.

2. Estratégia de pesquisa

A vizinhança foi mapeada e as quadras selecionadas aleatoriamente para a sondagem. Isso permite certa representatividade das respostas. Um plano foi feito para a realização da pesquisa. As equipes, a orientação e a agenda foram elaboradas.

3. Carta de apresentação

Cartas com o papel timbrado da igreja foram enviadas aos residentes das ruas selecionadas anunciando que os estudantes do seminário fariam uma pesquisa de aproximadamente dez minutos de duração em certas datas. Isso serviu para reduzir o potencial de suspeita entre os entrevistados e aumentar a participação. A carta afirmava que as informações seriam utilizadas para ajudar uma nova igreja a atender às necessidades e preocupações da comunidade local, que os pesquisadores não tentariam vender ou pedir nada e que a privacidade e a identidade de todos os pesquisados seriam garantidas.

4. Orientação

Os estudantes foram cuidadosamente instruídos sobre como se apresentar e manter o informante anônimo, como registrar as questões abertas (uma pessoa faz a pergunta e outra escreve as respostas palavra por palavra) e como concluir as entrevistas (agradecendo ao entrevistado e registrando os resultados).

5. Realização da pesquisa

Um grupo de oração era mobilizado antes e durante a pesquisa, então, em dias pré-determinados, os seminaristas iam de porta em porta, em duplas, para executá-la. Eles iam a horas variadas do dia (a fim de encontrar pessoas com agendas diferentes) e quando não havia ninguém em casa, retornavam em outro horário. Geralmente ambos os sexos eram incluídos na dupla para deixar os entrevistados mais à vontade. O endereço e o horário eram registrados em uma folha separada.

6. Análise e uso da pesquisa

Depois de coletar e analisar os dados, o grupo extraiu as implicações dos achados para o evangelismo e o ministério da igreja. Os entrevistados não eram contactados uma segunda vez a menos que solicitassem.

Os dados de uma pesquisa informal desse tipo não podem ser amplamente generalizados para descrever estatisticamente a população, mas podem revelar insights sobre a maneira de pensar das pessoas e percepções muito úteis para a estratégia do ministério. Por exemplo, em um estudo semelhante descobriu-se que uma comunidade em desenvolvimento tinha poucas atividades para jovens e crianças. A plantação da igreja passou, então, a oferecer clubes bíblicos para crianças, que eram bem frequentados, principalmente por crianças que não pertenciam a nenhuma igreja e, mais tarde, começou estudos bíblicos com alguns pais.

......

Estudo de Caso 10.1

Usando o estudo demográfico para escolher uma comunidade-alvo

Enquanto se fazia preparativos para a plantação de uma igreja na cidade de Munique, os dados demográficos revelaram que metade dos residentes era composta de pessoas sozinhas: solteiros, divorciados ou viúvos, portanto um ministério específico para esse grupo teria que ser prioritário nos planos gerais. Também se descobriu que um entre cinco residentes da cidade não era cidadão alemão, portanto, um ministério com internacionais seria um foco importante a considerar. Foram reunidas informações detalhadas nos vários distritos da cidade (crescimento da população e movimento, número de residentes internacionais, faixas etárias, etc) e essas informações foram comparadas com o número de igrejas evangélicas (quando havia) localizadas nesses distritos. Com base nessas informações e outros fatores, como, por exemplo, os planos para a expansão da cidade na direção norte, um distrito desse lado da cidade foi escolhido para a localização da plantação da igreja.

......

A LENTE DA OBSERVAÇÃO PARTICIPANTE

A observação participante é uma disciplina usada no estudo etnográfico. Vimos que a leitura sobre a história e a cultura de um grupo oferece um insight sobre seus padrões gerais de pensamento e atitudes, enquanto a pesquisa demográfica pode nos ajudar a construir um perfil descritivo da comunidade ou do grupo-foco. O propósito do estudo etnográfico é obter um insight mais profundo dos comportamentos, valores e cosmovisão de um povo da perspectiva de um indivíduo pertencente a ele. "A etnografia é uma tarefa emocionante. Ela revela o que o povo pensa e nos mostra o significado cultural que ele usa em seu dia a dia... A etnografia oferece a todos nós uma oportunidade de dar um passo fora de nosso etnocentrismo socialmente herdado, ainda que por um breve momento, e compreender o mundo do ponto de vista de outros seres humanos que vivem através de diferentes sistemas de significado" (Spradley, 1980, vii-viii).

O estudo etnográfico permite ao pesquisador concentrar-se em um povo-foco do ministério mais específico. A maioria das culturas modernas não é homogênea, pelo contrário, são cada vez mais complexas como quebra-cabeças com muitas peças que se encaixam umas nas outras. As sociedades urbanas, com grande influência da população rural, são cada vez mais pluralistas – geralmente possuem muitas subculturas com diferentes etnias, cosmovisões, sistemas de valores e classes interagindo e modificando umas às outras. As raízes rurais tradicionais e a educação moderna são mescladas com o pensamento pós-moderno em muitos campi universitários. Geralmente, a classe mais alta e mais educada é mais otimista e cada vez mais secular, enquanto as pessoas menos educadas e mais tradicionais são mais fatalistas, religiosas, místicas e ligadas à tradição. Por essa razão, um estudo etnográfico do povo-foco do ministério, que talvez represente apenas uma peça do quebra-cabeça, pode revelar como ele se encaixa no todo.

Enquanto a informação demográfica é principalmente quantitativa – expressa em termos de estatísticas, números ou medidas que se aplicam a grandes porções de uma população – os achados da etnografia são mais qualitativos em sua natureza. A informação qualitativa não envolve amplas generalizações sobre populações inteiras ou dados estatísticos, mas é reunida com o propósito de obter um entendimento em profundidade dos significados e razões por trás do comportamento ou crenças de um grupo específico de pessoas. A pesquisa qualitativa geralmente usa a observação, entrevistas ou grupos-foco[122] para obter tais informações. Ambas a formas de pesquisa - quantitativa e qualitativa - são úteis, mas de maneiras diferentes e complementares.

A maioria dos plantadores de igrejas não deve tentar ser um etnógrafo amador porque a etnografia é uma disciplina bem definida que requer treinamento. No entanto, usando a *observação* e *entrevistas,* podem obter um valioso entendimento e aprender a interpretar o comportamento dentro de um quadro conceitual do entrevistado, e não do seu. Os plantadores de igrejas precisam sair *às ruas* e investigar, observando diretamente as condições de vida, as interações sociais, shoppings, escolas, estabelecimentos comerciais, projetos de construção, atividades de lazer e instituições religiosas. Isso pode não produzir dados quantitativos, mas pode revelar informações importantes.

As entrevistas podem ser conduzidas para reunir informações em um nível mais profundo sobre o entendimento das pessoas, suas motivações e percepções. Um casal de plantadores de igrejas em Montreal, Quebec, elaborou um questionário simples e entrevistou vários vizinhos durante um café no sábado

---

122 O termo *grupo-foco* não deve ser confundido com nosso termo povo-foco do ministério. Um grupo-foco é um pequeno grupo de indivíduos selecionado para fins de pesquisa. O povo-foco do ministério denota um grupo étnico ou subcultura entre os quais uma igreja deve ser plantada.

ou um jantar. Foram feitas perguntas abertas e a conversação fluiu naturalmente. Um deles fazia as perguntas enquanto o outro tomava notas. Mais tarde eles se encontraram com outros membros da equipe para comparar seus achados. Uma descoberta importante – que jamais teria vindo da leitura de um livro – foi a ambivalência que muitos entrevistados sentiam em relação ao catolicismo, a religião dominante. Algumas pessoas mais velhas expressavam fortes sentimentos de dor e abuso, mas continuavam indo à igreja. A maioria dos jovens *quebecois* não frequentava mais a igreja, mas via-se claramente que a igreja ainda fazia parte de sua identidade. Um homem comentou: "Embora como adulto eu tenha me afastado de minha mãe (a igreja católica), ela ainda é minha mãe e é melhor que ninguém a denigra. Eu posso não praticar a minha fé, mas estou menos interessado ainda na fé dos outros". Uma jovem disse: "Eu creio em Deus, mas não sei como situá-lo em minha vida".

A atitude que o entrevistador projetar influenciará na qualidade das informações coletadas. Ajuda muito estar genuinamente curioso, ser amável e abordar as pesssoas com sinceridade e humildade. Essa disposição geralmente gera confiança. Os entrevistados podem revelar sentimentos pessoais e lutas. No entanto, seria antiético usar o pretexto de uma entrevista para compartilhar sua fé. Isso pode vir mais tarde, quando o desejo de conhecê-la for expresso pelo entrevistado.

É preciso ser cuidadoso quando alguém está interpretando as afirmações dos entrevistados. Os plantadores de igrejas devem anotar as observações e as perguntas que fluirem delas em um diário. Eles podem voltar a elas mais tarde, comparar com atitudes e ideias expressas por outros entrevistados e discuti-las com um mentor cultural. A acuidade da interpretação exige que deixemos de lado pressuposições, preconceitos e categorias pré-concebidas ou explicações. Os entrevistadores devem evitar chegar a conclusões apressadas ou fazer julgamentos sem base. Em vez de arriscar fazer leituras das afirmações de alguém, planeje retornar e fazer perguntas de acompanhamento mais tarde conforme a necessidade.

Algumas vezes um grupo-foco pode ser entrevistado em conjunto. O grupo-foco é um método usado em pesquisas quantitativas – geralmente usadas para fins de marketing: um grupo de pessoas é reunido e perguntado sobre sua atitude a respeito de uma ideia, um produto, um serviço, um conceito. As perguntas são feitas em um ambiente interativo de grupo onde os participantes são livres para falar com os outros integrantes. Isso permite mais liberdade de expressão e o pensamento do grupo pode emergir através de um efeito cascata de opiniões comuns. O método de grupo-foco é mais difícil de conduzir e usar do que as entrevistas individuais. Geralmente os plantadores de igreja usarão essa abordagem somente se tiverem um moderador treinado e um agrupamento natural de participantes dispostos e qualificados.

Determine a estratégia de evangelismo e plantação de igreja

Com os achados da pesquisa em mãos, as equipes de plantação de igrejas estão prontas para criar uma estratégia para o evangelismo e a plantação de igreja que sejam adequados ao povo-foco, levando em consideração suas necessidades, cultura, estrutura social e convicções religiosas, além de outros fatores. Uma estratégia de penetração é um plano de envolvimento em ministérios iniciais adequados que mostrem o amor de Deus e compartilhem sua mensagem baseada tanto nas necessidades reais quanto nas sentidas pelo povo. A estratégia levará em conta os sinais de oportunidade, como receptividade ao Evangelho, e antecipará possíveis obstáculos, como desconfiança quanto aos motivos de estranhos ou líderes religiosos que se opõem à entrada do cristianismo na comunidade.

A estratégia de entrada pode começar com a elaboração de um *perfil do entrevistado* – um perfil da pessoa ou família típica e suas aberturas chave para o Evangelho. Bill Hybels popularizou a ideia pela descrição de *"Harry sem igreja"* e *"Mary sem igreja"*, e Rick Warren a descreveu como *"Sam Saddleback"* (1995). Um perfil assim ajuda o plantador de igrejas a personalizar, visualizar e lembrar a quem Deus tem chamado a equipe para servir. A ênfase deve estar em quatro áreas principais: (1) necessidades percebidas; (2) aspirações de vida, (3) padrões de tomada de decisões e (4) segmentos receptivos. No entanto, deve-se ter em mente que um perfil desse tipo é uma caracterização composta. Ninguém reflete o perfil completamente e todas as pessoas devem ser consideradas e compreendidas individualmente.

Necessidades percebidas

As pessoas respondem positivamente quando percebem que uma mensagem ou serviço proposto corresponde às necessidades que elas *sentem* como as mais urgentes em sua vida. Essas necessidades podem estar em qualquer aspecto da vida que o Evangelho atinge. O Evangelho pode transformar tanto o caráter quanto a vida familiar, oferece esperança e significado, apresenta soluções a doenças espirituais e sociais como o alcoolismo, a adoração de demônios e a violência doméstica. As pessoas se interessam pela verdade espiritual à medida que veem sua relevância para suas vidas e para as carências que elas sentem. Nas sociedades que possuem uma cosmovisão sobrenaturalista, as necessidades percebidas podem estar relacionadas a questões espirituais e ao destino eterno. Nas sociedades materialistas, as necessidades sentidas geralmente estão relacionadas ao bem-estar emocional, físico ou social das pessoas.

Quando Jesus se encontrava com as pessoas, se relacionava com elas como indivíduos com problemas reais, desejos e limitações. Ainda que de uma maneira sensível e intuitiva ele sempre levava a conversa para um nível mais profundo do que a necessidade percebida superficialmente. Atender às necessidades pode ser um ponto de partida que permite que se demonstre a relevância do Evangelho em cada aspecto da vida. O Evangelho não oferece a cura de todos os males da vida, nem garante emprego e sucesso material. Dessa forma, essa abordagem não deve se tornar um truque manipulativo de propaganda enganosa. Pelo contrário, devemos demonstrar como o fato de se conhecer Cristo leva a uma necessidade em particular, atendendo a necessidades muito mais profundas e respondendo ao problema subjacente do pecado humano e da separação de Deus. Dessa forma, o poder do Evangelho pode começar sua obra transformadora em vários níveis ao mesmo tempo.

Estudo de caso 10.2

Comunicando o Evangelho aos moradores da favela

Oscar Muriu explica como a Nairobi Chapel (descrita no capítulo 7) adaptou sua estratégia de penetração para a plantação de uma igreja entre os moradores de uma favela: "Eles não compreendiam a referência a um filme. Raramente assistiam a filmes, portanto a linguagem da elite educada os exclui. O que eles entendem e o que os convence são histórias da vida real e parábolas como as que Jesus contava... Então encontramos líderes que falassem sua língua e ligamos as igrejas mais pobres com uma igreja mais rica e mais educada. Tenho a responsabilidade de levantar recursos e capacitar as igrejas nas favelas, desenvolver ministérios que sejam bênção para eles e ajudar meus membros a terem uma presença real nas favelas como resultado de nossa generosidade. Reconhecemos que precisamos uns dos outros e vamos trabalhar juntos. Não é a mesma reunião, mas há um relacionamento ali... Um de nossos primeiros alunos que participou desse projeto está agora pastoreando congregações que ele plantou" (Muriu 2007,1).

Aspirações de vida

O evangelismo não deveria ser apenas corretivo, atendendo a necessidades e males. Cristo satisfaz aos anseios mais profundos dos seres humanos criados à sua imagem. Em sociedades individualistas, esses anseios têm a ver com perdão, propósito e significado da vida. Em sociedades coletivistas eles podem ter mais a ver com a solução para a vergonha, ou a busca da harmonia dentro da família, com Deus e com sua comunidade.

Todas as pessoas aspiram uma vida melhor, mas geralmente também têm anseios mais profundos e mais específicos. Esses anseios podem ser identificados através de conversas, leituras e entrevistas. A maioria das religiões ou cosmovisões lidam com certas questões existenciais como: Por que estamos aqui e para onde estamos indo? Quem é Deus, como podemos conhecê-lo pessoalmente e viver com ele eternamente? Como podemos nos libertar da dor profunda causada pelo pecado, pela enfermidade e pela culpa? A estratégia de penetração de acordo com o perfil do entrevistado deve descrever como o vácuo em forma de Deus, que Blaise Pascal descreveu, é sentido pelos ouvintes.

Padrões de tomada de decisão

Os padrões de tomada de decisão variam muito de cultura para cultura dependendo do que é considerado importante, persuasivo ou crível. Também são influenciados pelo papel do grupo *versus* indivíduo, o uso da lógica e da concepção de tempo. As decisões são tomadas individualmente, pela família ou em um grupo maior? Se são tomadas em família ou em um grupo maior é aconselhável abordar o líder do grupo. Algumas vezes há líderes informais além do líder de fato. Essas pessoas não devem ser ignoradas. O gênero e a idade também afetam os padrões de tomada de decisões. Geralmente pode-se fazer um esforço concentrado para alcançar primeiro o chefe da família. Quando mulheres e crianças, que são mais receptivas, são batizadas primeiro, pode-se criar uma distância social dentro dos casamentos e se torna mais difícil alcançar os maridos. O cristianismo pode passar a ser visto como uma ameaça à vida em família. Embora em culturas machistas possa levar mais tempo para o marido ser batizado, quando ele se converte a família inteira geralmente vem a Cristo também.

Quando os líderes da comunidade de algumas sociedades tribais são os primeiros a aceitar a mensagem cristã, geralmente grande número de pessoas seguirá seu exemplo, o que resultará naquilo que se tem denominado de decisões em grupo "multi-individuais" (veja o estudo de caso 10.3). "Um movimento de pessoas é resultante da decisão conjunta de um número de indivíduos – sejam cinco ou quinhentos – todos do mesmo povo, que permite que se tornem cristãos sem um deslocamento social, enquanto permanecem em pleno contato com seus parentes não cristãos, permitindo dessa forma que outros grupos daquele povo, com o passar dos anos e depois de instrução adequada, venham a tomar decisões similares e formar igrejas cristãs" (McGravan 1980,335).

Estudo de caso 10.3

Tomada de decisão em grupo em sociedades tribais

Um exemplo disso é a experiência de Lin Barney entre os Hmong do Vietnã. Um povo de uma região remota o convidou para falar-lhes sobre o "Caminho de Jesus" e ele apresentou o Evangelho aos homens na casa grande. Os homens dividiram-se em grupos segundo os seus clãs para conversar sobre o novo caminho. Depois de algumas discussões, prós e contras, os líderes dos clãs reuniram-se com o grupo de anciãos para decidir pela aldeia. No final eles disseram a Lin que todos eles tinham decidido tornarem-se cristãos! (Hiebert e Meneses 1995,159)

"Os missionários ocidentais, criados em uma cultura que enfatiza o individualismo e a escolha pessoal, geralmente não compreendem decisões desse tipo. Muitos deles pedem às pessoas que voltem atrás e venham a Cristo um por um. Fazendo isso, transmitem a eles a ideia de que aquela decisão não é importante, pois somente decisões irrelevantes são tomadas por indivíduos. Mais do que isso, as pessoas muitas vezes se sentem rejeitadas e retornam à sua antiga religião" (Hiebert e Meneses 1995,159). Além disso, algumas vezes uma decisão em grupo "para tornarem-se cristãos" é realmente uma decisão para explorar mais profundamente o cristianismo ou um experimento com o poder do cristianismo para vencer os poderes dos maus espíritos, a doença ou obter vantagens materiais. Nas palavras de Hiebert e Meneses, "a tomada de decisões em uma sociedade grupal é geralmente um processo composto de vários passos" (1995,160). Enquanto não desvendamos o mistério de como Deus cumpre sua soberana vontade através das decisões humanas, podemos entender e trabalhar em harmonia com o elemento humano do processo, e não necessariamente obstrui-lo.

Segmentos receptivos

Alguns grupos de povos são mais receptivos ao Evangelho do que outros e, dentro de um grupo, alguns indivíduos ou segmentos da população serão mais receptivos do que outros. Ainda que todos devessem ter uma oportunidade de ouvir o Evangelho, os evangelistas e os plantadores de igrejas darão prioridade àqueles que evidenciam interesse e abertura. Em uma das parábolas de Jesus, quando os convidados de honra não estavam prontos para vir ao banquete, o mestre enviou seus servos para trazerem os pobres da cidade (Lc 14.15-23). Paulo permaneceu em Éfeso mais tempo do que na maioria das localidades, adiando outros trabalhos pioneiros porque Deus tinha permitido uma receptividade excepcional para o Evangelho ali (1Co 16.8s).

Entendemos que *receptividade* é a habilidade ou inclinação de uma pessoa para receber algo diferente. Isso pode incluir abertura para novas ideias, para mudança e para a verdade espiritual proveniente de uma nova fonte. Um dos grandes desafios quando se trabalha entre povos menos receptivos é como identificar aqueles que estão abertos e a quem Deus preparou para receber o Evangelho. "A receptividade é medida, antes de tudo, por perguntas enfatizando a satisfação em relação à vida como está e a disposição de mudar... Uma segunda dimensão de receptividade é o compromisso com uma crença religiosa estranha. A receptividade varia inversamente à força desse compromisso" (Engel 1977,49).

Em sociedades coletivistas, o nível de receptividade de todo um grupo deve ser pesquisado. Em sociedades individualistas, a receptividade vai variar entre os menores segmentos da população, a família ou grupo e mesmo o indivíduo. Esse é o caso de muitos residentes urbanos que deixaram suas famílias e raízes. Aqui está uma lista de grupos comuns em circunstâncias de vida que podem indicar abertura à mudança ou receptividade a uma nova mensagem espiritual:

- Aqueles que experimentam uma grande crise como a morte de uma pessoa próxima, divórcio ou desemprego;
- Aqueles que estão passando por uma grande transição como casamento, nascimento dos filhos, mudança de emprego ou carreira ou se mudando da zona rural para a urbana;
- Sociedades sob extremos conflitos sociais como guerras, desastres naturais, fome ou mudanças rápidas (como industrialização) nas quais a antiga cosmovisão não faz mais sentido;
- Pessoas que mudaram de residência e estão separadas de sua antiga rede social;
- Grupos com estruturas religiosas de organização flexível como a maioria das religiões populares;
- Pessoas com conceitos definidos de pecado, de culpa e um Deus Criador pessoal;
- Pessoas decepcionadas com sua religião atual;
- Grupos marginalizados e classes inferiores que têm pouco a perder e muito a ganhar através da mudança social ou religiosa;
- Jovens expostos a novas ideias, como universitários, por exemplo.

O plantador de igrejas nunca deve subestimar a capacidade de Deus de surpreender e tocar um povo que não se encaixa em nenhuma dessas categorias acima. No entanto, para sermos bons mordomos de tempo e recursos limitados, de modo geral seremos prudentes se concentrarmos nossa atenção naqueles que têm mais probabilidade de serem receptivos. Iniciativas especiais podem ser dirigidas no desenvolvimento de relacionamentos com esses tipos de pessoas e no compartilhar as boas novas com elas.

Desenvolvendo relacionamentos na comunidade

Uma vez que os membros da equipe de plantação de igrejas tenham identificado um ou dois segmentos da comunidade ou um povo-foco do ministério que pareçam ser mais receptivos, devem tentar passar pelo menos 50% de seu tempo com as pessoas daquele grupo (veja o estudo de caso 10.4). Podem começar fazendo chamadas telefônicas de cortesia aos líderes da comunidade e àqueles que são potenciais portas de entrada para ela (guardiões). Nas sociedades democráticas, os líderes comunitários são funcionários públicos e devem estar dispostos a responder perguntas e ajudar as pessoas que desejam iniciar uma nova igreja, desde que sejam abordados de forma direta, sincera e humilde. Eles são fáceis de serem encontrados por causa de suas funções oficiais. Sejam eles autoridades eleitas, autoridades na área da educação, funcionários públicos, chefes de aldeias ou líderes religiosos, logo ouvirão que uma nova religião chegou ao local.

Estudo de caso 10.4

Usando a informação demográfica em uma estratégia de plantação de igrejas

Quando planos iniciais foram feitos para plantar uma igreja na cidade de Ingolstadt, na Alemanha, os dados demográficos extraídos das estatísticas locais da cidade forneceram informações muito úteis. Por exemplo, descobriram que quase uma entre três pessoas da cidade era membro de um clube esportivo. Os plantadores de igrejas decidiram que filiar-se a um clube esportivo local seria uma boa maneira de penetrar nas redes sociais da comunidade. Eventualmente, um estudo bíblico evangelístico foi iniciado entre as famílias de membros de um dos clubes e um plantador pode ministrar às famílias do clube que estavam enfrentando crises pessoais.

Os dados apontaram também que a população estava crescendo no distrito oeste da cidade onde um novo centro de saúde regional tinha sido construído. Além disso, havia planos futuros para a construção de um grande conjunto habitacional na vizinhança. Começaram, então, um estudo bíblico com os funcionários do hospital. O fato de os membros do núcleo inicial trabalharem na clínica regional permitiu um ponto natural de penetração para o evangelismo entre os outros funcionários do hospital e os estudantes de enfermagem. Esse trabalho rendeu frutos.

No entanto, como esse centro oferecia serviços públicos do governo, transportes, educação e assistência médica, a população tornou-se demasiadamente

diversificada e o foco foi deslocado para outros segmentos. O maior emprega-
dor da cidade era a indústria de automóveis Audi e o segundo uma outra indústria, por isso empreenderam esforços também para o alcance de operários.
Por exemplo: campanhas evangelísticas usando grandes tendas montadas em
festivais populares mostraram-se muito eficientes (os alemães gostam de visitar
tendas de venda de cerveja, portanto o meio lhes era familiar e convidativo).

Há pessoas que são como "guardiões" da comunidade e exercem uma
influência menos formal. Eles são formadores de opinião que detém a autoridade moral na comunidade mesmo que não possuam uma função ou
autoridade formal. Em zonas rurais, as pessoas se reúnem ao redor deles
nos mercados, nas cidades as pessoas os ouvem pelo rádio ou se aconselham
com eles em seus escritórios. Eles possuem contatos e ajudam nas questões
de imigração, moradia, financiamento e emprego. Se a equipe conseguir seu
apoio, a porta estará aberta.

A aceitação por parte desses guardiões geralmente permite que um estranho ou estrangeiro seja recebido na comunidade. Algumas dessas pessoas-
chave estão sinceramente buscando Deus, como Sérgio Paulo, o procônsul
de Chipre, que chamou Paulo e Barnabé para que pudesse ouvir a Palavra
de Deus (At 13.7). Jesus instruiu seus discípulos, ao enviá-los para o ministério, pedindo que buscassem um "homem de paz" e ficassem com ele. Este
os receberia e ofereceria hospitalidade (Lc 10.5-7). Essas são pessoas de boa
vontade que poderiam se tornar pontes para o Evangelho. No capítulo seguinte falaremos mais sobre este "homem de paz".

Decidindo os papéis e fortalecendo a preparação da equipe

A esta altura é muito importante que o líder da equipe oriente e facilite a di-
ferenciação de papéis. Ele, ou ela, liderará os membros para que considerem
seus dons espirituais, aspirações e habilidades, e definam seus respectivos
papéis para a fase seguinte de evangelização e discipulado. Essa é uma fase
crítica no desenvolvimento da equipe porque os padrões de intercessão conjunta, apoio mútuo, alcance e tomada de decisões foram estabelecidos. É um
período no qual os membros da equipe passam muito tempo juntos e é inevitável que surjam tensões (veja Ciclo de conflito na equipe, no capítulo 16).

Lutas comuns surgem pelo fato de que os membros da equipe possuem diferentes estilos de aprendizagem e aptidões. Alguns estão prontos para avançar para o estágio do ministério produtivo antes dos outros. Alguns podem
aprender a língua local e se adaptar mais rápido do que os outros. Os membros
devem ser encorajados a se prepararem bem e aqueles que estiverem prontos
mais cedo devem ser liberados para começar sem demoras desnecessárias. Dependendo do papel de cada um na equipe, talvez seja preciso um treinamento
bíblico ou prático especial. As equipes saudáveis possuem uma visão de longo
prazo de preparação para o ministério e distribuem responsabilidades uns aos
outros ao começarem a se engajar nas atividades de plantação da igreja.

Esboçando uma proposta de plantação de igrejas

A proposta de plantação de igreja é o plano abrangente inicial ou estratégia de penetração. Nem toda plantação de igreja terá que esboçar uma proposta formal, mas muitas vezes uma proposta dessa natureza auxilia a equipe a esclarecer e focar seus esforços, fazendo um orçamento realista, organizando uma lista de apoio de oração e comunicando a visão aos investidores. Antes de entrar na área-foco de ministério, o plantador e as igrejas patrocinadoras podem ter desenvolvido uma ampla visão para recrutar a equipe e reunir recursos para a missão. Quando uma equipe começa a se encontrar com um grupo não alcançado ou um grupo familiar, pode levar de seis meses a um ano até que obtenha um entendimento adequado do povo-foco do ministério e consiga formular os elementos-chave da proposta (visão, valores, descrição do povo-foco do ministério e plano de evangelismo/discipulado).

A proposta é fundamentada em princípios e precedentes bíblicos, moldada com muito cuidado e oração com a ajuda de conselheiros sábios e baseada no conhecimento adequado do terreno da plantação da igreja, seu alvo e sua equipe. Ela dá a visão da equipe, anima seus membros enquanto eles a redigem, une-os à medida que a executam e, mais tarde, os ajuda a avaliar o progresso do trabalho. Ela não é estabelecida concretamente, mas constitui um trabalho em andamento. Ainda assim, ela dá direção ao trabalho clara, concisa e abrangentemente.

A proposta deve identificar os segmentos do povo-foco do ministério que devem ser prioritários. Desde o início, o trabalho deve ser edificado sobre princípios locais e devem ser usados padrões reproduzíveis, como explicado no capítulo 4. Deve incluir um plano para o discipulado dos novos cristãos e sua reunião em grupos pequenos (idealmente liderados pelos próprios novos convertidos). Se não houver um plano, geralmente os grupos pequenos serão formados em função dos dons e do treinamento da equipe, em vez dos dons dos cristãos locais. É necessário que haja planejamento intencional para que anfitriões e os aprendizes de facilitadores de grupos sejam escolhidos e mentoreados pelos membros da equipe de acordo com o padrão Modele-Auxilie-Assista-Retire-se, ressaltado no capítulo 17.

O apóstolo Pedro quer que seus leitores tenham um tipo de conhecimento que dá fruto. Ele escreve: *Porque, se essas qualidades existirem e estiverem crescendo em sua vida, elas impedirão que vocês, no pleno conhecimento de nosso Senhor Jesus Cristo, sejam inoperantes e improdutivos* (2Pe 1.8). Dois extremos devem ser evitados: evangelizar sem conhecer o povo é tolice e geralmente contraproducente, mas deixar de colocar o conhecimento em ação é igualmente errado.

O quadro 10.1 pode ser usado para produzir pesquisa e perguntas para a entrevista. Deve-se investigar não somente o "que", mas também o "porquê" por trás dos vários valores e comportamentos. Respostas ou comportamentos que são particularmente incompreensíveis para o pesquisador podem ser avenidas de investigação especialmente valiosas, com potencial para revelar diferenças profundas entre as culturas. Deveria ser evidente, a esta altura, que esse estudo continuará por muitos anos, mas avanços iniciais também são possíveis. A seu tempo, os plantadores de igrejas podem desenvolver lentes biculturais e serem capazes de ver os eventos da perspectiva de alguém de dentro da cultura, como acontece com os filhos de missionários ou a segunda geração de imigrantes.

Aqui está um resumo de alguns passos concretos que podem ser tomados baseados na pesquisa durante essa fase.

- Leia e troque ideias com outros sobre a cultura;
- Faça perguntas honestas;
- Continue conversando com as pessoas da vizinhança, nas ruas e outros locais naturais de reunião;
- Encontre-se com alguns membros da cultura que sejam empáticos e com quem você possa discutir suas observações;
- Junte-se aos grupos comunitários que estejam tentando servir ou melhorar a comunidade;
- Acompanhe as necessidades percebidas e as necessidades reais que você observar;
- Construa relacionamentos com os "guardiões" da sociedade, as pessoas de influência na comunidade e os "homens de paz" (Lucas 10:6; Mateus 10:11).
- Use seus talentos e habilidades para servir as pessoas à sua volta;
- Exercite hospitalidade de forma culturalmente adequada;
- Trabalhe diligentemente no aprendizado da língua;
- Realize um questionário, pesquisa de opinião ou sondagem. Discuta os resultados com várias pessoas;
- Obtenha treinamento especializado, se necessário;
- Ore fervorosamente por portas e corações abertos e pessoas preparadas.

Enfatizamos os desafios de se envolver com um novo povo e as lutas em relação à adaptação, mas há também alegrias singulares nesse estágio. Uma delas é ver se abrirem portas que só Deus poderia arrombar. Outra é a emoção da descoberta. Os plantadores de igrejas devem dedicar tempo para discutir suas perguntas e teorias como uma equipe, desfrutar os novos achados e não se sentirem culpados pelo tempo investido. A pesquisa focada geralmente revelará pontos de penetração no povo-foco do ministério e permitirá que sejam evitados erros que podem custar caro. À medida que os membros da equipe conhecem outras culturas, invariavelmente aprendem mais sobre si mesmos. Esse pode ser um período de intenso crescimento pessoal.

Quadro 10.1

Vinte perguntas para compreender o povo-foco do ministério

1. Quais são os valores principais desse grupo, evidentes em suas escolhas, discurso e práticas?

2. Quais são suas convicções a respeito do sobrenatural: Deus, espíritos, demônios, poderes invisíveis? Como eles falam sobre Deus? Como se sentem a respeito dele?

3. O que eles mais temem? O que eles mais valorizam: objetos, ideias, alvos, princípios, padrões? Quais são algumas de suas aspirações e anseios mais profundos?

4. Qual o seu entendimento de causalidade, isto é, o papel das bênçãos e maldições, tabus, amuletos, orações, leis naturais, sucesso pessoal, fatalismo e coisas semelhantes?

5. Que conceito de tempo eles possuem? É linear ou cíclico, são mais orientados por tarefas ou eventos? São mais focados em eventos do passado, presente ou futuro?

6. Qual é a estrutura social da sociedade? Qual é a unidade social mais importante: a família nuclear, a família estendida, o clã, a nação ou a tribo?

7. Como a sociedade maior é governada? Quem são as pessoas de maior influência? Quais são as principais instituições?

8. Como são tomadas as decisões? A liberdade individual é mais valorizada do que os desejos do grupo, ou as decisões pessoais são subordinadas aos desejos do grupo?

9. Quais são as formas de socialização? Como as crianças são disciplinadas e educadas? Como a sociedade lida com o desvio social e recompensa o comportamento positivo?

10. Quais são os meios de controle social: polícia, tribunais, prisões, pressão do grupo ou ostracismo?

11. Quais são os meios de transporte e comunicação? Como a informação é passada ou disseminada? O que ou quem é considerado uma fonte confiável?

12. Quais são os principais ritos de passagem (ex: nascimento, entrada na idade adulta, casamento, morte) e como eles são conduzidos ou ritualizados? Que significados estão associados a eles e que papel eles exerce na sociedade?

13. O que você pode aprender com seus dias santos e festividades?

14. Quem são seus heróis do passado e do presente?

15. O que seus mitos populares, lendas, histórias e metáforas transmitem sobre a cultura e a cosmovisão?

16. Qual é a atitude deles em relação aos estranhos e pessoas de outra fé?

17. Em que medida a geração mais jovem está ligada aos costumes tradicionais? Que segmentos da sociedade são mais orientados pela tradição? Quais estão abertos à mudança?

18. Como são resolvidos os conflitos interpessoais e intergrupais?

19. Como as pessoas entendem e lidam com a culpa, o sofrimento e a morte?

20. Quais são os pecados mais sérios da sociedade? Quais são as maiores virtudes?

11

LANÇAMENTO

EVANGELIZAR E DISCIPULAR

A plantação de igrejas é o ministério que, através de evangelismo e discipulado estabelece comunidades multiplicadoras do Reino, compostas de crentes em Jesus Cristo que estão comprometidos em cumprir os propósitos bíblicos sob uma liderança espiritual local. Essa definição sublinha o fato de que o evangelismo e o discipulado são o coração da plantação de igrejas. Ao mesmo tempo, nem todos os tipos de evangelismo e discipulado contribuem para o estabelecimento de novas comunidades do Reino. As expressões *evangelismo de plantação de igrejas* e *discipulado de plantação de igrejas* serão usadas aqui para os tipos de iniciativas que contribuem para a congregação de comprometidos seguidores de Jesus Cristo.

Em nossa experiência oferecendo consultoria e mentoreando plantadores de igrejas em todo o mundo, com exceção do trabalho entre os grupos de povos mais receptivos, o evangelismo e o discipulado são os maiores desafios para os plantadores pioneiros de igrejas. Eles exigem que as fortalezas espirituais sejam vencidas para estabelecer uma cabeça de ponte em território inimigo, que o Evangelho seja comunicado através de palavras e obras de formas culturalmente significativas e reproduzíveis e que os novos discípulos sejam reunidos e preparados de tal forma que eles, por sua vez, façam outros discípulos. Pelo fato dessa fase ser tão essencial para a tarefa da plantação e igrejas e, em muitos contextos, a mais difícil, esse capítulo é mais longo do que a maioria em nosso livro. Ainda assim, apenas arranhamos a superfície do assunto, portanto encorajamos os leitores a explorarem os vários outros recursos que se referem à discussão que se segue.

Resumo da Fase

Exemplos bíblicos

Atos 2–5: Proclamação e formação de discípulos em Jerusalém

Atos 10–12: Multiplicação e expansão para outros lugares e grupos

Atos 18: Áquila, Priscila e Apolo

Atos 18–19: O ministério efésio de Paulo

Passos-chave

1. Desenvolva relacionamentos e inicie o evangelismo

2. Evangelize holisticamente, atendendo às necessidades sentidas e às reais

3. Batize e ensine obediência a Jesus

4. Discipule os novos cristãos e treine outros a fazerem o mesmo

5. Assimile prudentemente o crescimento por transferência

6. Forme uma comunidade fundamental

7. Comece a treinar líderes servos

Aspectos críticos

1. Impulso evangelístico adequado e sustentável

2. Abordagem ao evangelismo e discipulado que confronte o pecado e a cosmovisão e exercite disciplinas espirituais

3. Cristãos são treinados imediatamente para fazer discípulos e para servir

4. Discipular de tal maneira que a primeira comunidade do Reino se torne realmente autóctone e possa se multiplicar

5. Um plano de discipulado que atenda aos problemas de cosmovisão, de potestades espirituais, crescimento por transferência e deserção

Desenvolva relacionamentos e inicie o evangelismo

A fase de lançamento deve ser edificada sobre as informações obtidas durante a fase de preparação, como descrevemos nos capítulos 9 e 10. Nenhuma desconexão deve ser permitida entre a preparação pessoal, o desenvolvimento da estratégia e a proclamação do Evangelho. A ênfase da plantação de igrejas como um empreendimento espiritual deve continuar sob a orientação do Espírito Santo. Jesus é quem está edificando sua igreja e dirigirá seus colaboradores se eles o buscarem. Esse discernimento e essa direção espiritual vêm de ouvir sua voz e de observar e compreender aqueles que estão sendo alcançados. O Evangelho precisa ser compartilhado ampla, constante e poderosamente. No entanto, nem toda a comunicação do Evangelho produz o mesmo resultado. A discussão seguinte apresenta princípios que podem ser usados para desenvolver uma abordagem evangelística eficaz ou se valer de esforços evangelísticos existentes.

Desenvolvendo relacionamentos na comunidade

Conforme os membros da equipe de plantação de igrejas se mobilizam para evangelizar, começam a desenvolver relacionamentos pessoais na comunidade. De antemão, durante a fase de preparação, como descrevemos no capítulo 10, segmentos receptivos da sociedade terão sido identificados e contatos feitos com os líderes e "guardiões" da comunidade. Os métodos de evangelismo que parecem ser mais adequados para aquele povo devem ter sido escolhidos, mas agora é preciso desenvolver relacionamentos. Devemos conhecer as pessoas e isso leva tempo. Os plantadores de culturas ocidentais tendem a enfocar em demasia a realização da tarefa (*task oriented*) e as atividades, como a socialização informal, beber chá ou bater papo, são vistas como perda de tempo. No entanto, na maior parte das culturas os relacionamentos vêm antes das tarefas. O evangelismo é, antes de tudo, amar as pessoas como Deus as ama e então compartilhar com elas a mensagem do amor redentor de Deus. Pessoas não são objetos ou alvos. Elas querem ser respeitadas e compreendidas. Merecem amor, respeito e *tempo*.

Desenvolver relacionamentos pode começar na vizinhança, fazendo amizade com os vizinhos, vendedores, carteiros e aqueles com quem se tem um contato natural regularmente. Ir à mercearia diariamente para comprar pão ou mantimentos é uma forma de conhecer o balconista e o caixa. Certo plantador de igrejas nunca colocava mais do que uns poucos dólares de gasolina de cada vez no tanque do carro para que tivesse mais oportunidades de conversar com o frentista. Usar o transporte público em vez de um carro particular nos dá um senso de conexão e empatia pelo dia a dia das pessoas e, muitas vezes, abre oportunidades para uma conversa. Outro lugar para se começar é uma organização comunitária, como associações de pais e mestres, Rotary Club, associação de moradores de bairros ou membro da biblioteca.

A equipe deve descobrir onde as pessoas se reúnem, passam tempo de lazer e se socializam. Como mencionado no estudo de caso 10.4, em uma cidade alemã, os clubes esportivos se mostraram a melhor forma de interação social para as famílias, mesmo para aqueles que já não competiam ativamente. Em outros lugares, as cafeterias ou as casas de chá, um mercado local ou poço de água doce pode ser o lugar onde muito da rede social ocorre. A equipe de plantação da igreja deve comprometer um tempo considerável – isso varia de acordo com as outras responsabilidades, mas deve ser de 50% inicialmente – com envolvimento fora de casa. Uma noite por semana deve ser dedicada a uma organização comunitária que não esteja ligada a nenhuma igreja onde se possam desenvolver relacionamentos com não cristãos e contribuir com a comunidade.

Exercitar a hospitalidade é uma boa maneira de fazer com que um relacionamento evolua do conhecimento superficial para um nível mais profundo. Deve-se, no entanto, conhecer os costumes locais a respeito do exercício da hospitalidade: há muitas regras de etiqueta e boas maneiras que não são escritas (quem convida quem, com que propósito – uma refeição completa ou um chá – que tipo de comida deve ser servido e a duração da visita). Quando se é novo na cultura, a vulnerabilidade e a inaptidão social podem, na verdade, oferecer oportunidades de encontrar com as pessoas para pedir ajuda: "Perdoe-me, mas sou novo aqui e quero aprender sobre os costumes de seu maravilhoso povo. Estou envergonhado de como sou ignorante a respeito dos _____. Por favor, você poderia me ajudar?" Momentos assim podem ensinar muito dos costumes, do modo de pensar do povo e ao mesmo tempo começar um amizade. Esse tipo de pedido de ajuda também contribui para desenvolver a mutualidade no que, de outra forma, poderia se tornar um relacionamento unilateral.[123] Obviamente, depois de algum tempo o povo local perderá a paciência com a incompetência do forasteiro, portanto, esse método deve ser usado logo e com frequência.

Se o plantador da igreja vier de um país abastado para trabalhar em um país mais pobre, terá pouca dificuldade de fazer amigos! Também se o plantador tiver o inglês como sua língua nativa pode procurar um parceiro que fale inglês. Muitos têm usado aulas de inglês ou de culinária como forma de encontrar pessoas e fazer amizades. Essas atividades não precisam ser totalmente evangelísticas, mas oferecem à equipe ocasiões para sair do círculo confortável de amigos cristãos e começar a fazer contato com o povo que quer alcançar. Em conversas informais podemos aprender sobre as alegrias e tristezas, os sonhos e aspirações, as preocupações e os medos da pessoa comum. Muitas impressões pré-concebidas são corrigidas. Pode-se desenvolver um entendimento e um amor genuíno pelo povo. Sem isso, os vizinhos logo sentirão que o plantador de igrejas está mais preocupado com o projeto do que com o povo.

Uma estratégia adaptada ao povo-foco do ministério

O capítulo 9 fala sobre a importância de se selecionar um povo-foco do ministério e o capítulo 10 fornece orientações para compreendê-lo através das lentes da experiência, da pesquisa demográfica e da observação participante. É essencial que haja um alinhamento da compreensão do povo-foco do ministério com a abordagem evangelística e as ferramentas de comunicação que serão usadas. Aqueles que negligenciam essa preparação conceitual e

---

123 Especialmente quando o estranho possui mais educação formal, mais dinheiro e mais poder do que o povo local, pode ser muito difícil para os relacionamentos ter uma verdadeira mutualidade ou reciprocidade. As suspeitas sobre as motivações podem estar presentes dos dois lados do relacionamento ("Eles gostam de mim por causa das coisas que eu posso lhes dar?" ou "Por que uma pessoa rica viria para nossa aldeia pobre? Uma pessoa normal jamais faria isso! Ele deve estar querendo alguma coisa"). A vulnerabilidade por parte do estranho pode reduzir a suspeição e fortalecer a confiança.

se precipitam diretamente para o evangelismo baseados em suas estratégias favoritas ou ênfase doutrinária, geralmente se arrependem. Uma coisa é alguém testemunhar em sua própria cultura, mas desenvolver um plano para o evangelismo de plantação de uma igreja que penetra em outro grupo cultural e ajuda os membros desse grupo a levarem o Evangelho a seu próprio povo é uma coisa completamente diferente!

Os plantadores devem rever em oração o que tem sido aprendido até o momento sobre o povo-foco do ministério, discutir sua filosofia de evangelismo, considerar as categorias de métodos evangelísticos (veja o quadro 11.1) e então decidir quais métodos serão mais adequados à sua filosofia, ao povo-foco e aos dons e interesse dos membros da equipe. Há milhares de métodos de comunicação do Evangelho. As abordagens diferem muito dependendo dos diferentes níveis de convicção dos cristãos e da situação dos não cristãos que desejamos alcançar. Métodos evangelísticos podem ser divididos em categorias como as seguintes:

- Mais pessoal (baseado em relacionamentos) *versus* menos pessoal (permitindo o anonimato)
- Individual *versus* grupo ou grandes reuniões
- Apelo direcionado (a segmentos da população) *versus* apelo abrangente (a qualquer um)
- Orientado por programas ou eventos *versus* informal ou espontâneo
- Por atração (convidar pessoas para um evento) *versus* encarnacional (ir até o povo com a mensagem em palavras e obras)
- Orientado por "decisão" (chamado a uma resposta imediata) *versus* orientado por processo (permite que a pessoa interessada tenha tempo para entender mais)
- Instrucional ou confrontante *versus* conversacional

O exercício na tabela 11.1 usa categorias um pouco diferentes para auxiliar os membros da equipe a identificarem pessoalmente as abordagens evangelísticas adequadas para o plantador de igreja e para o contexto ministerial. Os entrevistados indicam sua avaliação de cada abordagem em uma escala de 1 a 5, um sendo "péssima adequação" e 5, "excelente adequação". Eles, então, respondem às perguntas finais e destacam as melhores abordagens para a sua situação, lembrando que não existe uma fórmula mágica.

Quadro 11.1

Métodos de evangelismo

Evangelismo pessoal

- Evangelismo relacional ou por amizade
- Testemunho pessoal
- Hospitalidade, festas em casa
- Uso de folhetos como "As quatro leis espirituais"
- "Fofocando o Evangelho" na vizinhança
- Blogs, chats e fóruns na internet

Proclamação pública do Evangelho

- Cruzadas evangelísticas
- Palestras
- Pregações ao ar livre em ruas ou parques
- Teatro de rua, quadro cênico e meios semelhantes
- Cultos evangelísticos ou voltados para as necessidades dos interessados no Evangelho
- Campanhas em tendas
- Banca de livros ou balcão de informações em locais públicos

Evangelismo em eventos especiais

- Concertos
- Palestra de celebridades
- Eventos esportivos
- Grupos de interesses especiais
- Debates públicos
- Mímica ou teatro

Literatura e evangelismo por vídeo

- Distribuição de Bíblias
- Envio de material pelo correio ou distribuição de porta em porta
- Filmes evangelísticos e vídeos, como o filme "Jesus"
- Jornais, rádio, televisão e internet
- Livros
- Bibliotecas circulantes locais

Evangelismo em grupos pequenos

- Estudos bíblicos evangelísticos
- Estudo cronológico da Bíblia – narração de histórias bíblicas
- Convite para participar de células
- Reuniões após as aulas
- Jantares – refeições onde há um testemunho

Evangelismo por visitação

- Visitas a interessados ou visitantes da igreja
- Visitas hospitalares
- Visitas a prisões
- Evangelismo de porta em porta na comunidade

Evangelismo através de seminários e cursos

- Curso Alpha
- Enriquecimento matrimonial
- Curso noturno para adultos
- A Bíblia como literatura
- Aulas de religião nas escolas
- Aulas ou retiros de ensino do inglês
- Aulas de culinária ou de outras habilidades
- Retiros espirituais

Evangelismo servo

- Projetos comunitários
- Clínicas médicas e dentárias
- Educação e reforço escolar
- Distribuição de alimentos
- Saúde comunitária
- Aconselhamento legal
- Aconselhamento em crises e ajuda por telefone (*hot lines*)
- Desenvolvimento econômico
- Voluntariado em organizações comunitárias

Evangelismo do povo-foco

- Grupos de estudantes
- Clubes bíblicos para crianças
- Grupos de mães
- Grupos de pais solteiros, divorciados, de apoio ao enlutado, apoio a portadores de necessidades especiais
- Grupos de recuperação de dependentes e co-dependentes químicos

Evangelismo por oração

- Oração por enfermos
- Oração por pessoas em crises pessoais
- Oração por libertação espiritual
- Oração em eventos públicos

Tabela 11.1
Métodos evangelísticos usados na Bíblia

Abordagem evangelística	Exemplo bíblico	Adequado ao meu perfil? 1 a 5	Adequado ao con-texto? 1 a 5	total
Abordagem testemunhal	• A mulher samaritana e o povo da aldeia (Jo 4.39-42) • O homem cego (Jo 9.13-34) • Paulo diante de Félix e Festo (At 24.1 – 25.12)			
Abordagem intelectual (ou apologética)	• Paulo em Atenas (At 17.16-34)			
Abordagem confrontacional	• Pedro em Jerusalém (At 2.14-40)			
Abordagem de serviço	• Dorcas (At 9.36-43)			
Abordagem interpessoal	• André a Pedro e Filipe a Natanael (Jo 1.4-46)			
Abordagem de hospitalidade (refeição, evento, festa)	• O banquete de Mateus (Lc 5.29)			
Abordagem de ensino	• Paulo nas sinagogas e na escola de Tirano (At 13.5,14; 14.1; 19.9)			
Abordagem de descoberta (fazendo perguntas)	• Nicodemos (Jo 3.1-21) • Jesus e a mulher samaritana (Jo 4.1-26)			
Abordagem de estudo bíblico	• Paulo e os homens de Bereia (At 17.11)			
Abordagem de oração (curas ou batalha espiritual)	• Os apóstolos em Jerusalém (At 5.12-16) • Paulo e a jovem possessa de espírito adivinhador (At 16.18)			

Priorizando pessoas e grupos receptivos

Durante a fase de preparação, os membros do povo-foco potencialmente receptivos são identificados. À medida que os plantadores iniciam os esforços evangelísticos eles se concentrarão nessas pessoas mais receptivas. A pirâmide de receptividade de Ralph Neighbour pode ser um instrumento útil nesse processo (Figura 11.1). Pode ser aplicada em qualquer cultura e identifica os diferentes níveis de receptividade. As testemunhas cristãs podem usar essa pirâmide de receptividade de duas formas: podem adaptar suas orações e testemunho à receptividade das pessoas e ajudá-las a avançarem para o próximo estágio; ou desejarão buscar certo tipo de pessoa e se associar a grupos baseados em seu nível atual de receptividade. Por exemplo, se os jovens são mais receptivos, um ministério com estudantes será um bom investimento. Em Quebec, no Canadá, os plantadores de igrejas descobriram que as pessoas que responderam positivamente ao testemunho cristão passaram por vários passos, precisando ouvir o Evangelho várias vezes e de maneiras diferentes, antes de firmarem um compromisso verdadeiro com Cristo. Além disso, antes desse compromisso, tomaram sucessivas decisões *em direção a Cristo* em resposta a uma série de observações e conclusões (Smith 1995). A pirâmide de receptividade para a equipe de Quebec ficou assim:

- Nível A – Aberto a uma amizade com o mensageiro e a uma discussão da mensagem: alguns jovens, alguns interessados em assuntos espirituais e pessoas em crise.
- Nível B – Aberto ao mensageiro, mas não a uma discussão da mensagem: jovens, cristãos nominais não praticantes, amigos e parentes de crentes.
- Níveis C e D – Não aberto ao mensageiro nem à mensagem: antirreligiosos ou pessoas religiosas conservadoras, pessoas que tiveram experiências negativas com cristãos.

Figura 11.1
Pirâmide de receptividade

Fonte: Adaptado de Neighbour 1990, 245

Um dos grandes desafios da plantação de igrejas entre as populações resistentes é como encontrar as pessoas receptivas a quem Deus parece ter preparado para ouvir o Evangelho. Muitas vezes, plantadores que tiveram somente experiências em evangelismo pessoal com amigos e vizinhos têm aversão a abordagens menos pessoais, especialmente o evangelismo de massa. Embora o evangelismo pessoal seja uma boa abordagem, em muitos casos não será adequado pelo número de contatos da pessoa ser muito pequeno e ninguém estar pronto ou ainda disposto a ouvir o Evangelho. Em situações como essas a equipe de plantadores deve "lançar as redes" bem amplamente, com métodos que identifiquem as pessoas preparadas e os interessados no Evangelho entre a população maior, do contrário, o progresso será muito lento e poderá levar anos para reunir um grupo de cristãos. O estudo de Dick Grady e Glenn Kendall (1992) sobre plantadores de igrejas revelou que, seja qual for a receptividade da região, os plantadores de igrejas mais eficazes usam métodos evangelísticos de larga abrangência e flexíveis (quadro 11.2). "Os plantadores de igrejas mais eficazes têm uma tendência maior de usar métodos de alcance que ofereçam um grande número de contatos na comunidade. Aqueles que entram em uma nova situação transcultural e elaboram um método para compartilhar o Evangelho com um grande número de pessoas podem identificar, em meio ao grupo maior, aqueles que parecem estar espiritualmente famintos. Eles investem tempo produtivo discipulando os que estão mais interessados" (Grady e Kendall 1992, 366). Também usam uma variedade de abordagens, porque os diferentes métodos atingem diferentes tipos de pessoas. Ninguém pode prever qual método será mais eficiente.

A distribuição em massa de literatura, o evangelismo pelo rádio, as visitas de porta em porta, as campanhas evangelísticas e outras abordagens que fazem contato com um grande número de pessoas são totalmente apropriados, desde que haja um acompanhamento cuidadosamente planejado e personalizado. Os plantadores podem, então, concentrar suas energias nas pessoas que demonstraram interesse espiritual. Quando uma igreja estava sendo plantada em Ingolstadt, na Alemanha, milhares de folhetos foram distribuídos com uma carta-resposta, com a qual as pessoas interessadas poderiam pedir uma Bíblia, um folheto ou uma visita pessoal. Apenas três cartas retornaram, mas duas dessas três pessoas que as enviaram vieram à fé em Cristo mais tarde. Para uma igreja de menos de vinte membros, foi uma tremenda vitória!

Quadro 11.2

Chaves para a plantação eficaz de igrejas

Dyck Grady e Glenn Kendall (1992) pesquisaram cem missionários descritos como plantadores de sucesso por suas agências e receberam respostas de oitenta e sete. Os sete princípios estratégicos seguintes foram desenvolvidos baseados em suas respostas. Os plantadores de igrejas mais eficazes:

1. gastam mais tempo em oração.
2. se utilizam de programas evangelísticos que abrangem um grande número de pessoas.
3. são mais flexíveis em seus métodos.
4. são mais comprometidos com uma posição doutrinária.
5. estabelecem uma credibilidade maior.
6. têm maior habilidade de identificar e, então, trabalhar com pessoas que têm uma religião menos estruturada.
7. têm uma habilidade maior de incorporar novos convertidos em um projeto evangelístico.

As abordagens evangelísticas em massa sempre precisarão ser complementadas com acompanhamento e discipulado. Isso pode ocorrer em grupos pequenos ou em relacionamentos individualizados. Como aconteceu em Quebec, muitas, se não a maioria das pessoas, precisarão ouvir o Evangelho muitas vezes e de muitas maneiras para compreenderem a mensagem e experimentarem completamente seu poder transformador. De qualquer forma, não há substituto para o ensino personalizado e o cuidado espiritual.

O evangelismo como decisão e como processo

Quando lemos o livro de Atos, vemos que os primeiros evangelistas chamaram tanto judeus (At 2.38s; 3.19) quanto gentios (At 17.30; 26.20) ao arrependimento e à fé em Cristo. O arrependimento envolve abandonar o pecado e a idolatria, receber a salvação em Cristo e servir a Deus (1Ts 1.9). Igualmente, nosso ministério de evangelismo deve chamar os ouvintes claramente a tomarem uma decisão ao arrependimento e a uma fé explícita em Cristo, confessada com os lábios e no ato do batismo. Nesse momento, a pessoa é perdoada e nasce de novo na família de Deus.

Ainda assim, o evangelismo deve ser também entendido como um processo. Embora a regeneração ocorra em um momento singular, há um processo que leva a esse ponto e um processo subsequente que leva ao crescimento cristão. Enfocar de forma estreita demais em uma única decisão por Cristo geralmente leva a conversões superficiais, baseadas em mal-entendidos ou motivadas pelas razões erradas. Paul Hiebert conta a história de Papayya, um camponês indiano que alegremente escuta por horas o Evangelho e é profundamente movido pela mensagem sobre Deus se tornando homem em Jesus Cristo. Papayya ora a Cristo, mas se pergunta se Cristo é apenas mais um dos milhões de *avatara* – deuses hindus que desceram de reinos espirituais mais elevados. "Como hindu, ele adora Vishnu, que encarnou muitas vezes como um ser humano, como animal ou peixe a fim de salvar a humanidade. Papayya também conhece muitos dos outros 330 milhões de deuses hindus, mas o estrangeiro diz que há um único Deus e que esse Deus apareceu entre os humanos apenas uma vez. Além disso, o estrangeiro diz que Jesus é o Filho de Deus, mas não fala nada sobre a esposa de Deus. Tudo é muito confuso para ele" (Hiebert 2008, 10). Hiebert pergunta se Papayya pode se tornar um verdadeiro cristão depois de ter ouvido o Evangelho apenas uma vez e respondido positivamente, ou se o caminho para o discipulado e verdadeiro entendimento será longo. Quanto mais o mensageiro entende o mundo de Papayya e suas crenças, melhor poderá evitar os mal-entendidos e ajudar Papayya a compreender o Evangelho e se tornar um fiel seguidor de Cristo.

A história de Papayya ilustra que o entendimento do Evangelho deve crescer em profundidade, o que muitas vezes é um processo longo.[124] Os estudos de Alan Tippet (1992) sobre conversão o levaram a vê-la em termos de estágios: as pessoas avançam de um período de tomada de consciência para

---

124 Para discussões dos problemas com a abordagem para a conversão do "decisionismo de um único passo" de muçulmanos, veja Conn 1979 e Teeter 1990.

um de tomada de decisão, depois para um período de incorporação e um de maturidade. Ele também descobriu que rituais marcando a transição de um estágio para outro, como um apelo para ir ao altar, o batismo ou a destruição de feitiços eram críticos para a conversão de longo prazo e o discipulado entre animistas (Tippett 1967, 109; 1971, 169). Uma compreensão desses processos influenciará a forma como o Evangelho é apresentado, as expectativas em relação às respostas e como ajudar as pessoas a chegarem à verdadeira fé em Cristo e segui-lo.

O evangelismo que lida com a cosmovisão

A vida e a obra de Jesus Cristo têm significado somente dentro do contexto da cosmovisão bíblica da criação, pecado e redenção. Consequentemente, os plantadores de igreja que ministram a pessoas de outra cosmovisão – incluindo a ocidental pós-moderna – precisam começar com a natureza de Deus, sua criação, a queda e a natureza do pecado, a necessidade de redenção através da obra expiatória de Jesus e o julgamento final ou recompensa após seu retorno. Hiebert adverte: "Frequentemente, a conversão ocorre nos níveis superficiais do comportamento e das crenças; no entanto, se as cosmovisões não são transformadas, o Evangelho é interpretado nos termos de cosmovisões pagãs e o resultado é um cristo-paganismo" (2008, 69). Uma vasta gama de outros aspectos da cosmovisão como o mundo espiritual, ancestrais, a natureza da revelação bíblica ou a vida após a morte podem também precisar ser biblicamente abordados. O evangelismo que aborda a cosmovisão é essencial para a edificação de um fundamento sólido de fé e obediência, a fim de ajudar o ouvinte a receber a verdade de Deus, confrontar as distorções culturais e moldar uma nova e duradoura estrutura conceitual.

No exemplo de Papayya vemos que o evangelismo que não aborda as diferenças culturais da cosmovisão bíblica pode produzir profissões de fé, mas não produzirá discípulos, famílias e comunidades transformados. Os missionários para a África dos séculos 19 e 20 trouxeram padrões de pensamento ocidentais que, por exemplo, separava o reino espiritual do físico e enfatizava a verdade em detrimento do poder. O teólogo africano Van Der Poll descreve essa falha: "Em razão do Evangelho não ter sido trazido ao povo como uma visão que abrangesse toda a vida, o que tomaria o lugar de uma visão tradicional igualmente abrangente, o núcleo mais profundo da cultura africana permanece intocado" (citado em Miller e Allen 2005, 42). Hiebert (1982) ressalta que a maioria dos missionários ocidentais não consegue construir uma cosmovisão bíblica do mundo espiritual incluindo anjos, demônios, poderes invisíveis, bênçãos e maldições. O povo africano crê que esses poderes são a verdadeira causa por trás dos eventos importantes, como doenças e seca. O fracasso em oferecer aos novos cristãos uma cosmologia bíblica e ajudá-los a saberem como responder a esses eventos, permitiu que muitos se sentissem confusos e sem poder. Muitas dessas pessoas simplesmente retornaram ao feiticeiro tradicional em tempos de crise.

Métodos evangelísticos adaptados ao estilo de aprendizagem de um povo

Muitos métodos evangelísticos populares foram desenvolvidos nas culturas ocidentais e se mostraram eficazes nesse contexto por estarem adaptados à mentalidade, à cosmovisão e ao estilo de aprendizagem ocidental. Por exemplo: o conhecido folheto "As quatro leis espirituais" tem sido muito eficiente em certos grupos, no entanto, como mostra a tabela 11.2, nem todos os grupos de povos compartilham o padrão de pensamento ocidental.

Tabela 11.2
As quatro leis espirituais e a cosmovisão

Algumas pessoas...	Mas muitas pessoas...
entendem toda a vida em termos de leis fixas e previsíveis.*	veem a vida em termos de mistério ou como sendo sujeita aos caprichos de poderes invisíveis e não a uma lei.
pensam em categorias abstratas como leis e enfatizam o fato em detrimento da fé e dos sentimentos.	pensam em termos mais concretos, usam histórias e provérbios e inter-relacionam fatos, sentimentos e fé.
têm uma lógica bem linear – progredindo de uma lei para a seguinte.	usam lógica não linear e pensam em termos de eventos ou ciclos em vez de causa e efeito.
pensam na vida em termos de um plano para o futuro.	pensam na vida fatalisticamente ou mais em termos de passado do que de "planos".
veem a vida abundante como alvo principal.	veem a sobrevivência ou a vida após a morte como sua maior necessidade.
podem compreender diagramas abstratos e representações como círculos, flechas e cruzes.	Não entendem diagramas abstratos, mas podem se identificar bem com desenhos de pessoas ou objetos.
preferem uma vida ordeira e estruturada a uma vida mais espontânea e desordenada.	Preferem uma vida espontânea a uma vida estruturada.
estão acostumadas a tomar decisões individuais.	Normalmente tomam decisões importantes consultando a família ou amigos.

*A frase de abertura das "Quatro leis espirituais" é: "Assim como há leis que governam o universo físico, assim também há leis espirituais que governam nosso relacionamento com Deus" (Bright 2007)

Além disso, muitos conceitos nas "Quatro leis espirituais" podem ser facilmente mal-interpretados, como: a "vida abundante"(como riqueza material), "novo nascimento" (como reencarnação) e "pecado" (como um ato especialmente mau, ou ser pego violando uma norma social). Até a imagem de Cristo batendo à porta (Ap 3.20) pode ser interpretada como agressiva. Em algumas culturas as casas não possuem nem portas onde se bater! Tudo isso para dizer que, embora "As quatro leis espirituais" tenha sido um instrumento maravilhoso para compartilhar o Evangelho com milhões de pessoas, não é igualmente eficiente em qualquer lugar.

Nos últimos anos, muito material excelente tem sido produzido para compartilharmos o Evangelho de muitas formas diferentes enfatizando o elemento história, o pensamento concreto e a comunicação oral. Por exemplo, Trevor McIlwain desenvolveu uma abordagem cronológica para contar a história da salvação de Gênesis até os Evangelhos em "Building on Firm Foundations" (Construindo sobre firmes fundamentos) (1987)[125] O uso desse método foi maravilhosamente ilustrado no filme "EE-Taow". Uma vantagem dessa abordagem é que quase todo mundo entende e pode se identificar com histórias. Conceitos abstratos como Deus, pecado e redenção são revelados no contexto dos atos concretos de Deus na história e de sua forma de agir nas vidas de pessoas. Dessa forma, as verdades são descobertas em um contexto que traz seu significado para a vida. Outra grande vantagem dessa abordagem é que a mensagem é comunicada começando com a história da criação, seguida da queda, o chamado de Abraão, o sistema sacrificial, a promessa de um redentor e assim por diante, construindo assim uma cosmovisão bíblica. A mensagem da obra redentora de Cristo na cruz só pode fazer sentido em relação ao seu contexto. Nas palavras de um experiente plantador de igrejas trabalhando no leste da África: "Descobrimos que aqueles que vêm a Cristo pela apresentação das narrativas cronológicas têm menos problemas com sincretismo em sua caminhada cristã, porque a compreensão do quadro do plano de Deus é muito mais completa" (Lyons 2009,2).

Autores como Tom Steffen (1996; Steffen e Terry 2007) têm ressaltado que cerca de 75% da Bíblia é narrativa e que a história é a forma de comunicação dominante em muitas culturas.[126]

Métodos locais reproduzíveis e sustentáveis

As histórias ilustram um princípio. As abordagens e ministérios usados pela equipe de plantação de igrejas devem ser as que os cristãos locais possam usar e desejarão usar. A fim de serem reproduzíveis, devem depender de recursos e meios locais que sejam naturais e prontamente acessíveis. Geralmente isso requer que se trabalhe primariamente através de relacionamentos evitando o uso de tecnologia e meios importados. As abordagens simples e eficazes geralmente são as melhores. Instrumentos como folhetos e mídia são eficazes somente quando conduzem a uma exploração das palavras e obras de Jesus no contexto da cosmovisão bíblica completa, como ilustrado nos exemplos acima.

---

125 Para outro exemplo, veja Slack, Terry e Lovejoy 2003.

126 No *Forum for World Evangelization* (Forum para a evangelização do mundo) de 2004, um grupo de interesse produziu um relatório "*Making Disciples of Oral Learners*" (Fazendo discípulos em culturas de tradição oral) que é uma excelente introdução a esse tópico. Ele também inclui uma extensa lista de outros recursos úteis. O documento está disponível online em www.lausanne.org/documents/2004forum/LOP54_IG25.pdf (acessado em junho de 2012)

Estudo de caso 11.1

A narração de histórias e a plantação de igrejas

O pastor Dinanath da Índia conta a história de seu ministério entre seu povo: "Eu pertencia a uma família hindu e fui salvo em 1995 por intermédio de um missionário transcultural. Eu tinha desejo de conhecer mais sobre a Palavra de Deus e compartilhei isso com o missionário. Ele me enviou para uma escola bíblica em 1996 e depois de dois anos de estudo teológico voltei para minha aldeia em 1998. Comecei a compartilhar as Boas Novas das formas que aprendi na escola bíblica. Para minha surpresa, meu povo não conseguia entender minha mensagem. Poucas pessoas aceitaram o Senhor depois de muito esforço. Continuei a pregar o Evangelho, mas com poucos resultados. Eu estava desanimado e confuso e não sabia o que fazer".

A história do pastor Dinanath deu uma reviravolta: "Em 1999 participei de um seminário onde aprendi a comunicar o Evangelho usando vários métodos orais. Compreendi que o problema estava na minha comunicação, porque estava usando o método de palestras com livros impressos, como havia aprendido na escola bíblica. Depois do seminário voltei para a aldeia, mas dessa vez mudei minha maneira de me comunicar. Comecei usando um método de narração de histórias em minha língua nativa. Usei canções do Evangelho e as músicas tradicionais do meu povo. Dessa vez o povo das aldeias começou a entender melhor. Como resultado disso, as pessoas começaram a chegar em grande número. Muitos aceitaram Cristo. Havia uma igreja com poucos membros batizados em 1999 quando eu participei do seminário, mas agora, em 2004, depois de seis anos, temos 75 igrejas com 1350 membros batizados e mais 100 pessoas prontas para o batismo" (LOP 54,2005).

A prioridade não deve ser colocada sobre as estratégias que exigem um alto grau de educação, treinamento especializado ou dons excepcionais, mas em métodos que aproveitem os meios de comunicação naturais do cristão comum e seus relacionamentos sociais. Outra consideração a respeito de reprodutibilidade é a capacidade de transferir esses métodos aos jovens cristãos de forma relativamente fácil, usando estilos de aprendizagem e padrões de comunicação que lhes sejam familiares. Em culturas orais, as narrativas são prontamente transmitidas de uma geração de cristãos para outra. Os testemunhos pessoais e vidas transformadas de novos convertidos locais são elementos importantes de qualquer estratégia evangelística. Trabalhar em grupo no evangelismo forma uma comunidade cristã em ação e a fortalece através da cooperação.[127] Os métodos evangelísticos cooperativos podem também demonstrar unidade e amor entre os cristãos (Jo 17.23), como vemos no estudo de caso 11.2.

---

127 Isso se mostra especialmente verdadeiro em sociedades coletivistas. O individualismo ocidental não deve subestimar as iniciativas evangelísticas cooperativas. Quando Jesus disse a seus discípulos que eles seriam pescadores de homens, sua analogia envolvia uma pescaria em grupo usando barcos e redes – não uma pescaria solitária com uma vara.

Estudo do Caso 11.2

Evangelismo através de Células

A igreja *Dios Admirable*, em Caracas, Venezuela, começou em 1965 como um estudo bíblico evangelístico visando alcançar estudantes universitários. O pastor Francisco Liévano, seu ex-pastor, levou a igreja de duzentas pessoas a quatrocentas usando grupos de discipulado em células. Em 1999 tinha chegado a vinte e cinco células e muitas outras foram usadas para começar cinco novas igrejas em Caracas. Elas são chamadas de Grupos Básicos de Discipulado Cristão.

A iniciativa foi baseada na convicção de que (1), se os crentes estão crescendo no Senhor, eles trarão mais pessoas para o Reino e (2) o evangelismo é mais bem realizado seguindo as redes interpessoais com gente trazida para os grupos da vizinhança conforme eles se chegam a Cristo. Um homem da igreja afirmou que pelo menos 75 por cento dos novos convertidos tinha vindo do ministério de grupos caseiros. Ele também relatou que 90 por cento do ministério ativo da igreja era feito através dos grupos caseiros (Neumann 1999).

O evangelismo que conduz ao discipulado

Na América Latina e em muitos outros lugares, um problema comum é que muita energia é gasta em programas evangelísticos que produzem muitos interessados e "decisões", mas poucos convertidos. Algumas estratégias evangelísticas têm uma lacuna crônica de acompanhamento, que ocorre quando os que respondem ao chamado não possuem um relacionamento prévio com aqueles que fazem o chamado. Isso também pode ocorrer quando se pressupõe que os que respondem ao chamado compreenderam o Evangelho e verdadeiramente nasceram de novo. Uma avaliação da compreensão e resposta deve ser o primeiro passo do acompanhamento, embora a profundidade da experiência da conversão possa não ser evidente por meses enquanto a pessoa cresce em entendimento e evidencia a mudança de vida pelo poder do Espírito. Robert Priest (2003) estudou trinta e quatro narrativas de conversões dos Aguaruna, no Peru, e descobriu que, inicialmente, os convertidos não demonstravam nenhum senso de pecado, mas essa consciência cresceu com o tempo conforme eles ouviam a Palavra de Deus. Nessas ocasiões é muito importante considerar o evangelismo como um processo que flui dentro do discipulado.

Quando o Evangelho é compartilhado face a face ou em pequenos grupos por vizinhos, amigos ou parentes o acompanhamento é muito mais fácil, já que perguntas e obstáculos podem ser abordados mais facilmente. Embora as abordagens pessoais levem mais tempo, elas diminuem a lacuna do acompanhamento e permitem que haja frutos duradouros.[128] Quando, por outro lado, o evangelismo ocorre na forma de grandes reuniões, literatura

---

128 O problema da deserção é diferente. Ele presume que os interessados foram incorporados e depois deixaram o grupo, no entanto, as duas coisas estão relacionadas porque há deserções que são resultado da lacuna no acompanhamento. A deserção será abordada no final desse capítulo.

ou campanhas de mídia, concertos, pregação ao ar livre e formatos que são menos pessoais, é preciso empreender um esforço extra para acompanhar aqueles que demonstrarem interesse. É necessário também que sejam obtidas informações dos interessados para que possam ser contatados posteriormente. O simples envio de uma carta ou uma chamada telefônica raramente é adequado. Geralmente o acompanhamento é feito através de uma visita à casa da pessoa – embora isso seja mais difícil em cidades grandes, se o endereço fornecido for impreciso ou difícil de achar. Outra abordagem é oferecer um estudo bíblico de acompanhamento ou outra forma de grupo pequeno de discipulado. Deve-se considerar o melhor meio para essas reuniões: a casa de um cristão, a casa de um interessado, uma igreja ou um local mais público e neutro como um restaurante. É melhor escolher o meio mais provável de o interessado comparecer e se sentir à vontade.

Erros comuns na fase de lançamento

1. As plantações de igreja sofrem quando o evangelismo é praticado somente no primeiro estágio da plantação da igreja.

   Geralmente, o evangelismo é o foco no início porque não há igreja e nem outra forma de a igreja crescer, mas uma vez que a congregação tenha sido formada ele é negligenciado, pois a ênfase se torna o trabalho com os cristãos. No entanto, o evangelismo não é uma fase pela qual uma igreja deve passar, mas o centro da missão da igreja. Quando o crescimento é lento, a primeira pergunta a fazer é "Como estamos no evangelismo?"

2. As plantações de igreja sofrem quando há somente uma abordagem evangelística.

   A igreja primitiva usava uma variedade de meios e métodos (Green 1970) e a Bíblia fala sobre fazer uso de todas as oportunidades (Cl 4.5). Como vimos acima, Grady e Kendall (1992) descobriram que os plantadores de igrejas mais eficazes fazem uso de iniciativas evangelísticas abrangentes, são flexíveis em sua implantação e as combinam integrando a atividade social (ministérios de misericórdia) e testemunho do Evangelho. Assim, eles ganham credibilidade e estabelecem relacionamentos. Aqueles que se concentram em achar uma única chave para destrancar a porta, geralmente fracassam – são necessárias muitas chaves. Muitas abordagens diferentes são listadas no quadro 11.1 e na tabela 11.1.

3. As plantações de igreja sofrem quando dependemos somente daqueles que são treinados e têm dom de evangelismo.

   A Bíblia ensina que há pessoas com dom de evangelismo (At 21.8; Ef 4.11). No entanto, cada cristão deve ser uma testemunha de Cristo (At 1.8; 1Pe 3.15) e alegremente compartilhar a mensagem de Jesus com outras pessoas. Novos convertidos do povo-foco do ministério normalmente se tornam os mais eficientes evangelistas. Portanto, as equipes de plantação de igrejas não devem isolar os novos cristãos do relacionamento com seus amigos e parentes não cristãos.

O estudo de Grady e Kendall de 1992 confirma que os plantadores contextualizados são capazes de integrar os novos convertidos em iniciativas evangelísticas. Eles se tornam "pontes para Deus"[129] porque têm muitos relacionamentos naturais com não cristãos no povo-foco. Além disso, porque se converteram recentemente, ainda compreendem os pensamentos e perguntas de não cristãos e podem se comunicar com eles de maneira mais convincente. Kenneth Strachan, da Latin America Mission, descobriu que os movimentos crescem na mesma proporção da habilidade da igreja em mobilizar todos os seus membros na propagação do que ela crê. O impacto da "mobilização de todos os membros" foi demonstrado através da campanha Evangelismo em Profundidade em muitos países da América Latina nos anos 60 e 70 do século 20 (Strachan 1968; Roberts 1971).

4. A plantação da igreja sofre quando o evangelismo é estruturado somente em planos e programas.

Um fato comumente aceito é que a maior influência para que uma pessoa venha a Cristo é o testemunho e a vida de um amigo ou membro da família (Gómez 1996; Smith 1995). Se capacitarmos os cristãos a viverem e compartilharem o Evangelho em suas redes relacionais, o potencial evangelístico de uma igreja é multiplicado. Os programas são excelentes complementos, mas péssimos substitutos do evangelismo pessoal.

5. A plantação de igreja sofre quando são negligenciados os elementos básicos do evangelismo eficaz, que são a oração e o uso das Escrituras. Grady e Kendall (1992) listam o ministério de oração como o fator número um na plantação de igreja de sucesso. O outro aspecto básico é a apresentação clara do Evangelho. Como escreveu o apóstolo Paulo: *Não me envergonho do evangelho porque ele é o poder de Deus para a salvação de todo aquele que crê* (Rm 1.16)

Dar o testemunho pessoal do que Cristo fez por um indivíduo não é substituto para explicar a oferta de salvação em Cristo como declarado nas Escrituras. Devemos lembrar que as pessoas de outras religiões também têm seus testemunhos. Um testemunho pode começar com uma história pessoal, mas ninguém será salvo até que ouça a mensagem e a história de Jesus. A Palavra de Deus é poderosa e eficiente como uma espada de dois gumes e somente o Evangelho é o poder de Deus que conduz à salvação (Hb 4.12; Is 55.10s). É a obra do Espírito Santo que convence da verdade do Evangelho e abre os corações dos ouvintes (Jo 16.8-10; At 16.14). Um evangelista indiano expressou essa verdade dessa forma: "Jesus não pode ser explicado, só pode ser revelado".[130] A oração e o Evangelho são os elementos básicos. Podemos tentar muitas estratégias e novas ideias, mas a questão é: "Como elas estão incorporando esses elementos fundamentais?"

---

129 A frase cunhada por Donald McGravan em sua obra memorável "As Pontes de Deus" (1955), descrevendo movimentos que ocorrem quando os novos convertidos não são extraídos de sua esfera natural de relacionamentos, mas encorajados a permanecer dentro dela e compartilhar a fé naturalmente.

130 Ajay Pillai, da Indian National Mission, falando à igreja de Oakwood Community Church na cidade de Tampa, EUA, em 8 de março de 2009.

Estudo de Caso 11.3

Evangelismo e discipulado em Montreal

A maioria das pessoas com menos de cinquenta anos em Quebec tem origem cultural católica romana e crê em Deus, mas tem pouco entendimento de quem ele é ou como se relaciona com eles. Poucas pessoas já consideraram a possibilidade de um relacionamento diário com ele. A fim de comunicar melhor o Evangelho a esse grupo, a Christian Direction, uma organização a serviço da igreja de Quebec perguntou às pessoas nas igrejas já existentes o que as levou a um relacionamento pessoal com Deus. Eles descobriram que os entrevistados tinham ouvido o Evangelho – ou partes dele – em média oito vezes antes de tomar uma decisão para seguir Cristo!* A maior influência em sua decisão foi a mudança de vida de um membro da família ou um amigo (Smith 1995).

Enquanto isso indicava a necessidade de uma paciente semeadura do Evangelho através das redes relacionais e envolvimento na comunidade, outros fatores indicaram que alguns responderiam à proclamação em grupos maiores:

1. Havia respeito pela Bíblia como a revelação de Deus.

2. A maioria dos entrevistados gostaria de ter visto cristãos em ação em um contexto de grupo antes de ter tomado sua decisão.

3. A maioria tomou sua decisão final em um contexto de grupo onde foi trazida uma mensagem clara e um convite foi feito.

Como resultado, a equipe de plantação de igreja adotou uma estratégia em três níveis:

1. Abordagem relacional: Tornaram-se membros de grupos comunitários, criaram relacionamentos com os vizinhos e compartilharam Cristo conforme tinham oportunidade.

2. Abordagem "rede do Evangelho": Todos os membros da equipe se reuniam semanalmente para compartilhar seu progresso e orar juntos pelas atividades evangelísticas e compromissos. Organizavam eventos públicos em locais neutros para atrair interessados.

3. Multiplicando testemunhas: Imediatamente treinaram novos convertidos para compartilhar seu testemunho e fazer uma apresentação simples do Evangelho.

A força do evangelismo da equipe veio de sua ampla estratégia, trabalho em equipe e perseverança. Muitas células de discipulado foram formadas. O maior fruto veio quando os próprios *quebecois* compartilharam seu recém-encontrado amor por Jesus com seus amigos.

* Estudo realizado pela Christian Direction em Montreal, Canadá, em 1992. Baseado nesses achados, Glenn Smith (1995) sugere que em sociedades secularizadas como Montreal, os alvos devem ser: obter decisões progressivas em resposta à verdade bíblica, manter uma forte ênfase na comunidade e trabalhar em uma rede descentralizada de grupos pequenos que se encontram para a adoração contextualizada.

Evangelize holisticamente atendendo às necessidades sentidas e reais

Durante a fase de preparação (capítulo 10) as necessidades sentidas do povo-foco foram investigadas. Necessidades sentidas ou percebidas são aquelas que as pessoas reconhecem e estão motivadas a resolver. Elas podem incluir as existenciais, como comida e água; pessoais, como amor e propósito; sociais, como transporte e segurança; espirituais, como perdão e libertação de forças demoníacas e qualquer outro conjunto de necessidades que afete o sentimento de bem-estar das pessoas. As reais são necessidades da *perspectiva de Deus*. A necessidade percebida de comida também é real, mas a de riqueza material não. Todas as necessidades percebidas devem ser levadas a sério, mas o objetivo principal do plantador de igreja é atender às reais. Muitas pessoas ignoram sua necessidade de coisas como perdão dos pecados e vida eterna, mas são despertadas para elas pelo Espírito Santo e pela Palavra de Deus. Jesus não somente pregou a verdade, mas curou os doentes, deu vista aos cegos, restaurou os marginalizados e cuidou das pessoas como um todo. Atendendo às necessidades das pessoas, demonstramos boa vontade e compaixão. Como mensageiros do Evangelho não devemos somente proclamar as Boas Novas, precisamos *ser* Boas Novas quando possível.

No capítulo 19 apresentamos uma discussão detalhada sobre ministérios holísticos que causam impacto no Reino. Basta dizer aqui que, assim que o evangelismo é lançado, precisa ser acompanhado por obras de misericórdia e serviço. A equipe de plantação da igreja vai precisar fazer um levantamento das necessidades e avaliar realisticamente quais delas poderão ser atendidas eficiente e adequadamente em face do pessoal e dos recursos disponíveis. As formas de atender às necessidades reais podem incluir visitação a hospitais ou prisões, programas de reforço escolar, operação de um centro de distribuição de alimentos e a perfuração de poços de água. No evangelismo de saúde comunitária (CHE – Community Health Evangelism), uma abordagem que tem sido cuidadosamente desenvolvida e largamente usada, o povo local aprende a analisar as necessidades de sua comunidade e como suprir essas necessidades usando os recursos locais. "O CHE integra perfeitamente o evangelismo, discipulado e a plantação de igreja com saúde comunitária e desenvolvimento"[131]. Nos primeiros estágios da plantação de igreja, no entanto, a equipe precisa discernir cuidadosamente onde investir melhor seu tempo, energia e recursos. Os ministérios de misericórdia e serviço podem consumir quantidades sem fim de recursos. É preciso manter o equilíbrio e um claro senso de prioridades.

Rick Grover (2004) afirma que nos Estados Unidos, nas igrejas do subúrbio (geralmente de classes mais altas) as manhãs de domingo dirigem o ministério da igreja, enquanto nas igrejas urbanas (geralmente de classes mais

---

131 Veja www.chenetwork.org, onde mais informações sobre a rede CHE podem ser encontradas. Veja também www.lifewind.org. (Sites em inglês. Acesso em 25/06/2012)

baixas) o ministério da igreja dirige as manhãs de domingo. Isso quer dizer que, no contexto do subúrbio, o culto dominical pela manhã é o foco principal da vida da igreja, e as pessoas são atraídas para uma agradável experiência de adoração. Os ministérios de serviço são produto do que acontece no domingo. Em contraste com esse fato, nas igrejas urbanas, os ministérios de serviço durante a semana (por exemplo: distribuição de alimentos, cursos de qualificação profissional, assistência jurídica, etc.) tendem a ser o foco principal da vida da igreja, o que também atrai as pessoas para o culto dominical. Essa diferença não pode passar despercebida quando uma equipe está plantando igrejas urbanas nos Estados Unidos. Grover continua: "Eu recomendo que, antes do primeiro culto público, uma nova igreja urbana inicie com uma um ministério de atendimento de necessidades da comunidade que possa crescer e ser realizado com excelência" (2004,49).

Os *valores locais* (o que é importante, que necessidades são mais significativas) devem ser considerados quando a equipe está decidindo a respeito de formas de evangelismo, serviço ou desenvolvimento local. Muitos valores culturais e costumes não são nem certos nem errados, mas são uma questão de convenção, tradição ou estética. Cristo não destrói os costumes locais, ele os redime, purificando o que é bom e erradicando o que é mau. Os plantadores transculturais devem ter o cuidado de não impor seus próprios valores culturais – valores que não são necessariamente bíblicos – sobre os outros. Esse é um dos maiores desafios da contextualização.

David Britt estudou os fatores locais no crescimento de igrejas urbanas multiculturais. Ele concluiu que a congruência – a qualidade de concordar ou coincidir, a habilidade de conviver em harmonia – e não a homogeneidade, é o que os plantadores de igrejas devem buscar.[132] As igrejas e as plantações de igrejas crescem melhor quando consideram os valores culturais locais e mostram como Cristo atende às mais profundas aspirações do coração e às suas maiores necessidades. Como isso se aplica aos ministérios de serviço e evangelismo? Antes de tudo, ressalta a necessidade de estudar a comunidade e entender a percepção que ela tem dos cristãos e do cristianismo. Em segundo, desafia a noção de que para atrair as pessoas devemos ser diferentes em todos os aspectos. A igreja deve se destacar por sua mensagem, seu amor e sua integridade – não pela linguagem, música e outros valores culturais e símbolos que usa. Finalmente, devemos buscar espaços comuns – culturais e físicos – com aqueles que estamos alcançando. Engajar-se na cultura através do envolvimento nas atividades comunitárias e serviços é uma forma de demonstrar o impacto sal-e-luz do Evangelho na vida diária.

---

132 "A presença de valores diferentes ou conflitantes é ameaçadora. Eles fazem com que os nossos valores pareçam arbitrários e, para usar a expressão de Berger, precários. O pluralismo da vida urbana, por definição, coloca os moradores da cidade rapidamente em contato com valores e pontos de vista diferentes. Embora as pessoas da cidade possam assimilar muitos valores diferentes ou conflitantes, até os cidadãos locais tendem a se reunir em torno de valores compartilhados... Onde os símbolos culturais de uma congregação são congruentes com os da comunidade local, o Evangelho receberá atenção mais facilmente. A congruência da comunidade com a igreja forma um cenário para o crescimento ou declínio da igreja" (Britt 1997, 143-44).

Batize e ensine a obediência a Jesus

A Grande Comissão em Mateus 28.19s fala de fazer discípulos e batizar em nome do Pai, do Filho e do Espírito Santo e ensinar os novos convertidos não somente a conhecer, mas obedecer todos os mandamentos que Jesus nos ordenou. Como dissemos anteriormente, um plano para o evangelismo deve sempre incluir um plano para o acompanhamento dos novos cristãos. Ainda assim, os planos de acompanhamento muitas vezes falham precisamente nestes dois pontos: batismo e obediência. O acompanhamento geralmente envolve os neófitos em um estudo que é principalmente um exercício intelectual. Eles podem logo ter a impressão de que o cristianismo é, antes e acima de tudo, conhecer a Bíblia – que a medida de maturidade é o conhecimento bíblico. Ainda que a fé cristã seja inquestionavelmente fundamentada na verdade de Deus como revelada na Bíblia, o alvo do estudo bíblico não é o conhecimento por si só, mas, ao contrário, o conhecimento bíblico leva a um relacionamento mais próximo de Deus e a um caminhar que é agradável a Deus. Tiago 1.22 exorta: *"Sejam praticantes da palavra, e não apenas ouvintes"*

Às vezes tratamos o ministério de fazer discípulos como um programa ou um curso. Um líder do Brasil disse certa vez: "Quando você fala de discipulado soa como uma transferência de conhecimento; para nós é o desenrolar e a realização da vida de Cristo no crente". Neighbour observa: "Temos passado todo o nosso treinamento do campo cognitivo. Erroneamente temos pensado que o ensino e a pregação mudam os valores de cristãos... A maldição da igreja tradicional é que não há modelo, nenhum líder diz: 'molde sua vida pela minha' " (1990, 2). Isso ressalta a necessidade de moldar e mentorear através de um relacionamento de confiança. Ranjit DeSilva define a formação espiritual como "o desenvolvimento da vida interior, para que a pessoa experimente Cristo como a fonte de vida, reflita mais sobre as características de Cristo e cada vez mais conheça o poder da presença de Cristo no ministério" (DeSilva 1996, 50). Deus usa muitos meios para a transformação de vida. Robert Coleman indica alguns deles:

- A importância dos relacionamentos – Marcos 3.13-15; João 1.35-42
- Reuniões nas casas – Atos 5.42; 20.20
- Colocar as escrituras em prática – Mateus 28.20
- Batismo – Mateus 28.19
- Uma nova comunidade – Atos 2.42-47
- Obediência amorosa ao Mestre – João 15
- A transformação da cosmovisão e dos valores – Romanos 12.2
- Uma nova fonte de vida e poder – Atos 1.8; Gálatas 5.22s

Portanto, um plano de acompanhamento equilibrado consistirá em um estudo bíblico que não somente esclareça as principais verdades cristãs, mas também ajude os novos convertidos a aplicarem essas verdades em suas vidas diárias. Isso incluirá muita oração em favor dos novos cristãos e instruções práticas nas disciplinas cristãs. É extremamente importante ajudá-los a discernir a vontade de Cristo para suas vidas e organizar suas atividades sob o senhorio de Cristo. Geralmente, é durante os primeiros dias e semanas que os novos convertidos estão mais abertos a mudanças e à reordenação de seus negócios particulares, pois estão mais sensíveis à realidade da recente obra de Deus em suas vidas. Não se pode perder essa oportunidade.

Um dos principais sinais exteriores de que alguém se tornou um discípulo de Cristo no Novo Testamento é o batismo. O batismo tem muitos níveis de significados bíblicos: confissão pública de arrependimento e fé (At 2.38), entrada na comunidade cristã (1Co 12.13), identificação com a morte e ressurreição de Cristo para uma nova vida (Rm 6.1-10) e purificação do pecado (At 22.16, 1Pe 3.21). Em alguns contextos, como o mundo hindu e o mundo muçulmano, tem sido sugerido que um substituto para o batismo como rito de passagem deve ser praticado, por causa das associações negativas do batismo e dos mal-entendidos.[133] No entanto, três razões argumentam a favor da prática universal do batismo com água. Primeiro, os significados teológicos associados a ele são refletidos no ato físico (Rm 6.1-10; 1Pe 3.21); segundo, Mateus 28.19 explicitamente nos manda batizar "todas as nações", e terceiro, em Atos tanto os novos convertidos judeus quanto os gentios foram batizados – não temos nenhum exemplo de um substituto. De fato, Efésios 4.5 fala de *um* Senhor, *uma* fé e *um* batismo. Os ocidentais com inclinações racionalistas tendem a subestimar a importância espiritual, social e psicológica de rituais como o batismo. Atos rituais que marcam a transição de um estágio para o seguinte (como um apelo, o batismo ou a destruição de feitiços) podem ser elementos essenciais no processo de conversão e críticos para a identificação com a nova fé e a igreja (Tippett 1967, 109; 1971, 169; 1992).

Os plantadores de igrejas terão várias decisões a tomar a respeito da prática de batismo dentro de seu contexto: o tempo para o batismo, sua forma (imersão, aspersão e derramamento) e se deve ser público ou privado. Muitos fatores estão em jogo, incluindo as crenças do plantador; por essa razão nos limitamos a uma menção concisa, porém importante de alguns assuntos.

A questão do tempo diz respeito não somente se crianças ou apenas adultos devem ser batizados, mas (especialmente em contextos pioneiros) também se deve haver um período de instrução e espera ou se o batismo deve ser ministrado sem demora. Em todos os exemplos do Novo Testamento, o batismo (mesmo de cristãos gentios de origem pagã) foi ministrado quase que imediatamente após a conversão e da simples confissão de fé da pessoa. Isso deve nos advertir contra uma postura demasiadamente cautelosa. Por outro lado, muitas profissões de fé são superficiais e baseadas em um entendimento inadequado do Evangelho ou por motivos questionáveis. Batizar uma pessoa que mais tarde mostra não estar genuinamente convertida pode ter muitas repercussões negativas. Em vez de estabelecer um período obrigatório de espera, a ênfase deve ser dada em aguardar para ver evidências claras de compromisso e mudança. Os plantadores podem considerar a perspectiva de outros cristãos locais e a reação dos amigos do novo discípulo ao observar as evidências de nova vida em Cristo.

---

133 Para o contexto muçulmano veja, por exemplo, a discussão em Parshall 1979 e 1989, Woodberry 1989, Stricker e Ripken 2007. Para uma discussão no contexto da Índia, veja Singh 1985. Para um substituto do batismo com água, mesmo em contextos ocidentais, veja Kraft 1979, 257-60.

Para aqueles que vêm de contexto muçulmano, hindu, e até católico e ortodoxo, o batismo com água (ou rebatismo, se foram batizados na infância) é visto como o passo final que marca a conversão a uma nova fé e a entrada em uma nova comunidade. Se esse passo é dado voluntária e publicamente e com um claro entendimento de suas implicações, é mais provável que os novos discípulos cresçam em sua identificação com a igreja e suas práticas. Muitas vezes isso terá um impacto significativo no relacionamento do discípulo com sua família, amigos e antiga comunidade de fé. Portanto, os plantadores não devem levar a ordem de batizar irresponsavelmente, desprezando a importância teológica e pessoal do batismo para o novo convertido e para o desenvolvimento sadio da igreja.

Discipule os novos convertidos e treine-os para fazerem o mesmo

O evangelismo deve conduzir ao discipulado e o discipulado deve incluir o batismo e o aprendizado da obediência a Cristo. A separação entre o evangelismo e o discipulado é artificial. A ordem para ambos vem do mesmo mandamento de "fazer discípulos" (Mt 28.19). No Novo Testamento, o discipulado é a ponte que liga a proclamação do Evangelho ao estabelecimento dos cristãos na fé. A multiplicação de discípulos bíblicos é a condição *sine qua non* da plantação de igrejas.

Discípulos e discipulado

Os plantadores de igrejas precisam compreender bem o que é um discípulo, biblicamente falando, e como deve ser o discípulo onde a igreja está sendo plantada. Os discípulos são aqueles que seguem Cristo e seus ensinos a fim de tornarem-se progressivamente mais como ele e cumprir sua vontade para suas vidas. No Novo Testamento um discípulo não é um cristão "melhorado": as pessoas são chamadas de discípulos desde o momento em que começam a seguir Jesus e enquanto permanecem em seu caminho. Os doze apóstolos tiveram um chamado especial como apóstolos, mas continuaram a ser chamados de discípulos (Mc 3.7,13-15). Em Atos 14, o termo "os discípulos" é usado para referir-se às pessoas de Derbe que tinham acabado de se voltar para Cristo (vs. 20s), aos jovens cristãos que vieram a Cristo na primeira etapa da jornada de Paulo e Barnabé (vs. 22) e aos cristãos mais maduros de Antioquia que os tinham enviado (vs. 28). Portanto, um discípulo de Jesus é um seguidor de Jesus, não importando seu nível de maturidade. No entanto, nesse capítulo visamos principalmente os primeiros estágios da vida dos discípulos.

Definimos o discipulado como ajudar os novos seguidores de Cristo a se tornarem estabelecidos, firmados, estáveis e seguros nele, em sua prática e obediência a ele. Se somos chamados para fazer discípulos, devemos ter uma ideia clara do que Jesus espera de seus discípulos e o que ele promete a eles. A tabela 11.3, que compara os custos e as recompensas de seguir Jesus, foi usada por uma equipe de plantadores de igrejas no discipulado.

Tabela 11.3
O perfil bíblico e a recompensa de um discípulo

Perfil de um discípulo		Recompensa de um discípulo	
Permanece em Cristo e em sua Palavra	João 8.31; 15.4-6	Amado por Jesus e seu Pai	João 15.9,15
Guarda os seus mandamentos	João 14.15; 15.10,14	Recebe respostas de orações	João 15.7,16
Ama Jesus mais do que qualquer outra pessoa	Mateus 10.37	Dá muito fruto	João 15.5,8
Ama os outros com o amor de Jesus	João 13.35; 15.12,17	Torna-se mais e mais como Jesus	Lucas 6.40
Dá testemunho de Jesus	João 15.27	Experimenta profunda alegria	João 15.11
Nega-se a si mesmo	Mateus 10.38; 16.24	Experimenta paz extra-ordinária	João 20.19s
Aceita oposição	João 15.20	Recebe correção para dar mais fruto	João 15.2
Exercita fé em Jesus	João 14.1	É cheio com o Espírito Santo	João 14.16; Atos 1.8

A descrição de Jesus nos lembra de que ser um discípulo é uma transformação de vida, não simplesmente a adoção de um novo conjunto de propostas doutrinárias e comportamentos religiosos. É um novo modo de viver guiado pela Palavra e pelo Espírito e motivado por uma mente transformada, um coração grato e novos afetos. Portanto, a ênfase não está em tornar-se um fiel membro de igreja, mas em tornar-se um fiel, obediente e frutífero seguidor de Jesus – embora pertencer a uma comunidade de fé seja um resultado importante e um sinal externo.

O crescimento é a medida do progresso no discipulado. Os discípulos crescem em muitos sentidos e essas dimensões de crescimento não podem ser isoladas umas das outras. Deus espera que cresçamos em todas elas. Podemos identificar nas Escrituras pelo menos sete áreas nas quais ele espera que seus discípulos cresçam e produzam fruto para sua glória:

- Em caráter e fruto do Espírito Santo (Jo 15; Gl 5.22s), maturidade em Cristo (Ef 4.15), fé e amor (2Ts 1.3)
- Em conhecimento e verdade provenientes da Palavra (1Pe 2.2; 2Pe 3.18)
- Em serviço e oração (At 6.1-5; Ef 6.10-20)
- Em amor e edificação mútua (Jo 17.20-26; Ef 4.1-6; Cl 3.12-17)

- Em testemunho e impacto missionário (At 1.8; 1Tm 5.7-10; 1Pe 3.15)
- Em impacto social (Mt 4.23-25) incluindo: curas (At 9.32-43), libertação espiritual (At 19.19), justiça social (Tg 2.1-7) e cuidado dos necessitados (At 4.34-37)
- Em unidade entre diferenças étnicas e outras (Jo 17.20-23; Ef 2.11-22; Ap 5.9s)

Por que tantas dimensões de crescimento? Para que o povo de Deus espalhe o conhecimento do Altíssimo, proclame ao mundo louvores à sua misericórdia (Ef 1.6-8; 1Pe 2.9s) e atraia pessoas de todas as nações à fé em Cristo e obediência à sua Palavra (Mt 28.18-20).

Discipulado em grupo e individual

O discipulado acontece tanto no contexto individual quanto em grupo. Ambos, indivíduos (Mt 8.22; 9.9; 19.21; Jo 1.43) e grupos (Mt 4.19; 10.38; 16.24; Jo 10.27; 2Ts 3.7-9) são chamados a seguir Jesus. Jesus chamou seus discípulos individualmente, indicando que os conhecia particularmente e tinha um plano para suas vidas individualmente (Jo 1.48; 15.16). Isso é acentuado pelo fato de que, no tempo de Jesus, a maior parte dos discípulos escolhia o seu Rabi (Costas 1979)[134]. Ele chama seus discípulos de "amigos" (15.15) e "suas ovelhas" (Jo 10), indo à procura da única ovelha em perigo (Lc 15.1-6). Mesmo em grupo, Jesus se dirige aos discípulos individualmente e lida com suas questões e dúvidas pessoalmente (Jo 14.5,8). A correção também deve ser, no início, efetuada individualmente (Mt 18.15-17). Os relacionamentos um a um são importantes, mas não são os únicos meios de discipulado na plantação de igreja.

Com frequência Jesus e Paulo também se dirigem aos discípulos em grupo. O *modus operandi* deles era o uso do ensino dialógico em grupos de vários tamanhos. Como uvas, os discípulos são naturalmente encontrados em grupos e crescem juntos. Jesus alternadamente passava tempo com um grupo de três (Pedro, Tiago e João), com os Doze e com grupos maiores. O encontro em grupos menores para discipulado pode fortalecer a motivação dos membros ao desenvolver a solidariedade do grupo e prestar contas uns aos outros. Especialmente em sociedades mais coletivistas, os grupos se apresentam como um ambiente mais natural e motivacional do que os encontros um a um. Portanto, o discipulado engloba muitos tipos de relacionamentos intencionais interpessoais e em grupo. Quando ocorrem equilibradamente e centrados em Jesus, oferecem o discipulado mais amplo e efetivo.

Discipulado e multiplicação

O alvo do discipulado é a multiplicação de testemunhas de Cristo transformadas pelo Espírito que se tornam agentes de seu Reino.

---

134 Embora houvesse muitas similaridades, Orlando Costas (1979, 15) lista sete diferenças essenciais entre o discipulado rabínico e a prática de Jesus com seus discípulos, de Juan Stan, "Bases Bíblicas para El Discipulado", *Ensayos Ocasionales* 6, no. 3 (1976): 1-22.

> É provável que a comunidade cristã, tenha se quadruplicado no período de três décadas, o que representa um aumento anual de 22% por mais de uma geração e o índice de crescimento continuou notavelmente alto por 300 anos. No início do 4º século, quando Constantino converteu-se ao cristianismo, o número de discípulos pode ter chegado a 10 ou 12 milhões, ou aproximadamente 10% da população total do Império Romano... A igreja primitiva cresceu pela multiplicação evangelística à medida que as testemunhas de Cristo reproduziam seu estilo de vida nas vidas daqueles que as cercavam. (Coleman 1987,39-40)

O discipulado que exige educação formal ou recursos será um obstáculo à mobilização total e à multiplicação. Somente o discipulado simples, orgânico, relacional e acessível a cada cristão conduzirá à multiplicação. O padrão precisa ser ensinado, moldado e mantido. As abordagens efetivas de multiplicação geralmente incluem o mentoreamento e a prestação de contas em grupos pequenos. Neil Cole (2004; 2005) tem moldado e ensinado os grupos de discipulado como instrumento de multiplicação. Discípulos não fazem outros discípulos em isolamento, mas em grupos pequenos aos quais Cole chama de "grupos de transformação de vida" que usam o discipulado mútuo e não requerem líderes teologicamente treinados.

O discipulado é centralizado nos ensinos de Jesus. Nos Evangelhos ele está constantemente ensinando os discípulos sobre o Reino de Deus, usando parábolas e corrigindo seus padrões de pensamento errôneos, e claramente espera que eles moldem cada faceta de suas vidas conforme seus ensinos debaixo do controle de seu Espírito ("obedecer" em Mateus 28.20). Paulo também praticou o ensino de vida pela mudança de vida. Ele lembra os anciãos de Éfeso: *Vocês sabem que não deixei de pregar-lhes nada que fosse proveitoso, mas ensinei-lhes tudo publicamente e de casa em casa... Pois não deixei de proclamar-lhes toda a vontade de Deus* (veja At 20.20,27).

O discipulado tem custo e consome tempo. No esforço pela multiplicação, os plantadores de igrejas devem evitar os atalhos. Muitos autores identificaram três estágios no plano de Jesus para a formação espiritual (Bruce 1971; Hull 1988). É útil ver a multiplicação de discípulos como um processo e que melhor padrão para seguir do que aquele que Jesus estabeleceu com seus discípulos? No primeiro estágio, os discípulos observaram os ministérios de ensino, cura e serviço de Jesus. Mais tarde, foram chamados a deixar suas ocupações para segui-lo. No terceiro estágio eles receberam um ensino mais profundo e foram enviados em viagens de ministério prático.

O discipulado também tem um alto custo porque envolve mentoreamento pessoal a fim de estender o senhorio de Cristo a todas as áreas da vida da pessoa: pensamentos, fé, comportamento, relacionamentos e caráter. Esse é o padrão do Novo Testamento. Jesus andou, falou, corrigiu, demonstrou, alimentou, ajudou e recebeu ajuda de seus discípulos. Sua primeira atividade de discipulado foi a hospitalidade. Ele perguntou a dois curiosos discípulos de João Batista: *"O que vocês querem?"*, e então os convidou para hospedarem-se com ele (Jo 1.38s). Paulo seguiu o plano de discipulado do Mestre e comparou seu cuidado pelos tessalonicenses com o amor de uma mãe (1Ts 2.7-9). A paternidade espiritual também pode ser dolorosa: Paulo se dirige aos gálatas como: *Meus filhos, novamente estou sofrendo dores de parto por sua causa, até que Cristo seja formado em vocês* (Gl 4.19).

Os pais responsáveis planejam para que seus filhos tenham abrigo, alimento, proteção e exercício. Ainda assim, cada criança é diferente e é preciso ter um cuidado individual e intervir no processo. Da mesma forma, um plano básico de discipulado terá principalmente um relacionamento de mentoreamento (preferivelmente natural), um grupo de discipulado no qual o cristão possa aprender a viver em comunidade e um plano de estudo bíblico que estabeleça novos padrões de pensamento e comportamento em obediência direta a Deus. A igreja *Grace Brethren* (Irmãos da Graça) está entre as maiores defensoras da centralidade do discipulado na plantação de igrejas. O quadro 11.3 explica alguns princípios básicos que ela usa em sua "estratégia de equipe de plantação apostólica de igrejas" (Julien 2000).

Aspectos especiais no discipulado

É necessário discernimento para ajudar os novos discípulos com problemas pessoais profundamente enraizados conceitual ou espiritualmente. Embora todos os cristãos sejam novas criaturas em Cristo, eles vêm com uma história significativa de práticas espirituais destrutivas, que podem ter criado raízes profundas e cadeias de escravidão demoníacas. Se os hábitos pecaminosos não forem identificados e abandonados irão invariavelmente sufocar a semente da nova vida.

Os novos cristãos entram na comunidade cristã com conflitos não resolvidos e padrões relacionais doentios. Como a mulher samaritana, alguns vêm com casamentos e famílias disfuncionais. Também vêm com distorções provenientes de sua antiga cosmovisão e precisam de uma transformação. Em todos esses casos, o discipulado deve ser tanto corretivo quanto de desenvolvimento. Ele precisa lidar com as realidades que se apresentam abaixo da superfície. As mentiras de Satanás e os padrões destrutivos devem ser confrontados com amor. É sempre útil ter na equipe de plantação de igrejas alguém com dons e habilidades em aconselhamento, para ajudar os novos convertidos a superarem seus problemas biblicamente, e alguém que tenha estudado apologética ou a religião do povo-foco, para ajudar a responder às perguntas e antecipar mal-entendidos.

Quando um novo convertido chinês cometeu suicídio, a igreja local ficou abalada e o plantador de igrejas ficou confuso. O jovem tinha sido um discípulo fiel e parecia um promissor futuro líder. Ele nunca tinha compartilhado seus conflitos internos e lutas, então, preferiu tirar sua vida a viver em hipocrisia e fracasso. O plantador de igreja comentou em uma carta: "Creio que há necessidade de uma maior... conscientização da batalha espiritual para que cada um tenha a oportunidade de lidar com as fortalezas e pontos de apoio do mal que eles permitiram em seus corações antes e depois de terem começado sua caminhada com Cristo". Alguma forma de discernir as influências espirituais se faz necessária. Algumas vezes isso é feito no contexto da preparação para o batismo. Instrumentos de análise como as usadas pela Freedom in Christ Ministries podem ser úteis (Anderson 2001). No entanto, muito mais é necessário. Aqui estão algumas recomendações:

- Antecipe esses baluartes espirituais e culturais estudando a história, os pecados culturais e as distorções da cosmovisão do povo-foco de ministério.
- Cultive continuamente uma atmosfera de graça e confiança na comunidade.
- Invista em relacionamentos pessoais nos quais haja espaço para uma comunicação honesta e vulnerável de perguntas e lutas.
- Busque o conselho de cristãos locais maduros que entendam as complexidades culturais de um assunto e talvez tenham familiaridade com as raízes pessoais e familiares do novo cristão.
- Exercite discernimento espiritual orando e ouvindo cuidadosamente os padrões de conflito ou dificuldades.
- Peça ao novo convertido que fale a respeito de sua peregrinação espiritual e faça perguntas.

Assimile o crescimento por transferência com sabedoria

Cristãos já existentes frequentemente são atraídos por uma nova plantação de igreja. O crescimento da igreja que vem da adição de membros que já são cristãos é chamado de *crescimento por transferência*. Eles vêm por muitas razões: porque compartilham da visão para a plantação da nova igreja, porque se mudaram para aquela localidade e ainda não possuem uma igreja ou por curiosidade. No entanto, alguns podem estar fugindo de algum problema relacional ou conflito na outra igreja. No pior dos casos, a pessoa vem com segundas intenções, desejando exercer poder ou influência na nova igreja. Pessoas com doutrinas ou tradições diferentes podem se tornar uma fonte de conflito se a igreja não se alinhar com suas expectativas. É importante discernir se esses cristãos por transferência são obreiros que vêm para ajudar desejando aprender ou pessoas desajustadas que darão trabalho. Pior ainda, alguns podem ser lobos vestidos de cordeiros vindos para destruir ou dividir. É preciso identificar aqueles que vêm pelas razões certas e seletivamente envolvê-los e engajá-los na visão da igreja que está sendo plantada. Essas orientações podem ser usadas:

1. Alguém da equipe de plantação da igreja deve se encontrar com os recém-chegados, conhecer suas histórias, as razões de sua vinda e conseguir permissão para entrar em contato com sua antiga igreja.
2. Faça contato com a antiga igreja e descubra sob que condições eles saíram. Coopere com a ex-igreja no caso de disciplina.
3. Pergunte aos candidatos a membros o que eles buscam em uma igreja e quais são os princípios de fé principais e valores que abraçam. Compartilhe seus princípios de fé, valores e visão de seu trabalho e veja se estão alinhados.
4. Independentemente de sua experiência e maturidade, não os coloque em posições de influência ou liderança rapidamente. Em vez disso, convide-os para trabalhar e servir de maneiras simples. Verifique se estão demonstrando um espírito humilde de cooperação e submissão.

5. Se os seus motivos forem bons, faça-os sentirem-se bem-vindos e ajude-os na transição para um grupo pequeno e um ministério. Garanta que alguém da igreja, ou da equipe mantenha um relacionamento de confiança com eles e os encoraje, ajudando a encontrar seu lugar na família.

Quadro 11.3

O discipulado e a estratégia de plantação apostólica de igrejas

1. O discipulado é a ordem principal da plantação de igrejas.
O desenvolvimento de famílias, lideranças e igrejas espiritualmente fortes é baseado em fazer discípulos fiéis em obedecer a tudo o que Cristo ordenou (Mt 28.16-20). Discípulos sadios e que estão em crescimento são os elementos fundamentais de igrejas que crescem de forma saudável. Tanto o livro de Atos quanto a história da igreja demonstram que as igrejas são formadas onde há discípulos de Jesus Cristo consistentes, que por sua vez também fazem discípulos.

2. Concentre o dicipulado no desenvolvimento do crescimento pessoal dos discípulos.
Muitas formas tradicionais de discipulado levam à dependência dos discipuladores e dos materiais de discipulado, que é o discipulado passivo. No entanto, os convertidos que desenvolvem a habilidade de firmar relacionamentos profundos com Deus através da prática de disciplinas cristãs de crescimento assumem a responsabilidade por suas vidas espirituais (Hb 5.14). As cinco disciplinas básicas dos discípulos são: estudo bíblico, oração, louvor, comunhão e testemunho. Outras atividades de discipulado devem ser secundárias ao desenvolvimento dessas disciplinas, pois essas cinco são fundamentais para uma caminhada crescente com Deus.

3. Use métodos de discipulado que promovam a descoberta pessoal da verdade de Deus.
Sem diminuir a importância do ministério de ensino, a prioridade deve ser ajudar os novos convertidos a entenderem a Palavra de Deus e alimentarem-se dela sozinhos. Deus se revelará aos seus filhos quando eles o buscarem através de sua Palavra. O alvo do mentor é, portanto, ajudar os novos discípulos a fazerem suas próprias descobertas. Quando a aprendizagem é baseada no estudo e na descoberta pessoal, em vez da habilidade de outra pessoa de motivar e ensinar, os discípulos tornam-se capazes de sustentar sua própria caminhada com Deus e ajudar outros a fazerem o mesmo.

4. Estabelecer padrões de discipulado mútuo.
Uma das melhores maneiras de evitar a síndrome de dependência, promover a descoberta pessoal da verdade bíblica e desenvolver qualidades de liderança é estruturar o discipulado sobre o conceito da mútua prestação de contas. Esse estilo de liderança coloca a responsabilidade pelo desenvolvimento das disciplinas cristãs de crescimento sobre os próprios cristãos. O plantador capacita pessoas a ajudarem umas às outras a prestar contas de suas disciplinas espirituais. Isso promove um alto senso de propriedade e responsabilidade pessoal, por si mesmo e pelo bem-estar espiritual de outros.

5. Use o lar como o palco central para o discipulado.
"Em nenhum lugar isso [reprodução através do discipulado] é mais evidente do que nos lares cristãos. Aqui, onde a amizade é mais natural e genuína, o evangelismo centrado... no testemunho não é uma técnica nem um programa, mas um estilo de vida" (Coleman 1987, 92-93). Uma das virtudes mais negligenciadas nas sociedades ocidentais é a hospitalidade. A vida familiar é altamente instrutiva para os novos convertidos (adaptado de Julien 2000).

Forme uma comunidade fundamental e comece a treinar líderes servos

Durante essa fase de lançamento, a comunidade fundamental da igreja emergente será formada. Os novos convertidos se encontrarão em grupos pequenos para discipulado, oração, um louvor simples e planejamento. Eles se tornarão o núcleo da igreja. Por essa razão, é importante instilar gradualmente neles o senso de que são povo de Deus, um corpo de cristãos, irmãos e irmãs em Cristo. Esse senso de identidade será desenvolvido mais adiante durante a fase seguinte. No entanto, desde as primeiras reuniões deve ser encorajado um sentimento de comunhão e vínculo espiritual. Os valores primordiais da visão da plantação da igreja devem ser moldados e ensinados. Os conflitos devem ser resolvidos de maneira amorosa e bíblica. O DNA da igreja será formado durante essa fase.

Os futuros líderes da igreja geralmente já estão presentes entre os primeiros discípulos. No capítulo 17 discutiremos mais longamente como identificar e desenvolver líderes em uma plantação de igreja. Repetimos, porém, que, mesmo nos primeiros dias, a responsabilidade deve ser assumida de forma crescente pelos próprios cristãos locais. A tendência natural é que eles esperem que os plantadores da igreja façam o trabalho, mas eles devem ser encorajados a dar aos outros o que receberam. Os novos convertidos podem compartilhar seus testemunhos, começar a discipular outro cristão e ajudar de formas práticas. Criando um *ethos* de capacitação, os plantadores mobilizarão os cristãos locais para o ministério desde o princípio e combaterão a ideia de que alguém deve ser altamente treinado ou ser cristão por muitos anos antes de poder servir. Esse *ethos* é essencial para todo o processo de reprodução e mobilização. As sementes da reprodução da igreja são lançadas aqui: um novo cristão evangelizando outros, um novo discípulo discipulando outros.

O problema da deserção

Vários estudos indicam que a igreja evangélica tem um problema sério na "porta de trás" em muitas partes do mundo: visitantes, membros e novos convertidos podem frequentar a igreja por um tempo, mas depois vão embora e nunca mais voltam (Rainer 1999; Stetzer 2001; King 2007).[135] Alguns têm estimado que nos Estados Unidos 50% ou mais das pessoas que se juntaram a uma igreja desistiram em um período de um ano (Klippenes 2001). As razões para a deserção são muitas e variadas, mas estudos em vários contextos revelam que temas recorrentes emergem. Na Costa Rica quase um terço dos que deixaram suas igrejas assumiram a responsabilidade por sua escolha e afirmaram que sua conduta e estilo de vida os levaram a tomar essa decisão (Gómez 1996). Outro terço ficou decepcionado com a administração das finanças ou com a conduta de líderes e membros. O último terço deu uma variedade de respostas como a pressão de família e amigos, o apelo de outro grupo religioso ou a falta de ajuda em tempos de dificuldade. Poucos entrevistados atribuíram sua deserção a fatores externos, como a perseguição.

---

135 Muito do material desta seção devemos à pesquisa de Gómez 1995 e Hibbert 2008.

Muitos nunca entenderam as implicações do Evangelho e de sua decisão de seguir Jesus. "Os resultados mostram que deve haver um comprometimento por parte dos líderes para que, dentro do primeiro ano de conversão, as implicações, o conteúdo, as expectativas e privilégios que acompanham a mensagem de salvação sejam claramente compreendidos. Quarenta e um por cento dos entrevistados com um ano ou menos de conversão não tinham entendido a mensagem de salvação que lhes havia sido apresentada" (Gómez 1996,68). No entanto, podem ser dados passos para a redução da deserção. Por exemplo, de acordo com Patrick Johnstone (2001, 206), a abordagem direta ao problema na Costa Rica ajudou a reduzir o índice de deserção e a deflagrar uma nova onda de crescimento.

Nós não atingiremos cem por cento de retenção, nem devemos tentar. Algumas pessoas precisam ir embora. No aspecto positivo, devemos ser proativos e perguntarmos: "O que ajuda a reter os cristãos sinceros?" Um estudo realizado em igrejas pentecostais no Brasil revelou que, enquanto muitos são atraídos às igrejas por causa de curas e manifestações sobrenaturais, foram os relacionamentos e o cuidado que os levaram a permanecer (Duck 2001, 230-32, 238-48, 331-44). Uma investigação do excelente índice de retenção de 80 por cento de novos convertidos entre o povo 'Nso, de Camarões, encontrou seis fatores significativos: comparecimento a aulas de "avaliação do custo do discipulado" antes do batismo, comparecimento aos cultos antes do batismo, participação prévia em uma igreja de outra denominação, envolvimento em atividades evangelísticas, envolvimento em liderança de louvor, e contato e conversão por um evangelista (Kee 1991). Em Taiwan descobriu-se que os novos convertidos estavam mais propensos a permanecer nas igrejas quando tinham um relacionamento longo e intenso com um cristão antes da conversão, o que pode ser compreendido como um aviso contra a prática de forçar uma pessoa a apressar uma decisão por Cristo (Swanson 1986). O estudo de caso 11.4 descreve igrejas da Costa Rica que são eficazes em retenção.

Estudo de caso 11.4

Igrejas que têm obtido mais sucesso em fechar a porta de trás

Onze fatores encontrados em Gómez 1996, 135-37
1. Utilizam o evangelismo coletivo juntamente com testemunho pessoal.
2. Colocam a ênfase em pessoas que não pertencem a nenhuma igreja.
3. Os membros das igrejas têm um claro entendimento do Evangelho, evangelismo, obras e graça e da mensagem da cruz.
4. Demonstram um alto grau de cuidado pastoral.
5. Possuem mais membros sendo discipulados e que podem ajudar os cristãos novos.
6. Possuem uma doutrina mais saudável (menos perfeccionismo, universalismo e evangelho da prosperidade).
7. Preparam seus membros para mentorear outros.
8. Equilibram as necessidades de homens e mulheres no cuidado pastoral.
9. Têm líderes mais acessíveis e que podem aconselhar.
10. Têm mais projetos e programas para ajudar os cristãos novos.
11. Fazem grande esforço para reintegrar os ausentes.

No contexto da América do Norte, Thom Rainer escreveu um livro cujo título salienta um fator-chave para a retenção: *High Expectations: The Remarkable Secret of Keeping People in Your Church* (1999) (Altas expectativas: o notável segredo de manter as pessoas em sua igreja). Em essência, as igrejas que esperam mais, têm mais. Larry Osborne (2008), pastor de uma das maiores igrejas dos Estados Unidos, enfatiza a importância de integrar os recém-chegados em grupos pequenos que "firmam os membros no ministério".

Em resumo, a redução da deserção e o crescimento da retenção podem ser melhorados abordando as seguintes dimensões no discipulado dos novos convertidos.

- *Espiritual*: articulando claramente o Evangelho e o custo de seguir Cristo, orando para que novos convertidos possam ser fortalecidos em sua fé.

- *Intelectual*: ajudando os novos convertidos a entenderem a Bíblia, integrando a nova fé em sua vida diária e desenvolvendo uma cosmovisão bíblica.

- *Social:* ajudando os novos convertidos a desenvolverem relacionamentos pessoais profundos com outros cristãos, para que estabeleçam uma nova rede social, obtendo apoio e identidade, bem como experimentem o amor da família de Deus.

- *Ética*: ajudando os novos convertidos a aprenderem a vencer o pecado – por um lado vivendo pela graça de Deus e, por outro, levando a sério a importância de uma vida que cresce em santidade.

Se fazer discípulos é a base da plantação de igrejas e se os discípulos são seguidores obedientes que vão se tornando cada vez mais parecidos com seu Mestre, seria legítimo avaliarmos nosso sucesso na plantação da igreja pela quantidade e qualidade dos discípulos. "Fazer discípulos é um critério indispensável para a fidelidade da avaliação missional. Uma forma de avaliar nosso programa missional é fazer três perguntas:

1. Ele está fazendo com que homens e mulheres sigam Jesus Cristo em todas as situações da vida?
2. Ele os está capacitando a participar da missão de Jesus no mundo?
3. Ele os está ensinando a obedecê-lo em todas as coisas?

Seguir, participar e obedecer – essas são as marcas do discipulado autêntico de uma fiel missão cristã" (Costas 1979, 24).

12

ESTABELECIMENTO

CONGREGAR E AMADURECER

Depois do lançamento inicial da plantação da igreja, os primeiros convertidos estão se tornando discípulos fiéis de Jesus Cristo. Durante essa fase o grupo começará a cumprir todas as funções de uma igreja bíblica, avançando além do evangelismo inicial e discipulado. Agora a conscientização de se tornar uma comunidade, o corpo de Cristo, deve ser cultivada, alimentada e vivida. O evangelismo e o discipulado continuam, mas o sentimento de ser povo de Deus, a igreja local de Cristo, começa a tomar forma. Os cristãos reunidos são o seu povo escolhido, chamados para o louvor da sua glória e enviados em uma missão coletiva. Com esse senso de chamado e identidade eles se tornam mais do que um grupo de indivíduos cristãos e começam a assumir a vida de uma igreja.

Resumo da fase

Exemplos bíblicos

Observamos aqui as cartas que descrevem a vida das igrejas que Paulo plantou.
Romanos 12.3-8 e 1 Coríntios 12: o exercício dos dons espirituais para a edificação do Corpo de Cristo.
Romanos 12.9s e 1 Tessalonicenses 4.1-9: crescimento em amor e maturidade.
Efésios 5.19s e Hebreus 10.24s: reuniões regulares para adoração e encorajamento.
Gálatas 6.1s: corrigindo-se mutuamente e levando os fardos uns dos outros.

Passos-chave

1. Crescer e desenvolver a vida como família de Deus.
2. Descobrir, desenvolver e empregar dons espirituais para a edificação do corpo de Cristo.
3. Apontar uma equipe preliminar de liderança.
4. Reunir-se regularmente para a adoração comunitária.
5. Multiplicar grupos pequenos e líderes de grupos pequenos.
6. Formular valores e, a longo prazo, um plano estratégico para o ministério.
7. Ensinar mordomia.

> **Aspectos críticos**
>
> 1. Compreender o que significa ser igreja.
> 2. Crescer no compromisso uns com os outros.
> 3. Cristãos locais assumindo a responsabilidade pelo ministério.

Crescer e desenvolver a vida como família de Deus

A comunhão dos cristãos como família de Deus é uma das coisas mais maravilhosas que o novo convertido experimenta, mas essa compreensão de família espiritual nem sempre vem automaticamente. De fato, em contextos nos quais os cristãos enfrentam perseguição, a reação é às vezes de suspeita ou desconfiança de outros que afirmam ser cristãos.

Como parte do processo de discipulado, os plantadores de igrejas devem começar a ensinar explicitamente sobre a natureza da igreja usando textos bíblicos como Atos ou Efésios. Esse ensino precisa ser acompanhado da experiência da família de Deus, a igreja, de formas específicas. Na igreja primitiva, o ensino dos apóstolos, a comunhão, o partir do pão e as orações eram pontos centrais da vida comum (At 2.42). Os membros da igreja de Jerusalém chegaram a ponto de vender suas propriedades para atender às necessidades materiais uns dos outros (At 2.44s; 4.32-35). Refeições em comum, hospitalidade, oração uns pelos outros e o atendimento das necessidades uns dos outros são sinais poderosos da obra do Espírito Santo que desenvolvem um laço de comunhão. Estes precisam ser intencionalmente moldados e promovidos pela equipe de plantação da igreja.

Uma compreensão da nova identidade em Cristo caminha lado a lado com o sentimento de ser família de Deus. Em muitos contextos, como no mundo muçulmano, essa é uma questão crítica e controversa. Aqui novamente, o ensino bíblico é imperativo. Em Cristo nós somos novas criaturas (2Co 5.17); somos nascidos de novo pelo Espírito e pela Palavra (Jo 3.3-8; 1Pe 1.23; 1Jo 5.1) e nos tornamos filhos de Deus com um Pai comum no céu (Jo 1.12; Gl 3.26; 1Jo 3.1s). Nossa identificação com Cristo como Salvador e com Deus como Pai ultrapassa todas as nossas outras sujeições e ligações. Nossa cidadania está no céu (Fl 3.20) e não está mais baseada em nacionalidade, origem étnica, status econômico, gênero, casta, educação ou qualquer outro aspecto humano. *Todos vocês são filhos de Deus mediante a fé em Cristo Jesus, pois os que em Cristo foram batizados, de Cristo se revestiram. Não há judeu nem grego, escravo nem livre, homem nem mulher; pois todos são um em Cristo Jesus. E, se vocês são de Cristo, são descendência de Abraão e herdeiros segundo a promessa."* (Gl 3.26-29)

Essa nova identidade transcende as divisões que têm contribuído para a guerra, as rivalidades étnicas, a opressão, a violência e o ódio entre os povos ou indivíduos. Somente pela cruz de Cristo e pelo poder transformador do Espírito é que esses muros de hostilidade entre as pessoas podem ser derrubados. Em nenhum outro momento isso foi mais contundente do que a remoção das divisões entre judeus e gentios na igreja primitiva (Ef 2.14-17). Um exemplo negativo é encontrado na igreja de Corinto, onde a distinção social levou a divisões e tratamento injusto na ceia do Senhor. Justamente ali. Os cristãos das classes mais abastadas tinham um "jantar particular" na sala de jantar menor de uma residência, enquanto as classes inferiores tomavam a ceia do Senhor no *"atrium"* maior (ou quintal) com cardápios diferenciados. Paulo não permitiu que houvesse tais discriminações e distinções na igreja (1Co 11.17-22; cf. Fee 1987, 533-34). Uma situação semelhante surgiu em uma sociedade baseada em castas na Micronésia, onde os cristãos de castas diferentes comiam alimentos diferentes em mesas diferentes em um piquenique da igreja. As tensões étnicas e sociais ainda atormentam a igreja em todo o mundo.

Portanto, as igrejas que plantarmos devem ser realmente comunidades do Reino que reflitam o senhorio de Cristo e modelem relacionamentos reconciliados. Nossa nova identidade em Cristo e um sentimento de comunidade cristã devem ser ensinados e experimentados na igreja emergente. As barreiras sociais estão enraizadas em nós e são complexas. Elas serão vencidas somente com muita paciência, exemplos corajosos e ensino persistente.

Uma questão adicional surge muitas vezes em contextos islâmicos e similares: os crentes devem se chamar cristãos, ou há outros termos apropriados como *seguidores de Isa (Jesus)*?[136] O termo cristão é geralmente associado à cultura ocidental e a seus excessos pouco atraentes, como crime, violência, licenciosidade, pornografia, materialismo, jovens desrespeitosos, colonialismo e guerras interpretadas como agressões contra o Islã. Muitos sentem que evitando o uso do termo *cristão* evitam-se também os mal-entendidos, impedindo talvez que os novos convertidos sejam imediatamente banidos da sociedade que esperam alcançar. Como responder a essas perguntas dependerá muito da abordagem de contextualização que tem sido adotada. Não podemos nos estender aqui, mas esse exemplo ressalta como é importante que a equipe de plantação da igreja se familiarize com os aspectos contextuais e as alternativas, para então responder de forma adequada a esses desafios. Os cristãos locais precisarão tomar parte nessa discussão e nesse processo de tomada de decisão.

Descobrir, desenvolver e empregar os dons espirituais para a edificação do Corpo de Cristo

Os ministérios de evangelismo e discipulado foram moldados durante o estágio anterior. Agora, conforme o grupo amadurece, seus membros devem começar a ministrar e a servir uns aos outros de formas adicionais. Os cristãos novos podem facilmente ter a impressão de que os plantadores da igreja estão ali para servi-los e que a vida cristã é simplesmente uma questão de aprender a Bíblia, orar, louvar e ter suas necessidades atendidas. No entanto, para o amadurecimento da caminhada com Cristo, é preciso seguir seu exemplo de serviço, considerando as necessidades dos outros mais importantes que as suas próprias (Mc 10.45; Fl 2.3-8). À medida que os cristãos vão crescendo em maturidade e desejo de servir, também devem crescer na conscientização e uso de seus dons espirituais. Esses dons têm como propósito a edificação do

---

136 Para um excelente resumo da discussão sobre a identidade cristã e contextualização em contextos islâmicos veja Tennent 2007, 193-220.

Corpo de Cristo (1Co 1.7; 1Pe 4.10). Portanto, ajudar os cristãos a desenvolverem seus dons e suas habilidades ministeriais se tornará uma importante tarefa para o plantador durante essa fase. No capítulo 17 descreveremos com mais detalhes os métodos para a capacitação dos cristãos para o serviço.

Durante essa fase, mais cultos públicos de adoração ou celebrações podem ter começado e grupos pequenos adicionais lançados. Ministérios com crianças, projetos de serviço comunitário e eventos de alcance especializado podem também ter iniciado. Esses ministérios exigirão mais obreiros, pessoas capazes de assumir o desafio e servir. Em razão de a igreja geralmente nesse ponto ainda ser pequena, o número de obreiros será limitado. O entusiasmo pode levar a igreja a se lançar em empreitadas além de suas forças. O plantador precisa ajudar a igreja a entender suas limitações e permanecer focada nos ministérios essenciais. O ministério deve se expandir somente quando o pessoal adequado e com dons específicos estiver disponível e treinado.

Como podemos identificar os dons espirituais de uma pessoa? Há numerosos questionários e sondagens disponíveis. Esses instrumentos podem ser um bom ponto de partida para identificar interesses e estimular a discussão, mas eles têm limitações. Geralmente não estão disponíveis em muitos idiomas e tendem a ser muito específicos a igrejas de cultura ocidental. Em razão de serem autoaplicáveis (isto é, a pessoa avalia suas próprias habilidades e interesses) nem sempre são muito precisos. Todos nós conhecemos uma pessoa que se acha muito musical, mas não é! Além disso, as listas de dons espirituais podem ser frustrantes quando a pessoa descobre que tem um dom espiritual, mas parece não haver um ministério correspondente para colocá-lo em uso.

A melhor forma de descobrir realmente é servir. Conforme as pessoas experimentam várias oportunidades de ministério, frequentemente descobrem uma alegria e um fruto que não esperavam. Os dons de cada pessoa podem ser também confirmados por outros que a observaram em seu ministério. É claro que mesmo as pessoas mais capacitadas precisarão aperfeiçoar e desenvolver seus dons com o tempo, mas geralmente o potencial é evidente logo no início de sua jornada de fé. Líderes de grupos pequenos e equipe ministerial precisam aprender a identificar os dons e a ajudar os membros de seu grupo ou equipe a empregar esses dons.

Escolha uma equipe preliminar de liderança

Enquanto a igreja for pequena e consistir de apenas algumas famílias, a tomada de decisões e o planejamento serão bem informais, com amplo consenso e opiniões vindas do grupo. À medida que a igreja cresce, porém, também cresce a necessidade de uma equipe de liderança menor. Inicialmente, pode ser um comitê de planejamento composto de representantes de cada família. No entanto, uma vez que o grupo conte com mais de dez pessoas, o planejamento efetivo se torna difícil e um grupo menor para a tomada de decisões deve ser escolhido.

O propósito e a forma pela qual esses líderes iniciais são apontados é crítico. Em algumas situações, o plantador da igreja pode escolher pessoalmente esses líderes, que são designados para a função por um tempo limitado. Por exemplo, se existirem vários grupos pequenos, os líderes desses grupos podem formar a equipe de liderança preliminar. Na maioria das situações, no entanto, uma abordagem mais participativa como uma eleição é recomendada. Seja qual for a abordagem tomada, alguns princípios devem ser observados.

- Todos os participantes comprometidos na igreja emergente devem ter algum tipo de voto no processo de determinação de líderes. Seja através de um processo formal de eleição ou uma discussão menos formal, suas opiniões devem ser buscadas e respeitadas. É essencial que, mesmo nesse estágio, os líderes tenham a confiança daqueles que lideram. Infelizmente os plantadores de igrejas transculturais geralmente escolhem líderes que combinem com seu próprio padrão cultural e cuja personalidade seja atraente, mas não possuem o respeito do povo local dentro da cultura. Isso obviamente deve ser evitado.
- Essa equipe de liderança deve ter uma função claramente provisória e temporária. A razão para isso é que, nos primeiros meses de uma plantação de igrejas, muitas vezes há poucos cristãos maduros qualificados para a posição de presbítero. Ainda assim, uma equipe de tome decisões é necessária. Mais tarde, durante a fase de estruturação, os cristãos maduros que estiverem mais bem qualificados para a liderança formal da igreja surgirão, e naquele momento, um chamado mais formal para as posições de presbíteros pode ocorrer. Nem todos os líderes provisórios estarão entre eles. Por essa razão, nesse ponto é prudente evitar títulos formais como *presbítero* para não gerar falsas expectativas e qualquer comprometimento das qualificações bíblicas para a liderança. Termos como "equipe provisória de liderança", "equipe de planejamento", "equipe de orientação" deixarão clara a natureza temporária do grupo de tomada de decisões.
- O papel dessa liderança preliminar deve ser explicitamente manifestado como planejamento inicial, oração e liderança organizacional. A supervisão espiritual exercida pelos presbíteros não está inicialmente em vista. Essa equipe temporária servirá, de certo modo, como um campo de provas daqueles que podem, mais tarde, ser escolhidos para os papéis de liderança mais duradoura.

Uma das funções-chave que devem ser preenchidas nesse estágio é a de tesoureiro. Durante essa fase da plantação da igreja haverá despesas e as ofertas da congregação serão necessárias. A congregação deve assumir a responsabilidade pelas necessidades financeiras do ministério e, portanto, um dos seus deve ser o responsável pela coleta, contabilidade e administração de fundos. Para cuidar da contabilidade, normalmente duas pessoas devem contar as ofertas e assinar cheques. Não é prudente, em geral, que o plantador da igreja ocupe essa posição. Por razões óbvias essa é uma responsabilidade delicada que requer a máxima integridade, confiança da congregação, maturidade espiritual e noções básicas de contabilidade. Infelizmente muitas igrejas têm experimentado muitos aborrecimentos e problemas por ter apontado a pessoa errada para essa função. As tentações são muitas quando alguém não somente tem acesso a recursos financeiros (muitas vezes em um contexto de pobreza), mas também tem conhecimento dos padrões pessoais de doação de membros. Uma forma culturalmente adequada de contabilidade e prestação de contas deve ser instituída já no início. Um alto nível de prestação e contas não é um sinal de falta de confiança, mas uma sábia proteção para o tesoureiro, bem como para a congregação.

Reúnam-se regularmente para a adoração comunitária

A reunião regular para ensino, louvor, encorajamento mútuo, leitura bíblica, celebração da Santa Ceia e recolhimento das ofertas é uma expressão natural de ser povo de Deus. É a isso que nos referimos quando falamos de Adoração Comunitária. Na fase de estabelecimento, essas atividades tornam-se uma parte regular da vida comunitária da igreja emergente.

Quando essa adoração ocorre primeiramente nos lares ou grupos pequenos, podemos falar de um movimento de igrejas nos lares. No entanto, na maior parte dos contextos os grupos pequenos ou caseiros desejarão reunir-se para uma celebração maior conjunta, ainda que esporadicamente. Temos um exemplo disso na igreja de Corinto: assim como na maioria das igrejas primitivas, os cristãos coríntios se reuniam em várias casas como igrejas nos lares, mas "a igreja toda" também se reunia para adoração em um só lugar, presumivelmente em uma casa maior (1Co 14.23; cf. 1Co 11.20; Rm 16.23; Gehring 2004, 139, 142).[137]

Algumas igrejas permanecerão compulsoriamente[138] ou por escolha própria como um movimento de igrejas nos lares, com apenas momentos de adoração em casas particulares. A maioria das igrejas irá, no entanto, optar por iniciar cultos de adoração mais públicos. Em muitos contextos, os cultos públicos são um bom meio para se convidar não cristãos, para evangelizá--los e apresentá-los à comunidade cristã. Em algumas culturas, a ideia de entrar na casa de um estranho em qualquer circunstância é desconfortável, por essa razão, frequentar uma reunião de igreja em uma casa particular seria considerado bizarro e a igreja seria vista como uma seita perigosa. Cultos públicos mais formais podem conceder à igreja maior credibilidade e ser mais convidativos para os estranhos. Os cultos podem ser anunciados e mais acessíveis àqueles que não têm contato pessoal com os membros das igrejas. Nesses casos é preciso decidir se uma adoração comunitária será conduzida inicialmente, tendo em vista as necessidades dos cristãos, ou mais evangelisticamente, atendendo às necessidades dos interessados no Evangelho, a fim de que os não cristãos que comparecerem possam entender e se identificar com o que está acontecendo. Na igreja do Novo Testamento observamos que as duas preocupações: a edificação dos cristãos (Ef 5.19s) e a sensibilidade às impressões dos não cristãos (1Co 14.22-25), estavam sempre em vista.

---

137 Isso apoia a visão amplamente defendida academicamente de que a igreja primitiva existiu em duas formas diferentes: igrejas nos lares individuais e menores onde acontecia a maior parte das atividades e uma única assembleia maior de todas as igrejas nos lares combinadas ("toda a igreja") que poderia se encontrar com menos frequência (Gehring 2004, 157-59).

138 Muitos, se não a maioria, dos movimentos de crescimento de igrejas nos lares, estão em contexto de perseguição ou debaixo de restrições legais que limitam a liberdade dos cristãos de existirem publicamente como uma igreja formal.

O momento certo e a preparação para o lançamento do culto regular de adoração devem ser decididos cuidadosamente e em espírito de oração. Em razão da igreja americana geralmente colocar uma grande ênfase no lançamento de cultos públicos de adoração, muitos recursos são disponibilizados para o planejamento do evento. Resumimos aqui alguns fatores importantes a considerar quando os cultos públicos forem inaugurados.

Quando começar o culto público

Começar muito cedo pode fazer com que a igreja se sinta pequena demais e os obreiros podem ficar sobrecarregados com todo o esforço que deve ser investido na preparação e condução dos cultos. Os defensores dos grandes lançamentos, com cinquenta a cem ou mais pessoas na equipe de lançamento, acreditam que é importante ser atraente aos potenciais visitantes e oferecer uma experiência de adoração de qualidade (por ex., Gray 2007, 107-17). Essa abordagem envolve ganhar visibilidade pública atraindo uma grande multidão e então formando uma "congregação" e um "núcleo" da multidão – trabalhando a partir de um grupo grande para formar grupos menores (por ex., Sylvia 2006). Em muitos casos, no entanto, um grande lançamento não é possível simplesmente porque não há muitos cristãos. Essa é uma das razões porque defendemos a ideia de iniciar no nível de grupo pequeno de discipulado, criando uma equipe de lançamento através de evangelismo e discipulado e então, avançar para um culto de adoração mais público. Por outro lado, esperar demais para começar o culto público pode levar à falta de motivação, à estagnação ou à transferência da igreja que está sendo plantada para uma já estabelecida. Geralmente a melhor hora para começar o culto público é quando os cristãos locais sentem a necessidade de fazê-lo. No entanto, o plantador talvez tenha que conter o entusiasmo do grupo e ponderar sobre todas as condições para a inauguração.

Alguns defensores da igreja em grupos pequenos sugerem que os cultos públicos de adoração não comecem até que pelo menos três grupos saudáveis tenham sido formados. A razão é que, com o início do culto dominical semanal, a energia tende a se voltar para o culto de adoração e abandonar os grupos e, como resultado, a vida dos grupos pode sofrer. Além disso, se existem apenas um ou dois grupos e um se dissolve, a vida da igreja será ofuscada.

Particularmente, quando se planta uma igreja em grupos, deve-se considerar a realização de cultos mensais ou trimestrais. Com o tempo e à medida que o número de grupos, recursos e habilidades crescerem, a igreja poderá oferecer cultos mais frequentes. Isso traz várias vantagens. A primeira é que a ênfase principal da vida da igreja permanece no nível celular. A igreja no nível dos grupos não é menos "igreja" do que os cultos públicos. Segundo, a pressão sobre as finanças, a energia e os talentos é menor se o culto público for oferecido com menos frequência. O preparo da música, sermões, decoração, programa para crianças e assim por diante, exige um considerável investimento de tempo e dinheiro que podem ser um grande fardo para uma igreja nova composta, em sua maioria, de novos convertidos. Terceiro, um lugar neutro para reuniões pode ser alugado por hora. É muito mais fácil encontrar e financiar um lugar de reuniões para cultos mensais ou trimestrais do que semanais. Quarto, embora os cultos semanais não sejam ainda oferecidos, as reuniões congregacionais periódicas dão aos cristãos um sentimento de antecipação e os ajuda a avaliar sua habilidade de conduzir os cultos semanais.

Para as igrejas que pretendem usar o culto de adoração como uma oportunidade de alta visibilidade para evangelismo, um programa atraente para visitantes, é geralmente recomendado que comecem com cultos de "pré-estreia". Esses são cultos ocasionais que são oferecidos uma ou várias vezes antes da inauguração dos cultos semanais. Eles criam um sentimento de antecipação, tanto na equipe de lançamento quanto na comunidade, e também dão a oportunidade de "praticar" a adoração em um novo local, desenvolver habilidades e testar os aspectos logísticos. Os cultos de pré-estreia também podem ser uma forma de criar um núcleo da igreja antes da inauguração dos cultos semanais.

Onde começar a adoração pública

Encontrar um local de reuniões que seja adequado para a adoração pública é um dos grandes desafios dessa fase. Especialmente em áreas urbanas, os imóveis e aluguéis são caros. A localização, o espaço e a atmosfera do local são de importância crítica. Quando uma plantação de igreja está inaugurando um culto público, normalmente é recomendado alugar um espaço para reunião por hora e evitar contratos de aluguel de longo prazo ou a compra de uma propriedade. Normalmente, uma pequena plantação de igreja não tem condições financeiras para pagar um aluguel caro ou um financiamento, e seria imprudente que uma agência externa providenciasse esses fundos. Para criar compromisso e evitar dependências nocivas, as ofertas da congregação devem cobrir essas despesas fixas. O aluguel, por hora, permite o máximo de flexibilidade com o mínimo de despesa. Se a igreja crescer e o local ficar pequeno ou se tornar de alguma forma inconveniente, pode-se procurar outro e a igreja não ficará presa contratualmente. Adquirir uma propriedade pode ser vantajoso mais tarde, mas muitas igrejas compram uma propriedade cedo demais e se arrependem quando ela não supre mais suas necessidades e descobrem que não é fácil vendê-la ou ampliá-la.

Há muitas opções criativas quando uma igreja está procurando um local de reuniões para a adoração, seja temporário ou por um período mais longo. As escolhas típicas são escolas, salas de conferência, hotéis, centros comunitários, museus, bibliotecas, auditórios, o refeitório de uma fábrica ou escritório, ou mesmo um bar! Algumas igrejas usam espaços públicos ao ar livre como parques (veja o estudo de caso 12.1, da Gramin Pachin Mandal Church).

Estudo de Caso 12.1

Reunindo-se para a adoração na Gramin Pachin Mandal Church

Paul Pierson descreve a adoração contextualizada na igreja de crescimento rápido de Gramin Pachin Mandal entre os Dalits da Índia.

"O povo se reúne para adoração comunitária uma vez por semana. Isso pode acontecer em qualquer dia, uma vez que cada um dos pastores cobre doze congregações nas aldeias, dirigindo cultos duas vezes por dia. Nenhuma congregação pode ser maior do que quarenta famílias. Quando chegam, os pastores visitam os cristãos de casa em casa, convidando-os para a adoração. Eles também realizam cuidado pastoral e recebem ofertas nesse momento. Então, o povo se reúne e desenham um círculo, ou mandala. O santuário ou centro de adoração pode ser criado em poucos minutos. É construído ao redor do conceito hindu de um altar onde Deus é honrado e respeitado. Embora seja um local temporário com um tapete jogado no chão é considerado solo santo e ninguém pisa sem primeiro tirar os sapatos. Isso relembra às pessoas que Moisés tirou suas sandálias na presença de Deus" (Pierson 2004,41).

Vários símbolos são usados como auxílio didático. Em razão de 95% dos membros serem analfabetos, várias orações são memorizadas. Os pastores ensinam baseados em um currículo fixo que abrange toda a Bíblia, artigos de fé e o credo apostólico. Muitos dos hinos são textos bíblicos musicados e peças são escritas para dramatizar os Evangelhos.

Além de observar os aspectos financeiros, quando a igreja emergente está considerando a localização de um local de reuniões, seus líderes devem fazer as seguintes perguntas:[139]

- Há espaço suficiente para o número esperado de pessoas e salas disponíveis para o ministério com crianças? Possui ventilação e instalações sanitárias? É possível cozinhar e servir refeições no local?

- As salas são convidativas, agradáveis e confortáveis para o povo-foco do ministério? São elegantes demais (talvez desconfortáveis para a classe operária ou pessoas mais pobres)? São simples demais (talvez desagradáveis para os membros de classes mais altas)?

- Está aparelhada com eletrodomésticos, móveis, sistemas de som e coisas semelhantes ou eles precisam ser comprados e armazenados?

- Será necessário reformar ou fazer mudanças estruturais? Nesse caso, como será feito e como será pago?

- O local é facilmente acessível via transporte público ou possui estacionamento adequado para quem vem com seu próprio veículo?

- Necessita de alvará de funcionamento ou o local já está legalmente disponível para reuniões públicas com o número esperado de pessoas? A

---

139 Ver também Malphurs 1992, 295-302; Stetzer 2006, 239-50.

vizinhança será incomodada com o louvor, a pregação e o tráfego de veículos no domingo de manhã quando desejam dormir até mais tarde?[140]

- É importante ter alta ou baixa visibilidade? Em alguns contextos a alta visibilidade pode ser um fator de propaganda, mas em outros, um local muito público pode atrair atenção indesejada e oposição na comunidade.
- O ambiente é tranquilo, sem distrações ou fatores que possam atrapalhar a atenção? O barulho do tráfego, estrada, uma fábrica ou uma discoteca vizinha pode fazer com que seja impossível reunir-se em certas horas do dia? Certa igreja alugou um local junto a um apartamento cuja televisão, aparelho de som, descarga do banheiro e outros sons eram claramente discerníveis do outro lado da parede no salão de culto!
- O local é visto como seguro? Vizinhanças com alto índice de criminalidade, zonas de prostituição, proximidade a um cemitério ou favela e outros fatores podem tornar o local desagradável. Houve um caso em que para entrar na igreja, os visitantes tinham que passar por um pátio onde eram saudados pelos latidos de um enorme e assustador pastor alemão.

É preciso sempre ter em mente o povo-foco quando essas questões forem consideradas. Um local que é adequado para um grupo, talvez seja inaceitável para outro. Novamente lembramos que os cristãos locais são a melhor fonte para responder a essas perguntas. O obreiro transcultural pode deixar passar muitos detalhes sutis que são obstáculos óbvios para o povo local.

Preparando o culto público

Começar um culto público geralmente envolve imenso esforço de planejamento e preparação. Muita coisa vai depender, é claro, dos tipos de ministérios que serão realizados como parte da experiência de adoração. Mesmo o louvor mais informal precisa de preparação cuidadosa. Um culto mal planejado pode comunicar falta de reverência, dar uma impressão negativa, criando estresse e uma frustração desnecessária. Em muitos contextos existe uma expectativa de alta qualidade e profissionalismo que deve se refletir na experiência de adoração. A equipe de liderança precisará esclarecer se o culto de adoração será estruturado principalmente para atender às necessidades dos cristãos ou se também será atrativo para atingir às necessidades dos visitantes não cristãos. Todos esses aspectos devem ser levados em conta em oração no processo de planejamento.

Geralmente, os seguintes fatores específicos devem ser organizados: um local de reuniões deve ser encontrado; materiais como cadeiras, púlpito, projetor ou hinários, mobília para crianças e bebês devem ser providenciados, bem como a divulgação e sinalização. Talvez, mais importante ainda, os obreiros precisam estar preparados. Isso inclui pregadores, líderes de louvor, músicos, professores de crianças, pessoas para cuidar dos bebês, da recepção, equipes de montagem e desmontagem da sala. Existe abundante literatura sobre o assunto destinada a plantadores de igrejas em contextos

---

140 No Brasil, contate a prefeitura da cidade para a documentação necessária e vistorias do Corpo de Bombeiros e Secretaria do Meio Ambiente. (N. de tradução)

ocidentais.[141] Seja qual for a abordagem que se use, a fonte principal de materiais e finanças deve ser os cristãos locais, usando recursos locais que são contextualmente apropriados e possam ser localmente imitados quando a igreja estiver pronta para reprodução.

Louvor contextualizado

Poucos aspectos da vida da igreja são tão afetados pela cultura, para o bem e para o mal, como o louvor. Idioma, música, vestimenta, postura e linguagem corporal, arte e arquitetura, símbolos e rituais, pontualidade e duração do culto, estilo de pregação, nível de espontaneidade e formalidade – é difícil encontrar um elemento do louvor que não esteja culturalmente condicionado de alguma forma. Os plantadores transculturais precisam fazer um esforço extra para evitar a introdução involuntária de elementos culturais estrangeiros desnecessários que sejam desagradáveis ou até ofensivos na adoração. A maneira pela qual as formas de louvor podem ser obstáculo ao Evangelho é ilustrada nesse exemplo extraído de uma carta escrita a J. Dudley Woodberry de um país do oeste da África (certos termos foram retirados para proteger os cristãos locais):

> Os costumes deles são muito diferentes dos nossos. Eles não tiram os sapatos, sentam-se em bancos (e sentam-se junto às mulheres) e batem tambores na igreja. Estávamos acostumados a adorar a Deus tirando nossos sapatos, sentando e ajoelhando em tapetes e cantando orações em árabe e nas línguas _____. Nós ensinamos nossas mulheres em casa. Se vamos à igreja _____, não nos sentimos à vontade. O pior é que nossos amigos muçulmanos não nos acompanharão à igreja. Se adorarmos a Deus da forma como estávamos acostumados outros muçulmanos também se interessarão. Devemos orar em nome de Jesus e ensinar com uma Bíblia em árabe e na língua _____. (Woodberry 1989, 283)

Nesse contexto, tirar os sapatos e sentar em tapetes não são costumes contrários à doutrina bíblica (lembre-se de Moisés) e poderiam ser adotados como formas de demonstrar mais reverência. O costume quanto ao lugar onde sentar poderia também ser adaptado para respeitar as normas culturais apropriadas, a fim de que as mulheres, especialmente, pudessem sentir-se à vontade no culto. Alguns elementos básicos do culto podem facilmente ser mal-interpretados, como Darrell Whiteman descreve na Melanésia: "Embora os aldeões não compreendam o conteúdo do Livro de Oração, da Bíblia e do Hinário, eles, no entanto, os consideram como tendo *mana* e sendo tabu. Em muitas vilas eles são usados somente na capela e deixados ali com o resto da 'parafernália santa' quando as pessoas voltam para casa" (1983, 379). O povo Aziana das Filipinas confunde a celebração da Santa Ceia com sua cerimônia de adoração ao sol, por isso, um animal foi sacrificado e seu sangue e seu fígado foram comidos como ritual de perdão (McIlwan 1987,49).

A contextualização bíblica enfrenta desafios de como cumprir os propósitos e valores bíblicos que são, de muitas maneiras, contraculturais e, ao mesmo

---

141 Ver por exemplo Logan e Ogne 1991a; Malphurs 1992, 288-309; Stetzer 2006, 251-59, Sylvia 2006, 107-19.

tempo, empregar formas e expressões culturalmente apropriadas.[142] Como declara a Federação Mundial Luterana a respeito de cultura e louvor: "A tarefa de relacionar louvor e cultura tem como principal preocupação encontrar o equilíbrio entre relevância e autenticidade, entre particularidade e universalidade, ao mesmo tempo em que evita o ecletismo e/ou o sincretismo" (citado em Stauffer 1996, 183). A igreja primitiva adotou muitos elementos de adoração da sinagoga judia, mas permaneceu sujeita à liderança criativa do Espírito e adaptada a cada situação local (cf. Longenecker 2002, 81-86)

Ao decidir sobre esses assuntos é essencial que os cristãos locais tenham a última palavra. Como nativos da cultura, eles estão na melhor posição para discernir os significados de várias práticas e expressões. Podem, naturalmente, procurar a orientação de um missionário ou de outras igrejas. No entanto, essa caminhada (com a ajuda do plantador) pelo processo de discernir os propósitos e valores bíblicos, e como suas normas culturais e práticas irão favorecer ou dificultar seu desenvolvimento espiritual, será uma experiência útil e valiosa depois que o plantador for embora. Comentaremos brevemente sobre alguns fatores que devem ser considerados na adoração pública.

Idioma: O idioma não é somente um meio de comunicação neutro, mas está fortemente ligado à identidade étnica. Se vários dialetos são falados em uma região, pode-se usar um idioma comum ou comercial para evitar dar preferência a uma etnia. No entanto, isso pode excluir mulheres e crianças que não são fluentes nessa língua. Se uma tradução da Bíblia não está disponível no idioma vernacular, outra versão deve ser usada e traduzida. Muitas línguas possuem formas gramaticais diferentes para o uso formal e para o uso informal. Os líderes de louvor e os pregadores precisam determinar o nível de familiaridade apropriado.

Música: sempre que possível devem ser adotados os estilos e instrumentos musicais locais. No entanto, alguns estilos, ritmos ou instrumentos podem estar intimamente ligados a cultos e significados não cristãos (como sensualidade ou uso de drogas). Esses significados podem se perder nas gerações posteriores de cristãos, mas para a primeira geração pode despertar reações indesejáveis (cf. Kraft 2005, 255-73). Em muitos lugares do mundo os cristãos desejam adotar os hinos ocidentais ou a música ocidental contemporânea. Se esse tipo de música fala aos seus corações e as letras forem traduzidas, não há problema, no entanto, as expressões musicais mais nativas devem ser exploradas e encorajadas. Algumas vezes elas podem se misturar a estilos mais modernos. A etnomusicologia é um campo de estudos em expansão dedicado aos aspectos culturais e sociais de música nativa e tem aplicações extraordinárias para a contextualização do louvor cristão. A música cristã contextualizada é importante para a proclamação, o evangelismo, a teologia, o ensino, a confissão e muito mais.

Linguagem corporal: Ficar em pé demonstra respeito? Ajoelhar-se ou prostrar-se demonstra humildade? A oração é expressa pelas mãos unidas, levantadas ou pela lavagem delas? O significado dessas expressões não é

---

142 Para discussões gerais de contextualização nesse aspecto, veja Gilliland 1989; Hiebert 1994; Whiteman 1997; Kraft 2005; Moreau 2006.

universal. Em muitas culturas, a dança é uma forma especialmente rica de expressão corporal e louvor, muitas vezes negligenciada pelos missionários ocidentais. Nas palavras de John Pobee, de Gana, a dança sagrada deve fazer parte da oração porque "A oração de influência ocidental é mais um exercício mental, enquanto que o africano... tem que orar com o corpo todo" (1981, 49). A vestimenta também comunica de formas culturalmente específicas: formal ou informal, quantidade de pele à mostra, cabeça coberta, usar ou tirar os sapatos e daí por diante. A igreja de Corinto foi exortada a dar atenção às vestimentas femininas apropriadas (1Co 11.5-16).

Tempo: Dez ou onze horas da manhã de domingo como horário para o culto não é uma coisa sagrada, originalmente esse horário foi escolhido no ocidente porque essa era a hora em que os fazendeiros tinham terminado de ordenhar as vacas! Outro horário pode ser melhor para outro contexto. As culturas também têm diferentes formas de entender a pontualidade. Em muitos lugares não importa a hora marcada: os eventos só começam depois que todos chegaram. A duração do sermão ou do culto também é culturalmente condicionada. Em algumas culturas, os cultos devem terminar em horário tal que as mulheres, cujos maridos não são cristãos, cheguem em casa a tempo de servir o almoço. Em outras culturas passar o dia juntos e compartilhar refeições é totalmente normal.

Arte e arrumação da mobília: Os elementos como a arrumação dos assentos (como na carta de Woodberry que citamos), decoração e arte, a noção do que seja uma acomodação apropriada ou o espaço pessoal adequado, a qualidade dos móveis e os significados das várias cores são relevantes. Tudo isso varia muito entre as culturas e são fatores importantes porque, através deles, as pessoas percebem o ambiente como sendo adequado, confortável e esteticamente agradável. Ainda assim, sua importância é facilmente ignorada pelos plantadores transculturais. Até as plantas podem ter um significado simbólico (Felde 1998, 46). O uso de dramatizações é familiar na maioria das culturas e elas podem oferecer um eficaz meio de comunicação a ser explorado no louvor.

Símbolos e rituais: Mathias Zahniser afirma em *"Symbol and Ceremony: Making Disciples Across Cultures"* (Símbolos e cerimônia: fazendo discípulos entre as culturas) que os missionários evangélicos ocidentais têm a tendência de ver o louvor de forma muito racional e subestimar a importância das expressões visuais e simbólicas. As cerimônias e os símbolos visuais são instrumentos muito importantes de comunicação em muitas culturas, e negligenciá-los pode deixar um sentimento de vazio nos adoradores. Muitas vezes, os festivais como a Festa da Colheita (Ação de Graças), casamentos e lavagens rituais podem ser adaptados facilmente à adoração cristã. Por exemplo, as famosas reuniões de oração bem cedo pela manhã dos cristãos coreanos, *sae byuk kido*, foram adaptadas de costumes coreanos pré-cristãos (Brown 1994). No entanto, essas práticas podem ter significados não cristãos que precisam ser discernidos cuidadosamente. O processo de quatro etapas de contextualização crítica elaborado por Paul Hiebert (1987) pode ser usado para contextualizar esses costumes:

1. Exegese cultural do costume realizada a partir da perspectiva de um indivíduo pertencente à cultura para discernir significados;
2. Exegese bíblica das doutrinas relevantes da Bíblia;
3. Avaliação crítica do costume à luz do ensino bíblico e
4. Criação de uma prática contextualizada.

Algumas práticas serão totalmente rejeitadas, outras adotadas com pequenas mudanças, mas a maioria exigirá mudança significativa ou sua substituição por uma nova prática para transmitir os significados cristãos e evitar falsas associações.

Multiplicação de grupos pequenos e líderes de grupos

Conforme a igreja for crescendo, novos grupos serão formados ou os grupos existentes irão se multiplicar. Esse fato traz a necessidade de continuamente levantar novos líderes de grupos. Isso deve ser feito com intencionalidade. Mesmo que os grupos cresçam numericamente, não se reproduzirão a menos que mais líderes sejam treinados. Depois de selecionar líderes em potencial, eles podem receber uma orientação básica ou treinamento inicial, servir como aprendiz sob a orientação de um líder experiente e frequentar uma reunião mensal ou grupo regular de líderes. Steve Cordelle (2005, 91-93) descreve os métodos de treinamento como retiros, escola de discipulado e grupo de mentoreamento. Nossa discussão enfoca o treinamento inicial, aprendiz-mentor e reuniões de líderes de grupos.

Identificando potenciais aprendizes de líderes de grupos

Encontrar e recrutar aprendizes de liderança estão entre os maiores desafios da multiplicação dos grupos. Vários passos podem ser dados para recrutar líderes aprendizes. Primeiro: não estabeleça padrões altos demais. Por um lado, participar do treinamento de líderes e ser um exemplo positivo são fatores essenciais e inegociáveis. Por outro lado, cada cristão é uma obra em progresso e o líder perfeito ainda não nasceu. Se a igreja está crescendo rápido através de conversões, a maioria dos líderes potenciais será composta por novos convertidos. Isso só reforça o próximo ponto: ofereça um treinamento adequado e prático através do mentoreamento e da reunião de líderes. Se os líderes em potencial entenderem que não serão deixados mal equipados e abandonados no desempenho da tarefa, mais provavelmente eles serão voluntários e se apresentarão pela fé.

Entre as qualidades importantes para os líderes de grupos estão: maturidade espiritual, fidelidade, bom conhecimento bíblico para corrigir ensinos falsos, habilidade de inspirar confiança nos membros dos grupos e algumas habilidades interpessoais de liderança de grupos. Em razão dos grupos formarem a base da igreja e constituírem o local principal de comunhão, discipulado, cuidado espiritual e evangelismo na vida da igreja, um líder de grupo deve ter o alvo de exibir as qualidades semelhantes às dos presbíteros da igreja (Tm 3.1-6; Tt 1.5-9). De fato, os melhores candidatos para a posição de presbítero geralmente são os líderes capacitados com dons espirituais e eficazes na liderança do grupo pequeno. No entanto, uma igreja em crescimento é composta de pessoas que, em sua maioria, são novos convertidos que ainda estão nos primeiros estágios de desenvolvimento de caráter como cristãos, e precisarão amadurecer no exercício da posição sob a orientação de um cristão mais maduro.

Treinamento inicial de líderes de grupos pequenos

Os líderes de grupos pequenos aprendem mais através do exemplo de mentores e da experiência prática que obtiveram quando eram aprendizes. No entanto, há três boas razões para começar seu treinamento com um evento ou retiro. Em primeiro lugar, os líderes de grupos pequenos precisam entender e acreditar nos valores básicos de um grupo. No treinamento inicial eles também aprendem as responsabilidades de um líder, se comprometem com o ministério e traçam um plano de crescimento (de caráter e de habilidades) que os ajudará no processo de mentoreamento. Um benefício adicional é que os novos líderes de grupos criam uma ligação que os motivará a trabalharem juntos, ajudarem uns aos outros e orarem uns pelos outros. Isso ajuda a iniciar ou fortalecer a liderança na comunidade.

Esse treinamento inicial pode ser oferecido anualmente em um grupo da igreja e pode tomar a forma de um retiro intensivo de final de semana, uma série de quatro a seis oficinas ou uma combinação dessas duas sugestões. No final do treinamento, os principais compromissos de um líder de grupo pequeno devem ser explicados e os estagiários podem orar uns pelos outros (veja o quadro 12.1).

Quadro 12.1

Compromisso de líderes de grupos pequenos

Os compromissos básicos dos líderes de grupos pequenos precisam ser apresentados claramente durante o treinamento e revistos periodicamente. Considere os oito compromissos-chave para ser um líder de grupo que dá frutos:

1. *Orar.* Eu me comprometo a buscar Deus para minha vida e meu grupo diariamente e interceder regularmente pelos membros de meu grupo;
2. *Preparar.* Prepararei minha mente e coração para as reuniões de grupo e envolverei os aprendizes de meu grupo na preparação;
3. *Desenvolver.* Investirei em aprendizes e líderes novos, encorajando-os, oferecendo oportunidades de ministério e conversando a respeito de suas contribuições.
4. *Ganhar.* Estabelecerei relacionamentos com descrentes, os servirei e compartilharei a respeito de Jesus em palavras e obras. Também encorajarei outros a fazerem o mesmo.
5. *Servir.* Servirei outros com meus dons, meu conhecimento, minha energia, meu tempo, minhas posses. Visitarei e telefonarei para outros conforme Deus me dirigir.
6. *Liderar.* Liderarei as reuniões para que o foco esteja em Jesus, a edificação mútua seja a norma e os visitantes se sintam bem-vindos.
7. *Edificar.* Encorajarei os membros do grupo a crescerem em seu relacionamento com Deus e no serviço à igreja e à comunidade.
8. *Incentivar.* Com a ajuda de Deus, liderarei o grupo no evangelismo e serviço de acordo com a orientação do Espírito Santo (Wilson 1998, 230).

Mentoreamento de aprendizes de líderes de grupos pequenos

A abordagem mais básica para equipar novos líderes de qualquer tipo é o mentoreamento pessoal ou o treinamento individual. O conceito é simples: um líder experiente identifica uma pessoa que demonstra potencial para ser um futuro líder de célula e convida a pessoa para se tornar um aprendiz. Geralmente essa pessoa já é membro dão grupo daquele líder. Como Cordelle nos relembra: "O processo de desenvolvimento de liderança começa com um discipulado relacional no grupo" (2005, 89). Não começamos fazendo um líder, começamos fazendo um discípulo, que é uma das funções principais do grupo. O líder molda a liderança eficaz e se encontra regularmente com o aprendiz para discutir a natureza da liderança do grupo, os problemas que surgirem e para orarem juntos. Ao aprendiz é dada a oportunidade de ser um colíder do grupo ou liderar na ausência do líder. O líder oferece ao aprendiz uma crítica construtiva de seu desempenho na liderança. A capacidade do aprendiz de liderar e de servir ao grupo pode ser avaliada com o tempo. O nível de confiança dos membros do grupo e sua reação ao aprendiz são indicações importantes da prontidão dele para liderar seu próprio grupo. Discutiremos o mentoreamento e o treinamento individual com mais detalhes mais adiante no capítulo 17.

A reunião dos líderes de grupos pequenos

Uma das maneiras mais eficazes de capacitar o aprendiz líder de grupo e oferecer um treinamento contínuo para os líderes é manter uma reunião regular de líderes.[143] Pelo menos mensalmente, os líderes e aprendizes se encontram por aproximadamente duas horas para oração, compartilhar visão, organização e ensino. O conteúdo do ensino deve explorar habilidades práticas necessárias para a liderança e resolver problemas que os grupos estejam enfrentando no momento. Os tópicos podem incluir os seguintes assuntos;

- Métodos de estudo e interpretação bíblica
- Formulação de perguntas para discussão e liderança de uma discussão bíblica
- Visitação aos membros doentes e necessitados do grupo
- Evangelismo no grupo
- Oração no grupo
- Solução de conflitos
- Lidando com pessoas de personalidade difícil ou dominadora
- Equilíbrio da vida pessoal do líder de grupo pequeno
- Incentivar o crescimento espiritual dos membros do grupo
- Ajudar os membros do grupo a identificarem e usarem seus dons espirituais
- Avaliar a qualidade e saúde de um grupo
- Reproduzir e formar um novo grupo

---

143 Para uma excelente discussão de capacitação de líder de grupos pequenos, veja o estudo de Carl George intitulado *"Prepare Your Church for the Future"* (Prepare sua igreja para o futuro) (1991, 119-49).

Os aprendizes que frequentarem a reunião de líderes não receberão instruções, mas chegarão a um maior entendimento das funções da liderança de um grupo.

Multiplicando as grupos pequenos

Conforme o grupo cresce e o aprendiz amadurece a ponto de ser capaz de liderar, a hora de reproduzir um novo grupo está perto. No entanto, isso nem sempre é uma tarefa fácil. Nos grupos saudáveis as amizades se fortaleceram e há um relacionamento de confiança. Compreensivelmente, os membros desejarão permanecer juntos e não se dividir em dois grupos. Esse é um desafio universal enfrentado na China, onde as igrejas nos lares se multiplicam a um índice sem precedentes. Esse desafio pode ser vencido enfatizando que o alvo final e mais importante não é que os membros se sintam bem e felizes juntos, mas fazer discípulos – mais discípulos e melhores. Isso levará ao crescimento pelo evangelismo ao ponto do grupo eventualmente ficar grande demais para preservar a intimidade e a liberdade para a prestação de contas necessária para o discipulado.

Geralmente o melhor não é dividir o grupo meio a meio (metade dos membros sai para formar outro grupo e a outra metade fica). É preferível enviar uma comissão de três ou quatro membros do grupo como equipe missional para estabelecer um novo grupo. A vantagem é que os relacionamentos do grupo existente não ficam gravemente prejudicados e o novo grupo tem um maior impulso missional-evangelístico. Como o novo grupo é menor, sua tarefa será mais claramente evangelística e seus membros estarão mais motivados para recrutar, discipular e integrar mais pessoas.

Formular valores e um plano estratégico de longo prazo para o ministério

Conforme a igreja começa a crescer, é importante determinar seus valores centrais, formular uma visão e definir os traços característicos da igreja em um plano estratégico de longo prazo. Já na fase de preparação, uma estratégia inicial terá sido formulada, mas à medida que a plantação de igreja progride, essa estratégia precisará ser refinada e adaptada às realidades experimentadas no lançamento. Nesse ponto, os cristãos locais devem opinar no processo para assegurar que eles tomem posse da visão, ofereçam uma perspectiva do ponto de vista do nativo da cultura, compreendam a estratégia e se comprometam com sua execução. O mesmo pode ser dito a respeito dos valores centrais da igreja. Para facilitar esse processo pode ser útil dirigir uma série de estudos bíblicos sobre evangelismo, missão e a igreja. Geralmente, um retiro proporciona o ambiente ideal para unir o grupo que forma o núcleo central da igreja e levá-los a um tempo exclusivo e sem distrações para a oração e planejamento, a fim de discernir o rumo que a igreja deve tomar.

Um plano estratégico de ministério deve conter pontos como os seguintes:

- Métodos efetivos e acessíveis para o alcance do povo-foco.
- Métodos de discipulado e assimilação de pessoas à comunhão.
- Como capacitar e mobilizar obreiros para os vários ministérios.
- Estruturas da igreja como grupos pequenos/celebração ou igrejas nos lares, estruturas de liderança e ministérios para crianças.
- Estilo de louvor.
- Uma filosofia de multiplicação de células.
- Localidades potenciais para igrejas-filhas ou plantações de igrejas pioneiras.

Várias igrejas possuem planos estratégicos ministeriais conhecidos:

- Filosofia de sete passos da Willow Creek Community Church: relacionamento, testemunho verbal, cultos nos finais de semana, Nova Comunidade, grupos pequenos, envolvimento nos cultos e mordomia.
- A estratégia com propósito "CLASS" da Saddleback Church: levar pessoas da comunidade para a congregação, para um compromisso, para grupo central da igreja através de uma série de seminários.
- A *"Followership"*, ou comunhão dos seguidores de Jesus, da Community Christian Church de Naperville: celebrar, conectar, contribuir.

Esses planos de ministério são bem pensados, delineando um processo de levar pessoas à fé e encaminhá-las a níveis superiores de compromisso e serviço. Programas específicos, cultos, eventos e padrões de referência são geralmente declarados e intencionalmente elaborados para promover o processo de crescimento como em um bom plano empresarial. Muitas vezes, diagramas ajudam a comunicar o processo. A maioria dos planos como esses são facilmente compreensíveis para o membro da igreja, permitindo que ele enxergue em que ponto está no processo e como pode contribuir para ajudar os outros a crescerem. Aqueles que procuram orientação para o processo de planejamento estratégico devem consultar obras como a de Aubrey Malphur, *"Advanced Strategic Planning: A New Model for the Church e Ministry Leaders"* (Planejamento estratégico avançado: um novo modelo para a igreja e líderes de ministério) (2005). No entanto, o processo nesse ponto não precisa ser complicado demais.

Planos de ministério assim refinados podem parecer desnecessários para estruturas como igrejas nos lares ou igrejas simples, mas toda igreja deve ser clara sobre como ela realiza o processo de fazer discípulos em seu contexto – seja uma simples abordagem um a um ou uma abordagem altamente programada e profissional. A tabela 12.1, intitulada "A igreja que faz discípulos" estabelece um instrumento de planejamento estratégico de ministério que tem sido utilizado em várias plantações de igrejas na Alemanha. Baseado em Mateus 28.19s, a equipe de liderança ou o núcleo central da igreja pode levar em consideração os vários passos de conversão, discipulado, serviço e crescimento espiritual, bem como os valores inerentes a cada um desses passos. Os primeiros passos têm como objetivo principal levar pessoas a conhecer Cristo. Os passos seguintes buscam ajudá-las a glorificar Cristo vivendo para ele e se envolvendo no crescimento espiritual e serviço. Então eles perguntam que atividades ou programas podem contribuir para levar as pessoas ao nível seguinte: tornar-se um devoto seguidor de Jesus Cristo. Uma igreja pode ser tentada a adotar uma variedade de programas que os líderes tenham visto em outras igrejas. A equipe, porém, deve adotar somente aqueles ministérios e atividades que contribuirão para os propósitos globais da igreja, em particular, a tarefa de fazer discípulos.

Nesse ponto do desenvolvimento da igreja, muitos dos elementos desse plano estratégico podem não ter sido realizados ainda, mas é importante ter noção do quadro geral do alvo e como ele tem sido atingido no decorrer do tempo. No processo de realização do plano haverá muitas situações inesperadas e mudanças serão necessárias, portanto o plano não precisa ser obedecido à risca, mas deve permanecer flexível.

Perigos durante a fase de estabelecimento

Há vários perigos contra os quais os plantadores devem ficar alertas durante essa fase. Um senso de DNA da igreja está sendo definido: hábitos são estabelecidos, padrões são formados e modelos de ministério lançados, que se tornarão determinantes para o futuro desenvolvimento da igreja e serão cada vez mais difíceis de se mudar mais tarde.

Falha em exercitar a disciplina na igreja

Exercitar disciplina nunca é uma tarefa prazerosa, mas os plantadores podem ser especialmente tentados a evitá-la porque a igreja nascente é pequena e a perda de um único indivíduo pode parecer um retrocesso. No entanto, para a manutenção da saúde da igreja a disciplina frequentemente será necessária. Obviamente, os novos convertidos (e os velhos também) vêm para a igreja com uma série de atitudes, comportamentos e hábitos pecaminosos que não serão resolvidos da noite para o dia. Deve-se ter muita sabedoria para determinar quando a disciplina precisa ser aplicada. Aqueles, no entanto, que teimosamente, depois de aconselhados e exortados persistem no comportamento que desonra a Deus, denigre a igreja e prejudica a si próprio e a outros, precisam ser disciplinados.

Tabela 12.1 - A igreja que faz discípulos

O mandamento	O método	O passo	O alvo	A ideia-chave	O alvo	Os valores	As atividades
Fazer discípulos de todas as nações	Ide...	Estabelecer relacionamentos	Indiferente	Amor	Conhecendo Deus	Relevância, relacionamentos, atendimento de necessidades, confiança, buscando o perdido, credibilidade, serviço, "um grego para com os gregos"	
		Comunicar o Evangelho	Interessado	Evangelismo		Proclamação bíblica, encontrando o perdido, todo cristão é uma testemunha	
	Batizando-os...	Levar ao arrependimento e à fé em Cristo	Buscadores			Necessidade de uma decisão pessoal	
	Ensinando-os a obedecer todas as coisas que vos tenho ordenado	Acompanhamento em fé e obediência	Novos convertidos	Discipulado	Glorificando a Deus	Seguindo Cristo, fé prática e obediência, confiança, renovação pessoal, disciplinas cristãs	
		Envolver na comunidade	Discípulos	Comunhão		Compromisso, fidelidade, unidade, família espiritual	
		Treinar para servir	Membros	Serviço		Dons espirituais, responsabilidade, serviço, mordomia de tempo, talentos e recursos	
		Promover mais crescimento espiritual	Servos	Edificação		Santificação, cada vez mais honrando a Deus, semelhança de Cristo	

Nas palavras de Ken Baker: "Todo o terreno da disciplina da igreja é geralmente um campo minado em que os que por ele passam devem tomar cuidado" (2005, 339). Isso se aplica, de forma especial, aos ministérios transculturais nos quais o plantador não está familiarizado com as sutilezas das normas culturais, os valores de honra e vergonha e as estratégias locais para solução de conflitos. Em culturas coletivistas, disciplinar um membro pode resultar na perda de famílias estendidas inteiras. No entanto, negociar pode ter consequências devastadoras. Antes que surjam situações de pecado arraigado aparente, os plantadores precisarão estudar textos bíblicos relevantes[144] com os líderes locais e estabelecer um curso de ação disciplinar que seja apropriado para a cultura mantendo, ao mesmo tempo, as normas bíblicas e os objetivos. 1 Tessalonicenses 5.14 contém, talvez, o melhor resumo: *"Exortamos vocês, irmãos, a que advirtam os ociosos, confortem os desanimados, auxiliem os fracos, sejam pacientes para com todos."*

Plantadores de igrejas que adotam um papel pastoral em vez de capacitador

Quando a comunidade de cristãos assume a vida de uma congregação, os plantadores serão tentados a passar a desempenhar um papel pastoral para cuidar de seu crescimento. Há muitos novos convertidos com necessidades pessoais. Devemos corretamente nos preocupar com o crescimento contínuo e a maturidade desses cristãos que se tornarão o núcleo da igreja e, alguns deles, seus líderes. Além disso, ao multiplicarem-se os ministérios, os plantadores se sentirão impelidos a prover todas as pregações, o ensino e a liderança organizacional. Especialmente se a equipe de plantação da igreja for composta por obreiros experientes e com treinamento teológico, os novos convertidos esperarão que eles liderem os vários ministérios.

No entanto, se o modelo apostólico está sendo adotado, em vez dos cristãos esperarem que os plantadores exerçam o ensino, a administração e o cuidado, o foco deve se voltar mais sobre a capacitação dos cristãos locais para que eles mesmos supram essas necessidades. Aqui acontece a mudança crítica do papel do plantador, de motor e modelo para *mobilizador* e *mentor*. Gradualmente, os plantadores cada vez menos tomam a frente do ministério, e cada vez mais trabalham nos bastidores, capacitando os cristãos locais a ser os que fazem o ministério acontecer. As habilidades ministeriais ainda precisarão ser moldadas, especialmente as que forem necessárias para o exercício dos novos ministérios, mas os plantadores não devem mais ser o motor primário deles.

Perda do ímpeto evangelístico

Um perigo adicional é a perda do ímpeto evangelístico à medida que mais energia é investida em levar à maturidade os cristãos já presentes. É natural que a igreja passe por um período de colheita evangelística e, em seguida, experimente tempos de crescimento mais lento durante o qual os novos convertidos são discipulados. Se a jovem congregação fica permanentemente em fase de amadurecimento, o crescimento estagnará e a congregação começará

---

144 Por exemplo, Mateus 18.15-18; 1 Coríntios 5.1-5; 2 Coríntios 2.5-11; Gálatas 6.1; 1 Timóteo 5.19-20.

a ver-se, não como uma igreja em missão, mas como uma instituição que existe para atender às necessidades de seus membros. Essa é uma das razões pelas quais, depois de um crescimento inicial, muitas igrejas entram em um período de estagnação com poucas dezenas de membros.

Perda do foco e sobrecarga

A jovem igreja emergente pode ser tentada a assumir ministérios demais e ficar sobrecarregada. A expansão de ministérios em uma nova direção ocorre mais na fase seguinte, a de estruturação. Durante a fase em que a igreja está apenas emergindo, as energias devem ser concentradas nos ministérios essenciais. Isso não quer dizer que nenhum ministério de compaixão deva ser iniciado, mas que eles devem ser sabiamente limitados a fim de não dividir as energias da igreja emergente em direções diversas demais.

Mau uso dos recursos externos

Como temos argumentado em todo o livro, um fator-chave para a multiplicação é a habilidade de plantar igrejas usando os recursos localmente disponíveis e estruturas localmente sustentáveis. Quando a igreja chega ao ponto de manter cultos de adoração públicos, geralmente há uma grande necessidade de materiais como projetores, mobiliário, reformas e, consequentemente, surge a necessidade de aumentar o orçamento a fim de cobrir despesas fixas como aluguéis, água e luz, impressos, divulgação e material didático para a educação infantil. Embora os recursos externos possam suprir essas necessidades em escala limitada, a provisão principal do ministério deve vir dos cristãos locais. Na maior parte dos casos, essa será uma prova de fé. Os membros da igreja, no entanto terão a oportunidade de demonstrar seu compromisso com a igreja, criando um sentimento de que aquele trabalho pertence a eles, exercitando a fé e estabelecendo um padrão local de plantação de igreja que não seja dependente de recursos externos. No capítulo 18 apresentaremos orientações detalhadas para o bom uso dos recursos externos na plantação de igrejas. A corrente fase, no entanto, é talvez o tempo mais crítico no estabelecimento do ministério da igreja com base em recursos *locais* por ser, provavelmente, a primeira vez em que um volume significativo de recursos (financeiros ou não) se torna crucial para o avanço da plantação da igreja.

Durante a fase de estabelecimento muitos acontecimentos emocionantes ocorrem: a nova comunidade assume personalidade própria e uma missão específica, surgem os líderes locais, o corpo de cristãos se identifica mais claramente com a cultura e a mudança da direção externa para a interna dá o seu maior passo. Os membros da equipe apostólica de plantação da igreja se regozijarão ao capacitar e enviar os discípulos e obreiros para o exercício do ministério, lembrando de que foi para esse fim que eles foram enviados.

13

Estruturação

Expandir e capacitar

Durante a fase de estabelecimento da plantação da igreja, o grupo começa a tomar a forma de uma congregação, funcionando como o corpo de Cristo com um crescente ministério de mutualidade, adoração regular e uma equipe provisória composta de líderes e de obreiros treinados. Quando a igreja evolui para a fase de estruturação – e essa é uma transição gradual – os ministérios são expandidos e os membros são investidos de mais responsabilidade no serviço da igreja e da comunidade. A igreja cresce em seu impacto de Reino, convoca e reconhece seus líderes espirituais e estabelece formalmente seu status legal. Conforme Deus abençoa a igreja com o crescimento, novas estruturas precisarão ser criadas para que ela se adapte e lide com os desafios que o crescimento traz e, assim, continue a progredir em um ministério efetivo. Nesse momento, os tradicionais três "autos" da igreja autóctone devem ser alcançados: os cristãos locais estão evangelizando e fazendo discípulos (autopropagável), eles exercem completa liderança espiritual (autogovernada) e a igreja é sustentada com base nos recursos e ofertas locais (autossustentável). Durante a fase anterior, a igreja deveria caminhar na direção desses alvos, mas agora eles se tornam essenciais à medida que a igreja se posiciona para reprodução e a equipe de plantação da igreja começa a se retirar.

Em alguns aspectos, os movimentos de plantação de igrejas nos lares parecem não ter a necessidade de uma fase de estruturação. Em razão de as igrejas nos lares permanecerem pequenas, podem se reproduzir mais facilmente e ter menos necessidade de reprogramação e estruturação do que as igrejas maiores precisam quando crescem. No entanto, até os movimentos de igrejas nos lares precisam de estruturas para facilitar seu desenvolvimento e o treinamento de seus líderes, a interligação entre as igrejas, ministérios especializados para pessoas com necessidades especiais e projetos cooperativos de ministérios de compaixão e serviço que sejam envolventes demais para uma única igreja. Como veremos abaixo, mesmo as congregações do tamanho de uma família do Novo Testamento passaram pelas dores do crescimento que exigiram novas estruturas e ministérios.

Resumo da fase

Exemplos bíblicos

Atos 6.1-6: O cargo de diácono é criado na igreja de Jerusalém para cuidar das necessidades congregacionais.

Atos 14.23: Paulo e Barnabé indicam presbíteros para as igrejas que eles haviam plantado, recomendando-os ao Senhor.

Epístolas pastorais: Assuntos relativos à liderança da igreja e organização à medida que essas igrejas amadurecem, incluindo a indicação de presbíteros e diáconos e suas qualificações (1Tm 3.1-13; Tt 1.5-9), honrando-os e lidando com as acusações contra eles (1Tm 5.17-20); cuidado com as viúvas e manutenção de listagem dos que recebem assistência da igreja (1Tm 5.3-16).

Apocalipse 2–3: Jesus examina e avalia as sete igrejas da Ásia Menor.

Passos-chave

1. Convocar formalmente os líderes e entregar a responsabilidade total a eles.
2. Iniciar novos ministérios e estruturas para atender às necessidades.
3. Multiplicar obreiros pelo treinamento de líderes para treinar outros.
4. Assimilar novos convertidos e visitantes.
5. Avaliar o desenvolvimento e a saúde da igreja.
6. Organizar a igreja legalmente.
7. Alcançar total autonomia financeira.

Aspectos críticos

1. Multiplicação de obreiros.
2. Ministérios para atendimento de necessidades.
3. Preparação da congregação para o crescimento.

Ordenação formal de líderes e entrega total da responsabilidade a eles

Embora alguns hoje considerem qualquer liderança ou cargos estabelecidos na igreja contrários a um espírito de igualdade, essa posição é ingênua e antibíblica. Paulo convoca a igreja a *que tenham consideração para com os que se esforçam no trabalho entre vocês, que os lideram no Senhor e os aconselham* (1Ts 5.12). Deus aponta na igreja *os que têm dom de prestar ajuda, os que têm dons de administração* (1Co 12.28). A igreja de Filipos tinha bispos e diáconos (Fl 1.1). O autor de Hebreus exorta que *obedeçam aos seus líderes e submetam-se à autoridade deles. Eles cuidam de vocês como quem deve prestar contas. Obedeçam-lhes, para que o trabalho deles seja uma alegria e não um peso, pois isso não seria proveitoso para vocês* (Hb 13.17).

Apontar formalmente líderes espiritualmente maduros é um dos sinais mais importantes de que uma igreja amadureceu e foi "plantada", o que permite que a equipe de plantação da igreja se retire. Os presbíteros locais devem se tornar os responsáveis pelo cuidado contínuo, o ensino e a orientação da igreja depois da partida do missionário apostólico (At 20.28-31; 1Pe 5.1-4). Quando Paulo e Barnabé escolheram presbíteros para as igrejas do sul da Galácia em sua primeira viagem missionária, essas igrejas não tinham mais do que dois anos de existência (At 14.23; Schanabel 2008,77). Mesmo assim, Barnabé e Paulo recomendaram os cristãos ao Senhor e partiram. O trabalho ali foi considerado "completado" (At 14.26). Embora Paulo tenha, mais tarde, escrito a carta de Gálatas a essas igrejas e as tenha fortalecido durante outra visita

ESTRUTURAÇÃO - EXPALDIR E CAPACITAR

273

(At 16.1-5), eles claramente já não estavam sob cuidado missionário direto. Semelhantemente, em sua partida de Éfeso depois de dois anos de ministério, Paulo entregou os presbíteros de Éfeso ao Senhor afirmando que não os veria novamente (At 20.25-32). Em contraste, o trabalho em Creta foi considerado inacabado porque os presbíteros ainda não haviam sido escolhidos (Tt 1.5). A escolha, portanto, de presbíteros locais é uma etapa importante na plantação de uma igreja, tornando possível a retirada do missionário apostólico.

Isso levanta uma questão crucial: quão maduros e qualificados os líderes locais precisam estar antes que o plantador possa se retirar? Por um lado nos espantamos com a disposição de Paulo em confiar na obra do Espírito nesses convertidos relativamente novos fazendo-os assumir a responsabilidade do cuidado espiritual dessas igrejas recém-plantadas. Possivelmente esses líderes eram cristãos judeus versados no Velho Testamento, embora esse ponto de vista seja apenas uma suposição, pois a maior parte dos comentaristas acredita que essas igrejas eram compostas predominantemente de cristãos gentios (por ex., George 1994, 44; Guthrie 1973, 9). Como já foi comentado, os presbíteros da igreja de Éfeso foram apontados depois de apenas dois anos do ministério de Paulo. Por outro lado, pelo menos oito anos depois[145] Paulo instruiu Timóteo que um ancião na igreja de Éfeso *não pode ser recém-convertido, para que não se ensoberbeça e caia na mesma condenação em que caiu o Diabo.* (1Tm 3.6). "Recém", portanto é um termo relativo. Na igreja bem jovem, o crescimento em caráter, fidelidade, obediência e capacidade de pastorear o rebanho de Deus são essenciais. À medida que a igreja cresce em tamanho e maturidade, as qualificações e padrões para os presbíteros devem também evoluir.

A decisão de quando e quem escolher como líder não deve ser tomada descuidadamente, mas com muito jejum e oração (At 14.23). Richard Hibbert (2008) estudou um movimento de plantação de igrejas entre o povo Millet[146] da Bulgária iniciado no fim dos anos 80 e estima-se que no início dos anos 90 tinha chegado a dez mil cristãos. O movimento, no entanto, estagnou no final da década, com uma frequência em cerca de cem igrejas caindo para pouco mais de seis mil pessoas. Hibbert entrevistou várias pessoas que se afastaram e descobriu que, a não ser em razão de migração para a Europa Ocidental, o motivo mais citado para deixar a igreja não foi um retorno ao Islã, mas problemas relacionados a líderes da igreja: conflitos, mau uso de poder, falta de cuidado pastoral e coisas semelhantes. O estudo ressalta a importância de desenvolver e selecionar as pessoas certas para a liderança da igreja. Especialmente em movimentos de crescimento rápido com maioria de novos convertidos, a questão da liderança não pode ser ignorada.

Ao mesmo tempo, precisamos lembrar que, historicamente, os missionários em geral não têm conseguido entregar a liderança aos cristãos locais porque eles nunca lhes parecem maduros o suficiente para assumir a responsabilidade total. O resultado é uma dominação missionária nada saudável

---

145 A igreja de Éfeso foi plantada em 51 d.C. (Schnabel 2008, 107) e Paulo escreveu as Epístolas Pastorais depois do ano 60 d.C. (Kelley 1963, 78).

146 Os Millet são *Roma* de fala turca (os *Roma* são o terceiro maior grupo étnico da Bulgária, após búlgaros e turcos) e se identificam como muçulmanos.

e a permanência do plantador em um só local indefinidamente, não permitindo que ele dê início a outro trabalho pioneiro, nem mobilize os cristãos locais para a missão. Saber a quem, quando e como capacitar é, portanto, de importância crítica e deve ser acompanhado de muita oração e discernimento espiritual. Voltaremos à questão de como os líderes são preparados e selecionados adiante na seção "Assimilação" e mais tarde, no capítulo 17.

Iniciar novos ministérios e estruturas para atender às necessidades

O crescimento da igreja não traz somente alegrias, mas também novos desafios e dores de crescimento. Uma igreja que não consegue se adaptar às circunstâncias e necessidades em mudança, estaciona ou enfrenta uma crise. À medida que a igreja cresce, passa de uma comunidade praticamente familiar na qual todos se conhecem para um grupo maior com necessidades diversas, subculturas e visitantes que são mais periféricos à vida da igreja. Muitas igrejas em plantação não conseguem se adaptar a essas necessidades e mantêm o ministério como sempre foi. Isso leva à frustração e estagnação e, mais tarde, bloqueia a reprodução saudável.

Um dos primeiros exemplos de uma igreja em crescimento que precisou se estruturar para atender às novas necessidades é encontrado em Atos 6, na igreja de Jerusalém, que tinha experimentado um crescimento explosivo. Os judeus consideravam o cuidado com as viúvas uma séria obrigação moral e a igreja primitiva adotou essa preocupação. No entanto, surgiu um problema quando as viúvas de fala grega reclamaram de estar sendo negligenciadas na distribuição de alimento, sentindo que as viúvas hebreias de fala aramaica estavam tendo a preferência. Isso refletia uma tensão antiga entre os judeus helenistas e os hebreus na comunidade judaica em geral (Longenecker 1981, 329). Como é comum que os conflitos sociais gerais também estejam presentes na igreja! O desafio aqui envolvia tanto um conflito étnico quanto a ausência de uma estrutura que assegurasse uma distribuição justa. Além disso, até aqui, aparentemente os apóstolos tinham sido responsáveis pela supervisão da distribuição de alimento, além de todas as outras responsabilidades ministeriais na igreja em crescimento. A solução encontrada foi criar toda uma equipe ministerial (como chamamos hoje): os diáconos. Como Longenecker resume: "A narrativa de Lucas aqui sugere que, para ser realmente bíblico, é preciso estar constantemente empenhado em adaptar métodos e estruturas tradicionais para atender às situações existentes, visando tanto o bem estar de toda a igreja quanto a proclamação do Evangelho" (1981, 331).

Essa solução resolveu vários problemas e é especialmente instrutivo para a igreja de todos os tempos e lugares. Em primeiro lugar, eles levaram o problema a sério e solucionaram o problema imediato da distribuição justa entre as viúvas. Os conflitos na igreja não podem ser ignorados nem minimizados, mas devem ser levados a sério e resolvidos prontamente. Em segundo, as tensões étnicas foram atendidas pela eleição de sete diáconos, todos com nomes gregos (At 6.5). Assim, todos os que se sentiam discriminados obtiveram representação entre os diáconos. Os grupos minoritários ou partidos não devem ser marginalizados – na verdade é preciso que seja empreendido um esforço extra para assegurar sua inclusão na totalidade da vida da igreja. Em terceiro, os novos líderes (os diáconos) foram empossados e liberados para o ministério, isso expandiu a base de obreiros e demonstrou que os apóstolos e presbíteros não eram os únicos qualificados para o serviço. Em quarto, o meio de seleção dos diáconos, embora não comentado em detalhes, é instrutivo. Ele definiu as qualificações, incluiu a participação e a aprovação da congregação e envolveu uma imposição pública de mãos (vs. 3-4,6). Dessa forma, um precedente foi estabelecido para inclusão da congregação na solução de problemas e a eleição de pessoas para o ministério de maneira publicamente reconhecida e aprovada. Em quinto, delegando essa responsabilidade, os Doze poderiam devotar-se ao ministério para o qual haviam sido chamados e capacitados: a oração e a proclamação da Palavra de Deus (v.4). Os líderes podem facilmente ficar sobrecarregados com as necessidades de uma igreja crescente e devem delegar ministérios e manter suas prioridades. Sexto, a igreja demonstrou que as necessidades espirituais, físicas e sociais precisam ser levadas a sério dentro da vida e ministério total da igreja. Novas estruturas, a identificação de dons espirituais e a criação de um cargo foram necessárias para atender adequadamente às várias necessidades. Finalmente, a igreja continuou a crescer rapidamente (v.7). Não é por acidente que Lucas inclui uma frase sobre a propagação da Palavra e o crescimento da igreja nesse ponto da narrativa. Os conflitos não resolvidos e líderes sobrecarregados e distraídos de seus objetivos principais iriam, com certeza, retardar o crescimento da igreja. Quando as igrejas lidam com os desafios e as crises de forma apropriada – o que geralmente inclui a criação de novas estruturas e a delegação de ministérios – Deus faz a igreja prosperar.

Quando a igreja cresce, as necessidades que eram anteriormente atendidas caso a caso devem ser lidadas de maneira mais sistemática. Vemos isso no cuidados das viúvas da igreja Éfeso (1Tm 5.3-16). Os recursos da igreja eram, sem dúvida, limitados, e então surgiu a necessidade de determinar quem era genuinamente digna de receber ajuda e quem poderia ser sustentada de outras formas. J. N. D. Kelley comenta: "Em Éfeso há agora uma ordem reconhecidamente oficial de viúvas, com condições definidas de entrada as quais Paulo, pelo que parece, deseja que sejam estritamente observadas e funções definidas a serem desempenhadas por cada papel" (1963, 112). Em outras palavras, à medida que a igreja cresce, novos ministérios e estruturas precisam ser criados para atender de maneira justa e adequada às necessidades pessoais e corporativas.

Os plantadores e líderes precisam estar sintonizados com as necessidades da comunidade. Assim como na igreja do Novo Testamento, em alguns contextos, o cuidado para com as viúvas e os órfãos, os famintos e desempregados e outros sem condições de sustentarem-se a si próprios e às suas famílias constituem a necessidade mais premente. Mais adiante, no capítulo 19, discutiremos em detalhes o lançamento de ministérios de compaixão e transformação social. É durante a fase de estruturação da plantação da igreja que esses ministérios são lançados ou expandidos de forma significativa.

Outra necessidade encontrada em quase todas as plantações de igrejas é o cuidado pessoal e o aconselhamento de novos convertidos que entram na igreja com feridas emocionais, relacionamentos quebrados, vícios e experiências traumáticas. A criação de ministérios de aconselhamento e treinamento para eles pode se tornar uma prioridade para fortalecer e trazer a cura. Muitas vezes, grupos com necessidades especiais podem ser iniciados para ministrar a essas pessoas. Ministérios voltados para uma faixa etária em particular ou um interesse como jovens, pais solteiros ou idosos também podem ser iniciados.

Muitas vezes durante essa fase, uma igreja pode começar um trabalho de evangelismo de um grupo não alcançado, um grupo étnico ou subculturas na comunidade que estejam sendo negligenciadas, talvez Deus levante uma pessoa na igreja com uma visão especial ou um desejo de alcançar aquele grupo. Por exemplo, um membro de uma pequena igreja em Monróvia, Libéria, começou a se preocupar com os ex-soldados mirins que, agora crescidos, tinham se tornado criminosos e viciados. Ele começou a visitá-los e eventualmente iniciou um culto vespertino de louvor para eles nas ruas do mercado público que fechava aos domingos. Se o grupo de necessidade especial fala uma língua estrangeira, uma pessoa fluente naquela língua deverá assumir a liderança desse trabalho de evangelismo. Esses ministérios podem servir como uma introdução local à missão transcultural, estimulando a igreja a assumir um papel mais amplo no levantamento e envio de missionários. No entanto, os novos ministérios não devem ser expandidos além da disponibilidade de obreiros motivados que se responsabilizem por eles. Se o plantador de igreja tem uma visão para um novo ministério, essa visão deve ser comunicada entusiasticamente e o ministério não deve ser iniciado até que os cristãos locais estejam prontos para tomar posse do trabalho. O fardo não pode cair somente sobre os ombros do plantador.

Algumas vezes os cristãos locais reconhecerão uma necessidade como, por exemplo, um ministério para crianças, mas supõem que essa reunião é responsabilidade do plantador ou de um membro da equipe. Eles tendem a pensar que o plantador está no ministério em tempo integral, tem tempo e está treinado para esse tipo de tarefa. Se, porém, a abordagem apostólica está sendo adotada, o plantador deve resistir a esta expectativa. Ele deve se oferecer para treinar e ajudar os cristãos locais a lançarem o ministério, mas não deve assumir a responsabilidade total. Do contrário, o plantador terá mais tarde que encontrar alguém que tome a frente do ministério. Além disso, se os cristãos locais descobrirem que, se eles esperarem o suficiente, o plantador assumirá o ministério, eles aprenderão a se esquivar do trabalho. Resistir a simplesmente fazer o trabalho necessário requer, às vezes, muita paciência por parte dos plantadores. Se, por outro lado, cada novo ministério exigir o envolvimento dos cristãos locais, eles não se tornarão dependentes dos plantadores e o desafio da fase de retirada diminui. Os líderes de ministérios se levantam *com* o início do ministério e não mais tarde quando o trabalho cresceu e os cristãos locais não se sentem capazes de realizar a tarefa. O ministério não precisa ser "entregue" aos cristãos locais porque eles já foram os líderes durante o processo.

Multiplique obreiros treinando para treinar outros

Para obter-se uma duradoura reprodução de igreja e, finalmente, multiplicação, não é suficiente que os plantadores se reproduzam nos cristãos locais através da mentoria e treinamento. A verdadeira multiplicação ocorre quando obreiros treinados pelos plantadores passam a treinar outros. Paulo instrui Timóteo: *E as palavras que me ouviu dizer na presença de muitas testemunhas, confie-as a homens fiéis que sejam também capazes de ensinar outros* (2Tm 2.2). Quatro gerações de líderes são mencionadas nesses versos: (1) Paulo a (2) Timóteo a (3) homens fiéis a (4) outros a quem eles sejam capazes de ensinar. Isso significa que as transições crescentes do plantador da igreja de motor e modelo para mobilizador e mentor e aqui para *multiplicador*. Como multiplicador, o plantador está cada vez menos envolvido diretamente na "linha de frente" do ministério e cada vez mais treinando pessoas a treinar outras.

Durante a fase do estabelecimento, os líderes de grupos pequenos devem ter sido ensinados a mentorear novos aprendizes de líderes de grupos (como foi descrito no capítulo 12). O mesmo princípio deve ser aplicado a todas as áreas e em cada nível do ministério. Por exemplo, a equipe de líderes de ministério deve aprender a recrutar e treinar novos membros e líderes. Uma abordagem apostólica de plantação de igrejas procura, desde o começo, treinar os cristãos locais a fornecerem liderança e cuidado pastoral para a igreja emergente. Isso significa que tanto a forma de ministério quanto os métodos de treinamento devem ser facilmente reproduzíveis ou imitados pelos cristãos locais. Se eles forem analfabetos ou semianalfabetos, o plantador precisará usar métodos que não dependam de livros e fontes escritas até que o nível de alfabetização aumente. Se possuírem pouca escolaridade, os plantadores precisarão pregar e ensinar com termos simples para que eles possam entender e explicar a outros. Como os plantadores geralmente são treinados em um seminário, podem ser tentados a estabelecer um padrão tão alto de ministério que os cristãos locais sintam que nunca poderão alcançar. Se têm acesso a um dicionário bíblico ou concordância, podem ser ensinados a usar esses instrumentos. Os sermões devem deixar claro que as fontes de informação usadas para elaborá-lo estão também disponíveis aos líderes locais. Desta forma, o ministério é moldado de maneira reproduzível.

Assimilar os novos convertidos e os visitantes

No final do capítulo 11, discutimos brevemente o problema do abandono da igreja e suas razões. Aqui, veremos como a integração intencional e saudável de novos convertidos pode levar a uma nova geração de obreiros e líderes. Quando a igreja é pequena, os recém-chegados são facilmente identificados e assimilados, mas à medida que a igreja cresce, essa assimilação torna-se mais difícil. Um fator-chave para o crescimento sustentável é a habilidade da igreja de não somente alcançar novas pessoas para Cristo, mas discipulá-las e assimilá-las dentro da vida de uma congregação maior. As igrejas nos lares podem simplesmente dividir-se quando o grupo fica grande demais para reunir-se em uma casa. Congregações maiores, no entanto, acham difícil adaptar-se ao crescimento. Idealmente, os grupos oferecem uma estrutura contínua para a comunhão íntima e um cuidado que a congregação não pode mais oferecer em reuniões maiores. Ainda assim, se o recém-chegado não entra na igreja via grupos pequenos, não se pode supor que encontrará um grupo facilmente.

Aqui muitas igrejas falham em se adaptar à mudança de situação, resultando na estagnação do crescimento, em um número pequeno de obreiros para cuidar da carga ministerial crescente e em frustração e exaustão daqueles que têm levado essa carga e servindo a plantação da igreja desde o princípio. Essa é uma das razões pelas quais tantas plantações de igrejas estacionam no crescimento ou enfrentam uma crise de liderança depois de cinco anos.

As congregações em crescimento passam normalmente por três estágios de desenvolvimento que podem levar a esse problema, como ilustra a figura 13.1. Durante o estágio de lançamento a igreja é pequena, as interações são face a face, as decisões são compartilhadas, a liderança é provisória e transparente, a motivação e a energia são altas. Quando novas pessoas entram na igreja, elas são percebidas imediatamente. Todos estão ansiosos que a igreja cresça; portanto, os membros são geralmente rápidos para assimilar os recém-chegados aos relacionamentos já existentes. Muitas vezes, os recém--chegados já têm relacionamentos com membros da igreja. O fato de a igreja ser pequena faz com que as responsabilidades sejam divididas e há poucos membros passivos. Isso forma uma ampla base de serviço e uma carga ministerial compartilhada. Há bastante energia e trabalho voluntário para se concentrar nas pessoas de fora e uma quantidade mínima de energia é exigida para a vida interna da igreja.

Se a igreja continuar a crescer, a situação muda gradualmente. A carga ministerial aumenta com o aumento do número de pessoas e de necessidades. A esse ponto, a liderança torna-se mais formal. O núcleo original da igreja continua a levar o peso da maioria dos ministérios. O número de pessoas que não estão servindo, a maior parte delas de recém-chegados, começa a crescer. À medida que as pessoas vão ficando mais ocupadas, os recém--chegados são apenas parcialmente assimilados na igreja.

Se o crescimento continuar, a igreja passa para um estágio crítico. Os recém-chegados não conseguem ser assimilados, demoram a assumir responsabilidades, o anonimato e a passividade tornam-se problemas. O núcleo original continua a levar um fardo de ministério que agora se torna insuportável, pois as necessidades continuam a crescer, mas o número de obreiros, não. A liderança e a base de serviço são agora estreitas demais para sustentar o crescimento da igreja. Isso conduz à exaustão dos obreiros e líderes e a base de liderança fica ainda mais estreita. Ironicamente, o núcleo original tende a continuar a retendo o poder: a igreja é "deles", nascida da visão "deles" e cresceu como resultado do trabalho duro "deles". Por que os recém-chegados deveriam ter o mesmo direito a voz?

Figura 13.1
Assimilação e desenvolvimento não saudável

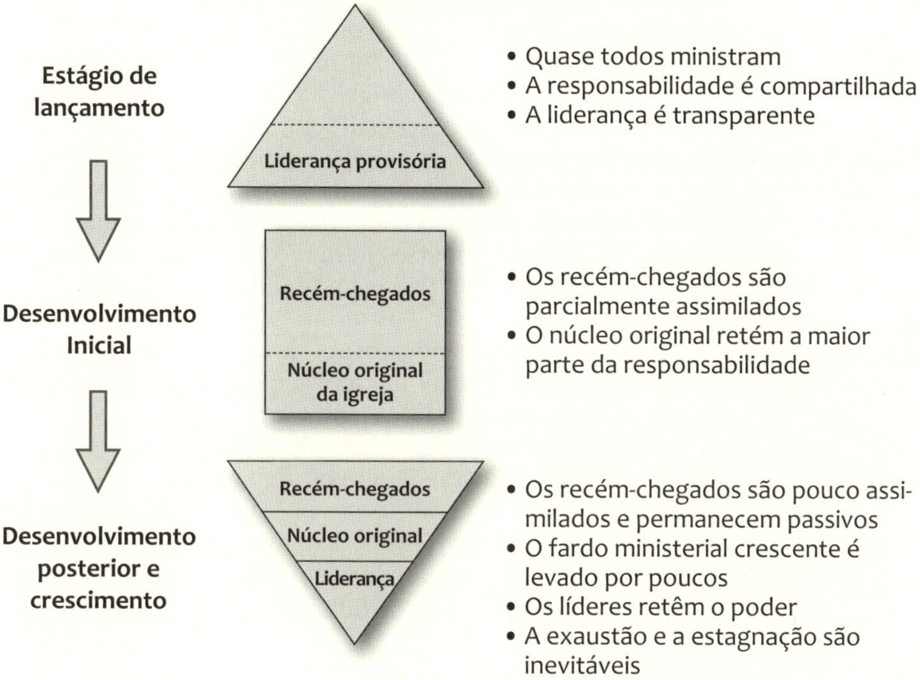

Estágio de lançamento

Liderança provisória

- Quase todos ministram
- A responsabilidade é compartilhada
- A liderança é transparente

Desenvolvimento Inicial

Recém-chegados

Núcleo original da igreja

- Os recém-chegados são parcialmente assimilados
- O núcleo original retém a maior parte da responsabilidade

Desenvolvimento posterior e crescimento

Recém-chegados

Núcleo original

Liderança

- Os recém-chegados são pouco assimilados e permanecem passivos
- O fardo ministerial crescente é levado por poucos
- Os líderes retêm o poder
- A exaustão e a estagnação são inevitáveis

Alguns sinais denunciam que a igreja se aproxima de uma crise de assimilação. Alguém ouve um membro mais antigo dizer coisas como "Lembra-se de quando sabíamos o nome de todos? Éramos como uma grande família" ou "Eu me sinto como um estranho na minha própria igreja". Se essas frases são ditas em voz alta ou não, os recém-chegados pegam no ar a mensagem de que não são bem-vindos e estão perturbando uma pequena família feliz. Outro sinal é a desistência dos obreiros e líderes das posições de responsabilidade à medida que o fardo do serviço e a frustração vão se tornando insuportáveis. O crescimento da igreja não é mais tão empolgante. Os líderes começam a se sentir ressentidos pelo fato de os novos membros não servirem tão sacrificialmente quanto deveriam. Isso, por sua vez envia outra mensagem aos novos membros: que o serviço nessa igreja não tem alegria e pode causar exaustão. Os recém-chegados começam a pensar: "Se servir a igreja acaba assim, estou fora!" Torna-se cada vez mais difícil recrutar obreiros, seu diminuto número fica ainda mais estressado e o ciclo vicioso continua. Temos visto plantações de igrejas chegarem a uma parada completa quando todos os primeiros líderes foram embora ou entregaram seus cargos e não havia um único líder disposto a servir.

Esse cenário não é inevitável. Existem alternativas, mas elas devem ser iniciadas antes que a crise se instale. Uma forma de evitar esse problema é ilustrada na figura 13.2. Quando a igreja cresce os novos convertidos são assimilados por duas vias: uma é se tornando parte de um grupo pequeno no qual a igreja é experimentada como uma pequena família. A outra é através do recrutamento para as equipes de ministério. Algumas vezes, o grupo é responsável por um ministério e as duas coisas coincidem. Em ambos os casos, a assimilação não é uma questão de programas, mas de *relacionamentos*.[147] Os membros existentes devem intencionalmente receber e construir relacionamentos com os que chegam. Algumas vezes os recém-chegados entram na igreja por meio de um grupo evangelístico, nesse caso, os relacionamentos pessoais já existem. No entanto, especialmente em igrejas cuja estratégia é atrair pessoas pela programação, os recém-chegados podem primeiro frequentar um culto de louvor maior ou reunião na qual eles não têm relacionamentos pessoais e precisam ser intencionalmente contatados e assimilados. Isso implica em mobilizar os grupos para estarem abertos para receber novas pessoas e convidá-las ativamente. Os líderes de células precisam ser instruídos em como recrutar novos membros apropriadamente entre os recém-chegados. Não somente os relacionamentos pessoais são formados nos grupos, levando a uma ligação com a igreja maior, mas o grupo é o meio ideal no qual se pode começar a descobrir e a usar informalmente os dons espirituais de cada um. Aqueles que possuem dons e habilidades de liderança vão surgir gradualmente e se tornarão líderes potenciais de outros grupos ou ministérios. Equipes de ministérios são meios semelhantes de assimilação dos novos membros envolvendo-os na vida da igreja. Os novos frequentadores da igreja podem se envolver auxiliando em posições de pequena responsabilidade e, à medida que vão demonstrando seus dons e sua fidelidade, podem crescer e assumir cargos de liderança.

Figura 13.2
Assimilação e desenvolvimento saudável

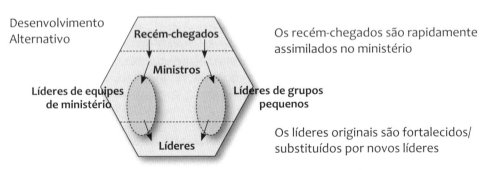

Um dos desafios que as igrejas em crescimento enfrentam é como selecionar líderes em níveis mais altos, como os presbíteros. Uma parte do problema é que geralmente há poucas oportunidades no segundo escalão para desenvolver qualidades de liderança e evidenciar potenciais e adequação para os cargos

---

147 Win Arn acredita, baseado em dados colhidos em igrejas norte-americanas, que "cada novo convertido ou novo membro deve ser capaz de identificar pelo menos sete amigos na igreja dentro dos primeiros seis meses. As amizades parecem ser o laço mais forte para reter os novos convertidos ou membros à congregação" (1986, 97). Um número como "sete amigos em seis meses" é altamente subjetivo e culturalmente condicionado, mas ressalta a importância dos relacionamentos múltiplos e significativos para a assimilação.

mais altos. Conforme os novos convertidos desenvolvem relacionamentos pessoais nos grupos através das oportunidades de serviço mais simples, podem crescer até chegar à liderança, confirmar seus dons e sua fidelidade e, assim, receber responsabilidades maiores. Descobrimos que os que demonstram dons pastorais ou de ensino no nível de liderança de grupo, conquistando o amor e a confiança dos membros de seu grupo, geralmente são os melhores candidatos para o cargo de presbítero. Se alguém pode pastorear fielmente um grupo pequeno ou equipe de ministério, provavelmente será adequado para ocupar um papel pastoral na igreja como um todo. Um dos grandes erros que uma igreja pode cometer é indicar membros não aprovados para a liderança.

O caminho para a liderança pode ser facilitado tornando a equipe de liderança acessível e seu trabalho transparente. Por exemplo, os líderes de grupos e de ministérios podem ser convidados ocasionalmente a assistirem reuniões do grupo de presbíteros. Eles não apenas irão informar sobre o progresso e as necessidades de seus ministérios, mas observarão em primeira mão o ministério dos presbíteros.

Finalmente, a congregação deve ser continuamente lembrada da visão da igreja de fazer mais discípulos e discípulos cada vez mais fortes. Criar uma atitude nostálgica – "lembro-me dos velhos tempos quando a igreja era pequena" – é umas das melhores maneiras de manter a igreja pequena. O crescimento numérico, pelo contrário precisa ser bem visto, e será, se meios forem desenvolvidos para reter o caráter pessoal da igreja através dos grupos pequenos e da abertura de várias vias de serviço aos recém-chegados. A exaustão dos obreiros pode ser evitada permitindo que eles se retirem ou tenha um tempo sabático, rodízio de obreiros, delegando, resistindo ao controle e dando as boas-vindas às novas ideias dos recém-chegados.

Avalie o desenvolvimento e a saúde da igreja

Quando a igreja cresce experimenta a empolgação de ver Deus tocar vidas e comunidades, mas pode ser caótico! A igreja pode ver-se "correndo atrás do prejuízo" tentando desenvolver os grupos pequenos e ministérios para atender as crescentes necessidades e oportunidades. A avaliação não pode ser vista como uma técnica, mas uma capacidade de vida e uma atividade espiritual. A Bíblia fala de usar a Palavra como espelho e fazer mudanças baseados naquilo que Deus nos mostra (Tg 1.22-24) e de fazer os cálculos antes de começar uma tarefa para ver se conseguiremos terminá-la (Lc 14.28-30). Somos convidados a nos voltarmos para Deus e pedirmos sabedoria (Tg 1.4-6). A melhor avaliação tem várias características:

- Contínua – conduzida regularmente com um espírito de sempre tentar melhorar
- Corporativa – conduzida por um grupo diversificado de pessoas qualificadas
- Específica – conduzida de tal forma que uma melhora específica possa ser feita
- Produtiva – seguida de oração e planos para abordar aspectos-chave

Saúde congregacional

Nesse ponto, é particularmente crítico que a igreja, começando com os líderes, reexamine seus propósitos bíblicos e comece a discernir se as várias atividades estão alinhadas com esses propósitos, se as prioridades estão no lugar e se os ministérios são eficazes. Mais atividade não é necessariamente melhor atividade. Programas demais podem nos distrair dos programas essenciais. Portanto, a igreja deve direcionar os ministérios à medida que eles se desenvolvem e deve ter a coragem de cortar os ministérios que não estejam atendendo necessidades reais, sejam ineficientes ou estejam consumindo tanto tempo e recursos que os ministérios mais essenciais estejam sofrendo.

Se a igreja adotou o plano da "Igreja que faz discípulos" (capítulo 12), essa ferramenta pode ser usada para avaliar o desenvolvimento geral. Isso pode ser feito pela equipe de liderança, mas pode ser útil também incluir no processo um círculo mais amplo de líderes de equipes de ministério, passando por cada ponto e discernindo o desempenho da igreja. Hoje, muitos outros instrumentos de avaliação estão disponíveis para auxiliar a igreja nesse processo. A tabela 13.1 resume e compara indicadores de cinco dessas fontes. O livro "O Desenvolvimento Natural da Igreja" (Schwartz 2010) é uma das ferramentas mais amplamente usadas, tendo sido traduzido para várias línguas. No entanto, assim como as pessoas que vivem em lugares diferentes do mundo enfrentam diferentes problemas de saúde (o congelamento dos dedos não é um problema dos trópicos e a malária não é um problema no Ártico), assim também as igrejas em diferentes partes do mundo enfrentam problemas de saúde diversos. Essas diferenças estão relacionadas com seus diferentes ambientes culturais, espirituais e políticos. As igrejas podem ser encorajadas a estudar passagens bíblicas como Atos 2, Efésios 4 e Apocalipse 2–3 e então fazer sua própria lista de indicadores de saúde da igreja. Elas podem priorizar esses aspectos à luz de seus problemas locais de saúde espiritual.

Os processos pelos quais a avaliação é feita variam, em grande parte, dependendo da cultura local, do tamanho da igreja e de outros fatores. Quando a igreja é pequena os valores e alvos principais podem ser discutidos em conversas informais, mas quando a igreja cresce, a avaliação inicial pode ser efetuada pelos líderes e então a congregação pode ser incluída em discussões abertas. Algumas vezes, um retiro de final de semana oferece uma atmosfera mais relaxante em que há tempo para oração, estudo bíblico e discussão. Uma plantação de igreja em Munique conduzia retiros de avaliação a cada seis meses – inicialmente com todos os membros e, depois que a igreja cresceu, incluindo somente os obreiros principais e os líderes. Essa se tornou uma oportunidade, não somente de avaliação do desenvolvimento passado da igreja, mas para a consideração de alvos futuros. A congregação de uma igreja na cidade do México descobriu que quando as decisões sobre assuntos importantes precisavam ser tomadas, era melhor apresentar os assuntos e anotar as perguntas em uma reunião congregacional e adiar as decisões até a próxima reunião. Embora exigisse duas reuniões, mais pessoas participavam, havia menos divisões de opinião e um senso maior de solidariedade para com as decisões.

Tabela 13.1
Indicadores da saúde, da qualidade e da efetividade da igreja

Macchia 1999	EFCA n.d.	Dever 2000	DNI (Schwartz 2010)	Barna 1999
Culto que exalta a Deus	Culto cheio do Espírito		Culto inspirador	Culto genuíno
Discípulos espirituais	Espiritualidade apaixonada		Espiritualidade contagiante	
Aprender e crescer em comunidade	Fazer discípulos intencionalmente	Preocupação com o discipulado e com o crescimento	Grupos pequenos	
Relacionamentos baseados no amor e cuidado mútuo	Relacionamentos baseados no amor		Relacionamentos marcados pelo amor fraternal	Relacionamentos duradouros e significativos
Desenvolvimento de liderança serva	Multiplicação de liderança	Liderança bíblica da igreja	Liderança capacitadora	Líder dirigido
Foco para fora	Evangelismo frutífero	Concepção bíblica de evangelismo	Evangelização voltada para as necessidades	Evangelismo estratégico
		Concepção bíblica de conversão		
Mordomia e generosidade	Mordomia de recursos			Mordomia holística
	Impulsionada pela Grande Comissão		Estruturas eficazes	Estrutura para impacto
	Centralidade da Palavra de Deus	O Evangelho		Crescimento teológico sistemático
		Teologia bíblica		
		Pregação expositiva		
Rede de integração com o corpo de Cristo				
Administração e contabilidade exercidas com sabedoria				
	Plantação de igrejas			
		Concepção bíblica da membresia de igreja		
		Disciplina bíblica da igreja		
			Ministérios orientados pelos dons	
				Serviço à comunidade
				Capacitando a família

A avaliação, os instrumentos e as listas não podem produzir saúde para a igreja, assim como o termômetro não produz saúde para uma pessoa, mas pode ser útil no diagnóstico de enfermidades. A chave para ser uma igreja saudável é ter um relacionamento saudável com Jesus. Como Jesus ensinou *"Permaneçam em mim, e eu permanecerei em vocês. Nenhum ramo pode dar fruto por si mesmo, se não permanecer na videira. Vocês também não podem dar fruto, se não permanecerem em mim. Eu sou a videira; vocês são os ramos. Se alguém permanecer em mim e eu nele, esse dará muito fruto; pois sem mim vocês não podem fazer coisa alguma"* (Jo 15.4s). A saúde espiritual de uma igreja depende imensamente da saúde espiritual de seus membros, começando com os líderes.

Saúde da liderança

Talvez a coisa mais importante para manter a saúde espiritual de uma igreja é dar atenção à saúde espiritual de seus líderes. Jesus perguntou: *"Pode um cego guiar outro cego? Não cairão os dois no buraco? O discípulo não está acima do seu mestre, mas todo aquele que for bem preparado será como o seu mestre"* (Lc 6.39s). Paulo exorta Timóteo, líder da igreja de Éfeso: *"Ninguém o despreze pelo fato de você ser jovem, mas seja um exemplo para os fiéis na palavra, no procedimento, no amor, na fé e na pureza"* (1Tm 4.12). Não seria a autoridade de seu cargo ou sua posição como discípulo de Paulo que conquistaria para Timóteo o respeito da igreja, mas seu exemplo. Um estilo de vida consagrado daria o tom espiritual da igreja. Da mesma forma, se os líderes da igreja não estavam vivendo em unidade e amor, dificilmente se poderia esperar que a igreja fizesse melhor.

A igreja não pode ser mais saudável do que seus líderes. À medida que o ministério terreno de Jesus avançava, ele passava mais tempo com seus discípulos e menos tempo com as multidões. O plantador apostólico deve adotar uma atitude semelhante. Na fase de estruturação o plantador passa mais tempo treinando os líderes para ministrar às necessidades mais importantes da igreja e menos tempo atendendo diretamente a essas necessidades.

O plantador é tentado a se esgotar ministrando a pessoas especialmente necessitadas e a negligenciar o cuidado espiritual dos líderes da igreja. Eles podem supor que os líderes podem cuidar de si mesmos, mas todos nós precisamos ser encorajados a prestar contar uns aos outros, especialmente aqueles que ocupam cargos de liderança e que levam o peso do ministério colocando-se sob ataque espiritual. Os líderes precisam desafiar uns aos outros ao contínuo crescimento e saúde espiritual, do mesmo modo que o ferro afia o ferro. As reuniões com líderes em relacionamentos de mentoria, em grupos pequenos de prestação de contas ou compartilhamento pessoal e oração (onde é proibido conversar sobre os negócios da igreja) podem ser imensamente importantes para a manutenção da saúde espiritual dos líderes da igreja e, por conseguinte, da própria igreja.

Avaliação do impacto no Reino da igreja

Algumas vezes, a igreja parece estar fazendo tudo certo, sem sinais óbvios de disfunção ou conflito, mas o impacto no Reino continua mínimo. Somente a obra do Espírito Santo pode produzir uma transformação na vida dos cristãos que traga mudança à comunidade. Por essa razão, as escrituras os advertem a não entristecerem ou apagarem o Espírito (Ef 4.30; 1Ts 5.19). É claro que essas exortações se aplicam a todos os cristãos e à igreja em todas as fases, mas a preocupação é crítica quando a igreja avalia seu impacto.

Como é fácil a vida da igreja se tornar rotineira e visar somente sua própria satisfação. Se uma igreja deseja se reproduzir, deve haver uma vitalidade na vida espiritual dos cristãos que transborde para os relacionamentos: as famílias são curadas, os relacionamentos são restaurados, as pessoas são libertas da escravidão do pecado e o fruto do Espírito Santo é cada vez mais evidente. A fé nominal que não consegue fazer diferença na vida diária é um dos problemas mais comuns enfrentados pelas igrejas. O sincretismo é outro problema: os cristãos misturam crenças e práticas de sua antiga religião com a fé cristã. A prática de ocultismo, a visita ao xamã em momentos de crise ou um estilo de vida materialista que promove a avareza e sufoca a compaixão são evidências de uma fé cristã superficial que não está causando uma transformação profunda na cosmovisão (veja Hiebert 2008). Esses hábitos, valores e convicções demoram a desaparecer. O ensino bíblico, o caráter exemplar, a vivência de novos valores, a oração e as experiências da suficiência de Cristo, tudo isso faz parte do longo processo de discipulado e santificação que não pode ser negligenciado em favor do crescimento numérico. Reproduzir congregações de cristãos sincretistas, materialistas ou superficiais não honrará Cristo e não fornecerá o combustível espiritual necessário para dar início a um movimento multiplicador de comunidades do Reino.

A equipe de liderança deve examinar com cuidado em que grau a congregação está influenciando a comunidade maior. Com o crescimento, as igrejas tendem a ficar mais e mais consumidas por suas necessidades internas e por programas que servem a seus membros. Isso é necessário, mas não pode ofuscar o chamado missional da igreja de ser sal e luz em sua vizinhança e na sociedade como um todo. O verdadeiro cuidado espiritual não conduzirá à estagnação da espiritualidade, mas ao envolvimento missional. Muitas vezes, o não cristão tem a impressão de que a igreja é mais ou menos um clube de voluntariado ou hobby que ocupa os cristãos em alguns dias da semana, mas é totalmente irrelevante quanto às preocupações de qualquer um que não pertença ao clube. A igreja deve constantemente ser desafiada a sair de sua zona de conforto e se engajar no atendimento das carências da comunidade em nome de Cristo. No capítulo 19, consideraremos como uma plantação de igreja pode causar impacto no Reino.

Organizar a igreja legalmente

No Novo Testamento, as igrejas locais não eram organizadas legalmente, embora, inicialmente, como membros de uma seita judaica, os cristãos se sentiam debaixo do status legal dos judeus. Isso não significa que as igrejas primitivas estivessem sem uma estrutura formal. Como vemos nas Epístolas Pastorais, as igrejas tinham que ter qualificações claramente definidas para indicar, honrar e lidar com as acusações contra os líderes (1Tm 3.1-13; 5.17-20; Tt 1.5-9). Havia também listas das viúvas que necessitavam de assistência (1Tm 5.9,11). Tudo isso é indicação de uma crescente formalização da estrutura e da política da igreja. Atualmente a maioria das igrejas têm um estatuto e um regimento que definem o propósito, as práticas e os procedimentos da igreja como organização. Geralmente, é definida uma declaração de fé. Na maioria dos contextos, a igreja assume alguma forma de incorporação e status legal com o governo local, permitindo que a igreja alugue ou adquira uma propriedade, receba doações dedutíveis do imposto de renda, obtenha isenção de impostos, proteja membros de responsabilidade legal e conceda à igreja uma identidade pública. Os governos geralmente fazem exigências a respeito do uso de fundos, contabilidade, filiação e outros assuntos. Normalmente, as igrejas podem trabalhar dentro desses parâmetros, algumas vezes, porém, isso não é possível e há casos em que os líderes da igreja podem recear que um registro social comprometa suas convicções ou mesmo sua segurança.

Muitos plantadores têm pouca paciência com os aspectos técnicos de criar um estatuto, um regimento interno ou registro legal. No entanto, é prudente dedicar algum tempo a eles quando a igreja estiver crescendo. Uma política interna clara e uma declaração doutrinária podem ajudar a esclarecer o propósito e evitar conflitos. Felizmente, a maioria das denominações oferece modelos de documentos que podem ser adotados ou adaptados às necessidades locais. Os plantadores transculturais devem, no entanto, evitar a importação de um estatuto ou regimento interno estrangeiro. Até mesmo a declaração de fé pode precisar ser contextualizada.[148] O objetivo não é a conformidade com um padrão externo, mas fidelidade às verdades e aos princípios bíblicos. A participação dos cristãos locais na formulação desses documentos fará com que eles os compreendam e adquiram um sentimento de que o ministério lhes pertence. Por outro lado, em uma igreja predominantemente composta de novos convertidos, os plantadores precisarão oferecer uma orientação considerável nesse processo.

A membresia formal é um indicativo de quem está totalmente comprometido com a igreja. Ela também é um meio de identificação pública com a igreja, de submissão formal ao cuidado e liderança da igreja e para que o membro possa declarar "Esse é o meu lar espiritual". Isso também define claramente quem pode ter uma voz formal nas decisões importantes da igreja e quem pode se candidatar à ajuda providenciada pela igreja (como as viúvas

---

148 Para uma discussão sobre os problemas da tradução de credos, veja Strauss 2006.

do Novo Testamento). A experiência mostra que a negligência em formalizar a membresia pode ter o alto custo do conflito mais tarde, quando a congregação precisar tomar decisões importantes. Pessoas periféricas podem tentar influenciar decisões e até incitar pessoas de sua família estendida ou de relacionamento menos próximo com a igreja para apoiar sua causa.

Apresentamos várias recomendações em relação ao processo de organização formal da igreja. Em primeiro lugar, mantenha o regulamento ou regimento interno o mais simples e flexível possível, definindo os aspectos essenciais da organização e da autoridade da igreja. Os assuntos mais importantes devem ser definidos no regulamento. Ed Stetzer recomenda: "O estatuto deve ser simples. Estatutos longos que articulam todos os problemas possíveis indicam desconfiança em vez de saúde congregacional" (2006, 311). Assuntos secundários, como o processo de seleção de líderes, são definidos no regimento interno porque ele permite que sejam mais facilmente alterados.[149] Em segundo lugar, não exagere na redação desses documentos. Pode-se desperdiçar muita energia reinventando a roda. Indique um pequeno grupo de pessoas de confiança para redigir os documentos, certifique-se de que eles preenchem todos os requisitos legais e então submeta à aprovação da congregação. Os conflitos sobre minúcias podem estragar essa boa fase de realizações da igreja. Use modelos de documentos e adapte-os, se necessário, às circunstâncias locais.

Finalmente, adote um procedimento de recebimento de novos membros que, por um lado, lhes informe sobre a visão, a declaração de fé, as práticas e expectativas da igreja e, por outro lado, avalie o grau de compromisso do candidato em relação a Cristo e à congregação local. Classes de novos membros ou entrevistas podem oferecer boas oportunidades de discutir sobre o apoio financeiro e oportunidades de serviço na igreja. Para manutenção da saúde da igreja não se pode subestimar a importância de uma membresia bem informada e comprometida. Os líderes de uma pequena plantação de igreja podem ficar tão empolgados com pessoas que desejem juntar-se a eles que jogam a prudência pela janela. Elevar os padrões de exigência para a membresia pode, na verdade, aumentar a qualidade da igreja a curto prazo e o crescimento numérico da igreja a longo prazo.[150] O primeiro passo na lista de práticas essenciais de igrejas missionais de Wilfred Minatrea é "estabelecer um padrão alto para a membresia". Ele aponta essas características:

- Igrejas missionais se preocupam com membros nominais.
- A membresia não é casual.
- Os membros são unificados em comunidade.
- A igreja possui expectativas claras em relação aos membros.
- Os membros têm expectativas claras em relação à igreja. (Minatrea 2004, 29-40)

---

149 Por exemplo, nos Estados Unidos um estatuto deve cumprir certas exigências legais, mas o regimento interno, não.

150 Veja, por exemplo, o famoso estudo realizado por D. M. Kelly, "Why Conservative Churches are growing" (Por que as igrejas conservadoras estão crescendo) (1977).

Os documentos formais não podem evitar conflitos e não são garantia de vida ou saúde espiritual. Eles podem auxiliar a igreja a ser igreja, mas ela não deve se tornar escrava deles. O mais importante é viver fielmente o chamado da igreja sob a direção do Espírito Santo, de forma consistente com o ensino bíblico e em uma atmosfera de amor e confiança.

Atinja a total autonomia financeira

A autonomia financeira é um importante sinal de maturidade da igreja. Isso significa que ela alcança um ponto em que os cristãos locais são capazes e estão dispostos a cobrir as despesas regulares do ministério e não necessita captar exteriormente os recursos para seu sustento. Se a igreja tem recebido fundos de fora, deve abrir mão dele e disponibilizá-lo para a plantação de uma nova igreja. A igreja deve, acima de tudo, responsabilizar-se pela contribuição financeira em projetos missionários e necessidades externas. No capítulo 18 discutiremos com mais detalhes o uso de recursos e fundos.

Na plantação apostólica, a maioria, se não a totalidade, das despesas fixas como aluguéis, materiais e salários devem ser assumidos pelos cristãos locais desde o princípio. Seu compromisso financeiro deve crescer com a igreja. Assim como em outros aspectos da plantação apostólica de igreja, as finanças também obedecem o mesmo padrão: a sustentabilidade é chave. A não ser pelos investimentos iniciais, os ministérios devem começar somente quando os cristãos locais conseguem sustentá-los com recursos locais. Dessa forma, as dependências pouco saudáveis são evitadas e a reprodução local sustentável será possível. À medida que as necessidades surgirem, os cristãos serão desafiados a atender essas necessidades com os seus próprios recursos. Eles terão um sentimento mais real de que aquele ministério pertence a eles se estiverem comprometidos em apoiá-lo financeiramente.

As finanças pessoais são um assunto delicado na maioria das culturas, mas a mordomia e a oferta para apoio do ministério devem ser clara e biblicamente ensinadas logo no início da plantação da igreja, quando surgirem as despesas. Os fundos vindos da denominação ou organização missionária podem servir para lançar o projeto evangelístico e dar um ímpeto inicial, mas os cristãos precisam aprender a alegria de sustentar os ministérios de sua igreja e de alcance dos não cristãos. Algumas vezes, um negócio operado pela igreja pode ser aberto como fonte de renda para sustento do ministério, mas isso geralmente deve ser evitado (veja o capítulo 19). O padrão bíblico é que o povo de Deus sustente a obra de Deus com suas doações e ofertas sacrificiais. Em muitas partes do mundo, a doação é feita em mercadoria e não em dinheiro: alimentos e outros bens e serviços são doados para sustentar a obra do ministério. Pudemos testemunhar, por exemplo, que os membros da igreja do Congo se voluntariam para cuidar da horta que fornece alimento para o pastor.

Conforme surgem oportunidades para a expansão do ministério, as despesas geralmente também crescem: aluguel, materiais, projetos evangelísticos, treinamentos e coisas semelhantes. Isso oferece uma boa ocasião para desafiar a congregação a ampliar os níveis de comprometimento financeiro. Os apelos à culpa ou mera obrigação raramente geram a motivação adequada. As pessoas tendem a doar para uma visão. Elas estão mais dispostas a se sacrificar alegremente e por fé quando sentem que Deus está operando e que suas ofertas farão diferença no avanço da causa. Mesmo em situações em que as despesas locais são mínimas, as ofertas devem ser encorajadas para o apoio do ministério de compaixão ou outros esforços missionários. Quando os membros são incentivados a interceder e ofertar podem também descobrir a alegria de doar experimentando o que Jesus ensinou: *"Há maior felicidade em dar do que receber"* (At 20.35).

Conclusão

Concluindo, o processo de estruturação da igreja não é essencialmente a respeito de "instalar-se", mas de posicionar-se para um ministério mais efetivo e para reprodução. As igrejas saudáveis tornam-se reprodutoras com impacto no Reino. A essa altura, a equipe de plantação da igreja já está em fase de retirada, pois os ministérios estão, em sua maior parte, sendo conduzidos pelos cristãos locais. O foco dos plantadores está agora, não somente na reprodução de líderes e obreiros na igreja local, mas na preparação daqueles que farão parte do lançamento da próxima igreja. Nas palavras de Tom Steffen: "Ter sucesso é muito mais do que ter um sucessor, Rick Warren diria, é instituir uma estrutura. Isto é, estabelecer princípios e processos ministeriais básicos para que o navio continue no curso, não importa quão denso se torne o nevoeiro quando os estrangeiros forem embora ou quando a nova liderança nacional suceda a atual liderança nacional. Os plantadores sábios estruturam para a multiplicação baseada no serviço e para o trauma da retirada, não para o controle ou para a partida prematura" (2001, 187)

14

REPRODUÇÃO

FORTALECER E ENVIAR

Embora a reprodução de novas congregações comece aqui, a multiplicação em cada nível de ministério deve estar embutida na igreja desde o começo. A reprodução começa ensinando aos novos convertidos como compartilhar sua fé, ensinando discípulos a discipularem outros, ensinando líderes a treinarem novos discípulos e outros líderes e reproduzindo os grupos como os tijolos espirituais da igreja. A reprodução, então, torna-se parte do próprio DNA da igreja. Com o nascimento da nova congregação, o impacto no Reino é também multiplicado e movimentos inteiros podem ser iniciados. Uma única congregação, não importa quantos membros possua, vai se estabilizar em tamanho e se limitar em sua habilidade de alcançar novos grupos de povos e levar o Evangelho até aos confins da terra. A reprodução não parte somente do desenvolvimento natural dos organismos vivos, mas também da vontade de Deus para a igreja, seja através da plantação de igrejas-filhas, da plantação de igrejas pioneiras em um lugar mais distante ou fazendo parcerias com outras igrejas para dar início a novas comunidades do Reino.

Resumo da Fase

Exemplos bíblicos

Atos 13.1-3 : A igreja em Antioquia envia seus melhores líderes como missionários.

Atos 9.31 : A(s) igreja(as) na Judeia foi (foram) multiplicada(s)*.

Atos 19; Colossenses 4.12s; Apocalipse 2–3 : A igreja em Éfeso levanta um agrupamento de igrejas na Ásia Menor.

Passos-chave

1. Sustentar o ímpeto evangelístico.

2. Preparar a igreja para reprodução.

3. Determinar o local e a abordagem de uma possível igreja-filha ou plantação de igreja pioneira.

4. Dar início à plantação de igreja-filha ou pioneira.

5. Enviar missionários transculturais.

6. Participar de projetos comuns com outras igrejas.

Aspectos críticos

1. Evitar cair em estado de manutenção.

2. Iniciar de forma eficiente a primeira igreja-filha ou pioneira.

3. Continuar a multiplicação através do evangelismo e do treinamento de líderes.

4. Estar disposto a dar passos de fé em obediência à Grande Comissão.

---

*Tanto no texto ocidental quanto no bizantino lê-se: "Então as igrejas... foram multiplicadas" (Bruce 1977, 208). O objeto da multiplicação em Atos 9.31 eram as igrejas, não os discípulos. A igreja dispersa de Jerusalém é, algumas vezes, considerada coletivamente, mas Paulo se refere a ela como "igrejas" (Gálatas 1.22; 1 Tessalonicenses 2.14). Note que essa *multiplicação* ocorreu depois da dispersão e de um período de crescimento e fortalecimento espiritual.

Convicções contraintuitivas no processo de reprodução

Antes de discutir os vários passos práticos dessa fase, abordaremos várias convicções que são essenciais para que a igreja se torne uma igreja reprodutora. Essas convicções transformam a obrigação da reprodução em paixão e regozijo. Elas já deveriam estar presentes no *ethos* da igreja nas fases anteriores, mas agora são colocadas à prova em outro nível quando a igreja antecipa esse novo passo. Essas convicções são contraintuitivas – elas vão contra o que se espera normalmente, no entanto, precisam ser ensinadas e vividas continuamente.

O sucesso é definido pelo impacto e não pelo tamanho

Como vimos no capítulo 1 as igrejas que desejamos plantar precisam ser comunidades que produzem um impacto nas vidas, famílias, comunidades e ainda mais. O objetivo não pode ser apenas ter um grande número de pessoas frequentando os cultos ou as reuniões da igreja sem experimentarem o senhorio transformador do Senhor Jesus Cristo. De certa forma, as igrejas grandes podem ter mais impacto imediato na comunidade do que as igrejas pequenas, por causa de sua visibilidade e de seus recursos. No entanto, as igrejas menores que se multiplicam podem, no fim, ter um impacto maior no Reino quando as vidas, as famílias e as comunidades se colocam sob a graciosa e poderosa influência de Jesus Cristo.

Toda igreja de verdade deseja ver mais pessoas transformadas pelo Evangelho. Quando as pessoas de tornam seguidoras dedicadas de Jesus, tornam-se também membros servos e responsáveis da igreja local. Nesse sentido, é bom que toda a igreja deseje crescer, mas se o objetivo é reproduzir-se, a visão da igreja precisa ser mais ampla do que apenas alcançar indivíduos. Mesmo sendo a maior igreja da cidade ou do estado, a visão é pequena demais. Ela precisa de profundidade – vidas e comunidades inteiras tocadas pelo Evangelho.

O crescimento é medido pela capacidade de liberar e não de reter

Umas das nove práticas essenciais para ser uma igreja missional, sugeridas por Milfred Minatrea, é "medir o crescimento pela capacidade de liberar e não de reter" (2004, 111). Para que as igrejas se reproduzam, é preciso que os recursos humanos e financeiros sejam alocados para essa causa. Um alto grau de compromisso e sacrifício será necessário. Toda a igreja sempre terá necessidade de mais obreiros e recursos. Abrir mão de alguns desses recursos e desses obreiros para começar uma nova igreja é penoso. Não somente permanecerão as necessidades na igreja-mãe mas, na verdade, os recursos para supri-las serão, a curto prazo, menores. Uma igreja estará disposta a fazer esses sacrifícios somente se estiver convencida de que o crescimento não é medido pela frequência, pelos edifícios e pelo orçamento, mas pela reprodução que eleva a totalidade do impacto no Reino. Esse é o espírito que caracterizou a igreja de Antioquia ao enviar seus amados líderes Barnabé e Paulo[151] para a missão mais ampla para a qual Deus os havia chamado (At 13.1-3).

Podemos somente imaginar a alegria da igreja de Antioquia quando Paulo e Barnabé voltaram com o relatório dos frutos de sua missão e das igrejas que eles haviam plantado (At 14.26-28). Em todo o mundo desde então, as igrejas que se reproduzem têm descoberto que há muito mais alegria e satisfação em ver trabalhadores sendo mobilizados e enviados, novas igrejas nascendo, comunidades e grupos de povos sendo alcançados pelo Evangelho e um movimento sendo lançado, do que apenas ver uma única igreja ficar cada vez maior. Minatrea acrescenta acertadamente: "As igrejas missionais não estão simplesmente liberando membros para começar igrejas. O objetivo delas é dar início a movimentos de fundação de igrejas. Liberar membros para começar novas igrejas é somar. Liberar membros para começar igrejas que plantam igrejas resulta em movimentos" (2004, 122).

Abrir mão de membros e recursos para lançar novas igrejas não significa que a igreja não continue a crescer. De fato, incontáveis exemplos podem ser apresentados de igrejas que não somente plantaram várias igrejas-filhas, mas também continuaram a crescer até se tornarem megaigrejas. A medida do sucesso não é o tamanho em si, mas a obediência à orientação de Deus resultando em um impacto no Reino. A visão envolve desprendimento e um grande passo de fé, o que nos leva ao próximo ponto.

É prudente agir pela fé, não buscar a segurança

Sempre que a igreja envia obreiros e recursos para iniciar uma nova igreja, ela exercita a fé: os cristãos acreditam que Deus fará a plantação de igreja prosperar, assim como suprirá a lacuna deixada na igreja-mãe. Nossa tendência

---

151 Paulo tinha trabalhado na igreja de Antioquia pelo menos um ano antes da partida para a viagem missionária com Barnabé para Chipre e Galácia (At 11.26). Barnabé deve ter permanecido ali por mais tempo.

humana natural é gravitar em torno da segurança e do previsível, mas no Reino de Deus, optar pelo seguro e pelo previsível pode resultar no rompimento dos laços de dependência entre a igreja e Deus – a linha vital espiritual da igreja. Um dos pecados da igreja em Laodiceia era a autossuficiência (Ap 3.17). Os passos de fé mantêm a igreja dependente de Deus.

Há uma diferença entre um passo prudente de fé e um *"Bungee-jump* sem corda" (Willians n.d, 3). Uma linha fina separa um corajoso passo de fé em Deus de um salto tolo, testando Deus. A diferença é geralmente discernida espiritualmente. No entanto, se Deus tem abençoado a igreja com crescimento nas fases iniciais, é um razoável ato de fé confiar em Deus para a continuação do crescimento quando a igreja enviar obreiros e se reproduzir para causar um maior impacto no Reino. O próprio Jesus ensinou que o Reino crescerá e se espalhará como uma pequena semente de mostarda tornando-se uma grande árvore, como o fermento, que não se vê, mas leveda toda a massa (Mt 13.31-35). Os resultados não serão calculados na proporção das aparências iniciais, mas na proporção da obra sobrenatural de Deus. Só é prudente confiar em Deus para obter esses resultados.

Comece multiplicando discípulos e líderes e não programas e instituições

Neil Cole disse: "Se você não consegue reproduzir discípulos, não conseguirá reproduzir líderes. Se você não consegue reproduzir líderes, não conseguirá reproduzir igrejas e se você não consegue reproduzir igrejas, não conseguirá reproduzir movimentos" (citado em Williams n.d. 4). A multiplicação de discípulos oferece a fonte de líderes necessários para lançar novas congregações. Esse princípio se aplica tanto à multiplicação de igrejas nos lares quanto à multiplicação de igrejas grandes, em qualquer parte do mundo e em qualquer contexto. Algumas vezes desejamos ver maiores resultados sem dar atenção às condições básicas. O discipulado básico é, no entanto, o fundamento da reprodução, porque reproduzir igrejas não se trata apenas de uma reprodução de instituições ou programas, mas de vida espiritual. Essa vida começa com evangelismo e com o novo nascimento, cresce com o discipulado, amadurece com uma liderança forte e funciona organicamente em grupos pequenos. Quando estas se reproduzem, a infraestrutura para a reprodução natural e a multiplicação está preparada. Ignorar ou tentar contornar esse princípio fundamental causará uma reprodução anêmica, se é que haverá alguma.

Começo simples e não grandes orçamentos e grandes números

As igrejas que esperam até chegar a certo tamanho ou até que possam levantar certa quantia extra antes de se reproduzirem raramente chegarão a fazê-lo. As necessidades locais nunca parecem estar adequadamente atendidas e o limite para o lançamento geralmente aumenta com o tempo. As igrejas que estão se reproduzindo estão menos preocupadas em atender completamente todas as necessidades locais, porque sabem que isso nunca será possível! Continuamente, as pesquisas confirmam que as igrejas que se reproduzem encontram meios para plantar novas igrejas que não dependem de grandes orçamentos ou uma grande congregação. Isso não é verdade apenas em movimentos de igrejas nos lares em países em desenvolvimento, como os que David Garrison descreve (2204a), mas também em contextos ocidentais. Robert Vajko fala de uma igreja em Grenoble, na França, que conseguiu plantar seis igrejas-filhas sem gastar nada com isso. Ele conclui: "Descobri que assim que um grupo baseia a multiplicação de igrejas no dinheiro disponível, para de plantar igrejas" (2005,297).

Obviamente, isso é possível apenas quando as igrejas são dirigidas principalmente por leigos (talvez com a assistência de um pastor da igreja-mãe) ou pastores bivocacionados e quando os locais das reuniões iniciais são de baixo custo ou não custam nada (como casas particulares ou locais públicos). Pode-se lançar mão de abordagens criativas. Por exemplo, a igreja-mãe e a igreja-filha podem compartilhar os serviços e as despesas de um pastor contratado. Na área da grande Munique, alguns pastores aposentados com disposição e visão ofereceram liderança inicial a várias plantações de igrejas com o custo do reembolso de suas despesas com o ministério.

Algumas vezes é aconselhável que a igreja alcance uma "massa crítica" antes de se reproduzir. É prudente resguardar a igreja-mãe de se enfraquecer demais no processo. No entanto, o que constitui uma massa crítica varia, e ela pode ser constituída de menos membros do que se pensa. O estudo de Vajko (1996) sobre igrejas reprodutoras na área da grande Paris mostrou que a maioria das igrejas plantou igrejas-filhas cedendo apenas de doze a quinze membros à equipe de lançamento do projeto. Para igrejas nos lares, a massa crítica na igreja-mãe pode ser menos de vinte pessoas. Para igrejas com líderes leigos, mas que precisam pagar aluguel, a massa crítica pode ser de quarenta pessoas. Para igrejas com pastores remunerados e um financiamento para pagar, pode ser cem pessoas. As igrejas altamente atrativas e cujo ministério é orientado por programas geralmente "começam grandes", com um núcleo de lançamento de cem ou até duzentas pessoas. Como uma igreja média possui menos de duzentas pessoas, essa abordagem é uma opção para bem poucas igrejas. Muito vai depender, é claro, da estratégia geral e da estrutura da igreja, mas independentemente do tamanho ou do orçamento da igreja, a reprodução sempre será um passo de fé além da segurança, do previsível e do calculável, um passo que afeta os recursos da igreja-mãe. Esse espírito de fé e visão, e não de tamanho e orçamento, caracteriza as igrejas reprodutoras.

Bagunçado e imprevisível, não arrumado e previsível

Esse princípio não é um argumento contra o planejamento cuidadoso e em oração. Em vez disso, é um lembrete de que uma filha ou igreja pioneira vai enfrentar avanços surpreendentes juntamente com decepções inesperadas. Haverá oposição espiritual e muitas reviravoltas repentinas. Nem todas as tentativas de reprodução encontrarão sucesso visível. Muitas vezes, a oposição vem de mãos dadas com a oportunidade, como Paulo escreveu a respeito de seu ministério em Éfeso: *porque se abriu para mim uma porta ampla e promissora; e há muitos adversários* (1Co 16.9). À medida que o movimento cresce, chama a atenção do governo local ou das autoridades religiosas e eles podem criar problemas. Conforme as pessoas são alcançadas para Cristo, frequentemente trazem vidas e relacionamentos quebrados para dentro da igreja. Eles podem ter disfunções pessoais ou relacionais que inibem a edificação de uma comunhão sadia e de confiança. Satanás pode incitar divisões, doutrinas falsas e conflitos. A igreja primitiva enfrentou todas essas dificuldades e podemos esperar experimentá-las hoje também. Ainda assim, os primeiros cristãos também experimentaram a graça e o poder transformador de Deus em meio às tribulações. Podemos contar com a operação do mesmo Deus em nossa igreja.

Além disso, a equipe de plantação da igreja precisa ser flexível – por um lado mantendo-se fiel à visão final de lançar um movimento de reprodução de impacto no Reino enquanto, por outro lado, responde criativamente às oportunidades e acontecimentos inesperados. Deus pode abrir as portas para ministrar a um grupo de pessoas ou uma subcultura que não faz parte da visão original. Ele pode, ao mesmo tempo, fechar portas que nos parecem as mais estratégicas. Aqui podemos aprender da equipe missionária paulina quando tentou ir em direção à Ásia e então para a Bitínia, mas em ambas as ocasiões foi impedida pelo Espírito Santo. O plano de Deus só tornou-se mais claro depois da visão do chamado da Macedônia (At 16.6-10). O início em Filipos, a primeira igreja plantada na Macedônia, foi humilde (uma reunião de oração de mulheres) e repleta de oposição religiosa e política (assédio de um espírito maligno e prisão, At 16.11-38). Mesmo assim, apesar de seu início pouco promissor, a igreja de Filipos tornou-se uma das mais queridas igrejas parceiras de Paulo, contribuindo para o seu sustento (Fl 4.14s). O melhor plano deve se manter aberto à condução do Espírito Santo e se adaptar às circunstâncias.

Para um resumo dos traços essenciais das igrejas que se reproduzem ver Estudo do Caso 14.1.

Tarefas da fase de reprodução: fortalecer e enviar

Sustentar o ímpeto evangelístico

A plantação de uma igreja exige trabalho árduo não somente por parte do plantador e da equipe inicial de lançamento do projeto, mas de todos os membros comprometidos durante os primeiros anos. Muitas vezes, quando a igreja amadurece a ponto de considerar a reprodução, os membros estão cansados e desejam descansar e usufruir dos frutos de seu trabalho. O cuidado com os novos convertidos e sua assimilação na vida da igreja exige atenção e energia crescentes. Muitos terão a impressão de que há trabalho suficiente só para manter as pessoas que foram ganhas nos primeiros anos de vida da igreja. Essas preocupações e essa fadiga são perfeitamente compreensíveis, mas podem levar à estagnação e à letargia espiritual caso se transformem no espírito dominante.

A visão de evangelismo, discipulado, impacto no Reino e multiplicação da igreja deve ser continuamente renovada e redirecionada para que o crescimento seja mantido e a reprodução se torne uma realidade.

A paixão de ver pessoas perdidas reconciliadas com Deus e transformadas é mantida na congregação através do ensino constante, do lançamento da visão, de ênfase no evangelismo, treinamento e projetos evangelísticos. Os testemunhos regulares de novos convertidos podem ser um ótimo estímulo.

Os próprios cristãos novos são geralmente os melhores evangelistas. Sua fé é nova, seu testemunho empolgante e seu zelo transbordante. Ao contrário da maioria dos que são cristãos há muito tempo, eles têm laços de amizade com muitos não cristãos, amigos, parentes e colegas de trabalho, com os quais podem compartilhar naturalmente sua fé e a quem podem convidar para eventos evangelísticos. Como ainda não foram imersos em uma subcultura cristã, ainda falam a língua e entendem o pensamento da cultura contemporânea. Eles podem comunicar a mensagem cristã aos seus conhecidos de formas mais facilmente compreensíveis. Esses novos convertidos precisam ser capacitados, mobilizados e encorajados a manter relacionamentos sadios com não

---

Estudo de caso 14.1

Por que algumas igrejas se reproduzem?

Robert Vajko (1996, 2005) estudou igrejas de diversas denominações na França e identificou quatorze qualidades que todas as igrejas que se reproduzem evidenciam:

1. Uma visão para a reprodução;
2. Disposição de assumir riscos;
3. Um espírito de autodoação;
4. Estão em crescimento;
5. Sabem como plantar igrejas-filhas;
6. Sensível ao Espírito de Deus;
7. As finanças não são a preocupação central;
8. Cuida do treinamento de seus plantadores de igrejas;
9. A base da liderança é multiplicada;
10. Uma visão paulina;
11. Pesquisa áreas receptivas;
12. Estabelece como alvo populações homogêneas;
13. Encoraja a criatividade;
14. Princípios claros.

---

cristãos e compartilhar sua fé. Eles também são, em geral, os melhores candidatos para formar a equipe missional quando a primeira igreja filha ou pioneira for iniciada. O que lhes falta em maturidade, sobra em entusiasmo, energia e empatia com o não cristão.

Preparar a igreja para a reprodução

A visão de se plantar uma igreja não evolui acidental ou automaticamente. Como já mencionamos, a liderança não lança a visão da reprodução e multiplicação somente instilando esses valores, mas também ensinando explicitamente. Dietrich Schindler, baseado em seus vinte anos de estudo e plantação de igreja na Alemanha, recomenda que a visão da reprodução seja *"time release"*, ou seja, como cápsulas que liberam pequenas quantidades de medicação desde o começo, e continuam a fazê-lo com o passar do tempo. *"Time release* é ter a disciplina de estabelecer uma data para o lançamento da próxima plantação de igreja logo após o lançamento da igreja atual" (Schindler 2008, 322). A visão tende a "esvaziar-se" com o passar do tempo e se perder. A necessidade espiritual de uma cidade, região, nação e do mundo precisa ser colocada diante da congregação constantemente. Deve-se ensinar constantemente sobre a Grande Comissão, passos de fé e o coração de Deus pelos perdidos. As seguintes questões devem ser consideradas com muita oração em um retiro de liderança seguido de uma reunião da congregação:

- Quais são as razões bíblicas para começarmos uma nova igreja?
- Como a reprodução da igreja se encaixa em nosso chamado e em nossa missão?
- O que Deus está fazendo que indique que essa pode ser a hora de começar a reprodução?
- Quais são os obstáculos para a reprodução? Como podemos vencê-los?
- Como podemos mobilizar mais obreiros e recursos para começar outra igreja?
- Que passos de fé seriam apropriados nesse momento?
- Onde estão as maiores necessidades espirituais e que oportunidades Deus tem aberto para nós?

A igreja precisa estar espiritualmente preparada para a reprodução, assim como a mulher se prepara física e mentalmente para dar à luz. A visão e os planos para a nova igreja precisam ser banhados de oração por discernimento, para que o Senhor da colheita mande mais trabalhadores (Mt 9.38) e que Deus abra portas para a mensagem (Cl 4:3). A igreja pode esperar oposição espiritual crescente quando planejar esse passo. O estudo de textos bíblicos como o de Josué tomando a terra, Neemias construindo os muros ou Ageu sobre prioridades espirituais e sacrifícios para restaurar o templo podem ajudar a desafiar e preparar a igreja para que ela possa dar firmes passos de fé no cumprimento dos propósitos do Reino de Cristo.

Uma preparação cuidadosa é especialmente importante para a primeira reprodução da igreja. A igreja mãe não possui uma experiência na qual possa se firmar. Se a primeira plantação fracassa, ou enfrenta dificuldades sérias, a congregação pode desenvolver uma atitude negativa quanto à reprodução que será difícil superar. Por outro lado, se a primeira tentativa tem sucesso, será consideravelmente mais fácil motivar a igreja para plantar outras no futuro próximo e aproveitar as lições dessa experiência.

Determinar o local e a abordagem para as possíveis plantações de igrejas

Duas questões estratégicas devem ser decididas quando uma igreja jovem pensa em plantar sua primeira igreja: o local e a abordagem. Embora nós as estudemos separadamente, as duas decisões estão fortemente inter-relacionadas.

Determinando o local da plantação da igreja

Falando em termos gerais, a nova plantação será uma divisão de célula local (conhecida como plantação mãe-filha) ou a nova igreja será uma plantação pioneira em uma localidade nova, mais distante. Se for uma plantação pioneira, os passos preparatórios descritos nos capítulos 9 e 10 podem ser seguidos para determinar o povo foco e montar uma equipe. Podem-se identificar comunidades ou grupos de povos não alcançados no quais as necessidades espirituais sejam maiores. Projetos evangelísticos podem ser organizados em várias comunidades e a mais receptiva pode ser escolhida para a nova plantação da igreja. Uma das formas mais comuns de reprodução através da plantação pioneira acontece quando os membros da igreja se mudam para outra cidade ou para uma nova comunidade. Eles podem se tornar catalisadores para uma plantação pioneira naquela localidade, como os judeus cristãos de Jerusalém quando forem dispersos pela perseguição e plantaram igrejas por toda a Judeia e Samaria (At 8.1; 11.19-21). Hoje, os membros das igrejas podem ser dispersos por razões como a fome, guerra, oportunidades econômicas, disponibilidade de empregos ou de moradia.

A localização também pode ser determinada quando os membros da igreja tiverem parentes que sejam cristãos ou estejam abertos para o Evangelho em uma comunidade distante. Às vezes, alguns membros da igreja vêm de uma aldeia distante na qual ainda possuem muitos parentes e amigos. Esses contatos podem se tornar pessoas-chave na abertura de uma porta para a plantação de uma igreja naquela localidade. Isso pode ser muito importante em sociedades mais tradicionais, nas quais estranhos podem encontrar dificuldade em ter acesso à comunidade, mas os familiares são sempre bem-vindos.

Se um grupo de pessoas da igreja-mãe for comissionado para uma plantação mais local, uma abordagem um pouco diferente será feita. Uma das formas mais simples de determinar a localização de uma plantação de igreja é mapear onde moram os membros da igreja atual. Geralmente uma ou duas células já se encontram naquele bairro da cidade ou região e podem servir como um grupo de lançamento potencial para a nova igreja. Como próximo passo, pode-se avaliar as necessidades espirituais da comunidade onde estão esses grupos. As comunidades com poucas ou nenhuma igreja terão prioridade sobre aquelas em que há igrejas.

Deve-se priorizar também os bairros cuja população esteja em crescimento sobre aqueles em que a população esteja em declínio. Também quando vários membros da igreja se mudam para uma comunidade próxima, aquela comunidade pode se tornar uma localidade potencial para uma plantação. Por exemplo, a moradia na cidade de Munique tornou-se tão cara que as famílias maiores com apenas uma fonte de rendimento foram forçadas a se mudar para casas com preços mais acessíveis nos subúrbios ou povoados. Um plano foi elaborado para a plantação de igrejas ao longo da linha férrea ao redor de Munique e esses cristãos formaram os núcleos iniciais delas. Várias igrejas foram plantadas dessa forma.

Uma comunidade pode também ser escolhida onde houver uma necessidade social crítica a que a plantação da igreja possa atender. Por exemplo, uma igreja de classe média em Manila fez uma parceria com missionários estrangeiros para plantar uma igreja em um distrito pobre oferecendo recursos humanos e materiais. Além do evangelismo e dos estudos bíblicos, foram iniciados serviços comunitários como programas de educação infantil e reforço escolar.

DETERMINANDO A ABORDAGEM

No capítulo 7, ressaltamos várias abordagens para plantação pioneira e para a reprodução da igreja. A plantação da igreja desejará considerar essas opções em oração. O alvo de longo prazo de lançar um movimento de plantação de igrejas deve ser mantido em mente. Algumas abordagens multiplicam-se bem em um contexto, mas não em outro. Por exemplo, uma rede interligada de igrejas nos lares pode multiplicar-se melhor em situações nas quais há certa oposição religiosa por parte do governo ou quando grandes famílias estendidas se tornam as bases para as igrejas nos lares. As igrejas *multisite* são mais efetivas em contextos urbanos, onde mais igrejas orientadas por programas tenham acesso a muitos recursos e onde as pessoas tenham uma alta expectativa de qualidade e profissionalismo.

Além disso, as estratégias regionais discutidas no capítulo 7 devem ser consideradas como parte de um plano maior para a multiplicação de igrejas em uma região. Esse planejamento e essa visão de longo prazo colocam a plantação imediata em uma perspectiva mais ampla. É prudente considerar essa plantação regional com outras igrejas e possíveis parceiros na área para coordenar esforços, desenvolver sinergia e demonstrar unidade na causa de Cristo.

Lançar a igreja-filha ou a igreja pioneira

Se uma igreja-filha está sendo planejada, então os membros que vivem na comunidade-alvo naturalmente formarão a equipe de plantação da igreja. Outros podem ser recrutados para se mudarem para a localidade ou participarão à distância. Essa equipe deve se reunir por vários meses para orar, planejar e crescer juntos. Muitas das atividades preparatórias descritas nos capítulos 9 e 10 serão realizadas. O capítulo 16 explica como formar a equipe. Há muito material disponível sobre como iniciar uma igreja no contexto norte-americano (por ex., Logan e Ogne 1995; Harrison, Cheyney e Overstreet 2008) e podem ser adaptados a outros contextos culturais. A liderança da nova plantação é criticamente importante. Se uma comunidade é visada, mas os cristãos ali carecem de habilidades de liderança, alguém com essas habilidades pode ser recrutado para a equipe. Os líderes da igreja-mãe ou um plantador apostólico podem auxiliar no ministério da plantação da igreja. No entanto, para que ocorra a multiplicação, os novos líderes precisam estar prontos para assumir o novo trabalho sob a mentoria de um plantador experiente. Eles podem começar uma reunião na comunidade-alvo para eventos evangelísticos e ocasionais cultos de adoração. No tempo certo um culto de envio pode ser celebrado na igreja mãe para abençoar e celebrar o lançamento da plantação da nova igreja.

Iniciar uma plantação pioneira será mais difícil. Um plantador ou equipe de lançamento podem ser recrutados da igreja patrocinadora. Geralmente, porém, uma plantação pioneira encontra-se em um local geograficamente distante da igreja patrocinadora e, por isso, a equipe precisará mudar-se para viver na comunidade-foco e encontrar empregos ali. Se a equipe de lançamento não estiver familiarizada com a comunidade ou o alvo for outro grupo étnico, é preciso realizar pesquisas preparatórias. Os passos descritos nos capítulos 9 e 10 podem ser seguidos.

Enquanto isso, os membros da equipe inicial de plantação apostólica já terão se retirado de postos de responsabilidade de todos os ministérios-chave na primeira igreja. Eles podem agora auxiliar a nova filha ou plantação pioneira diretamente ou como mentores (ilustrado na figura 14.1). Outros papéis possíveis para o plantador apostólico são explorados abaixo. Esse processo de reprodução de igrejas deve ser repetido continuamente, com cada geração de igrejas continuando a se reproduzir e plantar múltiplas igrejas (figura 14.2). O movimento pode ser considerado multiplicador somente quando uma terceira ou quarta geração de igrejas tiverem sido plantadas, evidenciando que o DNA de reprodução realmente caracteriza o movimento.

Figura 14.1
Reprodução de igrejas

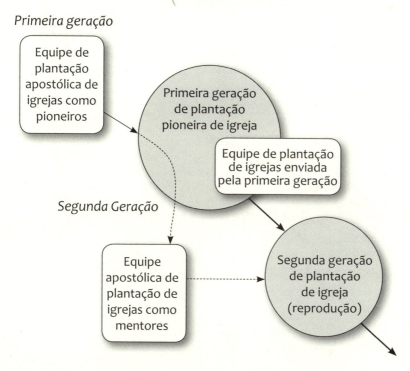

Enviar missionários transculturais

Até aqui temos falado de reprodução de igrejas principalmente em termos de plantação local ou regional dentro da mesma cultura da plantação de igreja inicial. A visão para a reprodução de igrejas, no entanto, deve incluir uma visão para o mundo e para os povos não alcançados que vivem sem um testemunho do Evangelho que seja viável e compreensível.

Para uma jovem plantação de igreja, uma visão semelhante parece algo gigantesco ou até presunçoso. No entanto, em muitas novas congregações, o desejo de se tornar uma igreja missionária faz parte de sua declaração de propósito, de valores centrais ou de seu alvo de oração. A visão pode ser estimulada convidando missionários para pregar na igreja, enviando membros em missões de curto prazo, pregando e ensinando sobre missões mundiais, orando regularmente por missionários e necessidades mundiais e disponibilizando para a congregação literatura sobre missões. Acima de tudo, a igreja deve orar para que o Senhor da seara levante obreiros de dentro da igreja para a seara global (Mt 9.38).

Figura 14.2
Multiplicação de igrejas

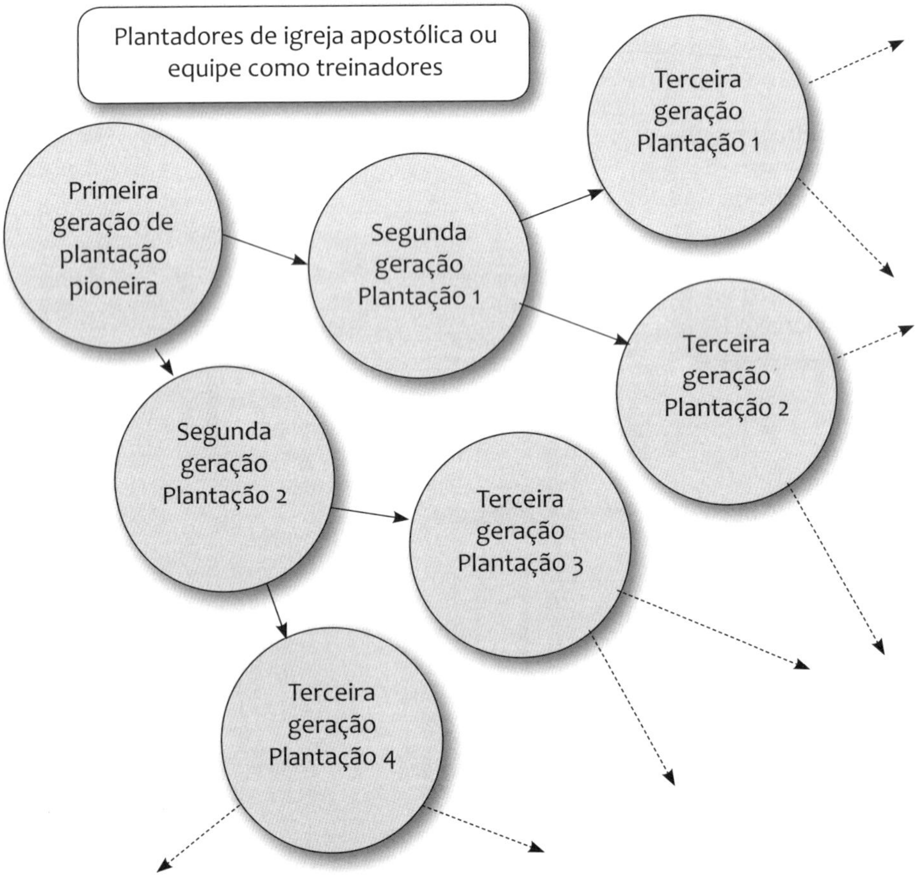

Quando Deus chama membros da congregação para o trabalho transcultural, eles podem ser enviados por uma agência missionária com a contribuição financeira da igreja em parceria com outras igrejas. Uma alternativa viável é o missionário bivocacionado que levanta a maior parte de seu sustento através de um emprego secular, a exemplo da maioria dos casos dos missionários enviados para os países em desenvolvimento. Os defensores da "Missão Empresarial" convocam empresários cristãos com posições ou projetos internacionais para utilizarem essas oportunidades tanto como um meio de desenvolvimento econômico quanto um compromisso missional. Os cristãos nas Filipinas desenvolveram toda uma estratégia de evangelização mundial mobilizando para missões os cristãos filipinos que vivem e trabalham em cerca de 180 países (cf. Pantoja, Tira e Wan 2004).

Participar do cumprimento da Grande Comissão enviando e sustentando seus próprios projetos é um sinal de que a igreja chegou à maioridade como uma participante plena e madura do corpo global de Cristo. A igreja experimentará também grande alegria em saber que ela não somente tem sido beneficiária do esforço missionário, mas agora contribui para que outros possam se beneficiar da mesma maneira.

Participar em projetos comuns com outras igrejas

Um espírito de independência tende a dominar a atitude ocidental em relação a todos os aspectos da vida, e isso se reflete muitas vezes no jeito como as igrejas locais se relacionam umas com as outras. No entanto, como vimos no capítulo 3, o apóstolo Paulo uniu as igrejas que plantou umas às outras de várias maneiras. Hoje, essas parcerias e relacionamentos não são menos importantes. Elas podem vir na forma de associações, denominações, redes de movimentos, alianças evangélicas locais ou projetos diaconais ou missionários comuns. Há muitos ministérios como a educação teológica, o envio missionário e a mídia cristã que raramente podem ser sustentados por uma única igreja.

Essas parcerias e cooperação também são um sinal de unidade com o corpo maior de Cristo (Jo 17.11, 20–23). Essa unidade espiritual não implica necessariamente em uma união estrutural, mas envolve um espírito de comunhão, cooperação e causa comum. Uma ênfase exagerada na plantação de igrejas entre grupos de povos homogêneos estritamente definidos pode levar ao etnocentrismo e até reforçar as divisões dentro de uma igreja maior. Um espírito de unidade que ultrapasse as fronteiras étnicas, nacionais e confessionais deve ser intencionalmente instilado em uma plantação de igreja (Gl 3.28; Ef 2.11-22; cf. LOP 1, 1978; Padilla 1982). Ken Baker descreve isso como passar de ter "estratégia evangelística" para ter a "estratégia do Reino" (2005,166).

As alianças com outras igrejas possuem o benefício adicional de estimular a reprodução. Por exemplo, Robert Vajko descobriu que, na França, "as igrejas que fazem parte de uma comunhão de igrejas tendem a se reproduzir mais do que as independentes. Meu estudo de igrejas reprodutoras mostrou que as mais reprodutivas, obviamente, faziam parte de um movimento que encorajava a reprodução (2005, 299). Esse pode não ser o caso em outros contextos, mas o princípio geral se aplica: a sinergia emerge quando igrejas que pensam da mesma forma trabalham juntas em mútuo encorajamento e visão. O efeito total se torna maior do que a soma de suas partes.

Além disso, como afirma Tom Steffen, "uma associação de igrejas oferece um segundo nível de liderança que circula entre as igrejas, fornecendo encorajamento e desafio" (2001, 184). Isso também pode ajudar as igrejas a permanecerem fiéis às Escrituras, perseverarem na visão de missão contínua e intermediarem conflitos que uma congregação local única seria incapaz de resolver sozinha. Assim como o Concílio de Jerusalém e os apóstolos ofereceram orientação prática e teológica às igrejas do primeiro século, as associações de igrejas ou denominações podem trazer estabilidade e direção a um movimento. Elas também podem ajudar as igrejas a resistir à dominação exagerada de um líder forte e podem encorajar as igrejas pequenas que estejam passando por dificuldades ou tenham uma liderança fraca. Uma das atitudes mais estratégicas que uma associação pode tomar é estabelecer um centro de plantação de igrejas ou de treinamento missionário regional (veja capítulo 17).

Obviamente, muitas associações frequentemente acabam se enredando em burocracias autojustificáveis que consomem recursos e carecem de visão e de um caráter que promova movimentos. As organizações missionárias têm, às vezes, imposto estruturas denominacionais e posições que refletem as denominações enviadoras, mas que não são adequadas às necessidades das igrejas. As estruturas da associação devem crescer organicamente conforme a necessidade, com alvos claramente definidos e em resposta às necessidades sentidas e à visão das próprias igrejas nacionais. Os líderes de movimentos devem ser aqueles que possuem o maior respeito e confiança por parte dos cristãos locais.

O papel do plantador apostólico: de multiplicador a lembrança

Embora Paulo fosse um modelo de plantador apostólico que continuamente avançava, entregar a liderança pastoral aos presbíteros locais deixando as igrejas que plantava não era fácil. Algumas vezes ele era expulso de uma cidade pela perseguição (At 14.5s; 19s), mas outras vezes partia espontaneamente com lágrimas (At 20.36-38). Em Atos 21.1 Lucas descreve a partida da equipe como uma separação: *Depois de nos separarmos deles*. Qualquer plantador que tenha investido tempo, energia e oração nas pessoas de uma igreja se identificará com essas passagens. O plantador é, de muitas formas, o pai ou mãe espiritual para os cristãos, e uma ligação única se desenvolve entre eles. Ainda assim, o plantador apostólico deve avançar como fizeram Paulo e sua equipe.

O que um plantador fará depois de ter se tornado uma "lembrança" partindo da plantação da igreja? Em primeiro lugar, seguindo o exemplo de Paulo ele ou ela manterá contato com a igreja e não cortará todas as relações. Deve-se manter certa distância para permitir que os líderes locais realmente assumam a direção, ainda que esses líderes busquem o conselho do plantador de vez em quando. Steffen (2001, 190-91), lista essas formas saudáveis de manter o relacionamento:

- Oração
- Correspondência
- Assistência financeira sábia e discreta
- Assinatura de literatura culturalmente apropriada
- Livros, CDs e vídeos culturalmente apropriados
- Assistência em educação
- Visitas periódicas
- E-mails
- Parcerias e redes para treinamento

Quando o plantador partir, existem várias opções para a continuação de seu ministério.[152] Alguns que possuem um espírito mais pioneiro escolherão recrutar parceiros da plantação da igreja para ajudá-lo a plantar outra igreja. Outros, com fortes dons na área de ensino, podem escolher desenvolver um ministério de capacitação de plantadores nacionais. Isso pode ocorrer através de mentoreamento ou orientação informal de novos plantadores, da produção de material culturalmente adequado para auxiliar evangelistas e plantadores, oferecendo seminários ou estabelecendo um instituto de treinamento para plantadores de igrejas. Outros, que possuem dons administrativos, podem escolher ajudar a formar uma associação de igrejas, desenvolver estruturas de envio missionário ou edificar a infraestrutura do movimento emergente (embora essa seja uma opção somente no caso em que várias igrejas já tiverem sido plantadas). O plantador deixa de ser um multiplicador para ser uma lembrança apenas em relação à igreja que acaba de ser plantada. Ele permanece um multiplicador no sentido mais amplo. Em cada um desses casos, o plantador continua a reproduzir sua função na próxima geração de plantadores de igrejas para facilitar a sequência do movimento.

---

152 Steffen (2001, 190) também lista as seguintes opções que os plantadores missionários podem considerar depois de deixar a plantação da igreja: (1) mudança de papéis ministeriais, (2) retirada, (3) começar uma nova plantação na mesma cultura em outra área não alcançada (normalmente com um nacional colaborando com o estrangeiro), (4) começar uma nova plantação de igreja fora da cultura em outra área não alcançada e (5) trabalhar sob a direção da associação de igrejas para atingir alvos específicos.

PARTE 4

FATORES CRÍTICOS

15
A VIDA PESSOAL DOS
PLANTADORES DE IGREJAS

Plantar igrejas é uma aventura de fé empolgante – embora muitas vezes exaustiva – que toca cada parte da vida do plantador de igrejas. Um estudo com 528 agências missionárias descobriu que cerca de três quartos de todo o desgaste missionário acontecia em decorrência de causas previsíveis. Perto de um quarto desse desgaste previsível tinha diversas causas pessoais, 13 por cento relacionava-se a casamento e família e 6 a 9 por cento era resultado de problemas com a equipe (Brierly 1997,89). A conclusão é óbvia: o trabalho missionário em geral e a plantação de igrejas, em particular, têm um forte impacto na vida pessoal, conjugal e familiar. Além disso, muitos plantadores de igrejas que têm um perfil altamente orientado pela conclusão de tarefas tendem a ignorar os problemas pessoais e negligenciar algumas dimensões de sua vida pessoal. Muitos livros sobre a plantação de igreja são omissos em abordar as dimensões pessoais da plantação de igrejas, mas nossa observação é que os plantadores são suscetíveis ao fracasso tanto em razão de inadequações pessoais ou falta de habilidade de trabalhar em uma equipe quanto por causa de uma abordagem errônea. Jay Pinney, coordenador da Church Planting Canadá em Quebec escreve:

> Ao mesmo tempo em que há um crescente número de recursos didáticos que enfocam a metodologia de plantação de igrejas, muito pouco se refere diretamente aos plantadores e às pressões pelas quais ele e suas famílias passam na tentativa de plantar igrejas. Embora o próprio plantador seja um componente essencial da plantação de igrejas, sua vida pessoal e espiritual ainda não recebe a atenção adequada na literatura e nos treinamentos existentes. Além disso, enquanto todo o conceito de mentoreamento está agora sob os holofotes e recebendo uma atenção considerável, tanto nos círculos cristãos quanto nos seculares, surpreendentemente há poucos instrumentos disponíveis para auxiliar mentores a causarem uma mudança efetiva na vida pessoal e familiar do plantador (2006,8).

Dedicamos esse capítulo às dimensões pessoais e o próximo capítulo às equipes. Os recursos para estudos mais aprofundados encontram-se no quadro 15.3 e no final deste capítulo.

Competências do plantador de igrejas

Os plantadores de igrejas precisam de preparação especial, por essa razão estudos têm sido realizados na América do Norte para determinar que competências tornam os plantadores eficazes (Graham 1987; Ridley 1988; Thompson 1995 e 2007; Hetrzberg 2008; Hertzberg e Lonsway 2008).

Competências gerais

A figura 15.1 ilustra três categorias gerais para as quais a preparação é essencial, baseada na pesquisa de J. Allen Thompson:[153] dimensões da vida espiritual, habilidades de plantação de igrejas (incluindo conhecimento) e habilidades pessoais e interpessoais. Foram listadas em ordem de prioridade e importância.

Figura 15.1
Fatores-chave que resultam em uma liderança eficaz na plantação de igrejas

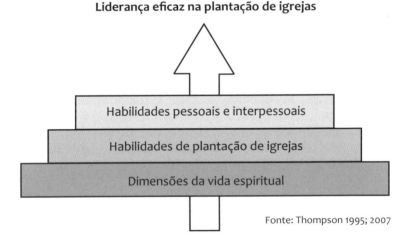

Embora Thompson tenha feito essa pesquisa principalmente na América do Norte, essas três categorias básicas também emergem no perfil de um efetivo plantador apostólico (Taylor e Hoke 2003).

A tabela 15.1 compara os achados de Thompson com os de Charles Ridley, mostrando muitas coincidências nas competências específicas que eles consideram mais importantes. As competências pessoais na tabela 15.1 devem ser consideradas importantes em qualquer abordagem ainda que as habilidades requeridas variem de acordo com o papel do plantador (pastoral, apostólico ou catalítico) e do grupo de pessoas a ser alcançado. Discutiremos as habilidades adicionais e as competências que os plantadores apostólicos e transculturais precisam ter.

---
153 J. Allen Thompson (1995, 2007) conduziu uma pesquisa para sua dissertação de doutorado com plantadores de igrejas norte-americanos e líderes de centros de avaliação. O estudo identificou vinte e uma qualidades-chave e as mencionadas mais frequentemente como essenciais para o sucesso da plantação de igrejas eram qualidades espirituais.

Tabela 15.1
Competências do plantador de igrejas: uma comparação entre os achados de Ridley e Thompson

Competências do plantador de igrejas de acordo com Ridley (1988)	Competências do plantador de igrejas de acordo com Thompson (1995 e 2007)
Motivado intrinsicamente	Chamado
Cooperação do cônjuge	Compromisso da família
Exercita fé	Espiritualidade, integridade, disciplinas espirituais, caráter santo, pessoa de oração
Capacidade visionária, cria domínio do ministério	Liderança, habilidades de plantação de igreja, dinamismo, filosofia de ministério
Atinge os que não pertencem a nenhuma igreja e os perdidos, efetivamente estabelece relacionamentos	Pregação, evangelismo, discipulado
Utiliza os dons de outros	
Edifica a coesão do grupo	
Comprometido com o crescimento da igreja	
Flexível, adaptável, demonstra maleabilidade	Consciencioso, simpático, sensível, flexível, maleável, autoimagem saudável

Uma síntese desses estudos e observações pessoais nos leva a concluir que as qualidades mais importantes para a plantação eficiente de igrejas, sem levar em consideração a abordagem e o povo-foco são:

1. Chamado de Deus
2. Caráter santo
3. Dinâmicas espirituais fortes (oração, ouvir a voz de Deus, etc.)
4. Apoio do cônjuge
5. Um conjunto específico de habilidades para a missão[154]
6. Inteligência emocional e adaptabilidade
7. Dons espirituais adequados para a tarefa

Se forem colocados esses fundamentos, Deus irá continuamente moldar o obreiro no serviço (Grady e Kendall 1992: Ridley 1988; Thompson 1995, 2007; Taylor e Hoke 2003).

Competências adicionais para o plantador apostólico ou transcultural

Nos anos 90 dois perfis principais para o plantador transcultural foram desenvolvidos, provocados pelo alarme causado pelo alto grau de desistência

---

154 A lista de Ridley é usada pelas associações de igrejas e redes de plantação de igrejas como ponto de partida. Recomendamos que a habilidade prática comprovada de motivar e treinar outros em evangelismo e discipulado (presente na lista de Thompson) seja incluída no perfil de todos os plantadores e nos instrumentos de avaliação.

de obreiros e na esperança de melhorar sua preparação e treinamento (Taylor 1997; Hoke e Taylor 1999). A maturidade pessoal e a adaptabilidade foram identificadas como fatores importantes na efetividade e na longevidade do ministério (Taylor 1997, 184-249). O ministério apostólico entre um grupo diferente de pessoas também exige habilidades evangelísticas e empresariais (habilidades de iniciar e reunir), capacidade de adaptação cultural e inclinações naturais como flexibilidade, improvisação e autodidatismo (Taylor e Hoke 2003). A liderança transcultural eficaz provém da habilidade de ajustar o estilo de liderança à situação ou cultura em vez de uma personalidade definida ou padrão de comportamento. Os obreiros transculturais precisam ser capazes de liderar não somente à frente, mas também ao lado dos aprendizes e líderes locais por causa da fase de retirada e da exigência de mudanças de papéis (Steffen 1997). Além disso, as diferenças de gerações e do grupo de pessoas devem ser levadas em consideração.[155] Finalmente, nunca se deve esquecer que nenhum plantador de igrejas reunirá todas as habilidades, o conjunto de competências da equipe deve também ser considerado.

Fundamentos espirituais

Chamado e confirmação

Não há estudo, treinamento ou experiência que possa substituir o chamado, a direção e o poder do Espírito Santo na vida dos plantadores de igrejas. A segurança da convocação de Deus dá uma tremenda confiança e poder permanente. Como Deus fala às pessoas de formas diferentes, ninguém precisa necessariamente receber uma "visão celestial" como a experiência de direcionamento de Paulo. Essa convicção pode vir no início de forma dramática ou progressivamente através de um processo de estudo da Bíblia, de reflexão e conversas com outras pessoas. Luke Greer (2009, 328-32) diz que há precedentes bíblicos para os dois: a "chamada óbvia" (o chamado de Paulo a Cornélio) e a "chamada sutil" refletida na frase de Tiago "pareceu-nos bem e ao Espírito Santo" depois de muita deliberação (At 15.28). Os candidatos, porém, precisam ter uma convicção genuína, estabelecida e duradoura (que deve ser compartilhada pelo cônjuge, ser for casado) da direção de Deus que é confirmada pelo corpo local da igreja (veja McQuilkin 2002).

Maturidade espiritual

Como Paulo e Barnabé, os plantadores principais devem ser escolhidos entre os que já têm demonstrado maturidade espiritual, disciplinas espirituais e habilidades necessárias para o desempenho do ministério de um líder eficaz. Deve-se buscar tanto o tempo de Deus quanto o chamado de Deus. O Senhor soberanamente prepara seus servos através de experiências formativas que

---

155 O perfil genérico dos plantadores de igrejas muda com o tempo porque a cultura evolui e os ambientes urbanos são cada vez mais pluralistas e diversificados. Por isso, Thompson atualizou seu estudo de 1995 para a América do Norte em 2007 e Taylor e Hoke revisaram seu perfil transcultural de 1998 em 2003. Por exemplo, a integridade de pessoal é agora especificada como ponto crítico, o que há algumas gerações seria óbvio (Thompson 2007).

servem como blocos estruturais, moldando seu caráter e trazendo-os para mais perto dele. Ele pode conduzi-los através de muitas tribulações na vida e de serviço sacrificial. Esses são seus professores mais eficazes.

Para suportar a pressão respondendo com graça à oposição e confiando em Deus em circunstâncias imprevisíveis, exige-se uma caminhada espiritual com ele que vai se aprofundando mais e mais. As experiências de deserto geralmente fazem parte do processo de amadurecimento. "O isolamento é muitas vezes utilizado por Deus para ensinar importantes lições de liderança que não podem ser aprendidas quando estamos experimentando as pressões do contexto normal do ministério" (Clinton 1988, 161). Pode haver inicialmente uma "luta com Deus" que resulta em uma intimidade maior com ele, novos padrões de dependência, maior humildade e paciência e novas formas de reagir à dor emocional. Se o potencial plantador não tiver aprendido desses tempos de provação, o choque inicial com a língua e a cultura talvez seja difícil demais de suportar. Um líder latino-americano deu o seguinte conselho aos plantadores de igrejas transculturais: "Não venha com planos e agenda pronta, venha para aprender". Outro disse: "Trabalhe em espírito de oração, confiança, humildade, respeito e, acima de tudo, cheio do Espírito Santo". Esses aspectos de caráter exigem maturidade e sensibilidade espiritual.

Oração e disciplinas espirituais

A prática das disciplinas espirituais deve estar bem estabelecida. Em muitos contextos transculturais, os plantadores precisam alimentar sua vida espiritual sem o apoio de uma igreja local. Muitos chegarão à conclusão de que precisam desenvolver padrões diferentes ou mais profundos de disciplinas espirituais: as praticadas em seu país de origem podem não ser adequadas para a frente de batalha. Uma pesquisa realizada por Dick Grady e Glenn Kendall (1992) com cem plantadores eficazes revelou que a oração é o fator número um para o sucesso na plantação de igreja. O plantador que não construiu uma vida e um ministério de oração não irá muito longe.

Um plantador em Quito, Equador, fez essa inquietante observação: "Embora tenhamos dedicado tanto tempo, energia e dinheiro em campanhas e cruzadas, temos negligenciado o método apostólico de crescimento da igreja: a oração e o ministério da Palavra" (Mateer 1988, 146). Os plantadores precisam estar alertas às necessidades, as fraquezas de caráter e aberturas espirituais daqueles com quem estão trabalhando para interceder com foco e persistência. Muitas vezes, a direção de Deus vem desse tipo de oração que tem os olhos e os ouvidos abertos.

A oração também é ligada ao evangelismo (Efésios 6:18-20). A intercessão não é apenas o meio para o serviço efetivo – é o coração e a alma de um ministério. Uma agência missionária de plantação de igrejas pediu às suas equipes que dedicassem dez por cento de seu dia a várias formas de oração – uns pelos outros, pelos novos convertidos e pelos não cristãos. O ministério de oração que eles desenvolveram incluía caminhadas de oração, vigílias e dias de oração e jejum. Guias práticos para desenvolver uma vida e um ministério de oração são encontrados no quadro 15.3 no final deste capítulo.

Dons espirituais na plantação de igrejas

Os plantadores de igrejas precisam também ser homens e mulheres que dependem do Espírito Santo e usam seus dons espirituais para alcançar os perdidos e edificar sua igreja. Dois comentários são relevantes aqui: em primeiro lugar, Deus usa uma variedade de dons para plantar sua igreja, da mesma forma que usa muitos dons para edificá-la. Segundo, alguns dons têm uma relevância especial para a plantação da igreja, como sugerimos na tabela 15.1. Qualquer lista é sugestiva e não exaustiva (Sawatsky 1991; 1997). No capítulo 8 identificamos e descrevemos os dons mais críticos para cada fase da plantação da igreja:

Lançamento – dons de evangelista e apóstolo;
Estabelecimento – dons de ensino e pastoreio;
Estruturação – dons de liderança e administração;
Reprodução – dons de evangelista e apóstolo.

Todos estes são, principalmente dons de liderança. Observando os exemplos bíblicos, percebemos que outros dons também têm seu papel. Uma constelação de dons preparou cada equipe para a função que Deus lhes deu (veja a tabela 15.2)

Tabela 15.2
Funções e dons espirituais em uma equipe de plantação de igrejas

Função do plantador de igreja	Exemplos bíblicos	Dons espirituais
Fundador da igreja (lançador)	Paulo, Pedro, Barnabé e Epafras	Apóstolo (dom transcultural), evangelismo, pregação, liderança, fé, encorajamento
Desenvolvedor da igreja (regador)	Apolo, Timóteo e Tito	Ensino, administração, encorajamento, aconselhamento
Assistente da plantação de igreja	Priscila e Áquila	Evangelismo, ajuda, hospitalidade, mentoreamento, ensino, encorajamento

Fundador da igreja (lançador)

Paulo e Pedro representam o tipo "fundador" e tinham o dom de apóstolo. Ambos eram evangelistas que dominavam a pregação persuasiva. Barnabé, que trabalhou como evangelista juntamente com Paulo (At 13.2–14.28), era conhecido pelo dom de encorajar as pessoas (At 4.36s). Ele acompanhava os irmãos a fim de iniciá-los no ministério (At 11.25s) e serviu como ponte entre pessoas e grupos (At 15.1-4,12,22-35).[156] Epafras começou o trabalho em Colossos (Cl 1.7) e também é associado ao trabalho em Hierápolis e Laodiceia (Cl 4.12s). Ele demonstrou o dom de fé através da oração intercessória (Cl 4.12).

---

156 Barnabé também tinha dom de apóstolo (At 14.14). Embora tenha trabalhado lançando fundamentos em Chipre, seu lugar de origem, mais tarde retornou para consolidar o trabalho ali e prosseguir com a formação de João Marcos (At 15.39).

Desenvolvedor de igrejas (regador)

Apolo, um judeu de Alexandria foi descoberto pela equipe paulina em Éfeso. Ele era um aplicado estudioso do Antigo Testamento e um pregador eloquente que tinha aceitado Jesus como Messias. Com um pouco mais de instrução, ele foi preparado para usar suas habilidades para persuadir e instruir as pessoas na fé. Ele desenvolveu, ou "regou", a igreja de Corinto (1Co 3.6) e aparentemente, auxiliou Paulo em Éfeso (1Co 16.12). Parece que Apolo nunca se envolveu na plantação pioneira de uma igreja, mas dedicou suas energias a fortalecer trabalhos já estabelecidos.

Timóteo é outro exemplo de "regador". Depois de ter ajudado Paulo a evangelizar várias cidades como Corinto (At 18.5; 2Co 1.19) e Bereia, permaneceu para fortalecer os cristãos, enquanto Paulo seguia para Atenas (At 17.14). Mais tarde, ele retornou a Tessalônica para confirmar a fé dos novos discípulos ali (1Ts 3.1-3). Por fim, ministrou por bastante tempo em Éfeso (1Tm 1.3s). Tito e outros colegas de Paulo também devem ser considerados "regadores" (Tt 1.5).

Assistentes de plantação de igrejas

A contribuição de assistentes ou membros da equipe, embora pouco notada, nunca deve ser subestimada. No capítulo 3 apresentamos outros exemplos, portanto aqui apenas destacamos Priscila e Áquila. Esses, provavelmente possuíam o dom de socorro e hospitalidade, e certamente de ensino e encorajamento (At 18.2s,26; 1Co 16.19). Eles faziam o trabalho de evangelismo, mas possuíam também a habilidade de caminhar com as pessoas para contribuir com sua formação (At 18.26s). Paulo os chama de *"meus colaboradores em Cristo Jesus"* (Rm 16.3). Priscila, a esposa, é citada em primeiro lugar, um fato que ressalta sua contribuição vital. Ela e Áquila eram colegas valiosos e ecléticos em Corinto (At 18.2-26), Éfeso (1Co 16.19) e mais tarde em Roma (Rm 16.3). Em Romanos 16, Paulo saúda várias pessoas que o ajudaram em algum momento de seu ministério. Sua importância pode ser vista nas descrições que faz: "serva da igreja" (v.1), "cooperadores" (v. 3,9), "amado irmão" (v.5,9), "notáveis entre os apóstolos", "aprovado em Cristo" (v.10), que "trabalharam arduamente" (v. 6,12) e "uma mãe para mim" (v.13).

Combinação de dons para a plantação de igrejas

Os dons de cada categoria da tabela 15.2 devem estar presentes na equipe de plantação de igrejas. Aqueles que possuem dons de evangelismo, ensino ou pregação, liderança ou administração e missionário (apóstolo) devem estar presentes para dar início a um projeto transcultural ou urbano (Sawatsky 1991). No próximo capítulo consideraremos que outra combinação de dons a equipe de plantação deve precisar, no entanto, Deus não será limitado por uma fórmula. Ele pode acrescentar dons trazendo novos membros ou levantando líderes nacionais com o que for necessário. Deus usa muitos tipos de plantadores de igrejas trabalhando sinergicamente através do Espírito Santo: obreiros vocacionados ou leigos, empresários e consolidadores, líderes fortes e auxiliadores humildes. Henry

Blackaby concorda: "É tempo de liberar o povo de Deus para agir conforme a direção do Espírito Santo e encorajá-lo a fazer o que fez no Novo Testamento: proclamar as Boas Novas de Deus a todos aqueles a quem ele o enviar e a todos os lugares para onde ele o levar; crer e buscar Deus para que ele traga aqueles que estejam sendo salvos reunindo-os e moldando-os em novas igrejas."[157]

Batalha espiritual

A plantação de igrejas não é um negócio nem uma profissão. Os plantadores de igrejas poderiam ser comparados ao pelotão de frente em uma batalha espiritual lutando, para reconquistar o território de seu rei. Jesus assegura-lhes que nem Satanás nem o mundo prevalecerão contra seu avanço (Mt 16.18s; 1Jo 4.4). Os plantadores se esforçam para libertar os cativos através do Evangelho (João 8:32) para que eles sejam transferidos do reino das trevas para o Reino de nosso Senhor e Salvador Jesus Cristo (Cl 1.13). Eles precisam aprender a discernir as fortalezas de Satanás e depender do poder e das armas de Deus para vencê-los (Ef 6.10-20). Uma apologética cheia do Espírito é necessária para expor seu engano e confrontar suas mentiras. Os plantadores de igrejas devem ter o custo em mente e trabalhar diligentemente, lutando em oração como fez Epafras (Cl 4.12). Os riscos são altos e eternos e aqueles que se engajam nessa batalha devem saber como usar sua armadura espiritual, andar *em Cristo*, batalhar em *seu* poder e se apropriar de *seus* recursos para cumprir *sua* vontade.

Aqueles que enfrentaram a batalha espiritual e experimentaram a vitória sobre as trevas se tornam mais alertas e mais hábeis em reagir aos seus caminhos traiçoeiros e tortuosos. Eles aprendem a antecipar suas estratégias e esperar suas mentiras. Os plantadores de igrejas devem também avançar na ofensiva para ajudar outras pessoas a encontrarem a liberdade em Cristo da escravidão espiritual. Uma fraqueza comum entre os ocidentais é a visão funcionalmente materialista. Eles creem em Satanás e nas influências demoníacas, mas agem como se apenas a persuasão e a amizade pudessem trazer alguém a Cristo. Não sabem como reagir ou como se recuperar de ataques espirituais diretos. Aqui estão algumas situações que os plantadores de igrejas devem estar preparados para enfrentar:

- Ajudar os cristãos a compreenderem e a caminharem de acordo com sua identidade em Cristo;
- Integrar a liberdade em Cristo e a transformação da cosmovisão no discipulado (veja a seção "Questões especiais no discipulado" do capítulo 11);
- Discernir a fonte de hábitos debilitantes e ajudar as pessoas a encontrarem a libertação deles;
- Avaliar as influências e práticas espirituais de uma pessoa;
- Elaborar um plano para ajudar os que estão em busca de Deus a combaterem a opressão ou a possessão demoníaca.

---

157 Website da North American Mission Board, www.churchplantingvillage.net/site/c.iiJTKZPEpH/b.886067/ (acesso em 10 de março de 2009).

Algumas leituras adicionais são sugeridas no quadro 15.3 no final deste capítulo. No entanto, ninguém aprende a agir de forma sábia e decisiva nessas situações somente através de leituras. A melhor forma de preparação é buscar a ajuda de veteranos e de pessoas com o dom de discernimento. Também é melhor confrontar os possíveis casos de possessão demoníaca com um grupo de oração.

A vida emocional do plantador de igrejas

Dificuldades inerentes

Elmer Towns convoca os plantadores de igrejas do mundo moderno a "iniciarem uma igreja em face de obstáculos intransponíveis com recursos limitados em circunstâncias insuperáveis" (citado em Klippenes 2003, 13). Como você pode se preparar para o desconhecido e o humanamente impossível? Leslie Andrews cita alguns fatores estressantes muito reais e únicos para o missionário. "Entre eles estão coisas como a vida transcultural e a comunicação em uma segunda língua; o isolamento social e geográfico; a instabilidade política; comunicação e conflitos com colegas de trabalho, amigos e família; obrigações e funções no trabalho e limitações de tempo e recursos" (citado em Eenigenburg 2008, 423).

Muitos fatores contribuem para o estresse geral do missionário (Taylor 1997; Foyle 1987) e está além do escopo deste livro examinar todos. A maioria cai em uma dessas categorias:

1. Múltiplas circunstâncias novas e mudanças
2. Falta de recursos e de colaboradores
3. Perda de sistemas de apoio
4. Dificuldades próprias do processo de se iniciar uma igreja
5. Oposição ou falta de reconhecimento.

Em alguns aspectos, plantar uma igreja é como iniciar um pequeno negócio com voluntários quando a análise do mercado indica que a maioria das pessoas não está interessada em seu produto. Os plantadores muitas vezes se sentem invasores e frequentemente são mal interpretados por aqueles que estão tentando alcançar. Finalmente, a mudança de papéis é intrínseca à plantação de igrejas (Steffen 1997) e os plantadores precisam ser designers, fomentadores, gerentes, líderes e instrutores, sem levar em consideração sua inclinação natural. Por todas essas razões, e muitas outras, a plantação de uma igreja é um ministério recompensador, porém complexo e que exige muito de nossa inteligência emocional, coragem e resistência.

Resistência emocional

Quando os plantadores se mudam para um novo local de ministério, deixam muitas coisas para trás, incluindo a igreja, os parentes e outros sistemas de apoio emocional. Uma das qualificações para a plantação de igrejas é a resistência emocional (Ridley 1988) – a habilidade de se sustentar emocional e fisicamente em meio a adversidades, perdas, desapontamentos e fracassos. As pessoas emocionalmente resistentes são adaptáveis e dispostas a aceitar mudanças com pouco amparo. Elas se ajustam ao desafio e ao ambiente de rápida mutação de um ministério em crescimento. Quando a oposição e as dificuldades surgem, não ficam arrasadas, mas reagem até nas mais difíceis circunstâncias a fim de continuar avançando encontrando forças dentro de si mesmas. Têm seus momentos de desânimo, mas são obreiros perseverantes e resolutos servos da cruz.

Autogerência

Os plantadores geralmente carecem das estruturas externas e da supervisão que os pastores possuem. Raramente dispõem de um grupo equivalente a uma diretoria de igreja para supervisioná-los ou orientá-los. Muitos trabalham fora de casa sem horas regulares de trabalho ou responsabilidades bem definidas. Consequentemente, alguns têm dificuldades de usar seu tempo e recursos de maneira efetiva. Algumas vezes patinam sem sair do lugar, cheios de indecisão ou procrastinação, e tendem a se refugiar nos limites confortáveis do lar em vez de sair aos lugares públicos conhecendo gente e compartilhando de Cristo.

A plantação de igrejas envolve tanto o desenvolvimento pessoal quanto o desenvolvimento de um projeto. É um trabalho difícil e complexo que requer longas horas, concentração e a disciplina de permanecer na tarefa. Os plantadores também precisam de alvos claros e autocontrole se desejarem ver progresso real. Antes de começar sua primeira atribuição, já devem ter mostrado a habilidade de gerenciar seu tempo, sua família e seus recursos de forma eficiente. Jesus voltou sua face para Jerusalém e nunca perdeu de vista a razão pela qual ele veio. Para alguns, seguir seu exemplo nesse aspecto é quase instintivo, mas, para a maioria, é um comportamento aprendido. A autogerência exige uma avaliação realista de nossos pontos fortes e de nossas limitações, além do cultivo de hábitos sadios e limites para manter-se em direção ao alvo. O primeiro hábito saudável é a disciplina da oração.

Vida familiar e conjugal

Nos Estados Unidos, cerca de metade dos casamentos terminam em divórcio.[158] Os casamentos são sujeitos a tremendas pressões em uma sociedade que busca a gratificação instantânea. Qualquer casamento cristão passará por tempos de estresse, mas o ministério de plantação de igrejas possui alguns fatores de estresse raros e singularmente severos. À medida que a plantação da igreja evolui nas várias fases, o casamento e a vida familiar do plantador mudarão de várias formas, especialmente nos primeiros anos do ministério.

O estresse das mudanças iniciais

A plantação de uma igreja geralmente exige mudança de casa e de cultura para alcançar pessoas de diferentes contextos. O *choque cultural* é definido como "uma síndrome de reação ao ajuste causada por estresse múltiplo e

---

158 Baseado em informações do Census Bureau 2005, estima um variação entre 43 e 50%.

interativo nos níveis intelectual, comportamental, emocional e psicológico de uma pessoa recentemente realocada a uma cultura que não lhe é familiar e é caracterizada por uma variedade de perturbações psicológicas" (Befus 1988, 387). Resumindo, é um produto do estresse cumulativo de se mudar de uma cultura familiar para uma cultura estranha com poucas estruturas de apoio. As pessoas em transição cultural passam por quatro estágios: o estágio de lua de mel, o estágio de crise, o estágio de recuperação e o ajuste cultural (Oberg 1960).[159] O estudo de caso 15.1 ilustra o estágio de crise.

Essas mudanças, ocorrendo todas de uma vez, precipitam o processo de adaptação, mas podem prejudicar o relacionamento conjugal. Os maridos e as esposas experimentam a plantação de igreja de formas diferentes. Geralmente, o papel do marido é bem definido, porque todo o processo de seleção e preparação é concentrado nos dons e no treinamento *dele*. Se o papel da esposa não parece ser tão crítico ou claro, ela enfrentará mais estresse relacionado ao seu papel. O marido fica mais satisfeito quando pode começar as atividades de plantação, enquanto a esposa fica em casa com as crianças, tendo pouco tempo para qualquer outra coisa. Em alguns casos, por outro lado, a esposa aprende a língua mais rapidamente e estabelece relacionamentos mais naturalmente, especialmente se for um tipo de pessoa mais relacional. Quando os cônjuges têm necessidades e percepções diferentes, pode ser difícil manter a harmonia conjugal. E como mostra a ilustração de Quebec, há estresse conjugal adicional quando os cônjuges entram na fase de adaptação em níveis desiguais.

Estudo de caso 15.1

Estresse conjugal crescente

A esposa de um plantador de igrejas descreve um dia especialmente difícil durante o seu primeiro inverno em Quebec: "No caminho de casa houve uma terrível tempestade de neve. Eu mal podia enxergar através do para-brisa. Todas as placas estavam em francês. Então eu percebi as luzes vermelhas e azuis de um carro da polícia atrás de mim. Eu parei no acostamento. Ele falou alguma coisa. Achei que ele queria ver o documento do carro e minha carteira de motorista. Ele continuava a repetir alguma coisa e apontar para a traseira do carro. Sai do carro e fui olhar. Tudo me parecia bem! Eu não tinha a menor ideia do que ele estava dizendo e as lágrimas começaram a rolar. Ele escreveu alguma coisa em um pedaço de papel e me deixou seguir. Dirigi de volta para casa chorando e tremendo incontrolavelmente. Senti-me como uma criança indefesa. Eu não conseguia entender nem a coisa mais simples. Quando cheguei em casa, meu marido leu o bilhete que dizia que a lanterna traseira estava queimada e que eu deveria trocá-la em certo número de dias. Me senti como se estivesse presa em uma armadilha. Queria voltar

---

159 O choque cultural é normal, mas existem avaliações de adaptabilidade cultural que podem ser usadas para identificar riscos extremos. O Inventário de Adaptabilidade Transcultural mede quatro áreas: acuidade perceptiva, resistência emocional, flexibilidade/abertura e autonomia pessoal. Ele é geralmente usado antes do início de um ministério transcultural. Ainda que não seja necessariamente profético, pode ser usado para obter uma indicação de como uma pessoa pode reagir em situações estressantes. O Indicador de Ajustamento Cerny Smith é usado principalmente para ver como as pessoas estão se ajustando a um novo ambiente cultural enquanto ainda estão experimentando o estresse transcultural.

para a Flórida. Eu detestava aquele lugar. Tinha saudades dos meus amigos. Tinha saudades do meu emprego... Chorei por muitas noites durante o longo e frio inverno. Tentei repartir meus sentimentos com meu marido, mas ele não passava pelas mesmas dificuldades. Tinha o trabalho dele, conhecia a língua, tinha os seus colegas e a nós. Uma vez ele me disse: 'Pelo menos você não está na África'. Senti que estava me comportando como um bebê chorão" (Wilson 1996a, 18-10).

Falta de limites entre o lar e o ministério

Outra dificuldade é o "efeito vitrine" quando as atividades do dia a dia são observadas pelos vizinhos e perde-se o senso de privacidade. Os ocidentais que trabalham em contextos tribais enfrentam dificuldade especial nesse aspecto porque as pessoas que vivem coletivamente em famílias estendidas não apreciam sua necessidade de privacidade. Algumas vezes é muito difícil aceitar a superexposição dos filhos. A reação natural seria se recolher a um estilo de vida mais privado, mas os pais reconhecem a importância do seu exemplo e testemunho como família e desejam desenvolver novos relacionamentos. Eles sabem que a hospitalidade e o ministério baseado no lar são essenciais para a plantação de uma igreja. A tensão não é de fácil solução.

A falta de limites se manifesta também de outras maneiras. Se não há um escritório disponível, os plantadores precisam aprender a trabalhar em casa. As crianças precisam aprender a compartilhar seus brinquedos e seu espaço todos os domingos se a igreja se reúne na casa do obreiro. Problemas relacionados a limites parecem apenas aumentar à medida que o ministério se expande. O tempo com a família pode se tornar um bem raro à medida que o trabalho com o acompanhamento de discípulos e líderes é acrescentado ao evangelismo e à formação da comunidade. As famílias saudáveis aceitarão a necessidade de "dar um tempo" e estabelecer o hábito de tirar um dia de folga em família.

Os indivíduos que atuam em profissões que têm contato direto com pessoas (professores, médicos, assistentes sociais e pastores) e que desempenham intervenção em momentos de crise, aconselhamento familiar e atendimento em pronto socorro, apresentam altos níveis de estresse e ansiedade (Hart 1999). Os plantadores de igrejas que cuidam de pessoas em crise, pobres, famílias com problemas e casais à beira do divórcio se encaixam nessa categoria. Podem ter que enfrentar essas emergências com pouco preparo ou treinamento. Normalmente, eles veem a poderosa intervenção de Deus e conseguem ajudar, mas seu envolvimento pode, no entanto, cobrar um alto preço em sua saúde pessoal e familiar. Embora as emergências sejam, por definição, impossíveis de se prever ou controlar, os obreiros podem aprender a administrar suas vidas e agendas como fazem os profissionais da área de saúde.

Há necessidade também de estabelecer limites na área de finanças. Cria-se um dilema quando existe uma disparidade econômica entre o estilo de vida do missionário e o da população em geral. Há muitos pedidos de ajuda financeira, tanto da parte dos cristãos quanto da comunidade. O que um plantador de igrejas faz quando várias pessoas perdem seus empregos ou quando um casal pede dinheiro emprestado para comprar remédio para sua filha? Onde se traça uma linha demarcatória? Em resposta a essas pressões, a família do plantador precisa aprender onde estabelecer limites razoáveis em quatro áreas:

1. *Espaço* – Como a casa da família será usada para o ministério? Que partes serão consideradas proibidas à entrada de estranhos?

2. *Tempo* – Que noites serão dedicadas a reuniões e visitas e que noites serão separadas para a família? Que dia será o "sábado" da família?

3. *Relacionamentos* – Como o cônjuge que fica em casa desenvolverá amizades? Os filhos adolescentes possuem amigos cristãos? Quem será o confidente do casal no caso de problemas no ministério? Como os filhos serão protegidos da "superexposição"?

4. *Recursos* – Os recursos financeiros da família serão usados para auxiliar os necessitados na igreja, e se esse for o caso, sob que condições? Até que ponto os membros da família estarão dispostos a compartilhar seu carro e pertences pessoais?

Os casais novatos na plantação de igreja precisam buscar o Senhor juntos e consultar colegas mais experientes para orientá-los nesses desafios. As seguintes questões podem ser usadas como guia de discussão:

1. Quão saudável é nosso padrão de comunicação? Somos capazes de ouvir de forma ativa, solucionar problemas juntos e resolver conflitos sem magoar um ao outro?

2. Estabelecemos limites para proteger nosso casamento e nossa família?

3. Estamos separando tempo regularmente para descansar e apenas nos divertirmos juntos?

4. Teremos o apoio de que necessitamos (oração, amizade, mentores)?

5. Estamos os dois dispostos a fazer sacrifícios para ver que juntos conseguiremos vencer as dificuldades?

6. Gostamos de trabalhar juntos, como uma equipe, no ministério?

7. Estamos preparados para a batalha espiritual?

8. Já consideramos as opções educacionais para os filhos e chegamos a um acordo?

9. O que faremos para oferecer cuidado espiritual e amizades cristãs para nossos filhos?

Mulheres na plantação de igrejas

As mulheres ocupam um papel importante na equipe de plantação de uma igreja, seja ela solteira ou trabalhando em companhia de seu marido. Elas também enfrentam dificuldades singulares. Alguns sistemas religiosos, especialmente em culturas islâmicas ou tribais, têm padrões distintos de adoração e práticas para as mulheres que restringem severamente a comunicação entre os sexos. Paulo trabalhou em parcerias significativas com assistência de mulheres como Priscila (At 18–19), Evódia e Síntique (Fl 4) e obreiras locais como Lídia (At 16), Ninfa (Cl 4.15), Febe e outras (Rm 16) em um tempo em que as mulheres raramente eram encontradas em posições de liderança (Meeks 1986, 23-24; Banks 1994, 124-25). Também hoje, homens e mulheres podem trabalhar juntos em parcerias criativas na plantação de igrejas, mas há obstáculos a serem transpostos.

Desigualdades de papéis

Geralmente espera-se que as mulheres contribuam sem que lhes seja concedida uma voz real nas decisões da equipe. Uma plantadora de igrejas trocou de organização missionária porque, sendo uma mulher solteira e médica, ela tinha carga integral de ministério, mas não possuía voto nas reuniões da equipe. As frustrações a respeito das desigualdades são agravadas quando a mulher está servindo em um estado islâmico, quando os papéis públicos para mulheres são anátema, ou em culturas patriarcais e machistas onde a educação, a inteligência e a opinião de uma mulher não são levadas a sério. Mesmo quando as mulheres são tratadas com respeito, elas podem enfrentar problemas para achar seu lugar no contexto da plantação de igrejas. Geralmente essas tensões começam como pequenas irritações, mas se não forem resolvidas aberta e justamente podem se tornar feridas dolorosas.

Expectativas irreais

Enquanto algumas mulheres se sentem como cidadãos de segunda classe, outras sofrem com expectativas irreais quando têm que cuidar de crianças e carregar o fardo de um ministério de tempo integral. Se as mulheres partilham integralmente do ministério de plantação de igrejas, não deveriam receber apoio e treinamento iguais? Isso significa planejamento do cuidado das crianças e inclusão de suas agendas nas discussões da equipe. Durante visitas a esposas de plantadores de igrejas, Linda Wilson (2003) pedia que elas citassem os fatores principais e obstáculos que enfrentaram. As mesmas respostas apareciam sempre, embora as mulheres servissem em diferentes países (veja o quadro 15.1).

Karol Downey (2005) sugere que tanto o homem quanto a mulher se beneficiariam se compreendessem o ministério amplamente como serviço a Deus em todas as esferas da vida: família, igreja e o mundo exterior. Isso os ajudaria a encontrar e manter um equilíbrio com menos culpa injustificada. As organizações missionárias podem contribuir também, esclarecendo suas expectativas quanto ao papel das mulheres, oferecendo oportunidades amplas de ministério de acordo com os dons individuais, confirmando a grande contribuição das mulheres e mantendo em seus quadros mulheres experientes envolvidas na preparação pré-campo e em visitas de mentoreamento ao campo (ibid.).

Quando as mulheres são completamente aceitas como colegas e habilitadas a usar seus dons e habilidades no trabalho, o impacto no Reino é multiplicado: a força missionária é expandida; mulheres em sociedades islâmicas e budistas podem ser alcançadas; mulheres locais são discipuladas e treinadas, a qualidade da tomada de decisão é ampliada pela singular percepção feminina; o sacerdócio de todos os cristãos é demonstrado e as pessoas são atraídas ao ver como as mulheres podem ser iguais em Cristo (Zoba 2000). O quadro 15.3 no final deste capítulo sugere leituras adicionais nesse assunto.

> **Quadro 15.1**
>
> ### Os aspectos mais desafiadores para as mulheres na plantação de igrejas
>
> 1. Ajustes em relação à identidade e funções
> 2. Lidar com a solidão e o desânimo
> 3. Desenvolver contatos evangelísticos
> 4. Aconselhar os cristãos com pouco treinamento na área
> 5. Treinar líderes na igreja
> 6. Lidar com a disparidade financeira e a expectativa dos cristãos locais
> 7. Criar filhos transculturalmente
> 8. Desenvolver limites
> 9. Regras e exigências organizacionais
> 10. Expectativas e restrições em relação ao papel da mulher

Plantadores bivocacionais

A expressão *"ministério bivocacional"* se refere não a um método de plantação de igrejas em si, mas à forma como alguns missionários e plantadores de igrejas sustentam-se financeiramente. Os obreiros bivocacionais, algumas vezes chamados de *fazedores de tendas* ou *dupla função/profissionais obreiros*, têm uma ocupação secular ou empresa para complementar ou financiar integralmente seu empreendimento de plantação de uma igreja. Eles precisam ser competentes em ambas as funções, integrá-las e gerenciá-las juntamente com suas responsabilidades familiares. No capítulo 4 discorremos sobre as dificuldades que surgem da multiplicação de igrejas quando a remuneração integral é considerada a regra e no capítulo 18 ressaltaremos algumas das "melhores práticas" em relação a finanças e plantação de igrejas. Aqui desejamos examinar algumas razões para o ministério bivocacional, identificar desafios e fazer algumas observações.

Um fenômeno crescente

O apóstolo Paulo trabalhou literalmente como um fazedor de tendas. Os missionários morávios – a maior força missionária de seu tempo – foram todos bivocacionados (Langton 1956; Ward 1992). Hoje, fazer tendas tem se tornado um fator significativo em missões, especialmente em locais de acesso criativo, nos quais os missionários tradicionais não conseguem vistos de permanência. Essa modalidade tem sido também adotada por várias associações como uma estratégia intencional para a ocupação das cidades dos Estados Unidos e zonas rurais.[160] Em missões internacionais, muito da literatura relevante cai sob a categoria de "fazer tendas" ou "missão empresarial" (BAM – *Business as Missions*, cujo alvo é mais amplo que o evangelismo e a plantação de igrejas).[161] O décimo aniversário da *Overseas Professional Employee Network* (OPEN) dirigida por Patrick Lai foi celebrado em 2009. De acordo com Forman Justin, a OPEN Network possui cerca de duzentos fazedores de tendas vindos de todas as partes do mundo trabalhando na janela 10/40 (até maio de 2009). Existe para aperfeiçoar, servir e auxiliar os profissionais e trabalhadores estrangeiros, especialmente em lugares e entre povos onde há pouco conhecimento ou entendimento incorreto da vida e da obra de Jesus.[162]

Plantação de igrejas com equipes bivocacionais

As opiniões diferem quanto à conveniência ou viabilidade de se dirigir os negócios do Reino de Deus simultaneamente a negócios com fins lucrativos. No entanto, fazer tendas é raramente questionado em ambientes missiológicos. De fato, como se pode esperar que os plantadores locais de igrejas em países não evangelizados trabalhem bivocacionalmente se os plantadores transculturais não são capazes ou não estão dispostos a fazê-lo? "Precisamos evitar transmitir a ideia de que os pastores e missionários profissionais de tempo integral sejam a única forma, ou mesmo a melhor forma, de se alcançar o mundo para Cristo." (Ott 1993, 287). A defesa da plantação de igreja por leigos não exclui a possibilidade de obreiros teologicamente treinados que sejam assalariados, mas os reposiciona como catalisadores, agentes capacitadores e guardiães da fé nos movimentos de plantação de igrejas (Garrison 2004a).[163] No quadro 15.2 resumimos algumas das razões para as equipes bivocacionais na plantação de igrejas (ver Garrison 2004a, 189-91).

As escolas bíblicas e seminários teológicos não produzirão obreiros suficientes para cumprir a Grande Comissão ou sustentar os movimentos de plantação de igrejas. Somente igrejas locais reprodutoras comprometidas com a seara podem produzi-los. Para que a multiplicação aconteça, precisamos de novos modelos de parcerias efetivas entre as equipes de obreiros leigos e especialmente de obreiros de tempo integral com treinamento que ocupem posições de capacitadores.

---

160 Por exemplo, a North American Mission Board das Igrejas Batistas do Sul diz: "Concordamos com o Dr. Henry Blackaby que a melhor estratégia para alcançar a América do Norte para Cristo é habilitar e colocar em ação os leigos: 'É hora de deixar que o povo de Deus siga a orientação do Espírito Santo e encorajá-los a fazer o que eles fizeram no Novo Testamento... se os "leigos" compreenderem o padrão de Deus para usá-los na plantação de igrejas, a nação e o mundo poderiam ouvir as Boas Novas em nossa geração!

161 " 'Fazer tendas' se refere principalmente à prática de profissionais cristãos que se sustentam trabalhando como empregados ou se engajando em negócios. Dessa forma, eles conseguem conduzir seus ministérios sem depender de doadores e sem ser um peso para as pessoas a quem eles servem" (LOP 59,2005). BAM (*Business as Missions* ou Missão Empresarial), no entanto considera o desenvolvimento de negócios em si como missão – um meio de desenvolvimento econômico e um impacto no Reino mais amplo que o evangelismo e a plantação de igrejas. "Missão Empresarial são negócios com fins lucrativos que têm o foco no Reino" (ibid.). Mesmo assim, a crescente literatura sobre BAM pode ser de grande ajuda para os plantadores de igrejas fazedores de tendas. Livros e manuais de treinamento sobre BAM têm proliferado no século 21 – por exemplo, Rundle e Steffen 2003; Lai 2005; Baer 2006; Steffen e Barnett 2006; Johnson e Rundle, 2010.

162 Justin Forman, "Conferências OPEN Network vêm à Pennsylvania e Oregon" www.businessasmissionsnetwork.com/2009/09/open-network-conferences-come-to.html (Site em inglês. Acesso em12/07/2012). OPEN possui também um banco de dados online disponível para quem se registra: www.opennetworkers.net.

163 As instituições teológicas podem então se concentrar em formar líderes de líderes, teólogos e capacitadores. Veja Gupta e Lingenfelter 2006, 1-24, um estudo de caso sobre os benefícios da identificação do importante papel da educação formal e não formal e de uni-las para multiplicar obreiros missionários.

Quadro 15.2

Em defesa dos plantadores de igrejas bivocacionais e leigos

Base teológica. A plantação de igrejas bivocacional é fundamentada nas doutrinas do sacerdócio, ministério e exercício dos dons de todos os cristãos e se reflete na prática do Novo Testamento. Os movimentos de mobilização de leigos promovem o avanço da Grande Comissão e permitem que os pastores teologicamente treinados retornem à função de capacitadores descrita em Efésios 4.11-13.

Precedente histórico. Segue o padrão da igreja primitiva.

> Nos primeiros dias, a fé era espalhada espontaneamente por evangelistas informais e tinha seu maior apelo entre as classes operárias. [...] Na igreja primitiva não havia distinção entre os ministros de tempo integral e os leigos nessa responsabilidade de pregar o Evangelho de todas as formas possíveis. [...] Era axiomático que todos os cristãos eram chamados para serem testemunhas de Cristo não somente através de suas vidas, mas de seus lábios (Green 1970,1975).

> Se a classe clerical tivesse sido estabelecida no primeiro século e a expansão do Evangelho tivesse sido confiada a esse grupo especial, seria improvável que o cristianismo tivesse se espalhado como o fez (ibid., 166-93).

Contexto de capacitação. O contexto do ministério local é o melhor campo de treinamento para os obreiros de linha de frente, como evangelistas e plantadores de igrejas. Sherwood Lingenfelter, professor e deão de seminário, conclui (com Paul Gupta):

> A educação formal é inadequada e não pode capacitar efetivamente os evangelistas e líderes apostólicos para o ministério. Estamos limitados pela mesma razão pela qual não treinamos carpinteiros, pedreiros e mecânicos de aviões através da educação formal. As habilidades e o trabalho [...] podem ser entendidos e dominados somente através da prática, através do aprendizado experimental (Gupta e Lingenfelter 2006,23).

As igrejas devem assumir a responsabilidade de preparar novos obreiros através de um treinamento baseado na igreja e outras combinações de aprendizagem formal e não formal.

Relevância crescente. Os clérigos estão, até certo ponto, separados dos membros da congregação pelo treinamento e pelo status. Ao mesmo tempo que isso pode facilitar sua liderança e ministério dentro da igreja, muitas vezes coloca uma distância entre eles e os de fora. Os obreiros bivocacionais se identificam melhor com as pessoas, falando a linguagem de seu coração, usando um estilo de vida mais próximo ao delas, praticando mais hospitalidade e testemunhando ativamente através de palavras e obras (Patrick 2007, 171-73). Em seu trabalho para sustento eles compartilham espaços comuns com aqueles que estão tentando alcançar, tornando o evangelismo mais natural e integrado com a vida.

Viabilidade econômica. Em muitos locais os recursos financeiros são limitados demais para arcar com o custo da plantação de uma igreja através de obreiros assalariados. Mesmo em áreas de maior poder aquisitivo os fundos são geralmente dedicados aos pastores e sua equipe, antes dos evangelistas e plantadores de igrejas. O uso de trabalho leigo permite a mobilização e o emprego de mais obreiros locais e deixa os fundos disponíveis para missões e ministérios fora da igreja local.

Foi feita uma pesquisa na qual 450 obreiros bivocacionais de nove diferentes países de muitas organizações e denominações foram estudados em um período de seis anos. É significativo mencionar que, apesar de a maioria dos obreiros ser bivocacionada *por necessidade* – eles não poderiam ter entrado naquele campo missionário com um visto religioso – quase dois terços dos pesquisados *viram benefícios práticos* também (Patrick 2007). Para aproveitamento máximo desses benefícios, devemos também compreender e mencionar alguns dos desafios da vida diária e das dinâmicas de ministério que os fazedores de tendas devem enfrentar.

Desafios específicos

Stan Guthrie (2001, 84) identifica alguns dos singulares desafios enfrentados pelos fazedores de tendas, baseado nas primeiras tentativas do ministério:

> Nos últimos anos, no entanto, com demasiada frequência, essas missões do tipo "arma secreta" têm sido um tiro no pé de dedicados defensores dessa abordagem. Entre as letras garrafais de campanhas publicitárias, um número cada vez maior de bons observadores das igrejas e agências missionárias têm descoberto fazedores de tendas afligidos pela culpa por causa de sua dupla identidade ou enviados de volta, arrasados e derrotados, graças à falta de treinamento no ministério espiritual ou transcultural, ou à falta de habilidade para equilibrar as exigências de seu trabalho secular com seu ministério espiritual.

Steven Rundle, um professor de economia, descobriu que as deficiências encontradas na primeira onda do ministério de fazedores de tendas caíam em uma dessas três categorias:

1. Treinamento inadequado nas áreas bíblica, teológica e de evangelismo transcultural, resultando em lacunas nas competências ministeriais;
2. Ambivalência de papéis e tensão entre as duas vocações, produzindo lutas de identidade e integridade (por isso o rótulo de "fazedores de tendas esquizofrênicos");
3. Fracasso em criar um negócio rentável, o que prejudicou tanto o negócio quanto o ministério (Rundle 2000).

Servindo a muitos senhores

A preocupação imediata se torna como administrar efetivamente duas grandes vocações – mais o casamento e a família em muitos casos – e as múltiplas expectativas que vêm com elas. A necessidade de um descanso semanal (um sábado) e de limites entre o trabalho e a família podem se tornar mais importantes, mesmo que sejam mais difíceis de se alcançar. As pressões de tempo podem parecer quase intransponíveis; a flexibilidade, a resistência e uma boa administração do tempo são imprescindíveis para a sobrevivência. Ainda assim, esse desafio não é intransponível. As pesquisas indicam que os obreiros que priorizaram com sucesso as disciplinas espirituais alcançaram maior eficácia (Patrick 2007, 171). Deve também ser mencionado que o trabalho para o sustento serve a um propósito duplo, pois os plantadores de igreja *devem* encontrar espaços comuns com os que não frequentam nenhuma igreja. A função bivocacional fornece redes sociais naturais com mais pessoas, incluindo contatos para evangelismo (Davies 1986; Patrick 2007).

Além disso, como não há uma clara demarcação entre os espaços sagrado e secular na vida do obreiro bivocacional, as conexões podem ocorrer junto a linhas naturais, e não forçadas e artificiais, que requerem mais esforço e oferecem resultados inferiores (Davies 1986,96).

Atitudes negativas

A motivação é prejudicada quando o obreiro bivocacional é tratado como sendo de segunda classe ou quando lhe é negado o respeito e formas mais tangíveis de apoio ou reconhecimento. Ed Stetzer cita um plantador de igrejas japonês com uma forte aversão pelo ministério bivocacional: "Nunca aceite um emprego secular para suprir uma necessidade financeira. Eu pessoalmente não acredito em ministério de tempo parcial. Se alguém não tem confiança suficiente de que o Senhor proverá as necessidades do obreiro, essa pessoa não deveria ter entrado no ministério" (Stetzer 2003a, 260). Os fazedores de tendas devem ser capazes de articular e, algumas vezes, defender seu chamado e sua filosofia de ministério.

Nem todos os fazedores de tendas têm sucesso e alguns lutam com um sentimento de culpa, sentindo-se inadequado em ambos os ambientes, dos negócios e de plantação de igrejas. Douglas Davies afirma que um sentimento de *"liminaridade"* – estar permanentemente no limiar, em transição – é outra faceta da luta do obreiro bivocacionado (1986, 100). Os plantadores de igrejas bivocacionais podem sofrer de ansiedade pelo sucesso, sempre se sentindo como se estivessem no processo com poucas realizações e marcos de desempenho que possam apresentar. Quando os fazedores de tendas fracassam nos negócios, ou nunca os levam a sério, ferem sua credibilidade e põe em risco sua presença como testemunha cristã. "Aqueles que vivem fora de sincronia com seus iguais têm dificuldade de interagir com eles porque não são compreendidos nem respeitados" (Niles 2000, 306). Portanto, estão sob a pressão de serem bem sucedidos tanto no ministério quanto nos negócios. "Um negócio em dificuldades tem uma expectativa de vida mais curta, o que onera a família e todo o ministério" (Rundle 2000, 294). Esse desafio aponta para a necessidade de estabelecer expectativas realistas. O prazo necessário para começar um igreja deve levar em consideração as exigências desse papel duplo.

Recomendações para a plantação bivocacional

Aperfeiçoe a seleção e aumente a preparação

Fazer tendas não é para todo mundo. Exige certo tipo de pessoa – corajosa, relacional, multitarefa, flexível, hospitaleira, resistente e apta para o evangelismo pessoal e comunicação transcultural. Mans Ramstad exemplifica essa combinação de habilidades e atitudes: "Conhecemos as dificuldades envolvidas em atingir esses objetivos em nossa nação de 'acesso restrito'. Temos passado por interrogatórios policiais e sempre sentimos o peso opressivo da vigilância policial. Os perigos e as dificuldades, porém, não são suficientes para nos dissuadir da importância primordial do evangelismo e da plantação e igrejas" (1996, 416). O perfil dos candidatos a fazedores de tendas devem incluir habilidades empresariais e profissionais especializadas para o desempenho da função de sustento, bem como de treinamento ministerial transcultural para a função de plantador de igrejas. Os fazedores de tendas devem também buscar competência profissional, uma boa colocação profissional e uma atitude positiva em seu local e trabalho, tratando-o como parte de seu ministério em vez de um meio para a obtenção de um fim (Niles 2000). Um professor de um curso de treinamento para plantadores de igrejas bivocacionados trabalhando com grupos africanos de acesso criativo incluiu no currículo básico um módulo sobre planejamento de negócios viáveis.

Selecione cuidadosamente a carreira com fins lucrativos

É óbvio que ter um emprego secular é uma vantagem do ponto de vista ministerial somente se a carreira com fins lucrativos for coerente e propícia para o desenvolvimento de relacionamentos pessoais e plantação da igreja. O fato de os fazedores de tendas encontrarem uma boa colocação não é necessariamente garantia de que a plantação da igreja será frutífera. Os obreiros bivocacionais, como outros cristãos, podem ser absorvidos por suas carreiras profissionais em detrimento de suas atividades de plantação da igreja. Patrick observa "Precisamos admitir a possibilidade de que os fazedores de tendas fiquem tão concentrados em nossa plataforma de trabalho que não sejam efetivos no ministério. Nossa motivação precisa ser centrada em Deus e não em nós mesmos" (2007, 170). O trabalho com fins lucrativos deve, se possível:

1. Envolver uma colocação profissional de credibilidade;
2. Ser propício ao estabelecimento de relacionamentos;
3. Ser adequado ao perfil do trabalhador;
4. Deixar tempo livre para o desenvolvimento do ministério.

Trabalhe em equipes com propósitos claros e prestação de contas

Em razão de suas restrições, há um maior incentivo para que os fazedores de tendas trabalhem em equipes onde as responsabilidades possam ser compartilhadas.[164] Cada membro pode se concentrar em sua área de chamado ou na área de seus dons espirituais ou preparo. Na pesquisa empreendida por Patrick, aqueles que faziam parte de uma equipe com membros de mais de um país eram mais eficientes a despeito das dificuldades da compreensão e comunicação transcultural (Patrick 2007, 172).[165] Encontros frequentes – uma ou duas vezes por semana – foram também condições para um ministério

---

164 Noventa e três por cento dos pesquisados (Patrick 2007, 172) trabalhavam em equipes.

165 Alguns prós e contras das equipes multiculturais são citados no capítulo 16.

frutífero (ibid., 174). As equipes devem criar meios para que haja mútua prestação de contas, pois "os obreiros que possuem alguém a quem prestar contas no ministério têm mais probabilidade de serem eficazes" (ibid.). A equipe deve estabelecer um claro propósito comum e uma estratégia para a qual todos os membros possam contribuir. "Os obreiros que possuem uma clara estratégia para plantar uma igreja são muito eficazes, enquanto os obreiros que não a têm [...] são geralmente ineficientes" (ibid.). Ramstad argumenta:

> Não é fácil descobrir se somos evangelistas e plantadores de igrejas ou cristãos com vocações seculares. No entanto, as pessoas que são sustentadas com ofertas e orações de sua igreja de origem devem ter um claro entendimento sobre três coisas: (1) Por que elas estão indo para o campo missionário; (2) O que elas farão para servir à causa do evangelismo e plantação de igrejas; (3) Como trabalharão especificamente para alcançar esses objetivos. Muitos fazedores de tendas desejam esse tipo de prestação de contas, mas outros não. (1996, 419-20)

ESTABELECER FORMAÇÃO CONTÍNUA E SISTEMAS DE APOIO

É evidente que o reconhecimento e o apoio moral são fatores importantes na sustentabilidade do trabalho bivocacional. Christy Wilson (1997, 142) recomenda que os fazedores de tendas não saiam pelo mundo afoitos, fazendo o que lhes dá na cabeça, mas trabalhem através de organizações missionárias confiáveis ou em colaboração com elas. Aqueles que assim o fazem têm maior probabilidade de se juntar a uma equipe de ministério, receber orientação antes de ir para o campo e obter acompanhamento e suporte logístico quando enfrentarem dificuldades. O treinamento para o ministério transcultural não deve ser negligenciado, pois há uma correlação positiva direta entre o treinamento e a efetividade da plantação da igreja (Patrick 2007, 169). Embora a maior parte dos obreiros bivocacionais tenha algum treinamento (bacharel em teologia, seminário, cursos de treinamento missionário ou experiência missionária de curto prazo), necessitam ser continuamente treinados uma vez que estejam no campo – especialmente os que trabalham com não cristãos na Janela 10/40 (Patrick 2007, 170). Esse treinamento contínuo pode ser informal (mentoreamento e acompanhamento) e não formal (educação teológica por extensão e instruções pela internet). Felizmente há instituições de educação à distância que tornam a educação teológica e ministerial acessível, inclusive financeiramente. Além disso, os fazedores de tendas devem dar atenção especial a títulos acadêmicos, oportunidades de cursos de aperfeiçoamento e outras formas de integração e capital social. Eles também se beneficiam se estiverem ligados a colaboradores como parte de uma comunidade de aprendizagem ou grupo de mentoreamento mútuo como a OPEN.[166]

---

166 A OPEN opera como facilitadora de grupos de trabalhadores bivocacionados que têm como objetivo de ministério o mesmo grupo populacional ou geográfico. Os fazedores de tendas conseguem interagir face a face, mas com frequência o fazem online. O programa para cada grupamento é elaborado de acordo com assuntos práticos que os profissionais estrangeiros enfrentam no dia a dia. A intenção é não somente aprender, mas também apoiar e incentivar uns aos outros. Alguns eventos pré-campo estão começando a ser oferecidos (OPEN 2009).

Quadro 15.3

Bibliografia selecionada sobre a vida pessoal dos plantadores de igrejas

Chamado, maturidade espiritual e oração

BLACKABY, H. e BLACKABY, Richard. *Liderança Espiritual: Como impulsionar pessoas para o trabalho de Deus*. (São Paulo: Bompastor, 2007.)

HUNT, T.W. *Life Changing Power of Prayer*. (Nashville: Lifeway Church Resources,2002.)

HUNT, T.W. e WALKER, Catherine. *Disciple's Prayer Life: Walking in Fellowship with God*. (Nashville: Lifeway Church Resources, 1997).

SILLS, M. David. *The Missionary Call*. (Chicago: Moody, 2008).

Batalha Espiritual

ANDERSON, Neil T. *Vitória sobre a escuridão: Alcançando a plenotude de Cristo em sua vida*. (São Paulo: Bompastor, 2000).

_____. *The Bondage Breaker. Overcoming Negative Thoughts, Irrational Feelings, Habitual Sins*. (Eugene, OR: Harvest House, 2006).

Estresse transcultural e adaptação

FOYLE, Marjorie. *Overcoming Missionary Stress*. (Kent, UK: MARC Europe, 1987).

JONES, Marge e JONES, E. Grant. *Psychology of Missionary Adjustment*. (Springfield. MO: Logion, 1995).

LOSS, Myron. *Choque cultural: lidando com o estresse em um ambiente transcultural*. (Camanducaia, MG: Missão Horizontes, 2005.)

As mulheres na plantação de igrejas

JANSSEN, Gretchen. *Women on the Move: A Christian Perspective on Cross-Cultural Adaptation*. (Yarmouth, ME: Intercultural Press, 1989).

KRAFT, Marguerite G. *Frontline Women: Negotiating Cross Cultural Issues in Ministry*. (Pasadena: William Carey Library, 2003).

KRAFT, Marguerite G. e CROSSMAN, M. "*Women in Mission*" Missions Frontiers, August, 13-17. 1999.

Plantadores de igrejas bivocacionais

JOHNSON, C. Neal e RUNDLE, Steve. *Business as Mission: A Comprehensive Guide to Theory e Practice*. (Downers Grove, IL: InterVarsity, 2010).

LAI, Patrick. *Tentmaking: Business as Missions*. (Waynesboro, GA: Authentic, 2005).

STEFFEN, Tom A. e BARNETT, Mike. *Business as Mission: From Impoverished to Empowered*. (Pasadena, CA: William Carey Library, 2006).

A NECESSIDADE DE EMPENHO E EDUCAÇÃO CONTÍNUA

Fazer tendas não é a solução para todos os males, mesmo assim, a maior parte dos povos não alcançados reside em países que restringem o acesso de missionários, por isso a necessidade de trabalhadores bivocacionais originários de vários países irá aumentar cada vez mais. Rick Love afirma: "Treinar obreiros como Paulo – que possuem identidades integradas e combinam uma confiável atividade de fazer tendas com um frutífero ministério de fazer discípulos – é o desafio do século 21" (2008, 36). O ato de fazer tendas deve ser prudentemente abraçado por obreiros locais e transculturais, mas principalmente por aqueles que são chamados e qualificados. É necessário que haja estratégias cuidadosamente elaboradas e coordenadas, aliadas a uma indômita perseverança para que o ministério efetivo dos fazedores de tendas seja formado nas Américas, Europa e em outros lugares onde a igreja tem negligenciado a mobilização leiga e a plantação bivocacional de igrejas. É preciso explorar as parcerias criativas e sinergéticas entre equipes de leigos e obreiros de tempo integral com plena formação teológica. Um exemplo disso é um pastor da Alemanha apaixonado pela plantação de igrejas que foi designado para dedicar 50 por cento de seu tempo de trabalho orientando estagiários e novas equipes na plantação de igrejas. Como um plantador catalítico ele está trabalhando com formandos de escola bíblica e líderes leigos a fim de formar equipes.

Conclusão

Embora a discussão sobre os problemas da vida diária dos plantadores seja superficial devido às limitações de espaço, sua importância não deve ser subestimada. Este capítulo deve encorajar os plantadores de igrejas a buscarem crescimento pessoal, equilíbrio e uma integração sadia das dimensões ministeriais e pessoais. O mentoreamento de qualidade levará em consideração esses dois aspectos (Logan e Carlton 2003). Os plantadores podem ser proativos nesse ponto, crescendo no autoconhecimento, estabelecendo alvos, tendo um mentor ou conselheiro e juntando-se a uma comunidade de pessoas que compartilhem dos mesmos objetivos. O quadro 15.3 apresenta uma seleção de obras de referência que são exemplos de muitos outros excelentes recursos para estudo posterior nessas áreas.

16

EQUIPES DE PLANTADORES DE IGREJAS

Até pouco tempo, a literatura sobre a plantação de igrejas não dedicava muita atenção ao papel das equipes. Embora, como vimos no capítulo 3, as equipes fossem de suma importância para a missão dos primeiros apóstolos, surgiu a crença popular de que o plantador de igreja precisava ser um pioneiro vigoroso e solitário. No último quarto do século 20, no entanto, começou uma mudança em direção à comunidade e ao trabalho em equipe. Até o mundo corporativo está se afastando de uma cultura de individualismo para uma cultura de equipes. Acompanhando essa mudança, houve um crescente interesse em equipes nos círculos missionários.[167] Podemos aqui apenas oferecer um breve resumo sobre esse tópico.[168]

Um estudo extenso sobre equipes no local de trabalho (Katzenbach e Smith 1993, 1-8) produziu alguns resultados interessantes: um exigente desafio de desempenho tende a criar uma equipe. Nesse sentido, as equipes mais eficazes e produtivas não são criadas no vácuo, mas *nascem de uma necessidade*. A maioria das organizações intrinsicamente prefere a prestação de contas individual ou em grupo, mas as companhias com altos padrões de desempenho parecem gerar mais "equipes reais" do que aquelas que *promovem* equipes por si só. As equipes parecem trabalhar melhor quando têm uma tarefa clara que exige uma variedade de perspectivas e habilidades. Elas raramente trabalham nos altos escalões da liderança corporativa por causa do espírito independente e da escassez de tempo da maior parte dos executivos. A plantação de igrejas, no entanto, é, sem dúvida alguma, uma tarefa complexa e desafiadora que exige uma variedade de perspectivas e habilidades na qual se pode esperar que as "equipes reais" tenham sucesso.

---

167 Isso se evidencia pelo número de artigos publicados. Só no periódico Evangelical Missions Quartely encontramos Waldron 1971; Bacon 1978; Dyer 1986; Lukasse 1986; Allen 1991; Mackin 1992; Love 1996; O'Donnel 1999; Stetzer 2003b; Zehner 2005; Ellis 2005.

168 Para um estudo completo sobre equipes missionárias, veja livros como o de Daniel Sinclair, *A Vision of the Possible: Pioneer Church Planting in Teams* (Uma visão do possível: plantação pioneira de igrejas em equipes) (2006) e de Trent e Vivian Rowland, *Pioneer Church Planting: A Rookie Team Leader's Handbook* (Plantação pioneira de igrejas: manual do líder de equipe calouro) (2001).

Definições

Alguns especialistas distinguem duas grandes categorias de equipes: (1) formal, equipes de longo prazo e (2) informal, equipes temporárias como grupos de trabalho, comitês ou outras formas de grupos pequenos provisórios (Lanier 1993; Katzenbach e Smith 1993). Na plantação de igrejas há pessoas que trabalham juntas até certo ponto sem uma ligação oficial e sem dedicar muito tempo para um único propósito de longo prazo. Elas podem fazer uso do trabalho em equipe, mas não constituem uma equipe de plantação de igrejas no sentido em que faremos uso do termo. Embora alguns princípios neste capítulo possam ser aplicados a equipes informais sem compromissos, nos concentraremos em equipes que têm um compromisso específico formal de muitos anos para a realização de uma plantação de igreja.

Uma equipe é um grupo de pessoas com habilidades complementares que estão comprometidas com um propósito comum e trabalham juntas de comum acordo para atingir aquele propósito, responsabilizando-se uns aos outros plenamente pelos resultados da equipe. Os elementos principais são os seguintes:

- Perfis complementares, e não iguais;
- Comprometidos com um propósito comum (em nosso caso, a plantação de igrejas);
- Decidindo como trabalharão juntos para atingir esse propósito (planos);
- Trabalhando em cooperação na execução do propósito e dos planos;
- Responsabilizando-se mutuamente pelos resultados.

Stephen Macchia (2005, 41) alerta as equipes ministeriais cristãs:

Uma equipe ministerial cristã é um grupo gerenciável de pessoas diversamente dotadas que se responsabilizam alegremente em servir juntos para a glória de Deus:

- Compartilhando a mesma visão;
- Vivendo a mensagem amorosa de Cristo;
- Realizando um ministério significativo;
- Antecipando resultados futuros.

Portanto formar uma equipe é um esforço cooperativo e coordenado de um grupo de pessoas atuando juntas para uma causa comum. Uma equipe de plantação de igrejas é um grupo de cristãos que trabalham juntos com um propósito sob a autoridade de Cristo para iniciar uma ou mais novas igrejas. Essas equipes surgem em muitos formatos, como Johan Lukasse observa: "Uma equipe de plantação de igrejas é geralmente formada por missionários de carreira ou missionários de curto prazo auxiliando um plantador por um ou dois anos. Em alguns casos, a equipe é uma mistura de casais missionários de carreira e nacionais. Algumas vezes, a equipe vive em uma comunidade. Outras, as famílias são espalhadas por uma área específica de, por exemplo, uma cidade, e opera a partir de um lugar central como o templo de uma igreja já existente" (1986, 2). Os membros podem ser estrangeiros ou obreiros nacionais, ou ambos – e obreiros de tempo integral ou fazedores de tendas. As equipes de plantação de igrejas que incluem obreiros nacionais não devem ser confundidas com a equipe de liderança local que emerge na fase seguinte do processo de plantação da igreja.

A carência de equipes de plantação de igrejas

Muitas organizações missionárias envolvidas em plantação de igrejas, especialmente aquelas que trabalham entre populações resistentes, como muçulmanos ou cristãos nominais, usam equipes como o elemento principal de sua estratégia. A Missão Frontiers usa as equipes como a pedra fundamental de seus projetos de plantação de igrejas entre muçulmanos. Eric Adams e Tim Lewis comentam: "(A equipe de campo) é o veículo principal da Frontiers para a penetração em grupos de povos muçulmanos em países de acesso restrito com atividades de plantação de igrejas. Como a estrutura de equipe é o elemento-chave pelo qual o objetivo primordial da organização é alcançado, todo o movimento de Frontiers é organizado em torno dessa unidade fundamental. Cada equipe se forma em torno de um líder com uma visão e uma estratégia para introdução em um grupo de povo muçulmano específico ou segmento de uma cidade muçulmana" (Adams e Lewis 1990, 1).[169]

John Lukasse, ex-diretor da *Belgian Evangelical Mission* descobriu que na Bélgica "é necessário um esforço de equipe para criar raízes em solo duro". Ainda assim, ele faz um breve relato dos frutos:

> Começamos a trabalhar com nossa primeira equipe de plantação de igrejas em 1972. Em um ano a igreja já havia iniciado. Uma segunda equipe menor acompanhou esse trabalho e havia 50 adultos frequentando a igreja com três presbíteros e dois diáconos. Essa igreja produziu uma segunda congregação dois anos mais tarde, uma terceira, quatro anos depois, e ainda outra igreja algum tempo depois. Usamos essa [...] abordagem porque a consideramos bíblica, prática e eficaz. Embora tenhamos cometido erros e o Senhor ainda tenha muito que nos ensinar, pudemos começar 15 igrejas em oito anos (1986, 134-35).[170]

Ramon Carmona plantou cinco igrejas na Colômbia e permaneceu o pastor da quinta em Cartagena para que ela se tornasse uma congregação incubadora que envia equipes para iniciar novos trabalhos. Ele acredita que os três maiores obstáculos à plantação eficaz são: falta de um chamado claro, estratégia inadequada e *falta de habilidade para trabalhar em equipe* (grifo nosso). Ele diz: "Os cavaleiros solitários não precisam se inscrever [...] É importante que o missionário seja um jogador no time, preparado tanto para servir quanto para aprender" (citado em Tone 2000, 11).

---

169 Uma abordagem de equipe para a plantação de igreja continua a ser preferida pela missão Frontiers e pela maioria das missões para o mundo muçulmano e outros grupos de povos não alcançados. Veja também Livingstone 1993 e Sinclair 2006.

170 Lukasse acrescenta: "A respeito de se plantar uma igreja com uma equipe de pessoas, eu ainda acredito que essa é uma das melhores formas de se trabalhar. Precisamos considerar, no entanto, diferentes tipos de equipes. Os princípios são bem aplicáveis como expliquei naquela ocasião, as atividades e a forma pela qual os membros da equipe operam são, provavelmente, muito diferentes nos tempos pós-modernos em que vivemos" (2006).

Vantagens das equipes de plantação de igrejas

Há vantagens e desvantagens nas equipes. Um dos maiores benefícios é que há múltiplas perspectivas disponíveis para a solução de problemas. "Uma recente pesquisa realizada por Deborah Gruenfeld, da Faculdade de Administração de Stanford, sugere que as equipes que englobam pelo menos dois pontos de vista contrários em uma questão específica tomam decisões melhores porque a pressão da minoria força a maioria a pensar de forma mais complexa e considerar evidências diversas. Gruenfeld chegou a essa conclusão, em parte, pela análise de decisões tomadas pela Suprema Corte dos Estados Unidos" (Snyder 2004).[171]

Ben Sawatsky (1987) estudou as equipes de Atos e as equipes de plantação de igrejas de cinco organizações missionárias para identificar as características das equipes sadias e eficazes de plantação urbana. O quadro 16.1 resume as vantagens do trabalho em equipe encontradas por Sawatsky.

Há também vantagens ministeriais em relação ao trabalho de plantação de igrejas. As equipes oferecem equilíbrio e *cross-training* (experiência em várias posições). Alguns empreendimentos estão mudando da produção gerencial (que enfatiza o controle) para a produção baseada na equipe (que exige a delegação de responsabilidade).

- As equipes recebem atribuições com mais frequência para encontrar soluções, dar opiniões e avaliar resultados. Aceitam essa responsabilidade voluntariamente e os resultados têm sido surpreendentemente positivos.
- O absentismo tem se tornado um problema menor no ambiente de equipe.
- De acordo com pesquisas, a satisfação do cliente tem melhorado.
- As decisões são tomadas muito mais rapidamente.
- Os problemas são resolvidos na fonte.
- As tarefas são completadas de forma mais harmoniosa.
- O moral permanece alto. (Norman 1996,1)

Além disso, o trabalho tende a ser mais estável porque é baseado em compromissos comuns, em vez de basear-se na personalidade e na visão de um indivíduo (Waldron 1971). Sawatsky (1987, sec. 6, 19-21) acrescenta as seguintes vantagens práticas de se trabalhar em equipes relacionadas ao ministério:

1. Mais perseverança no evangelismo em equipe;
2. Mais poder através da oração em equipe;
3. Mais criatividade através do planejamento em equipe;
4. Mais produtividade através do ministério em equipe;
5. Centrado no ministério ao invés de ser centrado em personalidade.

Lukasse descreve as vantagens sinergéticas do trabalho em equipe na plantação de igrejas:

---

171 O estudo a que Snyder (2004) se refere é *"Upending the Status Quo: Cognitive Complexity in US Supreme Court Justices Who Overturn Legal Precedent"* (Derrubando o *status quo*: complexidade cognitiva em decisões da Suprema Corte dos Estados Unidos que contrariam o precedente legal), *Personality and Social Psychology Bulletin* 26 (Agosto 2000).

No momento em que chega à comunidade, a equipe de plantação da igreja entra em ação. Em primeiro lugar, cada membro da equipe se junta a um ou dois grupos sociais ou culturais – como esportes – mas somente um membro da equipe a um clube. Como resultado, eles facilmente serão capazes de fazer contato e penetrar naquela parte da população. Essa é uma forma natural de se aproximar de todos os níveis da sociedade e abre portas tremendas. Segundo, os membros começam a seguir um programa de diferentes abordagens evangelísticas. Durante esse tempo eles podem estabelecer relacionamentos e conhecer pessoas. Alguns também realizam pesquisa adicional na situação local para complementar o trabalho inicial feito antes da seleção da área de ministério (1986, 136-37).

Possíveis desvantagens das equipes de plantação de igrejas

Podem surgir também desvantagens à abordagem de equipe: leva tempo e esforço para construir e manter relacionamentos interpessoais sadios e não é fácil manter o grupo concentrado o suficiente para atingir os alvos da equipe efetivamente. Uma abordagem de equipe exige mais pessoal e dinheiro. Embora a *Belgian Evangelical Mission* acreditasse em equipes, teve que ajustar suas estratégias. Lukasse escreve: "A estratégia da BEM mudou porque, com o passar do tempo, não conseguimos motivar pessoas suficientes para juntar-se às equipes de treinamento de plantação de igrejas. Fomos forçados a procurar outras formas e métodos" (Lukasse 2006, 1).

Invariavelmente, certo grau de conflito ocorre no processo de formação da equipe. Diferenças na filosofia de ministério e competição pela liderança da equipe geralmente surgem logo no início e as tensões causadas pelo choque de personalidades podem ameaçar o grupo mais comprometido. As desigualdades na equipe também podem criar problemas. Há uma tensão entre o desejo de tratar todos os membros igualmente e a consciência de que alguns contribuem mais por causa de seu trabalho duro ou de suas habilidades. A frustração pode surgir quando um membro da equipe vai "na cola" de membros mais talentosos ou dedicados ou a inveja pode ser despertada quando um membro da equipe se destaca dos demais.

Os membros da equipe podem ter expectativas diferentes a respeito do que cada um deve contribuir para o grupo e sua missão. Muitas vezes essas expectativas não são verbalizadas até que explodam em uma discussão acalorada. Algumas equipes sufocam o individualismo, outras dão lugar demais a ele.

> **Quadro 16.1**
>
> ### Vantagens dos membros da equipe
>
> 1. Dons complementares
> 2. Desenvolvimento de dons
> 3. Sistema de apoio mais forte
> 4. Abre as portas do ministério para mais pessoas
> 5. Segurança em tempos de crise
> 6. Proteção contra a tentação
> 7. Oferece treinamento durante a execução do trabalho
> 8. Assegura a prestação de contas
> 9. Diminui a solidão
> 10. Permite que cada um se concentre em áreas fortes
> 11. Intensifica o senso de visão
> 12. Uma equipe pode dar conta de um projeto maior
>
> Fonte: Sawatsky 1987, sec.6,14-18

Ambos os extremos ferirão os relacionamentos e impedirão a produtividade. As equipes podem se tornar introspectivas e até narcisistas. Relacionamentos exclusivos e absorventes em detrimento do trabalho de equipe interdependente podem se desenvolver quando as equipes não mantêm um foco missional.

Algumas equipes começam bem, mas mais tarde escorregam para um padrão disfuncional. Isso geralmente começa com a falta de confiança e se manifesta eventualmente na falta de produtividade. Onde há falta de confiança, os membros da equipe evitam um comprometimento pleno e envolvimento mútuo. Raramente, ou nunca, se comprometem totalmente com as decisões e inciativas ministeriais, embora indiquem concordância durante as reuniões. Sem um compromisso verdadeiro, os membros da equipe evitam prestar contas e começam a funcionar independentemente. Gastam energia mantendo uma harmonia superficial e evitando conflito. Mesmo os membros mais focados e comprometidos hesitarão em discutir as atitudes e comportamentos que pareçam ameaçar o bem da equipe. Finalmente, o fracasso de responsabilizar uns aos outros leva a uma negligência de resultados (Lencioni 2002, 187-90).[172]

Outras dificuldades surgem quando uma equipe de estrangeiros se concentra em uma área geográfica. A igreja que emerge do trabalho deles pode ter um "jeito" estrangeiro e a iniciativa dos cristãos locais pode ser sufocada ou dominada por todos os profissionais de fora. Além disso, se os membros expatriados da equipe não conseguem estabelecer relacionamentos com os cristãos nacionais ou deixam de consultá-los para tomar decisões, a equipe pode parece insular e dar aos nacionais a impressão de que eles não são necessários ou têm pouco a contribuir. Damaris Zehner alerta que mesmo equipes de estrangeiros multiculturais podem se tornar centros missionários separados dos nacionais por muros: "uma pequena cultura estrangeira no meio do campo missionário" (2005, 363).

Concluindo: "as equipes não são a solução para todas as necessidades organizacionais atuais e futuras. Elas não resolverão todos os problemas, nem melhorarão todos os resultados do grupo. [...] Acima de tudo, quando usadas de forma equivocada, podem se constituir em desperdício e fontes de conflito" (Katzenbach e Smith 1993, 24). Por outro lado, equipes saudáveis podem ministrar uma comunidade e afetar positivamente no desempenho dos plantadores. Assim, elas se tornam um poderoso instrumento para a expansão da igreja de Cristo.

Lições das equipes paulinas

No capítulo 3 vimos várias maneiras pelas quais o ministério em equipe contribuiu para as missões apostólicas: novos missionários foram treinados, mensageiros foram enviados conforme surgia a necessidade e muito mais pôde ser realizado através do uso dos dons complementares. Não estamos sugerindo que as equipes de hoje sejam idênticas às paulinas, mas que podemos aprender desses precedentes e obter princípios valiosos. Em primeiro

---

172 De acordo com Lencioni (2202, 188-90), as seguintes disfunções dependem umas das outras: (1) ausência de confiança, (2) medo de conflito, (3) falta de compromisso, (4) falta de prestação de contas e (5) falta de atenção aos resultados.

lugar, a liderança de Paulo era instrutiva. Hoje, muitas equipes de plantação de igrejas tentam funcionar democraticamente, vendo seu líder como um coordenador sem muita autoridade. Embora seja compreensível, esse ajuste cultural pode levar à estagnação no caso da plantação de igrejas. O precedente bíblico ressalta a sabedoria de se ter uma autoridade espiritual clara e consistente que vem de um chamado e de dons específicos.

A segunda lição é o valor de ser uma *equipe missional*. Uma equipe de plantação de igrejas não existe para atender às necessidades de seus membros ou estabelecer uma igreja que se adapte ao seu gosto. Os membros da equipe devem ser escolhidos, empregados e dispensados baseando-se nas necessidades da missão. Às vezes, os membros da equipe devem renunciar a ministérios que lhes agradam para dar atenção a ministérios que considerem difíceis. Mais tarde eles abandonam o controle e entregam os ministérios a líderes nacionais para que a igreja possa ser autóctone e se multiplique. Isso exige um foco missional do começo ao fim.

O padrão paulino de usar a equipe como campo de treinamento para novos obreiros é aplicável hoje? Alguns estudos indicam que os membros da equipe podem naturalmente integrar desempenho e aprendizagem se tiverem um alto de grau de comprometimento com a tarefa a ser executada, habilidades complementares e senso de comunidade (Katzenbach e Smith 1993). Inicialmente o líder da equipe irá modelar as funções do ministério e mentorear os membros da equipe. O mentoreamento de colegas pode acontecer baseando-se também nos pontos fortes de membros individuais. No próximo estágio, os aprendizes amadurecem juntos, desenvolvem formas culturalmente adequadas de testemunho, louvor e serviço. Isso cria uma comunidade de aprendizagem na qual cada um é professor e aluno em algum grau. Os bons líderes de equipes de plantação de igrejas saberão explorar o potencial de capacitação da equipe, mesmo quando isso significa desistir de algum ministério pessoal. As equipes de Paulo eram flexíveis e maleáveis, com membros que podiam funcionar independentemente ou em grupo, de acordo com a necessidade. As equipes missionárias de plantação de igrejas, particularmente aquelas que usam o modelo apostólico, devem ver o grupo como um conceito dinâmico em vez de estático. A equipe surge, cresce, diminui, muda de métodos, se dispersa, volta a se reunir e finalmente desaparece. Os membros da equipe são inclusivistas, e não exclusivistas, em espírito; eles podem trabalhar como um grupo grande ou se dividir em subgrupos, se necessário.

Em vista da natureza humana caída e das disfunções que as equipes experimentam é impressionante como as equipes de plantação de igrejas em Atos parecem ter sido produtivas e positivas. É óbvio que o Espírito Santo estava reunindo e dirigindo essas equipes para cumprir sua missão. Ele selecionou os obreiros, chamou-os, separou-os, guiou-os em seus caminhos e lhes concedeu poder para pregar o Evangelho (Atos 13.2-9). As equipes de plantação de igrejas de hoje, da mesma forma, estão convencidas de que foram reunidas por Deus e conduzidas por ele na obra do Evangelho. Isso exige que eles o consultem em cada passo do caminho, mantenham vidas e famílias que lhe agradem e lhe deem glória. Finalmente, eles devem ter líderes santos escolhidos pelo próprio Deus.

Líderes de equipes de plantação de igrejas

Uma equipe de plantação de igrejas deve ter um líder capaz que inspire confiança em razão de seu caráter e competência. Mas o que fazer quando não há um líder cuja experiência, chamado ou dons o destaque dos outros? Uma equipe de plantação de igrejas fazia rodízio da função de liderança a cada mês entre os seus membros, homens e mulheres, por dois anos. Com o tempo, essa equipe se mostrou tão disfuncional quanto um corpo sem cabeça e, depois de anos na tentativa da plantação de uma igreja, se dispersou antes que a igreja fosse plantada. Não há como se desviar da necessidade de ter uma liderança competente. Algumas das equipes de sucesso são aquelas que se reúnem no campo depois que a liderança na plantação de igrejas foi demonstrada. Isso nos leva a defender a formação de equipes nas quais o líder tem a palavra final na seleção dos membros, tem a confiança deles e está seguro de sua lealdade.

Uma das mais cruciais lições que aprendemos a respeito de equipes nos últimos vinte anos é a importância da experiência do líder. Muitas equipes cujo líder não tinha experiência na plantação de igrejas ou não tinha conhecimento da nova cultura passaram por crises. Os líderes que estão aprendendo a plantar uma igreja pela primeira vez ou como ministrar em uma nova cultura terão dificuldade de liderar outras pessoas pelo mesmo processo. Quando não é possível recrutar um líder com experiência na cultura de ministério, o que geralmente é o caso em situações pioneiras, o líder deve experimentar um ministério transcultural em outro contexto semelhante.

Como um líder exerce autoridade? Há muitos modelos de liderança e a mesma quantidade de variantes culturais. A tabela 16.1 contrasta dois dos padrões mais comuns: o padrão de liderança organizacional e o padrão orgânico (Lanier 1993, 7, 14).

Tabela 16.1
Liderança organizacional versus liderança orgânica

Padrão de liderança organizacional	Padrão de liderança orgânica
Posicional	Funcional
Baseada em poder	Baseada em dons
Autoridade permanente	Autoridade limitada
Insiste na lealdade	Estabelece confiança
Indicada por diretores	Aceita pelos membros da equipe
Toma decisões	Constrói consenso
Guarda para si as funções da liderança	Compartilha as funções da liderança

Fonte: Resumo do material de Lanier 1993,7,14.

Embora o padrão organizacional tenha sido usado efetivamente em alguns projetos de plantação de igrejas, as equipes missionárias de plantadores devem preferir o padrão orgânico por causa da necessidade de flexibilidade, mobilidade e as mudanças de papéis que conduzem à fase de retirada.[173] Os líderes devem estar prontos para delegar responsabilidades e compartilhar a direção com os membros da equipe e os líderes nacionais emergentes. *Afinal de contas, sua aspiração principal não é dirigir a equipe, mas levar a cabo a missão de plantação de igrejas.* Eles promovem um produtivo trabalho em grupo ajudando a equipe a identificar o uso complementar de dons espirituais. Esses líderes preferem usar o consenso, mas são capazes de tomar decisões difíceis quando necessário. Eles inspiram uma visão compartilhada e mantém a direção e o foco esclarecendo os valores e prioridades. Eles possuem inteligência emocional e flexibilidade para antever as necessidades, se adaptar aos desafios e influenciar a mudança. Finalmente, eles conhecem os pontos fortes e fracos dos membros da equipe e fomentam o trabalho em grupo e a criatividade sem negligenciar os resultados. Vemos vários exemplos desse padrão orgânico na Bíblia. Isso não deveria nos surpreender porque, embora Deus geralmente comece uma missão chamando um indivíduo, raramente ele para por aí; mas capacita e concede poder para que aquele indivíduo reúna outros para realizar a missão.[174]

Junias Venugopal (1997) estudou equipes missionárias operacionais e também equipes que foram dissolvidas para determinar os fatores que contribuem para as equipes efetivas. Ele descobriu que as equipes que não conseguiram discutir suas expectativas de ministério e funções na equipe acabaram em conflito. Outros fatores que contribuíram para o conflito foram os estilos de liderança autoritária ou liderança *laissez-faire,* falta de comunicação e falta de consenso na tomada de decisões.

Por outro lado, a oração conjunta era uma marca das equipes mais coesas. Os líderes de equipes eficazes procuram esclarecer expectativas, equilibrar autoridade e participação em seu estilo de liderança e promovem a oração.

> Embora prestando contas à Diretoria Internacional, a Missão Frontiers concede ao líder da equipe uma ampla autonomia e autoridade sobre seu campo. Tem a convicção de que as decisões pertinentes à plantação de igreja entre os muçulmanos devem ser tomadas o mais perto possível do campo de atividade na abordagem da tarefa, desenvolvimento da liderança, zelo empreendedor e uma maior disposição de correr riscos, bem como fazer com que a equipe tome posse do ministério e o moral seja elevado em um ambiente geralmente hostil. Em razão da volatilidade do mundo muçulmano, a habilidade de adaptar rapidamente as operações da equipe local às mudanças das condições do campo é extremamente valiosa. (Adams e Lewis, 1990, 4)

Compreender os propósitos das equipes paulinas (ver capítulo 3) lança luz sobre as principais funções dos líderes de equipes. Dentro do padrão orgânico de liderança eles exercem a *função de coordenação* ajudando as equipes a aperfeiçoarem a produtividade usando seus dons espirituais (membros como associados). Eles

---

173 No entanto, o padrão organizacional é, muitas vezes, usado na multiplicação de igrejas urbanas em grupos pequenos. Para isso, a reestruturação de Moisés das tribos hebraicas seguindo o conselho de Jetro (Êx 18.24-26) é usada como modelo.

174 Isso pode ser ilustrado na vida de Moisés (Êx 17.8-10; 18.24s), Davi (1Sm 22.1s) e Neemias (Ne 2.11-18).

têm a *função de delegação* quando assumem grandes responsabilidades e enviam os membros da equipe para uma missão específica (membros como representantes). Eles têm a *função de capacitação* quando oferecem a seus membros oportunidades de treinamento e mentoreamento pessoal (membros como aprendizes). Finalmente, eles têm a *função de direção* quando delegam tarefas aos membros e os responsabilizam por seu trabalho (membros como assistentes).

Quais são as qualificações para os líderes de equipes missionárias? Eles devem ser espiritualmente maduros e preencher as qualificações bíblicas de um presbítero. Devem ser humildes e ter um espírito de servo. Paulo escreve aos coríntios *"Não que tenhamos domínio sobre a sua fé, mas cooperamos com vocês para que tenham alegria, pois é pela fé que vocês permanecem firmes"* (2Co 1.24). Os membros da equipe precisam de um pastor e não de um governante controlador (1Pe 5.3). Mesmo assim eles funcionam melhor com um líder que não tem medo de exercer autoridade de maneira apropriada.

Os líderes de equipe precisam ter um claro senso de chamado, conhecer sua missão e articulá-la efetivamente. Eles devem ter um espírito empreendedor e boa liderança visionária. Em razão da complexidade e da dificuldade da tarefa, eles precisam ser homens e mulheres de oração que consultam Deus, discernem sua orientação e, então, avançam com fé e determinação. Eles precisam ter habilidade de formação de equipe, ser capazes de manter o bom ânimo e inspirar os membros em face da oposição e desânimo. Precisam ser trabalhadores, pacientes e perseverantes.

Os líderes devem entender a cultura do povo-foco de seu ministério e a tarefa de plantação de igrejas o suficiente para liderar com confiança. É preferível que eles já possuam experiência com o povo a ser alcançado. Os líderes da equipe precisam entender seus dons e habilidades e escolher membros que irão preencher funções específicas. Eles escolherão sabiamente e deliberadamente pessoas que os complementarão, serão leais a ele e permanecerão comprometidos com a missão em tempos difíceis. Finalmente, eles precisam ser como jogadores que creem que seu time pode conseguir mais coisas juntos do que cada indivíduo independentemente (Ec 4.9-12). Munidos dessas qualidades e convicções eles voluntariamente ajudarão a equipe a se desenvolver, resolver conflitos e servir com seus olhos no Senhor.

Equipes multiculturais

Com a crescente participação de igrejas africanas, asiáticas e latino-americanas em missão, as equipes missionárias têm se tornado cada vez mais internacionais e multiculturais em sua composição. Esse fato reflete positivamente a natureza global da igreja de Cristo no século 21 e traz também vantagens práticas. As equipes multiculturais trabalham contra a percepção da superioridade cultural, favorecem o aprendizado mútuo, modelam a unidade e diversidade no corpo de Cristo e podem abrir portas em comunidades diversificadas em contextos urbanos. Uma gama mais ampla de recursos pode ser trazida para o projeto. Elas enviam a mensagem de que o cristianismo não é apenas uma religião ocidental. Além disso, os membros de origens étnicas diferentes trazem perspectivas mais amplas ao processo de tomada de decisão e podem se identificar de formas variadas com o povo local. As equipes multiculturais também diminuem o grau de desconfiança.[175]

Essas equipes, no entanto, também enfrentam grandes obstáculos porque os membros de diferentes culturas muitas vezes trazem com eles expectativas conflitantes e estilos diferentes de liderança. Os relacionamentos entre uma equipe podem ser difíceis o bastante sem o acréscimo da dimensão transcultural com seus conflitos e mal-entendidos.[176] Leanne Roembke cita os pressupostos que tipicamente causam problemas em equipes multiculturais: "1) a cultura da maioria ou do líder dirige a equipe culturalmente; 2) o inglês é o idioma da equipe, 3) só os homens lideram; 4) só as esposas assumem a responsabilidade da família e da casa; 5) os salários são fixados no país de origem sem levar em consideração o país hospedeiro; 6) a liderança é de cima para baixo" (2000, 109).[177]

Ainda assim, o objetivo de uma equipe multicultural sadia é possível de ser alcançado com uma orientação adequada, uma liderança madura e sensível, uma atitude de servo, comunicação paciente e um desejo contínuo de aprender. A equipe deve, pacientemente, trabalhar em questões como finanças, estilo e padrão de vida, em que extensão os recursos serão disponibilizados, processos de tomada de decisões, valores principais e idioma da equipe. Roembke (2000, 175) sugere que as opiniões dos membros da cultura anfitriã devem ser recebidas e, em geral, seus valores e sua língua devem receber prioridade.

O líder deve ter em mente três coisas essenciais ao montar e coordenar uma equipe multicultural: entendimento cultural, compromisso com a comunidade e dons complementares.[178]

Entendimento cultural

O entendimento mútuo é necessário em todos os relacionamentos humanos, mas especialmente nas equipes de plantação de igrejas. A menos que os membros da equipe aprendam a compartilhar suas expectativas, opiniões e aspirações e procurem compreender os membros de sua equipe, há pouca esperança que a equipe sobreviva o suficiente para ser produtiva. Uma grande parte da comunicação é não verbal e dicas são facilmente mal-interpretadas. A chance de interpretá-las erroneamente é ampliada em equipes multiculturais.

---

175 Ed Stetzer ilustra esse ponto: "Por exemplo, um grupo de missionários Ashanti da África Ocidental procurando o povo Wala, predominantemente muçulmano, no noroeste de Gana seria visto com suspeição. Os Wala ficariam desconfiados porque os Ashanti têm, historicamente, dominado a área. No entanto, se um missionário Ashanti participa de uma equipe em que há um Fanti da África Ocidental, um coreano e, ainda melhor, um Wala, a recepção tenderia a ser muito mais positiva." (2003b, 500).

176 O líder de uma grande agência missionária internacional confessou em uma conversa particular com um de nós que muita energia tem sido consumida tentando resolver conflitos nas equipes multiculturais dessa missão, a ponto do trabalho, em muitos casos, chegar a ser paralisado ou regredir. Eles eram também um testemunho ruim para os observadores. Essas equipes eram tão disfuncionais e contraproducentes que a missão estava considerando suspendê-las completamente.

177 A obra de Roembke "Building Credible Multicultured Teams" (Formando equipes multiculturais confiáveis) (2000) é um dos guias mais úteis nesse assunto.

178 Para uma discussão mais profunda ver "Selection, Training and Formation of Multicultural Teams" (Seleção, treinamento e formação de equipes multiculturais), capítulo 5 em Roembke 2000 (197-217).

Desentendimentos sobre assuntos referentes ao estilo de vida – como o padrão de vida ou a forma como um casal corrige seus filhos – podem surgir regularmente. Algumas culturas valorizam a comunicação franca e direta enquanto que outras a consideram ofensiva, preferindo usar uma linguagem sugestiva. O estilo de liderança invariavelmente se torna um problema em equipes multiculturais. Seja o estilo de liderança facilitador, autoritário ou colaborativo, as expectativas e limites devem ser claramente discutidos até se chegar a um acordo. Um problema comum (Cho e Greenlee 1995) é que os membros da equipe oriundos de diferentes culturas podem ter dificuldade de concordar sobre qual comportamento ético é biblicamente proibido, o que é claramente aprovado e o que é sujeito a interpretação. Mesmo que eles concordem que certos comportamentos são eticamente ambíguos, podem encontrar dificuldade em aceitá-los na equipe. Outras fontes de tensão cultural podem ser a consciência de tempo, padrões de tomada de decisão, grau de comunidade e assuntos sobre privacidade. Infelizmente, a natureza e o momento desses mal-entendidos não podem ser previstos, portanto o processo pelo qual devem ser tratados deve ser decidido com antecedência. Aqui estão algumas sugestões práticas:

1. Permita que haja uma extensão do prazo na fase de formação da equipe (discutido abaixo)
2. Certifique-se de que todos concordam com o trato de resolução de conflitos e vivem de acordo com ele (também discutido abaixo).
3. Dê autoridade a todos os membros da equipe para convocarem uma reunião especial para esclarecimentos e encoraje-os a fazê-lo o mais rápido possível quando surge a tensão.
4. Se o líder da equipe achar necessário, use um moderador que não pertença à equipe e tenha habilidade em comunicação transcultural.
5. Tome tempo para avaliação da equipe e checagem relacional durante os retiros da equipe (ver seção sobre saúde e manutenção da equipe).

Compromisso com a comunidade

De acordo com Yong Joong Cho e David Greenlee (1995, 179) o fator mais importante para a sobrevivência das equipes multiculturais é criar o que os psicólogos chamam de "senso de comunidade".[179] David McMillan e David Chavis (1986) definem quatro elementos necessários para um alto senso de comunidade dentro de um grupo particular de referência.

1. O elemento de membresia: o sentimento de pertencer ou compartilhar um senso de relacionamento pessoal.
2. O elemento de influência: o senso de exercer influência sobre um grupo e ser influenciado por esse grupo.
3. O sentimento de suprimento de necessidades: o conceito de que as necessidades de alguém podem ser supridas e estão sendo supridas através dos recursos coletivos do grupo.

---

179 Isso pode ser definido como "a percepção de similaridade dos outros, um reconhecimento interdependente de outros, uma disposição de manter essa interdependência dando ou fazendo pelos outros o que se espera deles (e), o sentimento de que se é parte de uma estrutura maior dependente e estável.

4. O elemento de conexão emocional compartilhada: o compromisso e a coesão que surge da experiência da história compartilhada.

Pode ser um processo lento e difícil para uma equipe multicultural, ou qualquer outro tipo equipe, desenvolver esse senso de comunidade, mas quando os membros da equipe se comprometem a crescer juntos através desse processo, os benefícios podem ser enormes. Os membros de equipes multiculturais sadias entendem os valores uns dos outros, praticam o serviço recíproco, dão preferência uns aos outros e estão dispostos a fazer mudanças pelo bem da edificação mútua. O estudo de Lester Hirst sobre equipes de plantação de igrejas urbanas revelou que o perfil de comportamento orientado pelas necessidades dos outros é essencial para o êxito do trabalho. "Em uma equipe de plantação de igrejas, um membro com o perfil de comportamento altamente voltado para a equipe seria a pessoa que valoriza os outros e está disposta a se sacrificar pessoalmente a fim de que as outras pessoas obtenham sucesso. Esse perfil voltado para os outros capacita os membros da equipe a trabalharem em cooperação para o benefício de todos e na direção dos alvos estabelecidos pela equipe" (1994, 144).

No entanto, a pesquisa de Venugopal (1997, 42-44) revela dois perigos da coesão excessiva do grupo: em primeiro lugar, a "acomodação social" – quando os membros de uma equipe não se esforçam porque creem que são dispensáveis e outros podem preencher seu papel, em segundo lugar o "pensamento em grupo" – quando o desejo de que haja harmonia e unanimidade no grupo anula a motivação de considerar ideias alternativas ou outros cursos de ação. O compromisso com a comunidade não deve ser desculpa para permitir que essas disfunções se desenvolvam. Os membros devem ser responsáveis pelo cumprimento de suas funções individuais e as ideias criativas e o pensamento independente precisam ser encorajados.

Dons e funções complementares

No capítulo 15 examinamos dons que equipam os membros da equipe para o cumprimento das funções principais da plantação de igrejas: competência transcultural, evangelismo, ensino, pregação, liderança, fé, encorajamento – e outros que, embora importantes, têm um papel menos direto. Assim como todos os dons são necessários na igreja, todos podem ser usados na plantação da igreja. Seja a equipe multicultural ou monocultural, os membros da equipe precisam entender seus dons, compartilhá-los com os outros e ajudar uns aos outros a usá-los a fim de plantar a igreja juntos. Todos os membros terão certos papéis em comum como compartilhar o Evangelho de Cristo, discipular os novos convertidos e liderar um grupo pequeno, mas eles serão mais eficientes e felizes quando sua função principal estiver na área de seu dom espiritual.

Depois de ver muitas plantações de igrejas enfrentando problemas na cidade do México em razão da falta de certo dom espiritual importante, um líder de equipe identificou a constelação mínima de dons necessária para se plantar uma igreja. Esse inovador plantador de igrejas determinou quais desses dons ele e sua esposa possuíam e quais lhes faltavam e começaram a recrutar novos membros para a equipe a fim de suprir os dons necessários.

Os membros da equipe se concentraram também em ajudar os novos convertidos a descobrirem e desenvolverem seus dons espirituais, crendo que Deus distribui seu povo habilitado para cumprir os propósitos de seu Reino.

Como seria a constelação ideal de dons espirituais para uma equipe de plantação de igrejas?

A figura 16.1 ilustra uma constelação idealmente equilibrada de dons complementares em uma equipe de plantação de igrejas.[180] Não devemos nos esquecer que Deus reúne equipes de acordo com as necessidades da situação e que muitas configurações são possíveis. Nossa responsabilidade é trabalhar para obter uma equipe viável e equilibrada com a melhor combinação possível de dons e talentos, entendendo que a equipe perfeita não existe.

Figura 16.1
Constelação de dons espirituais para uma equipe de plantação de igrejas

Conflito na equipe

Mesmo depois da questão da liderança ter sido resolvida, o conflito é inevitável – e pode ser devastador. Muito tempo, dinheiro e treinamento são investidos quando uma equipe missionária é mobilizada. Quando ela se desfaz, o custo material é imenso, o revés estratégico pode ser sério e o estrago pode ser irreversível. Seja qual for o motivo inicial do desentendimento, o

---
180 Essa é uma constelação ideal e as equipes não devem desanimar se lhe faltam alguns dons. Em vez disso, devem encontrar cristãos locais que supram a lacuna. Quando há uma equipe completa de estrangeiros bem servida de dons espirituais, ela deve trabalhar com diversas plantações de igrejas, capacitando cristãos locais para o ministério. Dessa forma, uma única igreja não parece estrangeira demais ou tem tantos obreiros estrangeiros que o povo local não sinta necessidade de se voluntariar.

conflito cresce quando os membros não estão preparados para ele e não conseguem administrá-lo com cuidado e sabedoria. Quando os mandamentos bíblicos não são obedecidos, um ciclo destrutivo de se tomar partido e se colocar em defesa dos injustiçados levará à confrontação aberta ou à demissão de alguns membros (Shawchuck 1983). Quando o conflito chega a um estágio mais avançado, mesmo quando os membros decidem perdoar e se reconciliar, torna-se difícil reconstruir a confiança e preservar a equipe.

Os membros da equipe precisam ter uma teologia de conflito sadia. Norman Shawchuck (1983) argumenta que, embora inevitável, nem todos os conflitos são pecaminosos ou prejudiciais (Ef 4.26-32).[181] Os plantadores de igrejas que trabalham em equipe não devem ter medo do conflito, pelo contrário, eles devem estar preparados e aprender a gerenciá-los a fim de minimizar os danos e maximizar os ganhos. Eles podem se beneficiar entendendo sua abordagem ao conflito e aprendendo a desenvolver outras respostas a ele.[182]

O momento em que o conflito ocorrerá nas equipes de plantação de igrejas é imprevisível. Ele pode surgir devido a traços de caráter profundamente enraizados ou valores e crenças fortemente defendidos. Ele também pode brotar de pequenos mal-entendidos sobre coisas aparentemente insignificantes. No entanto, geralmente surgem à medida que a equipe trabalha em seus objetivos, estratégias e métodos – coisas que envolvem preferências e estilos de personalidade. Bruce Tuckman (1965) descobriu que as equipes tipicamente passam por quatro estágios antes de serem produtivas: formação (estágio da lua de mel), tempestade (lidando com as diferenças), normalização (concordando sobre processos e objetivos) e desempenho (veja figura 16.2).[183]

Esses estágios tendem a ser cíclicos e o conflito pode surgir a qualquer momento, no entanto, estando os membros da equipe cientes desse fato, podem aprender a gerenciá-lo em vez de sucumbirem a ele. "A antecipação desses quatro estágios aperfeiçoa as dinâmicas do grupo, reduz as dificuldades da vida em equipe e nos ajuda a perseverar para que possamos dar frutos em nosso ministério" (Love 1996, 312). A necessidade de um planejamento de formação da equipe que inclua o tópico "resolução de conflitos" torna-se evidente.

Formação da equipe

O período de formação da equipe é necessário não somente para se preparar para o conflito e evitar problemas. Assim como um casal passa por um período de noivado para se preparar para a vida de casados, uma equipe pode ser

---

181 Até mesmos aqueles que são espiritualmente maduros têm conflitos. O apóstolo Paulo se envolveu em conflito por causa de doutrina (At 15.1s), uma decisão a respeito de um membro da equipe (At 15.38s) e da inconsistência de outros apóstolos (Gl 2.11-13). Mesmo assim, ele resolveu esses conflitos e restaurou o bom relacionamento com seus colegas de ministério.

182 Robert Blake e Jane Mouton (1968) identificaram cinco respostas principais ao conflito: competir, evitar, colaborar, acomodar e se comprometer. Jesus parece ter usado todas elas. Ele confrontou os discípulos por sua falta de fé e por lutar por posições de destaque (Mt 16.8; Mc 10.35-38). Ainda assim, algumas vezes ele escolheu resolver o conflito (Jo 8.3-11) e em certas ocasiões, evitá-lo (Lc 4.28-30). Ele também ensinou seus discípulos a lidarem com ofensas pessoais (Mt 5.23s,38-40; 6.14s; 18.15-17).

183 Aqueles que trabalham com dinâmicas de grupo têm também que identificar quatro estágios no desenvolvimento de grupos pequenos. Veja Tuckman 1965 e Tuckman e Jensen 1977.

beneficiada por um período de três a seis meses de formação estruturada da equipe para preparação da vida em conjunto. Durante esse tempo, a prioridade está sobre os relacionamentos entre as pessoas da equipe e os planos, embora os membros possam estar envolvidos em algumas atividades ministeriais.

Figura 16.2

Ciclo de conflito de equipe

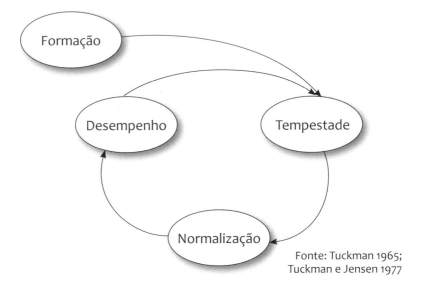

Fonte: Tuckman 1965;
Tuckman e Jensen 1977

O ambiente para a formação da equipe é importante. Algumas equipes se reúnem na igreja patrocinadora antes de ir para o campo. Outras esperam até chegar ao local de ministério e começam imediatamente. Uma terceira opção, e geralmente preferível, é juntar a equipe de plantação da igreja a um plantador experiente a fim de aprender a língua e a cultura, antes que os membros estejam totalmente envolvidos em suas obrigações ministeriais. Um mentor ou facilitador deve estar disponível para auxiliar a equipe a conversar, observar suas dinâmicas relacionais, ajudar a formular padrões de tomada de decisões e solução de conflitos.

O líder deve desenvolver um plano para a montagem da equipe em consulta com o mentor e, então, discuti-lo com a equipe. Os dois objetivos principais são o desenvolvimento dos relacionamentos e a concordância sobre um plano de crescimento do grupo. O plano deve conter objetivos claros como os que se seguem:

1. Conhecer uns aos outros, aceitar uns aos outros, criar confiança e desenvolver espírito de grupo;
2. Esclarecer a missão e a visão do projeto de plantação da igreja;
3. Estudar o povo-foco do ministério juntos;
4. Entrar em acordo a respeito dos valores essenciais, compromissos comuns e alvos iniciais;

5. Tornar o conflito seguro entrando em acordo sobre um plano de gerenciamento e solução de conflito;
6. Identificar os principais dons e habilidades de cada membro e trabalhar nessas posições iniciais;
7. Expressar abertamente sonhos, medos e expectativas e desenvolver padrões saudáveis de comunicação;
8. Entrar em acordo a respeito de quando e como as reuniões acontecerão e como as decisões serão tomadas;
9. Permitir que um membro que não tenha se adaptado à equipe se retire com dignidade no fim do período de formação;
10. Descrever as responsabilidades do líder e dos colaboradores;
11. Com a ajuda de Deus, comprometerem-se a amar uns aos outros, apoiar uns aos outros e trabalhar juntos.

As equipes que solidificam os relacionamentos e entram em acordo a respeito dos alvos antes de imergirem na tarefa da plantação da igreja encontram maior alegria no serviço, moldam a comunidade de forma mais consistente e se tornam mais produtivas. Quando a formação da equipe é completada, os membros se conhecem melhor, confiam mais uns nos outros e começaram a edificar um espírito de grupo a partir de seus valores e compromissos comuns. "Pelo fato de cada equipe possuir um líder e MDE (memorandum de entendimento) singulares, muitos modelos diferentes são criados com adaptações próprias ao campo de ministério e à personalidade da equipe" (Adams e Lewis 1990, 2).

Estender o período de formação da equipe além de alguns meses pode ser contraproducente. Os membros da equipe podem passar tempo demais criando relacionamentos e negligenciando a aprendizagem da língua, a adaptação cultural e o relacionamento com os vizinhos. Conforme o grupo central de cristãos emerge, a equipe pode sobrecarregar os poucos cristãos locais, sufocando a iniciativa deles e dando ao grupo uma aparência estrangeira. Os obreiros locais podem ter a impressão de que eles têm pouco ou nada a contribuir. Quando possível, a equipe missionária deve se envolver em várias plantações simultaneamente, deixando espaço para os discípulos locais se desenvolverem e encontrando comunhão e amizade entre os cristãos locais, como fazem seus filhos.

Saúde e manutenção da equipe

Muitas equipes estabelecem um plano para a plantação de uma igreja, mas nem todas têm êxito. As que, por sua vez, alcançam êxito, são as que manifestam um relacionamento saudável, apoiando-se mutuamente e exercendo funções complementares baseadas em seus dons espirituais. O líder da equipe é o guardião da saúde e dos valores da equipe. No entanto, todos os membros devem se sentir responsáveis por mantê-la saudável e trabalhar para que ela seja fortalecida. As equipes podem sobreviver com menos, mas raramente alcançarão seu potencial sem um plano que inclua quatro recursos para manutenção da equipe:

1. *Reuniões regulares* (duas a quatro vezes por mês). Os membros devem dispor de tempo para encontrar-se, compartilhar e orar uns

pelos outros. Todos podem sugerir os assuntos da agenda. Eles discutem assuntos que afetam a equipe e fazem planos juntos.

2. *Reuniões familiares especiais para comunhão e diversão* (várias vezes por ano). Pode ser uma refeição ou uma atividade, mas assuntos de trabalho devem ser evitados. As famílias se revezam planejando e recebendo em suas casas para essas ocasiões. Já que os membros da equipe estão longe de seus parentes, essas reuniões podem suprir a necessidade de estar em família durante feriados importantes como o Natal, por exemplo.

3. *Retiros de avaliação e planejamento de longo prazo* (pelo menos anualmente). Durante esses retiros a equipe celebra as vitórias, avalia os relacionamentos e a produtividade e revê os alvos. O tempo de retiro pode ser usado para planejamento quando os membros da equipe terão um período de férias para visitar seus familiares e igrejas de apoio e discutir outros assuntos que não podem ser cobertos nas reuniões semanais. Os retiros também podem oferecer uma oportunidade para receber ensino e treinamento especial, discutir assuntos delicados e incorporar novos membros à equipe.

4. *Visitas às famílias da equipe* (conforme a necessidade). O líder da equipe deve se encontrar pessoalmente com cada casal ou indivíduo da equipe. Ele ou ela deve tomar conhecimento da situação de cada um na equipe, o que é difícil de ser feito apenas no contexto do grupo maior. Visitar cada família oferece uma oportunidade de inquirir a respeito de assuntos pessoais como saúde física e emocional, ouvir preocupações e expressar apreciação e incentivo.

Conclusão

Ter uma equipe não é nem uma panaceia, nem uma garantia de sucesso da plantação da igreja. Pode ser preferível adiar um projeto em vez de lançá-lo sem uma equipe, ou com uma que não seja saudável nem produtiva. Os cinco fatores críticos que devem ser considerados para que uma equipe seja saudável e produtiva são:

1. Um propósito comum;
2. Um líder aceito que seja competente e confiável;
3. Um espírito comunitário satisfatório entre os membros da equipe;
4. Uma divisão de trabalho funcional dentro do grupo;
5. Concordância em como trabalhar juntos (Waldron 1971).

As equipes são particularmente importantes na abertura de plantações pioneiras, mas mesmo quando um trabalho é lançado na própria cultura, deve se dar séria atenção à abordagem de formação de equipe, especialmente se houver a visão de multiplicação de igreja. Os membros podem moldar os relacionamentos do Reino e equipar os líderes locais para a nova igreja e para as futuras igrejas. Com sua constelação de dons, a equipe serve como uma força de trabalho sinergética um grupo móvel de treinadores. É ainda, em uma análise final, um veículo que Deus usa de formas importantes para expandir sua igreja por todo o mundo.

17
DESENVOLVENDO SERVOS, LÍDERES E PLANTADORES

Todo plantador de igreja enfrenta o problema da falta de obreiros suficientes para o ministério. Os novos convertidos parecem amadurecer mais lentamente do que se desejaria. Na maioria dos casos eles não parecem capazes e, ainda assim, todo plantador entende que, se ele deseja que a igreja cresça, seja verdadeiramente local e se reproduza, é preciso que haja obreiros e líderes locais. Esse desafio não é novidade. De fato o próprio Jesus passou por isso! Lemos em Mateus 9.35-38:

> *Jesus ia passando por todas as cidades e povoados, ensinando nas sinagogas, pregando as boas novas do Reino e curando todas as enfermidades e doenças. Ao ver as multidões, teve compaixão delas, porque estavam aflitas e desamparadas, como ovelhas sem pastor. Então disse aos seus discípulos: A colheita é grande, mas os trabalhadores são poucos. Peçam, pois, ao Senhor da colheita que envie trabalhadores para a sua colheita.*

Jesus estava sobrecarregado com as necessidades das pessoas que buscavam sua ajuda e em sua análise chegou à conclusão de que um exercício maior de seu poder sobrenatural imediato não era a melhor solução. A carência de trabalhadores é o problema e a resposta começa com oração. Os plantadores de igrejas farão da oração o ponto de partida de sua tarefa de desenvolver, capacitar e enviar obreiros para a seara.

Fazendo da capacitação uma prioridade

Os plantadores são, muitas vezes, evangelistas e empreendedores entusiasmados, que vibram durante a fase de lançamento da plantação da igreja. Como vimos, porém, os dons necessários para o lançamento não são os mesmos dons usados para o fortalecimento e a multiplicação. Conforme a igreja cresce e procura se reproduzir, uma ênfase crescente deve ser colocada na capacitação dos cristãos locais para o ministério. O apóstolo

Paulo deixa bem claro em Efésios 4.11-13 que a chave para levar a igreja à maturidade é que os líderes treinem o "povo de Deus", isto é, os cristãos comuns, para o serviço. Essa capacitação deve ir além do mero ensino da verdade bíblica para a identificação prática de dons espirituais e seu desenvolvimento no serviço de Cristo e da igreja. Capacitar é um conceito mais amplo do que apenas o treinamento de habilidades. Seu alvo inclui não somente a área cognitiva e comportamental, mas também a afetiva (relativa às emoções, atitudes e valores). Uma equipe de líderes e obreiros deve ser equipada com o caráter, as convicções e os valores cristãos. "O ministério eficaz surge da qualidade do caráter – não da competência técnica. Até que o Senhor não tenha moldado o vaso, ele não servirá para o seu propósito" (Elliston e Kauffman 1993, 165).

Desde o início da plantação da igreja, é preciso instilar um espírito de capacitação em toda a abordagem ao ministério. Os membros da equipe de plantação da igreja não são os únicos qualificados para servir, nem somente aqueles que possuem treinamento teológico formal, mas todo cristão é habilitado por Deus e capaz de servir a outros (Rm 12.4-8; 1Co 12). Como Pedro escreve: *Cada um exerça o dom que recebeu para servir os outros, administrando fielmente a graça de Deus em suas múltiplas formas* (1Pe 4.10). Todo cristão desenvolvendo e empregando esses dons será fundamental para o crescimento, o amadurecimento e, no final, para a reprodução saudável da igreja. A função do plantador migra de motor e modelo para mobilizador e treinador. Na maior parte das igrejas as funções ministeriais-chave, como ensino, pregação, aconselhamento e visitação, são reservadas para profissionais altamente treinados. No entanto, enquanto o lançamento de novas igrejas depender de plantadores altamente treinados e remunerados, a multiplicação de igrejas será muito lenta. A mobilização de toda a igreja para o ministério deve capacitar a liderança leiga em todos os aspectos das funções pastorais e de plantação da igreja.

John Maxwell delineia três níveis diferentes nos quais a mobilização normalmente ocorre (veja a tabela 17.1). "Cuidar" envolve suprir as necessidades básicas de toda a congregação; essa atividade tende a ser orientada para a manutenção e, portanto, raramente leva ao crescimento. "Capacitar" tende a ser uma atividade orientada para a execução da tarefa, ajudando muitos a se desenvolverem e exercitarem seus dons, com uma ênfase em habilidades. O "desenvolvimento" ocorre com apenas uns poucos e a ênfase é colocada sobre caráter pessoal e liderança. Todos os três níveis são importantes. Os plantadores pastorais tendem a se concentrar no cuidado, de acordo com os seus dons espirituais. No entanto, os plantadores apostólicos, com a multiplicação em vista, se concentrarão nos níveis de capacitação e desenvolvimento para que os cristãos locais possam cuidar da congregação. Eles também procurarão pessoas com os devidos dons para compor a nova geração de plantadores de igrejas.

Tabela 17.1
Níveis de mobilização

Cuidado	Capacitação	Desenvolvimento
Cuidado	Treinamento para o trabalho	Treinamento para crescimento pessoal
Foco na necessidade	Foco na tarefa	Foco sobre a pessoa
Relacional	Transacional	Transformacional
Serviço	Gerência	Liderança
Mantém liderança	Acrescenta liderança	Multiplica liderança
Estabelece	Envia	Capacita
Ajuda	Ensino	Mentoreamento
Orientado pela necessidade	Orientado pela habilidade	Orientado pelo caráter
O que as pessoas querem	O que organização precisa	O que as pessoas precisam
Um desejo	Uma ciência	Uma arte
Pouco ou nenhum crescimento	Crescimento a curto prazo	Crescimento a longo prazo
Todos	Muitos	Poucos

Fonte: Maxwell 1995, 112.

De discípulos a servos e a líderes

Os líderes cristãos não surgem da noite para o dia como dente-de-leão. Eles se parecem mais como uma árvore sólida que cresce com paciência, enterrando suas raízes profundamente e estendendo seus longos e fortes galhos. Antes de tentar desenvolver líderes, precisamos começar a desenvolver discípulos fiéis que crescem no serviço e demonstram as qualidades necessárias para a liderança.

Discípulos

O processo de desenvolvimento de líderes começa com o acompanhamento dos primeiros cristãos que vão se tornando discípulos fiéis de Jesus Cristo. Na Grande Comissão, Jesus conclama a igreja fazer discípulos, não somente indo e batizando, mas ensinando-os a obedecer todas as coisas que ele nos ordenou (Mt 28.19s). Milfred Minatrea identifica uma das marcas das igrejas missionais como "ensinando a obedecer" em vez de simplesmente conhecer. "As igrejas missionais não estão satisfeitas apenas em transferir conhecimento bíblico. O objetivo delas é a obediência dos membros à revelação espiritual. Não é o que eles sabem, mas o que eles vivem que conta" (2004, 54). George Patterson desenvolveu materiais didáticos para plantadores de igrejas baseado no discipulado orientado pela obediência (Patterson e Scoggins 1993; O'Connor 2006).

Servos

É óbvio que aprender a servir faz parte do discipulado mais básico. Aqui o discípulo cresce na habilidade de transmitir aos outros o que aprendeu. Aprende-se a servir em tarefas simples onde quer que seja necessário porque é pelo serviço que desenvolvemos um coração de servo. A capacitação é mais eficaz quando as habilidades são aplicadas para atender às necessidades imediatas na igreja. O desenvolvimento pessoal do cristão deve ser no serviço à igreja e aos propósitos maiores do Reino de Cristo (1Co 12.7). Um dos muitos problemas da igreja em Corinto era que os membros estavam usando seus dons espirituais para edificarem-se a si mesmos e não a igreja!

Patterson adverte: "Tenham cuidado com os objetivos educacionais tradicionais que buscam educar um homem. Os objetivos educacionais bíblicos buscam edificar a igreja" (1981, 606). Integrando a capacitação com os ministérios reais e oportunidades de serviço, o treinamento para o ministério se torna treinamento em serviço. Oswald Sanders, citando Stephen Neil, explica porque isso é tão importante: "Se nos prepararmos para produzir uma geração de líderes, o que provavelmente conseguiremos é produzir uma geração de intelectuais inquietos, ambiciosos e descontentes. Dizer a um homem que ele é chamado para ser um líder é a melhor maneira de assegurar sua ruína espiritual". Sanders acrescenta: "Não temos tanta necessidade de líderes, mas de santos e servos, e a menos que esse fato esteja firmemente em primeiro plano, toda a ideia de treinamento na liderança cristã se torna perigosa" (Sanders 1989, 180). Desenvolver verdadeiros líderes servos significará focar principalmente em atender às necessidades dos outros em um espírito cristão de humildade (Fl 2.1-8). Nossa convicção é *"Treine um servo e você terá um grande líder"*. É claro que Deus não chamou nem dotou todos os servos para se tornarem líderes na igreja ou missão, mas através do serviço em tarefas específicas de ministério é que o caráter e os dons se tornam evidentes, e um caráter humilde e de servo terá mais chance de se desenvolver.

Líderes

Com o tempo, o plantador de igreja precisará focar sua atenção de maneira crescente no desenvolvimento daqueles que se tornarão os futuros líderes e missionários da igreja. Um líder sempre será um servo, mas a diferença entre o líder e o obreiro é que o líder *lidera*! Os líderes não são meros auxiliares, eles não somente são eficientes e fiéis no serviço, são mais do que gerentes que fazem a coisa acontecer. Eles conduzem oferecendo orientação aos outros, ajudando a descobrir e usar seu potencial no serviço. A multiplicação de igrejas é fundamentada na multiplicação de discípulos, obreiros *e* líderes.

Observamos isso no ministério de Jesus. Inicialmente ele ministrou às multidões, mas à medida que seus dias na terra chegavam ao fim, ele dedicou mais e mais tempo para estar sozinho com seus discípulos. Para selecionar essas pessoas o melhor lugar para começar é a oração. Lembre-se de que Jesus orou e jejuou a noite toda antes de chamar seus doze apóstolos (Lc 6.12s). Paulo e Barnabé escolheram presbíteros nas igrejas com oração jejum (At 14.23).

As qualificações para liderança na igreja incluem muitos aspectos de caráter (1Tm 3.1-10; Tt 1.5-9) que nem sempre são evidentes no jovem cristão. Os valores bíblicos de liderança devem ser ensinados. Por outro lado, as expectativas culturais locais para o líder podem estar ou não alinhadas com as expectativas bíblicas para um líder. Ainda assim, os plantadores precisam ter o cuidado de não impor padrões culturais estrangeiros aos líderes que não sejam necessariamente bíblicos (veja Thornton 1984).

Há dois fatores especialmente essenciais para a identificação de líderes potenciais em quem a igreja deve investir: fidelidade e dom. Paulo instruiu Timóteo: *"E as palavras que me ouviu dizer na presença de muitas testemunhas, confie-as a* **homens fiéis** *que sejam também* **capazes de ensinar outros**" (2Tm 2.2, ênfase acrescentada). Procuramos fidelidade no serviço nas pequenas tarefas e responsabilidades que têm sido confiadas à pessoa em questão. Essas tarefas foram executadas de forma responsável? Se a resposta for "sim" então entregue mais tarefas a essa pessoa e invista mais tempo em seu desenvolvimento.

Aprendemos com a parábola dos talentos de Jesus que a fidelidade nas pequenas coisas é um pré-requisito para que nos sejam confiadas coisas maiores: *O senhor respondeu: "Muito bem, servo bom e fiel! Você foi fiel no pouco, eu o porei sobre o muito. Venha e participe da alegria do seu senhor!"* (Mt 25.23; cf. Lc 16.10; 19.17). Além disso, nós treinamos alinhados ao dom da pessoa. Agir de outra forma levará à frustração e a prejudicará. Haverá muitas pessoas fiéis na realização de tarefas que não possuem o dom para ensinar ou liderar. Portanto, juntamente com o pré-requisito mais geral da maturidade espiritual procuraremos investir em líderes potenciais que tenham demonstrado fidelidade no serviço e possuam os dons apropriados para a liderança na igreja e na missão.

Métodos de capacitação de obreiros na igreja local

Imagine por um momento que você tenha contratado um pedreiro para reformar um cômodo de sua casa. Quando ele chega para começar o trabalho ele abre a caixa de ferramentas e você percebe que ele tem uma variedade de martelos: uma marreta, um martelo tradicional, um martelo arredondado, um de madeira, um de borracha e outros mais. Para falar a verdade, ele não tem nada além de martelos. Você ficaria um pouco preocupado com sua habilidade de realizar o trabalho. Deveríamos ficar também não menos preocupados quando um número limitado de ferramentas está disponível ou é usada. Infelizmente, essa é a situação em muitas igrejas onde apenas um ou dois métodos são adotados, como o ensino formal em sala de aula ou discipulado individual. Não é de se admirar que muitas igrejas não consigam mobilizar realmente a congregação para o ministério. Capacitar servos e líderes exigirá uma ampla variedade de métodos de ensino e desenvolvimento. Muitos livros têm sido escritos sobre o desenvolvimento de liderança na igreja e os plantadores de igrejas devem se familiarizar com essa literatura. Ressaltamos aqui algumas abordagens que consideramos úteis:

Níveis de liderança e modelos de capacitação

Antes de optar por um conjunto de métodos de treinamento, deve-se considerar o tipo de serviço ou liderança para o qual a pessoa está sendo preparada. Métodos diferentes são adequados a diferentes tarefas e funções.

Os *novos convertidos* precisam entender os princípios básicos da fé cristã: como viver em obediência como um seguidor de Cristo, ler e aplicar a Bíblia, orar, compartilhar sua fé, começar a organizar sua vida debaixo da soberania de Cristo, servir aos outros em tarefas simples, permanecer firme em face à oposição ou tribulações, e assim por diante. Isso não acontece na sala de aula, embora o estudo bíblico desempenhe um papel importante nesse processo. Em vez disso a abordagem será mais informal, no dia a dia, andando junto a outros cristãos, observando-os, ouvindo suas histórias e seguindo seus exemplos.

Os *obreiros voluntários* que desejem servir à igreja ou à comunidade e empregar seus dons espirituais precisarão de um treinamento mais especializado direcionado ao desenvolvimento das habilidades práticas específicas necessárias para que ele seja efetivo. Esses voluntários tornam-se membros da equipe e líderes, líderes de grupos ou igrejas nos lares. Oficinas e seminários podem oferecer um bom ponto de partida para desenvolver essas habilidades, mas a melhor estratégia é colocar a mão na massa. Os aprendizes no ministério precisam de orientação durante o trabalho prático, além de oficinas e seminários, para desenvolverem seu potencial. Um treinamento prático em equipes ministeriais ou reuniões de líderes de grupos pequenos poderão proporcionar motivação e fortalecimento das habilidades ministeriais. Aqueles que se tornam líderes de equipes de ministério ou grupos precisarão de mentoreamento adicional e instrução para capacitá-los a guiar outros e ajudá-los a atingir seu potencial como seguidores de Cristo. Os líderes de grupos precisarão aprender os rudimentos do cuidado pastoral e supervisão espiritual. Os líderes de equipes ministeriais precisarão aprender como recrutar e treinar outros para juntarem-se a sua equipe e desenvolver seus dons espirituais. Os plantadores de igrejas sábios irão, juntamente com os líderes da igreja local, formular um plano abrangente para focar estrategicamente as necessidades específicas e atender a essas necessidades (veja o quadro 17.1).

Aqueles que exercitam a liderança principal em igrejas maiores e equipes de plantação de igrejas necessitarão ter um caráter mais profundo e uma maior compreensão bíblica. Nesse nível, tornam-se essenciais padrões mais altos de maturidade, pois essas pessoas se tornam modelos e lhes é confiado o cuidado espiritual de outros. Os líderes enfrentam desafios complexos e tomam decisões que causam impacto em muitas vidas e em movimentos inteiros. Por essa razão, eles precisam da habilidade de discernir questões e solucionar problemas com sabedoria bíblica e discernimento cultural. Aprender teologia, interpretação bíblica, história da igreja, aconselhamento, missões mundiais e outros assuntos, irá ampliar os horizontes e oferecer novas perspectivas.

Quadro 17.1

Plano de capacitação para a Igreja Evangélica Livre do Norte de Munique

1. Treinamento prático de líderes de grupos pequenos durante a reunião mensal de líderes de grupos.
   Alvo: Capacitação e multiplicação de líderes de grupos pequenos.
   Objetivo: Liderar estudos bíblicos, aconselhamento, visitação.
2. Mentoreamento de dois homens na igreja.
   Alvo: Desenvolvimento de liderança.
   Objetivo: Discipular um cristão mais novo para liderança futura e promover o crescimento de um presbítero atual.
3. Oficinas de treinamento duas ou três vezes por semana visando habilidades ministeriais específicas.
   Alvo: Recrutamento de novos obreiros e desenvolvimento de outros. Foco na introdução às habilidades básicas.
   Objetivo: Planejar workshops para leigos contendo pregação, preparação de estudos bíblicos, evangelismo pessoal, aconselhamento, etc.
4. Mentorear um líder de equipe ministerial.
   Alvo: Multiplicar líderes que possam treinar os membros de sua equipe.
   Objetivo: Reunir-se com o líder da equipe de louvor para planejar as reuniões da equipe.
5. Formação do caráter dos presbíteros.
   Alvo: Desenvolvimento espiritual dos presbíteros.
   Objetivo: Reuniões quinzenais no café da manhã com os presbíteros para discutir o crescimento pessoal e orar; sem conversas sobre assuntos da igreja!
6. Grupos pequenos como contexto principal para descobrir e desenvolver os dons espirituais.
   Alvo: Recrutar novos obreiros com base nos dons espirituais.
   Objetivo: Trabalhar com líderes de grupos pequenos sobre como promover isso em seus grupos.

Inicialmente, esse treinamento pode acontecer através de seminários informais, mentoreamento ou programas individuais de leitura. Falando realisticamente, porém, em sua maioria, os plantadores de igrejas sozinhos não estarão em posição de treinar os líderes a esse nível. Embora as abordagens formais para o ensino, como cursos em escolas bíblicas ou seminários, sejam caminhos comuns para esse treinamento, muitos não conseguirão trilhar por eles. Muitos programas de treinamento oferecidos por igrejas locais têm sido desenvolvidos para treinar líderes localmente em níveis mais altos. Outros meios de educação, como cursos à distância, cursos por correspondência e educação teológica por extensão, devem ser considerados, especialmente por aqueles que não têm condições de frequentar escolas tradicionais em regime de internato.

Se o alvo é multiplicar igrejas principalmente através de plantadores bivocacionais ou leigos, então o treinamento não tradicional será o melhor caminho. A respeito de desenvolvimento de líderes para plantação e igrejas, Garrison adverte: "Resista à tentação de arrancar os novos líderes da igreja local para passar anos de treinamento em uma instituição. Prefira uma educação teológica descentralizada que é pontuada pela experiência prática" (2000, 44). Essa abordagem reduz a tendência à profissionalização exacerbada do ministério, mantém o estudante no contexto do ministério e torna a aplicação da aprendizagem mais imediata e relevante. Uma falha em edificar a fundamentação teológica desses líderes fará com que mesmo o movimento mais dinâmico se torne suscetível à instabilidade e falsas doutrinas. O treinamento bíblico e teológico de líderes não é opcional.

Finalmente, todo o movimento precisará de *líderes de movimento, estrategistas* e *teólogos* que ofereçam liderança visionária, enxerguem além das questões imediatas, descubram soluções criativas aos problemas, ofereçam profundo ensino bíblico e reflexão teológica e desenvolvam práticas biblicamente contextualizadas. São eles que regulam a marcha do movimento e tomam as decisões. Um movimento de plantação de igrejas não necessita de muitos líderes desse tipo, mas eles são necessários para a saúde a longo prazo e para a profundidade e o crescimento contínuo de um movimento. Precisam do mais alto nível de treinamento e devem ter tanto a liberdade de experimentar as linhas de frente do ministério, quanto refletir na quietude de seu gabinete. Uma vez que um fundamento teológico sadio seja lançado, o treinamento posterior desses líderes será mais um mentoreamento e um incentivo que fomenta o pensamento criativo e a reflexão crítica necessários para descobrir novas maneiras de edificar a igreja e o Reino de Cristo.

Um dos livros mais úteis a respeito de mobilização leiga e desenvolvimento de liderança é *Home Grown Leaders* (Líderes criados em casa), de Edgar J. Elliston (1992). Elliston afirma que os diferentes níveis de liderança de um movimento exigem diferentes abordagens de treinamento e desenvolvimento (veja a tabela 17.2). Pelo fato de muitos missionários e pastores terem recebido treinamento formal em uma escola bíblica ou seminário, a tendência é capacitar os líderes em todos os níveis com abordagens escolares, que são fortes na teoria, mas frequentemente fracas na prática. Não existe educação do tipo "tamanho único". Um plano de treinamento precisa levar em consideração as responsabilidades, a experiência, o caráter e o entendimento bíblico necessários para ser eficaz no nível desejado de liderança.

Tabela 17.2
Características de desenvolvimento para cada tipo de líder

Questões curriculares	Tipo 1 e 2	Tipo 3	Tipo 4	Tipo 5
Propósito	Liderança de grupo pequeno	Liderança de congregação pequena	Liderança de congregação grande ou agência cristã pequena	Liderança nacional/internacional em administração, ensino ou produção literária
Conteúdo	Habilidades específicas e conhecimento limitado	Habilidades e conhecimentos gerais, capacidade de administração	Conhecimento de teorias e aplicação de teorias	Conhecimento de teorias e construção de teorias
Tempo	Ciclo curto, segundo a conveniência do aprendiz	Ciclo longo, segundo a conveniência da instituição	Ciclo curto, segundo a conveniência do aprendiz	Ciclo curto, segundo a conveniência do aprendiz
Recursos	Quantia limitada, geralmente disponibilizada pelo aprendiz e pela comunidade que está sendo servida	Recurso intensivo, muito recurso necessário, geralmente necessita de subsídio externo	Recursos moderados necessários	Recursos baixos a moderados necessários
Custos	Mínimo	Alto	Moderado	Baixo
Meio	Informal, através do exemplo, aprendiz/mestre	Formal, altamente estruturado	Mais não formal, menos estruturado	Mentoreamento informal, aprendiz/mestre
Controle	Parcialmente externo ao aprendiz	Amplamente externo ao aprendiz	Cada vez mais opção pessoal	Opção pessoal ou escolhido pela agência servida
Formação espiritual	Foco em fundamentos e ações	Foco na transferência do fazer para o ser	Foco na convergência de status, função e dons	Foco na convergência

Fonte: Elliston 1992, 35

Métodos-chave de capacitação

Como indicamos acima, precisamos avançar além da abordagem de educação formal para a capacitação. A tabela 17.3 ressalta três outros modelos de treinamento: oficinas, treinamento em equipes ministeriais e instruções individuais (mentoreamento, supervisão e exemplo). Cada um tem seus pontos fortes e fracos e uma aplicação específica. A seleção do melhor método dependerá dos alvos de capacitação, dos participantes e dos recursos disponíveis.

Tabela 17.3
Três modelos de capacitação de obreiros na igreja local

	Oficinas	Em equipes ministeriais	Instrução individual
Formato	Treinamento em grupo onde quer que o treinador ensine e conduz os participantes em exercícios de aplicação; não formal, estruturado	No contexto das reuniões ministeriais regulares, informal ou não formal, pouca estrutura	Reuniões intencionais um a um: exemplo, treinamento, mentoreamento; informal, estrutura mínima
Propósito	Desenvolvimento de conhecimento e habilidade ministerial inicial ou expansão dos mesmos	Desenvolvimento contínuo das habilidades ministeriais e da efetividade da equipe	Formação individual do caráter ou desenvolvimento de habilidades específicas
Participantes	Ideal para recrutamento e treinamento de novos obreiros e também para desenvolvimento de obreiros experientes	Membros da equipe ministerial que já estão envolvidos no serviço	Poucas pessoas selecionadas com alto potencial e fidelidade comprovada; futuros líderes
Tempo	Curto prazo: várias horas, geralmente em um sábado ou algumas noites	Contínuo: o tempo é separado para treinamento na reunião regular da equipe	Curto ou longo prazo: treinador e trainee se encontram conforme a necessidade até que o trainee alcance a habilidade desejada ou o nível de maturidade
Conteúdo	Ênfase nas habilidades principais com a teoria necessária para a execução do ministério; *conhecer*	Em sua maior parte enfatiza o processo, lida mais com casos comuns e assuntos surgidos no ministério; *fazer*	O exemplo e a capacitação enfatizam a habilidade. O mentoreamento enfatiza o caráter; *ser*
Métodos	O treinador apresenta o material ou demonstra a habilidade. Os participantes praticam a habilidade ou aplicam o conhecimento; *saber → fazer*	Estudo do caso, solução de problemas, leituras, trabalhos práticos, avaliação do ministério; *fazer →saber →fazer*	Principalmente instrução pessoal (um a um), orientação, conselho. discipulado; *ser ←→ fazer ←→ saber*
Vantagens	• Adequado para apresentar novas tarefas e habilidades específicas • Eficiência: muitos obreiros podem ser treinados em pouco tempo • Pode ser conduzido por especialistas externos • Facilmente repetido ou padronizado	• Aplicação direta do treinamento no ministério • Necessidade orientada, relevante • Alta motivação dos participantes • O tempo extra exigido dos participantes é mínimo • O treinamento é contínuo • Aprendizagem em grupo	• Potencial máximo para a formação de caráter • Altamente eficaz • Conduz à multiplicação de líderes/obreiros
Limitações	• A transferência de aprendizagem da oficina para o ministério real pode ser limitada • Mínima formação de caráter	• Difícil de usar recursos externos • Tempo e intensidade limitados • Geralmente tem participação irregular	• Alto compromisso de tempo • Possível apenas com poucas pessoas • Dependente de dons e habilidades do instrutor • Geralmente assistemático

Oficinas

As oficinas são geralmente conduzidas em um final de semana ou várias noites. A principal característica de uma oficina é que os participantes realmente *trabalham*; não é *"ouvircina"* (o que muitas vezes chamam de *oficina* nada mais é do que outra palestra). As verdadeiras oficinas enfatizam a aplicação prática, engajando ativamente o participante na habilidade que está sendo ensinada usando os conceitos aprendidos. Um exemplo seria uma oficina de pregação na qual um facilitador conduziria os participantes passo a passo na preparação de um sermão. As oficinas são uma excelente maneira de apresentar os novos obreiros inexperientes a um ministério e podem ser seguidas de mentoreamento para o aperfeiçoamento dessas habilidades específicas.

Nas equipes ministeriais

Depois de formadas as equipes, elas geralmente reúnem-se semanalmente para planejamento. Essas reuniões tornam-se excelentes oportunidades para capacitação prática. De acordo com nossa experiência, se uma reunião dura duas horas, a primeira hora pode ser usada para treinamento e a segunda para planejamento. Há várias vantagens nessa abordagem: os participantes não precisam dedicar tempo adicional em sessões de treinamento e, como eles já estão engajados no ministério, a motivação é alta e a aplicação do material aprendido é imediata. Esse treinamento pode ser direcionado aos problemas que o grupo estiver enfrentado. Essa abordagem de treinamento durante o ministério pode ser usada na orientação de líderes de grupos, líderes de igrejas nos lares, obreiros do ministério com crianças, com jovens, conselheiros e assim por diante.

A equipe de liderança em particular é um meio importante para essa capacitação. A comunidade da liderança deve ser um lugar seguro com os seguintes objetivos:

- Coordenação de ministério em grupos através de instrução e direção conjunta;
- Encorajamento através do compartilhamento de vitórias e apresentação de modelos positivos;
- Apoio e oração por aqueles que enfrentam dificuldades;
- Avaliação por parte de outros líderes de ministério a fim de fazer ajustes;
- Um contexto de grupo para solucionar problemas, promover tempestades de ideias, fazer dramatizações e inibir o individualismo;
- Treinamento específico em habilidades ou assuntos relacionados ao ministério;
- Fortalecimento do sistema de prestação de contas através de relatórios;
- Fortalecer relacionamento entre os líderes;
- Criação de espírito de equipe.

Instrução individual

A instrução individual possui a vantagem de ser personalizada, mas pode ser realizada com várias pessoas. Os métodos tradicionais envolvem o modelo, o treinamento e o mentoreamento. *Modelar* é simplesmente executar uma tarefa dando explicações, a qual o aprendiz imita e para a qual recebe uma avaliação. A equação simples é:

1. Eu faço, você assiste,
2. Você faz, eu assisto,
3. Você faz sozinho
4. Você ensina outra pessoa a fazer.

É óbvio que essa abordagem é adequada somente para tarefas e habilidades relativamente básicas. A dramatização é geralmente usada para modelar uma habilidade, como compartilhar o Evangelho. Os líderes estão sempre, informalmente, é claro, modelando o que significa ser um cristão.

O *treinamento* será abordado mais adiante na discussão sobre treinamento de plantadores de igrejas. Os treinamentos tendem também a enfatizar as tarefas, visando, porém, a aprendizagem de tarefas de maior complexidade. Assim como um treinador esportivo compartilha técnicas, orienta exercícios e observa o jogador em ação, o treinador ministerial se concentra principalmente no desempenho do aprendiz. Ele geralmente ocorre durante um período de tempo mais extenso, mas é limitado em seu escopo e dura apenas até que a habilidade seja dominada.

O *mentoreamento* é uma parceria de aprendizagem na qual um líder experiente, como mentor, desenvolve um relacionamento contínuo com seu pupilo. O mentoreamento é mais próximo e mais intenso do que o modelo e o treinamento. Ele também possui objetivos mais abrangentes porque não somente ensina habilidades e compartilha conhecimentos, mas também molda o caráter. O mentoreamento tem se tornado frequente no desenvolvimento profissional e educacional no mercado de trabalho, fomentando o crescimento pessoal dos trabalhadores com vistas à apreensão da cultura corporativa, especialização, aconselhamento e ajustamento a mudanças. "Os mentores oferecem uma conexão pessoal em um mundo geralmente impessoal e ameaçador" (Daloz 1990, 220). O modelo do mentor interativo tem sido usado como suplemento ou substituto do modelo do supervisor (Caldwell e Carter 1993). Os mentores de plantação de igrejas ouvem seus pupilos, oram por eles, modelam uma vida e um ministério fiéis, imprimem um ritmo de trabalho, cobram resultados e lhes oferecem um retorno positivo. O mentoreamento oferece o melhor potencial para o desenvolvimento de caráter.

O contexto do treinamento: treinamento em serviço

O treinamento prático durante o ministério enfatiza a importância da aplicação imediata e do aprendizado empírico. Afinal de contas, "não é o que o professor faz que produz a aprendizagem, pelo contrário, é o que o aluno faz" (Elliston e Kauffman 1993, 207). Ted Ward e Samuel Rowan (1972, 19-20) ressaltam quatro aspectos valiosos da educação prática centrada no aluno:

1. A aprendizagem ocorre melhor se os alunos associam a nova informação à informação que eles já possuem.
2. A aprendizagem (retenção) depende do uso da informação recém-adquirida logo depois de ter sido adquirida.
3. A aprendizagem depende da importância percebida da informação (como ela se relaciona aos propósitos e alvos do aluno).
4. A aprendizagem (retenção e precisão) é maior quando os alunos são informados prontamente quando o uso da nova informação é apropriado.

O treinamento prático também permite que o treinador observe os alunos em ação e identifique problemas precocemente. Poucos líderes fracassam por falta de conhecimento. Os líderes frequentemente têm problemas de relacionamento e de caráter originários de atitudes e questões de valores que não foram resolvidos. Essas áreas problemáticas devem ser identificadas e abordadas o mais cedo possível no processo de treinamento para evitar futuros transtornos. O modelo de ensino em sala de aula não é suficiente para identificar e resolver as questões que destacamos.

Recrutando e treinando a nova geração de plantadores

Se o nosso alvo é lançar um movimento de plantação de igrejas, uma coisa é clara: não apenas os líderes, mas também os plantadores precisam ser treinados e *multiplicados*. Os obreiros precisam ser recrutados *da* seara e *para* a seara e não simplesmente de igrejas alheias ao movimento emergente. Os plantadores precisam ser treinados de tal forma que leve à multiplicação de plantadores e não apenas à adição, que é geralmente o caso na maior parte dos programas.[184]

Recrutando da seara para a seara

No capítulo 3 ressaltamos uma lição importante para os plantadores de igrejas retirada da missão do apóstolo Paulo: recrutar a próxima geração de plantadores das próprias igrejas que você está plantando! A multiplicação de igrejas ocorre quando os plantadores são recrutados das igrejas recém-formadas. Eles precisam ser treinados com um método reproduzível para que também possam treinar outros. Esse é um grande desafio porque geralmente as jovens igrejas são pequenas e relutantes em ceder obreiros capacitados por medo de que a igreja sofra. No entanto, a igreja de Antioquia enviou dois de seus líderes mais capazes e amados, Paulo e Barnabé (Atos 13:1-3) tornando-se um padrão para as igrejas de missão paulina seguirem.

Hoje, os movimentos de plantação de igrejas que apresentam um crescimento rápido têm descoberto esse princípio. Raramente espera-se que

---

184 Wolfgang Simson (2001, 108-9) afirma que a forma tradicional de treinamento ministerial geralmente leva ao mesmo número de formandos todos os anos. Isso mal cobre o número de pastores que se aposentam ou abandonam o ministério. Se o alvo for um aumento real do número de igrejas e de plantadores de igrejas, devem ser adotados os modelos descritos a seguir, pois podem ser facilmente reproduzíveis e conduzem à multiplicação de obreiros e igrejas.

venham de fora obreiros formados no seminário ou mais missionários para incrementar a liderança do movimento. Os obreiros, os plantadores e missionários são prata da casa da igreja local. Os movimentos de igrejas nos lares podem usar uma abordagem simples sugerida por David Garrison (veja a figura 17.1), enquanto as igrejas maiores podem operar programas de treinamento próprios e residências de plantação de igrejas (todos descritos abaixo). A intencionalidade do recrutamento e a capacitação da nova geração de obreiros dentre aqueles que estão sendo conduzidos a Cristo são comuns a ambas as abordagens.

A seleção e a avaliação do plantador de igrejas

Na América do Norte e em todo o mundo cresce a atenção sobre a seleção, o treinamento e o mentoreamento dos plantadores de igrejas. Nem todo aquele que se oferece para ser um plantador de igrejas é necessariamente capacitado para esse ministério. O processo de seleção geralmente começa com uma avaliação dos plantadores em potencial. Essa avaliação procura discernir a prontidão e os dons dos possíveis candidatos. Cada vez mais se evidencia o fato de que os plantadores avaliados positivamente têm maior possibilidade de sucesso e tendem a plantar igrejas maiores do que os plantadores que não foram avaliados (Exemplos: Mannoia 1994, 67; Stetzer 2006, 82; Gray 2007, 59-60). Esse exame pode acontecer em um centro criado para esse fim, onde os candidatos participam por vários dias de um intenso processo de avaliação que inclui entrevistas, testes e jogos de simulação. Outras abordagens de avaliação dependem mais de recomendações, testes de personalidade e comportamento realizados por uma equipe especializada.

O padrão mais usado para essa avaliação é baseado em um estudo realizado por Charles R. Ridley em 1984 (1988) que identificou treze características fundamentais necessárias para os plantadores de igrejas eficazes.

1. Capacidade de visão;
2. Motivação intrínseca;
3. Cria sentimento de posse do ministério;
4. Relaciona-se com aqueles que não frequentam nenhuma igreja;
5. Conta com a cooperação do cônjuge;
6. Consegue estabelecer relacionamentos;
7. Comprometido com o crescimento da igreja;
8. Receptivo à comunidade;
9. Usa os dons dos outros;
10. Flexível e adaptável;
11. Edifica a coesão do grupo;
12. Demonstra resistência nas adversidades;
13. Exercita a fé.

Embora o estudo tenha sido realizado entre homens norte-americanos, muitos acreditam que as características tenham validade transcultural, pois descrevem funções que os plantadores de igrejas devem desempenhar efetivamente para obterem sucesso em qualquer contexto. Ridley criou vários guias práticos para aqueles que desejam desenvolver um programa de avaliação de plantadores de igrejas (Ridley 1988; Ridley e Logan 1998 e 2002; Ridley e Moore 2000).

Outras características pessoais são importantes no processo de avaliação como: maturidade espiritual, experiência de vida, educação e adaptação na comunidade e denominacional (ver também capítulo 15). Por exemplo, o estudo de Allen Thompson (1995) descobriu que as seguintes características são importantes:

- Espiritual: oração, integridade, disciplinas espirituais, confirmação da influência de Deus, unidade na família, pureza de caráter e reconhecimento de suas limitações;
- Habilidades: liderança, evangelismo, pregação, filosofia de ministério e discipulado;
- Pessoal: consciência, resistência nas adversidades, flexibilidade, amabilidade, autoimagem saudável, sensibilidade e dinamismo.

Em muitos contextos, os movimentos não terão o luxo de serem altamente seletivos na comissão de plantadores de igrejas. Os estudos acima foram conduzidos em contextos ocidentais e supõe que o plantador esteja estabelecendo uma igreja tradicionalmente estruturada, portanto, seus achados podem não se aplicar a contextos não ocidentais, abordagens não tradicionais e movimentos populares. Um estudo entre plantadores de igrejas hispânicos em Miami, no entanto, revelou características similares para plantadores de igrejas eficazes e listou as mais importantes como sendo as seguintes:

1. Adaptabilidade ao contexto do ministério;
2. Sensibilidade e habilidades multiculturais;
3. Habilidade de desenvolver relacionamentos pessoais e dentro da comunidade congregacional (Tucker 2006).

Outro estudo de plantadores missionários transculturais nas Filipinas descobriu que, além das qualidades espirituais gerais, as seguintes habilidades são importantes:

1. Ensinar a Bíblia no idioma local;
2. Testemunhar eficazmente no idioma local;
3. Usar de forma efetiva a abordagem nativa de plantação de igreja;
4. Usar habilidades de liderança com grupos filipinos;
5. Oferecer um convite evangelístico efetivo no idioma local;
6. Fazer discipulado um a um e em grupos pequenos;
7. Planejar estratégias para a plantação de igreja;
8. Avaliar seu próprio ministério.

Somando-se a isso, as competências envolvem várias outras habilidades do plantador eficaz:

1. Estabelecer um relacionamento pessoal com os filipinos;
2. Resolver os problemas de relacionamento pessoal com os filipinos;
3. Travar conversações sobre assuntos gerais no idioma local;
4. Compreender os valores filipinos (Gopffarth 1993).

Seja qual for o contexto cultural ou o modelo de igreja, o bom senso e as pesquisas confirmam que a seleção e avaliação sensata do plantador contribuem para uma melhor administração de recursos e para o sucesso da plantação de igrejas. Isso envolve também uma personalidade que combine com o trabalho, os dons espirituais e a experiência no desempenho da tarefa.

Treinamento e estágios do plantador de igrejas.

Não apenas a avaliação, mas também o treinamento dos plantadores é um fator importante na plantação de uma igreja saudável que seja capaz de se reproduzir e de sustentar um movimento. Muitos plantadores missionários experientes e eficientes têm migrado para a posição de treinador de plantadores de igrejas ou mentores de plantadores nacionais, alavancando assim seu impacto. Na América do Norte, as oportunidades são abundantes para o treinamento de plantadores de igrejas. Muitos seminários oferecem cursos sobre esse tema e assuntos relacionados, no entanto, a maior parte deles enfatizam mais o preparo para o cuidado, o ensino e o ministério pastoral e menos para a liderança missional de igreja (Robinson 1992, 32). Como Robert Vajko observa pesarosamente: "Quando os líderes se matriculam em uma instituição de educação formal, frequentemente tendem a encarar sua educação como uma entrada para uma igreja mais estabelecida na qual possam obter apoio financeiro adequado" (2005, 297). Portanto, como complemento de um treinamento ministerial mais formal, muitas denominações, movimentos e algumas igrejas locais oferecem programas não formais de treinamento. Por exemplo, acampamentos de plantadores de igrejas são geralmente oficinas intensivas de uma semana de duração que focam o planejamento e preparação para o lançamento de uma plantação de igrejas. Organizações como a ChurchSmart[185] e redes como Acts 29[186], NEXT[187] e New Thing[188] oferecem uma abundância de seminários de alta qualidade, acampamentos, publicações, recursos didáticos e sistemas de suporte para treinar e auxiliar os plantadores de igrejas. Organizações e redes internacionais semelhantes também estão sendo formadas. Para obter um excelente resumo e exemplos das muitas abordagens ao treinamento de plantadores de igrejas realizados na América do Norte ver a monografia de Glenn Smith "Models for Raising up Church Planters" (Modelos para criar plantadores de igrejas) (2007). Nosso foco aqui é o treinamento de nacionais, o treinamento modular, residência e estágios baseados na igreja, treinamento regional não formal e mentoreamento.

TREINAMENTO DE PLANTADORES NACIONAIS

Os movimentos de plantação de igrejas de crescimento rápido parecem ter pouco tempo ou nenhuma necessidade desse tipo de treinamento para plantadores. Cristãos relativamente novos dão início a novos grupos pequenos que se transformam em igrejas nos lares. A impressão, no entanto, é enganosa. Seus métodos são, muitas vezes, profundos na simplicidade. Por exemplo, David Garrison

---

185 Veja www.churchsmart.com. (Site em inglês. Acesso em 25/09/2012)
186 Veja www.acts29network.org (Site em inglês. Acesso em 25/09/2012)
187 Veja www.nextchurches.com (Site em inglês. Acesso em 25/09/2012)
188 Veja www.newthing.org (Site em inglês. Acesso em 25/09/2012)

ressalta uma abordagem em quatro etapas: "Modelar, Auxiliar, Assistir e Partir. Modelar o evangelismo e plantação de igrejas; Auxiliar cristãos locais a fazer o mesmo; Assisti-los fazendo o trabalho para assegurar-se de que eles são capazes de desempenhá-lo; Partir e deixar que o ciclo se reinicie em outro lugar" (2004a, 344). O plantador de igrejas ensina geralmente pelo exemplo, com pouca instrução teórica ou planejamento. Ele modela o que é esperado dos evangelistas leigos na primeira igreja caseira, então, os auxilia na primeira igreja-filha e assiste enquanto eles começam sozinhos a terceira geração da igreja (Figura 17.1). Quando a igreja de terceira geração é plantada sem auxílio, o processo de multiplicação está completamente em funcionamento. Os líderes das igrejas nos lares aprendem os conceitos básicos de interpretação e aplicação da Bíblia e como cuidar das necessidades dos cristãos. A ênfase principal está no evangelismo.

Figura 17.1
Ciclo de reprodução

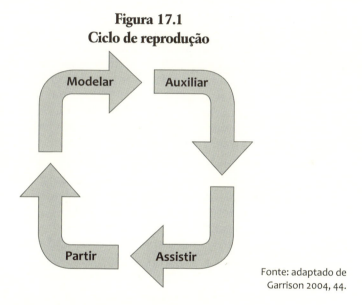

Fonte: adaptado de
Garrison 2004, 44.

Treinamento de plantadores de igrejas em módulos

Com o treinamento por meio de módulos, os plantadores regularmente são reunidos regionalmente para estudo e encorajamento. Nos anos 90 o sistema *New Church Incubator* foi desenvolvido por Robert Logan e Steve Ogne (1991b) no qual os plantadores e líderes leigos de várias igrejas reúnem-se mensalmente para encorajamento, oração e treinamento sobre vários tópicos práticos. Entre as reuniões, cada plantação de igreja recebe um instrutor que ajuda os membros da equipe a implantarem o que aprenderam. Esse conceito tem sido muito usado em contextos ocidentais. Um exemplo semelhante é a Liga Bíblica da Bulgária, que reúne plantadores vindos de todo o país para cinco módulos ministrados em um período de dois anos. Tópicos como visão, ferramentas práticas, caráter espiritual, administração e estudo bíblico são apresentados e são dadas aos plantadores tarefas específicas. Os estagiários recebem pelo menos duas visitas do instrutor ao local do ministério e aqueles que já tenham plantado uma igreja recebem visitas adicionais (Appelton 2008,2). As igrejas Vineyard na Europa de fala alemã têm adotado o treinamento modular de cinco finais de semana para as equipes de plantação de igrejas em um período de dezoito meses. Esses módulos cobrem os seguintes tópicos: visão, planejamento, formação de equipe, evangelismo e discipulado (Vineyard Dach 2009). Uma grande vantagem dessa abordagem é que os estagiários não precisam deslocar suas famílias ou deixar seus empregos para receberem o treinamento. O treinamento também ocorre em serviço, já que os estagiários geralmente já estão engajados em uma plantação de igreja ou servem em uma igreja local. Isso motiva o aprendiz e faz com que a implantação de princípios e planos seja imediata.

ESTÁGIOS E RESIDÊNCIAS DE PLANTADORES DE IGREJAS BASEADOS NA IGREJA LOCAL

Várias igrejas maiores na América do Norte têm levado seu compromisso com a multiplicação de igrejas e treinamento de plantadores de igrejas a um nível mais alto. Partindo da visão de lançar um movimento e compartilhar sua experiência, elas iniciaram seu próprio programa de treinamento de plantação de igrejas, muitas vezes incluindo uma residência ou estágio. Em geral, esses não são vistos como substitutos para o treinamento ministerial formal (como um seminário), mas como uma abordagem prática para testar, aprender e aperfeiçoar habilidades especiais necessárias para a plantação de igrejas. Geralmente, o programa inclui elementos como a formação e caráter e o levantamento de fundos.

Um dos programas mais impressionantes é oferecido pela igreja Hill Country Bible Church, em Austin no Texas (2009). Vários candidatos são avaliados a fim de testar seu potencial de plantador de igrejas e então quatro ou cinco são recebidos para uma residência de um ano de duração em uma plantação de igreja. Um plano de aprendizagem especialmente elaborado é formulado. Os participantes recebem instrução de especialistas em cada assunto e, o mais importante, são treinados em evangelismo, discipulado, exegese cultural, gerenciamento de projetos, orçamento, oratória e liderança. Eles não somente auxiliam em uma plantação em andamento, mas, no decorrer da residência, começam a preparação para uma nova plantação de igreja que eles mesmos liderarão. Isso significa recrutar participantes da igreja patrocinadora para a formação da equipe missional central, formular um plano estratégico, levantar fundos e fazer contatos evangelísticos na comunidade-foco. De fato, com sua equipe eles são obrigados a fazer pelo menos duzentos contatos de amizade com não cristãos na comunidade. No momento em que esses plantadores residentes completam o programa de doze meses (e nem todos conseguem), a probabilidade de que suas plantações de igrejas tenham êxito é bem alta. É um enorme investimento em treinamento e os dividendos espirituais são enormes também.

Outra igreja que tem se destacado no treinamento de plantadores de igrejas é a *North Wood Church* perto da cidade de Fort Worth, no Texas (Roberts 2008, 137-50). É um programa de estágio em plantação de igrejas com duração de nove meses para quem foi selecionado por seu alto potencial nesse ministério. Outra igreja pioneira em treinamento é a *Redeemer Presbyterian Church* em Nova York, cujo programa trata dos seguintes tópicos:

- Chamado e competências de um plantador de igrejas;
- Visão, valores e missão da igreja;
- Pesquisas demográfica e etnográfica;
- Filosofia contextualizada de ministério;
- Plano de ação;
- Estruturas de liderança;
- Levar o Evangelho à comunidade;
- Dinâmicas renovadas para a plantação e crescimento de igrejas;
- Grupos pequenos;
- Pregação no contexto da plantação de igrejas (Redeemer Church Planting Center 2009).

A maioria desses programas de treinamento de plantadores de igrejas baseados na igreja local possui um completo sistema de recrutamento, seleção, treinamento, capacitação, recursos, parcerias e treinamento contínuo.

TREINAMENTO REGIONAL NÃO FORMAL PARA PLANTADORES DE IGREJAS

O *Hindustan Bible Institute* (HBI) oferece um extraordinário exemplo vindo da Índia de um treinamento eficiente e criativo para plantadores de igrejas e mobilização (veja Gupta e Lingenfelter 2006). Além de seus programas acadêmicos formais, o HBI deu início a um programa não formal de dois anos de duração para multiplicação de plantadores de igrejas: o *Missionary Training Institute* (MTI). O plano foi orientado por três princípios:

1. Encontrar alunos com paixão por evangelismo e plantação de igrejas;
2. Repetir informação fundamental na Bíblia e ministério prático para facilitar a aprendizagem daqueles que possuem pouca educação formal;
3. Ter estagiários que aplicam o ensino, ensinando outros – isto é, eles imediatamente ensinam o que aprenderam alcançando e discipulando outras pessoas nas aldeias.

Um programa de treinamento no local foi desenvolvido para ajudar os evangelistas a realmente plantarem igrejas. O número médio de igrejas plantadas por cada estagiário cresceu de 1,5 em 1991 para 3 igrejas em 1993 e em 2003 para 4,5 igrejas (ibid., 38). Durante esse período mais de 500 plantadores de igrejas foram treinados através do MTI, que plantou cerca de 2.300 igrejas com uma membresia total de 110.000 (ibid., 50-53).

Entre os fatores-chave que contribuíram para o sucesso do movimento estão:

1. A abertura do programa não formal, acessível àqueles que não estão capacitados ou qualificados para se submeterem ao estudo formal, porém possuem dons para a plantação de igrejas;
2. A abordagem prática de ensino, dentro do contexto e empírica;
3. Avaliação regular, repetição da aprendizagem, mentoreamento no local;
4. Comissionamento dos estagiários para ensinar e mobilizar convertidos para a multiplicação da igreja.

Avançar da adição para a multiplicação, treinando plantadores para discipular intencionalmente novos convertidos que possam, por sua vez, discipular outros foi um fator crítico (ibid., 52). Eventualmente os plantadores transculturais foram treinados para atingir vários grupos étnicos da Índia fazendo uso da abordagem apostólica demonstrada no capítulo 5. Como em muitos outros programas que treinam plantadores de igrejas locais, o currículo também engloba, além das habilidades vocacionais, higiene e medicina básica para ajudá-los a ser bivocacionais, prover o próprio sustento e permanecer saudáveis.

Outro exemplo de um centro de treinamento de plantadores regionais vem de Miammar. De 1996 a 2007 cinco igrejas com um rol de membros total de menos de cem pessoas cresceram para trinta e seis igrejas com 835 membros, principalmente de origem budista. O centro de treinamento oferece um certificado e um diploma. "Todos os plantadores de igrejas começam como evangelistas. Quando um grupo é reunido, o evangelista é promovido a pastor provisório. Somente quando o grupo continua a crescer e a amadurecer é que o líder é confirmado como pastor" (Tanner 2009, 154). Embora todos os líderes no centro sejam graduados em Teologia, recebem treinamento especializado em evangelismo e plantação de igrejas na Austrália.

O último exemplo de treinamento de equipes de plantação de igrejas entre muçulmanos também vem do Sudeste da Ásia. Os plantadores são recrutados entre aqueles que já receberam treinamento bíblico básico e prático para o ministério em escolas bíblicas e seminários. Então eles são trazidos para um dos vários centros regionais para treinamento especializado em plantação de igrejas. Em um período de seis meses, assistem às aulas dois dias por semana e nos outros dias participam de uma equipe local de plantação de igreja para aplicar o que aprenderam. Equipes de quatro ou cinco pessoas são então formadas e enviadas para lançar novas plantações. Periodicamente, as equipes se reúnem em suas regiões para comunhão, relatórios de trabalho e para receber treinamento contínuo.

Treinando e apoiando plantadores de igrejas

Outro fator relevante na capacitação de plantadores de igrejas é o treinamento ou mentoreamento contínuo. Assim que o novo plantador entra realmente na aventura da plantação da igreja, enfrenta muitos obstáculos inesperados que não foram antecipados no treinamento. A aplicação dos princípios de plantação de igrejas, solução de problemas e obtenção de novas perspectivas de uma situação não acontecem automaticamente. Portanto, alguma forma de assistência é considerada essencial na capacitação completa dos plantadores. O oferecimento de seminários especiais é uma das maneiras de atender a essa necessidade, mas uma orientação mais pessoal voltada à situação individual do plantador será mais útil. O desenvolvimento a longo prazo do plantador precisa envolver mais do que regras práticas para a solução de problemas. Precisa incluir seu desenvolvimento pessoal. Lidar com o desânimo e as limitações pessoais, recuperar as forças e celebrar as vitórias são as principais situações em que os plantadores de igrejas geralmente necessitam de um mentor durante o primeiro ou nos dois primeiros anos de ministério.

A importância do mentoreamento e da capacitação tem sido amplamente reconhecida em praticamente todas as disciplinas e mais particularmente na administração, educação e esportes. Os líderes de plantadores de igrejas em todo o mundo concordam que o apoio contínuo e o aconselhamento são essenciais para os plantadores. Sherwood Lingenfelter resume a importância do mentoreamento pessoal de plantadores na Índia associados ao HBI: "O treinamento sem um acompanhamento por parte de um pastor ou de outro líder não funciona. Esse fato foi verificado em todos os níveis do treinamento de mobilização do HBI. Os pastores não sabiam como plantar a segunda e a terceira igreja sem mentoreamento de um líder ou de um colega" (Gupta e Lingenfelter 2006,98). Embora a evidência empírica seja de certa forma ambígua em afirmar que o acompanhamento de um plantador de igrejas conduz a um crescimento mais rápido,[189] há poucas dúvidas de que o apoio pessoal e o compartilhamento sábio através do mentoreamento contribuirão para a eficácia como um todo.

Algumas vezes se faz distinção entre a mentoria, que dá atenção em particular ao desenvolvimento pessoal e o treinamento que foca mais nas habilidades. Seja qual for o termo usado, *instrutor* ou *mentor*, não é tão importante quanto à intencionalidade com que um plantador experiente oferece assistência pessoal a um menos experiente. O conceito de mentoreamento é tão velho quanto a própria Bíblia e pode ser encontrado em exemplos como o de Moisés e Josué, Elias e Eliseu, Barnabé e Paulo e Paulo e Timóteo. No entanto, os recursos para auxiliar os treinadores de plantadores de igrejas têm estado disponíveis apenas recentemente.

O espaço limitado não nos permite explorar o treinamento de plantadores de igrejas em detalhes. Indicamos ao leitor alguns dos vários recursos e orientações para treinamento disponíveis. Por exemplo, John Whitmore em *Coaching for Performance* usa o seguinte guia para cada sessão de acompanhamento:

- Defina e esclareça os alvos;
- Examine a realidade em termos de situações e obstáculos para se alcançar os alvos;
- Explore as opções para ultrapassar os obstáculos e atingir os alvos;
- Definir o próximo passo a ser tomado para que os alvos sejam alcançados.

Robert Logan e Sherilyn Carlton em *Coaching 101* (2003) ressaltam uma abordagem de 5 "Rs" com características semelhantes:

- Relacionar
- Refletir
- Reorientar
- Recurso
- Rever

---

189 Stetzer (2006, 102-3) descobriu que a frequência dos encontros com o mentor reflete no aumento de tamanho da igreja. Um estudo realizado por Gray (2007, 146), no entanto, não demonstrou o mentoreamento do plantador como um fator significativo quando igrejas de crescimento rápido e as que enfrentam dificuldades foram comparadas.

Um Manual do Estudante acompanha o livro *Coaching 101* (Logan e Reinecke 2003a) e o livro *Developing Coaching Excellence* (Logan e Reinecke 2003b) oferece material de treinamento impresso e em áudio para mentores baseados nos "Rs". O livro *Empowering Leaders through Coaching* (Ogne e Nebel 1995) é uma ferramenta especialmente útil e inclui recursos impressos e em áudio, orientação para avaliação, perguntas preparatórias e caderno de exercícios.

A maior parte desses manuais enfatiza que o mentor deve evitar oferecer respostas prontas e aprender a fazer mais perguntas baseadas nas descobertas pessoais do tutoreado. O mentor busca auxiliar o tutoreado a descobrir seu próprio caminho para atingir os alvos e encontrar soluções para as dificuldades. O objetivo é evitar que o plantador se torne dependente do mentor em vez deste ajudar a desenvolver seu caráter, suas habilidades e sua capacidade de resolver problemas. Ele deve aprender a não somente ser um plantador eficaz, mas tornar-se também um mentor para outros plantadores.

A mentoria transcultural onde o mentor e o plantador pertencem a culturas diferentes envolve desafios adicionais de comunicação que podem criar expectativas diferentes e mal-entendidos. Por exemplo, o método relativamente não direcionado preferido pelos norte-americanos pode ser considerado confuso. Os relacionamentos que enfatizam demasiadamente a tarefa a ser cumprida podem ser insatisfatórios. Os mentores precisam estar familiarizados com a literatura sobre comunicação e administração transcultural. O mentoreamento em grupos pequenos é outra abordagem útil. Embora esse estilo seja menos individualizado, os membros do grupo exercem mentoreamento mútuo e prestam contas uns aos outros, o que dá uma dimensão valiosa à experiência.

Seja qual for a abordagem adotada, o mentoreamento eficaz precisa se basear em um relacionamento de cuidado genuíno, ser intencional, envolver encontros periódicos e manter alguma espécie de prestação de contas. Isso exigirá compromisso de ambas as partes. A maioria dos defensores e praticantes do mentoreamento para os plantadores de igrejas recomendam pelo menos uma reunião mensal. Um contato mais frequente, no entanto, provavelmente aumentará a eficácia, em especial durante a fase inicial da plantação da igreja. O objetivo do mentor é ajudar o plantador a reconhecer todo seu potencial e se tornar um plantador de igrejas que reproduz seu ministério.

18
Parcerias e recursos
na plantação de igrejas

O conceito de parcerias em missões, embora altamente em voga, está longe de ser uma novidade. Por exemplo, no século 18, John Williams levou o Evangelho às ilhas do Pacífico Sul e estabeleceu uma base na ilha de Rarotonga. Nos anos seguintes, ele traduziu a Bíblia para o idioma local, estabeleceu um centro de treinamento e construiu um barco para transportar equipes evangelísticas locais. "Sob sua supervisão, o evangelismo foi realizado quase exclusivamente por obreiros nativos, a maioria deles com bem pouco treinamento. [...] No entanto, eles corajosamente deixaram suas casas e a segurança de suas tribos e entraram em território estranho aprendendo línguas que lhes eram desconhecidas, arriscando suas vidas para levar o Evangelho aos povos das ilhas vizinhas" (Tucker 1983, 211). Essa parceria foi um fator fundamental para a evangelização do Pacífico Sul e, em 1834, apenas onze anos depois de Williams ter aportado em Rarotonga "nenhuma ilha de importância dentro de 2.000 milhas do Taiti deixou de ser visitada" (Hardman 1978). Fazer discípulos de Jerusalém até os confins da terra é uma tarefa que tem frequentemente levantado uma grande variedade de parcerias internacionais e interculturais.

O Evangelho precisa ser levado de um povo para outro e faz muito sentido que aqueles que foram recentemente evangelizados colaborem com os que trouxeram o Evangelho a eles a fim de alcançar outros grupos não evangelizados. Além disso, nenhuma igreja, nem associação de igrejas, tem acesso a todos os grupos de povos não alcançados do mundo, ou recursos suficientes e conhecimento e sabedoria para cumprir, sozinhas, a Grande Comissão. Christopher Little observa: "O *International Partnership Movement* (IPM) incontestavelmente tem se tornado a força mais influente da igreja de hoje. [...] Ele tem ganhado mais força à medida que as organizações, igrejas e indivíduos, tanto ocidentais quanto não ocidentais tem subido a bordo" (2005, 2). Esse fenômeno é amplamente tributado à globalização de esforços missionários e ao amadurecimento de novas nações enviadoras do hemisfério sul. Os novos missionários geralmente querem trabalhar em colaboração criativa com organizações missionárias ocidentais já existentes em uma posição de igualdade e respeito. Paul Gupta, escrevendo principalmente sobre a situação na Índia, ressalta o valor dessa colaboração: "Como um instrutor, consultor e facilitador, [um estrangeiro] pode servir à igreja nacional ajudando a desenvolver um movimento de plantação de igrejas ou equipar esse movimento com habilidades de liderança e recursos essenciais a fim de produzir igrejas e cristãos maduros e dinâmicos. À medida que as igrejas e organizações missionárias estrangeiras ajustam sua visão e *redefinem seus papéis para se tornarem parceiras das igrejas nacionais, podem causar um impacto maior para o Reino de Deus do que jamais foi possível através de projetos pioneiros*" (Gupta e Lingenfelter 2006, 198, ênfase acrescentada).

As parcerias incluem ações como projetos missionários de curto prazo, obras de misericórdia, ajuda humanitária e assistência financeira a obreiros nacionais e hoje aparecem em muitas formas:

- Um missionário estrangeiro trabalhando com obreiros nacionais;
- Cooperação entre agências missionárias de várias nações;
- Parcerias internacionais entre congregações;
- Igrejas locais enviando equipes missionárias internacionais em projetos de curto prazo para trabalharem em parceria com missionários ou igrejas locais;
- Apoio direto de obreiros nacionais por parte de uma igreja local ou agência missionária;
- Projetos de colaboração entre associações ou denominações.

No entanto, as parcerias na missão são muitas vezes praticadas de forma tão banal e indiscriminada que podem produzir indesejáveis consequências negativas. Examinaremos diversos tipos de parcerias, perigos comuns e algumas das "melhores estratégias" a fim de evitar decepções e mau uso dos recursos de Deus na plantação global de igrejas.

Definições e pressupostos

Neste capítulo nos concentraremos em parcerias que buscam intencionalmente plantar igrejas. Uma parceria em plantação de igrejas é uma associação de colaboração voluntária para a plantação de uma ou mais igrejas. Quando uma parceria desse tipo é saudável, ela contribui para a reprodução de igrejas nativas sadias através do compartilhamento de recursos e ideias em relacionamentos complementares de respeito mútuo e confiança.[190] Exploraremos os vários tipos de parcerias que integram o ministério cooperativo de fazer discípulos e ação social compassiva que contribuem para a multiplicação de comunidades do Reino saudáveis (ver capítulo 19).

Todas as igrejas podem se envolver em parcerias. Como muitas igrejas da África, Ásia e América Latina estão enviando missionários, os termos "enviadoras" e "recebedoras" devem ser usados e ouvidos sob um prisma inteiramente novo. O

---

190 Uma vasta literatura tem sido produzida sobre o tópico da dependência e apoio financeiro de obreiros nacionais provocando um vigoroso debate. Veja, por exemplo, McQuilkin 1999 e Bennet 2000. Daniel Rickett (2000) discute a interdependência saudável e a prestação de contas em projetos missionários. Evitaremos as polêmicas e proporemos formas positivas do uso dos recursos nas parcerias em plantações de igrejas.

paradigma da *igreja enviadora* versus *igreja recebedora* é falho porque dá a impressão de que algumas igrejas permanecem como *igrejas recebedoras* indefinidamente. A linguagem da parceria quebra essa falsa dicotomia. Para simplificar usaremos o termo *estrangeiro* para o parceiro que viaja transculturalmente e *local* para o parceiro que está onde a nova igreja está sendo plantada. Os plantadores de igrejas estrangeiros envolvidos na parceria serão chamados de *equipe missionária*.

Justificativas bíblicas e práticas

Existem algumas razões bíblicas convincentes para a parceria em missões. A aceleração e o avanço da Grande Comissão devem permanecer como os alvos principais. Paulo e Timóteo puderam contar com os filipenses em seu projeto de alcançar outras comunidades com o Evangelho (Fl 4.10-18) e Paulo esperava que a igreja em Roma o ajudasse a levar o Evangelho à Espanha depois de ter visitado a cidade por algum tempo (Rm 15.24). As parcerias facilitam a plantação de novas comunidades do Reino reunindo estrategicamente dons e recursos complementares.

As parcerias também possuem um impacto qualitativo pela demonstração recíproca de cuidado, respeito e apoio. Os filipenses demonstraram generosidade em dar sacrificialmente (Fl 4.10-19) e enviar Epafrodito para cuidar das necessidades físicas de Paulo (2.25-30). Paulo, por sua vez, enviou Epafrodito de volta para casa para aliviar suas preocupações (2.28) e encorajá-los com sua carta. A parceria entre a equipe paulina e as igrejas gentias para trazer alívio contra a fome à igreja de Jerusalém teve também a intenção de criar uma unidade maior entre as igrejas gentias e judias (1Co 16.1-4; 2Co 8–9).[191]

Quando as parcerias são saudáveis, elas habilitam em vez de controlar. Paulo sugere que ele evitou batizar muitos cristãos coríntios para que eles não formassem um partido paulino (1Co 1.14s). Os líderes da igreja judia escolheram não impor suas normas culturais sobre as igrejas gentias (At 15). Ninguém deve ter que sacrificar sua identidade cultural para fazer parte de uma parceria. O objetivo é que ambas as entidades, embora diferentes, preservem suas características culturais, aprendam uma com a outra e contribuam com algo significativo para o alvo comum de acordo com suas respectivas habilidades.

Essas associações de colaboração voluntária usam diversos dons, recursos e ideias sinergicamente. Paulo incorporou em novas equipes os pontos fortes e o conhecimento cultural de cooperadores recrutados das igrejas que ele tinha estabelecido previamente.[192] Em Eclesiastes 4.9-12 vemos uma lista de diversos benefícios da parceria: maior retorno, proteção, ajuda em tempo de necessidade, cordialidade e apoio. Além disso, o mandamento para sermos sábios mordomos do tempo, talentos e dinheiro requer parceiros para uma avaliação regular de seu impacto no Reino e dos resultados (Lc 16.8-12).

---

191 Richard Longenecker (1964, 228-29) afirma que ambos os objetivos estavam presentes, mas a decisão de Paulo de ir para Jerusalém com a oferta indicava sua preocupação com um crescente estranhamento entre os cristãos judeus e gentios.

192 Reveja os capítulos 3 e 16 a respeito de equipes de plantação de igrejas para observar a intencionalidade de Paulo a respeito de seu trabalho em equipe.

Outros benefícios da parceria

Trabalhar juntos ajuda a vencer a enormidade da tarefa da evangelização do mundo e permite uma boa administração dos diversos recursos necessários para uma tarefa tão grande. Isso é ainda mais importante quando consideramos o surgimento de novos agentes na evangelização mundial. Na virada do século 21 o número de missionários do hemisfério sul se aproximou do número enviado pelas igrejas tradicionais do ocidente (Jaffarian 2004) ou talvez o tenha superado (Keyes 2003). Além disso, os assuntos práticos de treinamento, desenvolvimento e alcance contínuo podem ser mais bem abordados através de uma eficiente cooperação de todos os envolvidos.

As parcerias podem funcionar também como comunidades de aprendizagem. Aqueles que são oriundos de nações enviadoras mais recentes oferecem novas perspectivas, mais energia e recursos humanos muito necessários, mas buscam aprender com a experiência de organizações missionárias estabelecidas em áreas como o desenvolvimento de estruturas de apoio e cuidado para obter uma efetividade a longo prazo. O fluxo de ideias e estratégias está cada vez mais migrando do leste para o oeste (por ex., os movimentos de igrejas em células e igrejas nos lares, batalha espiritual e maneiras de alcançar pagãos pós-modernos), como podemos verificar no estudo de caso 18.1.

As parcerias permitem que um pessoal maior seja envolvido. "Missão de curto prazo é de forma paradigmática, uma modalidade de parceria colaborativa em testemunho e serviço com cristãos que já estejam presentes no local". (Priest e Priest 2008,66). As missões de curto prazo, portanto, expõem literalmente milhões de cristãos ao serviço e ao testemunho transcultural. O historiador Eliseo Vílchez vê um enorme potencial nesse movimento voluntário: "No contexto da globalização religiosa, as missões de curto prazo surgem como um dos instrumentos mais poderosos da missão contemporânea e da transformação religiosa que o mundo todo está experimentando" (citado em Paredes, 2007, 250). As experiências e os relacionamentos transculturais ampliam a perspectiva de uma pessoa e quebram estereótipos.[193]

Estudo de caso 18.1

A parceria como uma comunidade de aprendizagem

Um plantador de igrejas americano trabalhou na Ásia Central por sete anos sem um único convertido, a despeito de sua experiência e dedicação e do apoio das igrejas em seu país. Ele conseguiu fazer muitas amizades entre os uzbeques, mas estava de coração partido a ponto de chorar porque nenhum deles havia chegado à fé em Cristo. Um colega coreano juntou-se a ele. Esse homem tinha menos recursos, mas mais ousadia e um conhecimento mais profundo das culturas tradicionais. Ele explicou que fazendo tantos amigos, o americano estava falhando em viver de acordo com a

---

[193] Veja as seguintes obras para um estudo mais detalhado das equipes de missões de curto prazo. Rickett 2000 e Livermore 2006 oferecem pontos de vista contrastantes. Robert Priest (2008) compilou a pesquisa mais quantitativa e apresenta uma perspectiva equilibrada.

expectativa uzbeque de amizade e hospitalidade. Os dois decidiram se concentrar no evangelismo por amizade encontrando "homens de paz" (Lc 10.6) e iniciaram conversas espirituais com eles de forma deliberada e imediatamente. Essa abordagem foi a chave para abrir vários lares para o Evangelho e começar a plantar duas igrejas. Várias outras novas igrejas começaram nessas casas porque eles realizavam estudos bíblicos com os "primeiros respondentes" em cada vila abertamente para evitar suspeitas e, com o tempo, outros membros da família se juntavam a eles. O missionário coreano compreendeu os padrões culturais e ajudou o americano a se adaptar a essa abordagem. Por outro lado, o americano trouxe os recursos de uma equipe e conseguiu assumir o comando na fase de estabelecimento. O valor da parceria como comunidade de aprendizagem missional não deve ser subestimado.

A contribuição para o futuro dessas parcerias de curto prazo para a multiplicação de igrejas não pode ser desprezada, no entanto. É verdade que a maioria dessas viagens dura menos de duas semanas; a maioria das equipes é composta de jovens inexperientes e os países-alvo possuem apelo turístico (Priest e Priest 2008). Uma vez que poucas equipes se dirigem a lugares na Janela 10/40[194], o efeito em rede é, na melhor das hipóteses, fortalecer ministérios existentes, em vez de expandi-los a novas áreas não alcançadas (ibid.). No entanto, cremos que fortalecendo a qualidade das missões de curto prazo e elaborando-as no contexto das parcerias de longo prazo de plantação de igrejas elas podem trazer contribuições positivas duradouras. Para isso, oferecemos neste capítulo algumas sugestões práticas.

Deve ser mencionado também que a contribuição de parcerias do Reino vão além dos benefícios funcionais. Quando as parcerias demonstram palpavelmente o amor de Cristo pelo mundo, elas servem como testemunho do poder do Evangelho e constituem um sinal de que o Reino está em ação. Sameh Maurice expressa o valor intrínseco que elas possuem: "Temos muita confiança em parcerias. Cremos na unidade do Corpo de Cristo; que uma igreja pode fazer muito pouco por si só. As igrejas juntas podem fazer mais e mais. [Nós cremos] que o Corpo de Cristo unido pode fazer o impossível; [ele] pode fazer o que o próprio Cristo pode. É por isso que convidamos a igreja do mundo todo para sermos parceiros em vários projetos" (Maurice 2005).[195]

Tipos de parcerias

As parcerias de plantação de igrejas são diversas e dinâmicas. Elas são seres vivos e devem ser tratadas como tal. Cada uma é moldada por uma visão distinta, pelos recursos disponíveis e pela maturidade dos dons daqueles que estão envolvidos nela. Algumas acrescentam mais participantes à medida que evoluem. Sua estrutura é determinada pelo número e identidade dos parceiros. A maioria ocorre entre dois (parceria diádica) ou três (parceria tríplice), mas algumas envolvem mais de três (parceria complexa).

---

194 A "Janela 10/40" designa os países que se localizam geograficamente entre os paralelos 10 e 40 na Ásia e na África. A maioria dos países menos alcançados com o evangelho está localizada nessa região.

195 Sameh Maurice foi pastor da igreja *Kasr-El-Dobbara* no Cairo, Egito, na época dessa entrevista (novembro de 2005).

As parcerias díades, ou entre congregações, unem uma igreja local com uma igreja estrangeira ou equipe missionária. Esses são os tipos mais simples e mais comuns. Muitos acordos de envio de equipes missionárias de curto prazo pertencem a essa categoria. Essas equipes trazem energia extra, credibilidade e recursos em momentos críticos do projeto de plantação de uma igreja, ajudando a nova igreja a vencer as barreiras naturais de crescimento. Geralmente, elas são projetos cooperativos de longo prazo nos quais o missionário funciona incialmente como um "agente" e então serve de forma altruísta aos interesses da parceria como um incentivador, conselheiro e solucionador de problemas. A pesquisa de Carl Brown (2007) demonstra que a competência e o compromisso dessa pessoa têm um enorme impacto no sucesso da parceria e no projeto da plantação da igreja.[196]

Chamamos de *parceria complexa* ao esforço cooperativo que envolve mais de dois associados (veja a figura 18.1). O projeto pode reunir várias igrejas estrangeiras e uma equipe missionária local para ajudar em um projeto de plantação de igreja internacional. Geralmente o número de parceiros cresce com a escala do projeto. Algumas vezes a parceria acontece entre entidades regionais. Por exemplo: um grupo compreendendo dúzias de Igrejas Evangélicas Livres da América do Norte (um distrito) faz parceria com uma associação de igrejas mexicanas em vários projetos, usando equipes missionárias de curto prazo para treinamento, evangelismo e construção para fortalecer as plantações existentes e lançando novas. Um casal de missionários experientes serve como facilitador e catalisador, preparando os projetos, orientando as equipes e participando em muitos dos projetos.

Figura 18.1
Uma parceira complexa

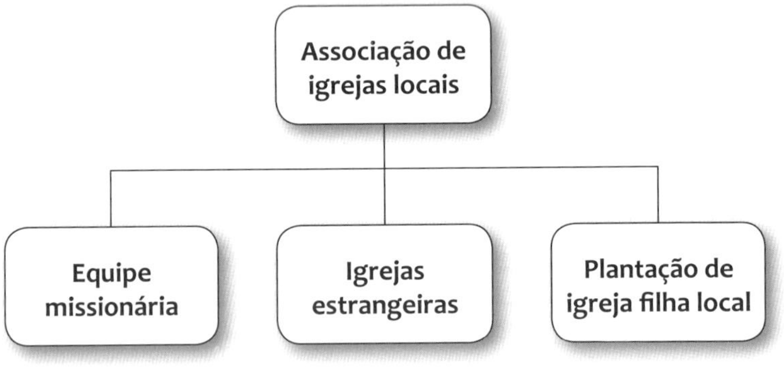

Fator chave: especialistas em parcerias que desenvolvem relacionamentos e estabelecem sistemas

---

196 Veja também Hiebert 2006 sobre o papel mediador do missionário no mundo globalizado de hoje.

Coalisões interdenominacionais de igrejas locais que fazem parcerias para apoiar o projeto de plantação de uma igreja também têm acontecido. Por exemplo: na área da grande Milwaukee várias igrejas reuniram-se em um consórcio para apoiar um trabalho na Indonésia. A fim de que a empreitada funcione bem, os facilitadores devem ser especialistas que encarem esse ministério como prioridade. Eles desenvolvem ferramentas, as melhores estratégias e sistemas para que essas parcerias, por vezes complicadas, vençam os estágios difíceis para obter resultados positivos na plantação de igrejas.

As parcerias podem também se distinguir por sua ênfase de ministério. Mesmo aquelas que se dedicam ao fortalecimento e à reprodução de igrejas podem fazer uso de uma ampla variedade de meios. Geralmente os programas de evangelismo e discipulado fazem parte da estratégia da parceria de plantação de igreja, mas não são as únicas e nem necessariamente as principais formas de envolvimento. O quadro 18.1 aponta apenas algumas das maneiras com as quais as equipes missionárias de curto prazo podem se tornar parceiras de um projeto de plantação de igrejas.

Quadro 18.1

Formas de envolvimento de projetos missionários de curto prazo na plantação de igrejas

- Projetos de construção de templos, playgrounds, moradias, centros comunitários;
- Serviços comunitários como perfurar poços, mutirões de limpeza, desenvolvimento agrícola, auxílio em escolas, orfanatos e hospitais;
- Visitação de porta em porta na vizinhança, distribuição de literatura;
- Teatro de rua, esquetes, esporte evangelístico, mímica, música, apresentação de filmes;
- Acampamentos evangelísticos em inglês; aulas de inglês;
- Clínicas médicas e dentárias, educação de saúde comunitária;
- Apresentações em escolas locais;
- Acampamentos;
- Desenvolvimento de liderança, ensino e seminários de treinamento;
- Projetos ambientais;
- Assistência logística e técnica para grandes campanhas evangelísticas.

Orientações para parcerias saudáveis

As parcerias em plantação de igrejas possuem um enorme potencial, mas apresenta alto custo em termos de mão de obra e energia. Por essa razão, elas precisam operar com sabedoria de acordo com as seguintes orientações:

Ter um propósito claro: O objetivo principal deve ser decidido em conjunto e em espírito de oração. Através da oração, o Espírito Santo realiza coisas além das expectativas dos parceiros. A missão Partners International descobriu que, para aumentar a efetividade das parcerias, é necessário se concentrar mais no resultado final, então iniciou avaliações qualitativas e quantitativas conjuntas dos frutos da parceria (Downey 2006).

Esclarecer as expectativas: a natureza da parceria, preparativos financeiros, tomada de decisões e uma série de outros assuntos devem ser discutidos abertamente desde o início. Os parceiros de culturas diferentes podem entender o significado e propósito de uma parceria de formas diferentes. Por exemplo, as culturas mais relacionais podem ver a parceria como uma colaboração de amizade, enquanto os que pertencem a uma cultura urbana de negócios a vê como uma tarefa da plantação de uma igreja (Brown 2008). Oscar Muriu (2007) afirma que os americanos tendem a ser confiantes e diretos e gostam de resolver problemas e os africanos, por sua vez, tendem a ser mais reservados e indiretos. Isso significa que, a menos que os membros das equipes missionárias de curto prazo valorizem as opiniões do povo local e abandonem suas ideias pré-concebidas, a parceria sofrerá danos.

Ser flexível: Os relacionamentos evoluem, as circunstâncias mudam e surgem situações inesperadas. Um acordo de parceria por escrito pode ser visto por um parceiro como um guia temporário que é tacitamente aberto a renegociação conforme as circunstâncias, enquanto outro parceiro pode vê-lo em termos contratuais mais rígidos. Mesmo quando as expectativas são declaradas explicitamente é preciso fazer arranjos para se adaptar às novas realidades. Os princípios fundamentais não podem ser colocados em jogo, mas a flexibilidade em assuntos que não são essenciais contribui para a efetividade e satisfação de ambos os lados. As políticas e os cronogramas demasiadamente restritivos devem ser evitados.

Ter um mediador bicultural: Em um mundo caído podemos esperar que as expectativas frustradas causem tensões. Além disso, onde houver diferenças culturais, linguísticas ou econômicas, entre outras, o potencial para o mal-entendido é grande. Os parceiros inexperientes geralmente subestimam esse desafio. Como já dissemos, um mediador bicultural bilíngue como um missionário maduro é de valor inestimável para mediar o relacionamento, ajudar cada parte a compreender as idiossincrasias do outro e representar imparcialmente ambos os lados.

Cultivar a parceria com paciência: Em espanhol, a expressão usada para parceria é *relación de socios* (relacionamento de associados) e implica em um relacionamento de igualdade e confiança. Alguns norte-americanos têm a tendência de dar ênfase exagerada aos resultados e podem ter expectativas irrealistas sobre a rapidez em que a confiança deve ser desenvolvida e quanto tempo é necessário para se plantar uma igreja saudável.[197] Os parceiros devem ter tempo para se conhecer melhor, compartilhar a visão e edificar a confiança. Então sobre esse fundamento eles podem construir um relacionamento de respeito mútuo, admiração e compreensão. As parcerias que construíram uma ponte de confiança têm mais probabilidade de sobreviver.

Procurar capacitar e fazer com que o benefício seja mútuo: "Na verdadeira parceria cada membro deve procurar edificar e capacitar o outro" (Hiebert e Larsen 1999, 59). A missão Partners International define a parceria como "colaboração sem controle" (Downey 2006, 200) e descreve seu *ethos* como "capacitar

---

197 As congregações americanas têm a "tendência de focar em programas que tenham resultados imediatos" (Wuthnow 1997,199).

ministérios dirigidos localmente a fim de executar a obra de Deus de formas culturalmente apropriadas e em confiança mútua" (ibid., 202). O alvo de uma parceria capacitadora é sempre dar generosamente tendo em vista o objetivo comum. Qualquer atitude de superioridade, controle ou paternalismo causará grande dano, mas uma troca com uma via de mão dupla de recursos, forças, ideias, hospitalidade e valores ajuda a manter a parceria saudável e interdependente. O foco final está na glória de Deus e no crescimento de seu Reino.

Estabelecer um processo justo de tomada de decisões: Algumas vezes, o parceiro com mais recursos pode, intencional ou involuntariamente, dominar o processo de tomada de decisões.[198] Os cristãos locais podem se sentir impotentes por medo de que, ao sugerirem outro curso de ação, o apoio com o qual contam seja retirado ou a parceria dissolvida. Eles também podem concordar sem, todavia, levar o plano até o fim. O processo de tomada de decisões deve respeitar os interesses de todos os parceiros e guardar a integridade do trabalho local de influências externas inadequadas (Collins 1995).

Exercite a sabedoria quanto à assistência financeira: Umas das fontes de conflito mais comuns nas parcerias é o uso do dinheiro. As dificuldades podem vir de um cuidado exagerado e um espírito de muita cobrança por parte do parceiro mais rico. Dependências nocivas podem acontecer quando os subsídios financeiros são administrados de forma insensata ou dominam o relacionamento. Embora os investimentos e benefícios entre os parceiros não necessitem ser iguais e não devam ser comparados, é esperado que todos os parceiros contribuam sacrificialmente e colham dividendos do Reino. Retornaremos a esse ponto mais adiante.

Passos práticos para cada estágio da parceria

As parcerias, como a maioria dos relacionamentos, têm um período de vida. Parcerias saudáveis são inauguradas prudentemente e concluídas graciosamente. Embora o projeto conjunto termine, o relacionamento continua. O relacionamento, porém, muda à medida que os parceiros liberam um ao outro de seu compromisso relacionado ao projeto de plantação de uma igreja. É por essa razão que chamamos a fase final de "culminação e liberação" (veja a figura 18.2).

No estágio de *exploração* e *concepção* as igrejas decidem explorar a formação de uma parceria de plantação de igreja. As parcerias podem ser iniciadas por uma igreja estabelecida que deseje enviar equipes missionárias transculturais em projetos de curto prazo, ou pelo líder de um ministério procurando ajuda externa para iniciá-lo. Alternativamente, uma organização missionária de três partes, vendo o benefício das parcerias, pode reunir uma igreja local e uma igreja (ou igrejas) estrangeira que tenham alvos, valores e interesses compatíveis.

A escolha de um parceiro deve ser feita em espírito de oração e baseada em alvos e critérios claros. A compatibilidade relacional entre os líderes também

---

198 Sobre a importância do poder e autoridade nas parcerias, veja Davies 1994, 46. Carl Brown (2007) descobriu que até os processos mais simples de tomada de decisões são um fator-chave para a saúde e eficiência das parcerias interculturais de plantação de igrejas.

é importante. Os parceiros potenciais devem procurar compreender a cultura, a situação e a história um do outro. Três fatores que comumente contribuem para parcerias precipitadas e não saudáveis são: a pressão pelo desempenho, as imensas necessidades do ministério e a adrenalina gerada por uma experiência nova e emocionante (Lederleitner 2007). É preferível não fazer promessas e acordos até que uma base suficientemente comum seja evidente.

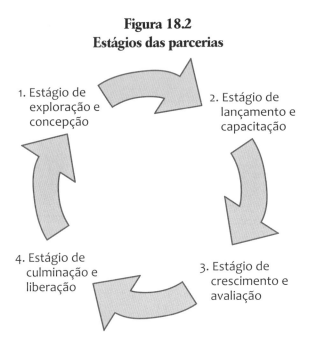

**Figura 18.2
Estágios das parcerias**

1. Estágio de exploração e concepção
2. Estágio de lançamento e capacitação
3. Estágio de crescimento e avaliação
4. Estágio de culminação e liberação

Durante o *estágio de lançamento e capacitação*, o foco migra da seleção dos parceiros certos para o estabelecimento dos alvos e planos comuns. O diálogo deve ser facilitado pelo mediador bicultural descrito anteriormente. As pessoas escolhidas para representar cada parte também devem ser competentes e maduras, de integridade inquestionável e que preferivelmente já tenham tido alguma experiência transcultural.

Um pré-projeto é conduzido. Logo após, o facilitador e as pessoas escolhidas discutem. A avaliação conjunta serve para confirmar a parceria, fazer ajustes ou trazê-la a uma conclusão amigável. Entre as viagens missionárias de curto prazo, os parceiros mantêm contato e trabalham nos próximos passos em seu projeto conjunto. Maneiras de manutenção da parceria entre as viagens missionárias devem ser exploradas. Ela pode ocorrer através de correspondência pessoal, projetos ministeriais adicionais e visitas em ambas as direções.

No estágio de *crescimento* e *avaliação* a plantação da igreja toma forma e surge a equipe de liderança local. As parcerias exigem energia, atenção e flexibilidade – especialmente nessa fase. O papel dos membros da equipe missionária de curto prazo muda conforme eles vão procurando complementar e aperfeiçoar o trabalho dos discípulos locais. O foco sobre o propósito é mantido fazendo a pergunta: "O que é necessário para levar a plantação da igreja para o nível seguinte?" e "Como venceremos os obstáculos e levaremos o trabalho adiante trabalhando juntos?" As equipes missionárias de curto prazo devem encorajar a nova igreja a administrar bem os dons e recursos. Se recursos externos estiverem sendo usados, uma transição gradual para a dependência de recursos locais deve ocorrer nessa fase. Mudanças, problemas, decepções e expectativas frustradas são abordados imediata e abertamente (lembre-se de que em algumas culturas isso é mais difícil). O facilitador e as pessoas escolhidas consideram como as dificuldades podem ser resolvidas e se tornam experiências de aprendizagem. Durante as avaliações conjuntas até mesmo o menor avanço é ressaltado e confirmado.

No estágio de *culminação e liberação* há um ritmo saudável de cooperação no ministério. Esse padrão pode envolver repetidos ministérios sazonais como o acampamento em inglês no verão e o treinamento de liderança durante o inverno. Os relacionamentos ficam cada vez mais confortáveis e a responsabilidade pelos planos agora recaem totalmente sobre os ombros da equipe ministerial local. É tempo de desfrutar a comunhão, o respeito mútuo e a prestação de contas e de celebrar as vitórias.

No entanto, quando a parceria parece chegar ao clímax, é preciso preparar uma conclusão saudável. Se não houver planos de completar o projeto, a inércia levará quase certamente à frustração e a um término desagradável. Um senso de abandono pode surgir, a menos que os relacionamentos sejam confirmados e continuem, mesmo que a missão conjunta chegue ao fim. Os parceiros podem cooperar na plantação de uma igreja filha ou unir esforços para um trabalho inteiramente novo. A parceria pode evoluir para um relacionamento edificante de igrejas irmãs através de amizade informal, visitas ocasionais e projetos especiais.

Pontos fortes e fracos das parcerias

As parcerias saudáveis têm um custo e nem sempre têm êxito. Assim como o conflito entre Paulo e Barnabé levou a uma dolorosa separação de caminhos (At 15.36-41), da mesma forma as parcerias de plantação de igrejas de hoje têm potencial tanto para a frutificação quanto para a frustração.

É prudente estabelecer desde o início do relacionamento um padrão de avaliação no qual todas as partes participam. Ajuda muito evitar a ansiedade fazendo da avaliação uma coisa natural e da crítica construtiva um campo seguro. Temos visto que nas plantações de igrejas os benefícios são multifacetados e vêm do relacionamento: a aprendizagem mútua, o crescimento e os resultados visíveis. As avaliações honestas devem levar tudo isso em consideração.

Como afirmamos anteriormente, toda a parceria é única, no entanto certas críticas comuns emergem e as resumimos e agrupamos de acordo com a fonte. Elas são tomadas sob três perspectivas: a das igrejas estrangeiras, das igrejas locais e dos missionários tradicionais.

A perspectiva da igreja estrangeira

Além do desejo de promover a plantação de igrejas e de aumentar seu próprio envolvimento em missões, as igrejas estrangeiras geralmente esperam que haja crescimento nas vidas dos membros das equipes de curto prazo. Alguns chegam a pensar que as missões de curto prazo são um tipo de retiro espiritual que transforma as vidas. Randy Friesen (2005) descobriu, no entanto, que as maiores mudanças de atitude e cognitivas ocorreram durante a primeira experiência de curto prazo, mas houve uma regressão na maioria dos casos depois de um ano.[199] Estranhamente, a maioria dos participantes experimentou um *declínio* nas disciplinas espirituais, na pureza moral e no envolvimento na igreja local no ano que se seguiu à viagem missionária. Da mesma forma, o estudo de Kurt Ver Beek (2006) sobre viagens de curto prazo para projetos de construção em Honduras descobriu que não há evidência de mudança significativa nas vidas dos participantes ou nos padrões de contribuição como resultado da experiência. Friesen (2005) descobriu que essas viagens têm mais probabilidade de aumentar a prática das disciplinas espirituais nas vidas dos participantes se já houver fundamento suficiente. Portanto, seria um erro enviar pessoas que não estão espiritualmente maduras em uma viagem missionária de curto prazo na esperança de içá-los à maturidade através da exposição a condições difíceis.[200] Se os participantes não estão compartilhando sua fé e exercendo uma influência positiva em casa, seria pouco aconselhável esperar que eles façam isso em um contexto estranho. A regra de ouro é: quanto maior a maturidade no início da viagem de curto prazo, tanto espiritual quanto pessoal, maior será o potencial do impacto positivo. E mais: se houver orientação, compartilhamento da experiência, acompanhamento e outras oportunidades de serviços subsequentes, será mais provável que ocorram mudanças duradouras nos participantes.

A perspectiva da igreja local

Geralmente, as igrejas locais têm muito interesse na contribuição de voluntários leigos de outros países. Eles vêm a sua própria custa, demonstram serviço sacrificial e fazem contribuições significativas. Podem ajudar a atrair não cristãos, usam suas habilidades profissionais, melhoram os relacionamentos na comunidade, oferecem treinamento de liderança e desenvolvem a infraestrutura (ajudam a construir edifícios, estradas, pontes, a perfurar poços). Às vezes, os parceiros estrangeiros contribuem financeiramente mesmo depois da viagem de curto prazo. Podem patrocinar órfãos, contribuir para projetos de saúde ou educação, oferecer bolsas para seminaristas e apoiar financeiramente os plantadores de igrejas.

---

199 Esse estudo envolveu 116 participantes de missões de curto prazo com idades entre dezoito e trinta anos que tomaram parte em cinco viagens missionárias com duração entre um mês e um ano, de setembro de 2001 a agosto de 2002. Para outros cuidados com as missões de curto prazo ver Livermore 2006.

200 O estudo também relatou: "Os participantes das missões de curto prazo que passaram por um treinamento de discipulado intensivo antes da viagem experimentaram resultados significativamente melhores dos que os que não tiveram treinamento [...] relacionado com comunicação pessoal com Deus (oração), a Bíblia como guia para a vida, o valor da comunidade cristã, relacionamento com a igreja local e evangelismo" (Friesen 2005, 453).

Robert Priest (2007) pesquisou 553 pastores evangélicos em Lima, Peru, e descobriu que 58% tinham recebido equipes missionárias de curto prazo e eram tremendamente positivos a respeito da experiência. Ele resume: "Quando viagens misionárias de curto prazo são sustentadas por serviço humilde, administração sacrificial e uma liderança sábia, elas potencialmente fazem grandes contribuições à igreja global" (187). As principais contribuições dos participantes das missões de curto prazo não são na área de evangelismo, mas no compartilhamento de recursos, na edificação de credibilidade e na abertura de portas.[201]

Oscar Muriu oferece uma perspectiva bem honesta para contrabalançar. Ele descobriu que os membros das missões de curto prazo geralmente são mal informados sobre o mundo, demasiadamente autoconfiantes, despreparados para o ministério transcultural e, como resultado, menos eficazes do que poderiam ser. "As experiências de curto prazo têm o seu lugar, mas precisam ser organizadas com mais cuidado. Muitas vezes a igreja diz: 'Queremos vir para uma experiência de curto prazo'. Então eles dizem com todas as letras: 'Vamos fazer A, B, C e D e estamos no comando" (Muriu 2007, 97). Ele prefere chamar essas viagens de *oportunidades de aprendizagem de curto prazo*.[202] Os latino-americanos também não poupam críticas. O texto a seguir representa vários contribuintes de um periódico dedicado ao assunto: "Há um latente e, em minha humilde opinião, inevitável perigo no 'turismo religioso' que acontecerá à medida que a preparação prévia e a subsequente avaliação das missões de curto prazo sejam desprezadas. Quanto mais longe estivermos do planejamento sério e da coordenação das igrejas locais, maior será o risco de investirmos milhões de dólares em turismo religioso que bem poderiam ser usados de maneira mais efetiva no estabelecimento do Reino" (Cerron 2007, 31).

Perspectiva missionária tradicional

Os missionários tradicionais[203] podem ter sentimentos diferentes a respeito das viagens missionárias de curto prazo e das parcerias que as sustentam. Eles veem o valor educacional e motivacional de expor milhares de pessoas ao país e à causa pela qual eles têm dedicado suas vidas. Ocasionalmente, um participante retorna para uma estadia de longo prazo ou ajuda a enviar outros.[204] Algumas vezes os missionários tradicionais se veem na posição de agentes pegos entre interesses e objetivos conflitantes. Eles também podem ficar sobrecarregados pelo imenso volume de trabalho que uma viagem missionária de curto prazo exige. Como os líderes das igrejas locais, eles também acham que os membros das equipes de curto prazo precisam de orientação

---

201 Os nacionais desejavam e as equipes trouxeram *capital social de ligação*, isto é, relacionamentos que criam oportunidades, geram boa vontade e aumentam a credibilidade das plantações de igrejas em dificuldades.

202 Todd Poulter (2006, 452-53) argumenta que metáforas como "vender a visão", "levá-los a bordo" e "tranferência de propriedade", quando usadas em relação aos cristãos locais, são condescendentes e ofensivas. É preferível que as igrejas enviadoras se envolvam na cocriação de projetos em comunidade com os cristãos locais.

203 Por *missionários tradicionais* queremos nos referir ao missionário de tempo integral, geralmente patrocinado por uma organização missionária ocidental.

204 Friesen (2005, 452) descobriu que, um ano depois de retornar de uma viagem missionária de curto prazo, quase o mesmo número de pessoas tinha se tornado menos interessado em missões de longo prazo do que as pessoas que se interessaram como resultado da experiência.

cultural e preparação prática e se sentem responsáveis em ajudá-los para que tenham sucesso.

Alguns missionários também estão preocupados com o volume de recursos usados pelas missões de curto prazo que poderiam, de outra forma, ir para projetos de longo prazo na plantação de igrejas ou obras de desenvolvimento. "As missões de curto prazo com duas semanas ou menos de duração levaram 1,6 milhões de americanos a campos missionários estrangeiros de acordo com uma pesquisa realizada por Robert Wuthnow, um sociólogo da religião da Universidade de Princeton" (MacDonald 2006). O custo médio de um participante de uma viagem missionária de curto prazo gira em torno de 1.000 a 1.500 dólares (Priest e Priest 2008, 57). Isso significa que a colossal quantia de 1,6 a 2,4 bilhões de dólares é gasta nessas viagens pelos americanos anualmente. O estudo de Ver Beek (2006) descobriu que o custo médio da construção de uma casa pelas equipes missionárias de curto prazo foi de 30.000 dólares, enquanto uma casa da mesma qualidade construída por organizações hondurenhas cristãs locais custam apenas 2.000 dólares. Esses números devem nos fazer parar e refletir se estamos fazendo bom uso do dinheiro nessas empreitadas. O impacto das contribuições para missões é impossível de calcular, pois na maior parte dos casos os participantes assumem suas despesas, recebem ajuda da família ou levantam sustento entre amigos e parentes (ibid.) Além disso, alguns participantes dessas equipes se tornarão investidores em projetos de longo prazo e recrutarão outros.

Outra preocupação é o amadorismo dos voluntários dessas equipes. A crítica é justificada quando provocada pela imaturidade e falta de preparo. Garrison (2004a , 261-66), no entanto, nos lembra de que a palavra *amador* literalmente significa *aquele que faz por amor* e não por dinheiro e que muitos voluntários são profissionais altamente qualificados que podem fazer contatos com os residentes através e por causa de sua profissão. "Isso envia uma mensagem poderosa aos novos cristãos" (ibid., 262).

Comentários finais

Essas diversas perspectivas, tomadas em conjunto, nos incentivam a canalizar esse movimento voluntário leigo para uma maior efetividade a longo prazo. Mais não é necessariamente, melhor. Os ministérios de curto prazo devem ser vistos como um complemento, em vez de um substituto, para as missões tradicionais de plantação de igrejas. O consenso parece ser que as parcerias com equipes missionárias de curto prazo serão benéficas se contribuírem para os alvos de longo prazo já estabelecidos e forem bem administradas pelos coordenadores das parcerias, para que as expectativas sejam claras e o staff missionário de longo prazo não venha a ser ignorado, nem sobrecarregado. É necessário que haja boa qualidade na seleção, orientação e treinamento, acompanhados de uma avaliação cuidadosa e uma administração eficiente dos custos. O movimento de missões de curto prazo não foi planejado pelas instituições missionárias nem será encerrado por suas reservas. Não podemos negar que, indubitavelmente, a maioria dos plantadores do Novo Testamento era, em certo sentido, composta por missionários de curto prazo que tinham outros meios de vida. Tanto o missionário de curto prazo quanto o de longo prazo pode ser arrogante ou indelicado um com o outro. Quando todos os parceiros reconhecem os aspectos positivos de cada um e os utilizam de forma cooperativa para uma missão clara, um melhor resultado é gerado.

Há momentos em que os líderes cristãos e as igrejas devem avançar sem procurar formar uma parceria. Se as missões de curto prazo se tornam o *modus operandi* de missões, parcerias indesejáveis podem ser criadas e projetos corajosos do Reino serão sufocados. No entanto, parcerias saudáveis que promovem o desenvolvimento trazem alegria mesmo onde há desafios. Elas irradiam energia, motivam os participantes e produzem resultados visíveis. Nenhuma parceria é isenta de problemas, mas as que são sadias produzem uma sinergia cooperativa que permite que os parceiros cresçam e se tornem mais efetivos no Reino.

Fatores financeiros e multiplicação de igrejas

"O movimento de plantação de igrejas prospera localmente. Para se multiplicar rapidamente em um povo eles precisam ter um ímpeto interno. Uma das formas mais seguras de enfraquecer um movimento de plantação de igrejas é associar a reprodução a recursos estrangeiros." (Garrison 2004ª, 267). Que sistemas de financiamento contribuirão para a produção de novas ondas de multiplicação de igrejas?

Dependência de obreiros leigos

A multiplicação de igrejas ocorre mais rapidamente onde a plantação não exige pastores teologicamente treinados e ordenados, mas é dirigida por equipes de obreiros leigos ou bivocacionados. Como vimos no capítulo 15, esse é o padrão do Novo Testamento. Não que os apóstolos não recebessem ajuda de igrejas estabelecidas – eles recebiam, mas não dependiam desse auxílio como uma pré-condição para a plantação de igrejas. O movimento missionário morávio exemplifica o que Deus pode fazer através de obreiros treinados nas igrejas locais. "A proporção de missionários [morávios] para os que permaneceram em casa foi estimada em 1 para 60, comparado com 1 para 5.000 no restante do protestantismo" (Norman 1978, 676).

O movimento leigo ainda é possível hoje. Um dos movimentos locais de crescimento mais rápido no Peru na virada do século 21, o Movimiento Misionero Mundial, atribui parte de seu admirável desempenho ao fato de trabalhar com o povo e com os recursos que Deus provê localmente. Os plantadores de igrejas do MMM começam com igrejas nos lares dirigidas por leigos e oferecem fundos para financiar treinamentos bíblicos ou locais de reuniões somente em raras ocasiões, quando os obreiros se destacam como evangelistas e pastores eficientes. A ajuda financeira é temporária e a nova congregação deve alugar ou comprar suas instalações. Rodolfo Cruz acrescenta que a liberdade da dependência de recursos externos tem permitido que as igrejas financiem projetos do próprio movimento como programas de televisão, projetos missionários e campanhas evangelísticas regionais usando fundos predominantemente locais.[205] Isso não significa que os pastores nunca devam ser assalariados, mas que isso deve ocorrer em um estágio posterior, quando o corpo de cristãos local estiver em condições de ordenar e sustentar um obreiro em tempo integral. Outras igrejas podem escolher continuar a serem dirigidas por presbíteros bivocacionados e investir seus recursos na expansão da igreja e missões.

Estilo de vida apostólico

Geralmente, obras de expansão podem ser iniciadas por equipes locais de obreiros leigos que não precisem deslocar suas famílias e encontrar outros empregos. No entanto, para lançar um trabalho transcultural em uma região mais distante, os plantadores geralmente precisam se mudar e ser sustentados pelas igrejas ou encontrar novos empregos. Em muitos países não há uma base financeira forte o suficiente para sustentar os missionários necessários, portanto novos paradigmas de sustento missionário precisam ser explorados. Os plantadores precisam ajustar suas expectativas, abraçar um estilo de vida mais simples e sacrificial e estar dispostos a buscar uma nova fonte de renda se necessário – seguindo o exemplo de Jesus e seus discípulos.

O pastor peruano Samuel Nieva fala da proliferação de igrejas locais entre os pobres de Lima em lugares onde menos se esperaria: "Eles não começam a pensar em todos os problemas, que precisam de bancos, de um púlpito... eles simplesmente começam a construir. O dinheiro pode ser levantado através de *'polladas'* [frango assado], venda de roupas e outros meios". (Berg e Pretiz 1996, 217). Os movimentos de plantação de igrejas crescem em meio à economia de subsistência e forte oposição (Garrison 2004a). Essa é uma convincente evidência de que a multiplicação de igrejas não precisa ser movida pelos recursos.

Por outro lado, a escassez de recursos não deve ser desculpa para a preparação inadequada. O *"seed money"* pode fazer uma grande diferença. Quando se pergunta: "Qual o principal motivo de fracasso de plantação de igrejas na América Latina?" muitos líderes de plantação de igrejas mencionarão a falta de fundos e de apoio denominacional. A preparação e o planejamento nunca devem ser substitutos do sacrifício e da dependência de Deus. Muitas igrejas que recebem apoio não podem viver na dependência de um ganho fixo, nem de orçamentos inflexíveis com compromissos financeiros relacionados a instalações, salários e programas. Elas precisam operar com recursos limitados e instáveis e com flexibilidade. Seus membros precisam assumir a responsabilidade e tomar posse do trabalho, lembrando constantemente do chamado de Deus e então orar e trabalhar juntos para cumprir sua vontade. No capítulo 4 usamos o exemplo de um pequeno movimento da Colômbia que sustenta obreiros sem subsídios externos. Eles têm encontrado formas criativas de apoiar os plantadores que vivem sacrificialmente com um salário que vai de

---

205 Entrevista com Rodolfo Cruz, presidente do Movimiento Misionero Mundial em outubro de 2005.

300 a 500 dólares por mês. Muitos permanecem solteiros por opção. Alguns vivem em alojamentos simples junto ao prédio da igreja ou vivem com famílias da igreja. A maioria recebe cerca de um terço do salário de familiares e amigos, um terço da igreja local e um terço de um fundo de missões para o qual todas as igrejas contribuem. Outros têm um emprego de meio período.

Adiando programas dispendiosos e a compra de edifícios

É necessária muita sabedoria quando uma jovem igreja está considerando usar fundos externos para a compra ou construção de um edifício. Historicamente, uma igreja não precisa ter um imóvel para crescer. Os missionários que vêm de congregações que possuem um edifício supõem que as instalações são um importante ingrediente da vida da igreja. No entanto, os novos convertidos em algumas sociedades são rejeitados por suas famílias e perdem seus empregos quando seguem Jesus. Outros ganham para as necessidades daquele dia, plantando a maior parte de sua comida e não podem comprar uma casa, muito menos um templo para a igreja. Portanto a plantação da igreja pode atrasar ou vir a ser interrompida quando existe a expectativa de que cada comunidade cristã deve ter um edifício especial de sua propriedade. A reprodução orgânica da igreja é comprometida. Isso não significa que se reunir em um lugar especialmente reservado para esse fim não seja importante. O padrão saudável para isso é que as igrejas devem começar com aquilo que possuem, crescer em maturidade e recursos e, mais tarde, adquirir uma propriedade. Nos movimentos de multiplicação de igrejas nos quais os templos são utilizados, são erguidas estruturas simples com materiais e recursos locais. Se não for assim, logo se desenvolverá a atitude de que só os cristãos de fora podem construir igrejas e que os edifícios construídos localmente são inferiores.[206]

Ensinando mordomia de vida e de recursos

Uma boa mordomia de vida e de recursos faz parte do DNA de qualquer movimento de plantação de igreja saudável. Em todo o tempo, as ofertas serão uma parte importante de qualquer igreja. A entrega de si mesmo e de dons materiais, o sacrifício de luxos e o compartilhar de recursos, tudo isso é necessário. O pastor Oscar Muriu da igreja Nairobi Chapel adverte que as abordagens importadas são movidas principalmente por recursos e, portanto, não são modelos que possam ser usados por nações pobres. "Podemos criar estruturas que não dependam de dinheiro" (Muriu 2007, 96).

O primeiro movimento de plantação de igrejas aponta para práticas comunitárias que cultivam a generosidade e a mordomia necessárias para impulsionar a missão, independente de seu status econômico:

- A comunidade é real, edificada sobre relacionamentos de amor e confiança (At 4.32).
- A oferta é voluntária, não forçada (At 4.32).
- Há um *ethos* de graça, não de lei (At 4.33).

206 Exemplos de mau uso de recursos para edifícios podem ser encontrados em Wood 1998, 9 e em Saint 2001, 54-55.

- Tudo o que Jesus ordenou é ensinado; inclusive mordomia de vida e pertences (Mt 28.20; Jo 13.14-17).
- Os líderes são exemplo de generosidade (At 4.36s).
- Há liberdade de dar, mas a honestidade é requerida (At 5.1-10).
- A justiça na distribuição é supervisionada por servos espirituais (At 6.1-7).

Os recursos externos podem ajudar a plantação de igrejas e não são antiéticos. Afinal, no estágio pioneiro ainda não existe igreja e todos os recursos – humanos, estratégicos, tecnológicos e financeiros – precisam vir de fora. No entanto, devem ser usados com sabedoria para que esses recursos não se tornem obstáculos para uma multiplicação de congregações sadias, autossustentáveis e que se reproduzem.

O compartilhar de recursos financeiros na plantação de igrejas

Fortes argumentos têm sido dados representando vários extremos em relação ao uso de recursos externos na plantação missionária de igrejas. Alguns afirmam que nenhuma ajuda financeira deve vir de fora, para que a igreja não se torne dependente de recursos externos e aprenda a se sustentar e se reproduzir baseada em fundos locais. O apóstolo Paulo nunca trouxe assistência financeira para as igrejas que plantou (Allen 1962a, 49-61) e essa tem sido a prática em muitos dos movimentos locais de plantação de igrejas de crescimento rápido (Garrison 2004a). Numerosos exemplos podem ser citados de relacionamentos quebrados, ressentimentos, apropriação indevida, manipulação e impedimento do avanço do Evangelho por causa de dependências financeiras e uso impróprio de fundos. Outros afirmam, não menos apaixonadamente, que o compartilhar da riqueza entre as congregações é uma obrigação cristã (Rowell 2007). Paulo escreveu em 2 Coríntios 8.13s: *Nosso desejo não é que outros sejam aliviados enquanto vocês são sobrecarregados, mas que haja igualdade. No presente momento, a fartura de vocês suprirá a necessidade deles, para que, por sua vez, a fartura deles supra a necessidade de vocês. Então haverá igualdade.* O tradicional alvo dos três "autos", autopropagável, autogovernada e autossustentável, tem sido criticado por ser ocidental, pragmático, individualista e não ser encontrado na Bíblia. A ajuda financeira não é vista por esses defensores como um mal necessário, mas como uma distribuição mais equitativa de recursos.

A resposta, como em muitos debates desse tipo, é que ambos estão corretos em parte. Uma abordagem do tipo *tudo ou nada, ou esse ou aquele,* raramente conduzirá aos melhores resultados. Nós temos realmente a obrigação de distribuir riqueza e reunir diferentes tipos de bens para o avanço do Reino. Ao mesmo tempo, precisamos repartir recursos de forma a delegar poder e não controlar, de uma forma que não crie indiferença por parte de quem recebe nem condescendência por parte de quem doa. Isso exige que não percamos de vista o quadro geral da multiplicação de igrejas e do avanço do Evangelho.

Além de tudo, cada situação precisa ser considerada individualmente. Circunstâncias locais, normas culturais e uma variedade de outros fatores devem ser levados em conta quando determinamos o uso sábio de fundos em qualquer situação. David Maranz (2001) levanta uma excelente discussão sobre a complexidade dos assuntos financeiros na África. Os membros das culturas africanas locais têm visões muito diferentes dos americanos em vários assuntos essenciais: poupar e gastar, paternalismo e parceria, independência e interdependência, prestação de contas e sistemas de compartilhamento.

Mais do que advertir sobre os perigos da dependência ou louvar os benefícios da distribuição de recursos, queremos examinar usos práticos positivos de parcerias em finanças na plantação de igrejas. A questão é como usar esses recursos sabiamente para o desenvolvimento de longo prazo do trabalho e demonstrar solidariedade como partes interdependentes da igreja global. Aqui estão sete diferentes maneiras pelas quais a ajuda financeira pode ser oferecida e as instruções correspondentes para o uso sábio de cada abordagem.

Fundos para o lançamento

Aqui a assistência é dada a fim de lançar um novo projeto ou movimento onde os recursos locais são limitados. Podemos dizer que é ajudar a dar a partida em um projeto (veja o estudo de caso 18.2). Onde há poucos cristãos, ou mesmo nenhum, os recursos externos na forma de envio de missionários, do sustento de um plantador de igrejas local, do financiamento de programas evangelísticos ou do aluguel de instalações temporárias, geralmente são necessários. A produção inicial de literatura, Bíblias ou outros materiais também pode ser imprescindível. A compra de veículos simples, como uma bicicleta ou motocicleta para o transporte do plantador também cai nessa categoria.

Estudo de caso 18.2

Projeto Encontro com Deus, Lima, Peru

Um dos mais impressionantes exemplos de doação de fundos para lançamento, e de maior êxito, foi o projeto Encontro com Deus da Aliança Cristã e Missionária em Lima, Peru. Uma quantia de 300.000 dólares foi levantada para o seu lançamento e uma estratégia completa de evangelismo, plantação de igrejas e, inclusive, de reembolso local do projeto foi implantada. Os fundos foram usados para o alcance evangelístico, divulgação, compra de propriedades e construção de templos (Mangham 1987; Turnidge 1999). O movimento cresceu de uma igreja com 117 membros em 1973 para vinte igrejas e 9.127 membros em 1987. Em 1997 havia trinta e oito igrejas com 15.870 membros e uma frequência semanal aos cultos de 25.000 pessoas. Embora o projeto de Lima tenha inspirado muitas tentativas similares para lançamento de movimentos de plantação de igrejas em outros países, nenhuma chegou a se aproximar dos tremendos resultados do projeto inicial.

Os fundos de lançamento são geralmente limitados tanto no valor quanto na duração. Como os cabos que usamos para dar a partida em um carro sem bateria, o apoio é removido uma vez que a igreja esteja "funcionando". O objetivo dos fundos é ajudar a começar, e não sustentar, o movimento. Normalmente esse tipo de financiamento deveria ir para um projeto único e não para o pagamento de salários. Se for estabelecido o precedente de que os fundos de lançamento são *sempre* necessários para que se inicie uma plantação de igreja, então o crescimento do movimento de plantação de igrejas será limitado pela disponibilidade desses fundos externos. Os movimentos de plantação de igrejas prosperam na medida em que são encontrados recursos e meios locais para plantar e reproduzir igrejas. Portanto, quando os fundos de lançamento são providenciados deve-se considerar desde o começo como a abordagem será sustentada e reproduzida localmente a longo prazo. Algumas vezes, os fundos de lançamento para as futuras igrejas podem ser gerados nas igrejas que já foram plantadas.

Fundos de prolongamento

Esses recursos são referentes às ofertas que encorajam e ampliam a capacidade de doar dos cristãos locais. É mais comumente realizado através de alguma forma de *subsídio correspondente [quantia doada somente se a entidade que a recebe for capaz de cobrir, ou levantar independentemente, uma soma igual à da entidade que faz a oferta]*. Ele tem a vantagem de estimular (e assegurar) o sentimento de responsabilidade local por um projeto. Os subsídios correspondentes podem ser na proporção 5:1 em vez de 1:1, dependendo das condições do dado contexto. O importante é que a contribuição local seja realmente levantada localmente – isto é, os membros da plantação da igreja estejam realmente provendo os fundos para cobrir a oferta e outros recursos externos não estejam sendo injetados para aquele propósito.

O uso de subsídios correspondentes é adequado para projetos únicos, como a construção de um edifício ou a compra de equipamentos. Deve-se ter o cuidado de que esses edifícios não se tornem objetos de prestígio de pastores locais ou mesmo um meio de roubar as congregações, como tem ocorrido na Índia e em outras partes do mundo.[207]

O uso de subsídios correspondentes para o pagamento dos salários dos plantadores ou pastores locais pode rapidamente tornar-se um problema. Essa atitude tende a reforçar a expectativa de que um pastor assalariado é necessário e sempre será financiado por fontes externas. A multiplicação de igrejas é ameaçada quando uma ênfase grande demais é colocada sobre edifícios e obreiros profissionais assalariados.

---

207 Rajamani Stanley, Roger Hedlund e J.P. Masih escrevem a respeito de supostas plantações de igrejas em que as congregações iniciadas por outras denominações são atraídas e convencidas a mudar de denominação em troca de uma oferta para a construção do templo: "No sul da Índia hoje há evidências de uma estratégia deliberada de roubo de congregações. Esse é um plano bem elaborado de construção em uma área onde outro grupo tenha reunido uma congregação, mas não tenha construído ainda um edifício". Isso dá aos doadores a falsa impressão de um espetacular crescimento da igreja (Stanley, Hedlung e Masih 1986, 299).

Fundos de alavancagem

Os "fundos de alavancagem" reforçam o impacto e aumentam o retorno através do investimento em ministérios que, por sua vez, influenciam muitos outros ministérios. A forma mais comum de doação de alavancagem é investir no desenvolvimento de liderança. Cada vez mais os investimentos se voltam para centros de treinamento para plantadores de igrejas locais. Muitas vezes, são escolas que fornecem preparação bi-vocacional, isto é, treinamento profissional na área comercial ou outra especialidade juntamente com a preparação para o ministério. Aqueles que completam esse treinamento podem se tornar fazedores de tendas que ganham seu sustento com o negócio ou ocupação que aprenderam e plantam uma igreja trabalhando também secularmente. Outras formas de doação de alavancagem que servem para o avanço de uma plantação de igreja são o patrocínio de educação teológica por extensão, a produção de literatura cristã, a criação de um microempreendimento ministerial, o desenvolvimento de materiais de discipulado e a tradução de Bíblias.

Fundos de ligação

Os "fundos de ligação" possibilitam que as igrejas recém-plantadas se organizem e sejam ligadas a outras igrejas e cristãos regional, nacional e internacionalmente. Esses projetos podem incluir o patrocínio de oficinas de plantação de igrejas de âmbito regional, um diretor ou orientador de área de plantação de igrejas ou a cobertura de custos de viagem para que os líderes reúnam-se para um treinamento, comunhão e encorajamento. O apoio para a manutenção de escritórios denominacionais ou viagens internacionais de líderes de movimentos caem nessa categoria. Embora até os movimentos de plantação de igrejas mais jovens possam, normalmente, cobrir suas despesas locais, eles raramente têm condições financeiras para projetos desse tipo.

Fundos de amor

No capítulo final revisitaremos o relacionamento dos ministérios de misericórdia e a plantação de igrejas. Isso pode e deve ser simbiótico – isto é, eles devem reforçar um ao outro e exercer maior impacto juntos do que separadamente. O patrocínio de ministérios de misericórdia que são associados a uma plantação de igreja é uma forma importante e prática de demonstrar o amor de Cristo e o compromisso da igreja em servir a comunidade. O Evangelho não pode ser facilmente ignorado quando é proclamado de maneira holística, em palavras e obras. Os projetos de misericórdia e seu financiamento devem ser discutidos cuidadosamente com os líderes locais.

Uma fonte potencial de problemas surge quando os líderes locais descobrem que é mais fácil levantar fundos externos para ministérios de misericórdia do que para o evangelismo ou outros ministérios. Por exemplo, a jovem igreja pode começar a funcionar em um orfanato como fonte de renda e acabar por negligenciar o evangelismo e o discipulado. Ambas as coisas são legítimas e importantes, mas facilmente pode-se perder o equilíbrio e a integridade no uso dos fundos pode ser comprometida (Stanley, Hedlung e Masih 1986; Yost 1984).

Empréstimo de fundos

A "doação por empréstimo" ocorre quando uma oferta única é feita para criar um fundo que financia empréstimos para projetos de plantação de igrejas. Uma vez que as finanças sejam asseguradas, torna-se um fundo rotativo. Conforme os fundos são emprestados e pagos, continuam disponíveis para ajudar a financiar projetos futuros. Geralmente, esses projetos fornecem também empréstimos para a construção de templos ou grandes investimentos. Qualquer que seja o projeto, deve ter a promessa de gerar fundos futuros, para que o empréstimo possa ser devolvido. Em países mais pobres as taxas de devolução raramente são de 100% e isso deve ser levado em conta no programa.

Os empréstimos para o financiamento de pequenas indústrias ou micro empresas de cristãos locais podem beneficiar indiretamente um projeto de plantação de igrejas, mas é melhor administrá-los separadamente dos fundos da plantação. Os programas de empregos e o capital inicial para pequenos negócios podem ser ministérios apropriados de desenvolvimento econômico, mas geralmente é preferível financiar a igreja e o ministério através das ofertas de seus membros e manter os empreendimentos comerciais independentes da administração e propriedade direta da igreja.

Fundos prolongados

Os fundos prolongados são subsídios para a plantação da igreja que continuam indefinidamente sem um plano claro para a redução. Essa é uma prática que geralmente desaconselhamos porque geralmente cria dependências danosas e ressentimentos quando o fundo precisar eventualmente ser reduzido ou suspenso. A redução desse fundo também pode criar tensão e dificuldades. Ela gera frustração tanto para a igreja que o recebe quanto para o patrocinador. O sistema de reduzir subsídios gradualmente em uma percentagem anual (por exemplo, o subsídio é reduzido em 20% por ano e os cristãos locais aumentam a contribuição em 20% por ano) até que o subsídio seja descontinuado tem funcionado bem em contextos de maior poder aquisitivo. No entanto, essas abordagens raramente funcionam harmoniosamente ou efetivamente quando há uma grande disparidade entre as igrejas parceiras. Podemos perguntar: "Por que a dependência financeira é errada?" Realmente nenhuma igreja deveria ser completamente independente das outras. Os exemplos do Novo Testamento caem principalmente nas categorias de ajuda financeira ocasional e auxílio contra a fome, não em sustento contínuo (1Co 16.1; 2Cos 8). A riqueza pode e deve ser compartilhada em tempos de necessidade, mas o objetivo é que cada um, em circunstâncias normais, providencie seu próprio sustento (Vemos em 1 Timóteo 5.8-11 que se esperava que até as jovens viúvas trabalhassem para se sustentar).

Quando temos uma visão prática, nossa maior preocupação deve ser a administração estratégica. Quanto mais tempo uma igreja recebe assistência, mais tempo aqueles recursos não terão sido usados para o lançamento de novas plantações em áreas mais necessitadas. Se o alvo é alcançar os não alcançados, todas as igrejas, em circunstâncias normais, precisam ser viáveis e autossustentáveis para que, a seu tempo, possam tornar-se igrejas investidoras e enviadoras. Os fundos prolongados são suscetíveis à manipulação por parte do patrocinador e enfraquecimento local do poder de decisão, iniciativa e responsabilidade. Uma mentalidade de sobrevivência ou, pior, uma mentalidade de pobreza pode ser instalada. Alguém definiu essa situação como "ministério do bem estar eclesiástico" (Elder 2003).

Orientações finais

Concluímos essa seção sobre os recursos financeiros com um resumo das orientações práticas para investimentos estratégicos de recursos externos:

Faça doações que eventualmente levarão à multiplicação de igrejas baseada nos recursos locais. Isso significa que o apoio financeiro é focado em projetos de curto prazo, treinamento, liderança e coordenação regional, permitindo uma pronta transição para a liderança e o financiamento com base local. As plantações precisam aprender a se reproduzir usando recursos locais.

Priorize projetos que não possuam condições naturais locais para sustentar o ministério. Por exemplo, é razoável que se espere que até uma congregação pobre e pequena com um pastor leigo seja capaz de pagar suas despesas regulares através dos dízimos de seus membros. Os centros de treinamento e os ministérios de misericórdia, por outro lado, pelo menos nas fases iniciais de um movimento, não possuem condições imediatas para sustentá-los.

Evite doações que sufoquem iniciativas locais ou criem dependência de longo prazo. O sustento de evangelistas e plantadores de igrejas não é a solução para a evangelização do mundo como alguns afirmam. É uma prática repleta de dificuldades e, se usada indiscriminadamente, pode impedir um movimento (Ott 1993). Essas abordagens raramente são localmente sustentáveis, nem reproduzíveis.

Não dê a impressão de que o ministério depende de dinheiro, edifícios e profissionais assalariados. Por toda a história da igreja, o Evangelho tem avançado sob as circunstâncias mais adversas. Os obreiros de tempo integral podem ser muito úteis, mas não são essenciais para a saúde da igreja e sua multiplicação. O mesmo pode ser dito de templos. Alguns dos movimentos de plantação de igrejas mais dinâmicos são geralmente liderados por leigos usando meios e locais de reuniões simples. As igrejas mais abastadas devem ser generosas sem dar a impressão de que onde não há dinheiro o ministério não progride.

Conheça a cultura, os costumes, as necessidades locais e ouça os líderes nativos. Infelizmente a assistência financeira externa pode levar à dominação por parte daqueles que menos entendem as necessidades e os costumes locais. A doação deve conceder poder ao povo local, respeitar seus julgamentos e ser feita de modo a considerar as necessidades e objetivos de todos os parceiros.

19
PLANTANDO IGREJAS COM O IMPACTO DO REINO

Para plantarmos igrejas que realmente sejam testemunha, sinal e amostra do Reino de Deus, precisamos atender às necessidades e preocupações humanas que são mais abrangentes do que o evangelismo e discipulado estreitamente definidos. Isso é especialmente verdade quando estamos plantando igrejas entre os pobres, oprimidos e analfabetos. Suas necessidades simplesmente não podem ser ignoradas. Nossa preocupação não pode ser apenas o número de igrejas que são plantadas, mas deve também se estender à qualidade das igrejas que plantamos e sua influência nas vidas e nas comunidades. Elas devem não somente proclamar a mensagem de Deus, mas manifestar o caráter de Deus. Elas precisam ser igrejas com impacto no Reino.

O Reino de Deus não virá em plenitude até que Cristo volte, mas onde Cristo reina hoje, ali está o Reino no meio deste mundo. O Reino de Deus é caracterizado pela justiça, paz e alegria no Espírito Santo (Rm 14.17). O Reino de Cristo começa na dimensão invisível do novo nascimento, quando alguém nasce de novo pelo Espírito de Deus e se submete ao senhorio de Cristo em sua vida (Mt 7.21; Lc 9.23; Jo 3.3-5). Seu Reino transforma a vida do cristão, que por sua vez molda a vida da comunidade de cristãos, a igreja, e a igreja, por sua vez transforma o mundo no qual está situada. Isso é o que queremos dizer com impacto do reino: *a influência da igreja em todos os seus relacionamentos refletindo e avançando a retidão, a misericórdia, a justiça e a restauração de todas as coisas sob o Reino de Cristo*. No Reino vindouro desfrutaremos da gloriosa presença de Cristo e a ausência da morte, do sofrimento, da dor e da injustiça. Todas as coisas serão novas (Ap 21.1-5). Nesse momento, a igreja é uma amostra imperfeita do Reino que virá. Mesmo que a habilidade da igreja de transformar o mundo que ainda não se submeteu ao Reino de Cristo seja limitada, sua presença como sal e luz deve ser uma testemunha desse Reino, atraindo homens e mulheres à sua bondade e glória. Queremos plantar igrejas com esse tipo de impacto do Reino.

Neste capítulo descreveremos brevemente as três dimensões das comunidades do Reino: a Grande Comissão, o Grande Mandamento e o Grande Chamado. Então, discutiremos questões práticas sobre o impacto na comunidade, integração da plantação de igreja, ministérios de serviço e alguns dos obstáculos do ministério de serviço, desenvolvimento econômico e plantação de igrejas. Finalmente, abordaremos brevemente a questão da plantação de igrejas entre os muito pobres.

As três dimensões das comunidades do Reino

A igreja é a comunidade terrena do povo chamado por Deus que deve manifestar a soberania de Cristo em todos os aspectos de suas vidas. A obra transformadora de Deus deve abranger todas as dimensões da vida: pessoal, familiar, social, econômica e política. No capítulo 1 afirmamos que as igrejas que experimentam o poder transformador de Deus e manifestam sua soberania podem ser chamadas de comunidades do Reino. Zac Niringiye disse: "Uma comunidade do Reino é ao mesmo tempo o meio e o alvo da proclamação das Boas Novas do Reino de Deus" (2008, 18). As comunidades do Reino têm três dimensões que, embora distintas em seu foco, são inter-relacionadas na prática.

A Grande Comissão: evangelismo e discipulado

Devido a tudo o que já foi dito até aqui, este ponto bem poderia ser omitido. A Grande Comissão é inequívoca: *"Portanto, vão e façam discípulos de todas as nações, batizando-os em nome do Pai e do Filho e do Espírito Santo, ensinando-os a obedecer a tudo o que eu lhes ordenei. E eu estarei sempre com vocês, até o fim dos tempos"* (Mt 28.19s). Isso envolverá envio, proclamação, batismo, ensino, reunião em congregações e novamente envio, e consequentemente multiplicação de discípulos e igrejas entre todos os povos. A igreja não poderá descansar até que entrem na comunhão do Rei dos reis todos os que, de cada povo, nação, tribo e língua tenham sido comprados pelo sangue do Cordeiro (Ap 5.9s). A igreja é nascida no Evangelho e é com o Evangelho que ela vai ao mundo no poder do Espírito. Seja o que for que sejam as igrejas, elas precisam ser comunidades centradas no Evangelho. Qualquer igreja que deixe de pregá-lo e de fazer discípulos falsificou seu nascimento. Somente quando vidas individuais são transformadas pelo poder do Evangelho é que a transformação da comunidade se torna possível.

O Grande Mandamento: amor em ação

Quando perguntaram a Jesus qual era o maior mandamento, ele respondeu: *"Ame o Senhor, o seu Deus de todo o seu coração, de toda a sua alma e de todo o seu entendimento. Este é o primeiro e maior mandamento. E o segundo é semelhante a ele: Ame o seu próximo como a si mesmo. Destes dois mandamentos dependem toda a Lei e os Profetas"* (Mt 22.27-40). Retornaremos mais adiante à primeira parte dessa resposta, amar a Deus, mas amar a Deus e amar ao próximo são coisas inseparáveis. *"Se alguém afirmar: Eu amo a Deus, mas odiar seu irmão, é mentiroso, pois quem não ama seu irmão, a quem vê, não pode amar a Deus, a quem não vê"* (1Jo 4.20)

O amor prático e sacrificial, mesmo por aqueles que nos odeiam, é um reflexo do próprio caráter de Deus (Mt 5.43s). Não podemos *não amar*! Através do ministério da igreja (e das plantações de igrejas) o amor será demonstrado em obras de misericórdia, justiça, defesa da dignidade humana e do atendimento das necessidades da pessoa como um todo. Seremos compelidos a fazê-lo porque nos importamos com as pessoas mais do que com apenas suas almas carentes de salvação eterna. As primeiras missões protestantes tinham a assistência médica, a educação e vários ministérios de misericórdia lado a lado com o evangelismo e a plantação de igrejas.

As igrejas urbanas e as que trabalham entre os pobres prontamente reconhecerão que o evangelismo, o discipulado e a plantação de igrejas não podem ser separados dos ministérios que atendem às necessidades sociais, econômicas e físicas diárias das pessoas. Os evangélicos há muito tempo têm defendido a missão holística que enfatiza a importância de ministrarmos à pessoa toda, corpo, mente e alma e lutarmos contra os males sociais.[208] Mesmo os defensores do ministério holístico como Tetsuano Yamamori da organização Food for the Hungry, inclui a plantação de igrejas como parte de uma estratégia urbana ampla para ministrar ao pobre (Yamamori 1998, 9). O Relatório da Tailândia sobre o Testemunho Cristão para o Pobre Urbano declara: "Cremos que a estratégia básica para a evangelização do pobre urbano é a criação ou a renovação de comunidades nas quais os cristãos vivem e compartilham igualmente com outros" (LOP 22, 1980, 16) – isto é, comunidades do Reino. Muito desse capítulo é dedicado ao exame da relação entre esses ministérios de amor e serviço e o trabalho de plantação de igrejas.

O Grande Chamado: a adoração e glorificação de Deus

A adoração e a glorificação de Deus são o fim supremo de todo o esforço missionário. Nas famosas palavras de John Piper: "Missões existe porque a adoração não existe... a adoração, portanto, é o combustível e o alvo de missões" (1993, 11). A adoração é o alvo porque quando tudo passar, a adoração será a ocupação da igreja por toda a eternidade. Esse é o nosso Grande Chamado da eternidade passada à eternidade futura como expresso (com ênfase acrescentada) nas palavras de abertura de Efésios:

> Em amor nos predestinou para sermos adotados como filhos, por meio de Jesus Cristo, conforme o bom propósito da sua vontade, para o louvor da sua gloriosa graça, a qual nos deu gratuitamente no Amado. [...] Nele fomos também escolhidos, tendo sido predestinados conforme o plano daquele que faz todas as coisas segundo o propósito da sua vontade, a fim de que nós [...] *sejamos para o louvor da sua glória.*

---

208 Para mais discussões evangélicas sobre o ministério holístico veja LOP 33, "Missão Holística" do Fórum 2004 para a Evangelização Mundial, disponível em http://www.lausanne.org/documents/2004forum/LOP33_IG4. pdf. (Site em inglês. Acesso em 31/07/2012.)

> Quando vocês ouviram e creram na palavra da verdade [...] vocês foram selados em Cristo com o Espírito Santo da promessa,... *para o louvor da sua glória.* (Ef 1.5,11-14)

A adoração é também o combustível de missões, como explica Christopher Wright: "Podemos dizer que missões existem porque a adoração existe. A adoração da igreja é o que energiza e a caracteriza para fazer missões" (Wright 2006, 134). Somente quando a igreja retira sua força, inspiração e motivação do seu relacionamento com o Cristo ressurreto ela é capaz de ser mobilizada para missões que dão frutos para a glória de Deus e compreender as duas dimensões da Grande Comissão e do Grande Mandamento (Jo 15.5-8).

Se elas não forem mais nada, as igrejas que plantamos devem ser comunidades de adoração. Elas não somente se reúnem para a adoração comunitária - louvor, oração, ofertas, ouvir a Palavra de Deus, celebração do batismo e da Santa Ceia – mas suas vidas diárias são consideradas uma oferta a Deus (Rm 12.1). Onde quer que estejam – no local de trabalho, em casa, na comunidade – elas são uma doce fragrância da glória de Deus (2Co 2.14s; 1Pe 2.12). Os cristãos vivem à espera daquele dia quando se reunirão com todos os santos de todos os povos, nações, tribos e línguas para adorar e servir o Cordeiro de Deus por toda a eternidade (Ap 7.9-17). Esse é o Grande Chamado da igreja.

Essas três dimensões – a Grande Comissão, o Grande Mandamento e o Grande Chamado – constituem a plenitude do que significa ser a igreja, o povo escolhido por Deus, uma comunidade do Reino. Igrejas diferentes as evidenciarão em medidas diferentes, mesmo assim todas devem estar presentes e cada uma contribui com a outra.

Talvez uma das melhores declarações evangélicas sobre o relacionamento do evangelismo e a ação social tenha sido formulada na Consulta Internacional sobre a Relação entre Evangelismo e a Responsabilidade Social (1982) em Grand Rapids, nos EUA, patrocinada pelo Comitê de Lausanne para a Evangelização Social. O relatório resultante (LOP 21, 1982) concluiu que a ação social é *uma consequência de, uma ponte para e um parceiro do evangelismo.*

> O evangelismo, mesmo quando não possui principalmente uma intenção social, tem, no entanto, uma dimensão social; enquanto a responsabilidade social, mesmo quando não tem principalmente a intenção evangelística, tem, no entanto, uma dimensão evangelística.

> Portanto, o evangelismo e a responsabilidade social, embora distintos um do outro, estão integralmente relacionados em nossa proclamação de uma obediência ao Evangelho. A parceria é, na realidade, um casamento. (LOP 21, C)

Considere esse exemplo da América Latina:

> A maior igreja evangélica de Caracas, na Venezuela, é *La Iglesia Evangélica Pentecostal Las Acacias.* Ela começou alcançando o povo da cidade – oferecendo aconselhamento por telefone. A receptividade foi impressionante. As pessoas alcançadas por telefone formaram uma congregação que comprou um enorme cinema antigo com

2.000 lugares ocupando uma quadra inteira. O testemunho evangelístico cheio do Espírito é claro e irrepreensível. A igreja está ajudando a vizinhança decadentes com seus problemas: serviços médicos e legais, aconselhamento matrimonial e familiar. Mais recentemente, eles ajudaram a organizar um centro de recuperação de dependentes de drogas, o *Hogar Nueva Vida*. A igreja *Las Acacias* vive e serve à luz de duas grandes realidades – a espiritual e a física. O Cristo dessa igreja é Senhor tanto dos lugares celestiais quanto do mundo real com os pés no chão, ferido e faminto. (Berg e Pretiz 1992, 151)

Essa é uma igreja que está tendo um impacto holístico do reino. No que resta deste capítulo nos deteremos para olhar mais de perto os ministérios de compaixão, serviço social e desenvolvimento comunitário e econômico e como eles se relacionam com a plantação de igrejas.

Determinando as necessidades e começando o trabalho

Para nossa conveniência, nos referiremos aos ministérios de misericórdia, desenvolvimento econômico, justiça e similares como *ministérios de serviço*. Não tentaremos abordar a imensa literatura e os muitos princípios do ministério holístico, podemos apenas apresentar um sumário.

Aqui estão algumas das muitas opções para ministério de serviço:

- Programas de distribuição de roupas e alimentos
- Clínicas ou serviços médicos e dentários
- Consultoria jurídica
- Aconselhamento matrimonial, familiar, trauma, dependência química e outras crises
- Alfabetização, reforço escolar, educação e programas escolares
- Treinamento profissional e oportunidades de emprego
- Socorro em desastres
- Prisões, orfanatos, hospitais e outras instituições de serviço ou visitação
- Desenvolvimento comunitário e educação em saúde pública
- Grupos de apoio para dependentes químicos, divorciados, pais solteiros e outros
- Desenvolvimento econômico, microcrédito, fundos rotativos, cooperativas
- Educação ambiental, projetos e advocacia

A equipe de plantação de igrejas precisa abordar uma série de fatores ao considerar como começar um ministério de serviço: as necessidades da comunidade, especialistas e recursos disponíveis, nível de comprometimento e possíveis parcerias. A plantação de igreja não deve subestimar as exigências de um ministério desse tipo e os obstáculos relacionados a ele. Elas devem antecipar como o ministério de serviço será equilibrado com as muitas outras exigências da igreja. Portanto é sensato avaliar cuidadosamente o que é realista e efetivo.

Onde quer que os plantadores de igrejas trabalhem, as necessidades humanas serão grandes. Elas serão gritantes se trabalharem entre os pobres, mas mesmo entre pessoas de boas condições financeiras, as necessidades não estão longe da superfície. O plantador sensível pode ficar realmente sobrecarregado quando confrontado com a magnitude da necessidade e não saber por onde começar. No entanto, sair correndo sem um plano e uma preparação cuidadosa pode levar ao desastre. Seguem alguns passos básicos:

Comece com a comunidade

O que o povo vê como sua maior necessidade? O que eles identificam como causa da necessidade e quais são as soluções que eles já tentaram ou propõem? Quem são as pessoas que tomam as decisões ou os guardiões na comunidade que precisam ser chamados para participar do processo? Isso é importante porque a percepção de necessidades e soluções de alguém de fora pode diferir muito das percebidas pelo povo local (veja Tembo 2003). Fale com os líderes da comunidade e ouça os cidadãos comuns, mas evite criar prematuramente falsas esperanças ou impor soluções. É claro que as necessidades sentidas nem sempre são as reais, portanto, é necessário discernimento.

Comece com projetos pequenos

Comece orando para identificar uma ou duas necessidades que possam ser razoavelmente atendidas. A visitação a uma prisão, hospital ou orfanato exige uma habilidade relativamente pequena e poucos recursos. Organizar uma equipe de curto prazo que desenvolva um projeto de limpeza na comunidade, uma clínica dentária ou a construção de um playground serviria como um projeto relativamente fácil de gerenciar para uma igreja pequena. Ou seja, um projeto que faça uma diferença considerável nas vidas das pessoas, mas não sobrecarregue a igreja que está sendo plantada. Esses programas também instilarão na jovem igreja um DNA de serviço e cuidado para com a comunidade. Essas são ótimas formas de envolver as congregações patrocinadoras na plantação da igreja e promover o relacionamento com a comunidade. Projetos menores e eventos permitem que a igreja ganhe experiência e cresça nos ministério de serviço. A divulgação desses projetos pela mídia local pode provocar a simpatia do público.

Avalie os recursos locais e fundos para atender às necessidades.

As soluções de longo prazo precisam ser baseadas na iniciativa e nos recursos locais. Muitas vezes a equipe de plantação da igreja pode se engajar em projetos ou trabalhos já existentes. Isso desenvolve a confiança e um espírito de cooperação e, ao mesmo tempo, não sobrecarrega as forças e recursos da jovem igreja. Por exemplo: considere a possibilidade de se voluntariar em uma clínica local em vez de abrir outra. Não conseguir coordenar os projetos, mesmo entre instituições cristãs e organizações de assistência social pode causar um desperdício, ser contraproducente e levar a uma competição desnecessária. Por outro lado, podemos descobrir necessidades não atendidas na comunidade e a igreja poderia iniciar um novo projeto para supri-las.

Avalie cuidadosamente o nível de especialização, recursos e compromisso que a plantação da igreja pode realisticamente trazer ao projeto.

Assumir um compromisso com um projeto que não pode ser completado levanta falsas esperanças e cria hostilidade. Tentar lançar um programa sem uma liderança profissional adequada pode, da mesma forma, causar mais mal do que bem, afetando negativamente a economia local, o ambiente ou o bem-estar social, psicológico ou físico dos indivíduos. Se a igreja está considerando a possibilidade de se envolver em um programa maior, deve obter antecipadamente o conselho profissional para garantir que está preparada para atender às necessidades de maneira que ajude genuinamente. Pense no ministério até o fim. Por exemplo, começar um ministério de visitação na prisão geralmente implica em continuar a ministrar aos prisioneiros depois que eles forem libertados ajudando-os a encontrar emprego e moradia e a reintegrá-los na vida normal. A igreja está preparada para isso também?

Considere fazer uma parceria com um dos vários ministérios de serviço ou ONGs[209] cristãs experientes.

As organizações como *a World Relief, Samaritan's Purse, Compassion International, Tearfund* e muitas outras geralmente oferecem cooperação para pequenas iniciativas de igrejas. O envolvimento pode ir desde a doação de pacotes de Natal com artigos cristãos, o financiamento de um programa de merenda escolar, até a criação de um projeto de desenvolvimento ou clínica completa inclusive com a equipe de trabalho (veja o estudo de caso 19.1). Essas organizações de assistência trazem recursos, especialistas e experiência que seria impossível para a jovem igreja providenciar sozinha. Nessas parcerias, as expectativas de todas as partes devem ser claramente definidas antecipadamente. Por exemplo: a ONG espera que escrevamos relatórios, cartas das crianças patrocinadas, ou nomes e fotos que podem colocar em risco o trabalho em um contexto delicado? Que nível de voluntariado ou compromisso a ONG espera da igreja e do povo local? O que acontecerá se a ONG for embora? As igrejas também devem ter cuidado para não serem sujeitas ao que Ian Wallace (2002, 135) chama de "síndrome do cano aberto": as igrejas se tornam um conveniente conduíte para a distribuição de ajuda aos pobres, mas, no processo, fica sobrecarregada ou desviada de seu propósito e sofre.

---

209 Uma ONG é uma organização não governamental; as que foram aqui mencionadas são dedicadas ao desenvolvimento da comunidade, ajuda humanitária ou atendimento de necessidades sociais ou físicas. Algumas, como a Cruz Vermelha e várias organizações da ONU são seculares por natureza. Outras, como a *Samaritan's Purse* e a *Food for the Hungry* são cristãs.

Estudo de caso 19.1

Terremoto em Chincha

O seguinte relato feito pela missionária da *ReachGlobal* Meredith McAllister descreve, em uma carta de oração de 2007, uma situação após o terremoto em Chincha, no Peru, que ilustra uma parceria multifacetada entre uma igreja local e vários parceiros para atender às necessidades da população, tanto as imediatas quanto as de longo prazo, espirituais e físicas.

"O Peru passou por um terremoto de 7.9 pontos na escala Richter em 15 de agosto, cujo epicentro estava a uma distância de três horas de carro ao sul de Lima. Nossa primeira atitude foi reunir e enviar material de primeira necessidade para ser distribuído através de uma igreja em Ica. A igreja 'El Shaddai' transformou-se em uma ONG pelos primeiros dois meses seguintes ao terremoto, tendo sido o instrumento de distribuição escolhido por diversas empresas seculares devido à sua boa reputação. Tivemos também a oportunidade de receber Jonathan Olford, um psicólogo cristão que desenvolveu um seminário chamado 'Sua Presença na Crise' para ajudar a igreja a alcançar sua comunidade na crise. Três de nós traduziram suas palestras a 50 pastores e líderes na cidade de Chincha e mais de 100 na cidade de Ica. Muitos líderes locais estavam sobrecarregados tentando responder a essa crise que afetara suas casas, famílias e igrejas diretamente. [...] Agora estamos envolvidos em uma segunda fase mais complicada: a reconstrução. Depois de examinar várias opções, decidimos acompanhar uma comunidade de Chincha (cidade de 40.000 habitantes, uma das mais atingidas pelo terremoto) chamada Salto de la Liza. A organização *Food for the Hungry* tem um plano completo envolvendo a construção de mais de 60 casas que, esperamos, se multiplicarão com o treinamento de construtores em técnicas de construção resistentes a abalos sísmicos."

Planeje tendo em vista a sustentabilidade local.

O velho ditado "Não dê ao faminto um peixe, ensine-o a pescar" é bem verdadeiro. A sustentabilidade a longo prazo deve fazer parte do plano maior. O objetivo é ensinar as pessoas a cuidarem de suas próprias necessidades, sem precisar de assistência externa, no entanto, em situações extremas isso talvez não seja possível. Em certa ocasião, uma equipe de saúde recusou-se a usar o exame de Raios-X ou outro equipamento mais caro como parte do programa de educação de saúde comunitária, porque eles sabiam que esse equipamento não estaria disponível a essas comunidades mais tarde (Seale 1989). Esse tipo de abordagem significará, às vezes, se contentar com menos e procurar soluções criativas com tecnologia mais simples. Os projetos sustentados localmente estimulam a autoestima da comunidade porque as pessoas começam a depender de si mesmas e não ficam continuamente dependentes de estrangeiros para o seu bem estar. Por diversas vezes os projetos de desenvolvimento foram deixados de lado tão logo a assistência de fora foi retirada. Portanto, será necessário organizar um plano para recrutar e treinar o povo local desde o princípio com pessoas que possam aprender as habilidades necessárias para sustentar o ministério e que ajudarão a comunidade a criar o seu próprio ministério.

Concentre-se mais na capacitação do que na ajuda.

Em muitas situações urgentes, como auxílio à fome, a ação imediata em forma de ajuda é necessária para salvar vidas. No entanto, é mais importante que as pessoas sejam capacitadas para resolver seus próprios problemas independentemente da ajuda externa. Diz um escritor que o desenvolvimento deve procurar "mudar a perspectiva das pessoas para que elas deixem de ser os clientes dos outros e vítimas da situação, para se tornarem os agentes de seu próprio desenvolvimento; deixem o fatalismo, para a esperança; deixem de ser indefesas e cheias de autocomiseração para serem criativas e autoconfiantes" (Mc Cauley 2007, 16-17). O Evangelho de Jesus Cristo capacita de forma inigualável, elevando a dignidade humana, dando esperança, conferindo responsabilidade pessoal e transformando valores profundamente enraizados.

Integre a dimensão espiritual naturalmente com o ministério de serviço.

As culturas da maior parte do Mundo da Maioria[210] veem a vida holisticamente, enquanto as culturas ocidentais tendem a separar os aspectos físico e espiritual da vida. Os missionários ocidentais são, algumas vezes, relutantes em incluir o cuidado espiritual ao cuidado físico ou social. É óbvio que nunca devemos usar as necessidades de uma pessoa para manipular ou coagir, mas os plantadores de igrejas devem, de uma maneira natural e adequada, tornar conhecido o fato de que são movidos pelo amor de Cristo para atender às necessidades da pessoa por inteiro: corpo, alma e espírito. Diga simplesmente já no início: "Somos uma organização cristã. Estamos aqui para servir a todos não importa sua fé, mas você deve saber que fazemos isso por causa do amor que Deus colocou em nossos corações. Vamos orar por você e compartilhar mais do amor de Deus em Cristo, se você desejar". Em uma remota região em Ruanda, funcionavam duas clínicas médicas: uma era dirigida por uma missão cristã e a outra por uma ONG secular. Embora os serviços médicos oferecidos por ambas não fossem diferentes, o povo local preferia o hospital cristão, mesmo que a distância fosse maior. Quando os pesquisadores investigaram a razão, a resposta dada repetidamente foi: "Na clínica cristã eles também oram por nós".[211]

---

210 Termo usado em referência ao que era anteriormente conhecido como "Terceiro Mundo". O termo destaca o fato de que esses países são, na verdade, a maioria da humanidade. (N. de revisão)
211 Relatado em conversa pessoal com Walter Rapold, ex-missionário em Ruanda.

Relacionando de forma prática o ministério de serviço e a plantação da igreja

Como o ministério de serviço se relaciona organizacionalmente com a plantação de igrejas? Cada um dos cenários descritos abaixo envolve a provisão de um meio para demonstrar, na prática, o amor de Deus e comunicar o Evangelho. Os ministérios de serviço dão credibilidade à plantação da igreja, ganham a confiança da comunidade e podem ser uma fonte de novos cristãos, além de dar oportunidade para os cristãos servirem a vizinhança de formas práticas. Por outro lado, a igreja pode oferecer um lar espiritual, aconselhamento e discipulado para aqueles que estão sendo beneficiados pelo ministério de serviço. A igreja pode também providenciar aconselhamento e incentivo para os obreiros no ministério de serviço. Dessa e de outras formas o serviço e a plantação de igreja andam lado a lado.

Formas de relacionar o ministério de serviço com os ministérios de plantação de igrejas

Falando praticamente, há várias maneiras pelas quais os ministérios de serviço podem se relacionar com a plantação de igrejas. Cada um deles pode ser efetivo sob certas circunstâncias e cada um tem as suas dificuldades.

Ocasional

Uma possibilidade é a igreja que está sendo plantada organizar ou patrocinar projetos ocasionais ou eventos para suprir as necessidades locais. Pode ser, por exemplo, uma clínica com uma semana de duração operada por uma equipe de profissionais de saúde componentes de uma equipe missionária de curto prazo,[212] distribuição de pacotes de Natal para famílias carentes ou de presidiários, distribuição ocasional de roupas, feiras de empregos e cursos de puericultura. Esses serviços requerem pouco tempo, custos, conhecimento e energia. Eles atendem a necessidades e produzem simpatia na comunidade, mas não precisam sobrecarregar a equipe de plantação da igreja. Especialmente nos estágios iniciais de uma plantação, essa é uma estratégia realista e pode lançar os fundamentos de serviços mais abrangentes e de maior duração que poderão ser desenvolvidos à medida que a igreja cresce em tamanho e em recursos.

Completamente integrado

Aqui, o ministério de serviço e a igreja são completamente integrados e, portanto, podem compartilhar os recursos humanos e ter um mesmo orçamento, uma liderança, uma diretoria e os mesmos patrocinadores. Geralmente o ministério de serviço está sob a liderança do plantador ou pastor (com responsabilidades muitas vezes delegadas) e pode funcionar nas dependências

---

212 Para um guia prático sobre como conduzir uma equipe médica de curto prazo veja Dohn e Dohn (2006).

da igreja e ser operado pelo pessoal da igreja ou voluntários. A identificação do serviço com a igreja nesse caso é aberta, imediata e desejada. O testemunho de Cristo precisa ser holístico. O trabalho do Exército de Salvação talvez seja um dos mais completos exemplos nos quais a plantação de igrejas e o serviço aos necessitados são combinados. Para outro exemplo, veja o estudo de caso 19.2.

Para muitos, se não para a maioria dos países em desenvolvimento, essa abordagem holística é inteiramente natural. É simplesmente impossível atender às necessidades espirituais sem também atender às outras necessidades diárias. A integração completa funciona bem com ministérios de serviço como distribuição gratuita de refeições, orientação sobre HIV/AIDS ou reforço escolar que requerem administração, habilidades e recursos mínimos. Isso geralmente pode ser levado a cabo por obreiros voluntários ou funcionários com pouco treinamento.

No entanto, ministérios mais complexos como centros de reabilitação de dependentes, orfanatos, clínicas ou cursos profissionalizantes podem se tornar problemáticos quando completamente integrados com a igreja que está sendo plantada. As exigências do trabalho podem facilmente encobrir as necessidades da igreja e sobrecarregar os obreiros que tentam servir em ambos os trabalhos. Esses ministérios também pedem uma experiência que os típicos plantadores de igreja não possuem. Como comentaremos adiante, os programas de desenvolvimento econômico podem se tornar problemáticos quando os líderes da igreja se responsabilizam por negócios, distribuição de microcrédito e coisas semelhantes.

Estudo de caso 19.2

Igreja do Evangelho Pleno – Purral Alto

Em 1991, pastor Rocha veio a pastorear uma pequena igreja com uma dúzia de mulheres em Purral Alto (Costa Rica), uma favela típica. As famílias ali viviam em barracos de um cômodo, feitos de pedaços de madeira e telhas de zinco. A maior parte dos residentes era de desempregados e as oportunidades de educação para seus filhos que poderiam quebrar o ciclo de pobreza eram inadequadas. Uma vez que a igreja comprou a visão, foi movida a abrir um Jardim de Infância para as crianças da comunidade. Isso logo levou a um programa nutricional para as crianças. Para muitas, o Jardim de Infância fornecia a única refeição decente do dia. Isso resultou em boas relações com a comunidade e a igreja pôde iniciar outros relacionamentos positivos.

Depois do sucesso do Jardim de Infância, o pastor optou por uma estratégia dupla para desenvolver a igreja quantitativamente e qualitativamente e continuar a investir no desenvolvimento da comunidade. Para atingir o primeiro alvo, os membros foram divididos em células. Os líderes que emergiram desses grupos formaram a liderança central da igreja. Através da participação deles nas células, a comunidade tomou conhecimento de outros programas disponibilizados.

Com o tempo, a igreja conseguiu oferecer:

1. uma clínica dentária equipada com doações de um hospital local e operada por profissionais voluntários;
2. um laboratório de informática para a inclusão digital de crianças e adultos;
3. uma oficina de costura para a profissionalização de mulheres;
4. um programa de ensino de inglês como segunda língua.

Além do desenvolvimento da comunidade, a igreja cresceu e hoje tem 175 membros. Nesse momento está preparando uma equipe apostólica para plantar uma nova igreja.

O alcance social da igreja tem sido auxiliado por fundos governamentais que foram disponibilizados quando representantes do governo viram o impacto que a igreja estava tendo na comunidade. No entanto, a maior parte do capital para iniciar e manter seus programas veio de seus próprios membros (Armet 1997, 19-20).

COMPLETAMENTE SEPARADO

Nesse modelo, o ministério de serviço opera independentemente da plantação da igreja. Talvez haja uma pequena sobreposição de staff ou voluntários. Os obreiros do ministério de serviço podem frequentar a igreja e o plantador oferece assistência espiritual ao ministério, mas ele opera independentemente da plantação da igreja organizacional ou financeiramente e no pessoal. Algumas vezes o ministério de serviço não possui identificação pública com a igreja. Isso é intencional por razões práticas: a situação legal do serviço pode ser ameaçada se associada a uma igreja ou missão, ou se houver um problema com "cristãos de arroz"[213] ou outros perigos descritos abaixo. Frequentemente, o ministério de serviço é patrocinado ou operado por uma ONG cristã que é financeira e organizacionalmente inteiramente independente da plantação da igreja. Isso permite que cada ministério se concentre e financie seu trabalho efetivamente e em seu campo de especialidade, enquanto informalmente uma complementa a outra.

SOBREPOSIÇÃO

Aqui o ministério de serviço e o trabalho de plantação de igrejas não são totalmente integrados, nem totalmente separados, mas têm uma considerável sobreposição de obreiros, orçamento, identificação pública e assim por diante. Esses ministérios sobrepostos podem enfrentar dificuldades, por exemplo: os ministérios podem competir pela energia, recursos ou pela lealdade dos voluntários ou patrocinadores. As linhas de autoridade também podem não ser muito claras.

---

213 Termo usado para descrever alguém que formalmente se declara cristão por benefícios materiais e não por motivos religiosos. (N. de revisão)

Estudo de caso 19.3

Relacionando agências de serviço e igrejas locais

O grupo de interesse Ministério Holístico no Fórum para a Evangelização Mundial 2004, juntamente com Tetsunao Yamamori, ex-presidente da organização *Food for the Hungry*, sugerem esses princípios para o relacionamento de igrejas locais e agências de serviço:

1. O papel da agência de serviço é de aprendiz. Como parte do corpo de Cristo, os membros da agência devem trabalhar a partir de dentro da igreja para aprenderem e enfrentarem os problemas locais da missão holística.

2. O papel da agência de serviço é de facilitador. A agência deve se colocar ao lado da igreja a fim de possibilitar que esta dê continuidade à sua missão holística.

3. O papel das agências de serviço é de catalisador. A despeito do crescente número de igrejas com uma visão holística, muitas ainda precisam de ajuda para obter uma visão mais ampla de sua tarefa. A agência de serviço existe para encorajar essas igrejas a se envolverem com suas respectivas comunidades.

4. O papel da igreja é de pioneiro. O papel da agência de serviço de aprendiz, facilitador e catalisador somente pode ser cumprido quando há uma igreja local na comunidade. Se não existe uma igreja, a agência precisará optar entre não trabalhar naquela comunidade e fazer planos estratégicos para plantar uma igreja sozinha ou em cooperação com uma igreja de outra comunidade (LOP 33, 2005, 23).

GERADOR

Nesse caso, um ministério já está presente e com o passar do tempo gera o outro. Por exemplo: a equipe de uma agência humanitária cristã acaba levando muitas pessoas a Cristo onde não há uma igreja, resultando na plantação de uma. Algumas vezes os obreiros de ajuda humanitária tentam dirigir a plantação da igreja juntamente com o ministério de serviço. Mais comum ainda é o plantador ou a equipe de plantação de igrejas ser recrutada para assumir o controle da plantação. Por outro lado, a plantação da igreja pode descobrir uma grande necessidade na comunidade, por exemplo, jovens com abuso de drogas. Conforme o novo ministério evolui, permanece dentro da estrutura do ministério da igreja. No entanto, atender à necessidade pode ir além dos recursos da plantação da igreja de tal forma que o ministério assume vida própria. Então, um ministério independente é criado como uma fundação com o seu próprio orçamento e status legal e é capaz de recrutar sua própria equipe, levantar fundos e continuar o ministério com um foco mais específico. Em relacionamentos geradores é importante esclarecer as linhas de autoridade e responsabilidade à medida que o novo ministério se torna independente.

Em geral, pode-se dizer que quanto mais institucionalizado o ministério de serviço se torna (como um hospital ou orfanato), mais difícil é integrá-lo organizacionalmente ao ministério de plantação da igreja. Somente igrejas bem estabelecidas podem, normalmente, dirigir trabalhos desse tipo – e não sem desafios. Ian Wallace, do departamento para o desenvolvimento internacional e rural da Universidade de Reading afirma que seja qual for o relacionamento entre a igreja e o serviço "é difícil fazer o bem, seja para o pobre, seja para a igreja" (2002, 136). Por outro lado, quanto mais popular o trabalho, mais fácil será de integrá-lo completamente – por exemplo, um programa com base na igreja para órfãos da AIDS que auxiliem os adotivos ou as famílias estendidas para cuidar deles.

Evitando armadilhas nas parcerias de serviço com a plantação de igrejas

Não podemos discutir todas as dificuldades do ministério de serviço, mas focaremos em armadilhas potenciais das parcerias do serviço com a plantação de igrejas. Embora o exercício da misericórdia e os vários ministérios sociais devessem ser um fluir natural do Evangelho, falando de forma prática, esse relacionamento pode ser complicado.

Produzindo "Cristãos de Arroz"

Esse é um velho e conhecido problema: as pessoas muitas vezes se tornam cristãs visando ganho pessoal, seja por uma tigela de arroz, educação ou microcrédito. Algumas vezes, acabam se tornando cristãos comprometidos, frequentemente, porém, elas se desviam da fé quando a assistência ou o benefício cessa. Em certa medida, esse é um problema inevitável nos locais onde reinam a pobreza e a injustiça, e devemos lembrar que só Deus pode julgar motivos. Na plantação de uma igreja é preciso exercitar o discernimento para que os números não inchem por pessoas que estejam buscando benefício material. Essa é uma das razões pelas quais tantos defendem a completa separação entre os ministérios de serviço e os de plantação de igrejas.

No entanto, o perigo de criar cristãos de arroz é provavelmente menor do que se teme. Viv Grigg, um defensor do ministério holístico para o pobre urbano, faz essa afirmação: "De mais de cem igrejas plantadas entre os pobres, vi somente duas que surgiram através da doação de auxílio" (1992, 247). Ele continua afirmando que a ajuda pode levantar interesse, mas raramente leva a um avanço espiritual. Não é incomum, mesmo em contextos ocidentais, que pessoas que inicialmente mostram interesse no cristianismo por motivos questionáveis, acabem se tornando sinceras seguidoras de Cristo. Qualquer exercício de amor corre o risco de ser abusado, mas isso não significa que devamos deixar de amar.

Drenagem de liderança

Uma tendência perturbadora observada no hemisfério sul é que muitos dos mais brilhantes líderes de igrejas nacionais têm deixado o ministério da igreja para assumir posições de liderança em ONGs e ministérios para-eclesiásticos. Isso acontece em parte porque esses trabalhos oferecem um belo salário, um veículo, benefícios e procuram líderes que pastoreiem e ensinem sua equipe. A igreja não pode oferecer salários e benefícios comparáveis. É claro que esses trabalhos querem e precisam de líderes nacionais que sejam pessoas de integridade e maturidade cristã, mas muitos sentem que isso tem se tornado um problema significativo: eles estão drenando a igreja de seus melhores líderes. As igrejas também precisam de líderes fortes! A necessidade aqui é de equilíbrio. O ideal seria que as ONGs e ministérios paraeclesiásticos ajustassem suas tabelas de salários de tal forma que não fossem desproporcionais aos salários do ministério da igreja.

Esgotamento e difusão

Os ministérios de serviço exigem não somente recursos financeiros, mas também um volume considerável de recursos humanos. Quando fazem parceria com a plantação de igrejas o podem absorver um volume desproporcional de energia e recursos do ministério de evangelismo e discipulado. A plantação de igrejas, na maior parte das situações, começa com um pequeno grupo de cristãos. Se há uma expectativa de que eles se voluntariem para trabalhar nos ministérios típicos da igreja e também em um projeto de serviço, podem ficar sobrecarregados e esgotados.

Geralmente o pastor da igreja exerce liderança no ministério de serviço também. Isso pode levar o pastor a negligenciar o ministério de oração e da Palavra em favor do trabalho de serviço. Por exemplo, quando uma igreja na Índia administra um orfanato, um pastor geralmente é responsável por ambos os ministérios. A administração e o levantamento de fundos para o orfanato pode consumir as energias do pastor levando a plantação da igreja a sofrer. De acordo com um relatório "Na maioria dos casos, o pastor se dedica às compras, à conta bancária e à supervisão do orfanato e suas ovelhas sofrem sem um bom alimento espiritual" (Stanley, Hedlund e Masih 1986, 296).[214] A igreja primitiva resolveu essa tensão apontando diáconos juntamente com os presbíteros para que cada grupo pudesse se concentrar no ministério para o qual Deus os chamara e capacitara (At 6.1-6).

Wallace descreve o problema do projeto de desenvolvimento comunitário que cresceu a ponto de "o rabo abanar o cachorro". E nesse caso, o cachorro é a igreja:

---

214 Infelizmente situações irônicas podem surgir: "A explosão de orfanatos é tão grande que agora há uma competição por órfãos. Uma boa percentagem de crianças nos orfanatos não é realmente órfã" (Stanley, Hedlund e Masih 1986, 296).

"Imagine uma pequena diocese anglicana em um país pobre da América Latina que lança um grande projeto para comprar terras para reassentar comunidades indígenas que estavam desalojadas. Isso rapidamente atrai o interesse de várias agências paraeclesiásticas e seculares e um grande programa se desenvolve. A igreja permanece pequena e sem recursos. Logo, seu departamento de desenvolvimento comunitário tem 20 ou mais estrangeiros, veículos novos e rádios comunicadores. Logo fica evidente que o diretor do projeto tem mais poder que o bispo!" (Wallace 2002, 135).

O evangelismo e o discipulado podem, é claro, acontecer *através* do exercício dos ministérios de serviço. A igreja ocidental tem frequentemente pressuposto que o discipulado tem a ver com o estudo da Bíblia e o exercício das disciplinas espirituais pessoais, separado do serviço prático. Servir em um ministério de misericórdia ou de desenvolvimento pode ser um veículo de aprendizagem das disciplinas espirituais, uma oportunidade de compartilhar a fé com não cristãos e um lugar para exercitar a obediência, usar dons espirituais e ser sal e luz na comunidade. Porém, na realidade, quanto maior fica o serviço, mais ele consome as forças do ministério da igreja e pode impedir o desenvolvimento de uma plantação sadia.

Superficialidade ou ingenuidade

Os plantadores de igrejas podem ser tentados a assumir um ministério de serviço sem considerar a profundidade da necessidade, o custo da tentativa de supri-la e o conhecimento necessário para ser eficaz. É melhor assumir projetos pequenos de escopo e duração limitados do que fazer promessas que não poderão ser cumpridas. Bruce E. Swanson (1993) aponta vários princípios úteis, aqui estão alguns deles:

- Identifique uma necessidade pela qual você possa realmente fazer alguma coisa a respeito;
- Envolva-se com um problema da comunidade pessoalmente antes de tentar um programa em larga escala.
- Não ofereça uma resposta "caseira" à necessidade;
- Esteja disposto a trabalhar a longo prazo com as necessidades da comunidade.

Os que foram especialmente treinados para o ministério de serviço, como médicos ou assistentes sociais, raramente também são treinados para a plantação de igrejas. Da mesma forma, os plantadores de igrejas raramente são qualificados para dirigir ministérios de serviço. Quando eles o fazem, geralmente um dos ministérios padece e os compromissos ficam divididos. Portanto, é melhor ter pessoas qualificadas dedicadas principalmente a seus dados ministérios (veja o estudo de caso 19.4).

Estudo de caso 19.4

Assistência médica básica e plantação de igreja

Paulo Seale (1989) descreve um projeto nas Filipinas no qual a assistência médica básica foi um veículo para a plantação de igrejas. A ideia era treinar as pessoas em saúde preventiva por um período de quinze meses. Em cada lugar deveria ser plantada uma igreja através do evangelismo, discipulado e criação de grupos caseiros para o estudo da Bíblia com os contatos feitos no programa de saúde. Uma equipe era composta de um plantador, um médico e vários assistentes com experiência médica. Foram selecionadas várias vilas pequenas que não dispunham de serviço de saúde adequado que a equipe visitaria regularmente. "Cruzadas médicas" de três dias foram programadas para regiões mais remotas.

Paralelamente às clínicas médicas e aos cursos, havia pregações evangelísticas e cultos à noite. Em uma área remota, 150 pessoas fizeram a profissão de fé e uma igreja começou a se organizar sozinha sob a liderança de leigos, mesmo sendo o grupo composto, em sua grande maioria, por analfabetos. Depois que o programa médico chegou à fase da retirada, as igrejas locais cuidaram dos novos convertidos nas várias cidades e duas igrejas foram plantadas.

Como os responsáveis pelo aspecto do plano que cuidava da plantação de igrejas pertenciam a igrejas vizinhas, Seale notou que enfrentavam uma dificuldade em particular: "Embora esses programas fossem excelentes projetos evangelísticos, muita energia era necessária para orientar suas atividades a fim de plantar uma nova igreja em áreas localizadas fora do distrito de suas próprias igrejas" (357). A equipe de saúde, que visitava as vilas semanalmente por treze meses, acabou assumindo a responsabilidade pela plantação de igrejas, facilitada pelos contatos pessoais que fizera.

Seale continua recomendando várias alterações em programas desse tipo. Por exemplo, ele considera que "é crítico colocar um profissional de saúde trabalhando com um obreiro cuja função principal é plantar igrejas" (358). No entanto, a força da abordagem em geral é evidente. "A grande vantagem de nosso programa médico, em comparação com outros métodos de plantação de igrejas, é que pudemos abrir trabalhos em novas comunidades onde não havia contatos prévios. Tradicionalmente, os plantadores da área dependem de contatos obtidos através de amigos ou família dos membros da igreja e esses contatos nem sempre são fáceis de acontecer" (357).

Concluindo, Seale escreve: "Os programas missionários médicos do passado mostram que, exceto por áreas menos receptivas, a assistência médica cristã compassiva trará uma colheita evangelística. Muitas vezes, porém, esses programas têm sido dominados pelo pessoal médico com boas intenções, mas com limitações em evangelismo e plantação de igrejas. Tremendas oportunidades para evangelismo e plantação de igrejas são perdidas porque não dedicamos tempo adequado e pessoal suficiente para planejar e levar a cabo a plantação de igrejas" (359-60). Isso confirma a nossa recomendação de que, seja qual for o ministério de serviço trabalhando em conjunto com plantadores de igrejas, é importante que pessoal qualificado para ambos os ministérios esteja envolvido e livre para se dedicar ao seu ministério em particular sem se dividir em outras atribuições.

Propaganda enganosa

Os ministérios de serviço são testemunho do amor de Cristo e da justiça de Deus e nunca devem ser usados como isca para atrair as pessoas para um evento que, na verdade, é evangelístico. Dependendo da natureza do serviço, pode ser completamente natural compartilhar a mensagem do Evangelho como parte do ministério. Por exemplo, é perfeitamente correto que um orfanato tenha cultos de adoração e instrução bíblica para as crianças. Um hospital pode ter um capelão. Uma palestra sobre a audição infantil pode mencionar o desenvolvimento espiritual das crianças. No entanto, insistir que as pessoas ouçam a mensagem do Evangelho antes de receber tratamento médico é errado. Fazer propaganda de um seminário sobre planejamento financeiro e então gastar dez minutos falando de finanças e vinte compartilhando o Evangelho provavelmente fará mais mal do que bem. Podemos, é claro, convidar os ouvintes para ouvirem o testemunho do palestrante *depois* do seminário para que ninguém se sinta enganado. As opiniões variam sobre onde se desenha a linha divisória nesse assunto. O princípio básico é integridade. Os ministérios de serviço devem ser realizados porque são a coisa certa a fazer e podem ser feitos em nome de Cristo, mas não como uma isca para enganar ou coagir as pessoas a ouvirem o Evangelho.

Desenvolvimento econômico e plantação de igrejas

Os programas de desenvolvimento econômico que visam oferecer empregos, estimular a economia local, oferecer microcrédito para financiar pequenos negócios e coisas semelhantes podem ser extremamente úteis para os cristãos locais e para outras pessoas. Eles também podem oferecer uma plataforma de trabalho para os plantadores de igrejas em lugares onde o evangelismo e a plantação de igrejas são proibidos por lei. Esses empreendimentos são, em si, formas legítimas de ministério cristão (veja numerosos estudos de caso em Yamamori e Eldred 2003). As estratégias que combinam empreendimentos empresariais com o financiamento de igrejas têm uma longa história nas missões protestantes desde William Carey (Stanely 1992) e literatura de volume considerável sobre o assunto "missões empresariais" já está disponível.

No entanto, se não forem bem executados, esses programas de desenvolvimento econômico podem também se transformar em um campo minado de dificuldades que desperdiçam recursos e criam ciúmes, animosidade, conflitos e motivações ambíguas. Tudo isso dificultará a plantação da igreja e pode, na pior das hipóteses, criar indisposição por parte da comunidade ou destruir a igreja. Não poucos plantadores de igrejas têm se envolvido ingenuamente em programas desse tipo que acabaram em mal-entendidos, desânimo, sofrimento e abuso. Por si só, a integração de desenvolvimento econômico e plantação de igrejas é repleta de problemas. Não podemos entrar em uma discussão exaustiva sobre desenvolvimento econômico, empreendimentos comerciais ou programas de microcrédito, mas aqui estão três princípios para a orientação do plantador de igrejas.

Orientações para plantadores de igrejas

O primeiro princípio é *obter pessoas qualificadas e informadas para dirigir o projeto*. Elas não somente precisam entender de negócios, mas também procurar se familiarizar com os costumes e as práticas empresariais locais. Quanto maior for o nível de envolvimento e recursos, mas importante é a presença de pessoas qualificadas e experientes que possam tomar decisões sábias e, às vezes, difíceis. Os líderes espirituais nem sempre são bons empresários. Tentar plantar uma igreja enquanto supervisiona um empreendimento comercial ou um programa de microcrédito normalmente significa que um ou outro será prejudicado.

Em segundo lugar, geralmente é melhor *ter uma diretoria ou fundação separada da liderança formal da igreja* responsável pela administração do serviço. Como dissemos acima, misturar igreja com negócios é difícil. As decisões sobre distribuição de fundos, gerenciamento de pagamento de empréstimos ou oferecimento de empregos para uns e não para outros se tornam complicadas por lealdades familiares e pessoais. Ressentimentos e inveja surgem rapidamente. Em culturas coletivistas, o perigo aumenta quando as famílias ou clãs leais muitas vezes atropelam boas decisões de negócios. Um plantador de igrejas ou líder espiritual que é responsável pelo aconselhamento espiritual e cuida das finanças dos congregantes inevitavelmente ficará envolvido em conflitos.

Finalmente, *considere cuidadosamente a cosmovisão do povo local a respeito de propriedades, ética no trabalho e dinheiro*. É provável que ela seja bem diferente da cosmovisão do plantador estrangeiro ou do obreiro da área de desenvolvimento. O livro *African Friends and Money Matters* (Amigos africanos e questões de dinheiro) de David Maranz (2001) apresenta uma maravilhosa descrição da profundidade e da complexidade dessas diferenças no contexto africano. Aqueles que administram um programa de desenvolvimento econômico devem estar bem informados quanto a essas questões. O ideal é que a diretoria inclua pessoas que compreendam as expectativas e costumes locais e pessoas que representem os interesses e as expectativas dos patrocinadores.

Promoção involuntária de valores materialistas

Embora a elevação dos padrões de vida daqueles que possuem muito pouco certamente seja uma tarefa nobre, algumas formas de desenvolvimento econômico podem realmente promover valores materialistas que não são bíblicos. Os missionários têm sido acusados de ser uma grande força secularizadora nos países em desenvolvimento, em parte porque trazem com eles uma cosmovisão materialista. A ênfase contínua em projetos que têm como objetivo melhorar o padrão econômico de um povo pode dar uma impressão errada (veja Power e Power 1998). Uma atitude de merecimento pode facilmente surgir quando os fundos parecem tão fáceis de serem obtidos. O povo local pode começar a esperar ainda mais linhas de crédito, mais oportunidades de trabalho ou mais benefícios. Cristãos e não cristãos podem ficar aborrecidos ou decepcionados quando eles não estiverem disponíveis ou quando não forem suficientes para atender a todas as pessoas da comunidade.

Jim Yost realizou obras de desenvolvimento juntamente com a plantação de igrejas em uma área remota de Irian Jaya com o povo Sawi. Ele percebeu que o crescimento da igreja declinou significativamente com a introdução de projetos de desenvolvimento comunitário como a plantação de árvores frutíferas, criação de animais e fabricação de redes de pescar. Uma das razões identificadas por ele é que as pessoas ficaram mais interessadas em seu bem-estar material do que no espiritual. Eles também tendem a seguir o exemplo do missionário: se o missionário dá prioridade ao projeto econômico, eles também o fazem. Quando ele diz como dirigir uma pequena loja, a mensagem transmitida ao povo local é que ele está ali realmente para realizar negócios e não para trabalhar com a igreja. Sua conclusão é extrema, talvez, mas digna de ser levada em consideração: "Eu sugiro que nenhum plantador missionário de igrejas se envolva em desenvolvimento comunitário a menos que não tenha outra escolha. Se você quer um projeto de desenvolvimento em sua região traga especialistas para realizá-lo. Não se arrisque a confundir a sua imagem". Ele continua: "Os não cristãos pensarão que ser cristão significa ser servido" (Yost 1984, 356, 358).

Essas experiências não devem desanimar os plantadores de igrejas de ajudar as pessoas a melhorarem de vida, ganharem honestamente seu sustento, alimentarem suas famílias e levantarem fundos para as necessidades do ministério. Toda a empreitada digna corre o risco de abuso e fracasso, todavia, não deve ser assumida de forma precipitada ou ingênua.

Financiando a plantação de igrejas através de empreendimentos dirigidos pela igreja

A promoção e o financiamento de empreendimentos comerciais são às vezes concebidos com o fim de prover fundos diretos para a plantação de uma igreja. Algumas vezes, o negócio pertence à igreja e é operado por ela.[215] À primeira vista isso pode parecer uma forma prática e eficiente de financiar as necessidades da plantação da igreja, especialmente onde a pobreza prevalece e os membros da igreja têm um orçamento muito limitado. No entanto, fazer de empreendimentos comerciais a fonte principal de financiamento para a plantação de uma igreja é altamente desaconselhável por várias razões.

Em primeiro lugar, a Bíblia claramente ensina o princípio da mordomia: a obra de Deus é para ser sustentada pelos dons e ofertas do povo de Deus. Até o pobre pode contribuir com aquilo que possui e não devemos dar a impressão de que o ministério acontece sem sacrifício pessoal. Os cristãos

---

215 Essa situação não deve ser confundida com o pastor que dirige um pequeno negócio como fazedor de tendas a fim de levantar sustento pessoal, mantendo o negócio claramente separado da igreja.

precisam ser ensinados sobre a alegria e a responsabilidade de dar a fim de apoiar a obra de Deus. Em segundo, a igreja não é uma empresa e não deve ser administrada como um negócio. Os conflitos de interesse logo surgem – como desenvolver um ministério espiritual e ao mesmo tempo administrar um negócio lucrativo? A energia da igreja pode ser consumida com um empreendimento. Em terceiro, a maior parte dos plantadores não são treinados em administração de empresas.

Repetidas vezes vemos plantadores se envolvendo em empreendimentos para os quais ele possui pouco conhecimento e muito menos treinamento. Se o negócio fracassar, pode resultar em mal-entendidos e dificuldades com empregados, desacreditando potencialmente o Evangelho. Finalmente, a maior parte dos negócios – especialmente os maiores que podem gerar um lucro significativo – são sujeitos às flutuações do mercado, avanços tecnológicos e outros fatores que podem facilmente transformar um negócio lucrativo em um fiasco, sugando o dinheiro da igreja. Isso tem acontecido com projetos agrícolas estabelecidos na África para sustentar a igreja.

A melhor maneira é criar um empreendimento lucrativo que ofereça empregos aos cristãos cuja propriedade e administração sejam separadas e independentes da autoridade da igreja. Ao mesmo tempo os cristãos precisam aprender mordomia e a ofertar a fim de sustentar as necessidades da igreja. A igreja precisa permanecer em primeiro lugar uma comunidade de fé e não ficar sobrecarregada ou compromissada através de um envolvimento com um negócio lucrativo, ainda que os lucros sejam dedicados ao sustento do ministério.

A plantação de igrejas entre os muito pobres

Frequentemente, os mais pobres são os mais receptivos ao Evangelho. Aqui estamos falando dos *muito* pobres que não somente têm muito menos do que uma pessoa comum, mas que são indigentes. O pobre indigente é aquele que mal consegue sobreviver, vivendo um dia de cada vez sem saber de onde virá a próxima refeição ou aquele que é severamente explorado. Nesses grupos estão os moradores de rua, os refugiados, os residentes em favelas e invasões. Muitas vezes são doentes, desnutridos, trabalham muito e dormem pouco, além de estarem expostos ao crime e ao abuso.

Para plantar igrejas entre essas pessoas é preciso enfrentar não somente o desafio da pobreza física, pois além de destituídos materialmente, eles, muitas vezes, são vulneráveis, sem educação, carentes de senso de dignidade própria e de iniciativa. Eles podem reagir positivamente ao Evangelho e permanecer em uma mentalidade de dependência e inferioridade. A necessidade de segurança e sobrevivência domina seus dias e deve ser levada a sério. A maioria das igrejas estabelecidas não recebe essas pessoas em sua comunhão. Se o fazem, o pobre raramente se sente à vontade nelas. Embora não seja ideal, geralmente não há alternativa além de plantar uma igreja focando especificamente os muito pobres.

As equipes de plantação de igrejas que trabalham entre os muito pobres devem ter uma enorme paciência, um forte senso do chamado de Deus e um compromisso com o ministério de longo prazo. É preciso que os obreiros encontrem um delicado equilíbrio entre a identificação com o povo, por um lado e, por outro, a proteção de sua própria saúde, segurança e alívio de estresse para evitar o esgotamento e o desânimo. Não se deve subestimar o nível de estresse que os obreiros nessas circunstâncias enfrentam.

Falando de modo geral, uma abordagem encarnacional será necessária: o plantador deve adotar um padrão de vida próximo ao do povo, vivendo na comunidade e identificando-se com suas vidas diariamente. Isso construirá confiança, demonstrará solidariedade e modelará o serviço cristão. Esses obreiros devem consultar a obra de Viv Grigg, *Cry of the Urban Poor* (O clamor do pobre urbano) (1992) um dos poucos guias práticos para a plantação de igrejas em contexto de extrema pobreza.

Uma equipe de plantação de igrejas pode facilmente reforçar esses sentimentos de inferioridade entre os pobres tratando-os paternalisticamente como objetos de caridade. Os programas com base em igrejas devem, pelo contrário, habilitar as pessoas, ajudando-as a entender e descobrir seu potencial a despeito das circunstâncias. Até os mais pobres e menos educados podem transmitir o que aprenderam e, muitas vezes, entre os líderes naturais nas favelas ou nos campos de refugiados e gangues é que emergem aqueles que possuem potencial para a liderança espiritual.

As igrejas plantadas entre os pobres podem algumas vezes realizar obras extraordinárias. A Libéria é um país assolado por uma guerra civil travada durante os anos de 1989-1996 e 1999-2003. Toda uma geração de jovens não teve acesso à escola. Na capital, Monróvia, a igreja Hope Evangelical Free Church, com apenas 50 membros, a maioria deles pobres, administra uma escola de ensino fundamental para mais de duzentas crianças. Paredes provisórias de esteiras de junco dividem a pequena estrutura de tijolos em quatro classes superlotadas, sem eletricidade nem água encanada. A maioria das crianças se reúne em classes ao ar livre porque o prédio não pode acomodá-las. Embora a escola seja primitiva pelos padrões ocidentais, o pastor Luke orgulha-se das conquistas de sua igreja. Os membros constroem tudo sozinhos com uma pequena ajuda externa e nenhuma do governo. Os professores de grandes classes carecem dos materiais mais básicos e recebem um pagamento que mal é o bastante para comprar arroz por um mês. Quando lhes perguntam como eles conseguem fazer o que nos parece impossível, o pastor Luke responde: "Temos que fazer. Nossas crianças são o futuro do país e precisam ser educadas, custe o que custar". A igreja Hope não é a única. Escolas desse tipo alojadas em uma sala de uma igreja podem ser encontradas por toda a Libéria. Essas igrejas estão causando um impacto do reino porque os seus membros se recusam a ser meras vítimas. Eles têm uma esperança biblicamente inspirada e dedicação sacrificial para fazer o que for preciso para construir um mundo melhor.

O Gramin Pachin Mandal é um impressionante movimento de plantação de igrejas entre os mais pobres entre os pobres da Índia, os Banghis. Eles compõem a casta mais inferior dos Dalits (algumas vezes chamados de intocáveis). Trabalham na remoção de dejetos humanos e animais mortos e na limpeza dos esgotos e geralmente se alimentam de comida estragada ou sobras de outras pessoas. Em 1984 foi lançado um movimento para levá-los a Cristo e em 2004 já havia 700.000 cristãos batizados e uma frequência total de um milhão e meio de pessoas incluindo as crianças e os candidatos ao batismo! Essa é uma história não apenas de crescimento explosivo e de uma extraordinária contextualização do Evangelho, mas também de um ministério holístico. Por exemplo, o artigo 19 da Declaração de Fé do Gramin Pachin Mandal diz: "É uma obrigação absolutamente religiosa dos cristãos depender economicamente de si mesmos" (Pierson 2004, 45). Um programa educacional completo tem sido desenvolvido desde o ensino fundamental até o nível universitário. "Esse é um resultado lógico da recuperação da dignidade e identidade diante de Deus, e também uma necessidade, se quisermos que os Dalitz saiam da pobreza" (ibid. 52). Muitos homens obtiveram empregos melhores na área da construção civil e as mulheres aprenderam a confeccionar roupas. Outros se tornaram empresários. Essas são verdadeiramente comunidades do reino dedicadas à transformação espiritual, mental, física e econômica.

Epílogo

Em 1774, um homem chamado John Chapman nasceu no estado americano de Massachusetts. Com 25 anos de idade, começou a plantar pomares de macieiras em Nova York e Pensilvânia. Quando os territórios do noroeste foram abertos para assentamentos, John tornou-se um dos primeiros a explorar a região que compreende hoje os estados de Ohio, Michigan, Indiana e Illinois. Por cinquenta anos ele percorreu aquela terra e, em todo lugar aonde ia, plantava sementes de maçãs e cultivava macieiras. Johnny entendeu o princípio da multiplicação que "Vareta" (a personagem do prólogo) aprendeu. Ele plantou estrategicamente, com os olhos no mercado futuro e raras vezes tomou uma decisão errada: muitas cidades emergiram junto a seus pomares. Afirmam que "algumas de suas mudas cruzaram as grandes planícies em carroções cobertos para produzir seu abundante fruto nos estados do oeste". Ele ficou conhecido como "Apple Man" (Homem Maçã) ou "Johnny Appleseed" (Joãozinho Semente de Maçã). Como alguém escreveu sobre ele: "Em algum lugar, de alguma forma ele teve uma visão do deserto verdejante coberto de macieiras em flor, pomares e pomares de árvores cuidadosamente cultivadas cujos brotos perfumados traziam aos colonos a promessa de uma colheita generosa".[216]

Houve um preço a ser pago para a realização dessa visão. Com perseverança, John enfrentou as dificuldades das viagens no deserto enquanto trabalhava para tornar seu sonho realidade. Sua tarefa não era simplesmente jogar umas sementes pelas estradas que passava. De forma sistemática, ele limpava o solo, arrancando a erva daninha e o mato, selecionava um bom pedaço do terreno argiloso em um local aberto, construía uma cerca para manter os animais afastados e cuidadosamente plantava as sementes em fileiras.

---

[216] Essa citação e parte desse relato da vida de John Chapman foi retirada de www.milville.org/workshops_f/Dich_FOLKLORE/WACKED/story.html (acessado em 15 de janeiro de 2007). Ver também "The Story of John Appleseed: A Pioneer Hero" (A história de John Appleseed: um herói pioneiro), *Harper's New Monthly Magazine* 64 (1871): 830-31.

Ele se esforçou para produzir o melhor fruto possível sempre semeando em vez de enxertar como os outros faziam.

John não abandonou os canteiros que começavam a brotar. Ele voltava quando podia para cuidar de suas jovens árvores, consertar a cerca, cuidar do solo e plantar mais sementes. Sua visão, porém, era ir adiante e plantar mais pomares para os futuros colonos. Por isso, passou a maior parte do seu tempo em regiões pouco exploradas. Ele não era um homem solitário como muitos pensavam. Às vezes, levava com ele outras pessoas e quando podia deixava os canteiros aos cuidados de um vizinho para que protegesse as árvores e as vendesse em lotes. Ele conhecia seu chamado e deixou a maior parte de suas plantações para os outros.

Elias[217] poderia ser comparado a Chapman. Ele iniciou uma igreja na Libéria, mas sua visão era muito maior. Elias acreditava que os jovens poderiam ser treinados para começar e dirigir pequenas comunidades de cristãos. Em uma década, em razão desse ministério de treinamento e mentoreamento, aquela primeira igreja se transformou em um movimento de dezesseis congregações. Algumas são igrejas nos lares, outras se reúnem em edifícios alugados; uma delas é uma igreja itinerante de rua que está alcançando dependentes de drogas. Como Chapman, Elias é um agricultor. Sob sua liderança esse grupo de igrejas comprou vinte acres de terra para produzir alimento para famílias carentes. Um poço fornece água para a fazenda e água potável para a aldeia próxima. No terreno está sendo construído um centro de treinamento para discípulos, líderes e obreiros.

Então Elias ouviu o desafio de tocar milhões de vidas com o Evangelho na próxima década. Em companhia de alguns amigos ele lutou com questões como "Que parte da Grande Comissão é nossa responsabilidade?" e "Como podemos trabalhar juntos para fazer a parte que cabe a nós, africanos, para alcançar os não evangelizados da África?" Uma missão africana foi formada e seus líderes decidiram focar em seis grupos de povos africanos não alcançados e treinar mil e quinhentos missionários plantadores de igrejas.

Elias viajou para explorar oportunidades de iniciar novas plantações de igrejas em vários outros distritos da Libéria, incluindo áreas dominadas por muçulmanos: "Há necessidade de nos comprometermos continuamente com essas comunidades até que o Evangelho se estabeleça ali". Ele agora se dedica em tempo integral ao treinamento de líderes que servirão como catalizadores para a multiplicação de igrejas. Sua missão já enviou obreiros fazedores de tendas que começaram igrejas entre grupos de povos muçulmanos em países vizinhos. Enquanto escrevo esse texto, ele e seus amigos estão iniciando um treinamento sobre multiplicação de igrejas para sessenta pastores e plantadores de igrejas em outro país na África Ocidental. Ainda esse ano, ele vai compartilhar a visão da multiplicação de igrejas com nove pastores da África Central.

---

217 O nome nesse relato é um pseudônimo de uma pessoa real.

Os plantadores apostólicos de igrejas, como John Appleseed, começaram plantando sementes. Eles convidam muitos outros a se juntarem a eles nesse trabalho duro que é a plantação de pomares de comunidades do reino. Eles creem que são agentes pioneiros em um plano maior de estender o Reino de Jesus até que todos tenham ouvido sua mensagem. Nossa oração é para que Deus levante muitos outros como Elias, que contribuirão para os movimentos de plantação de igrejas saudáveis e que se reproduzam.

Bibliografia

ADAMS, Eric e LEWIS, Tim. "New Mission Structures for Church Planting", em *Mission Frontiers*, Dezembro de 1990. www.strategicnetwork.org/index.php ?loc=kb&view=v&id=4753&fby=e16d4680d785ae386ddb7a4dc4179056&fti=n ew%20mission&. (Site em inglês. Acesso em 06/08/2012).

ALLEN, Frank W. "Your Church-Planting Team Can Be Booby-Trapped", em *Evangelical Missions Quarterly* 27, nº 3 (Julho, 1991): 294–97.

ALLEN, Roland. *Missionary Methods: St. Paul's or Ours?* (Grand Rapids: Eerdmans, 1962a [1912].)

_____. *The Spontaneous Expansion of the Church and the Causes Which Hinder It.* (Grand Rapids: Eerdmans, 1962b [1927].)

ANDERSON, Neil T. *Steps to Freedom in Christ: A-Step-by-Step Approach.* (Ventura, CA: Regal, 2001.)

_____. *The Bondage Breaker. Overcoming Negative Thoughts, Irrational Feelings, Habitual Sins.* (Eugene, OR: Harvest House, 2006.)

_____. *Vitória sobre a escuridão: Alcançando a plenitude de Cristo em sua vida.* (São Paulo: Bompastor, 2000.)

ANDERSON, Rufus. *Foreign Missions: Their Relations and Claims.* (Nova Iorque: C. Scribner, 1869.)

ANDREWS, Colin E. "Contextualization in a Glocalizing World", em *Evangelical Missions Quarterly* 45, nº 3 (Julho, 2009): 314–17.

APPELTON, Joanne. 2008. "Preparing to Plant: Calling, Equipping, and Enabling Church Planters in Europe", em *European Church Planting Network Concept Paper* 3, 2008. http://leadnet.org/search/results/c0d09d8a4f5c2f5de7327d6db0a40312/. (Site em inglês. Texto para download. Acesso em 06/082012).

ARMET, Stephen. "Holistic Church Planting among Latin America's Urban Poor", em *Urban Mission* 14, nº 4 (Junho, 1997): 17–22.

ARN, Win. "How to Use Ratios to Effect Church Growth", em *Church Growth: State of the Art*, editado por C. Peter Wagner, Win Arn e Elmer L. Towns. (Wheaton: Tyndale House, 1986): 97–103.

ARNOLD, Clinton A. *The Colossian Syncretism: The Interface between Christianity and Folk Belief at Colossae*. (Grand Rapids: Baker Books, 1996.)

BACON, Dan. "Should Mission Boards Send Teams as Well as Individuals?", em *Evangelical Missions Quarterly* 14, nº 2 (Abril, 1978): 95–99.

BAER, R. Michael. *Business as Mission: The Power of Business in the Kingdom of God.* (Seattle: YWAM, 2006.)

BAKER, Ken. "What Do You Do When Sin Seems Ignored?", em *Evangelical Missions Quarterly* 41, nº 3 (Julho, 2005): 338–43.

BANKS, Robert J. *Paul's Idea of Community: The Early House Churches in Their Historical Setting. I* (Peabody, MA: Hendrickson, 1994.)

BARNA, George. *The Habits of Highly Effective Churches.* (Ventura, CA: Regal, 1999.)

BARRETT, David B., JOHNSON, Todd M. e CROSSING, Peter F. "Missiometrics 2008", em *International Bulletin of Missionary Research* 32, nº 1 (Janeiro, 2008): 27–30.

BATE, Fr. Stuart. "Inculturation: The Local Church Emerges", em *Missionalia* 22, nº 2 (Agosto, 1994): 93–117.

BEAVER, Pierce. "The History of Mission Strategy", em *Perspectives on the World Christian Movement*, editado por Ralph Winter e Steven Hawthorne, B58–72. (Pasadena, CA: William Carey Library, 1981.)

BECKHAM, William. *A segunda reforma.* (Curitiba: Igreja em Células, 2007.)

BEFUS, Constance P. "A Multilevel Treatment Approach for Culture Shock Experienced by Sojourners", em *International Journal of Intercultural Relations* 12, nº 4 (Inverno, 1988): 381–400.

BENNETT, Robertson. "Open Letter to Robertson McQuilkin", em *Evangelical Missions Quarterly* 36, nº 2 (Abril, 2000): 210–14.

BERG, Clayton L. e PRETIZ, Paul E. *Spontaneous Combustion: Grass-Roots Christianity, Latin American Style.* (Pasadena, CA: William Carey Library, 1996.)

BERG, Mike e PRETIZ, Paul E. *The Gospel People of Latin America.* (Monrovia, CA: MARC and World Vision International, 1992.)

BIBBY, Reginald. *Fragmented Gods.* (Toronto: Irwin, 1987.)

BLACKABY, Henry e BLACKABY, Richard. *Liderança Espiritual: Como impulsionar pessoas para o trabalho de Deus.* (São Paulo: Bompastor, 2007.)

BLAKE, Robert R. e MOUTON, Jane S. *Corporate Excellence through Grid Organization Development.* (Houston: Gulf, 1968.)

BOSCH, David. *Missão transformadora.Mudanças de paradigma na Teologia da Missão.* (São Leopoldo: Sinodal, 2002.)

BOWERS, Dan. "Globalization and the Missionary Potential of International Churches", em *Evangelical Missions Quarterly* 41, nº 3 (Julho, 2005): 284–90.

BOWERS, W. P. "Fulfilling the Gospel: The Scope of the Pauline Mission", em *Journal of the Evangelical Theological Society* 30 (1987): 185–98.

BRIERLEY, Peter W. "Missionary Attrition: The ReMAP Report", em *Too Valuable to Lose*, editado por William D. Taylor. (Pasadena, CA: William Carey Library, 1997): 85–103.

BRIGHT, Bill. *As quatro leis espirituais.* 4ª ed. (São Paulo: Cruzada Estudantil e Profissional para Cristo, 2012.)

BRITT, David. "From Homogeneity to Congruence: A Church-Community Model", em *Planting and Growing Urban Churches*, editado por Harvie Conn. (Grand Rapids: Baker Books, 1997): 135–49.

BROCK, Charles. *Indigenous Church Planting: A Practical Journey*. (Neosho, MO: Church Growth International, 1994.)

BROWN, Carl M. "Exploratory Case Studies and Analysis of Three Intercultural Congregation-to-Congregation Partnerships". Dissertação de doutorado, Trinity International University. 2007.

_____. "Friendship Is Forever: Congregation-to-Congregation Relationships", em *Effective Engagement in Short-Term Missions*, editado por Robert Priest. (Pasadena, CA: William Carey Library, 2008): 209–37.

BROWN, G. Thompson. "Why Has Christianity Grown Faster in Korea Than in China?", em *Missiology* 22, nº 1 (Janeiro, 1994): 77–88.

BRUCE, A. B. *O treinamento dos Doze*. (Rio de Janeiro: CPAD, 2007.)

BRUCE, F. F. *The Acts of the Apostles: The Greek Text with Introduction and Commentary*. (Grand Rapids: Eerdmans, 1965.)

_____. *New Testament History*. (Nova Iorque: Doubleday, 1969.)

_____. *Commentary on the Book of Acts*. (Grand Rapids: Eerdmans, 1977.)

CALDWELL, Brian e CARTER, E. M. A. eds. *The Return of the Mentor: Strategies for Workplace Learning*. (London: Falmer, 1993.)

CARLE, Robert D. e DECARO JR., Louis A. eds. *Signs of Hope in the City: Ministry of Community Renewal*. (Valley Forge, PA: Judson, 1999.)

CERRON, Francisco. "Short-Term Missions: An Initial Assessment from Experience", em *Journal of Latin American Theology* 2, nº 2. (2007): 21–32.

CHANEY, Charles L. *Church Planting at the End of the Twentieth Century*. (Wheaton: Tyndale House, 1982.)

CHAVES, Mark; KONIECZNY, Mary Ellen; BEYERLEIN, Kraig e BARMAN, Emily. "The National Congregations Study: Background, Methods, and Selected Results", em *Journal for the Scientific Study of Religion* 38, nº 4 (Dezembro, 1999): 458–76.

CHESTER, Tim. "Church Planting: A Theological Perspective", em *Multiplying Churches*, editado por Stephen Timmis. (Fearn, Ross-Shire, UK: Christian Focus, 2000): 23–46.

CHO, Paul Yonggi. *Successful Home Cell Groups*. (South Plainfield, NJ: Bridge, 1981.)

CHO, Yong Joong e GREENLEE, David. "Avoiding Pitfalls of Multicultural Teams", em *International Journal of Frontier Missions* 12, nº 4 (Outubro, 1995): 179–84.

CLINTON, Robert J. *Etapas na vida de um líder: Os padrões que Deus usa para desenvolver um líder*. (Colorado Springs: Descoberta, 1988.)

COLE, Neil. *Cultivating a Life for God: Multiplying Disciples through Life Transformation Groups*. (St. Charles, IL: ChurchSmart Resources, 2004.)

_____. *Igreja orgânica: Plantando fé onde a vida acontece*. (Rio de Janeiro: Habacuc, 2007.)

COLEMAN, Robert. *Plano mestre de evangelismo*. (São Paulo: Mundo Cristão, 1995.)

COLLINS, Travis M. "Missions and Churches in Partnership for Evangelism: A Study of the Declaration of Ibadan", em *Missiology* 23, nº 3 (Outubro, 1995): 331–39.

COMISKEY, Joel. *Groups of Twelve: A New Way to Mobilize Leaders and Multiply Groups in Your Church.* (Houston: Touch, 1999.)

CONDON, John C. *Good Neighbors: Communicating with the Mexicans.* (Yarmouth, ME: Intercultural, 1997.)

CONN, Harvie M. "The Muslim Convert and His Culture", em *The Gospel and Islam: A 1978 Compendium*, editado por Don M. McCuny. (Monrovia, CA: MARC, 1979.): 97–113.

CORDELLE, Steve. *The Church in Many Houses.* (Nashville: Abingdon, 2005.)

COSTAS, Orlando. *The Integrity of Mission: The Inner Life and Outreach of the Church.* (São Francisco: Harper and Row, 1979.)

CROW, Kenneth E. n.d. "The Life Cycle of Nazarene Churches", em http://media. premierstudios.com/nazarene/docs/The%20Life%20Cycle%20of%20Nazarene%20Churches.pdf. (Site em ingles. Acesso em 12/09/2012.)

CYMBALA, James e MERRILL, Dean. *Poder renovadoer.* (São Paulo: Vida, 2001.)

DALOZ, Laurent A. "Mentorship", em *Adult Learning Methods*, editado por M. Galbraith. (Malabar, FL: Robert E. Krieger, 1990.): 205–24.

DAVIES, Douglas J. 1986. "Person, Power, and Priesthoods", em *Working for the Kingdom: The Story of Ministers in Secular Employment*, editado por J. Fuller e Patrick H. Vaughan. (London: SPCK, 1986.): 93–101.

DAVIES, Stanley. 1994. "Responding to Butler: Reflections from Europe", em *Kingdom Partnerships for Synergy in Missions*, editado por William D. Taylor. (Pasadena, CA: William Carey Library, 1994.): 43–48.

DENNEY, J. *Studies in Theology.* (Grand Rapids: Baker Books, 1976 [1895].)

DESILVA, Ranjit. "The Missing Ingredient in Leadership Training", em *Evangelical Mission Quarterly* 31, nº 1 (Janeiro de 1996): 50–56.

DEVER, Mark. *Nove marcas de uma igreja saudável.* (São José dos Campos: Fiel, 2007.)

DIETTERICH, Inagrace T. "Leading the Missional Church: The Shape of the Church", em www.allelon.net/articles/article.cfm?id=141. 2004. (Acesso em janeiro de 2010).

DOHN, Michael N. e DOHN, Anita L. "Short-Term Medical Teams: What They Do Well . . . and Not So Well", em *Evangelical Missions Quarterly* 42, nº 2 (Abril de 2006): 216–24.

DOWNEY, Karol (pseud.). "Missionary or Wife? Four Needed Changes to Help Clarify the Role of a Missionary Wife" em *Evangelical Missions Quarterly* 41, nº 1 (Janeiro de 2005): 66–74.

DOWNEY, Steven. "Partnership Re-visited", em *Evangelical Missions Quarterly* 42, nº 2 (Abril de 2006): 200–204.

DUCK, Arthur. "Attrition and Retention Factors in Three Pentecostal Churches in Curitaba, Brazil", dissertação de doutorado, Trinity International University, 2001.

DUCLOS, R. P. *Histoire du Protestantisme français en Amérique du Nord* [The History of French Protestantism in North America]. (Cap-de-la-Madeleine, Quebec: Éditions Impact, 1982 [1913].)

DUDLEY, Carl S. "Churches in Changing Communities", em *Metro-ministry: Ways and Means for the Urban Church*, editado por David Frenchak e Sharrel Keyes, 78–91. (Elgin, IL: David C. Cook, 1979): 78–91.

DUDLEY, Carl S. e AMMERMAN, Nancy T. *Congregations in Transition*. (São Francisco: Jossey-Bass, 2002.)

DUEWEL, Wesley. *Revival Fire*. (Grand Rapids: Zondervan, 1995.)

DYER, Kevin. "Crucial Factors in Building Good Teams", em *Evangelical Missions Quarterly* 22, nº 3 (Julho de 1986): 254–58.

EENIGENBURG, Susan E. "Preparing Missionary Couples for Cultural Stress", em *Evangelical Missions Quarterly* 44, nº 4 (Outubro de 2008): 422–29.

EFCA (Evangelical Free Church of America). n.d. "Ten Leading Indicators of a Healthy Church", em http://www.efca.org/church-health/reachnational-church-health/ten-leading-indicators-healthy-church. (Site em inglês. Acesso em 12/09/2012)

EIESLAND, Nancy L. *A Particular Place: Urban Restructuring and Religious Ecology in a Southern Exurb*. (New Brunswick, NJ: Rutgers University Press, 1999.)

ELDER, Brett. "Dismantling the Ecclesiastical Welfare System", em *Occasional Bulletin*, Evangelical Missiological Society, 15, nº 3 (Outono de 2003): 1–2, 5.

ELLIS, Jordan. "Let's Get Real about Missionary Team Chemistry", em *Evangelical Missions Quarterly* 41, nº 4 (Outubro de 2005): 440–45.

ELLISTON, Edgar J. *Home Grown Leaders*. (Pasadena, CA: William Carey Library, 1992.)

ELLISTON, Edgar J. e KAUFFMAN, J. Timothy. *Developing Leaders for Urban Ministries*. (Nova Iorque: Peter Lang, 1993.)

ELMER, Duane. *Cross-Cultural Conflict*. (Downers Grove, IL: InterVarsity, 1993.)

_____. *Cross-Cultural Connections*. (Downers Grove, IL: InterVarsity, 2002.)

_____. *Cross-Cultural Servanthood*. (Downers Grove, IL: InterVarsity, 2006.)

ENGEL, James. *How Can I Get Them to Listen?* (Grand Rapids: Zondervan, 1977.)

ENGEL, James F. e DYRNESS, William A. *Changing the Mind of Mission: Where Have We Gone Wrong?* (Downers Grove, IL: InterVarsity, 2000.)

Evangelical Alliance Information and Resources Centre. "2005 Church Census", em www.eauk.org/resources/info/statistics/2005englishchurchcensus.cfm#denomination, 2006. (Site em inglês. Acesso em 12/09/2012)

FARNSLEY, Arthur E. n.d. "A Quick Question: When Is Average Not Average?", em http://hirr.hartsem.edu/research/quick_question9.html. (Site em inglês. Acesso em 12/09/2012)

FEE, Gordon D. *The First Epistle to the Corinthians*. (Grand Rapids: Eerdmans, 1987.)

FEE, Gordon D. e STUART, Douglas. *How to Read the Bible for All Its Worth: A Guide to Understanding the Bible*. (Grand Rapids: Zondervan, 1982.)

FELDE, Markus. "Truly Vernacular Worship for the Sake of the Gospel", em *International Review of Mission* 87, nº 344 (Janeiro de 1998): 39–47.

FERGUSON, Dave. "The Multi-site Church: Some Strengths of this New Life Form", em *Leadership* 24, nº 2 (Primavera de 2003): 80–84.

_____. "Reproducing Churches: Church Growth to Missional Movement", no folheto de apresentação da 2007 Exponential New Church Conference. (Orlando, FL, Abril de 2007): 24–26.

FLEMMING, Dean E. *Contextualization in the New Testament: Patterns for Theology and Mission*. (Downers Grove, IL: InterVarsity. 2005.)

FOWLER, Floyd J. *Pesquisa de levantamento*. (Porto Alegre: Penso, 2011.)

FOYLE, Marjorie. *Overcoming Missionary Stress*. (Kent, UK: MARC Europe, 1987.)

FREYTAG, Walter. *Reden und Aufsätze*. 2 vols. (Munich: Kaiser, 1961.)

FRIESEN, Randy. "The Long-Term Impact of Short-Term Missions", em *Evangelical Missions Quarterly* 41, nº 4 (Outubro de 2005): 448–54.

GARRISON, David. *Church Planting Movements*. (Richmond, VA: International Mission Board, Southern Baptist Convention, 2000.)

_____. *Church Planting Movements: How God Is Redeeming a Lost World*. (Midlothian, VA: WIGTake Resources, 2004a.)

_____. "Church Planting Movements v. Insider Movements", em *International Journal of Frontier Missions* 21, nº 4 (Inverno de 2004): 151–54.

_____. "Global Church Planting: Something Is Happening", em *Journal of Evangelism and Missions* 4 (Primavera de 2005): 77–87.

GARRISON, V. David. *The Nonresidential Missionary*. (Monrovia, CA: MARC, 1990.)

GEHRING, Roger W. *House Church and Mission: The Importance of Household Structures in Early Christianity*. (Peabody, MA: Hendrickson, 2004.)

GENSICHEN, Hans-Werner. *Glaube für die Welt: Theologische Aspekte der Mission*. (Gütersloh, Germany: Gütersloher Verlagshaus Gerd Mohn, 1971.)

GEORGE, Carl F. *Prepare Your Church for the Future*. (Grand Rapids: Revell, 1991.)

GEORGE, Timothy. *Galatians*. (Nashville: Broadman and Holman, 1994.)

GILLILAND, Dean S., ed. *The Word among Us*. (Dallas: Word, 1989.)

GLOVER, Robert. *The Progress of Worldwide Missions*. (Nova Iorque: Harper and Brothers, 1960.)

GOBENA, Iteffa. "Ethiopian Church Planting", em *World Evangelization* 81 (Dezembro de 1997): 15–16.

GOLDSMITH, Martin. "Parabolic Preaching in the Context of Islam", em *Evangelical Review of Theology* 4, nº 2 (Outubro de 1980): 218–22.

GÓMEZ, Jorge. "Protestant Growth and Desertion in Costa Rica: Viewed in Relation to Churches with Higher Attrition Rates, Lower Attrition Rates, and More Mobility, as Affected by Evangelism (i.e., Message and Method) and Discipleship Practices (including Church Discipline)", dissertação de doutorado. Columbia International University, 1995.

_____. *El crecimiento y la deserción en la iglesia evangélica costarricense*. (San José, Costa Rica: Publicaciones IINDEF, 1996.)

GOPFFARTH, William. "A Study of the Functional Competencies of Southern Baptist Missionaries Who Originate Indigenous Churches in the Philippines", dissertação de doutorado. University of North Texas, 1993.

GRADY, Dick e KENDALL, Glenn. "Seven Keys to Effective Church Planting", em *Evangelical Missions Quarterly* 28, nº 4 (Outubro de 1992): 366–73.

GRAHAM, Thomas. "How to Select the Best Church Planters", em *Evangelical Missions Quarterly* 23, nº 1 (Janeiro de 1987): 70–79.

GRAY, Stephen. *Planting Fast-Growing Churches*. (St. Charles, IL: ChurchSmart Resources, 2007.)

GREEN, Michael. *Evangelism in the Early Church*. (Grand Rapids: Eerdmans, 1970.)

GREER, Luke. "Sometimes It Just Seems Good: Another Look at Missionary Call", em *Evangelical Missions Quarterly* 45, n° 3 (Julho de 2009): 326–32.

GRIGG, Viv. *Cry of the Urban Poor*. (Monrovia, CA: MARC, 1992.)

GROVER, Rick. 2004. "Urban Church Planting: The Call to the City", em In *Church Planting from the Ground Up*, editado por Tom Jones. (Joplin, MO: College, 2004): 40–51.

GUPTA, Paul R. e LINGENFELTER, Sherwood G. *Breaking Traditions to Accomplish Vision: Training Leaders in a Church Planting Movement*. (Winona Lake, IN: BMH Books, 2006.)

GUTHRIE, Donald. *A Epístola aos Gálatas*. (São Paulo: Vida Nova, 1988.)

GUTHRIE, Stan. *Missões no terceiro milênio: 21 tendências para o séc. XXI*. (Camanducaia, MG: Missão Horizontes, 2003.)

HADAWAY, C. Kirk. "Learning from Urban Research", em *Review and Expositor* 80, n° 4 (Outono de 1982): 543–52.

HADAWAY, C. Kirk; DUBOSE, Francis M. e WRIGHT, Stuart A. *Home Cell Groups and House Churches*. (Nashville: Broadman, 1987.)

HARDMAN, Keith J. "John Williams (1796–1839)", em *The New International Dictionary of the Christian Church*, editado por J. D. Douglas, 1052. (Grand Rapids: Zondervan, 1978.)

HARRISON, Rodney; CHEYNEY, Tom e OVERSTREET, Don. *Spin-Off Churches: How One Church Successfully Plants Another*. (Nashville: Broadman and Holman, 2008.)

HART, Archibald. *The Anxiety Cure*. (Nashville: Word, 1999.)

HEMPELMANN, Heinzpeter. *Gemindegründung: Perspektive für eine Kirche von Morgen?* (Giessen: Brunnen, 1996.)

HERRINGTON, John. 2009. "A City Movement", apresentação na Semana da Plantação de Igrejas da Trinity Evangelical Divinity School, Janeiro de 2009, 27.

HERRON, Fred. *Expanding God's Kingdom through Church Planting*. (Nova Iorque: Writer's Showcase, 2003.)

HERTZBERG, Hutz H. "Personal Characteristics and Ministry Perceptions of Younger Evangelical Church Planters", dissertação de douturado, Trinity Evangelical Divinity School, 2008.

HERTZBERG, Hutz H. e LONSWAY, Francis A. "Young Evangelical Church Planters", em *Theological Education* 43, n° 2. (2008): 67–77.

HESSELGRAVE, David J. *Planting Churches Cross-Culturally. A Guide for Home and Foreign Missions*. (Grand Rapids: Baker Academic, 1980.)

_____. *Communicating Christ Cross-Culturally*. 2nd ed. (Grand Rapids: Academie Books, 1991.)

HESSELGRAVE, David J. e ROMMEN, Edward. *Contextualization: Meanings, Methods, and Models*. (Grand Rapids: Baker Books, 1989.)

HIBBERT, Richard Y. "Stagnation and Decline Following Rapid Growth in Turkish-Speaking Roma Churches of Bulgaria", dissertaç~çao de doutorado, Trinity International University, 2008.

HIEBERT, Paul G. "The Flaw of the Excluded Middle", em *Missiology* 10, n° 1 (Janeiro de 1982): 35–47.

_____. "Critical Contextualization", em *International Bulletin of Missionary Research* 11, nº 3 (Julho de 1987): 104–11.

_____. "Form and Meaning", em In *The Word among Us*, editado por Dean S. Gilliland, 101–20. (Dallas: Word, 1989.)

_____. *Anthropological Reflections on Missiological Issues*. (Grand Rapids: Baker Books, 1994.)

_____. 2006. "The Missionary as Mediator of Global Theologizing" em In *Globalizing Theology*, editado por Craig Ott e Harold A. Netland. (Grand Rapids: Baker Academic, 2006): 288–308.

_____. *Transforming Worldviews: An Anthropological Understanding of How People Change*. (Grand Rapids: Baker Academic, 2008.)

HIEBERT, Paul G. e MENESES, Eloise Hiebert. *Incarnational Ministry: Planting Churches in Band, Tribal Peasant, and Urban Societies*. (Grand Rapids: Baker Books, 1995.)

HIEBERT, Paul G. e LARSEN, Sam. "Partnership in the Gospel: Misers, Accountants, and Stewards", em *Direction* 28, nº 1 (Primavera de 1999): 55–62.

HILARY, Mbachu. *Inculturation Theology of the Jerusalem Council in Acts 15: An Interpretation of the Igbo Church Today*. (Frankfurt am Main: Lang, 1995.)

HILL COUNTRY BIBLE CHURCH. 2009. Diagram of Church Plants, em www.hcbc.com/templates/System/details.asp?id=28485&PID=212315 (Site em ingles. Acesso em março de 2009).

HIRSCH, Alan. *The Forgotten Ways: Reactivating the Missional Church*. (Grand Rapids: Brazos, 2006.)

HIRST, Lester J. "Urban Church Planting Missionary Teams: A Study of Member Characteristics and Experiences Related to Teamwork Competencies", dissertação de doutorado, Trinity Evangelical Divinity School, 1994.

HOKE, Stephen e TAYLOR, William D. *Send Me: Your Journey to the Nations*. (Pasadena, CA: William Carey Library and World Evangelical Fellowship, 1999.)

HOLSTE, Scott e HANEY, Jim. "The Global Status of Evangelical Christianity: A Model for Assessing Priority People Groups", em *Mission Frontiers* 28, nº 1 (Janeiro-fevereiro de 2006): 8–13.

HOPKINS, Bob. *Church Planting*. (Bramcote, UK: Grove Books, 1988.)

HULL, Bill. *The Disciple Making Pastor*. (Grand Rapids: Baker Books, 1988.)

HUNT, T. W. *Life Changing Power Prayer*. (Nashville: Lifeway Church Resources, 2002.)

HUNT, T. W. e WALKER, Catherine. *Disciple's Prayer Life: Walking in Fellowship with God*. (Nashville: Lifeway Church Resources, 1997.)

HUNTER, Malcolm J. "The Nomadic Church: The Church in Its Simplest Form", em *International Journal of Frontier Missions* 17, nº 3 (Outono de 2000): 15–19.

JAFFARIAN, Michael. "Are There More Non-Western Missionaries Than Western Missionaries?", em *International Bulletin of Missionary Research* 28, nº 3 (Julho de 2004): 131–32.

JANSSEN, Gretchen. *Women on the Move: A Christian Perspective on Cross-Cultural Adaptation*. (Yarmouth, ME: Intercultural Press, 1989.)

JOHNSON, C. Neal e RUNDLE, Steve. *Business as Mission: A Comprehensive Guide to Theory and Practice*. (Downers Grove, IL: InterVarsity, 2010.)

JOHNSTONE, Patrick. *Operation World.* 3rd ed. (Minneapolis: Bethany House, 2001.)

JOHNSTONE, Patrick e MANDRYK, Jason. *Operation World.* 21st century ed. (Waynesboro, GA: Paternoster USA, 2005.)

JONES, Marge e JONES, E. Grant. *Psychology of Missionary Adjustment.* (Springfield, MO: Logion, 1995.)

JONES, Philip B. n.d. "Research Report: Executive Summary of Southern Baptist Congregations Today", em www.namb.net/atf/cf/%7BCDA250E8–8866–4236–9A0C–C646DE153446%7D/Exec_Summary__stand_alone.pdf. (Site em inglês. Acesso em Junho de 2007)

JONGENEEL, Jan. "The Missiology of Gisbertus Voetius: The First Comprehensive Protestant Theology of Missions", em *Calvin Theological Journal* 26, nº 1 (Abril de 1991): 47–79.

JULIEN, Thomas. "Apostolic Church-Planting Team (ACT) Strategy (2.0)", manuscrito. Grace Brethren International Missions, 2000.

KANE, J. Herbert. *Christian Missions in Biblical Perspective.* (Grand Rapids: Baker Books, 1976.)

KATZENBACH, Jon R. e SMITH, Douglas K. *The Wisdom of Teams: Creating the High Performance Organization.* (Nova Iorque: HarperCollins, 1993.)

KEE, Paul. "Retention among the 'Nso of Cameroon' ", tese de mestrado, Harding Graduate School of Religion, 1991.

KELLY, Dean M. *Why Conservative Churches Are Growing: A Study in Sociology of Religion.* (Nova Iorque: Harper and Row, 1977.)

KELLY, J. N. D. *The Pastoral Epistles.* (London: Adam and Charles Black, 1963.)

KENDALL, Glenn. "Missionaries Should Not Plant Churches", em *Evangelical Missions Quarterly* 24, nº 3 (Julho de 1988): 218–21.

_____. "Tiny Rwanda Shines as Example of Cluster Church Planting", em *Evangelical Missions Quarterly* 26, nº 2 (Abril de 1990): 136–43.

KEYES, Larry. "A Global Harvest Force", em *Perspectives on the World Christian Movement: A Reader,* editado por Ralph Winter e Stephen Hawthorne. (Pasadena, CA: William Carey Library, 2003): 744–47.

KIDDLE, Martin. *The Book of Revelation.* (London: Hodder and Stoughton, 1940.)

KING, Roberta. "Variations on a Theme of Appropriate Contextualization: Music Lessons from Africa", em *Appropriate Christianity,* editado por Charles H. Kraft. (Pasadena, CA: William Carey Library, 2005): 309–24.

KING, Steve. "Closing the Back Door", em *Idea,* Setembro-outubro de 2007. www.eauk.org/resources/idea/SepOct2007/closing-the-back-door.cfm. (Site em inglês. Acesso em junho de 2009.)

KIRK, J. Andrew. *What Is Mission? Theological Explorations.* (Minneapolis: Fortress, 2000.)

KLIPPENES, George. *Church Planter Boot Camp.* (Minneapolis: Evangelical Free Church of America Press, 2001.)

_____. *Church Planter's Start Up Bootcamp.* (Minneapolis: Evangelical Free Church of America Press, 2003.)

KÖSTENBERGER, Andreas J. e O'BRIEN, Peter T. *Salvation to the Ends of the Earth: A Biblical Theology of Mission.* (Leicester, UK: Apollos, 2001.)

KRAEMER, Hendrik. *The Christian Message in a Non-Christian World*. (Nova Iorque: Harper and Brothers, 1938.)

KRAFT, Charles H. *Christianity in Culture*. (Maryknoll, NY: Orbis, 1979.)

_____, ed. *Appropriate Christianity*. (Pasadena, CA: William Carey Library, 2005.)

KRAFT, Charles H. e WISLEY, Tom N., eds. *Readings in Dynamic Indigeneity*. (Pasadena, CA: William Carey Library, 1979.)

KRAFT, Marguerite G. *Frontline Women: Negotiating Cross Cultural Issues in Ministry*. (Pasadena: William Carey Library, 2003.)

KRAFT, Marguerite G. e CROSSMAN, M. "Women in Mission", em *Missions Frontiers*, agosto de 1999: 13-17.

KREIDER, Larry e MCCLUNG, Floyd. *Starting a House Church*. (Ventura, CA: Gospel Light, 2007.)

KÜNG, Hans. *The Church*. (Nova Iorque: Sheed and Ward, 1967.)

LADD, George Eldon. *Teologia do Novo Testamento*. (São Paulo: Hagnos, 2003.)

LAI, Patrick. *Tentmaking: Business as Missions*. (Waynesboro, GA: Authentic, 2005.)

LANGTON, Edward. *History of the Moravian Church*. (London: Allen and Unwin, 1956.)

LANIER, Don. *Team Assessment and Development: A Process for Improving Team Effectiveness*. (Colorado Springs: Navigators, 1993.)

LATOURETTE, Kenneth S. *Uma história do cristianismo*, vol. 1. São Paulo: Hagnos, 2006.)

LEDERLEITNER, Mary Mallon. "The Devil Is in the Details: Avoiding Common Pitfalls When Funding New Partnership Endeavors", em *Evangelical Missions Quarterly* 43, nº 2 (Abril de 2007): 160–65.

LENCIONI, Patrick. *The Five Dysfunctions of a Team: A Leadership Fable*. (São Francisco: Jossey-Bass, 2002.)

LIEFELD, Walter L. "Theology of Church Growth", em *Theology and Mission*, editado por David J. Hesselgrave. (Grand Rapids: Baker Books, 1978): 173–87.

_____. *Interpreting the Book of Acts*. (Grand Rapids: Zondervan, 1995.)

LINGENFELTER, Sherwood G. e MAYERS, Marvin K. *Ministering Cross-Culturally*. 2ª ed. (Grand Rapids: Baker Academic, 2003.)

LITTLE, Christopher R. *Mission in the Way of Paul*. (Nova Iorque: Peter Lang, 2005.)

LIVERMORE, David. *Serving with Eyes Wide Open: Doing Short-Term Missions with Cultural Intelligence*. (Grand Rapids: Baker Books, 2006.)

LIVINGSTONE, Gregory. *Planting Churches in Muslim Cities: A Team Approach*. (Grand Rapids: Baker Books, 1993.)

LOGAN, Robert E. *International Church Planting Guide*. (Alta Loma, CA: Strategic Ministries, 1988.)

LOGAN, Robert E. e REINECKE, Gary B. *Coaching 101 Handbook*. (St. Charles, IL: ChurchSmart, 2003a.)

_____. *Developing Coaching Excellence*. (St. Charles, IL: ChurchSmart, 2003b.)

LOGAN, Robert E. e CARLTON, Sherilyn. *Coaching 101*. (St. Charles, IL: ChurchSmart, 2003.)

LOGAN, Robert E. e OGNE, Steve L. *The Church Planter's Toolkit*. (Pasadena. CA: Charles E. Fuller Institute of Evangelism and Church Growth, 1991a.)

_____. *New Church Incubator*. (Fullerton, CA: Church Resource Ministries, 1991b.)

_____. *Churches Planting Churches*. (St. Charles, IL: ChurchSmart Resources, 1995.)

LONGENECKER, Richard N. *Paul: Apostle of Liberty*. (Grand Rapids: Baker Books, 1964.)

_____. *The Ministry and Message of Paul*. (Grand Rapids: Zondervan, 1971.)

_____. "Acts", em *The Expositors Bible Commentary*, vol. 9, editado por Frank E. Gabelein. (Grand Rapids: Zondervan, 1981.)

_____. "Paul's Vision of the Church and Community Formation in His Major Missionary Letters", em *Community Formation in the Early Church and in the Church Today*, editado por Richard N. Longenecker. (Peabody, MA: Hendrickson, 2002): 73–88.

LOP 1 [Lausanne Occasional Paper]. "The Pasadena Consultation: Homogeneous Unit Principle." (Wheaton: Lausanne Committee for World Evangelization, 1978.)

LOP 21. "Evangelism and Social Responsibility: An Evangelical Commitment." (Wheaton: Lausanne Committee for World Evangelization, 1982.)

LOP 22. "The Thailand Report on the Urban Poor: Report of the Consultation of World Evangelization Mini-consultation on Reaching the Urban Poor." (Wheaton: Lausanne Committee for World Evangelization, 1980.)

LOP 33. "Holistic Ministry." (Wheaton: Lausanne Committee for World Evangelization, 2005.)

LOP 43. "The Realities of the Changing Expressions of the Church." (Wheaton: Lausanne Committee for World Evangelization, 2005.)

LOP 54. "Making Disciples of Oral Learners." (Wheaton: Lausanne Committee for World Evangelization, 2005.)

LOP 59. "Business as Mission." (Wheaton: Lausanne Committee for World Evangelization, 2005.)

LOSS, Myron. *Choque cultural: lidando com o estresse em um ambiente transcultural*. (Camanducaia, MG: Missão Horizontes, 2005.)

LOVE, Rick. "Four Stages of Team Development", em *Evangelical Missions Quarterly* 32, nº 3 (Julho de 1996): 312–16.

_____. "How Do We Deal with the Baggage of the Past? Blessing the Nations in the 21st Century, a 3D Approach to Apostolic Ministry", em *International Journal of Frontier Missiology* 25, nº 1 (Primavera de 2008): 31–37.

LUKASSE, Johan. "It Takes Team Effort to Root Churches in Hard Soil", em *Evangelical Missions Quarterly* 22, nº 1 (Janeiro de 1986): 34–42.

_____. "Update on the Use of Teams in the BEM [Belgian Evangelical Mission]", em e-mail para Jim Reapsome, novembro de 2006.

LYONS, Carol. "The Story of God and Man: Narrations from God's Word for Building a Solid Foundation of Faith", manuscrito. (Dar es Salaam, Tanzania: 2009.)

MACCHIA, Stephen A. *Becoming a Healthy Church: Traits of Vital Ministry*. (Grand Rapids: Baker Books, 1999.)

_____. *Becoming a Healthy Team: Five Traits of Vital Leadership*. (Grand Rapids: Baker Books, 2005.)

MACDONALD, Jeffrey. 2006. "Rise of Sunshine Samaritans: On a Mission or Holiday?", em *Christian Science Monitor*, maio 25, www.csmonitor.com/2006/0525/p01s01-ussc.html. (Site em inglês. Acesso em 13/092012.)

MACKIN, Sandra L. "Multinational Teams: Smooth as Silk or Rough as Rawhide?", em *Evangelical Missions Quarterly* 28, nº 2 (Abril de 1992): 134–40.

MALPHURS, Aubrey. *Planting Growing Churches for the 21st Century*. (Grand Rapids: Baker Books, 1992.)

_____. *Advanced Strategic Planning: A New Model for Church and Ministry Leaders*. 2ª ed. (Grand Rapids: Baker Books, 2005.)

MANGHAM Jr., William F. "A Study of the History and Strategy of the Movement 'Lima to an Encounter with God,' 1973–1986." Tese de mestrado, Columbia Biblical Seminary, 1987.

MANNOIA, Kevin W. *Church Planting: The Next Generation*. (Indianapolis: Light and Life, 1994.)

MARANZ, David E. *African Friends and Money Matters: Observations from Africa*. (Dallas: SIL International, 2001.)

MATEER, Samuel. "The Missionary's Ministry Prayer", em *Evangelical Missions Quarterly* 24, nº 2 (Abril de 1988): 144–48.

MAURICE, Sameh. "From Now to Eternity." Transcrição do autor de entrevista em DVD. Novembro de 2005. Middle East Christian Outreach (MECO).

MAXWELL, John C. *Developing the Leaders around You*. (Nashville: Thomas Nelson, 1995.)

MCCAULEY, Horace. "The Church and Development", em *A.M.E. Zion Quarterly Review* 119, nº 4 (Outubro de 2007): 16–19.

MCCONNELL, Scott. *Multi-Site Churches: Guidance for the Movement's Next Generation*. (Nashville: Broadman and Holman, 2009.)

MCGAVRAN, Donald A. *The Bridges of God*. (Nova Iorque: Friendship, 1955.)

_____. *Compreendendo o crescimento da igreja*. (São Paulo: Sepal, 2001.)

MCILWAIN, Trevor. *Building on Firm Foundations*, vol. 1. (Sanford, FL: New Tribes Mission, 1987.)

MCMILLAN, David W. e CHAVIS, David M. "Sense of Community: A Definition and Theory", em *American Journal of Community Psychology* 14, nº 1 (Janeiro de 1986): 6–23.

MCNAMARA, Roger N. e DAVIS, Ken. *The Y-B-H Handbook of Church Planting (Yes, But How?)*. (Longwood, FL: Xulon, 2005.)

MCQUILKIN, Robertson. "Stop Sending Money! Breaking the Cycle of Mission Dependency", em *Christianity Today* 43, nº 3 (Março de 1999): 57–59.

_____. *The Great Omission*. (Waynesboro, GA: Authentic Media, 2002.)

MEEKS, Wayne. *As origens da moralidade cristã: os dois primeiros séculos*. (São Paulo: Paulus, 1997.)

METZGER, Bruce M. *A Textual Commentary on the Greek New Testament*. (London: United Bible Societies, 1971.)

MILLER, Darrow L. e ALLEN, Scott. *Against All Hope: Hope for Africa.* (Nairobi: Samaritan Strategy Africa Working Group of the Disciple Nations Alliance, 2005.)

MINATREA, Milfred. *Shaped by the Heart of God: The Passion and Practices of Missional Churches.* (São Francisco: Jossey-Bass, 2004.)

MOFFAT, James. *The Book of Revelation.* (Grand Rapids: Eerdmans, 1961.)

MONTGOMERY, Jim. *DAWN 2000: 7 Million Churches to Go.* (Pasadena, CA: William Carey Library, 1989.)

MOREAU, A. Scott. "Contextualization That Is Comprehensive", em *Missiology* 34, nº 3 (Julho de 2006): 325–35.

MORIN, R. "La culture québécoise", em *L'Action Nationale* 5 (Maio de 1994): 579–82.

MURIU, Oscar. "The African Planter: An Interview with Oscar Muriu", em *Leadershipjournal.net*, (Primavera de 2007), www.christianitytoday.com/le/2007/002/3.96.html. (Site em inglês. Acesso em 13/09/2012.)

MURRAY, Stewart. *Church Planting: Laying Foundations.* (Carlisle, Cumbria, UK: Paternoster, 1998.)

NEELEY, Paul. "Noted Ministry", em *Evangelical Missions Quarterly* 35, nº 2 (Abril de 1999): 156–61.

NEIGHBOUR, Ralph W. *Where Do We Go from Here? A Guidebook for the Cell Group Church.* (Houston: Touch, 1990.)

NEUMANN, Mikel. *Home Groups for Urban Cultures: Biblical Small Group Ministry on Five Continents.* (Pasadena, CA: William Carey Library, 1999.)

NEVIUS, John. *Planting and Development of Missionary Churches.* (Nutley, NJ: Presbyterian and Reformed, 1958 [1885].)

NEWBIGIN, Lesslie. *The Household of God.* (Nova Iorque: Friendship, 1954.)

_____. *The Gospel in a Pluralistic World.* (Grand Rapids: Eerdmans, 1989.)

NIDA, Eugene Albert. *Message and Mission: The Communication of the Christian Faith.* (Pasadena, CA: William Carey Library. 1960.)

_____. *Understanding Latin Americans: With Special Reference to Religious Values and Movements.* (Pasadena, CA: William Carey Library, 1974.)

NILES, Nathan (pseud.). "Professional Tentmakers Open Doors for Ministry", em *Evangelical Missions Quarterly* 36, nº 3 (Julho de 2000): 300–306.

NIRINGIYE, D. Zac. "To Proclaim the Good News of the Kingdom", em *Mission in the 21st Century: Exploring the Five Marks of Global Mission*, editado por Andrew Walls e Cathy Ross, 11–24. (IMaryknoll, NY: Orbis, 2008.)

NORMAN, J. G. "Moravian Brethren (Unitas Fratrum)", em *The New International Dictionary of the Christian Church*, editado por J. D. Douglas. (Grand Rapids: Zondervan, 1978): 676.

NORMAN, Nathan. "The Value of Teams in the Workplace", em *University Record*, October 8, www.ur.umich.edu/9697/Oct08_96/artcl15c.htm (Site em inglês. Acesso em 14/09/2012).

OBERG, Kalvero. "Cultural Shock: Adjustments to New Cultural Environments", em *Practical Anthropology* 7, nº 4 (Julho-agosto de 1960): 177–82.

O'BRIEN, Peter T. *Gospel and Mission in the Writings of Paul.* (Grand Rapids: Baker Books, 1995.)

OBORJI, Francis Anekwe. *Concepts of Mission*. (Maryknoll, NY: Orbis, 2006.)

O'CONNOR, Patrick. *Reproducible Pastoral Training: Church Planting Guidelines from the Teachings of George Patterson*. (Pasadena, CA: William Carey Library, 2006.)

O'DONNELL, Kelly. "The CACTUS Kit for Building Resilient Teams", em *Evangelical Missions Quarterly* 35, nº 1 (Janeiro de 1999): 72–78.

OGNE, Steven L. e Nebel, Thomas P. *Empowering Leaders through Coaching*. (St. Charles, IL: ChurchSmart, 1995.)

OLLROG, Wolf-Henning. *Paulus und seine Mitarbeiter*. (Neukirchen-Vluyn, Germany: Neukirchener Verlag, 1979.)

OLSON, Daniel V. A. "Do New Nazarene Churches 'Do Better' When Started Near Existing Nazarene Churches?", relatório da Church of the Nazarene. www.nazarene.org/files/docs/NewstartProximity.pdf (Site em inglês. Acesso em 14/09/2012).

OPEN [Overseas Professional Employee Network]. "Huddles", em www.opennetworkers.net/huddles. (Acesso em junho de 2009.)

ORR, E. *Evangelical Awakenings in India*. (New Dehli: Christian Literature Institute, 1970.)

ORTIZ, Manuel. *One New People*. (Downers Grove, IL: InterVarsity, 1996.)

OSBORNE, Larry. *Sticky Church*. (Grand Rapids: Zondervan, 2008.)

OTT, Craig. "Let the Buyer Beware: Financially Supporting National Pastors and Missionaries May Not Always Be the Bargain It's Cracked Up to Be", em *Evangelical Missions Quarterly* 29, nº 3 (Julho de 1993): 286–91.

_____. "Evangelikale Christen in München", manuscrito. Relatório da Evangelische Allianz and Kreis zur Einheit, Munich, 1994.

_____. "Matching the Church Planter's Role with the Church Planting Model", em *Evangelical Missions Quarterly* 37, nº 3 (Julho de 2001): 338–44.

OTT, Craig e STRAUSS, Stephen J. *Encountering Theology of Mission*. (Grand Rapids: Baker Academic, 2010.)

PADILLA, C. René. "The Unity of the Church and the Homogeneous Unit Principle", em *International Bulletin of Missionary Research* 4, nº 1 (Janeiro de 1982): 23–30.

PANTOJA Jr., Luis; TIRA, Sadiri Joy e WAN, Enoch, eds. *Scattered: The Filipino Global Presence*. (Manila: LifeChange, 2004.)

PAO, David W. *Acts and the Isaianic New Exodus*. (Grand Rapids: Baker Academic, 2002.)

PAREDES, Tito. "Short-Term Missions: What Can Be Rescued, What Can Be Criticized, and the Challenge of Contextualization", em *Journal of Latin American Theology* 2, nº 2 (2007): 249–59.

PARSHALL, Phil. "Contextualized Baptism for Muslim Converts", em *Missiology* 7, nº 4 (Outubro de 1979): 501–15.

_____. "Lessons Learned in Contextualization", em *Muslims and Christians on the Emmaus Road*, editado por J. Dudley Woodberry. (Monrovia, CA: MARC, 1989): 251–65.

PATRICK (pseud.). "Tentmaking Unveiled: 'The survey says'", em *Evangelical Missions Quarterly* 43, nº 2 (Abril de 2007): 168–75.

PATTERSON, George. "The Spontaneous Multiplication of Churches", em *Perspectives on the World Christian Movement: A Reader*, editado por Ralph D. Winter e Steven C. Hawthorne. (Pasadena, CA: William Carey Library, 1981): 601–18.

PATTERSON, George e SCOGGINS, Richard. *Church Multiplication Guide*. (Pasadena, CA: William Carey Library, 1993.)

PAYNE, J. D. "Problems Hindering North American Church Planting Movements", em *Evangelical Missions Quarterly* 39, nº 2 (2003): 220–27.

_____. *Missional House Churches*. (Colorado Springs: Paternoster, 2007.)

PC(USA). "PC(USA) Congregations and Membership: 1995–2005", em www.pcusa. org/research/compstats/cs2005/2005_table1.pdf. (2005) (Site em inglês. Acesso em 14/09/2012.)

PETERS, George W. *Saturation Evangelism*. (Grand Rapids: Zondervan, 1970.)

_____. *A Theology of Church Growth*. (Grand Rapids: Zondervan, 1981.)

PFISTER, Jürg. "Gemeindegründungsbewegung in Macenta, Guinea", trabalho de conclusão apresentado para o curso Missionarische Gemeindegründung, Columbia International University, Korntal Branch Campus, 1998.

PIERSON, Paul E. "The Gramin Pachin Mandal among Dalits in India", capítulo 3 de *Transformation from the Periphery: Emerging Streams of Church and Mission*. 2004 Forum for World Evangelization, Thailand, Setembro de 2004.

PINNEY, Jay. "Essential Tools for Strengthening the Life and Ministry of Church Planters: A Training Manual", tese de mestrado, Fuller Theological Seminary, 2006.

PIPER, John. *Let the Nations Be Glad: The Supremacy of God in Missions*. (Grand Rapids: Baker Academic, 1993.)

POBEE, John S. "The *Skenosis* of Christian Worship in Africa", em *Studia Liturgica* 14, nº 1 (1981): 37–52.

POULTER, Todd. "Partnerships in Ministry: Moving from Misguided Metaphors to Sustainable Strategies", em *Evangelical Missions Quarterly* 42, nº 4 (Outubro de 2006): 452–56.

POWER, Grant e POWER, Nancy. 1998. "Promoting Urban Economic Transformation at the Grassroots", em *Serving with the Urban Poor: Cases in Holistic Ministry*, editado por Tetsunao Yamamori, Bryant L. Myers e Kenneth L. Luscombe. (Monrovia, CA: MARC, 1998): 149–66.

PRIEST, Robert J. " 'I discovered my sin!' Aguaruna Evangelical Conversion Narratives", em *The Anthropology of Religious Conversion*, editado por Andrew Buckser e Stephen Glazier, 95–108. (Lanham, MD: Rowman and Littlefield, 2003): 95–108.

_____. "Peruvian Churches Acquire 'Linking Social Capital' through STM Partnerships", em *Journal of Latin American Theology* 2, nº 2 (2007): 175–89.

_____. *Effective Engagement in Short-Term Missions: Doing It Right*. (Pasadena, CA: William Carey Library, 2008.)

PRIEST, Robert J. e PRIEST, Joseph P. " 'They see everything, and understand nothing': Short-Term Mission and Service Learning", em *Missiology* 36, nº 1 (Janeiro de 2008): 53–73.

PRILL, Thorsten. "Expatriate Churches: Mission and Challenges", em *Evangelical Mission Quarterly* 45, nº 4 (Outubro de 2009): 450–54.

QUICKE, Michael. Prefácio para Stuart Murray, *Church Planting: Laying Foundations.* (Carlisle, Cumbria, UK: Paternoster, 1998.)

RAINER, Thom S. 1999. *High Expectations: The Remarkable Secret of Keeping People in Your Church.* Nashville: Broadman and Holman.

RAMSAY, William Mitchell, Sir. *The Letters to the Seven Churches of Asia and Their Place in the Plan of the Apocalypse.* (Grand Rapids: Baker Books, 1963 [1904].)

_____. *St. Paul the Traveler and the Roman Citizen.* (Grand Rapids: Baker Books, 1982 [1895].)

RAMSTAD, Mans. "Making Tents or Building Churches?", em *Evangelical Missions Quarterly* 32, nº 4 (Outubro de 1996): 416–21.

REAPSOME, Jim. "What Went Wrong in Rwanda?", em *Evangelical Missions Quarterly* 31, nº 1 (Janeiro de 1995): 2.

REDEEMER CHURCH PLANTING CENTER. *Redeemer Church Planting Center Partner Program.* Folheto. www.redeemer2.com/rcpc/rcpc/Church_Planting_Brochure.pdf (Site em inglês. Acesso em março de 2009).

REINHARDT, Wolfgang. *Das Wachstum des Gottesvolkes: Biblische Theologie des Gemeindewachstums.* (Göttingen, Germany: Vandenhoeck und Ruprecht, 1995.)

RHODES, H. e CAMPBELL, A. *History of the Korean Mission.* (Nova Iorque: United Presbyterian Church in the USA, 1964.)

RICKETT, Daniel. *Building Strategic Partnerships: A Practical Guide to Partnering with Nonwestern Missions.* (Pleasant Hill, CA: Klein Graphics, 2000.)

RIDLEY, Charles R. *How to Select Church Planters.* (Pasadena: Fuller Evangelistic Association, 1988.)

RIDLEY, Charles R. e LOGAN, Robert E. *Training for Selection Interviewing.* (St. Charles, IL: ChurchSmart, 1998.)

_____. *Church Planter's Assessment Guide.* (St. Charles, IL: ChurchSmart, 2002.)

RIDLEY, Charles R. e MOORE, Tweed. *Evaluating and Reporting.* (St. Charles, IL: ChurchSmart, 2000.)

RIESNER, Rainer. *Paul's Early Period: Chronology, Mission Strategy, Theology.* (Grand Rapids: Eerdmans, 1998.)

ROBB, John D. "Prayer as a Strategic Weapon in Frontier Missions", trabalho apresentado na International Society for Frontier Missiology, setembro de 1990: 13–15.

ROBERTS, Bob. *The Multiplying Church: The New Math for Starting New Churches.* (Grand Rapids: Zondervan, 2008.)

ROBERTS, Dayton. *Strachan of Costa Rica: Missionary Insights and Strategies.* (Grand Rapids: Eerdmans, 1971.)

ROBINSON, Martin. "Church Planting and the Kingdom of God", em *Planting Tomorrow's Churches Today*, editado por Martin Robinson e Stuart Christine. (Speldhurst, Kent, UK: Monarch, 1992): 15–58.

ROBINSON, Martin e CHRISTINE, Stuart. *Planting Tomorrow's Churches Today.* (Speldhurst, Kent: Monarch, 1992.)

ROEMBKE, Leanne. *Building Credible Multicultural Teams.* (Pasadena, CA: William Carey Library, 2000.)

ROWELL, John. *To Give or Not to Give? Rethinking Dependency, Restoring Generosity, and Redefining Sustainability.* (Atlanta: Authentic, 2007.)

ROWLAND, Trent e ROWLAND, Vivian. *Pioneer Church Planting: A Rookie Team Leader's Handbook*. (Littleton, CO: Caleb Project, 2001.)

RUNDLE, Steven L. "Ministry, Profits, and the Schizophrenic Tentmaker", em *Evangelical Missions Quarterly* 36, nº 3 (Julho de 2000): 292–300.

RUNDLE, Steven L. e STEFFEN, Tom A. *Great Commission Companies: The Emerging Role of Business in Missions*. (Downers Grove, IL: InterVarsity, 2003.)

SAINT, Steve. *The Great Omission*. (Seattle: YWAM, 2001.)

SANDERS, J. Oswald. *Liderança Espiritual*. (São Paulo: Mundo Cristão, 1997.)

SANKEY, Paul J. "The Church as Clan: Reflections on African Ecclesiology", em *International Review of Mission* 83, nº 330 (Julho de 1994): 437–49.

SANNEH, Lamin. *Translating the Message: The Missionary Impact on Culture*. (Maryknoll, NY: Orbis, 1989.)

_____. "The Gospel, Language, and Culture: The Theological Method in Cultural Analysis", em *International Review of Mission* 84, nº 332 (Janeiro-Abril de 1995): 47–64.

_____. *Disciples of All Nations: Pillars of World Christianity*. (Nova Iorque: Oxford University, 2008.)

SARASON, Seymore B. *The Psychological Sense of Community: Prospects for a Community*. (São Francisco: Jossey-Bass, 1974.)

SAWATSKY, Benjamin. "World Glass City Frontier Project: A Team Training Manual." (Minneapolis: Evangelical Free Church of America, 1987.)

_____. "What It Takes to Be a Church Planter", em *Evangelical Missions Quarterly* 27, nº 4 (Outubro de 1991): 342–47.

_____. "The Profile of a Cross-Cultural Church Planter", notas de ensino, EFCA Annual Cross-Cultural Church Planting School, Minneapolis, 1997.

SCHINDLER, Dietrich. "Good to Great Church Planting: The Road Less Traveled", em *Evangelical Missions Quarterly* 44, nº 3 (Julho de 2008): 330–37.

SCHNABEL, Eckhard J. *The Early Christian Mission*. (Downers Grove, IL: InterVarsity, 2004.)

_____. *Paul the Missionary: Realities, Strategies, and Methods*. (Downers Grove, IL: InterVarsity, 2008.)

SCHOMERUS, H. W. "Bildung von Kirche als Aufgabe der Mission", em *Neue allgemeine Missionszeitschrift* 12, nº 9 (1935): 289–312.

SCHWARZ, Christian A. *O Desenvolvimento Natural da Igreja*. 3ª ed. (Curitiba: Esperança, 2010.)

SCOTT, J. M. *Paul and the Nations: The Old Testament and Jewish Background of Paul's Mission to the Nations, with Special Reference to the Destination of Galatians*. (Tübingen: J. C. B. Mohr / Paul Siebeck, 1995.)

SEALE, J. Paul. "Primary Health Care and Church Planting", em *Evangelical Missions Quarterly* 24, nº 4 (Outubro de 1989): 350–61.

SHAWCHUCK, Norman. *How to Manage Conflict in the Church: Understanding and Managing Conflict*. (Orland Park, IL: Spiritual Growth Resources, 1983.)

SHENK, David W. e STUTZMAN, Erwin R. *Creating Communities of the Kingdom*. (Scottsdale, PA: Herald, 1988.)

SHORTER, Aylward. *Toward a Theology of Inculturation*. (Maryknoll, NY: Orbis, 1988.)

SILLS, M. David. *The Missionary Call*. (Chicago: Moody, 2008.)

SIMSON, Wolfgang. *Gottes Megatrends*. (Emmilsbühl, Germany: C&P, 1995.)

_____. *Casas que transformam o mundo*. 2ª ed. (Curitiba: Esperança, 2008.)

SINCLAIR, Daniel. *A Vision of the Possible: Pioneer Church Planting in Teams*. (Waynesboro, GA: Authentic Books, 2006.)

SINGH, Godwin R., ed. *A Call to Discipleship: Baptism and Conversion*. (Delhi: SPCK, 1985.)

SLACK, James B.; TERRY, James O. e LOVEJOY, Grant. *Tell the Story: A Primer on Chronological Bible Storying*. (Rockville, VA: International Center for Excellence in Leadership, 2003.)

SMITH, Glenn. "Urban Mission in the French North Atlantic", em *Urban Mission* 12, nº 4 (Junho de 1995): 5–21.

_____. "The Protestant Church in the Quebec Regions: Since 1960", manuscrito. (Montreal, Quebec: Christian Direction, 1997.)

_____. "Models for Raising Up Church Planters", em *Leadership Network*, http://leadnet.org//resources/download/models_for_raising_up_church_planters_how_churches_become_more_effecti. (2007) (Site em inglês. Acesso em 17/09/2012.)

SNYDER, Bill. "Better Decisions through Teamwork", em *Stanford Graduate School of Business News*, April, www.gsb.stanford.edu/news/research/ob_teamdecisionmaking.shtml (Abril de 2004) (Site em inglês. Acesso em 17/09/2012.)

SNYDER, Howard A. "The Church as God's Agent in Evangelism", em *Let the Earth Hear His Voice*, editado por J. D. Douglas. (Minneapolis: World Wide Publications, 1975): 327–60.

SPEER, Robert E. *Missionary Principles and Practice*. (Nova Iorque: Revell, 1902.)

SPRADLEY, James P. *Participant Observation*. (Orlando, FL: Harcourt Brace Jovanovich College, 1980.)

STANLEY, Brian. "Planting Self-Governing Churches: British Baptist Ecclesiology in the Missionary Context", em *Baptist Quarterly* 34 (Outubro de 1992): 378–89.

STANLEY, Rajamani; HEDLUND, Roger e MASIH, J. P. "The Curse of Money on Missions to India", em *Evangelical Missions Quarterly* 22, nº 3 (Julho de 1986): 294–302.

STAUFFER, S. Anita. "Worship and Culture: An International Lutheran Study", em *International Review of Mission* 85, nº 337 (Abril de 1996): 183.

STEDMAN, Ray. *Igreja: Corpo vivo de Cristo*. 7ª ed. (São Paulo: Mundo Cristão, 1996.)

STEFFEN, Tom A. *Reconnecting God's Story to Ministry: Cross-Cultural Storytelling at Home and Abroad*. (La Habra, CA: Center for Organizational and Ministry Development, 1996.)

_____. *Passing the Baton: Church Planting That Empowers*. (La Habra, CA: Center for Organizational and Ministry Development, 1997.)

_____. "Exit Strategy: Another Look at Phase-Out", em *Evangelical Missions Quarterly* 37, nº 2 (Abril de 2001): 180–92.

STEFFEN, Tom A. e BARNETT, Mike, eds. *Business as Mission: From Impoverished to Empowered*. (Pasadena, CA: William Carey Library, 2006.)

STEFFEN, Tom A. e TERRY, James O. "The Sweeping Story of Scripture Taught through Time", em *Missiology* 35, nº 3 (Julho de 2007): 315–35.

STETZER, Ed. "Closing the Back Door", em *On Mission*, http://www.onmission.com/onmissionpb.aspx?pageid=8589963591&terms=closing%20the%20back%20doo. Novembro-dezembro de 2001. (Site em inglês. Acesso em 17/09/2012.)

_____. "The Impact of the Church Planting Process and Other Selected Factors on the Attendance of Southern Baptist Church Plants", dissertação de doutorado, Southern Baptist Theological Seminary, 2003a.

_____. "Multicultural Teams in Church Planting", em *Evangelical Missions Quarterly* 39, nº 4 (Outubro de 2003b): 498–505.

_____. *Planting Missional Churches.* (Nashville: Broadman and Holman, 2006.)

_____. "Church Squared: Churches across the Country Are Finding New Ways to Obey Acts 1:8—To Multiply to the Ends of the Earth; Is There an Equation That Works for Your Church?" em *Outreach Magazine*, July-August, http://server.mbcworld.org/files/church%20planting/church%20squared%20by%20ed%20stetzer.pdf. Julho-agosto de 2007. (Site em inglês. Acesso em 17/09/2012.)

STETZER, Ed e CONNOR, Phillip. "Church Plant and Survivability Study", em Center for Missional Research, North American Mission Board, 2007.

STEYNE, Philip M. *In Step with the God of Nations.* (Houston: Touch, 1992.)

STRACHAN, Kenneth. *The Inescapable Calling.* (Grand Rapids: Eerdmans, 1968.)

STRAUSS, Steve. "Creeds, Confessions, and Global Theologizing: A Case Study in Comparative Christologies", em *Globalizing Theology*, editado por Craig Ott e Harold A. Netland. (Grand Rapids: Baker Academic, 2006): 140–56.

STRICKER, Barry e RIPKEN, Nik. "Muslim Background Believers and Baptism in Cultures of Persecution and Violence", em *Missions in Contexts of Violence*, editado por Keith Eugene Eitel. (Pasadena, CA: William Carey Library, 2007): 155–73.

SULLIVAN, Bill M. *Starting Strong New Churches.* (Kansas City, MO: NewStart, 1997.)

SURRATT, Geoff; LIGON, Greg e BIRD, Warren. *The Multi-site Church Revolution.* (Grand Rapids: Zondervan, 2006.)

SWANSON, Allen J. *Mending the Nets: Taiwan Church Growth and Losses in the 1980s.* (Pasadena, CA: William Carey Library, 1986.)

SWANSON, Bruce E. "Compassion Pre-evangelism: The Master Key to the Town", em *Evangelical Missions Quarterly* 29, nº 1 (Janeiro de 1993): 6–9.

SYLVIA, Ron. *Starting New Churches on Purpose.* (Lake Forest, CA: Purpose Driven, 2006.)

TANNER, John. "A Story of Phenomenal Success: Indigenous Mission Training Centers and Myanmar", em *Evangelical Missions Quarterly* 45, nº 2 (Abril de 2009): 152–57.

TAYLOR, Mrs. Howard. *Behind the Ranges: Fraser of Lisuland Southwest China.* (London: Overseas Missionary Fellowship and Lutterworth Press, 1959.)

TAYLOR, William D., ed. *Internationalizing Missionary Training: A Global Perspective.* (Grand Rapids: Baker Books, 1991.)

_____, ed. *Too Valuable to Lose: Exploring the Causes and Cures of Missionary Attrition.* (Pasadena, CA: William Carey Library, 1997.)

TAYLOR, William D. e HOKE, Steve. "General Profile of a Cross-Cultural Church Planter", relatório da World Evangelical Alliance Missions Commission, Austin, TX. (2003 [1998])

TEETER, David. "Dynamic Equivalent Conversion for Tentative Muslim Believers", em *Missiology* 18, nº 3 (Julho de 1990): 305–13.

TEMBO, Fletcher. *Participation, Negotiation, and Poverty: Encountering the Power of Images; Designing Pro-poor Development Programmes*. (Burlington, VT: Ashgate, 2003.)

TENNENT, Timothy C. *Theology in the Context of World Christianity*. (Grand Rapids: Zondervan, 2007.)

TERRY, John Mark. "Indigenous Churches", em *Evangelical Dictionary of World Missions*, editado por A. Scott Moreau. (Grand Rapids: Baker Books, 2000): 483–85.

THOMPSON, J. Allen. "Church Planter Competencies as Perceived by Church Planters and Assessment Center Leaders: A Protestant North American Study", dissertação de doutorado, Trinity Evangelical Divinity School, 1995.

_____. "Church Leader Inventory: A PCA Qualitative and Quantitative Study." (Lawrenceville, GA: Presbyterian Church of America, 2007.)

THORNTON, W. Philip. "The Cultural Key to Developing Strong Leaders", em *Evangelical Missions Quarterly* 20, nº 3 (Julho de 1984): 234–41.

TIPPETT, Alan. *Solomon Islands Christianity: A Study in Growth and Obstruction*. (London: Lutterworth, 1967.)

_____. *People Movements in Southern Polynesia: Studies in the Dynamics of Church-Planting and Growth in Tahiti, New Zealand, Tonga, and Samoa*. (Chicago: Moody, 1971.)

_____. "The Cultural Anthropology of Conversion", em *Handbook of Religious Conversion*, editado por Newton Maloney e Samuel Southard, 192–258. (Birmingham, AL: Religious Education, 1992): 192–258.

TONE, Ralph. "No Lone Rangers Need Apply: The Call to Multiply Churches Takes a Team Effort", em *Latin America Evangelist*, Julho–Outubro de 2000, 10–11.

TOWNS, Elmer; STETZER, Ed e BIRD, Warren. *11 Innovations in the Local Church*. (Ventura, CA: Regal, 2007.)

TRAVIS, William. "His Word to His World: First Baptist Church Flushing", em *Planting and Growing Urban Churches*, editado por Harvie M. Conn. (Grand Rapids: Baker Academic, 1997): 231–34.

TUCKER, Eric. "Competencies of Effective Hispanic Church Planters in Miami, Florida, as Perceived by Reformed Hispanic Church Planters and Pastors", dissertação de douturado, Trinity Evangelical Divinity School, 2006.

TUCKER, Ruth A. *From Jerusalem to Irian Jaya: A Biographical History of Modern Missions*. (Grand Rapids: Zondervan Academic, 1983.)

TUCKMAN, Bruce W. "Developmental Sequence in Small Groups", em *Psychological Bulletin* 63, nº 6 (Junho de 1965): 384–99.

TUCKMAN, Bruce W. e JENSEN, Mary Ann. "Stages of Small Group Development", em *Group and Organizational Studies* 2 nº 4 (Dezembro de 1977): 419–27.

TURNIDGE, John E. "Developing a Reference Guide for Encounter with God Churches", projeto de doutorado, Trinity Evangelical Divinity School, 1999.

UNTENER, Ken. 2005. "The Mystery of the Romero Prayer", em www.larynandja-nel.com/blog/prophets-of-a-future-not-our-own-oscar-romero. (2005) (Site em inglês. Acesso em 20/05/2009.)

VAJKO, Robert J. "Principles for the Design and Implementation of a Working Stra-tegy for the Multiplication of the TEAM-Related Churches in France by the Daughter Church Method", projeto de doutorado, Trinity Evangelical Divinity School, 1996.

_____. "Why Do Some Churches Reproduce?", em *Evangelical Missions Quar-terly* 41, nº 3 (Julho de 2005): 294–99.

VAN GELDER, Craig. *The Essence of the Church.* (Grand Rapids: Baker Books, 2000.)

VENUGOPAL, Junias V. "Individual Mender Adaptation for Effective Team Work: A Research of Operational and Disbanded Evangelical Missionary Teams", dis-sertação de doutorado, Trinity Evangelical Divinity School, 1997.

VER BEEK, Kurt Alan. "The Impact of Short-Term Missions: A Case Study of House Construction in Honduras after Hurricane Mitch", em *Missiology* 34, nº 4 (Ou-tubro de 2006): 477–95.

VICEDOM, Georg. *The Mission of God: An Introduction to a Theology of Mission.* (St. Louis: Concordia, 1965.)

VINEYARD DACH. "Training and Coaching", em www.vineyard-dach.net/church-planting. (2009) (Site em alemão. Acesso em 17/09/2012).

WAGNER, C. Peter. *Church Growth and the Whole Gospel.* (São Francisco: Harper and Row, 1981.)

_____. *Church Planting for a Greater Harvest.* (Ventura, CA: Regal, 1990.)

WALDRON, Scott. 1971. "Teams and Teamwork", em *Evangelical Missions Quarterly* 7, nº 2 (Abril de 1971): 111–21.

WALLACE, Ian. "Bringing Good News to the Poor: Does Church-Based Transfor-mational Development Really Work?", em *Transformation* 19, nº 2 (Abril de 2002): 133–37.

WALLS, Andrew F. "The Gospel as the Prisoner and Liberator of Culture", em *Mis-sionalia* 10, nº 3 (Novembro de 1982): 93–105.

_____. "Culture and Coherence in Christian History", em *Evangelical Review of Theology* 9, nº 3 (Julho de 1985): 214–55.

WANG, John. "Congregations in Transition: Contextualization in Urban Immigrant Communities", trabalho de conclusão de doutorado, Trinity Evangelical Divi-nity School, 2007.

WARD, Ted, and Samuel F. ROWAN. "The Significance of the Extension Seminary", em *Evangelical Missions Quarterly* 9, nº 3 (Outono de 1972): 17–27.

WARD, W. Reginald. *The Protestant Evangelical Awakening.* (Cambridge: Cambridge University Press, 1992.)

WARNER, Stephen R. "The Congregation in Contemporary America", em *American Congregations*, vol. 2, editado por James Wind e James Lewis. (Chicago: Univer-sity of Chicago Press, 1994): 54–99.

WARREN, Rick. *Uma igreja com propósitos.* (São Paulo: Vida, 2001.)

WASSON, Alfred. *Church Growth in Korea.* (Nova Iorque: International Missionary Council, 1934.)

WEDDERBURN, A. J. M. *The Reasons for Romans*. (Edinburgh: Clark; Wheaton: Tyndale House, 1988.)

WHITEMAN, Darrell L. *Melanesians and Missionaries*. (Pasadena, CA: William Carey Library, 1983.)

_____. "Contextualization: The Theory, the Gap, the Challenge", em *International Bulletin of Missionary Research* 21, nº 1 (Janeiro de 1997): 2–7.

WHITMORE, John. *Coaching para performance*. (Rio de Janeiro: Qualitymark, 2006.)

WILLIAMS, Andy. "Church Multiplication Centers: Best Practices from Churches That Do High-Yield Church Planting", em *Leadership Network*, http://leadnet. org//resources/download/church_multiplication_centers. (Site em inglês. Acesso em 17/09/2012.)

WILLIAMS, C. Peter. *The Ideal of the Self-Governing Church*. (Leiden, Netherlands: E. J. Brill, 1990.)

WILSON, David Dunn. "Colonies of the Kingdom: A Biblical Image of Church Planting", em *Epworth Review* 23, nº 1 (Janeiro de 1996): 42–48.

WILSON, Eugene. 1998. "Equipping Quebecois Cell Leaders in a Cell Church in Montreal." DMin thesis, Westminster Theological Seminary.

_____. "Plantación de iglesias del punto de vista de un movimiento". Documento eletrônico. Latin America Training Network, San José, Costa Rica, 2001.

WILSON Jr., J. Christy. "Successful Tentmaking Depends on Mission Agencies", em *International Journal of Frontier Missions* 14, nº 3 (Julho-setembro de 1997): 140–43.

WILSON, Linda. "Culture Shock: What's Experience Got to Do with It?", tese de mestrado, McGill University, 1996a.

_____. "Women and Culture Shock", em *Evangelical Missions Quarterly* 32, nº 4 (Outubro de 1996b): 442–49.

_____. "Issues for Women in Church Planting", em *Evangelical Missions Quarterly* 39, nº 3 (Julho de 2003): 362–66.

WILSON-HARTGROVE, Jonathan. *New Monasticism*. (Grand Rapids: Brazos, 2008.)

WINTER, Ralph D.; HAWTHORNE, Steven C.; DORR, Darrell R.; GRAHAM, D. Bruce e KOCH, Bruce A. "Finishing the Task", em *Perspectives on the World Christian Movement: A Reader*, editado por Ralph D. Winter e Steven C. Hawthorne. (Pasadena, CA: William Carey Library, 1999): 531–46.

WOOD, Rick. "A Church Planting Movement: The Key to Reaching Every People and Every Person", em *Mission Frontiers* 20, nºs. 5–6 (Maio-junho de 1995): 8–15.

_____. "Fighting Dependency among the 'Aucas': An Interview with Steve Saint", em *Mission Frontiers* 20, nºs 5–6 (Maio-Junho de 1998): 8–15.

WOODBERRY, J. Dudley. "Contextualization among Muslims: Reusing Common Pillars", em *The Word among Us*, editado por Dean S. Gilliland. (Dallas: Word, 1989): 282–312.

WOOLEVER, Cynthia. "The Other Half of Health: Patterns in Declining Churches", trabalho apresentado no encontro anual da Society for the Scientific Study of Religion, Rochester, NY, Novembro de 2005. www.uscongregations.org/pdf/cw-sssr-2005.pdf. (Site em inglês. Acesso em 17/09/2012.)

WRIGHT, Christopher J. H. *The Mission of God*. (Downers Grove: InterVarsity, 2006.)

WUTHNOW, Robert. *The Crisis in the Churches: Spiritual Malaise, Fiscal Woe.* (Nova Iorque: Oxford University Press, 1997.)

YAMAMORI, Tetsuanao. 1998. Introdução de *Serving with the Urban Poor*, editado por Tetsuanao Yamamori, Bryant L. Myers e Kenneth L. Luscombe. (Monrovia, CA: MARC, 1998): 1–9.

YAMAMORI, Tetsuanao e ELDRED, Kenneth A., eds. *Kingdom Business.* (Wheaton: Crossway, 2003.)

YOST, Jim. "Development Work Can Hinder Church Growth", em *Evangelical Missions Quarterly* 20, nº 4 (Outubro de 1984): 352–60.

ZADERO, Rad. *The Global House Church Network.* (Pasadena, CA: William Carey Library, 2004.)

ZAHNISER, A. H. Mathias. *Symbol and Ceremony: Making Disciples across Cultures.* (Monrovia, CA: MARC, 1997.)

ZEHNER, Damaris. "Building Teams, Building Walls", em *Evangelical Missions Quarterly* 41, nº 3 (Julho de 2005): 362–69.

ZOBA, Wendy Murray. "A Woman's Place", em *Christianity Today* 44, nº 9 (Agosto de 2000): 40–48.

Sobre o livro:

Formato: 16 x 23
Tipo e tamanho: Palatino Linotype 11/12
Papel: Capa - Cartão 250 g/m2
Miolo - Polen Soft 70 g/m2
Impressão e acabamento: Imprensa da Fé